KB143898

GB

한길그레이트북스

인 류 의 위 대 한 지 적 유 산

인류의위대한지적유산

분서 I

이지 지음·김혜경 옮김

한길사

Li Zhi

Fenshu

Translated by Kim, Hye-kyung

Published by Hangilsa Publishing Co., Ltd., Korea, 2004

이지의 초상

날카로운 눈매에 드리운 고독과 예지의 빛, 절제력 넘치는 표정, 시대의 혼탁함에 맞서
굽히지 않는 정신을 갈고닦은 철학자의 아름다운 얼굴이다.

「삼교도」

공자·붓다·노자가 대화를 나누는 장면이다. 명대 말기는 유불도의 경계가 허물어져 삼교 사이의
교류가 활발하게 이루어졌다. 이지는 거기서 한 걸음 더 나아가 불교와 도교의 종지가 유교와
동일하다는 삼교귀유(三敎歸儒)를 주장했다.

▲ 왕수인 (1472~1529)

명대의 철학자로 심학(心學)의 집대성자. 호는 양명. 40세가 되던 무렵 양명의 저작을 처음으로 접한
이지는 기존의 세계관이 한꺼번에 무너지는 듯한 충격을 경험한다. 양지양능(良知良能)을 위주로 하여
격물치지를 뭇 사물이 아닌 마음에서 구하라는 왕양명의 학설은 주희의 성리학과 정면으로 대치하기 때문에,
그의 주장은 한동안 사학(邪學)으로 여겨지기도 했다.

▶ 마테오 리치(왼쪽)와 서광계

이지는 이탈리아 예수회 선교사인 마테오 리치를 남경에서 알게 된 뒤 지기(知己)로
여기며 깊이 교유했다. 그는 마테오 리치를 통해 서학을 새롭게 인식할 수 있었다.

명대의 문인 초상

무거운 옷차림과 잔뜩 짓눌린 표정에서 그 시대 사대부를 꽁꽁 옭아맨 예교의 속박을 느낄 수 있다.

GB
한길그레이트북스

인류의위대한지적유산

분서 I

이지 지음 · 김혜경 옮김

한길사

분서 I 차례

권2 서답書答

권3 잡술 雜述

분서Ⅱ 차례

권4 잡술 雜述

권5 독사讀史

권6 시가 詩歌

이지와 『분서』

김혜경 한밭대학교 · 중문학

1. 서론

이지(李贄, 1527~1602, 호는 卓吾)에 대해선 몇 가지 의문이 존재
한다. 우선 그의 글을 대할 때마다 느끼는 점인데, 일반적인 세간의 인
식에 비해 문장은 오히려 지극히 차분하고 또 전통적인 관념에 충실하
다는 것이다. 이는 분명 진보와 반도학(反道學)의 상징처럼 여겨지는
『분서』라는 책의 이미지와는 걸맞지 않는다. 그의 정교한 문장들은 도
학과 반도학의 경계를 거침없이 넘나들며 언뜻 모순처럼 보이는 사고
들을 무리 없이 담아내고 있는데, 이는 그의 급진적 이미지에 비춰볼
때 생소하게 다가오는 면모일 수밖에 없다. 그의 글과 사람됨은 일체를
이루지 않고 따로 놀았단 말인가?

53세 되던 해 요안지부(姚安知府)를 마지막으로 벼슬에서 물러난
이지는 더 이상 경제활동에 종사하지 않고 친구와 후원자들의 도움으
로 살아가기 시작한다. 『분서』에 실린 서간문의 대부분은 그의 후원자
들을 수신인으로 지정하고 있다. 그들은 주로 당대의 권세가나 부유한
문인 · 관료들로서, 개중에는 그가 혐오하는 가도학(假道學)의 주구로
몰아세웠던 경정향(耿定向) 같은 인물도 들어 있었다. 이지는 황안(黃
安)에서 경정향의 적극적인 후원 아래 생활했으면서도 어느 순간 그의
가식적인 측면을 발견하게 되자 곧장 거침없는 비난을 퍼붓는 것을 주
저하지 않았다. 이렇듯 그의 소신은 때로 그가 처한 현실과 모순되는
측면이 있었는데, 여기에 대해 그는 전혀 양심의 가책이나 부끄러움을

느끼지 않았다. 그는 또 치밀한 논변과 사고력으로 도학의 진체(眞諦)를 탐구하면서도 실제 생활에서는 종종 물의를 일으킬 만한 언행을 일삼곤 하였다. 세인의 비난이 야기될 줄 뻔히 예견하면서도 태연히 과부나 기생들과 어울렸고 명문가의 여인들을 제자로 받아들였다. 다분히 선정적인 그의 행실이 정말 경박해서 그랬는지 아니면 세태에 대한 의도적인 반항이었는지 꼬집어 단언하기에는 실로 애매한 구석이 없지 않다.

위와 같이 이지에 대한 세인의 인식과 실제 사이에 존재하는 간극을 설명하고 거기에 합리성을 부여하기 위해 연구자들은 나름대로 고심하게 된다. 이리하여 그는 때로 모순과 갈등의 사상가로 인식되기도 하였다. 하지만 이 같은 판단의 타당성에 대해서는 선뜻 수긍하기가 어려운데, 그것은 이지의 평소 언행이 너무나 단호하면서도 자신감에 차 있는 까닭이다. 물론 자신의 언행불일치를 돌아보며 풍자적인 어조로 엮은 「자찬」(自讚) 같은 글을 보면 자기가 얼마나 가식적이고 비열한가를 설명하기에 여념이 없는 듯도 하지만, 이 글도 사실은 스스로에게보다는 동시대의 다른 유학자들을 겨냥해 지어진 것이었다. 그러므로 이지가 평생 갈등 속에 살았다는 평가는 유보될 필요가 있다.

한편으로 이지의 능력이나 자질로 보았을 때, 그는 위대한 사상가로의 입신이 가능했던 것처럼 보인다. 일반적으로 중국 봉건사회에 켜켜이 쌓인 제 모순과 문제점을 이지만큼 정확하게 짚어낸 이는 없다는 것이 식자들의 중론이다. 이지를 두고 그가 다만 시대의 부조리를 밝혀 비판하는 성과를 거뒀다고 단정짓는 것은 사실 성급한 결론이다. 그의 글을 세심히 읽게 되면, 그는 이미 문제를 명확히 파악한데다 그에 대한 해결까지도 모색하는 단계에 들었던 것으로 보인다. 하지만 이지의 노심초사에도 불구하고 그에게 쏟아진 당대나 후세 유자들의 비난은 이러한 본질에서 터무니없이 동떨어진 중상모략[1] 일색으로, 지금에 이

---

1) 장문달(張問達)은 『명신종실록』(明神宗實錄) 권369에 실린 「이지 탄핵 상소」에서

르기까지 그러한 인신공격은 여전히 이지에 관한 유효한 평가로 간주되고 있다. 물론 그를 성인의 반열에까지 올려놓고 추종하는 무리도 없지 않았다. 왜 그에게는 찬사든 비난이든 항상 극단이란 수식어가 따라다니는 것일까?

자신이 처한 제반환경에서 완전히 자유로울 수 있는 연구자는 아무도 없을 것이지만, 이지에 대해서만은 특히 복잡한 주변상황이 개입되는 경우가 많았다. 이지가 그토록 혐오하던 가도학이 난무하던 명·청 시대야 그에 대한 평가가 양극을 달리는 것이 어찌 보면 당연한 결과라지만, 청말민초(淸末民初)의 봉건사회 해체기에 이르러서도 그는 제대로 조명을 받거나 평가받는 사상가는 아니었다. 이후 1960년대 후반의 문화혁명 시기에 이르자 적극적인 탐구와 재평가가 이루어지는 듯도 했지만, 이때는 그를 정치적인 의도에 맞춰 재단하려는 경향이 지배했던 시기로서 정작 중요한 기초 연구나 그의 저서에 대한 주해 작업은 거의 이루어지지 않았다. 이지에 관한 평가는 그 동안 사뭇 모 아니면 도라는 식의 극단으로 치달았는데, 정작 왜 그런 현상이 빚어졌는가에 대해서는 이지의 돌출적인 언동만이 줄곧 그 구실이 되었을 뿐 달리 합

"미친 짓이 인류를 망치고 있으며, 행동은 방탕하여 도무지 자제하는 바가 없다"(狂誕悖戾, 肆行不簡.)고 말했고, 고염무(顧炎武)는 『일지록집석』(日知錄集釋) 권 20 「이지」에서 "자고이래 아무 거리낌없는 소인배로서 감히 성인에게 반기를 든 자로 이지보다 더 심한 자는 없었다"(自古以來小人之無忌憚而敢於叛聖人者, 莫甚於李贄.)라고 비난하였다. 사재항(謝在杭)은 정도가 더욱 심해 저서인 『오잡조』(五雜組)에서 다음과 같이 말하고 있다. "이지는 먼저 벼슬을 해 지위가 태수에까지 이르렀지만 나중에 삭발하고 중이 되었다. 그러나 산사에 거처하지 않고 사방을 유랑하며 권세가들을 찾아다녔다. 사람들은 그의 주둥이를 무서워해 잘 대접해주었다. 역참의 말을 타고 각 지역을 출입했으며, 삭발한 머리로 견여를 타고 다녔다. 누런 일산을 펴고 앞뒤에서 소리치고 호위케 하였다. 군현의 관리들은 감히 그와 자리를 나란히 해 앉거나 엎드리지 못했다. 얼마 뒤 서울에 들어갔다가 죄를 얻어 하옥된 상태에서 죽었다. 이 자는 인간 중에서도 거의 요물에 가까운 자이다"(李贄先仕宦至太守, 而後削髮爲僧. 又不居山寺而激遊四方, 以干權貴. 人多畏其口而善待之. 擁傳出境, 髡首坐肩輿. 張黃蓋, 前後呵殿. 郡縣有司莫敢與均茵伏. 無何入京師, 以罪下獄死. 此亦近于人妖者矣.)

리적인 해석을 가하려는 노력조차 드문 실정이었다. 때문에 이지에 관한 연구는 서구나 일본에서 먼저 적극적인 평가가 이루어지게 되었다. 그러고 나서 최근에 들어서야 그를 객관적으로 연구하려는 시도가 중화문화권 전반에서 다양하게 펼쳐지고 있는 상황이다.[2]

모든 사상은 역사적 토대를 갖기 때문에 특정한 역사적 조건 속에서 태어나고 묻히게 된다. 모름지기 당시(當時)를 기준으로 평가해야 온당하다는 말인데, 이지의 경우에는 이 말이 좀더 중시될 필요가 있다. 어찌 보면 그는 한 개인이 아니라 일군의 지식인 집단을 대표하는 하나의 사회사조였던 까닭에 그 사상과 행적이 엄연한 현상적 결과물로도 인정될 수 있기 때문이다. 그리고 그 가장 뚜렷한 집적체가 바로 이『분서』라는 저작인 것이다. 이제『분서』를 이해하는 단서로 정의할 만한

---

2) 학술적인 견지에서 볼 때 종래의 이지에 대한 연구경향은 대체로 삼등분할 수가 있다. 첫째가 이지를 유학과 시대적 조류의 이단으로 보는 관점인데, 이는 민국 초기 오우(吳虞)가 이지에게 유교반도(儒敎叛徒)의 고깔을 씌운 이래 문화대혁명 시기까지 꾸준하게 논의된 학설이다. 이 같은 견지에서 연구한 학자로는 주겸지(朱謙之)·주유지(朱維之)·혜문보(嵇文甫)·후외려(侯外廬)·구한생(邱漢生)·이평(理平)·용평(榕平) 등이 있으며, 수많은 양의 논문이 집적되어 있다. 두 번째로 미학적 견지에서 이지의 사상을 평가하려는 이택후(李澤厚)·엽랑(葉朗) 같은 철학자들은 이지나 그의 동심설이 하층의 시민계급과 상층부의 낭만문학을 중개하는 교량의 역할을 한다고 주장하는데, 이 방면의 연구는 위에 비해 그다지 활성화되진 않았다. 세 번째는 신유학의 관점에서 이지의 사상을 연구하는 일본이나 서구의 학자들이다. 일본의 시마다 겐지(島田虔次)·마스이 츠네오(增井經夫)·오쿠자키 유지(奧崎裕司)·미조구치 유조(溝口雄三)·스즈키 도라오(鈴木虎雄) 등이 그러하고, 미국의 드 배리(W.T. de Bary)·진학림(陳學霖, Chan Hok-lam)·황인우(黃仁宇, Ray Huang) 등이 또 이지를 근대적 의식을 지닌 이론가로 평가하였다. 그 뒤를 이어 홍콩의 이작연(李焯然)이나 대만의 진금교(陳錦釗)·진만익(陳萬益)·주지문(周志文)·진청휘(陳淸輝)·임기현(林其賢) 같은 이들이 계속해서 독자적인 연구를 진행시켰고, 최근에는 중국 쪽에 오히려 연구자가 나날이 늘어나는 추세이다. 그 중 두드러진 경우로 북경의 수도사범대학(首都師範大學)은 이지연구중심(李贄研究中心)을 설립해『이지문집』(李贄文集: 북경, 社會科學文獻出版社, 2000년 5월) 7책을 간행한 바 있다. 그들은 또 장건업(張建業)의 주도 아래『이지전집주』(李贄全集注: 북경, 사회과학문헌출판사) 전26권을 2010년 5월에 간행한 바 있다.

사상의 근원과 인식세계 일부분을 간략히 살펴보기로 한다.

2. 사상적 배경

이지는 1527년 복건성의 천주(泉州)에서 태어났다. 그의 선조는 원래 임씨(林氏)였고 이지도 처음에는 임재지(林載贄)라는 이름이었지만 나중에 개명했다. 그의 육대조 임노(林駑)는 천주의 거상으로 무역 때문에 페르시아 만을 오가다가 인도구라파 계통인 듯한 색목녀(色目女)를 아내로 맞이한 적도 있었다. 그 후로도 상당한 기간 동안 그의 조상들은 혼혈가정 및 이슬람교의 신봉자들과 왕래했는데, 집안의 이런 국제적 색채는 증조부대에 이르러서야 비로소 소실되었다. 그리고 이지 본인으로 말하자면 어릴 때부터 중국의 전통문화 안에서 성장했다.

부친 백재공(白齋公)은 교사로서 거의 평생을 보낸 인물이었으므로 경제적인 어려움을 제외하면 이지의 가정환경은 그다지 나쁘지 않았던 듯하다. 그는 관례대로 유학을 공부했다. 그리고 향시에 합격해 또 오랜 세월을 관리로 보냈으므로 성리학은 일생 동안 그 사상의 지주가 될 수밖에 없었다. 하지만 명대의 주자학은 사회적인 불안정으로 말미암아 사상가들의 정종이 되지 못한 채 지속적인 비판에 직면해야 했는데, 이지는 그런 소용돌이의 한가운데서 봉건의 모순을 가장 날카롭게 인지하고 적시한 인물이었다. 덕분에 이지의 학설은 절반은 유물론이고 절반은 유심론으로 파악되는 내용으로 이루어지게 되는데, 이런 현상은 당시의 유가 사상가들에게는 결코 드문 것이 아니었다. 이러한 상황의 발생은 왕양명으로 거슬러 올라가게 된다.

왕양명은 불교사상의 영향으로 일원론의 우주관을 견지하는 편이었다. 그가 말하는 양지(良知)는 모든 사람에게 품부된 역량으로 양심과 거의 비슷한 개념이었다. 하지만 양지는 지각작용을 갖추지 못했으므로, 사물의 형태나 용도를 알아내는 것은 의념(意念)의 역할이라고 규정지어졌다. 양지는 다만 의념의 주재자 비슷해서 그 의념에 대해 즉각적인 시비선악의 판단을 내리는 작용만을 담당한다는 해석이었다. 그는 또 사상체계에서 인과관계를 중시했는데, 이는 지행합일(知行合一)이란 결론으로 정리되었다. 양명이 보기에 치량지(致良知)는 매우 간단해서 사람은 언제라도 치량지에 도달할 수 있지만, 또 누군가가 끊임없이 양지에 맞춰 행동한다는 것은 매우 어려운 일이기도 하였다. 사실양지는 분석할 수 없는 영감의 일종에 불과한 것이었지만, 왕양명은 그처럼 직접적이고 간명하진 못했다. 그는 양지가 무선무악(無善無惡)하고 의념은 유선유악(有善有惡)하다고 애매모호하게 말했는데, 이 문제는 그의 제자인 왕기(王畿)에 의해 해답이 내려지게 된다. 왕기는 사람이 양지에 이르려면 마땅히 의념을 잘라내야 한다고 단언했고, 그 이유는 사람의 육체와 사상은 모두 유동적인 상태로 존재하는 일종의 환영(幻影) 같은 것이라 절대적인 진실성이 없기 때문이라고 하였다. 그에의하면 의념은 곁가지처럼 불거지는 장애물이고, 양지는 영원하며 외부의 힘을 빌리지 않는 초월적인 존재였다. 이러한 양지는 이미 도구가아닌 목적으로 인식되므로 유가윤리를 벗어난 신학적인 개념이라고 할수도 있을 것이다.

보다 명확히 왕기는, 사람이면 응당 그의 의지를 집중하여 물질생활을 포기하거나 단순화시켜 환경의 간섭이나 소요를 피해야 하고, 그럼으로써 무선무악의 지고한 경계에 도달해야 한다고 주장했다. 그러면일체의 진실성은 단지 마음에만 존재하게 되어 이른바 포기하고 단순화하며 피한다는 것도 행동에 드러낼 필요가 없어져서 그것은 단지 정신에서만 존재하게 된다고 하였다. 왕기의 주장은 현성양지(現成良知)라는 형이상학적인 실천론으로 정리되는데, 이러한 그의 입장은 이지에게 전수되어 고스란히 행동으로 드러났다. 일례로 그는 자신과 관련한 추문이나 경정향 같은 인사들의 인신공격을 일고의 가치도 없는 것으로 무시해버릴 수 있었다.

이지가 보기에 세속에서 나쁘다고 인식할 수 있는 자신의 행적은 다만 불가의 유희삼매(遊戲三昧)나 도가의 화광동진(和光同塵)이라고 치부해버리면 그만일 뿐이었는데, 이는 이지가 무선무악을 기치로 내걸었기 때문에 가능한 일이었다. 하지만 그는 이런 자유가 모든 사람에게 부여된 것이라고 보지는 않았고 이미 무선무악의 경계에 진입해 있는 우수한 소수만의 특권이라고 생각했다. 이런 종류의 우월감은 그의 저작 안에서 수시로 드러나고 있다.

　이지에게는 또 다른 일면이 있었다. "옷 입고 밥 먹는 것이 인륜이며 사물의 이치"라고 말했을 때, 그는 또 왕간(王艮)의 입장에 서 있었다. "백성들의 일상생활이 곧 도"(百姓日用卽道), "백성들의 일상적 이치가 있는 곳이 바로 성인의 이치가 있는 곳"(百姓日用條理處, 卽是聖人之條理處)이라는 그의 어록은 바로 지행합일이 구체적으로 발현된 경우이다. 왕양명의 지행합일설은 그 취지가 성인의 도를 알고 성인의 뜻을 행하는 데에 있었지만 기치만 거창할 뿐 추상적이고 모호하다는 단점을 피할 길이 없었다. 이를 극복하기 위해 나선 이가 왕간이었고, 그는 위가 아닌 아래로 향하는 철학을 창시했다. 그가 말하는 "백성의 일용이 곧 도"라는 관점은 형이하학적인 생지설(生知說)의 표현에 해당한다. 왕간의 아들 왕벽(王襞)의 제자였던 이지도 그 영향을 받아서 물질을 중시했고 또 공리(功利)를 즐겨 거론하였다. 하지만 그는 여전히 계속해서 마음을 이야기했는데, 이는 추상적인 차원의 마음이 아니라 이미 일상의 필요를 고려한 마음이었다. 이는 맹자가 「양혜왕」 상편에서 말한 "다른 사람의 마음을 내가 헤아린다"(他人有心, 予忖度之)는 취지와 같은 의미로, 이렇게 해서 이지의 사상은 형이상학의 울타리를 벗어나 일용의 상식을 기반으로 하게 된다. 이와 동시에 이지는 또 동시대에 살았던 나여방(羅汝芳)으로부터 맹자의 맥을 이은 적자지심(赤子之心) 사상을 물려받아 인간의 진실과 문장의 관계를 논한 그의 문론 「동심설」(童心說)의 기간을 확립하기도 하였다. 이 문장에는 시대에 대한 그의 비판정신이 적나라하면서도 집약적으로 드러나 있다. 이렇듯 이지의 사상은 선현의 고민과 궤적을 충실히 답습했으면서도 한편으론 그것을 창조적으로 변용한 것이었다.

　객관적으로 말해 이지가 살았던 명대 말기는 부패한 관료제도와 경직된 시정방침으로 인해 창조적 역량이 융통성 있게 발휘되지 못하고 있는 시대였다. 이천 년 전 공자와 맹자의 도는 사회를 영도하고 개조하는 역량이 있었지만, 이지 당시에 이르러서는 창의력을 제한하는 족쇄에 다름 아니었다. 도덕의 기치 아래 근신과 부화뇌동은 고상한 교양으로 인식되었고, 허위와 사기는 관료생활에서 분리할 수 없는 필수성분이 되었다. 이런 사회적 현실은 주자학에 대한 반동으로 일어난 양명학, 그 중에서도 좌파 사상가들에 의해 단련된 이지의 비판정신이 발휘되기에 가장 적합한 토양이 되었던 것이다.

3. 이지의 인식세계

통합의 사유

이지의 저술에서 가장 눈에 띄는 특징이 있다면, 그 섭렵의 범위가 광범위하면서도 문제를 보는 관점과 해석이 대단히 예리하다는 것이다. 그는 유교·불교·도가사상 외에도 법가를 위시한 제자백가와 역사에 깊은 조예를 지니고 있었다. 심지어 기독교나 회교 등에도 관심이 많았고, 문학적인 소양은 고전을 위주로 하면서도 그의 소설이나 희곡론에서 보이는 것처럼 당대의 어느 사대부보다 다양하면서도 선진적이었다. 이러한 인식 기초는 역사와 사회를 평가할 때에 그로 하여금 모호하지 않은 정확한 어휘로 시비장단을 가리고 요점을 지적해내게 만드는 배경이 되었다. 이는 대체로 그의 사상이 형이상학의 추상적 영역에만 국한되지 않고 삶의 현실적 요인들을 고려할 작정을 하고 있기 때문에 가능한 일이었다.

명대는 이전 왕조에 비해 내부적으로 변화가 요동치던 시기였다. 목가적인 풍경을 연출하던 초기가 지나자 상업과 무역이 활발해지는 가정(嘉靖, 1522~66) 시대가 도래했고, 만력 연간에 이르러서는 온 천하가 금전에 목을 매는 상황으로 돌입하게 되었다. 현실적인 요구에 발맞춰 명 왕조는 노역을 은으로 대납하는 장적제도(匠籍制度)나 실물납세와 요역을 화폐로 계산하는 일조편법(一條鞭法) 등의 경제적 개혁을 단행함으로써 상품경제의 발달을 촉진시키고, 조상 전래의 해금정책(海禁政策)을 철폐시켜 서태평양의 무역과 제해권의 경쟁에서 유리한 위치를 점유하게 된다. 그러나 명나라는 정치적인 혼란을 극복하지 못해 결국은 잇단 농민 반란과 유목민족의 침입으로 장강 중하류와 연안 해역에 형성했던 상업경제권까지 일거에 훼멸되는 운명을 맞아야 했다. 이러한 어지러운 사회에는 자연 역사적인 변화가 수반되게 마련이었는데, 특히 명대 말기에는 각 계층 간의 모순이 교직되면서 혼란이 가중되었다. 하지만 이런 상황은 역으로 지식인들을 각성시켜 그들의 사유활동을 촉진시켰을 뿐 아니라 각자의 배타성을 허물어뜨리는 데도 일조한 측면이 없지 않았다.

명대 말기의 사회사조는 유불도의 혼융이 형식이 되고 개성의 해방이 내용이 된다. 당시에는 삼교를 놓고 두 가지 현상이 나타났는데, 하나는 삼교를 독립시켜 보는 게 아니라 삼자를 융합해 일종의 합치된 종교로까지 발전시킨 경우이다. 예컨대 삼일교(三一敎)를 제창한 임조은(林兆恩, 1517~98) 같은 경우가 대표적으로, 그는 육왕심학(陸王心學)에 도교와 불교를 가미한 삼일교를 제창하여 유교를 종교적인 방식으로 민간에 선교하였다. 하지만 지식인 사회에서 이런 경향은 보편적인 것이 아니었으니, 그들의 입장은 어느 한 교리에 연연하지 않고 삼교를 폭넓게 받아들이며 삼자의 공통성에 유의하는 편이었다. 이러한 성질은 개성을 존중하는 명말의 사회사조와 서로 맞물려 문학해방운동으로 발전해나간다. 당시에는 삼교 모두에 '경전과 교리를 경시'(離經慢敎)하는 기풍이 성행했는데, 이는 곧 문학의 해방에 일정한 의지로 작용하게 되었다. 이는 또 전통사상에 대해 새로운 해석을 실현하는 표현방식으로 나타났고, 이지는 그런 신념을 열렬하게 실천한 사상가 중 가장 대표적인 인물이었다. 결과적으로 그를 위시한 좌파 사상가들은 삼교의 유사성을 주장했으며 또 어느 한 교파가 절대적으로 옳다는 것을 부인한 것에 특징이 있다. 이 같은 결합은 그의 문장 곳곳에 나타나는데, 아래의 미학론에서 좀더 구체적으로 확인해보기로 하자.

이지 사상의 본류는 물론 유가에 있지만, 그의 미학적인 관점은 대부분 도가에서 나온 것이었다. '진'(眞)에 관해 장자는 다음과 같이 말한다.

진이란 정성의 지극함이다. 정성스럽지 않으면 사람을 감동시키지 못한다. ……진정한 슬픔은 울음이 없어도 슬프고, 깊은 노여움은 굳이 화를 내지 않아도 위엄이 서며, 진정한 친함은 웃지 않아도 화합이 된다. 진정이 안에 있으면 밖으로 정신이 드러나니, 이것이 진정을 귀하게 여기는 까닭이다. ……예란 세속인이 행하는 바이고 진정이란 하늘로부터 품수받은 것이므로 자연 바꿀 수가 없다. 그러므로 성인은 하늘을 본받고 진정을 귀하게 여기며 세속에 구애되지 않는다.3)

장자가 말하는 진이란 세속의 예나 허위와는 직접적으로 대립되는 개념이다. 『노자』에서도 진이나 덕은 적자(赤子)의 품격을 가리키는 뜻4)으로 사용되는데, 이는 이지가 「동심설」에서 주장하는 "동심은 진실한 마음이며 거짓이 없는 순진무구함으로 사람이 태어나서 가장 처음 갖는 본심이다. 만약 동심을 잃게 되면 진심도 잃게 되고, 진심을 잃으면 진실한 인간성도 잃어버리게 된다"5)는 주장과 일맥상통하는 내용이다. 당시는 또 도가의 영향으로 위·진(魏晉)의 명사풍류(名士風流)가 재현되는 풍조가 있었는데, 이지도 혜강(稽康)과 완적(阮籍)을 흠모하는 부류 중의 한 사람이었다. 이지의 저술 중에서 『노자해』(老子解)와 『장자해』(莊子解)는 모두 이런 배경 아래 지어진 작품으로 도가사상이 그의 인생관과 심미적 정취, 문학사상 및 작품의 풍격에 미친 영향을 알

---

3) 『장자』 제31편 「어부」(漁父). "眞者, 精誠之至也. 不精不誠, 不能動人. ……眞悲無聲而哀, 眞怒未發而威, 眞親未笑而和. 眞在內者, 神動于外, 是所以貴眞也. ……禮者, 世俗之所爲也. 眞者, 所以受于天也, 自然不可易也. 故聖人法天貴眞, 不拘于俗."

4) 『노자』 제55장 「현부」(玄符). "덕을 돈후하게 가진 사람은 천진난만한 젖먹이에 비길 수 있다"(含德之厚, 比於赤子.)

5) 『분서』 권3 「동심설」. "夫童心者, 絶假純眞, 最初一念之本心也. 若失却童心, 便失却眞心; 失却眞心, 便失却眞人."

수 있게 해준다.

그런데 도가의 자연사상을 상징적으로 말하는 담박(淡泊)은 이지와는 거리가 있는 개념이었다. 이런 풍격은 명말의 회오리치는 듯한 시풍과 현격한 차이가 있었고 또 이지의 성격과도 걸맞지 않았다. 이지는 비록 자연을 숭상하긴 했지만 문학에 있어서는 비분강개나 항장격월(亢壯激越)의 풍격을 귀하게 치는 성향이었던 것이다.

일단 그럴싸한 풍경을 보면 감정이 솟구치고 눈길 닿는 사물마다에 탄식이 흘러나온다. 그리하여 다른 사람의 술잔을 빼앗아 자신의 쌓인 우수에 들이붓게 되고, 마음속의 울분을 하소연하거나 천고의 기박한 운명에 대해 한탄하게 되는 것이다.[6]

여기서 그가 말하는 자연은 정성(情性)의 표현양식으로서 정감을 중시하지 않는 도가의 소극적인 자연 운용과는 완전히 다른 것인데, 이는 유가의 적극적인 인생관 내지는 태도에서 그 이론적 근원을 찾아볼 수 있다. 즉 도가는 천도(天道)를 진(眞)으로 알면서 정(情)의 존재를 배척했지만 명말의 문학사조에서는 '진'과 '정'을 긴밀한 연계로 결합시켰으니, 이 점이 도가사상의 영향을 받았으면서도 그들과는 다른 점이었던 것이다. 진정을 중시하는 이지의 문학사상은 매사 이 점을 분명히 하고 있다.

이지가 위와 같은 상진론(尙眞論)을 지니게 된 것은 왕양명의 후학, 그 중에서도 왕기(王畿)의 영향을 받았기 때문이다. 이는 다음과 같은 두 가지 원인에서 기인한다고 여겨진다. 먼저 양명의 후학은 일반적으로 삼교를 모두 출입하였다. 그들은 유가의 학맥을 이었으면서도 보편적으로 불가와 도가의 사상을 섭렵했기 때문에 삼교의 경계가 결코 분

---

6) 『분서』 권3 「잡설」(雜說). "一旦見景生情, 觸目興嘆; 奪他人之酒杯, 澆自己之壘塊; 訴心中之不平, 感數奇於千載."

명하지 않았다. 더구나 그들은 자연에 순응하는 인성론과 진리를 추구하고 위선을 배척하는 사상을 결합시켰고 이를 통해 자연스럽게 진정(眞情)을 설명하려 들었기 때문에 '상진'은 도가사상의 특징 중 하나이면서도 오히려 왕학의 인성관을 가장 잘 드러내는 관념이 되었던 것이다. 이지는 이렇게 해서 불교와 도교의 종지가 유교와 동일하다는 '삼교귀유설'(三敎歸儒說)[7]을 제창하면서 삼교는 다만 형식이 다를 뿐이라고 주장하기에 이른다. 그는 왕학과 불교가 아무 장애 없이 소통될 수 있다고 주장하면서 "양명 선생께서는 '거리에 나다니는 사람 모두가 성인'이라고 말씀하셨고, 부처 역시 '그 마음이 곧 부처이니 사람은 모두 부처'라고 말씀하셨다"[8]고 선언한다. 이러한 태도는 그가 중이 된 다음에도 여전히 유자의 생활을 유지하면서 전혀 모순을 느끼지 못하는 것과도 맥을 같이한다고 하겠다. 이렇게 확대된 상진론은 그에게 있어 곧장 동심설로 연결되었다.

결론적으로 이지의 동심설은 선진에 이미 존재하던 도가의 귀진론(貴眞論)을 흡수하고 선종(禪宗)과 송·명 이학가들의 심성론에서 합리적인 부분을 받아들여 만든 이론이라고 말할 수 있다. 노자의 적자(赤子) 관념에 맹자의 양심론(養心論), 나여방의 적자지심(赤子之心)에서 부처의 평등대비(平等大悲)에 이르기까지 당시의 인문적 사조를 두루 망라한 종합적 성격을 띤 이론이었던 것이다. 그의 사유체계가 통합을 지향한다는 주장에 대한 한 예증이라 하겠다.

경전관과 비판정신
이지가 사람들의 관심을 끄는 이유는 단연코 그의 유별난 개성과 독

---

7) 『속분서』 권2 「삼교귀유설」(三敎歸儒說). "유가와 불가와 도가의 배움은 하나이니, 그들은 애당초 도를 깨닫고자 하는 데서 비롯되었다"(儒·釋·道之學, 一也, 以其初皆期於聞道也.)

8) 『분서』 권1 「경사구에게 답함」(答耿司寇). "陽明先生曰: '滿街皆聖人.' 佛氏亦曰: '卽心卽佛, 人人是佛'."

창적인 견해에 있다. 단지 전통이나 추수하면서 다른 도학자들과 마찬가지로 복고적인 강론이나 되풀이하는 데 그쳤더라면, 이지라는 이름은 오늘날 우리에게 별로 알려질 기회가 없었을 것이다. 하지만 행인지 불행인지 시대는 그를 이단아로 몰고갈 만큼 충분히 부패하고 고식적이었고, 따라서 오늘날 보기에는 별것 아닌 견해라도 그가 살던 당시에는 경천동지의 사설(邪說)로 치부되며 성인의 반도(叛徒)로 취급당하기에 충분했다. 때문에 이지의 경전 해석은 의의나 독창 정도가 그 이름만큼이나 선명하게 부각된다. 그의 이런 작업은 바로 심학의 다음과 같은 성향에서부터 비롯된 것이었다.

주자가 주장하는 격물치지(格物致知)의 치학방법은 객관적이라는 장점에도 불구하고 일찍부터 지리(支離)하다는 문제점이 지적되고 있었다. 양명은 이에 반기를 들어 자기 마음을 가지고 우주를 구성하는 도구로 만들어버렸는데, 이 때문에 그 심학의 요체는 우주의 자연법칙을 사회의 윤리도덕과 일체화시키는 것이 되었다. 이학파의 번다한 격물치지는 양명에 의해 마음의 자연자재(自然自在)를 추구하는 것으로 바뀌었다. 이는 우주의 진실성이 사람의 마음속에 존재하는 것으로 인식해 누구라도 마음의 개폐에 따라 이 진실성을 받아들이거나 거절할 수 있음을 의미하는데, 그렇게 되면 세상의 진리가 객관적 가치를 잃어버리게 됨과 아울러 유가가 제창하는 우주의 일원화는 도가의 도(道), 석가의 무(無)와 구별하기 어려워지게 된다. 결국 사대부의 행동강령인 유가의 경전은 의론의 근거가 되기에 불충분해지고 개인의 직관과 견해에 의지한 경전 해석이 가능해지는 것이다. 이지의 경전 해석은 바로 심학의 이런 틈새에 기대어 발해졌다고 말할 수 있다.

그러나 아무리 시대의 흐름이라 하더라도 이지 자신의 주체적이고 창의적인 성향이 아니었다면 경전을 새롭게 해석하는 행위는 존재하지 않았을 것이다. 이지가 말하는 '도'는 공자나 묵자의 천도관(天道觀)에서 보이는 신비적 색채도 없고 노자가 말하는 도의 의리(義理)나 자연

규율(自然規律)의 성질과도 구별되는 것이었다. 그가 말하는 도는 곧 사람 자신의 도이다. "사람이 곧 도이고 도가 곧 사람"[9]이라는 말처럼 그는 사람의 주체성을 강조했다. 더 나아가 그가 말하는 '예'(禮)는 또 공자가 말하는 존비(尊卑)와 명분(名分)의 등급화된 제도가 아니라, "백성의 욕구에 따라 호오가 정해지고 자신의 욕심은 내세우지 않는 것을 예라고 부른다"[10]는 것이었다. 이러한 민본주의적 태도는 그의 경전 해석 곳곳에서 발견된다.

그는 우선 송대 유자들의 획일적인 세계관을 비판하고 나섰다. 그가 비판한 대상은 유가의 경전과 성현, 명유석학(名儒碩學) 및 당시의 도학자들이 모두 망라되는데, 특히 유교와 도학자들의 특권적 지위를 공격하고 그들의 신성성을 발가벗기는데 온 힘을 기울였다. 그의 역사평론서인 『장서』(藏書)나 경전 해설서인 『사서평』(四書評)은 이러한 독창성이 가장 잘 구현된 서적들이다. 예컨대 『사서평』 같은 책은 그의 반전통적인 태도가 제목에서부터 확실하게 드러난다. 그는 일반적인 경학가들이 사용하는 주(注)·소(疏)·해(解)·고(詁)·훈(訓)·석(釋) 등의 방법과 명칭을 사용하지 않고 과감하게 평(評)이라는 형식을 취했는데, 이는 분명 성인과 대등한 입장에서 경전을 분석하고 비판하겠다는 의도를 나타내는 이단적인 논조였다. 그는 자신의 척도로 성현의 경전을 평가하려 했고, 성인에 대한 무조건적인 숭배는 거부하고 나섰다.[11] 공자의 시비가 모든 사람의 시비가 된 이래 이 세상에는 제대로 된 시비가 존재하지 않게 되었음을 지적하면서 "무릇 하늘이 사람을 내시면 절로 그 사람의 쓰임이 있는 것이니, 공자에게서 인정받은 다음에야 그 사람의 존재가치가 인정되는 것은 아

---

9) 『이씨문집』(李氏文集) 권19. "人卽道也, 道卽人也."

10) 『이씨문집』 권18. "好惡從民欲, 而不以己之欲, 是之謂禮."

11) 『장서』「세기열전총목전론」(世紀列傳總目前論). "사람의 옳고 그름은 애당초 정해진 바탕이 없다. 사람이 딴 사람의 옳고 그름을 가리는 경우 또한 일정한 논거는 없다"(人之是非, 初無定質; 人之是非人也, 亦無定論.)

니다. 만약 반드시 공자에게 인정을 받아야 한다면 천고이전에는 공자가 없었으니 결국 제대로 된 사람은 존재하지도 않았단 말인가?"[12] 하고 한탄한다. 그는 유학이 이 세계나 국가에 무익할 뿐만 아니라 분란을 일으키는 작용을 한다고 지적했고, 또 스스로 유식하다고 자부하는 유학자들이 실은 전혀 아는 게 없는 무식꾼들이나 마찬가지라고 힐난했다.[13]

이지는 유자들뿐만 아니라 육경이나 『논어』·『맹자』 등의 경전에도 칼날을 들이댔다. 그는 여러 경전이 사실은 성인의 제자가 붓 가는 대로 기록한 것일 뿐이어서 내용의 대부분은 앞뒤가 잘렸거나 두서가 없으며 그나마 태반은 성인의 말씀이 아니라고 생각했다. 설사 성인의 말씀이었다손 치더라도 그 당시에 필요했던 임시방편적 처방일 따름이고 '만세의 지론'은 아니라고 보았던 것이다. 그리하여 공자나 맹자의 경

---

12) 『분서』 권1 「경중승에게 답함」(答耿中丞). "夫天生一人, 自有一人之用, 不待取給于孔子而後足也. 若必待取足于孔子, 則千古以前無孔子, 終不得爲人乎?"

13) 『장서』 「세기열전총목후론」(世紀列傳總目後論). "유자가 출현하면서부터 뜻을 구하고 도를 이루려는 학문이 일어났고, 유신이란 무리도 세상에 나타나게 되었다. 유신은 학문을 한다고 이름을 내걸고 있지만, 실은 학문을 전혀 모르는 치들이다. 학문의 방향을 잃어버리기가 일쑤이기 때문에 그들이 발길은 학문의 영역에 닿지 못하여 끝내는 명신들의 비웃음거리가 되고 만다. 그러나 유신들이 세상과 나라를 다스린다는 것은 애시당초 불가능한 노릇이므로 그들이 조롱거리가 되는 것은 당연한 일이다. 유자들이 문학을 이름하여 '유'(儒)라 했기 때문에 무자(武者)들은 문아하지 않은 것을 일러 '무'(武)라 하니, 문과 무가 이로부터 나뉘게 되었고 무신이 나타나게 되었다. 무릇 성왕께서 왕 노릇하실 적엔 기거함에 앞뒤와 친소가 분명하시고 밖으로 나아가선 외부의 침략을 막아내시기에 다른 겨를이 없으셨다. …… 유신이라 빙자하는 무리들은 다스림을 구한다 하면서 도리어 어지럽힌다. 그리하여 후세의 진정 재주 있고 실력 있는 학자, 큰 성현들로 하여금 종신토록 가난하고 텅 빈 집에서만 지내도록 만든다. 그런즉 유자들은 천하와 국가를 다스리기에 적당치 않음이 확실하다"(自儒者出, 而求志達道之學興矣, 故傳儒臣. 儒臣雖名爲學, 而實不知學; 往往學步失故, 踐跡而不能造其域, 卒爲名臣所嗤笑. 然其實不可以治天下國家, 亦無怪其嗤笑也. 自儒者以文學名爲 '儒', 故用武者遂以不文名爲 '武'. 而文武從此分矣, 故傳武臣. 夫聖王之王也, 居爲後先疏附, 出爲奔走禦侮, 曷有二也? …… 託名爲儒, 求治而反以亂; 而使後世之眞才實學, 大賢上聖, 皆終身空室蓬戶已也. 則儒者之不可以治天下國家信矣.)

전은 일상적이거나 가소롭고 어리석은 것[14]으로까지 폄하되는데, 예컨대 『논어』「계씨」편의 "공자 가라사대 군자는 세 가지를 경계해야 한다고 하셨다. 젊어서는 혈기가 안정되지 않았으므로 여색을 경계해야 하고, 장년에 이르러선 혈기가 강하므로 싸움을 조심하라 하셨다. 노년에 이르러선 혈기가 쇠하므로 재물 욕심을 경계하라 하셨다"[15]는 구절에 대해 "술과 여자와 재물, 혈기 중에서 공자의 가르침은 세 가지에만 국한되고 있다. '술고래' 성인께선 술 또한 마땅히 경계해야 하는 줄 몰랐음을 알 수 있구나"[16] 하는 비어(批語)를 달고 있다. 이는 통속적인 격언을 경전의 엄숙한 가르침과 대비시켜 공자가 주량이 대단한 술고래였음을 익살스럽게 조소한 것으로, 「향당」편의 공자는 "주량이 대단했지만 어지러움에 이르진 않았다"(惟酒無量不及亂)라는 서술과 서로 조응된다.

그는 또한 역사상의 공자와 후세의 유자들이 말하는 공자가 완전히 일치하는 것이 아닌데도 송·명의 도학자들이 공자의 사상 중에서 생기발랄한 부분은 말살시키고 그 중의 약간만을 취해 영구불변의 교조로 만들어놓았음을 지적했다. 그는 사람들의 맹목적인 공자 숭배를 다음과 같이 조소한다.

나는 어릴 적부터 성인의 가르침을 배웠지만, 그것이 무엇인지 알지 못한다. 공자를 존경하지만, 공자의 어디가 존경할 만한 곳인지 알지 못한다. 이는 난쟁이가 광대놀음을 구경하며 다른 사람들의 잘한다는 소리에 따라 함께 맞추는 장단일 뿐이다. 나이 오십 이전의 나는 한 마리 개에 불과하였다. 앞에 있는 개가 자기 그림

---

14) 「동심설」. "『육경』이나 『논어』·『맹자』는 도학자의 구실이 되고 거짓된 무리들의 소굴이 되니, 그 말들이 동심에서 나온 것이 아님은 명명백백하다"(六經·語·孟, 乃道學之口實, 假人之淵藪也, 斷斷乎其不可以語於童心之言明矣.)

15) 『사서평』권8 「논어」. "孔子曰: 君子有三戒, 少之時, 血氣未定, 戒之在色; 及其壯也, 血氣方剛, 戒之在鬪; 及其老也, 血氣旣衰, 戒之在得."

16) "酒色財氣, 孔子之訓, 止戒其三, 固知 '無量'之聖不知酒之當戒也."

자를 보고 짖으면 같이 따라서 짖었던 것이다. 만약 누군가 내가 짖은 까닭을 물어온다면 벙어리처럼 입을 다물고 쑥스럽게 웃을 수밖에 없다.[17]

공자라는 지성(至聖)에 대한 허울을 벗겨낸 이지는 더 이상 거칠 것이 없었고, 다른 유가의 사상가에게는 더욱 맹렬한 비판을 가했다. 그 중에서도 이지는 맹자를 특히 싫어했다. 맹자가 아성(亞聖)으로 추대되면서 묵자는 이단시되었고 유가의 주된 공격대상이 되었다. 그러나 이지는 새롭게 맹자의 학설을 비판하며 묵자의 이론을 추켜세우는 작업에 열중했다. 맹자가 묵자의 '겸애설'을 애비도 알아보지 못하는 학설이라 탓한 데 대해 이지는 맹자가 사사로운 감정 때문에 가벼이 입을 놀린다고 반박했고,[18] 절장(節葬)이 부모를 소홀히 여기는 행위라는 말에 대해선 맹자가 남을 함부로 모함한다고 비난했다.[19] 그의 맹자 비판

---

17) 『속분서』 권2 「성교소인」(聖敎小引). "余自幼讀聖敎不知聖敎, 尊孔子不知孔子何自可尊, 所謂矮子觀場, 隨人說硏, 和聲而已. 是余五十以前眞一犬也. 因前犬吠形, 亦隨而吠之. 若問以吠聲之故, 正好啞然自笑也已."

18) 『묵자비선』 권1 「겸애」(兼愛) 상편의 비어. "겸애란 것은 서로 사랑하라는 말씀이다. 사람보고 서로를 사랑하라는데 어째서 인을 해쳤다고 말하는가? 만약 사람들에게 서로 사랑하라 가르치는 것이 인을 해치는 것이라면, 꼭 서로를 원수삼고 나서야만 비로소 인을 보존할 수 있다는 말인가? 내가 다른 사람의 아버지를 사랑한 연후라야 그 사람도 나의 아버지를 사랑할 터인데 어째서 '무부'(無父)라 말하는가? 만약 사람들로 하여금 나의 아버지를 사랑토록 만드는 것이 '무부'라면, 사람들이 내 아버지를 원수삼아야만 유부(有父)가 된단 말인가? 이렇게 된다면 짐승이나 오랑캐와 다를 바가 무엇이겠는가? 그 어찌 사사로운 감정 때문에 공언을 빙자해 부러 그 학설을 매도한 것이 아니리오. 그러나 맹씨가 다른 사람보다 못한 것은 아니다. 조문숙은 그가 근원을 깊이 살피지 않고 가벼이 입을 놀렸다고 말했는데, 이 말이 맞다"(兼愛者, 相愛之謂也. 使人相愛, 何說害仁? 若謂使人相愛者, 則必使人相賊者, 乃是害仁乎? 我愛人父, 然後人皆愛我之父, 何說無父? 若謂使人皆愛我父者, 乃是無父, 則必使人賊我父者, 乃是有父乎? 是何以禽獸夷賊人也? 豈其有私憾而故托公言以售其說也? 然孟氏非若人矣. 趙文肅所謂不深考其所自而輕于立言是也.)

19) 『묵자비선』 권2 「절장」(節葬) 하편의 상단 비어. "장례를 간소히 하자는 것이 그 부모를 박대해서 시체를 구덩이에 버려 여우나 이리가 뜯어먹게 하자는 것은 아

은 다음과 같은 논리에 근거해서였다.

맹씨의 학술은 어떤 정해진 논리에 집착함으로써 자기의 의견을 드날리고 죽은 언어로써 사람을 살리려 한 혐의를 벗어날 수 없다. 무릇 사람은 본래 지극히 활동적이어서 그가 선하게 되면 지선(至善)이 되고, 그가 덕스러워지면 명덕(明德)이 된다. 지선이란 선도 없고 불선도 없음을 말한다. 선도 없고 불선도 없어야 비로소 지선이 되며, 가함도 없고 불가함도 없어야 비로소 당가(當可)가 될 수 있다. 만약 일정한 논리에 집착하여 죽은 책을 정리하고 간행하여 세상과 후세에 전하려 한다면, 이것은 바로 집일(執一)이다. 그리고 집일은 도(道)를 망친다. …… 한 가지 주장에 집착하지 않아야만 널리 통용될 수 있고, 죽은 법제에 묶이지 않아야만 세상을 살릴 수 있다.[20]

위와 같이 이지가 집일을 반대한 것은 그것이 도를 망친다고 인식했기 때문이었고, 공자의 "죽은 책을 간행하여 세상과 후세에 전하는 것"을 반대한 것도 같은 맥락에서였다. 집일(執一)에서의 '一'은 '한 존귀한 대상을 설정한다'(定謂一尊)는 뜻의 '一'이라고 볼 수 있다. 이렇게 시비관념을 고정시킨다는 것은 확실히 자유로운 사고의 장애물이 되기 때문에 이지의 비판은 '집일'을 반대하는 것으로부터 비롯되었던 것이다. 그의 저작에서 기본적으로 추출되는 사고의 바탕은 바로 고정되고

님이 명백하다. 어째서 억지로 사람을 모함해 죄인을 만드는가? 유자들은 사람들의 죄를 얽어매는 것을 좋아하는데, 이는 일찍이 맹씨부터 그러했던 것이다"(明言節葬, 非薄其親而棄之溝壑以與狐狸食也. 何誣人强入人罪爲? 儒者好入人罪, 自孟氏已然矣.)

20) 『장서』 권32 「덕업유신·맹가」(德業儒臣·孟軻). "孟氏之學, 猶未免執定說以騁己見, 而欲以死語活人也. 夫人本至活故, 故其善爲至善, 而其德爲明德也. 至善者, 無善無不善之謂也. 惟無善無不善乃爲至善. 惟無可無不可始爲當可耳. 若執一定之說, 持刊定死本, 而却印行以通天下後世, 是執一也. 執一便是害道. ……不執一說, 便可通行, 不定死法, 便足活世."

도식화된 사고를 반대하는 비판정신에 다름 아니다.

인간평등의 철학적 논리

감정의 문제를 논의할 때도 이지는 송대의 유자들과는 다른 편에 서 있었다. 본래 유가에서도 "식욕과 성욕은 인간의 본성이다"[21]라고 말하면서 사람은 옷을 입고 밥을 먹는 물질생활의 욕구 외에도 감정의 욕구가 있다고 인식해왔다. 옷 입고 밥 먹는 것은 자신의 생존을 보장하지만, 이성간의 관계는 인류의 지속과 관련되는 것으로 자연이 인류에게 부여한 기본적인 속성임을 간파한 것이다. 그러나 봉건의 속성상 남녀 관계는 처음부터 불평등한 것으로 설정될 수밖에 없었는데, 이런 상태는 도학이 기세를 떨칠수록 더욱 심화되었다. "굶어죽는 것은 사소한 일이고 절개를 잃는 것은 큰일"(餓死事小, 失節事大)이라는 정이천(程伊川)의 명제는 특히 여성들에게 강조되며 그들을 옥죄는 올가미로 활용되기 일쑤였다. 그렇지만 명말에 이르러 달라진 시대상황은 송대 유자의 획일적인 세계관을 거부하며 이원론적 입장에서 여성 문제를 새롭게 조명하기 시작했는데, 그 선두에는 역시 이지가 있었다.

인성론에 있어서 이지는 정(情)을 음양이 합치되어 만물을 배태하는 본질로서 인식했다.[22] 그가 보기에 대자연에는 사랑이 충만해 있고 이런 감정은 자연이 계속해서 존속할 수 있는 근본 요인이었다. 이는 또 만물에게는 생기(生機)와 활력을 부여하는 원동력이 되기 때문에 만약 사랑이 없다면 자연계의 모든 것은 더 이상 존재할 수 없게 된다. 그런데 사랑은 하나가 아닌 양자간에 발생하는 감정이다.

극단적으로 말해 하늘과 땅은 한 쌍의 부부이다. 그러므로 천지가

---

21) 『맹자』「고자장구」(告子章句) 상편. "食 · 色, 性也."

22) 이지, 『묵자주』(墨子注), 허소민(許蘇民), 『이지의 진과 기』(李贄的眞與奇: 남경, 南京出版社, 1998년) p.153에서 재인용. "음양이 합쳐져 만물로 화하는 것을 보면 세상에는 또 감정만이 존재할 뿐이다"(絪縕化物, 天下亦只有一個情.)

있은 연후라야 만물이 존재하게 된다.[23]

천지간에 남녀와 마찬가지로 감정이 있는 덕분에 천지만물이 태어난다고 인식한 이지는 자연스럽게 '부부가 사물의 시초'라고 천명한다. 게다가 사람은 또 자연계의 일부분으로서 자연이 부여한 속성을 품수받기 때문에 인간의 남녀관계는 천지의 관계와 마찬가지라고 보았다. 그러나 이렇게 말하기 위해선 먼저 남녀간에 감정이 존재한다는 사실이 인정되어야 하는 것이다.

정(情)이란 성별이 다른 두 존재를 전제로 삼는다. 이지는「부부론」에서 부부란 '사물의 시작'이자 '인류의 시작'임을 강조했는데, 이는 송대 유자들의 '一'과 '理'와는 뚜렷이 대비되는 개념이었다. 두 이성의 결합이 만물을 낳는다[24]는 인식은 바로 주자가 말한 바 태극(太極)과 음양(陰陽)은 한 가지 사물의 진화일 뿐 두 사물의 교합이 아니라는 명제와 정면으로 배치되는 것이었다. 주자는 "음양을 말하면 태극은 그 안에 있고, 태극을 말하면 음양은 그 안에 있게 된다. 하나는 둘이 되고 둘은 하나가 된다"고 하며 태극에서 양의(兩儀, 즉 天地·陰陽·男女)가 발생한다고 정의했다.[25] 이렇듯 송유는 음양을 말하더라도 그 대등함은 인정하지 않았기 때문에 절대적인 존재를 상정하는 일원론으로 발전하게 되고, 그로부터 만물은 평등하지 않을 수 있다는 가설이 성립하게 된다. 여기서 불평등한 인간관이 파생될 여지가 생겨나는 것이다. 이런 논지의 허황함을 입증하기 위해 이지는 다음과 같이 강조한다.

원래 인간이 처음 생겼을 때는 오직 음양의 두 기운과 남녀 두 생

---

23)『분서』권3「부부론」(夫婦論). "極而言之, 天地一夫婦也. 是故有天地而後有萬物."

24) 위와 같음. "천지만물은 모두 둘에서 생겨나지 하나에서 생기는 것이 아니다"(天下萬物皆生于兩, 不生于一.)

25) 위정통(韋政通),『중국철학사전대전』(中國哲學辭典大全: 臺北, 水牛圖書出版公司, 민국 72년), p.133. "言陰陽則太極在其中矣, 言太極則陰陽在其中矣, 一而二, 二而一者也."

명뿐이었다. 태초에는 '一'이나 '理'라는 말이 없었으니, 어디에 태극이 있었겠는가! ……그래서 나는 사물의 시작을 연구하면서 부부가 바로 그 실마리임을 알게 되었다. 그런 까닭에 단지 부부는 둘이라고만 말하면서 덧붙여 '一'을 말하지 않았고 '理'를 말한 적도 없다. '一'도 아직 말하지 않았는데 언제 '없음'(無)을 말했겠으며, '無'도 아직 말하지 않았는데 하물며 '무조차 없음'(無無)을 말했겠는가? 그 까닭이 무엇인가? 천하가 거기에 미혹될까 걱정스러웠기 때문이다.[26]

이지가 보기에 생명을 지닌 모든 사물은 전부 부부(이성)로부터 비롯되는데, 부부 사이란 '정'으로 작용을 일으킨다. 정이야말로 모든 것을 창조하고 파생시키므로 정을 강구해야만 만물이 조화를 이루며 각자의 성명이 바로 된다는 설명이었다. 그는 또 '정성'(情性)의 개념을 사용하면서 '정'을 '성'의 앞에 둠으로써 양자간의 관계에 근본적인 변화가 발생한 명말의 시대적 사조를 반영하기도 하였다. 이 같은 유정론(有情論)은 그로 하여금 남녀가 똑같은 존재임을 인정하게 만든다.

공자는 일찌감치 남존여비를 기조로 삼는 가부장제도를 가정의 근본 원리로 제시했다. "여자와 소인은 기르기 어려우니, 가까이하면 불손해지고 멀리하면 원망한다"[27]라는 공자의 말은 그의 편향적인 여성관을 단적으로 보여준다. 이렇게 여성과 소인배가 군자와 대립되는 개념으로 노정된 이래 남성중심의 가부장사회에서 공자의 말씀에 이의를 제기하는 사람은 드물었다. '여자는 화근덩어리'(女人禍水)로 치부되었고 여성과 소인배는 가까이해선 안 되는 존재로 거부감 없이 받아들여졌다.

---

26) 「부부론」. "夫厥初生人, 惟是陰陽之氣·男女二命耳, 初無所謂一與理也, 而何太極之有! ……故吾究物始, 而但見夫婦之爲造端也, 更不言一, 亦不言理. ……何也? 恐天下惑也."
27) 『논어』「양화」편. "唯女子與小人爲難養也. 近之則不孫, 遠之則怨."

하지만 이지는 『초담집』에서 남녀를 막론하고 그 덕행은 오직 언어 · 정사 · 문학 가운데서 표현될 수 있다고 지적한다.[28] 아울러 구체적인 실례를 들어 언어 · 정사 · 문학은 부녀자의 덕행에 대해 아무런 방해도 일으키지 않을 뿐만 아니라 오히려 이를 통해 부녀자의 덕행이 드러나게 된다고 천명하였다.[29] 이는 이론적으로 여자의 재주와 덕을 분리하여 대립시키는 '여자는 무재주가 바로 상덕'(女子無才便是德)이란 주장에 대한 철저한 이론적 반박이다. 그는 또 여자와 소인은 상대하지 않는 것이 상책이란 전래의 관념에 매담연을 위시한 몇 명의 여성을 제자로 받아들임으로써 노골적으로 반기를 들었다. 매담연은 일찍 과부가 된 뒤 집에서 출가한 총명한 여인이었는데, 그녀와 이지가 여러 차례 편지를 주고받으며 도(道)와 학문에 관해 토론한 내용은 「관음의 질문」이라는 상당히 긴 장편의 서간문으로 정리된 바 있다. 당시 이지에게 비교적 우호적이었던 몇몇 인사는 여성의 모자람을 일깨우며 "여인은 식견이 낮아 도의 공부를 감당하지 못한다"(女人見短, 不堪學道)는 점을 지적했는데, 이지는 여기에 대해 「여인은 도를 공부해도 별 수 없다는 견해에 대한 답변」을 지어 그들을 반박하고 나섰다. 이 글에서 그는 '몸은 여자지만 식견은 남자'인 여자들을 상찬함과 동시에 공자를 희극적으로 옮겨놓는다. 남자들에게 식은땀을 흘리게 하는 식견 있는

---

28) 『초담집』(初潭集) 「서문」. "덕행이 있는 다음이라야 언어가 드러나니, 덕행이 없으면 언어가 성립되지 않는다. 덕행이 있는 연후라야 정사와 문학이 있게 되니, 덕행이 없으면 정사와 문학 역시 빛을 발할 수 없다"(有德行而後有言語, 非德行則言語不成矣; 有德行而後有政事 · 文學, 非德行則政事 · 文學亦不成矣.)

29) 이지는 허윤(許允)의 신부가 언어 · 정사 · 문학에서 보인 뛰어난 면모를 부각시키며 "한낱 아녀자의 몸도 이 삼자를 겸비하지 않은 적이 없거늘 선비야 말할 나위 있는가!"(一婦人之身, 未嘗不備此三者, 何況人士!) 하고 남성의 분발을 촉구한다. 그리고 다음과 같이 주장한다. "덕행을 말하면 언어 · 정사 · 문학이 저절로 그 안에 드러나니, 이 삼자가 아니라면 덕행은 장차 무엇을 통해 보여질 것인가? 부부를 말하는 데서도 오상을 알 수 있으니, 어찌 오상을 버리고 따로 언어 · 정사 · 문학이 있을 수 있단 말인가? 이는 억지 주장이 아니라 공자가 하신 말씀이다"(言德行則三者在其中, 非三者則德行將何所見乎? 言夫婦則五常可知, 豈有舍五常而別有言語 · 政事 · 文學乎? 此非臆說也, 孔氏之說也.) 출전은 위와 같음.

여자란 바로 공자가 천하를 주유하며 만나기를 갈구했지만 끝내 만날 수 없던 인물이란 내용이었다.[30] 이지는 줄곧 배움을 갈구하는 원대한 식견의 여자들을 위해 변호할 뿐 아니라 공자는 이런 훌륭한 여성을 만나지 못했지만 자신은 그렇지 않으니 이 얼마나 행운인지 모르겠다는 단언까지 서슴지 않았다.

위와 같이 이지는 식견에 남녀의 차가 있다는 말에는 결코 동의하지 않았다. 남녀는 다만 생리적인 차이에 불과할 뿐 능력에 있어서는 남성과 대등하다고 보았던 것이다. 하지만 그의 이런 행동은 풍속을 뛰어넘은 것으로 당시 사회로서는 결코 용납될 수 없는 것이었다. 몇몇 여성들과의 교유는 결국 "사대부 집안의 여인들을 암자로 꼬여내 불법을 강론했는데, 침구를 들고 와 자고 가는 사람도 있었다"[31]라는 지경으로까지 변질되어 훗날 이지의 죽음을 부르는 결정적인 계기가 되었다. 비록 그 같은 견해와 행동으로 말미암아 그 자신은 감당할 수 없는 고초를 겪기도 하지만, 이는 그가 살았던 시대가 인간의 평등을 자각해 나가는

---

30) 『분서』권2 「여인은 도를 공부해도 별 수 없다는 견해에 대한 답변」(答以女子學道爲短見書). "사람에 남녀가 있다고 말하는 것이야 옳은 소리지만 견식에 남녀가 있다는 말이 어찌 가당하겠습니까? 견식에 길고 짧음이 있다고 말하는 것은 괜찮아도 남자의 견식은 하나같이 길고 여자의 견식은 하나같이 짧다는 말이 또 어찌 가당하겠습니까? 설사 여자의 몸이라도 남자의 견식을 가져 바른 말씀을 즐겨 듣고 속된 말은 경청할 만하지 않은 줄 알며 기꺼이 세간의 속박에서 벗어나는 학문을 배워 이 허망한 진세에 연연할 필요가 없음을 알 수도 있는 것이니, 세상 남자들이 그런 여인을 보면 모두 부끄러워 식은땀을 흘리며 감히 입도 뻥긋 못하겠지요. 이는 원래 성인 공자께서 천하를 주유하신 까닭으로 단 하나라도 그런 사람을 만나길 바라셨지만 결국 그러지 못했던 것인데, 이제 와서 도리어 견식 짧은 사람으로 취급한다면 어찌 억울하지 않겠습니까!"(故謂人有男女則可, 謂見有男女豈可乎? 謂見有長短則可, 謂男子之見盡長, 女人之見盡短, 又豈可乎? 設使女人其身而男子其見, 樂聞正論而知俗語之不足聽, 樂學出世而知浮世之不足戀, 則恐當世男子視之, 皆當羞愧流汗, 不敢出聲矣. 此蓋孔聖人所以周流天下, 欲庶幾一遇而不可得者, 今反視之爲短見之人, 不亦冤乎!)

31) 장문달, 「이지 탄핵 상소」. "勾引士人妻女入庵講法, 至有携衾枕而宿者." 이 글은 이지가 음란을 조장하는 '선음'(宣淫)이라고 규정하며 그를 사회로부터 격리시켜야 한다고 주장함으로써 그를 감옥에 가두는 결정적인 계기가 되었다.

데 있어 어차피 거쳐야 할 도정이기도 했다.

자연미의 문학론

이지는 문학을 삶의 한 방편으로 인정하면서도 한편으론 문학이 추구해야 할 경지에 대해서도 간과하지 않고 언급했다. 그가 말하는 문학의 최고 경지란 바로 자연미에 도달하는 것인데, 이를 설명하기 위해 화공(化工)과 화공(畵工)의 개념을 도입하고 있다.

『배월』과 『서상기』는 '천지의 조화가 자연스레 빚어낸'(化工) 신의 작품이요, 『비파기』는 '더할 수 없는 기교로 만든'(畵工) 인간의 작품이다. 이른바 화공(畵工)이 천지가 빚어낸 화공(化工)을 능가할 수도 있을 것이다. 그러나 천지의 조화에는 본래 기교가 없음을 누가 알리오? 이제 하늘이 내시고 땅이 키워서 온갖 꽃들이 자라나니, 사람들은 그것을 보고 사랑하게 되지만 그 안에 내재된 조화의 기교만큼은 결코 찾아낼 수 없다. 그것이 어찌 인간의 지혜로 얻을 수 있는 것일까![32]

이 글에서 말하는 화공(化工)은 바로 자연이다. 화공(化工)과 화공(畵工)의 구별은 다름 아닌 자연과 인공의 구별이다. 이지는 '하늘이 낳고 땅이 키운' 자연의 아름다움에 대해 충심의 찬사를 보내면서 인공의 교묘함에 대해서는 완강히 배척하고 있다. 그는 자연미가 최고의 아름다움이라고 인식하며, 자연미가 최고의 미인 까닭은 바로 그것에 형적(形跡)이나 추구할 만한 법도가 전혀 없기 때문이라고 하였다. 그러므로 이른바 "재주가 천지의 공교함을 넘어섰다"는 것은 근본적으로 성립 불가능한 전제인 셈이다. 그가 보기에 최고의 아름다움에 도달하기

---

32) 『분서』 권3 「잡설」. "『拜月』·『西廂』, 化工也; 『琵琶』, 畵工也. 夫所謂畵工者, 以其能奪天地之化工, 而其孰知天地之無工乎? 今夫天之所生, 地之所長, 百卉具在, 人見而愛之矣, 至覓其工, 了不可得, 豈其智固不能得之歟!"

위해선 다만 자연 그대로여야 하고 일체의 수작은 금지시킬 필요가 있었다. 이지는 이 문제를 문장이 성공하고 실패하는 관건으로까지 확대시켰기 때문에 흔히 따지게 되는 격조나 풍격 등은 사소한 문제로 보면서 여기서 벗어날 것을 권유하여 마지않는다. 격조로부터 문제를 보기 시작하면 왕왕 하나를 고려하다 다른 것까지 잃어버리는 실수를 범해 자가당착의 모순에 빠지게 된다는 것이었다. 그는 자연과 성정의 관계에 대해 다음과 같이 설명한다.

원래 운율과 문채는 사람의 성정에서 우러나오는 바이니, 자연스러움이 어찌 견강부회로 얻어질 수 있는 것일까? 그렇다면 성정에서 자연스럽게 비롯되면 예의에도 자연스레 합당해진다. 본성의 바깥에 따로 적당한 예의가 존재하는 게 아닌 것이다. 억지로 견강부회하면 그것을 잃어버릴 따름이니, 왜냐하면 자연스러움만이 참된 아름다움일 뿐이며 또 본성의 바깥에 자연스러움이라 부르는 바가 따로 존재하는 것도 아니기 때문이다.[33]

위의 문장에 근거하면, 이지가 말하는 자연이란 풍격이나 미의 유형이 아니라 성정으로부터 유발된 자연스러움을 가리키는 말이다. 성정으로부터 비롯되었다면 어떤 유형의 풍격이든 모두 자연에 속한다고 본 것이다. 그는 이런 자연과 대립되는 것은 또 다른 풍격이 아니라 인공적인 억지, 즉 교강(矯强)이라고 하였다. 그러므로 이지가 제창한 자연은 다만 교강에 대한 반대에 불과한데, 어떤 교강도 가하지 않은 성정으로부터 자연을 인식했기 때문에 고의적으로 자연스런 풍격을 추구하는 것은 바로 교강이고 동시에 자연과 대치되는 행위로 여겼다. 그래서 "이른바 자연스러움이란 일부러 그러자고 해서 결국 그렇게 얻어지

---

33) 위와 같음. "蓋聲色之來, 發於情性, 由乎自然, 是可以牽合矯强而致乎? 故自然發於情性, 則自然止乎禮義, 非情性之外復禮義可止也. 惟矯强乃失之. 故以自然之爲美耳, 又非於情性之外復有所謂自然而然也."

는 것은 아니다. 만약 고의로 자연스럽게 만들려 한다면 그것이 견강부
회와 무엇이 다르겠는가! 그러므로 자연지도는 쉽게 말할 수 있는 성질
의 것이 아니다"[34]라고 선언했는데, 이는 세상 사람들이 자연지도에 대
해 수월하게 말하지만 기실은 그것을 진정으로 이해하지 못하고 있다
는 탄식에 다름 아니었다. 천공(天工)의 자연스러움을 강조하는 그의
논지는 다른 문장에서도 되풀이해서 역설된다.

바람을 추월하고 번개를 뒤쫓는 천리마는 결코 암수나 털 색깔 따
위의 외관에 있지 아니하고, 소리가 상응하고 같은 기운끼리 짝하게
만드는 작품을 내는 작가는 절대로 문자나 형식에만 얽매이는 답답
한 인간들 사이에 있지 아니하며, 바람이 물 위를 스칠 때 퍼져나가
는 물무늬와 같은 아름다움은 절대로 한 글자 한 구절의 기특함 속에
있지 아니하다. 엄밀한 결구나 적절한 대우, 이치나 법도에 합당한가
의 여부, 수미가 상응하고 허실이 번갈아 일어나게 하는 등등의 갖가
지 병폐는 모두 글 짓는 방법으로 논의되지만 천하의 으뜸가는 문장
에는 해당되지 않는 말이다.[35]

『백호통』에서 '거문고'(琴)는 금지한다는 뜻이다. 사람의 사악함을
금지시켜 바른 길로 돌아가도록 만들기 때문에 '금'(琴)이라고 말한
것이다. 나는 '금'이란 '마음'(心)이며 '읊조림'(吟)이어서 그 마음을
읊조리는 바라고 말한다. ……마음이 다르면 손놀림이 다르고 손놀
림이 다르면 소리가 달라지는 것이야 저절로 그리 되는 것이니, 손에
서 두 소리가 날 수 없다고 말하는 것이 어찌 옳다고 하겠는가? 그렇

---

34) 『분서』권3 「격률시에 관한 얄팍한 설명」(讀律膚說). "然則所謂自然者, 非有意爲
自然而遂以爲自然也. 若有意爲自然, 則與矯强何異. 故自然之道, 未易言也."

35) 「잡설」. "追風逐電之足, 決不在於牡牝驪黃之間; 聲應氣求之夫, 決不在於尋行數墨
之士; 風行水上之文, 決不在於一字一句之奇. 若夫結構之密, 偶對之切; 依於理道,
合乎法度; 首尾相應, 虛實相生; 種種禪病皆所以語文, 而皆不可語於天下之至文也."

다면 저 소리는 자연스러운데 이 소리는 자연스럽게 우러나지 않았다고 말하는 것이 어떻게 옳단 말인가? ……자연의 도는 손을 통해 마음과 만나는 것이니, 그 오묘한 경지는 진정 이와 같도다.[36)]

위의 문장들에서 이지는 성정에서 발해진 자연미에 대해 좀더 상세하게 설명하고 있다. 자연과 상대되는 개념인 교강은 기법 · 풍격 · 내용 등 각 방면에서의 속박을 포함하게 마련이다. 예컨대 결구라든가 대우 · 수미상응 · 허실상생 따위는 기법의 문제로 볼 수 있는데, 이러한 기법에 구애되면 자연스런 정성을 발할 수 없어 천하의 명문장을 짓지 못하게 된다. 이리하여 결국은 도리에 의지하게 되니 또다시 내용의 문제가 야기되는 것이다. 성정에 속박을 가해 예의에 머물게 한다면 근본적으로 자연스럽게 발해지는 성정을 말할 수 없게 된다는 것이 이지의 생각이었다.[37)] 즉 그가 말하는 자연스러운 정성은 모두 예의에 부합하는 것이므로 '예의에 머문다'는 의미는 사실상 취소되고 마는 것이다. 이렇듯 그는 진정에서 우러나온 작품이라면 무엇이든 긍정했지만 고의로 예의를 강조하는 작품만은 완강하게 부인하고 나섰다. 바로 "지극한 감정에서 나온 말이라면 저절로 마음을 찌르고 사람을 감동시키며 사람으로 하여금 저절로 통곡하게 만든다"[38)]는 말과 같은 맥락인 것이다. 결국 이지가 말하는 화공(化工)과 자연(自然)은 바로 자연스러운 성정을 강조하며 일체의 속박을 내던지는 것인데, 내용상 예의도덕을 따지

36) 『분서』 권5 「금부」(琴賦). "『白虎通』曰 : '琴者禁也. 禁人邪惡, 歸於正道, 故謂之
琴.' 余謂琴者心也, 琴者吟也, 所以吟其心也. ……心殊則手殊, 手殊則聲殊, 何莫非
自然者, 而謂手不能二聲可乎? 而謂彼聲自然, 此聲不出於自然可乎? ……蓋自然之
道, 得手應心, 其妙固若此也."
37) 「격률시에 관한 얄팍한 설명」. "정성이 자연스럽게 발해지면 저절로 예의에 머물
게 된다. 정성의 밖에 따로 머물러야 할 예의가 있는 것이 아니다"(自然發於情性,
則自然止乎禮義, 非於情性之外復有禮義可止也.)
38) 『분서』 권4 「약무의 모친이 아들에게 보낸 편지를 읽고」(讀若無母寄書). "言出至
情, 自然刺心, 自然動人, 自然令人痛哭."

는 경우의 속박을 특히 기피대상으로 삼고 있다. 이 같은 현상은 이지가 당시 도학자들의 이중적 행태에 극도의 반감을 품은 까닭에서 비롯되었다고 여겨진다.

그런데 이지가 생각하는 자연미의 본질이란 대체 무엇이었을까? 발분을 중시하는 그의 평소 논지대로라면 어쩌면 통곡이나 분노를 자연에 납입시킴으로써 직서(直敍)를 높이 치고 함축미를 포기하게 되는 결과가 유발될지도 모른다는 우려가 나올 법도 하다. 그러나 결론부터 말하자면 그렇지는 않다. 「잡설」에서 "눈길 닿는 사물마다에 탄식"하거나 "다른 사람의 술잔을 빼앗아 자신의 쌓인 우수에 들이붓고 천고의 기박한 운명에 대해 한탄한다"고 말했듯이, 그는 분격(憤激)의 정서 자체를 예술화의 한 표현으로 간주한다. 바로 지극히 깊은 감정의 지극히 함축적인 표달이야말로 최상의 자연미라고 여겼던 것이다. 이지가 말하는 자연의 진체(眞諦)는 "그럴싸한 풍경을 보면 감정이 솟구치고 눈길 닿는 사물마다에 탄식이 흘러나오"는 자연스러운 분세질속(憤世疾俗), 즉 막을 수 없는 지극한 감정의 발현이다. 그는 이미 자연을 풍격이 아닌 창작론으로 변질시켜놓았던 것이다. 그리고 이로부터 조탁과 문식을 반대하는 뜻이 확장되어 내용으로부터 형식에 이르는 일체의 규율을 부정하는 문론이 완성되기에 이른다. 이렇게 되면 노장철학에서 말하는 담백하고 고요한 분위기는 분노와 원망으로 대체되지만 함축과 심원한 아름다움은 사라지지 않고 보존될 수가 있는 것이다.

그는 이렇게 개인의 정신적 자유를 구속하는 전통적 의식을 철저히 탈피했지만, 한편으로는 모든 인간의 존엄성을 인식하고 있었다. 때문에 그의 문학은 성정뿐만 아니라 사회생활의 자연성에도 합치되기를 추구한다. 즉 백성들의 일상생활까지도 진실하게 반영하는 쪽으로 문학을 이끌어냈던 것이다. 그를 통해 종래의 자연지도에는 질적인 변화가 일어났고, 이는 또 새로운 문학사조의 이론적 강령으로 정착하게 된다. 결국 그가 주장하는 자연지성(自然之性)은 비단 철학의 영역을 넘어섰을 뿐 아니라 문학과 현실 전반에 걸쳐서까지 기본적인 원리로 인식되기에 이르렀던 것이다.

4. 결론

이지의 저술에 두드러진 특징이 있다면, 그것은 시대가 강제하는 획일적 사고에는 반감을 느끼면서도 경우에 따라 어떤 대목에서는 또 전통 자체를 무가치한 것으로 몰아붙이진 않는다는 것이다. 그는 어디에도 매이지 않는 자유로운 사고를 희구했지만, 그렇다고 해서 거기서 완전히 자유로운 것은 아니었다. 허위에 찬 도덕을 공격했지만 도덕을 저버린 적도 없었다. 그와 전통적인 도학 사이에는 미묘한 긴장감이 존재한다. 기존 도학에 대한 그의 거부감은 주로 사람을 향해 발해졌는데, 이는 그가 목도한 현실적 부조리와 도학자의 표리부동이 서로 유관하기 때문이었다. 많은 이들은 그가 전통을 거부하거나 홀시했다고 말하고 있지만, 그는 다만 도학에 편승해 자신의 이기적인 속성을 감추거나 옹호하는 인간들을 미워했을 따름이었다. 그렇기 때문에 그의 언론에는 성인과 경전에 대한 애증이 엇갈려 나타난다. 성인의 위대함을 일면 예찬하면서도 그와 후학들로 말미암아 파생된 불합리한 현실을 납득하거나 용서할 수 없었던 까닭이다. 이는 그가 현실에 고민하면서도 세상의 제 문제를 여전히 '도'라는 범주 안에서 해석하려는 형이상학에 매달리고 있었음을 역설적으로 반증한다.

이러한 상황을 이해한다면 이지에 대한 극단적인 평가가 어디서 비롯되었는지 짐작하기란 어렵지 않다. 그의 철학이 모순과 갈등투성이란 진단은 얼핏 보아 복잡한 내용을 함유하고 있는 듯하지만, 근본을 거슬러 올라가면 그와 모순적인 시대와의 불화가 빚어낸 총체적 부산물들에 다름 아니다. 시대가 그를 반도학(反道學)으로 내몰았지만 그 자신은 도학을 완전히 포기하지 못하다보니 여기서 자연스럽게 언동의 괴리가 발생했을 따름인 것이다. 그러므로 유불도가 착종된 이지의 광선(狂禪)은 실질적으로는 인성의 자유와 평등을 고양시키는 '유불도의 결정체'(亦儒亦佛亦道)이면서 '유불도 어디에도 속하지 않는'(非儒非

佛非道) 표현양식으로 간주될 수 있겠다. 그는 시류에 영합하지 않으면서 참다운 정성(情性)을 추구함으로써 당시와 후세에 깊이 각인되는 행적을 남기게 되었던 것이다.

위와 같은 고찰을 통해 우리는 이지의 사상이 인문주의적 현실론에 기반하고 있음을 짐작하게 된다. 인간 혹은 인간관계에 대한 지극히 현실적이고 인문적인 내용들로 채워져 있는 것이다. 그러나 최근에 와서 상승하고 있는 그에 대한 관심은 이와 같은 인문론적 동기에서라기보다는 종래의 사상적 운동관성이 그대로 연장된 결과가 아닌가 한다. 그나 우리나 혼돈의 시대에 살기는 마찬가지인 터, 새로운 사상적 출로와 가치를 찾아 배회하는 똑같은 처지가 그에 대한 관심을 증폭시키는 주된 동기로 작용하고 있다고 여겨진다.

결국 중요한 것은 이지가 제시하는 문제들이 우리가 당면한 현실과 긴밀하게 맞닿아 있다는 사실이 아닐까 한다. 돌아보면 우리는 이지와 같은 대륙적 소화력을 갖춘 사상가를 소유한 적이 없었다. 유불도와 문사철, 천지인이 그에게서는 일사불란한 교조가 아니라 부글부글 끓는 용광로 안의 내용물처럼 뒤섞이다가 통합되고 그러다 또 분리된다. 바로 이 점에서 우리는 그의 역할과 가능성을 발견할 수 있을지도 모르겠다. 외곬으로 쏠리지 않고 복잡한 사회와 인간의 부정적 측면들을 흡수하여 통합과 개성화의 한마당으로 나아가려 할 때, 우리는 그의 진정한 가치를 깨달을 수 있게 될 것이다.

자서 自序

나에게는 네 종류의 책이 있다. 그 중에 한 가지는 『장서』(藏書)인데, 고금 수천 년 동안의 시시비비 중에서 육안으로 쉽게 알아볼 수 없는 바를 말하였다. 이 때문에 책을 숨겨두려 했으니, 『장서』라는 책제목은 응당 깊은 산 속에 숨겨서 후세의 자운[1]을 기다리겠다는 심정을 말한 것이다. 또 하나는 『분서』(焚書)인데, 마음 맞는 벗들의 편지 물음에 대한 답장으로 요즘 학자들의 폐단에 대해 자못 절실하게 언급하고 있다. 그들의 고질병을 정면에서 꼬집었으니, 그들은 필시 나를 죽이고 싶겠지. 이 때문에 책을 태우려 하였으니, 응당 불태위 없애야 하고 남겨두면 안 되는 사정을 말한 것이다. 『분서』의 뒤에는 따로 별록(別錄)을 두어 『노고』(老苦)라고 명명하였다.[2] 비록

---

1) 자운(子雲): 양웅(揚雄, 기원전 53~기원후 18). 서한의 촉군(蜀郡) 성도(成都) 사람으로 자가 자운이다. 성제(成帝) 때 처음 벼슬길에 올랐는데 일 년여 만에 왕망(王莽)·유흠(劉歆)과 같은 반열에 올랐다. 왕망이 제위를 찬탈한 뒤 천록각(天祿閣)의 책을 교열하며 대부(大夫)가 되었다. 사람됨이 어눌해 언변은 능하지 못했지만 사부를 잘 지어 문장으로 이름을 떨쳤다. 유명한 작품으로는 「반이소」(反離騷)·「감천부」(甘泉賦)·「장양부」(長楊賦)·「교렵부」(校獵賦) 등이 있는데, 형식은 대부분 사마상여의 「자허」(子虛)나 「상림」(上林) 같은 부를 모방한 것이다. 나중에는 철학으로 돌아서 『논어』를 모방한 『법언』(法言)과 『역경』을 모방한 『태현』(太玄)을 지었다. 또 『창힐』(蒼頡)편을 모방한 『훈찬』(訓纂)을 짓기도 하였다.

2) 『분서』는 1590년 이지의 나이 예순네 살에 마성(麻城)에서 처음 간행되었고, 1600년에 나중의 10년 저술이 추가된 현재의 체제로 재편집되었다. 『노고』는 대체로 60세를 전후한 노년의 외로움과 고통을 읊은 서신 위주의 글인데, 초간본부터 『분

『분서』에 속하기는 하지만 별도로 묶어 목차를 매겼으니, 책을 태우고 싶은 자는 이것을 태울지어다. 오직 『설서』[3] 마흔네 편만은 진정 흐뭇한 문장으로 성현 말씀의 정수를 드러내고 일상에서의 평범한 이치를 천명하고 있으니, 독자들이 한 번 읽기만 하면 성현의 경지에 드는 것이 어렵지 않고 세속에서 벗어남이 거짓이 아닌 줄 바로 알게 될 것이다. 만약 전주[4]만을 신봉하여 따른다면 안으로 들어가려 하면서 그 문은 닫아버리는 격이니, 이는 사람을 유인하는 게 아니라 기실은 사람을 끊어버리는 짓이 된다. 이 어찌 가당한 노릇이겠는가? 『설서』에서 한 말들은 원래 친구들이 지은 시문(時文)을 읽은 데서 비롯되었기 때문에 시문에 도움이 된다.[5] 하지만 도움이 되지 않는 점 또한 여전히 많다.

지금은 『설서』가 진작에 출간된 마당이다. 이리하여 다시 『분서』를 판각하고 아울러 『장서』 중의 한두 편 논저까지 찍어내니, 불에 태울 것은 더 이상 태우지 못하고 숨겨야 할 것은 더 이상 숨길 수 없는 지경이 되었다. 어떤 이는 이렇게도 말한다.

"상황이 이와 같으니 더 이상 『분서』라고 명명하기에는 적당치 않습니다. 그렇게 이름 불러선 안 된다면 말과 행실이 어긋나는 것이 아닐까요?"

서』에 수록되었다. 혹자는 『노고』가 『속분서』(續焚書)의 다른 이름이라고 말하기도 한다.

3) 『설서』는 중국에선 전해지지 않고 일본의 구주대학(九州大學)에 일부가 소장되어 있다. 그러나 일본판에는 『속분서』 권2의 「자각설서 서문」(自刻說書序)이 누락된 상태이기 때문에 위작의 시비도 없지 않다. 『설서』는 용호에서 처음 간행되었고, 이지가 죽은 뒤 왕본아(汪本鈳)가 재출간했다고 전해진다.

4) 전주(傳註): 전주(傳注)라고도 쓴다. 보통은 경전을 해석한 문자를 말하는데, 여기서는 『주자집주』 같은 성리학의 교조적인 문헌을 가리킨다.

5) 시문이란 옛날의 과거 응시 문체로서, 명·청시대에는 팔고문(八股文)을 지칭했다. 이는 원래 정해진 형식에 맞춰 짓는 글이기 때문에 이지는 자신의 문장이 시문의 폐단을 시정하는 데는 도움이 될 수 있지만 그런 시문을 잘 짓는 데는 전혀 쓸모가 없다고 여겨 위와 같이 말한 것이다.

아아! 내 어찌 알 수 있고 그대가 또 어떻게 알 수 있는 일이겠는가? 무릇 내 글을 태우려는 자들은 그것이 사람의 귀를 거스른다 말하고, 내 글을 인쇄하고 싶어하는 자들은 그것이 사람의 마음속으로 쏙 들어온다고 말하는구나. 귀에 거슬린다는 자는 반드시 나를 죽일 것이니, 이는 실로 두려운 일이다. 그러나 내 나이 벌써 예순넷이다. 만약 어느 한 편이라도 누군가의 마음에 들기만 한다면 나를 알아줄 자도 혹여 나타나지 않을까? 그런 요행을 바란 탓에 나는 이 책을 찍는다.

탁오노자(卓吾老子)가 용호(龍湖)의 취불루(聚佛樓)에서 적다

『이씨분서』 초약후 서문 李氏焚書序

이굉보(李宏甫)가 친구들과 주고받은 서찰이며 묻고 답하면서 논쟁을 벌였던 여러 문장들을 모아 책으로 만들었다. 그리고 스스로 『분서』라고 이름을 붙인 뒤 그 책을 불태워도 된다고 말하였다. 굉보는 언사가 직설적이고 성격이 꼿꼿하며 세상의 어떤 것도 눈에 담지 않는 오연한 기상의 소유자였다. 격정적인 기세가 지나칠 정도로 심해 남의 비위를 거스르는 것도 전혀 괘념하지 않았다. 하지만 이런 그도 누군가 반드시 역정낼 것을 염려하여 책을 소각한다고 말을 에둘러 표현했으니, 어찌 슬픈 일이 아닐 것이랴! 결국 필설로 인해 자신을 죽이고 착취나 일삼는 탐관오리들은 그의 저작을 불길 속으로 던져버리고 말았으니, 이 무슨 재난이란 말인가! 어찌 굉보의 예언이 현실로 나타난 것이 아니겠는가?

송나라 원풍[6] 연간에는 장공[7]의 손에서 나온 서화작품의 유통이 금

---

6) 원풍(元豐): 송대 신종(神宗)의 연호. 1078~85년에 해당한다.

7) 장공(長公): 소식(蘇軾, 1037~1101). 자는 자첨(子瞻), 호는 동파거사(東坡居士)이고, 미주(眉州)의 미산(眉山) 사람이다. 가우(嘉祐) 연간의 진사로서 곧바로 사관이 되었다. 희녕(熙寧) 연간에 왕안석(王安石)의 신법에 반대하는 상소를 올렸다가 미움을 사 항주(杭州)로 쫓겨나갔고, 이후 서주(徐州)·호주(湖州)·황주(黃州)·경주(瓊州)·영주(穎州)·양주(揚州) 등으로 폄적되었다. 철종이 즉위한 뒤 병부상서로 소환되었으나 또다시 정주(定州)로 방출되었고, 소성(紹聖) 초에 탄핵을 받아 영원군(寧遠軍) 절도부사(節度副使)가 되었다가 혜주(惠州)와 창화(昌化)에서 유배생활을 했다. 휘종이 즉위한 뒤 사면되어 상주(常州)에서 병사했다. 시호는 문충(文忠). 아버지 소순(蘇洵)·아우 소철(蘇轍)과 더불어 삼소(三蘇)로 불

지되었다. 가정에서 소중하게 보관하던 정교한 서화들을 몰수하여 찢
어대는 통에 그의 작품은 거의 자취를 감추었고, 사람들은 그의 필묵을
마치 귀신 붙은 물건처럼 취급하였다. 그런데 얼마 지나지 않아 물 끓
듯이 요란한 기세로 장공의 서화들을 찾아 헤매는 상황이 도래하니, 이
때는 쪼가리만 남은 불완전한 작품마저도 길광의 깃털(吉光片羽)[8] 대
접을 받게 되었다. 『분서』를 태우든 태우지 않든 그것이 굉보에게 무슨
상관이겠는가? 게다가 굉보가 또 언제 사람들이 자기 책을 태우지 않고
귀중하게 여긴다 하여 좋아할 사람이기나 했던가? 이제 불살라지고 난
다음이면 굉보의 책이 더욱 광범위하게 전파되겠지. 그렇다면 이 책의
분훼(焚毁)는 화완포[9]를 태우는 짓과 마찬가지인 것이다! 굉보는 일찍

리며 나란히 당송팔대가의 반열에 들었다. 저서로 『동파집』(東坡集) 40권·『후
집』(後集) 20권·『내제』(內制) 10권·『외제』(外制) 3권·『화도시』(和陶詩) 4권
등이 있고, 『송사』 권338과 『송원학안』 권99 등에 사적이 보인다.

8) 길광편우(吉光片羽): 길광 몸뚱이의 깃털 한 개. 훼손된 상태의 예술품을 비유한
다. 길광은 전설에 나오는 짐승의 이름으로 『해내십주기』(海內十洲記) 「봉린주」
(鳳麟洲)에 보인다. "길광은 털과 가죽이 누런 색인데, 원래는 신령스런 말의 일
종이다. 가죽은 물 속에 던져도 며칠동안 가라앉지 않고 불 속에 던지더라도 그
을지 않는다"(吉光毛裘, 黃色, 蓋神馬之類也. 裘入水數日不沉, 入火不燋.)

9) 화완포(火浣布): 불에 타지 않는 직물로 흔히 석면포(石綿布)를 가리킨다. 화한
포(火澣布)라고도 부른다. 『수경주』(水經注)에서는 화완포가 남방의 화산(火山)
에서 불 속에 사는 쥐의 털로 짠 직물이라고 설명했다. 또 『열자』(列子) 「탕문」
(湯問)편에도 다음과 같은 해설이 보인다. "화완포는 빨 때 반드시 불 속에 던져
야 한다. 직물은 원래 불의 빛깔인데, 때를 타 더러워지면 보통 직물과 같은 색깔
이 된다. 불 속에서 꺼내 흔들면 백설이 아닌가 의심스러울 정도로 새하얗게 변
한다"(火浣之布, 浣之必投於火, 布則火色, 垢則布色, 出火而振之, 皓然疑乎雪.)

10) 초횡(焦竑, 1540~1620): 자는 약후(弱侯), 호는 담원(澹園) 혹은 의원(漪園)이
고, 시호는 문단(文端). 강소성 강녕(江寧) 사람이다. 스승 경정향을 따라 숭정서
원(崇正書院)에서 공부했고, 만력 17년(1589)에야 진사에 급제했다. 한림수찬
(翰林修撰)에 올라 『경적지』(經籍志)를 편찬했고 태자의 스승이 되어 이름을 떨
쳤지만, 강직한 성격 때문에 탄핵을 받고 복녕주동지(福寧州同知)로 폄적되었다.
이후 인사고과가 좋지 않게 나와 강등당하게 되자 더 이상은 출사하지 않았다.
평생 깊은 소양과 침착한 성정으로 이해득실에 초연한 채 학문에만 몰두하여 고
문의 대가로 일컬어졌다. 박람강기했으며, 저서의 수량과 질이 다함께 광범위한
것으로 일찍부터 유명하다. 저서로 『경적지』·『동궁강의해』(東宮講義解)·『음부

이 이 책의 출간을 내게 상의한 적이 있었던지라 그의 말을 여기에 신게 되었다. 나는 요행 광보보다 오래 살아 이 책의 흥망을 직접 목도한 까닭에 그 첫머리에 이 일을 기록해둔다.

담원(澹園) 초횡[10]

경해』(陰符經解) ·『초씨필승』(焦氏筆乘) ·『속필승』(續筆乘) ·『헌징록』(獻徵錄) ·『초씨어림』(焦氏語林) ·『담원집』(澹園集) ·『담원속집』(澹園續集) ·『담원별집』(澹園別集) 등 십수 종이 있다. 초횡과 이지의 사이는 매우 돈독해서 이지는 그를 두고 "저는 하루도 형 없이는 살 수 없습니다"(弟眞不可無一日無兄.) 하고 말했을 정도였다. 이지가 지은 책은 언제나 초횡에게 먼저 보내져 교정을 받은 연후에야 출판되었고,『장서』의 속편을 지을 때도 그의 도움을 받았다. 특히 이지가 운남에서 황안으로 옮긴 뒤에는 왕래가 더욱 빈번해져『분서』와『속분서』에는 그에게 보내는 편지가 25통에 이른다. 1599년 초횡이 벼슬을 그만두고 귀향한 뒤로는 밤낮으로 함께 어울리며 역학을 연구했고, 덕분에 3년 만에『역인』(易因)을 완성시킬 수 있었다. 사상적 입장은 이지보다 경정향에 더 가까웠지만, 이지는 수시로 외로움을 핑계삼아 사모하는 마음을 호소하거나 자신의 신변에 관한 보고를 자세히 늘어놓는 등, 온건한 태도로 일관하고 있다. 그 이유는 아마도 당시의 진보적 의견을 최대한 무리 없이 수렴해내던 그에게는 이지처럼 날카로운 자기 주장이 없었기 때문인 듯하다. 따라서 그와 이지 사이에는 충돌할 일이 별로 없었으며, 그래서인지 이지와 초횡 사이에 오간 서신 중에는 사상적 견해를 말한 것이 매우 드물다고 평가되고 있다.

이온릉전 李溫陵傳

원중도[11]

이온릉의 이름은 재지(載贄)이다. 젊어서 효렴[12]에 급제했지만 서울까지는 길이 멀었기 때문에 재차 공거[13]에 올라 길을 떠나지 않고 교관(校官)이 되어 관청의 하급관리로 전전하였다. 나중에는 요안(姚安)태수를 지냈다. 공은 사람됨이 속이 뜨겁고 외양은 냉랭했으며 풍채에 위엄이 있었다. 성격은 매우 조급했고 남들의 잘못을 면전에서 들추길 좋

---

11) 원중도(袁中道, 1570~1623): 자는 소수(小修)이고 공안(公安) 사람이다. 십여 세에 「황산부」(黃山賦)와 「설부」(雪賦)를 지었고, 자라서는 천하를 유람하며 기상을 단련했다. 만력 14년(1586) 진사가 되어 휘주교수(徽州敎授)와 남경이부랑중(南京吏部郎中) 등을 지냈다. 형인 원종도(袁宗道)·원굉도(袁宏道)와 더불어 삼원(三袁)으로 병칭되며, 『가설재전집』(珂雪齋前集)과 『근집』(近集), 『유거시록』(遊居柿錄) 등을 남겼다. 삼원은 1590년 처음으로 이지와 만났는데, 원중도는 이때 그들이 나눈 대화를 『작림기담』(柞林紀潭)이란 책으로 엮어 펴냈다. 1592년 그는 또 무창(武昌)에서 이지를 방문했고, 이지가 통주(通州)로 피난했을 때도 찾아간 적이 있다. 원중도는 이지를 매우 존경해 그가 죽은 뒤 이 전기를 지었고 다른 저작들의 간행을 돕기도 하였다.

12) 효렴(孝廉): '효'는 원래 효제(孝悌), '렴'은 청렴지사(淸廉之士)를 가리키는데, 한대(漢代)부터 시작된 인재 선발 제도였다. 동한시대에 이르러 출사하는 사람들이 거쳐야 할 도정이 되었고 나중에는 하나로 합쳐졌다. 이렇게 해서 추천된 선비는 효렴이라 불렀는데, 명·청대에는 거인(擧人)에 대한 별칭으로도 쓰였다. 여기서는 후자를 가리킨다.

13) 공거(公車): 한대의 관서 명칭으로 궁전의 경비를 맡아보았다. 윗전에 상주문을 올리거나 누군가를 불러오는 업무는 모두 공거의 거마(車馬)로 처리했기 때문에 전송하거나 불러온 사람을 지칭하기도 한다. 나중에는 거인이 시험에 응시하기 위해 상경한다는 의미가 되었다.

아했으므로 서로 의기 상통하는 자가 아니면 더불어 이야기하는 선비가 없었다. 고집스러운데다 뭐든 내키는 대로였고 원치 않는 바라면 굳이 애쓰지 않았다. 애당초 학문이 아직 성숙하지 않았을 때, 어떤 도학 선생이 그에게 물었다.

"공은 죽음이 두렵지 않습니까?"

"죽는 마당에 어찌 두렵지 않을 수 있겠소?"

"공께서 죽음을 두려워한다면 어째서 도를 배우지 않는가요? 도를 배우는 까닭은 삶과 죽음에서 벗어날 수 있기 때문이라오."

공이 말했다.

"세상에 이런 일도 있는가!"

그는 마침내 마음을 기울여 도의 오묘함에 골몰하게 되었다. 시간이 흐르자 스스로 깨우치는 바가 있었고 말이나 글로 표현할 수 있는 경지를 넘어서게 되니, 말과 글 같은 수단(筌蹄)[14]에만 매달리는 자들은 그에게 전혀 미칠 바가 아니었다. 고을의 수령을 지낼 때는 법령이 맑고 간결하여 말하지 않아도 저절로 다스려졌다. 매번 절에 가서 공사를 처리했고, 관청에서 집무를 볼 때라도 간혹 이름난 승려를 좌우에 앉혀두었다가 문서를 읽는 틈틈이 그들과 더불어 허현[15]을 담론하기도 하였다. 사람마다 이를 탓했지만, 공은 또 그런 반응에 전혀 개의치 않았다.

---

14) 전제(筌蹄): 전(筌)은 물고기를 잡는 통발이고 제(蹄)는 토끼 잡는 그물인데, 목적에 도달하기 위한 수단이나 도구를 비유한다. 출전은 『장자』(莊子) 「외물」(外物)편. "통발은 고기를 낚는 도구지만 고기를 잡으면 잊어버리게 된다. 그물은 토끼를 잡는 수단이지만 목적을 달성하면 잊는 물건이다"(筌者所以在魚, 得魚而忘筌; 蹄者所以在兔, 得兔而忘蹄.) 당대(唐代)의 공영달(孔穎達)은 「상서 서문」(尙書序)의 소(疏)에서 또 이렇게 설명하였다. "『역경』에서 '글은 말을 다하지 못하고, 말은 뜻을 다하지 못한다'고 했는데, 이는 말이란 의미를 전달하는 수단이고 말과 글은 서로 번갈아 쓰인다는 뜻이다"(『易』曰: '書不盡言, 言不盡意.' 是言者意之筌蹄, 書言相生者也.)

15) 허현(虛玄): 노자(老子)가 허일정관(虛一靜觀)과 현람(玄覽)을 주장한 까닭에 원래는 도가사상을 가리키지만, 나중에는 도가와 불가에 대한 유학자들의 경멸적인 호칭으로 쓰이게 되었다. 승려와 담론했다는 본문의 내용으로 보아 여기서는 불교의 이치를 가리키는 듯하다.

주는 봉급을 받는 외엔 아무것도 챙기는 재물이 없어 육적(陸積)의 울림석[16]이나 임방(任昉)의 도화미[17]라 할지라도 그보다 나을 수는 없을 정도였다. 나중에 벼슬에 싫증이 나자 마침내는 계족산(鷄足山)으로 들어가 불경을 읽으면서 다시는 나오지 않았다. 그의 지향(志向)을 기이하게 여긴 어사 유유[18]는 상소를 올려 그가 벼슬을 그만두고 귀향할 수 있도록 조처해주었다.

공은 애초에 호북성 황안(黃安) 땅의 경자용[19]과 친했다. 요안지부(姚安知府)를 그만둔 뒤 그는 다시 고향에 돌아가지 않을 결심을 하며 이렇게 말했다.

---

16) 울림석(鬱林石): 『신당서』(新唐書) 「은일전 · 육구몽」(隱逸傳 · 陸龜蒙)에서 유래한 전고. 청렴한 관료생활을 비유한다. "육구몽은 고소성에 살았는데 그의 집 문간에는 큰 바위가 놓여 있었다. 그의 선조인 육적은 일찍이 오나라를 섬겨 울림의 태수를 지낸 적이 있었다. 벼슬을 그만두고 귀향할 때 별다른 행장이 없는 탓에 배가 너무 가벼워 바다를 건널 수 없자 바위를 실어 무게를 늘렸다. 사람들은 그의 청렴함을 칭찬하여 '울림석'이라 불렀고, 그가 살던 거주지에 그 바위를 보관했다고 한다"(陸氏在姑蘇, 其門有巨石. 遠祖績嘗事吳爲鬱林太守. 罷歸無裝, 舟輕不可越海, 取石爲重. 人稱其廉, 號 '鬱林石'. 世保其居云.)

17) 도화미(桃花米): 제대로 찧지 않거나 오래 묵어 붉게 변색한 쌀. 역시 청렴한 관료생활을 비유하며, 『남사』(南史) 「임방전」(任昉傳)에서 유래하였다. "(임방이) 관직에 있다 죽었을 때 남긴 것은 오직 도화미 스무 석뿐이라 장례조차 치를 수가 없었다"((任昉)卒於官, 唯有桃花米二十石, 無以爲斂.)

18) 유유(劉維): 자는 덕굉(德紘), 호는 구택(九澤), 호광의 강릉(江陵) 사람으로 유신(劉愼)의 아들이다. 가정 43년의 거인으로 국사학록(國史學錄)과 남대어사(南台御史) 등을 역임하였다. 만력 8년(1580) 그가 운남성 초웅부(楚雄府, 姚州 등 3州와 楚雄 등 4縣을 묶은 행정 단위)를 순찰하고 있을 때, 이지가 가족과 함께 요안(姚安)을 출발하여 초웅에 오더니 사직을 청했다. 유유가 이를 만류하며 허락하지 않자, 이지는 가족을 요안으로 돌려보내고 혼자서 대리(大理)에 위치한 계족산으로 들어가버렸다. 이에 유유가 하는 수 없이 이지의 벼슬을 거둬달라는 상소를 정부에 올린 자세한 시말이 『분서』권2에 실린 고양겸(顧養謙)의 「요안지부 이온릉 선생이 벼슬을 그만두고 운남을 떠날 때 증정한 글」(贈姚安守溫陵李先生致仕去滇序)에 보인다. 당시 이지의 나이는 겨우 54세였다.

19) 경자용(耿子庸, 1534~84): 호는 초공(楚倥). 경정향의 아우로 호북의 황안 사람이다. 이 책의 권4 「경초공선생전」(耿楚倥先生傳)에 그의 자세한 행적이 실려 있다.

"나는 늙었다. 한두 명의 좋은 친구를 얻어 종일토록 얼굴을 맞대고 노닥거리며 여생을 보낼 수 있다면 지극히 즐거울 것이라, 왜 꼭 고향에 살아야만 하겠는가."

그는 마침내 아내와 딸을 데리고 황안에 머물며 더부살이를 했다.[20] 중년 이후로 아들 몇을 얻었지만 모두 어려서 요절하였다. 그는 몸이 희면서도 비쩍 말랐고 음률이나 여색에 담백했다. 또 결벽증이 있어서 부인네의 접근을 혐오했기 때문에 아들이 없는 상황에서도 첩을 두지 않았다. 훗날 아내와 딸이 고향으로 돌아가고 싶어하자 서둘러 그들을 보내주고는 자칭 '객지에 정착한 나그네'(流寓客子)라고 불렀다. 가정에 대한 부담이 없어진데다 속세의 인연마저 끊기자 참선과 구도로 불교의 이치를 탐구하며 그 깨달음을 극대화시키니, 피부가 벗겨지면 뼈가 드러나듯이 그 이론이 확실하면서도 빼어났다. 그가 나서서 내놓은 의론들은 하나같이 정업(正業)이라 여겨지는 것들에 대한 난도질이었다. 사자가 젖을 분출시키고(獅子迸乳)[21] 코끼리가 흐름을 막으며 강을 건너듯(香象絶流),[22] 그가 내뱉는 노래는 고고했고 그의 의도에 응

---

20) 이지는 사직하라는 허락이 떨어진 뒤에도 일 년 남짓 운남의 산수를 주유하며 그 땅에 눌러살 작정까지 하였다. 이리하여 그의 처 황의인(黃宜人)은 밤낮으로 울면서 황안(黃安)에 돌아와 달라고 애원하게 되었는데, 당시 그의 딸과 사위 모두가 황안의 경천대 집에 머물고 있기 때문이었다. 역시 고양겸의 「증요안수온릉이선생치사거전서」(贈姚安守溫陵李先生致仕去滇序)에 보인다.

21) 사자병유(獅子迸乳): 『화엄경』 권79에, 큰 바다에 온갖 동물의 젖이 가득 차 있는데 사자의 젖 한 방울이 떨어지면 다른 젖이 변질되지 않는다는 대목이 나온다. 여기서 사자는 번뇌로 가득 찬 이 세상에 깨달음을 전하는 여래를 비유하는데, 이 사자의 보리심(菩提心)이라는 젖을 무량겁(無量劫) 번뇌의 젖이 출렁이는 바다로 떨어뜨리면 모든 번뇌가 홀연히 사라진다는 것이다. 불경에는 사자후(獅子吼), 사자분신(獅子奮迅) 등 사자를 부처의 용맹에 비유하는 사례가 많이 보인다.

22) 향상절류(香象絶流): 깊고도 투철하게 도를 깨닫는 것. 『우바새계경』(優婆塞戒經) 「삼종보리품」(三種菩提品)의 고사에서 비롯하였다. "갠지스 강으로 간 세 동물이 함께 강을 건너니, 토끼 · 말 · 코끼리였다. 토끼는 물 위에 둥둥 떠서 건넜고, 말은 바닥에 닿기도 하고 뜨기도 한 채 건넜으며, 코끼리는 완전히 바닥을 디디고 건넜다"(如恒河水, 三獸俱渡, 兎 · 馬 · 香象. 兎不至底, 浮水而過. 馬或至底,

수하는 자는 적었다.

경자용이 죽자 자용의 형인 경천대[23]는 공의 초탈한 성격을 아쉬워했고 아들이나 조카들이 그를 본받아 처자를 내버리는 병통이 생길까 걱정하여 여러 번 경계하는 편지를 보냈다. 공은 마침내 마성(麻城)에 있는 용담(龍潭) 호수 근처로 옮겨가 승려인 무념(無念)과 주우산(周友山)·구탄지(丘坦之)·양정견(楊定見) 등과 어울리며 대문을 닫고 빗장을 채운 채 날마다 독서에만 전념했다. 성격이 쓸고 닦는 것을 좋아하여 몇 사람이 빗자루를 붙잡고 뒤쫓아도 그 속도를 따라잡을 수 없을 정도였다. 의복은 늘 깨끗이 세탁해서 지극히 정결했고, 얼굴이나 몸을 씻는 것도 물과 같이 맑게 하였다. 속세 사람을 좋아하지 않아 손님이 허락 없이 찾아오면 그저 손이나 한 번 잡아주고 즉시 멀찌감치 떨어져 앉게 해 그의 악취나 더러움에 대한 혐오감을 표시했다. 자신이 기꺼워하는 사람이라면 종일토록 담소를 나눴지만, 뜻이 맞지 않는 사람에겐 한 마디도 말을 건네는 법이 없었다. 해학과 기지가 넘쳐 되는 대로 언사를 내뱉어도 사람을 웃길 수 있었는데, 그러면서도 뼈를 찌르는 날카로움을 느끼게 하였다. 읽은 책은 모두 베껴서 선본(善本)을 만들었는데, 동국(東國)의 비어[24]나 서방의 영문,[25] 『이소』(離騷)와 사마천(司馬遷)·반고(班固)의 문장들, 도연명(陶淵明)·사령운(謝靈運)·유종원(柳宗元)·두보(杜甫)의 시편들부터 아래로는 기이한 내용의 패관잡기나 소설, 송대와 원대

或不至底. 象則盡底.) 이로부터 향상절류나 향상도하(香象渡河)는 대승보살의 깨달음을 말하게 되었는데, 여기서는 위와 '사자병유'와 함께 이지의 진지한 구도 자세를 비유한다. 향상은 불경에 나오는, 몸이 푸른색이고 향기가 난다는 코끼리의 일종이다.

23) 경천대(耿天臺): 경정향(耿定向). 이 책의 권1「경중승에게 답함」(答耿中丞) 역주 참조.

24) 비어(祕語): 점괘나 방술, 미래에 대한 예언 따위를 기록한 참위류(讖緯類) 서적.

25) 영문(靈文): 종교의 경문(經文). 혹은 고대로부터 전해 내려오는 희귀한 서적이나 문자를 가리키기도 한다.

명사들의 희곡에 이르기까지 눈처럼 흰 종이에 붉은 먹을 묻힌 붓으로 한 글자씩 짚어가며 교감을 하니, 이론이 정밀하면서도 해석이 상세했고 수시로 새로운 뜻이 샘솟곤 하였다. 그의 문장은 경계가 없었으며 가슴속의 독창적인 견해를 드러냄에 있어서도 정채가 찬연하여 억지로는 볼 수가 없었다. 시는 많이 짓진 않았지만 신운(神韻)의 경지가 완연하였다. 또 글씨 쓰기를 좋아해서 매번 먹을 갈고 종이를 펼칠 때면 옷자락을 헤치고 너털웃음을 터뜨리며 흡사 토끼가 뛰어오르고 송골매가 떨어지는 듯한 형상으로 써내려가곤 하였다. 그의 득의한 작품은 또한 대단히 볼 만해서 글씨가 가늘면서도 힘이 넘쳤고 굳세면서도 고고했다. 마치 만 균[26]이나 나가는 쇠뭉치 팔로 눌러 쓴 것처럼 골기가 종이 위로 힘차게 드러났던 것이다. 하루는 머리에 악성 종기가 나서 머리 빗고 정리하는 것이 귀찮아지자 마침내 머리카락을 빡빡 밀어버리고 오로지 수염만을 남겨놓았다.[27] 공은 기상이 격정적인데다 행동 또한 괴이해서 이단을 배척하는 자들은 갈수록 더 눈을 흘겼다. 경천대 공과 왕래하며 토론을 즐겼는데, 매번 서찰을 쓸 때마다 구구한 사연은 만 자나 되었고, 도학의 가장 깊은 정세가 펼쳐지곤 하였다. 그 문장은 마치 비바람이 몰아쳐 강물에 파도가 일렁이는 듯하였으므로 읽는 이마다 그의 식견을 높이 샀고, 그 재주를 흠모했으며, 그의 문필을 두려워하였다. 이리하여 허무맹랑한 말을 꾸며 요로에 진정하는 사람이 나타났고, 당국자는 곧바로 공을 추방해버렸다.

이때 좌할[28] 유동성(劉東星) 공은 공을 무창(武昌)으로 모시고 가서 개공[29]의 사당에 머물게 하였다. 이후로는 여기저기 오가면서 떠돌이

---

26) 균(鈞): 고대의 중량 단위. 공영달은 『서경』 「오자지가」(五子之歌)의 소(疏)에서 다음과 같이 설명하였다. "『율력지』에 이르기를, 스물네 수는 한 냥이 되고, 십육 냥은 한 근이 되며, 서른 근은 일 균이고, 사 균은 일 석이 된다"(『律歷志』云: 二十四銖爲兩, 十六兩爲斤, 三十斤爲鈞, 四鈞爲石.)

27) 『이온릉외기』(李溫陵外紀) 권1에 실린 왕정봉(汪靜峯)의 「묘비기」(墓碑記)에 따르면, 이지는 만력 16년(1588) 그의 나이 62세 되던 해의 여름에 삭발하였다.

로 지냈는데, 유공은 그를 심수(沁水)에서 맞이했고, 매중승³⁰⁾은 운중(雲中)에서 맞이했으며, 초약후(焦弱侯) 공은 말릉(秣陵)에서 맞아주었다. 오래지 않아 공은 다시 마성으로 돌아왔다. 그때에 다시 날조한 말로 당국에 진정하는 자가 있었고 당국자는 또 그 말을 잘못 믿어 도로 그를 내쫓는 한편 살던 절을 불태워버리니, 어사인 마경륜(馬經綸)이 몸소 공을 맞이하여 북통주(北通州)로 모시고 갔다. 그런데 또 당국자가 이단서적들을 제거하여 문체를 바로잡겠다는 생각을 갖는 바람에 그의 죄상을 조목조목 논하는 상소가 올라가게 되었다. 당국에선 금오(金吾) 소속의 제기³¹⁾를 파견하여 공을 체포하였다.

이 일에 앞서 공은 병들어 있었다. 병중에서도 자신의 저작인 『역인』(易因)을 다시 정리하여 『구정역인』(九正易因)이라고 명명하면서 늘 이렇게 말하곤 하였다.

"내가 『구정역인』의 완성을 보았으니 죽어도 여한이 없구나."

『역인』이 완성되자 병세는 더한층 심해졌다. 이 무렵 체포하려는 사람들이 당도하니 온 집안이 시끌벅적 북새통이 되었다. 공이 까닭을 묻자, 마공은 이렇게 대답하였다.

"위사(衛士)들이 왔습니다."

공은 있는 힘을 다해 벌떡 일어서더니 몇 발짝 걸음을 떼고 나서 큰 소리로 말했다.

"이는 다 나 때문이다. 날 위해 문짝을 가져다 다오."

---

28) 좌할(左轄): 좌승(左丞)의 별칭. 중서성(中書省) 소속의 정이품 벼슬로 재무를 담당하였다.

29) 개공(蓋公): 한대(漢代)의 교서(膠西) 사람으로 황로(黃老) 사상에 밝았다. 조참(曹參)의 추천으로 제(齊)의 재상이 되었고, 그 땅을 잘 다스렸다고 한다. 『한서』(漢書) 권39와 『고사전』(高士傳) 중편에 보인다.

30) 매중승(梅中丞): 매국정(梅國禎, 1542~1605). 자는 극생(克生) 혹은 객생(客生), 호는 형상(衡相)이고, 황안(黃安)의 마성(麻城) 사람이다. 『명사』(明史) 권228과 원중도의 『가설재전집』 및 『근집』에 「매대중승전」(梅大中丞傳)이 실려 있다.

31) 제기(緹騎): 붉은색 군복을 입은 말 탄 기병. 보통은 고관대작의 호위부대를 말한다. 한대(漢代)에는 집금오(執金吾) 아래 이백 명의 제기를 두었다고 한다.

그는 마침내 문짝 위에 드러눕더니 고함을 질렀다.

"빨리 가자! 나는 죄인이니 여기 머무르면 아니 되느니."

마공이 따라가려고 하자, 공은 그를 만류했다.

"쫓겨난 신하가 도성에 들어갈 수 없음은 법도라네.[32] 게다가 자네는 늙으신 아버님까지 계시지 않은가."

"조정에서 선생님을 요물이라고 생각한다면, 저는 요물을 숨겨준 사람입니다. 죽어도 같이 죽을 밖에요. 선생님만 떠나게 하고 저 혼자 남아 있지는 않겠습니다."

마공은 이렇게 말하며 결국 그와 동행하였다. 통주성 외곽에 이르자 마공의 동행을 불허한다는 공문이 도성으로부터 잇달아 도착하였다. 마공의 종복 수십 명도 그 부친의 명령을 받들어 울면서 그를 만류했다. 하지만 마공은 듣지 않고 끝끝내 공과 함께 움직였다. 이튿날 대금오(大金吾)가 심문을 하니, 시자(侍者)가 공의 겨드랑이를 받치고 들어와 섬돌 위에 눕혔다. 금오가 입을 열었다.

"어찌하여 네 멋대로 저술을 했느냐?"

공이 그 말에 응수했다.

"죄인은 저서가 매우 많지만 모두 세상에 전해지고 있습니다. 하나같이 성인의 가르침에 도움이 되고 손상시키는 것은 없지요."

대금오는 그의 뻣뻣한 태도를 비웃으며 옥에 가두고는 아무런 심리도 하지 않았다. 대충 사건을 마무리지어 고향으로 돌려보낼 심산이었던 것이다. 투옥된 지 한참이 지나서도 아무런 교지가 내려오지 않자, 공은 옥중에서도 유유자적 시를 짓고 책을 읽으며 시간을 보냈다. 하루는 공이 시자를 불러 머리를 깎게 하였다. 그가 자리를 떠나자 공은 칼

---

32) 마경륜은 신종(神宗) 때 상소를 올렸다가 노여움을 사는 바람에 관직에서 쫓겨난 일이 있었다. 하지만 그래도 간언을 그만두지 않아 급기야는 서민으로 강등되어 십 년 동안 문을 닫고 바깥출입을 하지 않았다고 하는데, 아마도 이 일을 가리키는 듯하다. 미조구치 유조(溝口雄三)의 『근세수필집』(近世隨筆集; 昭和 46년 9월, 平凡社), p.378 참조.

을 집어 자신의 목을 그었는데, 이틀이 지나도록 숨이 끊어지지 않았다. 시자가 물었다.

"스님, 아프지 않으십니까?"

공은 손가락으로 그의 손바닥에 글씨를 써서 답변했다.

"아프지 않다."

"스님, 왜 스스로 목에 칼을 대셨습니까?"

시자의 물음에 공은 또다시 글씨를 썼다.

"칠십 늙은이가 무에 바라는 게 있겠느냐?"

말을 마친 뒤 그는 숨이 끊어졌다. 그 당시 마공은 처결이 늦춰진다고 생각하여 아버지를 뵈러 잠시 고향에 돌아가 있다가 이 소식을 듣고는 상심하여 마지않았다.

"내가 모시길 게을리하여 일이 이 지경에 이르렀구나. 애달픈지고!"

이리하여 마공은 공의 유해를 통주로 모시고 돌아와 무덤을 크게 만들고 또 그를 위한 사찰의 건립을 지시했다.

공은 평소에 저술을 좋아하지 않았다. 애당초 경공과 변론했던 말들 대부분은 서기에 의해 기록이 되었던지라, 결국은 그것이 모여 『분서』라는 책이 나오게 되었다. 나중에는 당시의 관념으로 성현의 깊은 뜻을 해석하여 『설서』를 지었다. 마지막으로는 그가 예전에 골라서 편집했던 역사 이야기를 정리하여 초횡(焦竑) 공 등이 남경에서 찍은 책이 있으니, 이것이 바로 『장서』이다. 공은 원래 글 중에서도 역사서 읽기를 몹시 좋아했는데, 고인(古人)들의 행적에서 그 오묘함을 밝히는 데 특히 일가견이 있었다. 그는 세상 사람이 말하는 안위(安危)나 치란(治亂)의 기미란 호흡 한 번 내쉬는 것보다 빨리 지나가고 실낱이나 낱알보다도 미세해서 파악하기가 어렵다고 여겼다. 세상의 소인배들이 요행에 기대다가 나라를 망치는 판국에서도 세상의 군자란 작자들은 이장[33]이

---

33) 이장(理障): 불교용어. 무명(無明)으로 인해 진여(眞如)의 이치에 도달하지 못하는 것, 즉 사견(邪見) 등으로부터 비롯된 이치에 대한 의혹이 진지(眞知)나 진견(眞見)에 장애가 되는 것을 말한다. 이지는 여기서 이(理)의 장애물이라는 의미

너무 많고, 명리를 추구하는 마음이 너무 지나치며, 자신을 아끼고 두호하는 마음 또한 너무나 극심하다. 그들은 격식이나 국면에나 얽매일 뿐이어서 고인들의 청정(淸淨)하면서도 무위(無爲)하여 일 처리에 걸림이 없던 취지[34]와 몸을 숨겨 욕됨을 참으면서 은근히 돌보아주는 쓰임은 알지를 못한다. 군자가 소인을 다스리지 못하니, 소인이 도리어 군자를 제어하게 된 판인 것이다. 그런 까닭에 왕왕 모든 걸 홀랑 까발려 감추지 않고, 격정에 휩쓸려 평정을 잃다가 결국은 난리에까지 이르게 된다. 그런데 세상의 유자들은 고인의 행적을 살필 때 또 그들이 임시로 사용한 방편을 절대적인 기준으로 삼아버리고 마음을 비워 기운을 가라앉히지 못하니, 장점에서 단점을 찾고 완벽에서 흠집을 보며 좋으면 미워할 줄 모르고 미우면 그 아름다움을 알지 못하는 판이다. 오늘날에 이르러서는 메아리만 듣고 그 소리를 전하는데, 그들이 판세를 보아 대중을 추수하는 견식은 이미 사람들의 골수에까지 박혀 더 이상 깨뜨릴 수 없는 지경이 되고 만 것이다. 이리하여 위아래로 수천 년 동안이 공의 남다른 안목으로 판단되니, 무릇 예전에는 큰 군자로 일컬어지던 사람도 때로는 그 단점을 공격받고, 소인이라 하여 거론조차 되지 않던 사람이 간혹은 그 장점이 매몰되지 않고 환히 드러나기도 하였다. 그의 뜻은 대체로 공허한 문장을 축출하여 실용을 추구하고, 껍데기를 벗어던지고 그 정신을 들여다보며, 허황된 이치를 버리고 인정을 헤아림에 있었다. 비록 잘못을 교정하려는 의욕이 지나쳐 한쪽으로 쏠리는 경우가 없지 않았지만, 그의 비판과 해학적인 언사에 신경 쓰지 않고 자세히 읽어보면 그 핵심을 꿰뚫고 요점에 적중한 대목들은 세상의 도

로 사용했다. 출전은 『원각경』(圓覺經) 상권. "무엇을 일컬어 두 가지 장애라 하는가? 하나는 이장으로 진지와 진견을 방해한다. 두 번째는 사장으로 모든 삶과 죽음을 지속시킨다"(云何二障? 一者理障, 礙正知見; 二者事障, 續諸生死.)

34) 순(舜)임금이 무위(無爲)로 다스린 것(『논어』「위령공」(衛靈公)편의 기록)이나 우(禹)임금이 황하를 치수할 때 물길의 방향을 흐르는 대로 자연스레 인도한 것(『맹자』「이루」(離婁) 하편)이 그러한 예라고 미조구치 유조는 설명한다. 『근세수필집』, p.378의 주123 참조.

덕적 풍상이나 인심에 크게 보탬이 된다. 그런데도 사람들이 그가 명교에 죄를 지었다고 여기며 성인을 모욕하고 도를 배반함에 비유한 것은 너무나 지나친 일이었다.

예전에 사마천이나 반고도 제각기 자신의 견해로 역사를 저술하였다. 사마천은 황로지학(黃老之學)을 앞에 두고 육경(六經)을 뒤로했으며 처사(處士)를 물리고 협객들은 추켜세우니, 당시에는 그의 이런 행위가 비난을 받았다. 그리고 반고 또한 수절을 배척하고 정직함을 멸시하였다. 후세에 이 두 역사가의 폐단을 살펴서 그 의견들을 도태시키고 하나하나 순정(醇正)함으로 돌이킨다고 했지만, 이들의 책은 마치 해나 달이 하늘에 걸린 것처럼 여전히 추앙을 받고 있는 상황이다. 하지만 당이나 송나라 때의 역사서를 읽으면 미처 한 편이 끝나기도 전에 벌써 늘어지게 하품부터 나오니, 이는 대체 무슨 까닭일까? 어찌 그 저술의 독창성이 발하는 밝은 빛을 마멸할 수 없는 때문이 아니겠는가 말이다! 또 지금의 책 중에서 말의 기세가 웅장하고 호탕하기로는 『장자』만한 책이 없지만, 『장자』를 읽었다고 해서 그 사람의 언사가 웅장하고 호탕해지는 것은 아니다. 설사 말이 웅장하고 호탕한 사람이 있더라도 반드시 『장자』를 읽었기 때문에 그런 것은 아닐 것이다. 지금의 책 중에서 성질이 각박하기로는 『한비자』(韓非子)만한 것이 없지만, 『한비자』를 읽었기 때문에 그 성격이 각박해지리란 법은 없다. 설사 천성이 각박한 사람이 있더라도 반드시 『한비자』를 읽었기 때문만은 아닌 것이다. 이 두 책이 나온 이래로 『장자』를 읽어 그 뛰어난 정취를 파악하고 명리의 밖에 초연한 사람이 대대로 적지 않았다. 신불해(申不害)나 한비의 책을 읽고 그 신상필벌의 취지를 이해한 자라면 또한 군주의 위세를 강화하고 조정의 위엄을 드높일 수가 있었다. 순정하기 제갈량(諸葛亮) 같은 사람도 자신의 의견을 직접 손으로 써서 후주(後主) 유선(劉禪)에게 바친 적이 있지만, 언제 거기에 비판이 섞였다 하여 몽땅 폐기된 적이 있었던가 말이다!

무릇 육경이나 유가(洙泗)³⁵⁾의 책들은 기름지고 맛난 음식과도 같다. 좁쌀밥과 고기를 지나치게 과식하면 체해서 뱃속이 더부룩해지고 응어리가 생기니, 의사가 대황³⁶⁾이나 촉두³⁷⁾로 쌓인 오물을 배설시킨 다음이라야 비장이나 위가 회복되어 병이 없어지게 된다. 구빈³⁸⁾을 모신 잔치라면 닭·돼지·양·생선 등 온갖 음식이 연달아 진상된다. 해산물 중에서 안다미조개의 관자 같은 것은 입이 헐고 혓바닥이 갈라질 정도로 맛이 강렬하지만, 이것만 나오면 사람들은 한 젓가락이라도 입에 대고 싶어 입술을 움찔거리게 된다. 공의 저작은 바로 이처럼 쌓인 것을 소화하고 막힌 데를 뚫어주는 책이라고 말할 수 있을 것이다. 세상에 오직 한 종류뿐인 진기한 서적으로, 한 권은 없어선 안 되고 둘은 있을 수가 없는 책이라고도 말할 수 있겠다. 다만 그 출간이 너무 일렀던 까닭에 보는 이들의 편견에 화합하지 못하고 이런저런 지적과 비판이 생겨났던 것이다.

---

35) 수사(洙泗): 수수(洙水)와 사수(泗水). 이 두 강은 산동의 사수현(泗水縣) 북쪽에서 합쳐져 흐르다가 곡부(曲阜)에 이르러 다시 둘로 나뉜다. 수수는 북쪽, 사수는 남쪽에 있는데, 공자가 두 강물 사이에서 무리를 모아 가르쳤기 때문에 나중에는 공자와 유가를 지칭하는 말이 되었다.

36) 대황(大黃): 약초 이름. 천군(川軍)이라고도 한다. 다년생 풀로 뿌리를 약으로 쓰는데, 성질이 차고 맛이 쓰다. 체한 것을 뚫고 화기(火氣)를 내려주며 해독작용에 효능이 뛰어나 변비나 복부 팽창, 어혈과 부종 등의 치료약으로 쓰인다.

37) 촉두(蜀豆): 파촉(巴蜀) 지방에서 생산되기 때문에 파두(巴豆)라고도 하는데, 콩처럼 생긴 모양에서 이름을 따왔다. 열매를 약에 쓰며, 성질이 뜨겁고 맛이 시다. 막힌 것을 뚫어주기 때문에 변비나 복부 팽만의 치료제로 쓰이지만 독이 강해 사용에 주의할 필요가 있다.

38) 구빈(九賓): 고대의 조회에 참여하던 인원. 구체적인 내용에 대해선 학설이 일정치 않으나 대체로 공(公)·후(侯)·백(伯)·자(子)·남(南)·고(孤)·경(卿)·대부(大夫)·사(士)를 가리킨다. 배인(裴駰)은 『사기』「염파인상여열전」(廉頗藺相如列傳)의 집해(集解)에서 위소(韋昭)의 말을 인용해 "구빈은 『주례』의 구의이다"(九賓則『周禮』九儀.)라고 말했고, 정현(鄭玄)도 『주례』(周禮) 「추관·대행인」(秋官·大行人)의 주(注)에서 다음과 같은 설명을 남겼다. "구의는 명하는 사람 다섯 종류, 즉 공·후·백·자·남과 관작에 있는 사람 네 종류, 즉 고·경·대부·사를 말한다"(九儀謂命者五: 公·侯·伯·子·南也; 爵者四: 孤·卿·大夫·士也.)

그렇지만 가련한 공이 화를 입게 된 까닭은 또 책 때문만은 아니었다. 대체로 공의 사람됨에는 정녕 이해 못할 부분이 없지 않았다. 본디 벼슬길에 뜻이 없는 사람이면서도 이야기하는 것은 오로지 세상을 어떻게 다스려야 하는가 뿐이었고, 천하의 경영은 이름이나 팔려는 하찮은 유학자들이 간여할 수 있는 바가 절대 아니라고 하였다. 본디 고결하고 자신을 엄격히 통제하여 얼음이나 서릿발처럼 지조 있는 사람이면서도 메마르고 자부심 강한 사람이나 각박하고 따지기 좋아하는 사람을 몹시 미워해 그 해악이 반드시 자손들에게 미칠 것이라고 말하곤 하였다.

본디 가무와 여색을 완전히 끊어 정욕을 똥장군처럼 대하는 사람이면서도 아름다운 경치는 매우 사랑하였다. 꽃 그림자 어리는 달밤에 어린이와 여자들이 노니는 풍경 또한 즐겨 감상하였으니, 마치 그것들을 빌려서 자신의 적막감을 글로 표현하는 것 같기도 하였다. 본래 남을 탓하는 바가 많고 흡족한 일은 적어 외물(外物)과 화합하지 못하는 사람이면서도 한 가지 장점이나 능력을 지닌 선비에게는 사랑과 흠모를 쏟아부으며 자신은 그만 못하다고 여겼다. 본디 사행심을 끊고 세상과의 인연을 잊어 고목처럼 감정이 메말라버린 사람이면서도 옛날의 충신 · 의사(義士) · 협객 · 검객들이 한때의 후의에 존망을 걸거나 생사를 무릅쓰고 우정을 나눴다는 이야기를 읽기만 하면 손가락을 씹으며 책상을 두드리고 소맷자락을 떨치고 일어나 눈물을 줄줄 흘리며 한바탕 통곡하길 스스로 멈추지 못하였다.

그의 뼛골은 쇠나 돌처럼 단단했고 기상은 하늘에까지 닿았으니, 뭔가 거슬리는 것이 있으면 반드시 말로 뱉어냈고 뜻이 간 곳은 설명되지 않는 경우가 없었다. 자기보다 나은 사람은 만나서 본받으려 애썼지만, 왕후장상 앞에서도 거리낌이 없었다. 흡사 공융[39]이 위(魏)

---

39) 공융(孔融): 자는 문거(文擧). 동한 말 산동의 곡부(曲阜) 사람으로 공자의 20세손이다. 건안칠자의 한 사람. 헌제(獻帝) 때 북해상(北海相)을 지냈기 때문에 '공북해'라고도 부른다. 성격이 너그러워 거리끼는 바가 적었고, 후진을 밀어주길

나라 무제(武帝)를 어린아이 놀리듯 조롱하고, 혜강[40]이 종회[41]를
노예처럼 대한 경우[42]와 같았던 것이다. 새둥지는 뒤집을 수 있지만
봉새의 부리 모양은 바꿀 수 없고, 난새의 날개는 꺾을 수 있지만 용
처럼 꿋꿋한 그 성질은 길들일 수 없는 법이다. 이것이 바로 영지가
불태워지고(焚芝)[43] 혜초(蕙草)가 뽑혀져 나가며, 칼을 머금고 강을
건너고 꼭두서니를 물고 날아야(銜刀若盧)[44] 했던 이유라 하겠다.

좋아해 연일 찾아오는 빈객들로 문전성시를 이뤘다. 명성은 천하에 떨쳤지만 조
조의 간사함에 대해 여러 번 모욕적인 언사를 퍼붓다가 결국 그에게 피살당하고
말았다. 『공북해집』(孔北海集)이 남아 있고, 『후한서』 권70에 전기가 보인다.

40) 혜강(嵇康): 자는 숙야(叔夜)로 초국(譙國)의 질(銍) 사람이다. 세족 출신으로
위나라의 중산대부(中散大夫)를 지냈다. 성정이 조용하고 욕심이 없었으며 도량
이 넓었고 노장의 학문을 좋아했다. 죽림칠현의 일원이며, 거문고를 잘 타는 것
으로도 유명하다. 「양생론」(養生論) · 「태사잠」(太師箴) · 「성무애락론」(聲無哀樂
論) 등의 저술이 있다. 사이가 나빴던 종회의 참언으로 사마소(司馬昭)에게 피살
되었다.

41) 종회(鍾會, 225~264): 삼국시대 위(魏)의 영천(潁川) 사람. 종요(鍾繇)의 아들
이고, 자는 사수(士秀)이다. 일찍이 사마씨를 따라 정벌전쟁에 참여한 공으로 관
내후(關內侯)에 봉해졌다. 경원(景元) 연간 진서장군(鎭西將軍)으로 등애(鄧艾)
등과 함께 촉을 멸망시키고 현후(縣侯)가 되었다. 얼마 후 딴 마음을 품고 촉장
강유(姜維) 등과 반란을 일으켰다가 난군에게 피살당했다. 저서로 『도론』(道論)
20여 편이 전하고, 『삼국지』 「위지」(魏志) 권28에 보인다.

42) 위나라의 귀족 종회가 혜강의 명망을 흠모하다 당시의 준재들을 동반하고 그를
찾아갔다. 때마침 혜강은 큰 나무 아래서 수련을 하고 있었는데, 종회가 온 것을
알면서도 손놀림을 멈추지 않았다. 기다림에 지친 종회가 돌아가려 하자, 혜강은
드디어 "무엇을 듣고 찾아와 무엇을 듣고 돌아가는가?"라고 물었다. 종회는 이에
"들었던 것을 듣고 찾아와 볼 것을 보고 돌아간다네"라고 대답하였고, 그 이후로
혜강에 대해 앙심을 품게 되었다.

43) 『삼국지』 「위지 · 공손도전」(公孫度傳)의 배송지(裴松之) 주(注)에 "만약 잡초 싹
이 밭을 망치면 바람 따라 불을 사르게 된다. 영지와 쑥부쟁이가 한꺼번에 타버
리니, 무슨 수로 밝게 구별하겠는가?"(若苗穢害田, 隨風烈火, 芝艾俱焚, 安能白別
乎?)라는 대목이 보인다. 이로부터 '분지'는 현인들이 재난을 당하는 상황을 비
유하게 되었다.

44) 함도약려(銜刀若慮): 삼국시대 오(吳)나라의 동요에 물 속의 용이 무서워 칼을
머금고 양자강을 건넌다는 노래가 있다는 기록이 『진서』(晉書) 「오행지」(五行志)
에 보인다. 또 기러기는 화살에 맞을 경우를 대비해 증시(繒矢, 사냥감을 쉽게 포

아아! 재주가 너무 높고 기상이 지나치게 호매한 탓에 빛을 감춰 혼탁한 세상에 영합하지 못하고 결국은 감옥에서 일생을 마쳤으니, 유하혜[45]에 참담하고 손등[46]에게 부끄럽구나. 애석한지고! 경계해야 할지고!

공은 만년에 『주역』을 읽고 책을 지어 『구정역인』이라 불렀다. 그 뜻이야 『주역』에서 큰 깨달음을 얻어 '거만하지 않고 겸손하겠다'(舍亢入謙)[47]는 의미였을 것인데, 지금은 마침내 늙어 돌아가시고 말았구나! 공이 다른 분의 업적을 기리기 위해 저술한 책으로는 『양명선생연보』(陽明先生年譜)와 『용계어록』(龍溪語錄) 등이 있는데, 그 숫자가 많아 일일이 다 기록하진 못하겠다.

어떤 사람이 내게 물은 적이 있다

"공은 온릉 선생에게 배우지 않으셨습니까?"

그 말에 나는 이렇게 답변했다.

"나는 그를 좋아하긴 했지만 배우지는 않았습니다. 그 사람에게는

획하기 위해 화살 끝에 매달던 줄)를 끊기 위한 꼭두서니(蘆)라는 독초를 머금고 날아다닌다는 대목이 『회남자』(淮南子) 「수무훈」(修務訓)에 실려 있다. 이지가 항상 위험에 처한 채 살아야 했던 상황을 비유한다고 하겠다.

45) 유하혜(柳下惠): 춘추시대 노나라의 대부 전획(展獲). 자는 계(季) 또는 금(禽). 일찍이 사사(士師) 벼슬을 하며 유하(柳下)를 식읍으로 받았고 시호가 혜(惠)였던 까닭에 전금(展禽)·유하계(柳下季)·유사사(柳士師)·유하혜 등으로 부른다. 여자와 밤새도록 한 자리에 있었으면서도 전혀 음란하게 굴지 않을 정도로 절도가 있었고, 군주의 현명함이나 이상의 실현 가능성에 상관없이 혼란한 세상을 구제하기 위해 적극적으로 행동했던 인물이다.

46) 손등(孫登): 진(晉)나라의 은사. 자는 공화(公和)이고, 급군(汲郡) 공현(共縣) 사람이다. 가족 없이 산에서 토굴을 파고 거주하며, 여름에는 풀을 엮어 입고 겨울에는 머리카락을 풀어 몸을 가렸다. 『역경』을 즐겨 읽었으며, 거문고에 능했다. 성격상 원한과 노여움을 몰라 일찍이 어떤 사람이 물에 빠뜨렸지만 물밖에 나와서도 너털웃음을 터뜨렸다 한다. 완적과 혜강이 만나러 가서도 그의 뜻을 굽힐 수는 없었다. 「유분시」(幽憤詩)가 전한다.

47) 사항입겸(舍亢入謙): '항'은 『주역』 건괘(乾卦)에서 맨 위쪽 효(爻)의 이름인데, 그 효사(爻辭)인 항룡유회(亢龍有悔)에서 명칭을 따왔다. 국가나 개인이 강(剛)의 극단에 이르러 그 과대한 힘을 감당할 수 없다는 의미인데, 하늘 끝까지 올라

배울 수 없는 점이 다섯 가지 있고, 배우고 싶지 않은 점 또한 세 가지가 있습니다. 공께선 벼슬을 지낼 적에 청렴결백하셨습니다. 그런데 우리 무리는 주는 대로 받아 챙겨 지조가 보통 사람밖에는 안 되니, 이것이 첫 번째 배울 수 없는 점이지요. 공은 어린 여자의 방에는 들어가지 않았고 예쁘장한 사내아이의 침대에도 올라가지 않으셨습니다. 하지만 우리는 정욕을 끊지 못해 사랑의 멍에로부터 벗어나지 못하니, 이것이 두 번째 배울 수 없는 점입니다. 공께선 지극히 오묘한 도에 깊숙이 들어가시어 대도(大道)의 실체를 보셨는데 우리는 문자에만 매달려 심오한 이치는 알지도 못하니, 세 번째 배울 수 없는 점입니다. 공께서는 어려서부터 늙어서까지 오로지 독서만 아셨는데 우리는 속세의 인연에 골몰하느라 책과 친하지를 못하니, 네 번째 배울 수 없는 점입니다. 공은 곧은 기상과 꿋꿋한 절개로 다른 사람에게 굽히지 않으셨는데 우리는 담력이 약하고 겁이 많아 남들에게 부화뇌동하길 잘하니, 다섯 번째 배울 수 없는 점입니다.

뻣뻣하고 기세가 드높아 은인과 원수 삼기가 제멋대로인 점, 자기 생각에 잘못이다 싶은 것은 곧바로 붓을 휘둘러 문장으로 남기는 점은 배우고 싶지 않은 첫 번째입니다. 기왕에 벼슬을 떠나 은거했으면 의당 입산하여 흔적을 숨겨야 하는데도 여전히 인간세상을 배회하여 앙화가 이름 따라 일어나도록 만들었으니, 배우기 싫은 두 번째입니다. 대승의 이치를 추구하는 데는 조급하면서 정작 계율을 지키는 것은 느슨하고, 사소한 규범에 신경 쓰지 않아 기분 내키는 대로 입을 놀리다 방울 달린 칼을 든 위사들이 왁자지껄 몰려들게 만들었으니, 배우고 싶지 않은 세 번째입니다.

무릇 내가 배울 수 없는 점은 죽을 때까지 배우지 못할 것이요, 배우고 싶지 않은 점은 결연히 배우지 않았습니다. 그런 까닭에 나는 공을

간 용이 내려가려 해도 내려갈 수 없는 상황을 비유한다. '겸'은 열다섯 번째 괘의 명칭으로 겸손의 덕을 상징한다. 즉 과도한 자신감을 버리고 겸손한 마음가짐으로 조용히 살겠다는 뜻으로 풀이할 수 있겠다.

좋아했지만 배우지 않았다고 말하는 것입니다. 그런데 헛소리 날조하
길 좋아하는 작자들에 따르면, 공은 삭발했으면서도 여전히 관을 쓴 채
현인을 추천했고 팔십 평생 어떤 욕망도 잊어버리지 않았다고 하는데,
과연 이런 일이 있을 수나 있는 것입니까! 이야말로 두꺼비가 내뱉는
오물이 그 주둥이에서 나오는 거나 마찬가지인 격이지요."

서답 書答

옷을 입고 밥을 먹는 것은 바로 인륜이며 만물의 이치니,
옷 입고 밥 먹는 일을 빼면 인륜이며 이치가 존재하지 않습니다.
세상의 온갖 일들은 다 옷이나 밥 같은 종류인 까닭에 옷과 밥을 거론하면
세상의 모든 일이 자연스레 그 안으로 들어오게 됩니다.

주서암에게 답함 答周西巖

천하의 어느 누구도 생지[1]를 타고나지 않은 이가 없고, 어떤 사물도 생지가 부여되지 않은 것이 없다. 어느 한 순간도 생지가 발현되지 않을 때가 없건만, 스스로는 그 사실을 알지 못하는구나. 하지만 그 사실을 깨닫지 못하게 한 적도 일찍이 없었다. 다만 흙·나무·기와·돌멩이 등에게는 그 사실을 알려줄 수가 없으니, 그것들에게는 마음의 작용이 없어 말로 일러주기가 어렵기 때문이다. 현명한 자, 지혜로운 자, 우

---

1) 생지(生知): 생이지지(生而知之)의 준말로 원래는 배우지 않고도 아는 능력을 말한다. 출전은 『논어』「계씨」(季氏)편의 "나면서부터 아는 사람은 자질이 뛰어나다"(生而知之者上也.)와 『예기』「중용」(中庸) 21장의 "혹자는 나면서부터 알고, 혹자는 배워서 알며, 혹자는 어려움을 겪은 다음에야 알지만 앎에 도달하기는 매한가지이다"(或生而知之, 或學而知之, 或困而知之, 及其知之, 一也.) 등등. 그러나 이지가 말하는 '생지'는 철학적으로 좀더 무게가 있어 양명학에서의 불학불려(不學不慮)한 양지(良知)와 불교의 지혜(智慧, 즉 般若)와도 연결이 된다. 흙과 나무 등에도 지(知)가 있다는 발상은 중당(中唐) 이래 발달한 비정성불설(非情成佛說, 草木土石에도 성불의 뜻이 있다는 圓敎의 학설)에서 유래하는데, 여기서 주의해야 할 점은 현자든 어리석은 자든 모두 마음의 작용(有情)에 의해 생지가 가려진다는 지적일 것이다. 그러므로 이 '유정'은 본래의 의미보다도 동심설(童心說)의 '도리견문'(道理見聞)에 오히려 더 잘 부합되는 개념이 된다. 생지는 누구에게나 갖춰져 있기 때문에 아무라도 성인이나 부처가 될 수 있지만 도리와 견문에 의해 본성이 가려져 그렇게 되지 못한다는 내용의 동심설은 자신의 현재 모습으로 본래의 성(性), 즉 부처(佛)·성인(聖人)·천지(天理)·양지(良知) 등을 보려 했던 명대 말기의 사상적 충동에 대한 이지 나름의 표현이었다.

매한 자, 불초한 자도 깨우쳐주기 어려우니, 그들에게는 마음의 작용이 있어 언어로 일러주기가 어려운 까닭이다. 이 두 경우를 제외하면 제아무리 소 · 말 · 당나귀 · 낙타 같은 미물이라도 그것들이 깊은 시름에 젖고 고통받고 있는 때라면 생지를 일깨워주거나 불승²⁾을 말해주기가 불가능한 노릇은 아니다.

그 사람의 견지에 의거하면, 어떤 이는 마치 생지를 지닌 채 태어나고 어떤 이는 또 그렇지 못한 것 같구나. 생지를 지닌 자는 바로 부처이고, 그렇지 못한 자는 아직 부처가 아니라는 말이겠지. 그가 반평생 동안 짓고 행한 바가 죄다 누구의 주장인지를 나는 모른다. 일용³⁾에 가깝지 않아 알 수 없는 것일까? 잘 모르는 것이야 그냥 넘어간다 치더라도, 우선 당장 자신은 감히 성불을 사칭할 수 없다고 말하는구나. 기왕에 부처가 눈앞에 없다면 나중에는 또 어떻게 부처가 존재한다는 것인지? 훗날 성불했을 때라야 비로소 부처가 진짜 존재하는 것이라면, 아직 성불하지 못한 지금은 부처가 또 어디에 가 계신다는 말일까? 어떤 때는 있다가 어떤 때는 없다는 것은 식심⁴⁾으로 분별을 짓고 망령되이 유무를 판단하기 때문이니, 너라는 부처(汝佛)⁵⁾는 있기도 하고 없기도 한

---

2) 불승(佛乘): 불교에서 말하는 중생을 인도하여 성불하게 하는 방법. 유일한 법이라 하여 일불승(一佛乘) 혹은 일승(一乘)이라고도 부른다.

3) 일용(日用): 일상의 쓰임. 『주역』「계사전」(繫辭傳) 상편에 보인다. "음과 양이 상호 작용해 만물을 생장 · 소멸시키는 것을 도라 일컫는데, 이를 계승하는 것은 선(善)이고 완성시키는 것은 성(性)이다. 어진 이는 이를 보고 인(仁)이라 여기고, 지혜로운 자는 지(知)라고 여긴다. 하지만 보통 백성들은 날마다 도의 작용에 따라 생활하고 그 안에 살면서도 알지를 못하니, 군자의 도에 통달한 사람이 매우 드물다"(一陰一陽之謂道, 繼之者善也. 成之者性也. 仁者見之謂之仁, 知者見之謂之知. 百姓日用而不知, 故君子之道鮮矣.) 이 용어는 송학(宋學)이 발달하기 시작한 이래 천리(天理), 즉 양지(良知)가 만인에게 보편적으로 갖춰져 있지만 보통 사람은 그것을 자각하지 못한다는 관점에서 종종 사용되기 시작하였다.

4) 식심(識心): 불교용어. 스스로 본심을 알고 본성(本性)을 보는 것을 일컫는다. 출전은 『단경』(壇經)「혜능동자문답혜능작게」(惠能童子問答惠能作偈). "본심을 모르면 불법을 배워도 소용이 없다. 식심과 견성이 바로 큰 뜻을 깨닫는 일이다"(不識本心, 學法無益. 識心見性, 卽悟大意.)

5) 여불(汝佛)은 '너 자신이 부처이니 우리 모두는 또 부처'라는 의미로 해석된다. 인

80

것이 아님이 자명하구나.

게다가 자신이 성불⁶⁾할 수 없다고 이미 생각했다면, 이 한 평생 온전한 사람 또한 될 수 없다고 생각한 것이 어찌 아니겠느냐? 이 천지간에서 어떻게 자립하겠다는 말인지 나는 모르겠구나. 기왕에 스스로 설 수 없다면 편안할 수도 없는 법이다. 자신이 편안하지 못하면 집에 있어도 가정을 편안하게 할 수가 없고, 향리에서도 자기 사는 고을을 편안하게 할 수 없으며, 조정에서도 조정을 편안하게 할 수가 없다. 이런 판에 무엇으로 나날을 보내고 어떻게 다른 사람 앞에 선다는 말인지 나는 또 모르겠구나. 내가 아무리 양보한다손 자신을 두고 온전한 사람이 아니라는 데는 결코 수긍할 수 없음이 확실하구나.

기왕에 사람으로 온전히 자립했는데 또 무엇 때문에 성불하지 않고 다시금 훗날을 기다려야 하겠는가? 세상천지 어디에 사람 밖에 부처가 있고 부처 밖에 사람이 있더란 말이냐? 만약에 벼슬하고 결혼하는 따위의 일들을 다 마치길 기다렸다가 부처를 공부한다면, 이는 성불은 아무 일도 없을 때를 기다려야 하고 인생의 제반사는 성불에 방해가 된다는 말이 된다. 이런저런 일에 걸려 성불할 수 없다면, 이는 부처가 세상사에 있어 도움이 되지 못한다는 말이겠지. 부처가 세상일에 도움을 주지 못한다면 성불을 한들 무엇에 쓰겠느냐? 세상만사가 성불에 장애가 된다면 부처 역시 소용에 닿지 않는 것이니, 어찌 가소롭다 하지 않을까? 잠깐만 미룬다고 하다가 천·만·억 겁(劫)이 늦춰지게 되니, 무서운 일이로다!

간과 부처 사이에 존재하는 의식(意識)의 격절을 인정하지 않는 선가(禪家) 특유의 역설적인 표현이라 하겠다.

6) 원문에서는 성불이 아닌 작불(作佛)이라 했지만 실은 같은 의미로 쓰였다. 이지는 "원래 성불을 말하는 자들은 부처는 본래부터 부처였다고 말한다. ……성불이란 부처가 될 자질은 있지만 아직 부처가 아닌 이를 부처가 되게 하는 것"(蓋言成佛者, 佛本自成. ……成佛者, 成無佛可成之佛)(『분서』 권4 「관음의 질문」)이라고 말하면서, 부처를 대상으로 인식해 현재의 자신과 격리시키는 것을 경계하였다. 이는 본래의 성을 현재의 자신으로 보려는 의지의 표현일 것이다.

주약장에게 답함 答周若莊

　덕을 밝힘(明德)은 근본이요, 백성과 친함(親民)은 말단이다. 그래서 "사물에는 근본과 끝이 있다"[7]고 말했고, 또 "천자에서 서민에 이르기까지 하나같이 수신을 근본으로 삼아야 한다"고 말하였다. 만약에 덕을 밝혀 제 몸을 다스리지 않는다면 이는 근본은 어지럽힌 채 말단만을 추구하는 행사니, 어찌 가능한 일이겠는가! 사람들에게 제 몸처럼 중요한 것은 없다. 만약 덕을 밝혀 수신하지 않는다면 중시해야 할 바가 경시되므로 모든 것이 중요해지지 않게 된다. 하지만 경시해도 될 것이 중요해지는 그런 이치란 존재하지 않는다. 이런 까닭에 "그런 경우는 있질 않았다"라고 말한 것이다.

　작금의 논자들은 명덕을 버리고 곧장 친민을 이야기하는데, 그 이유가 대체 무엇일까? 어찌 근본을 버리고 말단만을 도모하며 중시할 것은 경시하고 경시할 것은 중시하고 싶은 때문이 아니겠는가! 친민에 뜻을 둔 사람은 바로 명덕을 일삼아야 할 것이다! 나의 덕이 밝아진 연후라야 그 가진 바를 옮겨 천하에 명덕을 밝히게 되니, 대인[8]이 자신을 완성하고 사물을 완성(成己成物)[9]시키는 도는 응당 이와 같아야 한다. 친민한 다음이라야 나의 명덕을 밝힐 수 있다고 말하는 것은 명백히 잘못이라 하겠다.

---

7) 출전은 『대학』(大學)의 첫 번째 장. 이하 인용된 문장들은 모두 같은 장에 실린 것들이다.

8) 대인(大人): 지위가 높은 사람, 즉 왕공귀족(王公貴族) 등을 가리킨다. 덕행이 고상하고 지취(志趣)가 높으며 원대한 이를 말하기도 한다.

9) 성기성물(成己成物): 자신으로부터 비롯하여 사물에까지 이르는 것. 자신에게 성취가 있으면 자신 이외의 다른 모든 사물에도 성취가 있기를 희망하는 것을 말한다. 출전은 『예기』「중용」 제25장. "성이란 자신의 성을 완성하는 데만 그치지 않고 기타 만물의 성까지도 완성시키는 것이다. 자신의 성을 완성시키는 것은 '인'이고, 기타 만물의 성을 완성시키는 것은 '지'이다. 인과 지는 하늘이 낸 덕성인데, 안으로 성기하는 도와 밖으로 성물하는 도를 합치시킨다"(誠者, 非自成己而已也, 所以成物也. 成己, 仁也; 成物, 知也. 性之德也, 合內外之道也.)

게다가 명덕이란 내가 본래부터 갖고 있는 바이므로 천하에 명덕을 밝힌다 함은 또 사람에게 본래 없는 바를 강요하는 것이 아니다. 그래서 "지극한 선(至善)에 머문다"고 명시하여 말할 따름이었다. 선도 없고 악도 없는 이런 상태를 일러 '지선'이라 하니, 여기에 있어 멈출 바를 알게 되면 명덕을 밝히는 일도 아울러 마쳐지게 된다. 이로부터 그 남은 여력을 옮겨 다른 사람에게까지 미치게 하니, 친민 또한 어찌 수월해지지 않겠는가! 그래서 마지막 장에서까지 백성과 어떻게 친하라고는 말하지 않고 다만 명덕만을 이야기했으며, 덕을 어떻게 밝히라고는 더군다나 말하지 않고 그저 지선에 머물라고만 말하였다. 선이 어떻게 머문다고 말하지 않고 다만 멈출 곳을 알라고만 했으며, 멈춤은 어떻게 알게 된다고 말하지 않은 채 곧장 격물(格物)하여 그 앎에 도달하라고만 일렀을 뿐이다. 궁구하는 바는 어떤 사물인가? 도달해야 할 바는 무슨 앎이란 말인가? 원래 사물을 궁구하면 저절로 알아야 할 사물이 없어지고, 사물이 없어지면 앎 자체도 자연히 없어지게 된다. 그런 까닭에 멈출 곳을 알면 지식의 탐구 또한 멈춰지게 되니, 만약 지식 탐구가 아직 멈춰지지 않은 상태라면 이는 또 멈출 곳을 아직 모른다는 말이 된다. 그렇게 해서 자신이 모르는 바에서 멈출 줄을 안다면, 이것이야말로 앎에 도달한 치지(致知)가 된다. 내가 살피건대 『대학』이 이처럼 상세하게 계시했다지만, 덕이 쉽게 밝혀지지 않아 멈춰야 할 곳을 수월하게 알 수 없는 경우가 없지 않았다. 이리하여 다시 찬[10]을 지어 다음과 같이 말하였다.

사람이 멈출 곳을 알 수 있다면
항상 고요하고 항상 안정되리라.
지극히 고요하여 욕심이 없어지고,

---

10) 찬(贊): 문체의 일종. 인물이나 사물을 찬미하기 위한 용도로 쓰였는데, 대부분 운문이다.

만사가 편안하여 옮겨다니지 않게 되고,
백 가지 생각이 하나로 모일 것이다.

지금의 논자들은 자신과 밀접한 관계가 있는 일을 스스로 반성함에
있어 과연 언제나 고요하고 항상 안정될 수 있는가? 지극히 고요하여
욕심이 없을 수 있는가? 편안하고 굳건하여 흔들리지 않을 수 있는가?
백 가지 심려가 하나로 일치하는가? 이는 아직 알 수 없는 일이다. 어찌
그리도 성급하게 멈출 곳을 알았다 내세우고, 명덕을 자임하면서, 대인
(大人)의 친민하는 학문과 똑같아지려는 것이냐! 그렇다면 안회(顔回)
는 죽을 때까지 배우길 좋아한다고 알려졌고 증자(曾子)는 종신토록 약
속을 잘 지키기로 유명했으면서도 끝끝내 친민에 관해서는 입도 떼지
않았는데, 과연 이들 모두가 잘못이란 말인가! 과연 이들이 한쪽으로만
치우친 불완전한 학문을 했단 말인가!

세상에는 정녕 죽을 때까지 훌륭한 스승과 친구를 찾고 덕과 학식이
높은 선지식(善知識)을 가까이하려는 사람들이 존재한다. 하지만 죽을
때까지도 멈춰야 할 곳을 제대로 알지 못하는 자 또한 부지기수이다.
하물며 단 하루도 선지식을 가까이한 적이 없는 주제에 스스로 선지식
을 자임하고 나서다니, 이것이 가당키나 한 노릇인가!

초약후에게 與焦弱侯

사람이란 물과 같고, 호걸은 거대한 물고기와 같습니다. 대어를 잡고
싶으면 모름지기 보통과는 다른 물을 찾아야 하고, 호걸을 만나고 싶다
면 반드시 이인(異人)들 가운데서 찾아야 할 노릇이려니, 이는 너무나
분명한 이치지요. 지금 우물이 하나 있다고 칩시다. 이 우물은 청결한데
다 물맛 또한 대단히 감미롭습니다. 날마다 먹고 마심에 있어 사람들의
용도에 너무나 절절한지라 하루라도 이 우물이 없이는 살 수 없을 정도

지만, 임공[11]의 낚싯대를 지닌 자라면 절대 그 우물로 갈 리가 없습니다. 어찌하여 그럴까요? 우물에 물고기가 살지 않는 까닭이지요. 세 치 짜리 조그만 물고기라 할지라도 낚을 길이 전혀 없기 때문입니다.

대저 바다라고 하는 것은 청결한 적도 없고 맛이 감미로운 적도 없습니다. 그러나 만 곡[12]의 거대한 배가 아니면 그 바다에 들어갈 수 없고, 바다에서 자라난 것이 아니면 그 바다로 나아갈 수도 없는 법입니다. 원래 바다는 사람을 살릴 수도 있고 죽일 수도 있으며 부자로 만들거나 가난하게 만들 수도 있습니다. 따라서 바다란 마냥 믿고 편안하게 여기거나 일상적으로 의지할 수 있는 대상이 아님이 명백합니다. 그러나 그 바다는 곤이 붕새로 변하는(鯤鵬化焉)[13] 데고 이무기와 용이 숨어 있으며 만 가지 보물이 감춰진 보고입니다. 그리고 배를 삼킬 수 있는 거대한 물고기가 노니는 곳이기도 하지요. 고기가 한 번 아가리를 벌리면 높이 백 길이나 되는 돛배가 일제히 빨려 들어가는데도 전혀 걸리는 바가 없으니, 그 물고기의 뱃속이 정녕 장강이나 한수처럼 엄청나기 때문

---

11) 임공(任公): 고기를 잘 낚는다는 전설적인 인물. 임공자(任公子) 또는 임보(任父)라고도 부르며, 속세를 벗어난 은자로도 비유된다. 출전은 『장자』「외물」(外物)편. "임나라 공자가 큰 낚시와 굵은 낚싯줄을 만들고 오십 마리의 소를 꿰어 미끼로 삼은 뒤 회계산에 걸터앉아 동해로 낚싯대를 드리웠다. 날마다 낚시질을 했지만 일 년이 넘도록 걸려드는 고기가 없더니, 이윽고 큰 고기가 미끼를 물었다. 고기는 낚시를 물고 물 속으로 쑥 들어갔다가 조금 뒤 다시 솟아올라 지느러미를 흔들었는데, 산 같은 흰 파도가 일고 바닷물이 진동을 했으며 귀신이 우는 듯한 그 소리는 천 리 밖까지 무서워 떨게 하였다. 임공자는 이 고기를 잡은 뒤 베어서 포를 떴는데, 제하 동쪽으로부터 창오산의 북쪽에 사는 사람들까지 이 고기를 물리도록 먹지 않은 사람이 없었다"(任公子爲大鉤巨緇, 五十犗以爲餌, 蹲乎會稽, 投竿東海, 旦旦而釣, 期年不得魚. 已而大魚食之, 牽巨鉤, 錎沒而下, 騖揚而奮鬐, 白波若山, 海水震蕩, 聲侔鬼神, 憚赫千里. 任公子得若魚, 離而腊之, 自制河以東, 蒼梧已北, 莫不厭若魚者.)

12) 곡(斛): 원래는 곡식의 용량을 재는 도구지만 용량 단위로도 쓰인다. 고대에는 10말(斗)이 1휘(斛)였지만, 남송 말기에 5말로 개정되었다.

13) 곤붕화언(鯤鵬化焉): 북해(北海)에 사는 곤이라는 거대한 물고기는 붕이라는 이름의 거대한 새로 변해 바다의 기운이 움직일 때 남명(南冥)으로 날아간다고 하는데, 이 남명이 바로 천지(天池)이다. 출전은 『장자』「소요유」(逍遙遊)편.

입니다. 이렇듯 거대한 영물을 어찌 예저[14]가 제압할 수 있으며 그물 따위로 끌어올릴 수 있겠습니까! 이 녀석은 제 스스로 살고 또 죽으며 알아서 떠났다가 다시 찾아오곤 합니다. 물 속에 사는 온갖 어류들도 오직 놀라움과 장탄식으로만 대할 따름인데, 아직 그것을 보지 못한 인간 따위야 말해 무엇하겠습니까!

우리 집은 천주(泉州) 바닷가에 있는데, 한 번은 해변에 사는 사람이 나에게 놀라운 이야기를 들려주었습니다.

"어떤 거대한 물고기가 물결 따라 항구로 들어왔는데 조수가 물러가는 바람에 빠져나가지 못하게 되었습니다. 수십·수백 명의 사람들을 불러모으니, 그들이 칼과 도끼를 갖고 곧장 물고기의 등 위로 올라가 마음껏 찍고 갈라 연거푸 수천 석을 베어냈으나 이 물고기는 여전히 태연자약이었습니다. 이윽고 파도가 밀려오니 다시 그 파도를 타고 바다로 돌아가더군요."

그러나 이 물고기는 그래도 작은 놈이라 하겠습니다. 조수를 타고 항구로 들어왔다면 항구가 물고기의 몸뚱이를 받아들일 수 있었음이니, 이 물고기도 그다지 큰놈은 아니었던 거지요. 나에게는 막씨(莫氏) 성을 가진 친구 하나가 있는데, 뇌주(雷州)의 바닷가에 살고 있습니다. 운남에서 함께 벼슬살이를 할 때, 그는 내게 직접 이렇게 말한 적이 있습니다.

"산처럼 거대한 물고기가 나타났는데, 처음 보았을 때는 안개처럼 펼쳐진 구름이라고만 여겼습니다. 정오에 해무가 다 걷히고 나니 그야말로 바닷속에 산 하나가 드러나는데 태항산(太行山)처럼 봉우리가 줄지

---

14) 예저(豫且): 춘추시대 송(宋)나라의 어부. 그가 거대한 흰 거북을 잡자 이 거북이 송나라 원왕(元王)의 꿈에 나타났다는 기록이 유향(劉向)의 『설원』(說苑) 「정간」(正諫)과 『장자』 「외물」편에 보인다. 또 『사기』 「구책열전」(龜策列傳)에서도 다음과 같이 쓰고 있다. "송나라 원왕 2년, 강의 신이 하신에게 신귀를 사자로 보냈다. 천양에 이르렀을 때, 어부 예저는 그물로 거북을 잡아 조롱 속에 가두었다. 한밤중에 거북이 송 원왕의 꿈에 나타났다"(宋元王二年, 江使神龜使於河, 至於泉陽, 漁者豫且擧網得而囚之, 置之籠中. 夜半, 龜來見夢于宋元王.)

어 연결되었더군요. 동쪽에서 서쪽까지 가는데 보름이나 걸려서야 겨우 끝을 보았습죠."

그렇다면 이 물고기의 길이가 어찌 삼천여 리에 불과할 뿐이겠습니까? 아아! 천하의 호걸지사 또한 이와 같을 뿐입니다. 지금 만약 시골 동네 사람들이 모두 좋아하는 사람 중에서 호걸을 찾는다면 이는 우물에서 물고기를 낚는 것과 같으니, 어찌 가능한 일이겠습니까! 그렇다면 그런 이를 과연 지혜로운 자라고 말할 수 있겠습니까! 이유가 무엇일까요? 호걸지사는 결코 촌사람들이 좋아할 바 아니며, 촌구석 무지렁이 중에는 결코 호걸이 생겨날 리 없기 때문입니다. 고금의 성현들은 모두 호걸들 가운데서 나왔으니, 호걸이 아니면서도 성현이 될 수 있었던 자는 자고이래 없었습니다. 이제 밤낮으로 절박하게 천하의 호걸과 어울리고 그들과 함께 성현이 되고 싶다면서도 여전히 시골 촌뜨기 가운데서 호걸을 물색한다면, 이는 비단 호걸을 놓칠 뿐만 아니라 성현이 되는 길을 잃어버리는 결과가 되고 맙니다. 이른바 수레의 끌채는 북쪽을 향하고 그 바퀴는 남쪽을 향한 형국이니, 어떻게 또 가당하다 하겠습니까! 내가 보기에 그 사람은 절대 호걸도 아니고 성현이 되려는 진실한 의지 역시 전혀 갖추지 못했습니다. 어째서 그럴까요? 만약 진정한 호걸이라면 호걸을 알아보지 못할 리 없고, 만약 진실로 성현이 되고픈 의지가 있다면 성현이 되는 길을 결코 모를 리가 없기 때문입니다. 어떻게 우물가에 앉아서 고기를 낚는 이치가 존재하겠습니까!

등석양[15]에게 답함 答鄧石陽

옷을 입고 밥을 먹는 것은 바로 인륜이며 만물의 이치니, 옷 입고 밥

---

15) 등석양(鄧石陽): 등림재(鄧林才). 자는 자배(子培), 호는 석양이고, 사천성 내강(內江) 사람이다. 민국 연간에 발행된 『내강현지』(內江縣志) 권4에 의하면, 가정 40년(1561) 거인(擧人)에 합격하였다. 기타 자세한 사적은 전하지 않고 이학의

먹는 일을 빼면 인륜이며 이치가 존재하지 않습니다. 세상의 온갖 일들은 다 옷이나 밥 같은 종류인 까닭에 옷과 밥을 거론하면 세상의 모든 일이 자연스레 그 안으로 들어오게 됩니다. 옷과 밥과는 별도로 이른바 보통 백성들의 갖가지 일상과 완전히 절연된 또 다른 무언가가 있는 것은 아니라 하겠습니다. 공부하는 이들은 다만 윤리나 이치의 선상에서 세계의 진공[16]을 인식함이 마땅할 뿐, 그 선상에서 윤리나 이치를 따지는 것은 마땅치 않습니다. 이런 까닭에 "만물의 이치를 밝히고 인륜을 살폈다"[17]고 말했던 것입니다. 윤리나 이치에서 벗어나 다시금 심오한 통찰을 더하면 근본에 도달하면서 진짜 근원을 알 수 있게 됩니다. 그렇지 못하면 겨우 인륜이나 이치의 선상에서 따지고 추측이나 하게 되어 스스로 깨닫는 날은 끝내 기약할 수 없게 되지요. 번잡하고 간결함의 차이는 바로 여기에 있습니다. 세심히 살펴서 진공을 얻게 되면 인의로부터 행동이 이루어지게 되지만, 잘 살펴 관찰하지 않으면 어질고 의로운 행동이란 것이 작위적으로 이루어져 혼란에 빠지더라도 스스로는 깨닫지 못하게 됩니다. 어찌 신중하지 않을 수 있겠습니까!

지난번 보낸 답서에서 '진공' 부분 열여섯 자는 이미 빠짐없이 충분

신봉자로만 알려져 있다. 나중에 마성의 현령을 지낸 등응기(鄧應祈)의 부친이기도 하다. 1563년을 전후해 이지가 부친과 조부의 장례를 치르러 복건으로 돌아갔을 때, 그의 처와 딸은 하남의 공성(共城, 지금의 輝縣)에 남아 있다가 엄청난 기근을 만났다. 둘째와 셋째 딸이 연달아 요절하는 위급한 상황에서 마침 휘부(輝府)의 추관(推官)을 지내던 등석양이 삼 년 동안이나 그들 일가를 돌봐주었고, 이 덕분에 이지와의 친교가 맺어지게 되었다. 이지는 운남을 떠나 마성으로 이주한 다음에도 그와의 서신 왕래를 그치지 않았다. 이지의 글에 나오는 석양태수(石陽太守)나 등추관(鄧推官)은 모두 이 사람을 말한다.

16) 진공(眞空): 온 세계가 허환(虛幻)하여 비어 있음을 가리키는 불교용어.
17) 출전은 『맹자』 「이루」(離婁) 하편. 원문은 다음과 같다. "맹자가 말했다. '사람과 짐승이 다른 점은 거의 없다. 다만 하늘이 내려주신 인과 의를 보통 사람은 귀한 줄 몰라 내버리는 데 반해 군자는 보존할 뿐인 것이다. 순임금은 만물의 이치를 확실히 아셨고 사람의 도리도 살펴 아셨다. 그는 인의에 따라 일을 행했지만, 그것이 귀한 줄 알아 의식적으로 행한 것은 아니었다'"(孟子曰: '人之所以異於禽獸者, 幾希. 庶民去之, 君子存之; 舜明於庶物, 察於人倫, 由仁義行, 非行仁義也.')

히 설명하였습니다. 오늘은 다시 그 뜻을 자세히 해석해서 틀린 곳을 바로잡아달라는 부탁을 드리면 어떨는지요? 이른바 "비움에는 비우는 행위가 필요치 않다"(空不用空)는 말은 태허공[18]의 성질을 일컬었는데, 원래 사람이 비울 수 있는 바가 아닌 까닭입니다. 만약 사람이 비울 수 있는 것이라면, 그것을 태허공이라고 말해선 아니 될 것입니다. 무슨 기묘함이 있다고 공부하는 이들은 오로지 견성[19]만을 최고의 준칙으로 삼으려 하는 것일까요! 이른바 "끝내 비울 수가 없다"(終不能空)라고 한 것은 만약 한 오리의 인위적 작용이라도 끼여들게 되면 바로 한 푼의 진공이 막혀버리고, 한 푼의 진공이 막히게 되면 한 점 먼지가 끼여 오염되는 상황을 막을 수 없기 때문입니다. 이 한 점의 먼지는 바로 천 겁(劫)을 붙들어매는 나귀의 재갈(繫驢橛)[20]이어서 영원히 거기

---

18) 태허공(太虛空): 넓디넓은 우주의 허공. 결과적으로 행위와 사물이 없기 때문에 완공(頑空)이나 편공(偏空), 태허공(太虛空)이라고도 부른다. 소승의 열반에 비유함으로써 대승 열반의 묘공제일의(妙空第一義)와 구별짓기도 한다. 이지는 이 문장에서 태허공을 긍정적으로 설명하지만, 다른 데서는 꼭 그렇지도 않다. 이 책 권4 「관음의 질문」(觀音問)에서는 "유(有)를 내버리고 공(空)에 집착하면 완공이 만들어지는데, 이른바 단멸공(斷滅空)이란 게 바로 그것이다. 즉 지금 사람들이 모두 함께 보는 태허공인 것이다. 이 태허공은 만물을 생육시킬 수가 없다. 기왕에 만물을 생육시키지 못하는데 어떻게 단멸공이라 말하지 않을 수 있고 어떻게 완공이라 말하지 않을 수 있겠는가?"라고 말했고, 「심경 해설」(解經文)에서는 "무릇 공으로 하여금 행위가 있게 한다면, 그것을 일컬어 어찌 또 진공(眞空)이라 할 수 있겠는가! 설사 공을 얻게 되더라도 또한 땅을 파서 출토시킨 공으로서 마치 지금 누구나 보고 있는 태허공 같을 따름인지라 진공과는 끝내 교섭이 되지 않는다"고 하였다. 그러나 어느 측면에서 보든지 간에 이지가 '공'을 온갖 종류의 계산과 분별심을 잊는 것이라고 설파한 점만은 줄곧 동일하였다.
19) 견성(見性): 불교용어. 자신의 불성(佛性)을 철저하게 깨닫는 것을 말한다. 『달마오성론』(達摩悟性論)에서는 "곧장 사람의 마음을 가리켜서 불성을 보게 되면 부처가 된다"(直指人心, 見性成佛.)고 하였고, 『혈맥론』(血脈論)에서는 "부처를 보고 싶으면 모름지기 성을 볼지어다. 성이 바로 부처니라"(若欲見佛, 須是見性, 性卽是佛.)고 말하였다. 여기서의 성은 사람이 나면서부터 갖추고 있지만 인력으로는 어쩔 수 없는 자연적인 선성(善性)이다. 결국 공(空)을 깨닫는 것을 말한다.
20) 계려궐(繫驢橛): 나귀를 붙들어매기 위해 길가에 세워놓은 말뚝. 사람을 고통이나 불행에 붙들어매는 굴레나 속박을 비유하는 말이다.

서 벗어나지 못하게 만드니, 어찌 두렵지 않겠습니까! 세상의 평탄한 큰길은 천 사람이 지나오고 만 사람이 밟았으며 내가 그 위에 있고 형 또한 계시며 온 고을의 위아래 사람이 모두 함께 지나는 곳입니다. 만약 억지로 분별하려 든다면 오히려 백성의 일용이 바로 도라는 주장만도 못하게 되지요. 한 번 잘 생각해보시기 바랍니다!

저는 늙었습니다. 글을 짓는 것도 대충대충이라, 도에 대한 저의 생각을 제대로 표현하지 못했습니다. 형께서 만약 쉽고 간략한 이치(易簡之理)[21]에 뜻이 있어 이 한 생을 허비하고 싶지 않으시다면, 저는 비록 가슴속에서 피를 토해내는 한이 있더라도 논구하여 증명함에 힘을 아끼지 않겠습니다. 만약 예전을 따르길 고집하여 저의 이 견해에 반대하신다면 다시는 삶과 죽음을 염두에 두지 마십시오. 그리고 제발 더 이상은 가르침을 내리지 말아주십시오!

다시 석양태수에게 답함 又答石陽太守

형께서 가르치신 바는 바로 주부자(朱夫子, 朱熹)의 학문이지 우(虞)나라 순(舜)임금의 정일[22]한 학문이 아닙니다. 정신을 집중하면 일치하게 되고, 일치하면 둘로 갈라지지 않으며, 둘이 아니게 되면 평화로워집니다. 일치하기에 집중할 수 있고, 집중하면 성글지 않으며, 성글지 않으므로 내용이 충실합니다. 거로[23] 같은 이가 본 바는 매우 정확해서

---

21) 이간지리(易簡之理): 쉽고 간명한 도(道). 여기서는 태주학파의 '백성의 일용이 바로 도'(百姓日用卽道)라는 주장을 가리킨다.

22) 정일(精一): 도덕과 수양의 정수(精粹)와 순일(純一). 출전은 『서경』 「대우모」(大禹謨). "사람의 마음은 불안하기만 하고, 도를 향한 마음은 미약하기만 하다. 오로지 정신을 하나로 모아 성실한 마음으로 중정(中正)의 도리를 지키시라"(人心惟危, 道心惟微, 惟精惟一, 允執厥中.)

23) 거로(渠老): 등활거(鄧豁渠). 태주학파의 일원으로 초명(初名)은 명학(名鶴), 호는 태호(太湖)이며, 촉(蜀)의 내강(內江) 사람이다. 학문에 종사하였는데 훗날

헛것이 아니니, 바로 진실한 지위(地位)입니다. 지은 바가 매우 평이하여 높지 않으니, 바로 평등한 경계(境界)입니다. 그것은 조로[24]의 가르침을 직접 전수받은 때문이겠지요. 비록 그가 동서남북을 가리지 않고 한평생 밖으로만 맴돌아 가족을 팽개치는 병통을 면할 수 없었던 것 또한 그의 행적일 따름입니다. 어찌 그래야 할 까닭이 없었겠습니까? 행적이 사람마다 다른 것은 마치 얼굴이 다른 것과도 같습니다. 사람이 천만이면 얼굴 또한 천만 개이지요. 그런데 얼굴이 다르다고 해서 과연 천만 사람 모두에게 제각기 다른 속성이 있기야 하겠습니까? 거로는 사람에게 천만이나 되는 속성은 없다는 걸 알았습니다. 이리하여 그것을 두고 근본을 안다고 일컬었고, 그래서 하나인 것이라고 말하였습니다.

집을 버리고 떠돌다가 머리를 깎고 중이 되었다. 일찍이 황안(黃安)에 와서 경정리를 만난 적도 있다. 그의 학문적 경향은 성명(性命)을 중시하고 간명한 언사와 행동을 높이 쳤다. 때문에 황종희는 그의 학문이 견성(見性)만을 중시하며 계율은 지키지 않는 오류를 범했다고 말했는데, 바로 육신과 성을 완전히 양분하여 말은 세계 바깥에 있고 행동은 세계의 안에 있는 듯이 군다는 비판이었다. 그저 종정(縱情)만을 알고 선천적인 제일의(第一義)는 알지 못하니 '무'(無) 한 글자에나 해당된다는 비난도 덧붙였다. 이러한 성향으로 말미암아 등활거는 승려 중의 '광선'(狂禪)으로 분류된다.

24) 조로(趙老): 조정길(趙貞吉, 1508~76). 자는 맹정(孟靜), 호는 대주(大洲), 시호는 문숙(文肅). 촉의 내강 사람이다. 1532년 진사가 되어 첫 번째로 서길사(庶吉士)에 선발되었다. 당시 궁중에서 방사(方士)를 등용하자 진유(眞儒)로 하여금 대업을 돕게 하라는 상주문을 올렸고, 사업(司業)을 지낼 때는 지본솔성(知本率性)하라는 가르침을 폈다. 호부시랑 때는 엄숭(嚴嵩)과 충돌하여 관직을 삭탈당했다. 융경 초기에 다시 기용되어 예부상서와 문연각대학사를 지냈지만 곧이어 고공(高拱)과의 마찰로 사직하고 귀향하였다. 향년 69세. 그는 재주가 높고 박학했지만 성격이 꼬장꼬장하고 남에게 굽히질 않아 충돌이 잦았다. 간혹 대신의 이름도 마구 불러제껴 원망을 샀고 이 때문에 관직을 떠날 수밖에 없었다고 한다. 저술로는 이지가 정리하여 유통시킨 『조문숙공집』(趙文肅公集) 4권과 『진강록』(進講錄)이 남아 있다. 조대주는 저술에서 성현들의 도를 경세통(經世通)과 출세통(出世通)으로 포괄하려 했는데, 대략 경세는 출세의 형체에 장애가 되지 않고 출세는 경세의 쓰임을 잊지 않는다는 내용이었다. 또 왕간의 재전제자(再傳弟子)로서 이지와도 서울에서 한 번 만난 적이 있었다. 이지는 대주를 '대단히 능력이 뛰어난'(極有力量) 인물로 찬양하며 자신의 글에서 그의 말을 다수 인용했고, 그의 전기를 지어 『장서』 권12에도 수록하였다.

또 그 얼굴은 어쩔 수 없이 천만 개나 되지만 그들 천만 명에서 들려오는 소리는 한 가지임을 알았으니, 그래서 그 상태를 두고 '지일'[25]이라 일컬었고 '대동'[26]이라 불렀던 것입니다.

그 행적에 있어서 거로가 대로(大老, 趙大洲)와 다른 것은 대로가 심로[27]와 다르고 심로는 또 양명로[28]와 다른 것과도 같습니다. 만약

---

25) 지일(至一): 고대의 철학용어. 고도로 화합하면서도 일치된 경계 혹은 국면을 가리킨다. 출전은 『장자』 「선성」(繕性)편. "이때를 당해서는 음양이 조화를 이루어 화평하면서도 조용했고, 귀신이 날뛰지 않았으며, 사계절이 순조로워 만물이 다치지 않고, 모든 생물은 요절하지 않았다. 사람이 비록 지혜가 있어도 쓸 곳이 없었으니, 이것을 일러 '지일'이라 하였다. 이때에는 인위적인 행동이 없어 만물이 항상 스스로 살아갔다"(當是時也, 陰陽和靜, 鬼神不擾, 四時得節, 萬物不傷, 群生不夭, 人雖有知, 無所用之, 此之謂至一. 當是時也, 莫是爲而常自然.)

26) 대동(大同): 천지 만물이 융합하여 하나가 된 상태를 일컫는다. 『장자』 「재유」(在宥)편에 "모습과 형체가 대동(萬物齊同의 세계, 곧 道와 일치된 경지)에 합치된다. 대동의 경지에 놀기 때문에 자신에 대한 집착이 없다"(頌論形軀, 合乎大同, 大同而無己.)라는 대목이 보인다.

27) 심로(心老): 왕간(王艮, 1483~1540). 호는 심재(心齋), 자는 여지(汝止)로, 세칭 심재 선생이라 불렸다. 태주의 안풍장(安豊場, 지금의 강소성 東台縣) 사람으로 염정(鹽丁) 출신의 미천한 신분이었지만, 38세부터 왕양명의 문하가 되어 다년간 수학한 뒤 강학으로 일생을 마쳤다. 양명 사후 제자를 받아 태주학파를 형성했는데, 나무꾼에서 도공에 이르기까지 신분의 귀천을 따지지 않아 왕학 중에서도 가장 급진적인 학파가 되었다. 일상생활 가운데서 진리를 찾을 것을 주장하여 "백성들의 일용이 바로 도"(百姓日用卽道)라고 하면서 '안신지본'(安身之本)이 윤리도덕의 출발점이라고 인식했던 것이다. 왕용계와 더불어 왕문이왕(王門二王)으로 일컬어진다. 나이 58세에 세상을 떴으며, 『왕심재선생유집』(王心齋先生類集)을 남겼다. 『명사』 권283과 『명유학안』 권32 등에 보인다.

28) 양명로(陽明老): 왕수인(王守仁, 1472~1528). 자는 백안(伯安)으로 절강성 여요(餘姚) 사람이다. 병법을 좋아하고 활을 잘 쏘았다. 홍치(弘治) 연간의 진사로 형부와 병부주사를 역임했는데, 정덕(正德) 초기 언관 대선(戴銑) 등을 구명한 일로 유근(劉瑾)의 노여움을 사 곤장을 맞고 귀주(貴州)의 용장역(龍場驛)으로 편적되었다. 유근이 주살된 뒤 여릉(廬陵)의 지현(知縣)이 되었다. 우첨도어사(右僉都御史)로 승진한 뒤에는 남방의 순무가 되어 대모산(大帽山)의 농민반란과 영왕(寧王) 신호(宸濠)의 난을 평정했고, 세종 때에는 양광총독(兩廣總督) 겸 순무가 되어 등협요(藤峽瑤)의 난을 진압하였다. 명대의 문신들 가운데 그보다 용병에 뛰어난 이는 없다고 한다. 그는 양지양능(良知良能)을 위주로 하여 격물치지를 뭇 사물이 아닌 마음에서 구하라는 학설을 폈으며, 송대의 유자들 중에서

사람만 놓고 본다면 어찌 이들 몇 분 원로에게 구별이 있겠습니까! 몇 분 원로께서는 분별을 용납하지 않았음을 알아야 합니다. 이들 몇 분 원로의 학문은 수많은 성인들의 끊어진 궤적을 능히 계승할 수 있어 다같이 '일이관지'[29]의 취지로 귀납되고 있습니다. 만약 그 얼굴이 대충 다르다고 해서 드디어는 사람까지 다를 거라는 의구심을 품고, 그 사람이 다를 거라는 의구심으로 인해 급기야 그 학문까지 다를 거라 의심하는 것은 너무 지나친 처사입니다. 거로야 마침 배불러 만족한 상태라 해도, 나는 그림의 떡으로는 배를 채울 수 없지 않나 의심하게 됩니다. 거로는 피안에서 편안하게 잘 지낸다지만, 나는 정처 없이 떠돌며 한곳에 머물지 못한다는 이유를 들어 그를 탓합니다. 이는 다른 사람의 급한 일에만 다급해하고 자신의 위급은 돌아보지 않는 꼴이기 때문이지요. 그러므로 저는 또 형께서 그 일을 거듭 숙고해주십사 바라마지 않습니다.

형의 학문이 진정 주자(朱子)라는 사람으로 옳음을 삼고 정일(精一)을 전수하는 것은 그르다 한다면, 제가 더 이상 무슨 말을 하겠습니까? 만약 주자에게 그래도 의심은 가는데 아직 정일의 종지를 탐구하지 않은 상태라면, 형은 여기에 있어 응당 지난날에 매달릴 필요가 없습니다. 이제 우리 두 사람의 논의를 결론짓는다면, 형은 인륜과 사물의 중간에서 바르고 적절해야 한다는 논리에서 한 걸음도 양보할 수 없다고 하셨고, 저는 예법을 초월한 가운데 조용히 늙어가며 자족에 힘쓰겠다고 하였습니다. 우리는 이와 같이 서로 다릅니다. 형도 한 번 고요히 귀

는 육상산(陸象山)을 특히 존중하였다. 또한 주자의 『집주』(集注)나 『혹문』(或問) 등은 중년의 아직 결정되지 않은 논설이라고만 여겼다. 양명동(陽明洞)에 집을 짓고 살았으므로 학자들은 그를 양명 선생이라 불렀다. 융경(隆慶) 초에 신건후(新建侯)에 봉해졌고, 시호는 문성(文成)이다.

29) 일이관지(一以貫之): 원래는 공자의 충서지도(忠恕之道)가 일체의 사물을 꿰뚫는 상황을 가리켰지만, 나중에는 사상 혹은 이론이 시종일관 관통하는 상황을 말하게 되었다. 출전은 『논어』 「이인」(里仁)편. "내가 평소에 말한 도는 한 가지 이치로 관통할 수 있다"(吾道一以貫之.)

기울이고 세심하게 살펴보십시오. 우리 두 사람이 같습니까, 다릅니까? 일치합니까, 일치하지 않습니까? 만약 다른 점으로 저를 보고 일치하지 않는 면으로 저를 간파하신다면, 그것은 잘못입니다.

다만 합일을 이뤄낸다면 만사가 끝납니다. 거기에 더 이상 무슨 허다한 사정들이며 허실과 높낮이 따위의 견해가 있겠습니까! 이 경지에 다다르면 성의(誠意)가 진짜 성의가 되고, 치지(致知)는 진짜 치지가 되며, 격물(格物)은 진짜 격물이 됩니다. 성의를 말하는 것도 좋고, 치지를 말해도 되며, 격물을 말하는 것 또한 괜찮습니다. 어떻습니까? 어떻습니까? 우리 두 사람은 늙었습니다. 피차가 한 마음이 되어 천만 가지 오래된 사업들을 증명하거나 서약하는 일에나 힘쓰고 한갓 쓸데없는 만남일랑은 갖지 말도록 합시다!

이견라[30] 선생에게 답함 答李見羅先生

예전에 서울에 있을 때 여러 어르신께 가르침(接引)[31]을 입었지만, 그 중에서도 선생의 가르침이 특히 정성스러웠습니다. 지도를 받고도 간혹 깨우치지 못했던 점은 물러나 곰곰 사색해보곤 하였지요. 그렇게 시간이 흐르면 막힌 곳이 약간씩 뚫리면서 이해가 되곤 하였습니다. 스

---

30) 이견라(李見羅): 이재(李材). 자는 맹성(孟誠), 호는 견라, 시호는 양민(襄敏)으로, 풍성(豐城) 사람이다. 1562년 진사에 급제해 형부주사(刑部主事)가 되었고, 융경(隆慶) 연간에는 운남안찰사(雲南按察使) 등을 역임하며 여러 번 왜구를 물리쳤다. 또 맹양(孟養)과 만막(蠻莫)의 두 토사(土司)를 흡수하여 미얀마(緬甸)를 제압한 공로로 우첨도어사(右僉都御史)로 발탁되기도 했다. 그러나 자신의 공을 과장한다는 무고로 10여 년이나 투옥되었고 나중에는 진해위(鎭海衛)로 귀양을 갔다. 향년-79세. 가는 곳마다 무리를 모아 강학을 일삼았으므로 견라 선생이라 호칭되었고, 『이견라서』(李見羅書)·『장장기』(將將記)·『관아당적고』(觀我堂摘稿)·『정학당고』(正學堂稿) 등의 저서를 남겼다.

31) 접인(接引): 본래는 불교용어로 부처가 중생을 서천으로 인도하는 것을 말하지만, 여기서는 어리석음을 깨우쳐준다는 의미로 쓰였다.

승과 친구들의 깊은 은혜를 영원히 잊지 않겠다는 맹세는 감히 듣기 좋으라는 아첨이 아닙니다. 요 몇 년 사이 부쩍 쇠약해지고 늙어버려 도무지 옛날 같지가 않습니다. 재주가 빈약하고 몸이 약해 혼자의 힘으로는 소기의 성취를 얻기 어렵다고 생각할 때마다 문하생들에게 버림받지나 않을까 하는 걱정이 앞섰지요. 그래서 늘 도처를 헤매며 가르침을 구했고 다방면으로 훌륭한 이를 찾으면서 혹시라도 저를 도와줄 이가 없을까 하고 기대하였습니다. 그러나 다른 학자들의 병폐가 또 완전히 저와 흡사한 줄을 어찌 헤아렸겠습니까! 단지 다른 이만을 의식하고 스스로는 위할 줄 모르며, 오로지 좋은 평판에만 집착했지 내실을 닦는 데 힘쓰려고 하지 않는 그런 폐단 말입니다. 기왕지사 제가 그러한 판에 또다시 똑같은 사람들과 어울린다면, 이는 서로를 이끌어 같이 함정에 빠지는 격이겠지요.

"무명(無名)은 천지의 시작"[32]이라고 했는데, 누가 그 말을 염두에 두기나 하겠습니까! 이런 까닭에 대문을 닫아걸고 손님을 사절하며 흔연한 기분으로 혼자 앉아나 있었습니다. 때때로 배불리 먹은 다음에는 산보하며 바람을 쐬기도 하고, 다리를 뻗은 채 앉거나 돌아다니기도 하였습니다. 두서넛의 젊은이를 따라나가 그들 중의 하나가 부르는 민요를 듣기도 하였고, 또 다른 이가 풀어놓는 우스개를 경청하기도 했지요. 잠시나마 희희낙락 즐기노라면 그 또한 비장의 건강과 소화를 촉진시켜 환약(枳木丸子)[33]을 물리칠 수 있었습니다. 꽉꽉 막히게 들어찼던 근심이 해소되고 정황이 흡족해지면 여전히 예전처럼 대문을 걸어 잠그고 홀로 앉아 저의 책을 읽었습니다. 그 행동거지가 이와 같을진대, 어찌 일부러 사람을 피하는 것이겠습니까! 만약 사람을 피하고 싶

---

32) 출전은 『노자』 제1장. 노자는 무(無)에서 유(有)가 생기고 천지가 아직 생겨나지 않았을 때는 혼돈뿐이라고 인식했다. 이지는 노자의 설명을 빌려 무명이 천지의 본원임을 설명하면서 자신도 명성에 힘쓰지 않는 것으로부터 시작하겠다는 다짐을 밝혔다.
33) 지목환자(枳木丸子): 환약의 일종. 비장을 튼튼하게 하고 뱃속이 뭉치는 증상을 풀어주는 효능이 있다. 목(木)은 응당 출(朮)로 표기해야 한다.

었다면 산림에 은거하면 그만이니, 성안에서 거주하지도 않았겠지요. 살던 땅이 좋았으니, 타향이라는 이유로 떠도는 것도 아니었습니다. 공께서는 제가 정말 그렇다고 여겨지지 않으십니까? 그렇다면 제가 말하는 도에는 남은 세월이 얼마 되지 않는다는 크나큰 두려움이 반드시 필요합니다. 도를 듣고 싶은 진지한 열망이 있고, 세상을 뒤덮는 총명과 천성을 지켜내는 강건함을 갖췄으며, 우뚝하여 수많은 성인의 말씀에 가벼이 흔들리지 않는 사람이 아니라면, 나와 더불어 함께 이 도를 공부할 수 없을 것입니다. 반드시 지극히 총명하고 유달리 강건하며 또 시간상의 긴박감에 쫓기고 도에 대한 간절한 소망이 있는 사람이라야만 실제적인 경지에서 물러서거나 나아가고, 놀라거나 동요하지 않으며, 편안하고도 안정된 상태로 앉은 채 공부할 수 있습니다. 하찮은 세속의 명성 따위는 자신을 더럽히는 것으로나 치부했으니, 어찌 그것을 추구하려 들었겠습니까?

지난번에는 가족에 대한 부담이 아직 남아 있었지만 지금은 모두 고향으로 돌려보내고 저 혼자 남았을 뿐입니다. 태화[34] 유람은 아직 날짜를 잡지 못했습니다. 나이는 들고 힘은 부치니, 큰 수확이 있을 곳이 아니라면 감히 대문 밖으로 나서지 못하고 있지요. 게다가 산수는 번민을 해소시켜주지만, 사람이 천 리 먼 곳까지 좋은 경치를 찾아다닐 수는 없는 노릇입니다. 한적한 겨울에 지은 저술이 자못 상당한 분량이지만, 제 생각으로는 응당 명산에 감췄다가 후세의 자운[35]을 기다려야 할 것 같습니다. 지금은 공이 계시니, 현안 선생[36]만이 계신 것과 진배없는 상황입니다. 당장 저의 책을 보내서 열람을 한 번 부탁드리고 싶군요.

---

34) 태화(太和): 태화산. 일명 무당산(武當山). 참상산(參上山)·선실(仙室)·태악(太岳)·참령(參岭)이라고도 부른다. 호북과 섬서 두 성의 경계에 위치하였다.

35) 자운(子雲): 양웅(揚雄). 사적은 앞의 「이탁오 자서」 역주 참조. 이지는 훗날 양웅처럼 명리에 담백하고 저술과 독서에만 전념하는 이가 바로 성인군자인 동시에 자신의 지기가 될 거라고 생각하였다.

36) 현안 선생(玄晏先生): 황보밀(皇甫謐, 215~282). 자는 사안(士安), 자호는 현안 선생이며, 안정조나(安定朝那, 지금의 감숙성 平凉 서북쪽) 사람이다. 세족 출신

96

제 책은 그래도 술항아리 덮개로나 쓸 만큼 형편없지는 않지만 기운이 딸려 깨끗이 정서할 수가 없으니, 어찌해야 좋단 말입니까!

정처 없는 이 한 몸 홀로 어딘들 가지 못하겠습니까? 이로부터 동서남북 멋대로 떠돌며 거칠 바가 없었지만 공부[37]만은 들어가지 않으려 했지요. 권세에 아부하지 않겠다는 자존심 하나만큼은 끝내 벗어던지기가 어려웠습니다. 하지만 또 벗어버릴 필요가 없기도 하였지요. 이 세상에는 이러한 자존심 때문에 학자가 되었다고 생각하는 이들이 적지 않습니다. 이런 견지로부터 살펴보면 진정한 명성을 추구하는 이가 온 세상을 통틀어도 존재하지 않으니, 제가 대문을 닫아거는 것 또한 마땅하다고 하겠습니다.

초의원에게 답함 答焦漪園

가르침을 받들어 『이씨장서』(李氏藏書)를 처음부터 끝까지 정성껏 한 부를 필사하였고, 형께서 보실 수 있도록 사람을 시켜 보내드립니다. 근년 들어 세 종류의 책을 지었는데, 그 중에 오직 이 『장서』만이 백 년 천 년 역사의 시비를 다루고 있습니다. 언급된 인물도 물경 팔백 명에 달하며, 책의 두께 또한 두터워 얼핏 헤아려도 이천 쪽이 넘습니다. 또 한 종류의 저작은 친구들과 왕래하면서 불교의 교리를 담론한 편지글인데, 책제목은 『이씨분서』(李氏焚書)라고 붙였습니다. 대체로

으로 침착하고 욕심이 없었다. 서적에 탐닉하며 평생 저술을 쉬지 않았으므로 당시 사람들은 그를 '서제'(書癡)라는 별명으로 불렀다. 심지어는 중풍에 걸려서도 책을 손에서 놓지 않았다고 한다. 저서로 『현수론』(玄守論) · 『석권론』(釋勸論) · 『독종』(篤終) · 『제왕세기』(帝王世紀) · 『연력』(年曆) · 『고사전』(高士傳) · 『일사전』(逸士傳) · 『열녀전』(列女傳) · 『현안춘추』(玄晏春秋) 등 다수를 남겼다. 위 · 진 시기에 여러 번 부름을 받았지만 모두 불응하다가 진나라 무제 태강(太康) 3년에 죽었다.

37) 공부(公府): 삼공(三公)의 저택. 여기서는 관부(官府)를 가리킨다.

인연어[38]나 분노에 격발된 언어가 많아서 일반적이고 진부한 상투어들과는 다릅니다. 읽는 사람에 따라 질책과 원한이 생길 수도 있겠기에 『분서』라고 명명했는데, 응당 태워서 없애버려야 한다는 의미를 나타낸 것이지요. 이 책에서 보이는 문장이 백여 장쯤 되는데, 앞으로도 계속될지의 여부는 아직 알 수 없습니다. 지금 당장은 정리해서 베껴놓을 겨를조차 없군요. 그밖에 또 한 종류의 책은 공부하는 선비 나부랭이들이 성현이 품평하신 말씀의 요지를 제대로 헤아리지 못하는 까닭에 기회가 닿을 때마다 몇 구절씩 적어서 남겨놓았던 것입니다. 세월이 흐르다보니 책으로 엮어도 될 만큼 분량이 쌓였기에 『이씨설서』(李氏說書)라고 이름을 붙였습니다. 개중에는 제법 볼 만한 내용도 들어 있지요. 만약 제가 몇 년이라도 더 살게 된다면 『논어』와 『맹자』를 한 단락씩 차례로 해석하면서 제 자신의 의견을 천명하고 싶은데, 이 또한 사람들을 통쾌하게 만드는 일이 될 것입니다. 오직 『장서』만큼은 비밀히 감춰두어야 마땅하겠습니다. 하지만 자신의 논저가 웬만큼 괜찮다 싶어 스스로 흐뭇하고 한편으론 지기(知己)에게 보여 한 말씀 얻어듣고픈 욕심이 드는지라 이 책을 보내게 되었습니다. 내용 가운데 언급한 인물의 숫자가 너무 많아 논단이 모두 타당하다고 할 수는 없지만, 이는 『진서』(晉書)·『당서』(唐書)·『송사』(宋史)의 잘못이지 저의 책임은 아닙니다.

위·진시대(魏晉時代)에는 풍류나 문채에 있어 빼어난 인물들이 매우 많았다고 여겨집니다. 그런데 일단 누군가의 더러운 붓을 거치고 나면 원래의 멋진 모습은 모조리 스러지고 말더군요. 진정한 영웅 호한이 평범하고 무기력한 사내로 묘사되고, 진짜 풍류명사가 속물 사대부로 그려졌으며, 공명을 추구하지 않고 진정한 명성을 흠모하는 인물이 아둔한 유생이 되어 예복 걸치고 우뚝한 관 쓰는 높은 지위에 의기양양한

---

38) 인연어(因緣語): 사물의 현상과 변화의 갖가지 원인에 관한 견해. 불교에서는 사물의 현상과 변화에 있어 그 주요한 요인을 인(因), 부차적인 요인을 연(緣)이라 하고, 합쳐서 '인연'이라 부른다.

인물로 그려지곤 하니, 어찌 가소로운 일이 아니겠습니까! 이 때문에 저는 범엽[39]이 그래도 인걸이며 그가 지은 『후한서』(後漢書)가 아직은 읽을 만한 저술임을 알게 되었습니다. 지금은 이 책에 실린 모든 전기가 다 타당하다고는 감히 말하지 못하지만 그 시비에 관한 논단만큼은 역사 속의 인물들을 위해 숨통을 틔어주는 역할을 감당하니, 속된 선비들이 함부로 보기에는 결코 적당치 않다고 하겠습니다. 바라건대 형께서도 꼼꼼히 읽어보시고 그다지 해롭지 않다 여겨지시면 책머리에 몇 말씀 서문을 남기시어 이 책을 편집한 본래의 의도를 밝혀주시면 좋겠습니다. 그러나 다른 사람의 글이 이 책 중간에 반 마디라도 덧붙여지는 것은 전혀 원하지 않습니다. 이유가 무엇일까요? 지금 세상에 저 이탁오를 이해할 사람이 있다고는 생각되지 않기 때문입니다. 하지만 이 또한 형께서 짐작하여 처리할 노릇이지요. 저는 지금 형과는 멀리 떨어져 있어 그곳의 사정은 헤아리기 어려운 형편입니다. 다만 남들의 노여움을 촉발시키지 않고 또 이 책을 모욕하는 지경에 이르지만 않는다면, 그것이 바로 저를 아껴주는 길이 됩니다. 『장서』 안에는 빠지거나 틀린 부분도 대단히 많으니, 모름지기 한 번 세심하게 검토해주시면 좋겠습니다. 그러나 저의 의론 부분만큼은 고치거나 바꾸면 안 될 것이니, 이 대목은 바로 저의 정신과 마음 쓰임새가 결집된 부분이기 때문입니다. 예컨대 사법관의 전원서[40] 같은 것이니, 함부로 말을 바꿔서는 안 된다고 하겠습니다.

---

39) 범엽(范曄, 398~445): 자는 울종(蔚宗), 소자(小字)는 전(磚)이며, 순양(順陽, 지금의 하남성 淅川 동남쪽) 사람이다. 문장과 예서에 능했고, 음률에도 정통했다. 남조 송나라의 유유(劉裕) 밑에서 여러 벼슬을 지내면서 문제(文帝)의 신임을 받았으나 훗날 팽성왕 유의강(劉義康)의 모반 사건에 연루되어 처형당했다. 저서로 『후한서』(後漢書)가 전한다.

40) 전원서(傳爰書): 고대에는 중죄인에 대한 편파적인 판결을 막기 위해 유관 문서를 다른 관리에게로 돌려 사건을 심리하게 했는데, 이를 '전원서'라고 불렀다. 『사기』 「혹리열전」(酷吏列傳)의 색은(索隱)에서 위소(韋昭)는 전원서에 대해 다음과 같이 설명하였다. "원은 바꾼다는 뜻이다. 옛날에는 중형을 내릴 때 개인적

본래는 상인[41]와 함께 가서 직접 얼굴을 뵙고 가르침을 받고 싶었지만, 백하(白下, 남경의 옛 이름)에 흉년이 극심하다는 소문을 듣게 되었습니다. 여행 도중에 발생할 수 있는 돌발사고가 염려스러우니 좀더 기다렸다가 보리가 익을 때쯤 배를 빌려 가는 편이 좋을 듯합니다. 한평생 서호(西湖)의 아름다운 경치를 그리워했지요. 게다가 뱃길이 편리하고 백하에서도 대단히 가까우니까요. 또 지금 세상의 속물들과 일체의 가짜 도학자들은 하나같이 저를 이단으로 지목하고 있습니다. 그래서 저는 차라리 이단이 되어버려 저들이 제게 이단이란 허명(虛名)을 씌우는 데서 벗어날까 하고 생각하는 중인데, 그러면 어떨는지요? 저는 이미 출가한 사람입니다. 남아 있는 것이라곤 다만 머리카락 몇 가닥뿐인데, 이 따위가 뭐가 아깝다고 명실상부한 이단이 되기를 마다하겠습니까? 이번 걸음에 형을 먼저 뵙고 서호에 가게 될지 아니면 못 만나게 될지 전혀 알 길이 없군요. 다만 조만간 누군가가 백하에 가서 보고하기를 "서호에 수염은 허옇고 머리털은 박박 밀어버린 늙은이가 나타났다"고 하거든 그 사람이 반드시 저인 줄 아십시오. 그 사람이 바로 저 이탁오일 것입니다. 저는 앞으로 살아 있는 동안 불교나 도교의 경전이나 읽으면서 지낼 것이고 다시는 유학에 관한 책에는 뜻을 두지 않을 작정입니다.

형이 지난번 편지에서 말씀하셨던 등화상[42]이 대체 어떤 인물입니까? 제일기(第一機)는 바로 제이기(第二機)이니, 월천 화상(月泉和尙)은 계집종을 부인으로 삼아버렸습니다. 제일기는 제이기가 아닌지라, 활거 화상은 진짜로 하늘에 두 번째 달이 있다고 여겼습니다.[43] 이 두

인 호오에 따른 편파적인 판정을 피하기 위해 공소장을 바꿔 다른 관리로 하여금 사실을 심의하게 했기 때문에 '전원서'라고 불렀다"(爰, 換也. 古者重刑, 嫌有愛惡, 故移換獄書, 使他官考實之, 故曰 '傳爰書'也.)

41) 상인(上人): 승려에 대한 경칭. 무념(無念)으로 추정된다.

42) 등화상(鄧和尙): 등활거(鄧豁渠). 조대주(趙大洲)의 제자로 당초 유학을 공부했으나 나중에 머리를 깎고 승려가 되어 사방의 학자들을 찾아다녔다. 앞의 「다시 석양태수에게 답함」(又答石陽太守) 역주 참조.

고승은 과연 모든 공리와 욕망을 배제하여 내심의 청정하고 순일한 경지에 도달할 수 있었던 자들일까요? 어찌하여 그럴 수가 있었을까요? 원래 꽉 차야만 비는 것을 알게 되니, 그렇게 해서 생각을 비우고 절대화시키지 않게 됩니다. 움직임이 있어야만 정적도 있는 줄 알게 되기 때문에 마음의 청정함을 유지할 뿐 죽기살기로 고요함을 찾지는 않게 되지요. 이것이 어떠한 경계인데 함부로 억측하거나 의론할 수 있겠습니까! 그러므로 "추측했는데 자주 들어맞았다"[44]고 하신 말씀은 자주 맞추지 못했다는 말이 아니라, 억측의 폐해가 심각하다는 이야기인 것입니다. 오로지 성인만이 억측하지 않습니다. 억측하지 않으니 들어맞는 일도 없고, 들어맞지 않으니 도에 가깝습니다. 언제라야 우리가 다시 머리를 맞대고 이 일을 함께 증명할 수 있을는지요?

　들자하니 반설송[45]은 벌써 서울로 자리를 옮겨갔다(行取)[46]더군요.

---

43) 제일기(第一機)와 제이기(第二機)는 불교용어로 제일의(第一義)와 제이의(第二義), 진체(眞諦) 혹은 속체(俗諦)와 같은 의미이다. 제일기는 지고무상의 묘리(妙理) 즉 성현의 인식이고, 제이기는 세속의 인식을 말한다. 대승불교에서는 이 두 가지를 연결시켜 현상을 관찰하는데, 이를 두고 중관(中觀) 혹은 중도(中道)라고 일컬었다. 이지는 내내 이 관점을 견지하였다.

44) 출전은 『논어』「선진」(先進)편. "공자가 말씀하셨다. '안회는 도에 거의 근접했구나! 하지만 아쉽게도 항상 그렇게 궁핍한 판이니. 자공은 벼슬하지 않고 장사를 하는데, 물가의 등락을 매번 추측할 때마다 맞추는구나'"(子曰: 回也其庶乎! 屢空. 賜不受命而貨殖焉, 億則屢中.)

45) 반설송(潘雪松): 반사조(潘士藻, 1537~1600). 자는 거화(去華), 호는 설송, 직예(直隷)의 무원(婺源) 사람이다. 만력 11년(1583)의 진사로 온주 추관(溫州推官)을 지냈다. 어사로 승진하여 북성(北城)을 순시하던 중 내시를 징치한 일로 장경(張鯨)에게 득죄했는데, 또 상소를 올려 숙정을 말하다 3계급이 깎여 광동 포정사(廣東布政使)의 조마(照磨)가 되었다. 그 뒤 여러 벼슬을 거쳐 남경에서 향년 64세로 죽었다. 경천대의 문하에서 수학하며 초횡·왕덕유(王德孺)·축무공(祝無功) 등과 함께 이름을 날렸고, 『암연당잡집』(闇然堂雜集)·『암연당시문집』(闇然堂詩文集)·『주역술』(周易述) 등의 저서를 남겼다. 반사조는 경정향의 문하생이면서도 남의 시선은 아랑곳없이 늘 이지를 찾아 공부했고, 온주 추관을 지낼 때는 『삼경해』(三經解)를 간행한 적도 있어 이지와의 관계가 매우 돈독하였다. 초횡은 묘지명에서 그를 '인륜의 귀감이 되기를 자부하였다'(自負人倫之鑒)고 평가한 바 있다.

그가 금화[47]에서 『삼경해』(三經解)를 출간하였다는데, 틀림없이 형에게도 보내드렸겠지요. 그가 여러 권을 보냈다면 제게도 한두 부 나눠주시기 바랍니다. 저는 『남화경』[48]에 대한 해석을 벌써 탈고하였습니다. 작업 당시에는 정리하거나 고쳐야 할 부분이 유난히 번잡했던 탓에 혹한에 시달리는 병든 몸이 불과 너댓새 만에 교정을 마칠 수는 없었습니다. 『노자해』(老子解)는 또 아흐레 만에 끝을 보았는데, 소철(蘇轍)의 주(註)가 별로 흡족하지 않았던 터라 원본에 직접 몇 줄을 첨가하거나 고치기도 하였습니다. 「심경제강」(心經提綱)은 벗을 위해 『심경』(心經)의 필사를 마치고 나니 마침 종이 한 장이 남는지라 내친김에 글자를 더하고 빈곳을 채워 그 친구에게 돌려주었던 글입니다. 모두 총망한 가운데 씌어졌던 문장이지요. 스스로 즐기려고 했을 뿐 인쇄하여 책으로 출간할 의도는 애시당초 있지도 않았습니다! 그러나 『장서』만큼은 진실로 기꺼운 책입니다. 반신안[49]이 대체 어떤 사람입니까? 그는 이미 서울로 자리를 옮겼고 언로(言路)를 맡아 감히 직간할 수도 있는 대신이니, 불초소생이 어떻게 그런 어른의 인정을 받는단 말입니까? 그가 이처럼 나를 믿어주지만, 어찌 진심으로 내가 미덥기 때문이겠습니까? 어쩌면 그분도 형의 말씀을 듣고 덩달아 저를 받아들여 믿어준 것이겠지요. 만약 다른 사람 말에는 아랑곳없이 자신의 눈으로 나를 현상(牝牡驪黃)[50] 밖에서 찾아내고 탁오자가 이 세상 밖의 사람임을 알아준다

---

46) 행취(行取): 명대의 제도상 치적이 탁월한 지방관이 추천이나 심사를 거쳐 중앙의 직책으로 자리를 옮기는 것. 혹은 성지를 받들어 알현하는 경우를 가리키기도 한다.

47) 금화(金華): 절강성의 중부. 남경과는 그다지 멀지 않은 거리에 위치하였다.

48) 『남화경』(南華經): 『장자』(莊子). 당나라 현종 천보(天寶) 원년에 『장자』에 대해 『남화진경』(南華眞經)이란 호칭을 하사했다는 기록이 『신당서』(新唐書) 「예문지」(藝文志)에 보인다.

49) 반신안(潘新安): 반사조. 그의 원적지인 무원(婺源)이 옛날에는 신안군(新安郡)에 속했기 때문에 부른 호칭이다.

50) 빈모여황(牝牡驪黃): 말의 성별과 털의 색깔, 즉 본질이 아닌 표면적인 현상을 가리킨다.

면, 지금의 인재들은 필경 반씨의 식감(識鑒) 능력 밖으로는 도망칠 수 없겠지요. 그는 안목을 갖춘 이라고 말할 수 있겠습니다.

구약태[51]에게 보내는 답신復丘若泰

구약태가 편지를 보내 말하더군요.

"저는 단양[52]이 실로 병폐라고 생각합니다."

그 말에 주유당(周柳塘)은 이렇게 응수했습니다.

"병폐 따위야 무슨 문제가 되겠는가? 장차 자신을 돌이켜 반성하고 묵묵히 그 진의를 새기면(默識)[53] 그만인 것을. 그의 침묵을 새기려는가? 아니면 그의 병폐를 새기려는가? 지금 이때 만약 솜털처럼

---

51) 구약태(丘若泰): 구제운(丘齊雲). 호는 겸지(謙之), 자는 약태이고, 호광(湖廣)의 마성(麻城) 사람이다. 가정 44년의 진사로 호부랑(戶部郎)과 조주지부(潮州知府) 등을 지냈다. 민국 연간에 발행된 『마성현지』(麻城縣志) 권9 「기구·문학」(耆舊·文學)에 "그는 벼슬을 그만두었을 때 겨우 38세였다. 벼슬에 대한 생각이 담백하고 오직 시와 술에만 흥취를 기울였으며 유람에만 탐닉하였다"(致政時年僅三十八. 宦情甚淡, 唯寄興詩酒, 情耽遊覽.)고 기재되어 있다.

52) 단양(丹陽): 도홍경(陶弘景, 452~536). 남조 제·량(齊梁) 연간 사람으로 단양의 말릉(秣陵, 지금의 강소성 남경시 남쪽) 출신이어서 단양포의(丹陽布衣)라는 별호가 있었다. 그는 십여 세에 벌써 갈홍(葛洪)의 『신선전』(神仙傳)을 읽고 양생(養生)에 뜻을 두었다. 부지런하고 배우를 좋아해 만여 권의 책을 독파했으며, 음양오행·산천지리·풍각성산(風角星算)·방도산물(方圖產物)·의술본초(醫術本草)·금기서법(琴棋書法) 등에 두루 능통하였다. 제나라를 섬겨 좌위전중장군(左衛殿中將軍)에 배수되었으나 나중에 모산(茅山)에 은거하며 손유악(孫游岳)에게 부도경법(符圖經法)을 전수받았고, 양나라가 들어선 뒤에는 구곡산(句曲山)에 은거하며 자호를 화양은거(華陽隱居)라고 하였다. 무제에게 도참(圖讖)을 바쳐 총애를 받았고 그와의 서신 왕래가 끊이지 않았다. 훗날 단양포의는 벼슬하지 않고 은거한 사람의 대명사가 되었다.

53) 묵식(默識): 말하지 않고 마음에 담아놓는 것. 출전은 『논어』 「술이」(述而)편으로 전문은 다음과 같다. "공자가 말씀하셨다. '묵묵히 가슴에 새기고, 공부에 싫증을 내지 않고, 남을 가르칠 때 게으르지 않는다. 내게 있어 이런 일이 무에 어렵겠는가?'"(子曰: '默而識之, 學而不厭, 誨人不倦, 何有於我哉?')

작은 잡념도 일으키지 않고 마음을 모두 비우게 된다면 응당 단양이 될 것이다. 다만 이런 경지에 도달하지 못할 뿐이로구나."

고해(苦海)에는 여덟 종류가 있는데, 질병도 그 중의 하나이다. 원래 육신이 있기 때문에 이런 고해가 있는 것이며, 기왕에 이런 병폐가 있으므로 그에 상응하는 고통이 생겨난 것이다. 단양이라 해서 어찌 다른 사람과 다를 수 있겠는가! 사람들은 질병의 고통만을 알고 쾌락의 괴로움은 알지 못한다. 즐거움은 고통의 원인이니, 쾌락이 극에 달하면 고통도 덩달아 생겨나는 법이다. 그런데 사람들은 질병의 고통만을 알 뿐 질병의 즐거움은 알지 못하는구나. 고통은 쾌락의 원인이니, 고통이 극에 달하면 즐거움이 다가오게 된다. 고통과 쾌락이 서로 잇달아 찾아오는 이것이 바로 윤회의 씨앗이고, 고통으로 말미암아 쾌락을 얻게 되는 이것이 바로 인연의 법칙이다. 단양이 아무리 상선[54]이라 해도 어떻게 윤회를 버리고 인연을 초월하여 인간세상이란 고해의 밖으로 스스로 몸을 빼낼 수 있겠느냐? 다만 다른 사람과 어울리지 않은 적이 없으면서도 저절로 그들과 다르게 된 것은 그가 한평생을 이끌어갈 지혜의 양식을 평소에 비축해놓은데다 가야 할 길도 확실히 알았기 때문이었다. 지금 마침 병이 든 상태인데 그저 일편단심 병을 감추려는 마음뿐이라면 또 어떻게 다른 잡생각이 허용될 수 있겠는가? 어찌 터럭 한 오리나마 묵식(默識)의 공부가 그 사이에 끼여들 여지가 있으랴? 이것이 바로 진(眞)이라는 제일념(第一念)이고, 이것이 바로 진(眞)말고는 다른 생각이 없는 경지이다. 이것이 바로 진공(眞空)이고, 이가 바로 진정코 미세한 잡념조차 일어나지 않아 마음이 모두 비게 되는 실경[55]인 것이다.

---

54) 상선(上仙): 도가에서 말하는 구선(九仙) 중 등급이 가장 높은 신선. 출전은 『운급칠첨』(雲笈七籤) 권3. "태청경에는 아홉 종류의 신선이 있다. ……첫째는 상선, 둘째는 고선, 셋째는 대선, 넷째는 현선, 다섯째는 천선, 여섯째는 진선, 일곱째는 신선, 여덟째는 영선, 아홉째는 지선이라 한다"(太淸境有九仙. ……第一上仙, 二高仙, 三大仙, 四玄仙, 五天仙, 六眞仙, 七神仙, 八靈仙, 九至仙.)

반드시 어떤 식으로든 완전히 비운 연후라야 단양의 경계에 도달할 수 있는 것은 아니다. 어찌해야 한다는 법이 있다면 실제가 아니며, 따라서 공(空)의 경지도 아닌 것이다.

등석양에게 회답함 復鄧石陽

지난번 가르치심을 입고 심부름꾼을 통해 감사의 인사를 드리기는 했지만 아직도 미진한 구석이 있기에 삼가 다시금 글월을 올리게 되었습니다. 어르신께서는 원래 상상인[56]만을 대상으로 말씀하시는 터라, 그들이 지나치게 기고만장하다가 간혹은 처자를 내버리는 병통이 생길 것까지도 우려하시는군요. 하지만 저 같은 사람은 정말로 하하인(下下人)을 위해서 말하니, 그들이 깊은 수렁에 가라앉아 빠져나오지 못하는 경우를 걱정합니다. 흡사 요즘의 출가했다는 아이들이 그저 바리때나 들고 다니며 목구멍에 풀칠할 일만 아는 것과 같은 꼬락서니지요. 그러나 세상에는 하하인만이 가장 많으니, 이른바 천하를 넘치게 메운 자들 모두가 여기에 해당합니다. 상상인에 속하는 사람인즉슨 온 세상을 뒤집어도 보이질 않는군요. 단순히 수적으로 적은 것이 아니라 원래 절대적으로 존재하지 않는 까닭입니다. 저 같은 사람은 한갓 범인에 불과합니다. 저들 상상인은 세상천지 어디에도 존재하지 않으니 더 이상 무슨 말을 하겠습니까?

근년에 들어와 매번 깊은 탄식과 유감을 자아내는 것은 흘러간 세월입니다. 삼십여 년이나 벼슬을 했지만 터럭만큼도 나라를 위해 애쓰지

---

55) 실경(實境): 확실하면서도 실재적인 경계.
56) 상상인(上上人): 사람을 아홉 등급으로 분류할 때 가장 상층에 위치한 이. 덕망과 지혜 혹은 신분이 높다는 의미에서 아래에 나오는 하하인(下下人)과 대칭된다. 출전은 『단경』(壇經) 「행유」(行由)편. "가장 낮은 사람에게 가장 높은 지혜가 있고, 가장 높은 사람에게는 몰의지가 있다"(下下人有上上智, 上上人有沒意智.)

않았고 그저 봉급 부스러기나 훔쳐내 자신을 살찌우기나 하였습니다. 다행히도 이제 양친은 모두 돌아가셨고 아우와 여동생 일곱 명은 제각기 혼인을 마쳤습니다. 요행으로 저마다 먹고 사는 일이 힘들지 않고 각자 아이들을 낳아 잘살고 있습니다. 오직 저만이 연달아 사남삼녀를 생산했지만 오직 딸 하나만 살아남았을 뿐입니다. 하지만 나이가 어언 환갑에 육박하고 몸은 평소부터 쇠약한 마당이라도 아우와 조카들이 이미 눈앞에 그득하고 그들에게 미안한 마음을 가지지 않아도 된다고 생각하면 스스로도 적이 위안이 됩니다. 이른바 그러고 싶지만 하지 못하는 것과 능력이 있는데도 스스로 원치 않는 것과는 다르기 때문입니다. 오직 인생의 큰일(生死)이라는 한 가지가 명료하게 밝혀지지 않아 마음속으로 늘 번민하였지요. 그리하여 마침내 벼슬을 버리고 호북으로 들어가 학덕이 높은 선지식(善知識)을 섬기며 약간의 깨달음이라도 구하려고 하였습니다. 미망에 빠져 오랫동안 허우적대는 바람에 모든 것을 늙어서야 깨달았을 뿐, 자신을 인류의 밖으로 내팽개친 적은 절대 없었습니다.

한평생 사귄 친구와 스승이 사방에 퍼져 있어 그 숫자가 열이나 백 명을 밑돌지 않습니다. 모두가 벼슬아치이고 충성스런 대장부로 형과 같은 사람들이지요. 저는 애당초 그들이 남에게 휩쓸릴 거라 여기지도 않았고 그들 역시 제가 세상과 인연을 끊었다고 여기지도 않았으니, 각자 자신의 임무에 맞춰 성취를 일궈낼 뿐이었습니다. 그래서 서로 기대하는 바가 멀어지면 자취를 끊고 홀연히 사라지면 그만이었지요. 성인이 되고자 하는 사람은 성인을 스승으로 모셨고, 부처가 되고 싶은 사람은 부처를 종주로 모셨습니다. 출가를 했거나 안 했거나, 사람들이 알아주거나 말거나, 자신의 자질과 성정에 따라 일단 도(道)에 발을 들여놓았기 때문에 서로 어울려 함께 공부나 할 따름이었습니다. 그렇다면 등활거(鄧豁渠)에게서 취할 바가 어찌 그의 인류을 저버린 행실이겠습니까? 도에 대한 그의 뜻을 받아들여야 합니다. 편지 중간은 대략 아래와 같은 내용에 불과하였습니다.

그의 사람됨은 이처럼 뻣뻣하고 교화하기 어렵습니다. 처음에는 고개조차 숙이려 들지 않더니, 종당에 가선 승복하고 기꺼이 스승으로 섬기더이다.

교화되기 어렵기 때문에 그는 반드시 득도할 사람임을 헤아리게 됩니다. 또 그가 득도한 까닭에 그가 꿋꿋했던 처음의 뜻을 저버리지 않은 것을 다시금 기뻐하게 되지요. 이것이 전부일 따름입니다. 하지만 세상에는 고집이 세면서도 득도하지 못하는 사람이 부지기수입니다. 만약 득도하지 못한다면 제아무리 의지가 굳건해도 무슨 도움이 되며 출가한들 무슨 소용이 있겠습니까? 팔뚝을 자르고 몸뚱이를 불사른다 해도 다만 몸을 상하고 생명을 잃는 것일 뿐, 결국 무슨 보탬이 되겠습니까! 그러므로 만약 도에 뜻이 있다면 출가하지 않고 집에 있더라도 상관없는 일입니다. 공자나 맹자는 재가(在家)한 분들이 아니었던가요? 출가해도 괜찮기는 하지요. 석가모니 부처님이 어디 집에서 가만히 계신 분입니까? 지금의 불교를 공부하는 자들은 부처가 정반왕(靜飯王)의 지위를 버리고 설산(雪山)에서 고행한 일은 배우지 않고 그가 성불할 수 있었던 방법만을 배웁니다. 지금의 공자를 공부하는 자들은 공자께서 재가할 수 있었던 것은 배우지 않고 공자처럼 될 수 있는 방법만을 배울 뿐입니다. 만약에 재가하는 것이 옳다면 오늘날에도 집에서 성인이 되는 길을 공부하는 자가 많은데, 그 중에 과연 누가 성인이 되었습니까? 만약 출가하는 것이 잘못이라면 오늘날에도 석가를 탓하는 자가 또한 적지 않은 숫자인데, 그들이 석가는 부처가 아니라고 끝내 말 못하는 이유는 또 무엇일까요? 그렇다면 불교를 공부하는 자에게 있어 요체는 성불 여부일 따름입니다. 등활거는 기왕에 불교를 공부했으니 또 무슨 말을 해야 하겠습니까?

편지에 명시하신 것처럼 조로(趙老, 趙大洲)는 호씨[57]에게 보낸 편

---

57) 호씨(胡氏): 호직(胡直, 1517~85), 자는 정보(正甫), 호는 여산(廬山), 강서의

지에서 등활거의 잘못을 극도로 힐난했다고 합니다.

"행운유수 같은 떠돌이 행각승이 남의 무덤에서 구걸(乞墦)[58]하고 언덕에 올라 시장의 형세를 농단(登壟)[59]하는 작태로다."

이 같은 가르침을 읽게 되다니, 저도 모르게 눈물이 뚝뚝 떨어집니다 그려! 이런 지독한 해코지는 실로 제 마음을 아프게 찌릅니다. 나와 그 사람은 어쩌면 다함께 그 구렁텅이 가운데 떨어지고도 스스로는 깨닫지 못하는 것이나 아닐까요? 당시에 호씨는 벼슬에서 물러나 사직하는 것을 고상한 품격으로 여겼고, 부귀공명에 대한 멸시를 학문의 훌륭한 실천이라 여기고 있었습니다. 때문에 이 노친네(此老, 즉 趙老)는 등활거의 잘못을 통렬히 질책함으로써 그를 깨우치려 하였습니다. 이른바 말하되 화를 내지 않는다면 듣는 사람에게 그 말이 먹히지 않는다는 경우가 바로 이런 경우겠지요. 이제 사람들은 모두 부귀영달을 구하는 자들이 제나라 사람 같은 거지족속임을 압니다. 하지만 표주박에 삿갓을 쓴 행각승조차 몽땅 거지족속인 줄은 과연 누가 알겠습니까! 호씨더러 한 번 생각해보게 하였더라면 이 도는 너무나 커서 그저 부귀공명을 경시하는 정도에나 존재하는 것은 아닌 줄 알 수 있지 않았을까요? 그러

태화(泰和) 사람이다. 1556년 진사가 되어 호광첨사(湖廣僉使)로부터 복건안찰사(福建按察使)까지 여러 벼슬을 거쳤다. 향년 69세. 구양덕(歐陽德)과 나홍선(羅洪先)에게 사사하여 왕학 중의 강우학파(江右學派)로 분류된다. 황종희는 『명유학안』 권22에서 천지만물 가운데 이(理)가 존재한다고 보는 그의 관점이 석씨(釋氏)와 같다고 해설하였다.

58) 걸번(乞墦): 남에게 동정을 구하는 비루한 행위. 출전은 『맹자』 「이루」(離婁) 하편. "(제나라 사람은) 동곽 밖 공동묘지의 제사지내는 자에게 가서 음식 찌꺼기를 구걸해 먹었다. 그리고 부족하면 또 사방을 두리번거려 다른 무덤을 찾아갔는데, 이것이 그가 늘 배불리 먹을 수 있는 방법이었다!"((齊人)東郭墦間之祭者, 乞其餘; 不足, 又顧而之他, 此其爲饜足之道也!)

59) 등농(登壟): 물가를 조종하거나 시장을 독점하여 폭리를 꾀하는 행위. 출전은 『맹자』 「공손추」(公孫丑) 하편. "어떤 비천한 사내가 매일같이 높이 솟은 언덕에 오른 뒤 사방을 살펴 온 시장의 이익을 거둬들였다. 사람들은 모두 그 행위를 비천하게 여긴 까닭에 그에게 가서 세금을 징수하였다. 장사치에게서 세금을 걷는 것은 이 천한 사내로부터 비롯되었다"(有賤丈夫焉, 必求龍斷而登之, 以左右望而罔市利; 人皆以爲賤, 故從而征之. 征商, 自此賤丈夫始矣.)

나 조로로 하여금 별도로 부귀공명에 탐닉하는 다른 사람들에게 이 일을 말하게 하였더라면 또 그렇게 이야기하진 않았을 것입니다. 이른바 병을 보고 약을 처방하며 때에 맞춰 치료하니, 일괄적이지 않다는 것이 바로 이 도가 위대한 까닭입니다. 저는 조로가 진짜 성인이라고 생각합니다. 등활거는 종신토록 그에게 귀의해야 마땅한데 어째서 갑자기 그를 버리고 멀리 떠났을까요! 그러나 요는 각자 좋아하는 바를 따르는 것이 중요하니, 나의 뜻이 이러하다 해서 활거도 반드시 내 뜻에 동의할 리는 없는 것입니다. 밥동냥의 치욕을 혼자 되새겨보면 실로 부끄럽기 짝이 없지만, 그럼에도 끝내 거기서 벗어나지 못하는 것은 무슨 까닭일까요? 생각건대 그것은 혹 견문을 빌려 총명하다 여기고, 때로는 눈과 귀를 빌려 심장과 내장으로 삼기도 하는 까닭이겠지요! 혹자는 책에 의지해 단안을 내리기도 하고, 혹자는 공자나 부처를 의지하며 태산처럼 여기기도 합니다그려! 이런 예에 하나라도 해당한다면 나는 바로 제나라 사람 같은 걸뱅이라 할 것이니, 또 어떻게 저 등활거를 비웃을 수 있겠습니까? 이는 바로 제가 아프고 힘들어하는 바입니다. 형께선 거기에 대해 무슨 가르침을 내려주시렵니까?

가르침에는 저더러 이 문장[60]을 없애라고 하셨는데, 이는 실로 안 될 것이야 없겠지만 필요하지도 않다고 봅니다. 이유를 말해볼까요? 사람은 각자 마음이 달라 완전히 합쳐지는 것이란 불가능하기 때문입니다. 좋아하는 사람은 알아서 좋아하고, 좋아하지 않는 사람은 저절로 좋아하지 않게 됩니다. 볼 사람은 보고, 없앨 사람은 없애라지요. 각자 서로를 방해하지 않는 것이야말로 이 학문이 오묘해지는 까닭입니다. 좋아한다는 이유로 그것을 옳다고 여기면서 형도 똑같이 좋아하게 만들려고 했지만, 형은 또 없애는 것이 옳다고 하면서 제가 그 책을 폄하하지 않는다고 다시금 책망하십니다그려. 그렇다면 각자 자신의 견해가 옳

---

60) 문맥으로 보아 이지가 말하는 이 문장이란 등활거의 어록인 『남순록』(南巡錄)을 가리키는 듯하다.

다고 고집하는 것은 자기 학문만을 사사로이 두호하는 짓이니, 학문은 이렇게 해서 한쪽으로 기울게 되지요. 하지만 어떻게 또 이런 말이 조로에게 부담이 되겠습니까? 조로가 대체 어떤 사람입니까? 태산같이 위대하면서도 천고의 학문을 꿰뚫었으니, 저 같은 중놈 하나가 연루된다 한들 조로에게는 아무 영향도 미치지 못할 것입니다. 다만 진상(陳相)이 스승 허행(許行)을 위해 변호한 다음에야 또 다른 스승 진량(陳良)의 학문이 비로소 세상에 알려졌고,[61] 서하(西河)의 사람이 자하[62]에게 의구심을 품은 다음에야 공자의 도가 더욱 존엄해졌습니다. 그렇다면 조로는 정녕코 누군가가 누를 끼칠 수 있는 존재가 아닌 것입니다. 제가 등활거를 위해 그가 스승을 등진 일 때문에 후세의 조롱거리가 된 것을 안타깝게 여긴다고 말한다 칩시다. 그렇더라도 활거는 이미 인간 세상과 인연을 끊고 유교에서 도망쳐 불교에 귀의한 사람이니 제아무리 큰 치욕을 당해도 스스로는 아쉽게 여기지도 않을 텐데, 제가 왜 또 그 일을 애석해하겠습니까? 저는 이렇게 생각합니다. 활거의 학문이 정말

---

61) 진량(陳良)과 진상(陳相)은 모두『맹자』「등문공」(滕文公) 상편에 보이는 인물이다. 둘 다 초(楚)나라 사람이지만 진량은 유학자였던 스승 진상이 죽자 아우 진신(陳辛)과 더불어 등(滕)나라로 건너와 농가(農家)인 허행(許行)에게 배웠다. 나중에 진량은 맹자와 함께 치국의 도리를 논하는 논쟁을 벌였고, 이 자리에서 맹자는 진량의 스승 진상의 위대함을 설파하는 동시에 허행과 진상의 허점을 조목조목 반박하였다. 본문에서는 진량이 진상의 제자라고 쓰고 있는데, 아마도 이지가 착각한 듯하다.

62) 자하(子夏): 복상(卜商, 기원전 506~?). 공자의 제자로 자가 자하였다. 춘추시대 위(衛)나라 사람으로 일설에는 진(晉)나라의 온(溫, 지금의 하남성 溫縣 서남쪽) 사람이라고도 한다. 일찍이 거(莒)의 부재(父宰)를 지낸 적이 있다. 시에 대한 이해가 뛰어나 공자의 칭찬을 받았고, 문학(文學)으로 이름이 나 십철(十哲)의 하나로 꼽힌다. 공자가 죽은 뒤 위(魏)나라의 서하(西河)로 옮겨 유가의 학설을 강의했는데, 오기(吳起)와 이극(李克)이 모두 그의 문하에서 나왔다. 위 문후(魏文侯)도 그를 스승으로 모셔 항상 국정에 대한 자문을 받았으며,『시경』·『역경』·『춘추』가 모두 그에 의해 전해졌다고 한다.『사기』「중니제자열전」(仲尼弟子列傳)에 따르면, 그는 아들이 죽은 뒤 너무 많이 울어 눈이 멀어버렸다. 당시 서하 사람들은 이런 상황을 목도한 뒤 그가 절제할 줄 모른다고 여겨 급기야는 스승인 공자에 대해서까지 의심을 품게 되었던 것이다.

로 틀렸다면 마땅히 천하와 후세에 그 죄악을 폭로시켜 천하·후세와 더불어 그것을 함께 고쳐야 한다고 말입니다. 만약 참으로 옳다면 마땅히 천하와 후세에 그 가르침을 드러나게 하고 천하·후세와 더불어 그것을 함께 행해야겠지요. 이것이 어진 사람과 군자의 마음씀이며 다같이 대동(大同)으로 나아가는 길입니다. 게다가 세상 사람들을 살펴보면, 누가 능히 명색에 구애되지 않은 채 이단의 책을 읽을 수 있겠습니까? 당당하신 우리 조정은 사서(四書)와 오경(五經)을 천하에 반포하시어 어려서부터 배우게 하고 커서는 행하게 함으로써 높은 벼슬과 후한 봉록을 구하게 하고 가문의 영화를 드러나게 하였습니다. 그렇게 하지 못하는 자들에 대해선 쫓아내거나 벌을 주는 상황이 이처럼 상세하고 명확합니다. 상황이 그런데도 책을 묶어 다락에 처박은 채 읽으려 들지 않는 자가 여전히 존재하는데, 불교의 책이야 말해 무엇하겠습니까? 불교의 경전이 또 이와 같은데, 등화상의 어록이야 일러 무엇하겠습니까? 하물며 저 같은 중놈의 몇 마디 문자 따위야 말할 필요나 있을까요? 제가 아무리 두 손 모아 그 책을 받들어 올리고 싶어도 저들은 곧 그것을 방치하고 내버릴 것입니다. 그런 판에 제가 왜 또 그들 대신 책을 욕하고 내쳐야 합니까? 제가 생각하기에 형께서는 성인의 자질을 갖추었고 게다가 또 성인의 신도이기도 합니다. 저는 이단의 무리이니, 본래가 거론할 필요조차 없는 작자지요. 주자(朱子) 선생님으로부터 오늘에 이르기까지 노장과 불교는 이단이 되어 대대로 배척당한 지가 벌써 몇백 년인지 모르겠습니다. 제가 그걸 모르지 않으면서도 감히 여러 사람의 노여움을 촉발시켰던 것은 부득이한 사정 때문입니다. 늙었어도 죽음이 무서웠던 거지요. 게다가 국가에선 육경으로 선비를 선발하지만, 한편으론 삼장[63]의 불경도 수집하고 있습니다. 육예[64]로서 사람

---

63) 삼장(三藏): 범어 Tripitka의 의역. 불교 경전의 총칭으로 경(經)·율(律)·논(論)으로 삼분한다. 경은 근본적 교리에 대한 총론이고, 율은 규범에 대한 설명이며, 논은 경의 뜻을 천명한다. 삼장에 통달한 승려를 삼장법사(三藏法師)라고 하는데, 예컨대 당나라의 현장(玄奘)을 당삼장(唐三藏)이라 부르는 경우가 그러하다.

을 가르치지만 또 불교의 계율을 전수하는 계단[65]도 설치하는 판이니, 국가에서도 일찍이 출가를 금지한 적은 없었던 것입니다. 그렇다면 등활거 같은 이는 국가에서도 내친 적이 없는데, 형께서 그를 버리시려는 것입니까?

누차에 걸쳐 정성스런 가르침을 입었으니 실로 목석이 아닌 이상 어떻게 마음이 움직이지 않을 수 있겠습니까? 그러나 형께서는 제가 세상 사람들에게 공명과 처자를 버린 연후에 학문에 종사하길 요구했다고 말씀하시는군요. 이 말이 과연 사실이라면 이는 크나큰 패악이 되는데, 저는 그런 정도까지 어리석지는 않습니다. 하지만 이런 말씀을 하시다니, 형 또한 지나치게 섣불리 판단하셨다고 사료됩니다. 이는 달걀이 미처 부화하기도 전에 한밤중의 시간을 알리라고 요구하는 격이나 마찬가지지요. 등활거는 내강(內江)에서 나고 자란 사람인데, 지금의 내강 사람들을 살펴보면 또 누구 하나 등활거를 본받는 자가 있기나 하더이까? 제 생각으로는 설사 조정에서 명령을 내려 앞쪽에선 무쇠솥을 달구고 뒤에서는 시퍼런 칼날을 번득이며 출가하라고 내몰아도 저 사람들은 차라리 처자를 끼고 앉아 죽을지언정 필시 출가는 원치 않을 것입니다. 그런데도 일개 등화상이 온 세상 사람들을 변화시킬 수 있다고 말씀하시다니요? 전혀 중요할 것 없는 일개 거사가 몇 마디 한담을 늘어놓았다 해서 천하의 사람들이 모두 처자와 공명을 버리고 불교 공부에만 매달릴 수 있겠습니까? 천고이래 절대 있을 수 없는 일이니, 제발 쓸데없는 걱정일랑은 걷어치우십시오. 제가 보기에 진정으로 조로의 맥을 이을 수 있는 사람은 아마도 형뿐인가 합니다. 훗날 틀림없이 진정한 동문이 생겨나 함께 조로를 받들어 모실 수 있게 되면 공자 문하의 안연(顔淵)과 민자건(閔子騫) 같은 사문(師門)을 형성하게 될 것입

---

64) 육예(六藝): 고대에 학생들을 가르치던 여섯 가지 과목. 『주례』(周禮)「지관·대사도」(地官·大司徒)에서 예(禮)·악(樂)·사(射)·어(御)·서(書)·수(數)를 가리킨다고 설명했다. 혹은 유가의 육경(六經)을 지칭하기도 한다.

65) 계단(戒壇): 범어 Maṇḍala의 의역. 승려의 계율을 전해주는 단.

니다. 하찮은 이단의 무리야 자구책 찾기에도 겨를이 없으니, 어떻게 나란히 달리면서 선두를 다툴 수가 있겠습니까? 그렇다면 등화상의 어록처럼 비루한 언사는 굳이 없애지 않아도 좋을 듯합니다.

그러나 저는 또 다음과 같이 생각한 적도 있습니다. 대저 금빛 얼굴의 석가모니는 젊어서 출가한 사람이고, 노자 이이(李耳)는 쇠퇴하는 주(周)나라에 염증이 난 나머지 마침내 서쪽으로 떠나가 돌아오지 않았으니 나이 들어 출가한 사람입니다. 오직 공자만이 줄곧 출가하지 않았을 뿐입니다. 하지만 그는 종신토록 천하를 주유하느라 앉았던 자리를 따뜻하게 덥힐 겨를도 없었으니, 집에 머무는 때가 또 거의 없었습니다. 부인이 죽자 아들 하나만 남았는데 또다시 누구 딸에게 장가들었다는 말도 없고 더군다나 몇 명의 첩을 거느렸다는 말은 들을 수조차 없으니, 가정에 대한 애정 역시 지나치게 미미하였습니다. 그 당시 여러 나라의 군주들이 모두 선생님으로 예우했지만 공자는 벼슬하지 않았고, 머문 기간도 가장 길었대야 고작 석 달에 불과했습니다. '씻은 쌀을 안칠 겨를도 없이 출발했다'(接淅而行)[66]라고 말하지 않으면 '그 다음 날 떠났다'(明日遂行)[67]고만 했으니, 공명에 대한 생각 또한 너무나 가벼웠습니다. 평소 아버지 숙량흘(叔梁紇)의 장지를 알지 못해 그 어머니를 오부지구(五父之衢)에 묻었다가 나중에야 방산[68]에 합장했으니,

---

66) 접석이행(接淅而行): 출전은 『맹자』 「만장」(萬章) 하편. 전문은 다음과 같다. "공자가 제나라를 떠날 때는 씻어놓은 쌀을 솥에 안칠 겨를조차 없이 서두르셨다. 노나라를 떠날 때는 '나는 천천히 걷겠다'고 말씀하셨는데, 그것이 부모의 나라를 떠날 때의 도리인 까닭이었다"(孔子之去齊, 接淅而行; 去魯, 曰: '遲遲吾行也.' 去父母國之道也.)

67) 명일수행(明日遂行): 『논어』 「위령공」(衛靈公)편에 보인다. "위령공이 공자에게 전쟁에 관한 일을 묻자, 공자는 이렇게 대답하셨다. '예법과 제사에 관한 일은 들은 적이 있지만, 군대의 일은 배운 적이 없습니다.' 이튿날로 공자는 위나라를 떠나셨다"(衛靈公問陳於孔子. 孔子對曰: '俎豆之事, 則嘗聞之矣; 軍旅之事, 未之學也.' 明日遂行.)

68) 방산(防山): 일명 필가산(筆架山). 지금의 산동성 곡부시(曲阜市) 동쪽에 위치하였다. 앞에 나오는 오부지구 역시 춘추시대 노나라의 땅으로 곡부의 동남방에 자리하고 있다.

무덤을 관리하는 예절조차 너무나 소홀했습니다. 이 글에서 언급한 세 성인이 어찌 공명과 처자를 가벼이 여기는 분들이겠습니까? 하지만 이 분들 역시 처자를 유기했다는 비난은 면할 수가 없을 듯합니다! 그렇다면 등활거라는 승려의 죄과 또한 성급하게 결정할 수는 없는 일이라 하겠습니다.

그러나 제가 판단했을 때, 활거화상의 죄는 훗날 귀가하지 않은 데 있는 게 아니라 애당초 가볍게 출가한 것에 있습니다. 어찌하여 그럴까요? 일단 출가하면 부모를 버리게 됩니다. 아들이 있음을 귀하게 치는 까닭은 늙어서 힘이 될 수 있기 때문입니다. 원래 사람이 늙으면 저절로 질병이 많아지게 마련이지요. 만약 아들이 있다면 늙어서도 힘이 되고, 병들어 고단할 때도 힘이 되며, 자리에 누워 움직이기 어려울 때도 도움이 되고, 탕약을 다려 올릴 때도 힘이 되며, 오장이 찢기는 듯한 아픔을 참을 수 없을 때도 힘이 되고, 임종을 맞아 오열하고 유언으로 영원한 이별을 고하며 숨이 깔딱 넘어갈 때도 힘을 얻게 됩니다. 만약 이런 때 힘이 되지 못한다면 아들이 없는 것과 마찬가지이니, 예법에 따라 장례를 치르는 것이 어떻게 또 다른 사람 보기에 좋으라고 하는 짓이겠습니까? 요즘 세상에서는 도학을 배운 성인이든 먼저 깨달은 사대부이든 간에 혹자는 부모가 팔십이 넘었어도 관직을 제수받게 되면 질풍같이 달려가고 바람 속의 촛불이 경각간에 꺼질 줄은 전혀 생각하지 않는 경우를 왕왕 볼 수가 있습니다. 다른 이유는 없고, 공명에 다급한 나머지 그 부모를 잊어버리는 것이지요. 이런 경우는 탓하지 않고 도리어 저 출가한 사람만을 탓한다면, 이는 크나큰 미혹이며 앞뒤가 뒤바뀐 견해라고 말할 수 있겠습니다.

아아! 이십여 년 건성으로만 알던 친구를 육칠십 세의 백발노인이 되어 만리타향에서 상봉하였습니다. 낯선 땅에서 머리를 맞대게 되니, 서로의 속을 다 토해내겠다는 맹세를 하게 되었고, 거추장스럽기만 한 외피(皮膚)⁶⁹⁾는 몽땅 벗어던지고 말았지요. 만약 터럭 한 오리만큼이라도 충정을 다하지 않았고 티끌만큼이라도 명성을 위해 거짓말을 지어냈다

면, 푸른 하늘에 밝은 해가 제 마음을 비추고 있습니다. 저는 당장 영원
토록 무간지옥에 떨어져 일만 겁 동안 노새가 되어 형을 태우고 다닐
것입니다. 이것이 오늘 백천거사(百泉居士, 이탁오)가 지기에게 보답
하고자 올리는 감상입니다. 설사 형이 저한테 유감이 있다 해도, 저는
언제까지나 원망하지 못할 것입니다.

주남사에게 회답함[70] 復周南士

공은 나이도 한창 때이고 뛰어난 재주까지 지녔지만 타고난 자질(抱
璞)[71]을 아직 시험해본 적이 없습니다. 저 같은 놈이야 본래부터 쓸 만
한 재주가 없는 까닭에 저절로 쓰임에 마땅치 않게 되었으니, 어떻게
본질이 구름이나 학과 같은 종류라 하겠습니까? 그저 부끄러울 따름입

---

69) 피부(皮膚): 껍데기 혹은 표면을 가리킨다. 『문자』(文子) 「도덕」(道德)편 참조.
"그러므로 가장 잘 배우는 자는 정신으로 듣고, 그 다음으로 잘 배우는 자는 마음
으로 들으며, 가장 낮은 차원의 배움은 귀로 이루어진다. 귀로 듣는 자의 배움은
피부에 있고, 마음으로 듣는 자의 배움은 근육에 있으며, 가장 잘 배우는 자의 배
움은 골수에 자리한다"(故上學以神聽, 中學以心聽, 下學以耳聽, 以耳聽者, 學在皮
膚; 以心聽者, 學在肌肉; 以神聽者, 學在骨髓.)

70) 명대 고대소(顧大韶)가 편찬한 『이씨문집』(李氏文集) 권1에는 이 글이 「주삼로에
게 회답함」(復周三魯)이라는 제목으로 실려 있는데, 이로부터 주남사는 주굉겹
(周宏裕)이라고 추정할 수 있다. 굉겹의 자는 남사. 마성 사람으로 주익(周釴)의
아들이며, 주굉조(周宏祖)·주굉약(周宏綸)의 동생이다. 굉조는 소로(少魯), 굉
약은 이로(二魯)이며, 굉겹은 삼로(三魯)라는 호를 사용했다는 기록이 『마성현
지』(麻城縣志) 권14에 보인다.

71) 포박(抱璞): 『한비자』(韓非子) 「화씨」(和氏)에서 유래한 전고. 춘추시대 초(楚)
나라 사람 변화(卞和)가 여왕(厲王)에게 박옥(璞玉)을 바쳤는데, 옥공(玉工)은
돌이라고 단정했다. 여왕은 변화가 거짓말을 한다고 여겨 그의 왼발을 잘랐다.
무왕(武王) 때에 다시 바쳤지만 또 돌이라는 판단이 내려져 이번에는 오른발이
잘렸다. 문왕(文王)이 즉위한 뒤 변화는 박옥을 안고 초산(楚山) 아래서 슬피 울
었는데 눈물이 다하자 피가 흘렀다. 문왕은 이에 옥공을 시켜 박옥을 쪼갰고 아
름다운 옥을 얻게 되었다. 이로부터 '포박'은 재주는 있지만 때를 만나지 못한 인
재를 비유하게 되었다.

니다!

무릇 세간에서는 인재를 쉽게 만날 수 없기 때문에 공자도 '인재는 얻기 어렵다'[72]고 말씀하셨습니다. 재주도 없으면서 명성만 높은 경우도 있는데, 은중군[73] 같은 이는 어린 시절의 친구(竹馬之好)[74]였던 대사마(大司馬) 환온(桓溫)에게 대항하면서 자신을 왕씨(王氏)나 사씨(謝氏) 같은 명문세가에 의탁하려 들었지요. 이는 자신의 주제를 파악하지 못한 경우로, 저에게는 이런 점이 없습니다. 저는 진작부터 자신의 능력을 헤아리고 있던 까닭에 의연히 벼슬에서 물러나길 청하였습니다. 또 성격이 뻣뻣하여 유연하지 못하고 또 한편으론 담백해서 고요하고 외진 곳을 좋아하였지요. 이 때문에 날마다 사슴이나 멧돼지를 쫓고 무뢰배들과 어울렸으니, 원래 그렇게 노는 것이 마땅했던 것입니다. 공과 같이 큰 재주를 지닌 사람은 밝은 세상을 만나야 하니, 의당 재주를 감추고 때를 기다렸다가 적당한 시기가 도래하면 있는 힘을 다 쏟아내야 마땅합니다.

---

72) 출전은 『논어』 「태백」(泰伯)편. "인재는 얻기 어렵다. 그렇지 아니한가?"(才難, 不其然乎?)

73) 은중군(殷中軍): 은호(殷浩, ?~356). 자는 심원(深源), 진(晉)의 진군(陳郡) 장평(長平, 지금의 하남 西華縣 동북) 사람으로 예장태수(豫章太守) 은선(殷羨)의 아들이다. 약관부터 명성을 떨쳤는데 특히 현언(玄言)을 잘했고 황로사상과 『역경』을 좋아했다. 처음에는 정서장군(征西將軍) 유량(庾亮)의 수하에서 기실참군(記室參軍)을 지내다가 양주자사(揚州刺史)와 건무장군(建武將軍)으로 옮겼다. 당시 환온(桓溫)이 촉(蜀)을 멸하고 명성이 드높자 간문제(簡文帝)는 은호를 끌어들여 환온에게 대항하게 했고, 이로부터 그들 사이에는 알력이 생기게 되었다. 영화(永和) 연간에는 중군장군(中軍將軍) 겸 양주(揚州)·예주(豫州)·서주(徐州)·곤주(袞州)·청주(靑州) 등 다섯 주의 도독(都督)이 되어 군사들을 이끌고 북벌에 나섰지만, 전진(前秦)의 부건(符健)에게 대패하였다. 환온은 상소를 올려 그를 탄핵했고 결국은 서민으로 강등되었다. 죽은 뒤 복권되었으며, 『진서』(晉書) 권77에 전기가 보인다.

74) 죽마지호(竹馬之好): 어린 시절의 친구나 사귐. 출전은 『진서』 「은호전」(殷浩傳). "환온이 어떤 사람에게 말했다. '어린 시절 나와 은호는 함께 죽마를 타고 놀았다오. 내가 놀다가 내버리면 은호는 그때마다 그것을 주워들었지'"((桓溫)語人曰: '少時吾與浩共騎竹馬, 我棄去, 浩輒取之.')

큰 재주를 지니고서도 세상에 쓰이지 못하는 경우는 옛날에도 있었습니다. 기왕에 세상이 그 재주를 쓰지 못하니, 스스로도 등용되길 구하지 않았지요. 물러나 재주 없는 자들과 한통속이 되어 그들의 의심을 사지 않고, 재주 있는 자들이 질투하지 않도록 하였습니다. 이른바 겉모습은 우둔해 보이고 재주도 없는 듯이 잘 감춘(深藏若虛)[75] 경우라 하겠는데, 노자가 바로 거기에 해당합니다. 이제 위수(渭水) 물가의 늙은이를 살펴봅시다. 그는 나이가 팔순이 되도록 그저 낚싯대나 드리운 채 다른 것은 돌아보지 않았습니다. 만약 그가 여든 살에 생을 마감했거나, 혹은 죽지는 않았더라도 사냥 나온 서백(西伯)을 위수 물가에서 만나지 못했다면, 혹은 서백을 만났더라도 그가 스승으로 받들어 존경하고 원로로 대접하여 모시지 않았더라면, 서백의 아들인 무왕(武王) 발(發)이 굳세지 못해 부친의 유지를 잘 받들지 못했더라면, 이런 상황에서는 강태공(姜太公)이 제아무리 백만 가지 육도삼략을 지니고 있어도 아무 소용없었을 것입니다. 이들은 모두 이른바 자신의 쓰임을 잘 감춘 사람입니다.

엄자릉[76]과 진희이[77] 같은 이는 자신의 재주를 시험해보고 싶어 안

---

75) 심장약허(深藏若虛): 보물을 깊이 감춰 없는 듯이 보이게 하는 것. 재주와 학문이 있지만 밖으로 드러나지 않는 사람을 비유한다. 출전은 『사기』 「노자한비열전」(老子韓非列傳). "내가 듣기로 뛰어난 장사치는 보물을 없는 듯이 간수하고, 군자는 덕이 훌륭해도 그 용모가 마치 바보와 같다고 합니다"(吾聞之, 良賈深藏若虛, 君子盛德, 容貌若愚.)

76) 엄자릉(嚴子陵): 엄광(嚴光). 자는 자릉, 일명 준(遵)이라고도 하며 회계(會稽)의 여요(餘姚, 지금의 절강성 소속) 사람이다. 젊어서 유수(劉秀)와 동문수학했는데, 그가 광무제(光武帝)로 즉위하자 숨어서 나타나지 않았다. 서울로 불려가서도 여전히 벼슬하려 들지 않았고, 나중에는 부춘산(富春山)에 은거하며 직접 농사를 짓다가 나이 팔십에 집에서 죽었다. 지금도 그가 놀던 낚시터는 엄릉뢰(嚴陵瀨)라고 부른다.

77) 진희이(陳希夷): 진단(陳搏, ?~989). 자는 도남(圖南), 호는 부요자(扶搖子)로 박주(亳州)의 진원(眞源, 지금의 안휘성 亳縣) 사람이다. 후당(後唐) 때 진사에 낙방하자 벼슬에 대한 미련을 버리고 산수를 즐기며 화산(華山)에 은거했다. 후주(後周) 때 간의대부(諫議大夫)를 제수받았지만 사양하고 나아가지 않았다. 태

달이 났던 경우지요. 하지만 반드시 쓰이고자 하는 마음은 있으되 반드시 쓰이게 될 형세는 없었던 까닭에 갖옷을 걸치고 나귀에서 떨어지면서(墮驢)[78] 결국은 은자로나 이름을 남겼습니다. 비록 은둔할 마음은 없었지만 행적만큼은 감출 수 있었으며, 비록 재주가 쓰이지는 않았으나 또 자신이 은둔한 인재임은 드러내 보일 수가 있었습니다. 황제(黃帝)와 노자(老子) 이래로 이런 경우는 참으로 많이도 보였지요! 또 크게 쓰일 만한 재주를 지닌데다 자신을 굽힐 수도 있어 반드시 등용되길 구하는 경우가 있습니다. 이런 경우는 반드시 현명한 군주와 충성스런 신하가 존재하는 호시절이 아니어도 되고, 도(道)의 흥성 여부도 굳이 따질 필요가 없습니다. 세상과 더불어 부침하고 시절에 따라 오르내리면서 쓰임이 항상 내게 있도록 하여 나를 버리고 쓰지 않으면 결국 일이 성사되지 않도록 만드니, 관이오[79]가 바로 그런 부류입니다. 이는 가장 높은 경지라고 해야 되겠지요!

평흥국(太平興國) 연간에 두 차례 변경(汴京)에 와서 태종(太宗)의 정중한 대접을 받고 아울러 희이 선생(希夷先生)이란 호를 하사받았다. 저서로 『지현편』(指玄篇)·『삼봉우언』(三峰寓言)·『고양집』(高陽集) 및 시 600여 수가 남아 있다.

78) 타려(墮驢): 출전은 송대 왕칭(王偁)의 『동도사략』(東都事略) 「은일전·진단」(隱逸傳·陳摶). "일찍이 진단이 흰 나귀를 타고 변경에 들어가려던 차, 중도에서 태조가 등극했다는 소식을 듣게 되었다. 그는 큰 소리로 웃다가 실수로 나귀에서 떨어지며 말했다. '천하가 이렇게 해서 안정되는구나!'"((陳摶)嘗乘白驢欲入汴, 中途聞太祖登極, 大笑墮驢, 曰: '天下於是定矣!')

79) 관이오(管夷吾): 관중(管仲, ?~기원전 645). 이름은 이오, 자는 중(仲)으로 관경중(管敬仲)이라고도 한다. 춘추시대 영상(潁上, 지금의 안휘성 소속) 사람으로 처음에는 제나라의 공자 규(糾)를 섬기다가 훗날 포숙아(鮑叔牙)의 추천으로 제환공(齊桓公)의 재상이 되었다. 일련의 개혁정책을 펼쳐 국도(國都)는 15사향(十五士鄕)과 6공상향(六工商鄕)으로 나누고 시골을 5속(五屬)으로 분류한 뒤 각급 관리를 시켜 다스리게 하였다. 사향의 향리조직은 군사편제였으며, 인재선발제도 역시 새로 만들었다. 토질의 정도에 따라 세금을 차등 징수했고, 어염(漁鹽) 산업을 크게 발전시켰으며, 정부가 화폐를 주조하고 관리하여 부국강병을 이룩했다. 환공을 보좌하여 존왕양이(尊王攘夷)의 명분 아래 북으로 산융(山戎)을 치고 남으로 형초(荊楚)를 정벌했으며, 아홉 번이나 제후를 소집해 춘추시대의 첫 번째 패주(霸主)가 되게 하였다.

만약 등용되길 절실히 간구하면서도 자신을 굽혀 그 쓰임새에 적합하게 만들지 못하고 자신의 기준을 고집하며 선왕의 규범만을 답습한다면, 이는 네모난 자루를 둥그란 구멍에 집어넣으려는 격이지요. 이어찌 세상에 쓰일 만한 재주라 하겠습니까! 허명(虛名)에 매달리면서도 본마음은 또 절절히 등용되고 싶어하니, 우리 같은 유자가 바로 여기에 해당합니다. 요행히 조짐을 보고 명쾌한 결단을 내려 오랫동안 기다리지 않고(不俟)[80] 용퇴할 줄 아는 도를 얻게 되었습니다. 그러나 수레바퀴 자국을 지우고 나무를 베어 길을 막으며(削迹伐木)[81] 진나라에서 굶주리고(餓陳)[82] 광에서 무서워 떠는(畏匡)[83] 재난을 면할 수 있었던 것은 또한 요행이었을 뿐 훌륭한 계책은 아니었습니다. 공께서는 지금 좋은 시절을 만난데다 화씨의 구슬 같은 재주를 지니고 계십니다. 앞에서 예로 든 몇 분의 경우는 모두 익숙하게 들어왔던 바이니, 응당 맞아떨어지는 인물도 있을 것입니다. 저는 다만 간략히 서술함으로써 선택을 기다릴 따름입니다. 그렇지 않으면 등용되고 싶어도 자신을 굽혀 그 쓰임에 적합하게 만들지 못하는 경우가 되겠는데, 이는 바로 유

---

80) 불사(不俟): 출전은 『논어』 「향당」(鄕黨)편. "임금이 부르는 명령이 하달되면 수레를 매기도 전에 먼저 출발한다"(君命召, 不俟駕行矣.)

81) 삭적벌목(削迹伐木): 수레바퀴 자국이 지워지고 앉은 자리의 나무가 베어진다는 의미로 임용되지 못하고 쫓겨나는 상황을 비유한다. 출전은 『장자』 「양왕」(讓王)편. "선생님은 두 번이나 노나라에서 쫓겨났고, 위나라에서는 추방을 당했으며, 송나라에서는 앉았던 곳의 나무가 베어지는 일이 있었다"(夫子再逐於魯, 削迹於衛, 伐樹於宋.)

82) 아진(餓陳): 『장자』 「양왕」편. "공자가 진나라와 채나라 사이에서 곤경에 처했을 때, 이레 동안이나 불을 때서 만든 음식을 먹지 못했고, 명아주국에는 쌀알 한 톨 넣지를 못했다"(孔子窮於陳蔡之間, 七日不火食, 藜羹不糝.)

83) 외광(畏匡): 출전은 『논어』 「자한」(子罕)편. "공자가 광에서 포위를 당하자 경계하는 마음을 갖고 말씀하셨다. '문왕은 벌써 돌아가셨지만 그 문화는 이 땅에 남아 있지 않더냐? 하늘이 이 문화를 없애려 하였다면 나중에 태어난 나는 이 문화에 참여하거나 이해할 도리가 없었을 것이다. 하늘이 이 문화를 아직 없애지 않으셨는데, 광 사람 따위가 나를 어찌할 수 있겠느냐?'"(子畏於匡. 曰: '文王旣沒, 文不在玆乎? 天之將喪斯文也, 後死者, 不得與於斯文也. 天之未喪斯文也, 匡人其如予何?')

자들이 막판에 가서 세상과 후세 사람들의 비웃음거리로 전락하고 마는 까닭이지요.

등명부[84]에게 답함答鄧明府

하심은[85] 공의 죽음은 장강릉[86]과 관계가 없습니다. 강릉이 사업[87]을 지낼 때, 하공은 딱 한 번 친구들과 함께 가서 그를 만났을 뿐입니다. 언사가 서로 의기투합하지는 않았지만 그를 죽이고자 하는 마음은 생겨나지 않았지요. 하공이 나간 뒤 강릉이 독백처럼 친구들을 향해 "이 사람은 날고 싶어하지만 그리되지는 못할 것이다"라고 말한 것은 대체로 그에 대한 불만의 표시에 불과합니다. 하공은 이 말을 듣고 다음과

---

84) 등명부(鄧明府): 등응기(鄧應祈). 호는 정석(鼎石)이고, 등석양(鄧石陽)의 아들이며, 경정향의 제자였다. 만력 14년(1586) 여름 마성(麻城)의 현령으로 부임했는데, 이지와는 세교(世交)가 있는 까닭에 먼저 명함을 보내 인사하였다. 이에 이지도 명함을 보내면서 자신을 '정착한 나그네'(流寓客子)라고 호칭한 전말이 이책의 권4 「예약·감개평생」(豫約·感慨平生)에 자세히 서술되어 있다. 명부는 현령(縣令)에 대한 존칭이다.

85) 하심은(何心隱, 1517~79): 태주학파(泰州學派)의 일원으로 16세기를 풍미한 이단 사상가이다. 본명은 양여원(梁汝元), 자는 주건(柱乾), 호는 부산(夫山)이며, 영풍(永豐) 사람이다. '마음'(心)이 만물의 근원이라고 인식했다. 그는 사람의 물질적 욕망을 긍정했고 이를 만족시켜야 한다고 생각했기 때문에 욕망을 죄악시하는 도학자들에게 반기를 들었다. 일찍이 계책을 써 엄숭(嚴嵩)을 물러나게 하려다 그의 원수가 되었으며, 나중에는 장거정(張居正)에게 죄를 얻어 결국 살해당하고 말았다. 저서로 『흔동집』(爨桐集)이 남아 있다.

86) 장강릉(張江陵): 명나라의 정치가 장거정(張居正, 1525~82). 자는 숙대(叔大), 호는 태악(太岳)이며, 강릉(江陵) 사람이다. 융경(隆慶)에서 만력(萬曆)에 걸쳐 재상을 지내면서 과감한 정책을 편 인물로 토지제도를 재정비하고 변방을 굳건히 했으며 황하와 회하(淮河)를 보수하는 등, 전후 10년에 걸쳐 집정하였다. 죽은 뒤에는 문충공(文忠公)에 봉해졌다. 저서로 『서경직해태악집』(書經直解太岳集) 등이 있고, 『명사』에 전기가 보인다.

87) 사업(司業): 국자사업(國子司業)의 준말. 수나라 양제(煬帝) 대업(大業) 3년부터 국자감에 두었던 벼슬 이름으로, 좨주(祭酒)의 보좌역에 해당한다.

같은 말을 남겼다고 합니다.

"이 사람은 반드시 한 나라의 재상이 될 것이고, 재상이 되면 틀림없이 나를 죽일 것이다."

사실을 말하자면 하공은 한평생 자신에 대한 평가가 너무 높다가 뜻하지 않게 정신이 강릉에게 휘둘리는 일을 당했던 것입니다. 이리하여 무안한 나머지 두려워하는 기색을 지어내고 말았지요. 원래 모든 영웅은 남에게 뒤지기를 싫어하니, 이른바 두 영웅이 세상에 공존할 수 없다는 것은 바로 이런 마음일 것입니다. 그 후로 강릉은 또 하공을 잊어버렸지만, 하공은 오래도록 강릉을 염두에 두고 있었습니다.

떼거리를 지어 강릉을 공격한 자들 중에 우두머리는 우연히도 길안[88] 사람이었습니다. 강릉은 마침내 길안이란 땅을 미워하게 되었고, 길안 출신의 진신(縉紳)들과 날로 척을 지게 되었습니다. 하지만 그럼에도 하공을 원수로 간주한 적은 없었는데, 이는 하공이 강릉의 원수가 될 만한 상대가 아니었기 때문입니다. 그저 하공 스스로 강릉을 원수로 알았을 따름이지요. 이유가 무엇일까요? "강릉은 반드시 재상이 될 것이고, 그리되면 기필코 나를 죽일 것이다"는 하공의 말은 길안과 그 사방에 벌써 오래 전부터 유포되어 있었던 것입니다. 상황이 이쯤 되었을 때 강릉에게 아부하고 싶어도 아무 연줄이 닿지 않아 안타까웠던 자가 이 말을 듣는다면 누군들 하공을 고까워하지 않겠습니까? 포의지사 하나쯤 죽이는 것이야 본래 어려운 일도 아닌데다 더욱이 그것이 강릉의 가슴속을 시원하게 만들 수 있다니, 또 무엇이 거리끼어 그 일을 하지 않겠습니까? 이런 까닭에 순무가 앞장서 그를 수색하고 체포하자 뒤따르는 자가 줄을 이었던 것입니다. 바야흐로 하공을 호광(湖廣)으로 압송하고 난 뒤 호광 총독이 남몰래 강릉에게 밀지를 보냈더니, 강릉의 반응은 다음과 같았습니다.

"이런 일이야 군이 찾아와 물을 필요가 무에 있겠나? 사안이 경미하

---

88) 길안(吉安): 지금의 강서성 길안현 일대.

면 알아서 처리하고, 위중한 사안이라면 상부에 호송시키면 그만이지."

심부름꾼이 관아의 문을 벗어났을 때, 응성(應城)의 이의하(李義河)는 결국 그의 의중을 이렇게 전달했습니다.

"이것이 강릉의 본뜻이라네. 다만 그분은 자신의 입으로 직접 말하고 싶어하지 않더군."

아아! 강릉이 대체 어떤 분입니까? 담략이 하늘처럼 크신 그분이 어떻게 이런 잔꾀를 부리려 들었겠습니까! 응성이란 자의 정상을 알 만합니다. 응성과 하공은 평소 학문적으로 대립하는 사이라, 그는 진작부터 하공을 죽일 마음을 품고 있었습니다. 또 그 당시 응성의 위세는 불길처럼 활활 끓어올라 그를 따르는 자가 강릉을 섬기는 자만큼이나 많았으니, 하공이 비록 죽고 싶지 않았다 한들 그것이 또 어떻게 가능했겠습니까?

강릉의 이 일은 대단히 잘못되었습니다. 사단이야 강릉이 길안 사람들을 미워한 데서 기인했다지만, 그가 길안 사람을 기필코 죽이고자 했다는 말은 더한층 지독한 왜곡입니다. 지금은 모두 지나간 일로나 말하게 되는군요! 그런데 하공은 포의지사 중에서도 뛰어난 호걸인 까닭에 죽음을 당하는 재앙을 맞았고, 강릉은 재상 중에서 뛰어난 인걸이라 죽어서도 욕을 당하는 것이겠지요. 그 실패는 논하지 않은 채 그 성공만을 논하고 그 행적은 뒤쫓지 않은 채 그 마음을 탐구하며 그 과실은 따지지 않은 채 그 공적만을 칭송한다면, 이 두 분은 모두 나의 스승이십니다. 비열하게 아부하고 남의 눈치나 살피면서 성인의 이름을 도둑질해 지위를 탐하고 총애를 공고히 다지려는 세상 놈들과 비할 바가 아닌 것입니다. 이런 까닭에 다시금 그들을 나란히 거론함으로써 큰 원칙에 있어서의 잘못을 바로잡으려 하였지요. 논한 바가 속사정을 확실히 드러냈으니 하공을 위한 분풀이는 되었겠지만 강릉의 본심을 제대로 살피지 못했을까 싶어 이렇게 몇 마디 덧붙입니다.

경중승[89]에게 답함 答耿中丞

어제 받자온 가르침은 저의 방자하고 어리석은 병폐를 정확히 지적해주셨습니다. 참된 본성에 따라 행동하고 그것을 확충한 다음 천하와 더불어 공동선이 되게 하는 것이야말로 사람됨의 근본법칙, 즉 도(道)라고 부릅니다. 기왕에 이 시대의 이 백성들과 함께 가고자 하였다면, 그 변화의 범위와 성취에 드는 공력[90]이 대단히 클 것입니다. '배움에 어찌 방법이 없을 수 있겠는가?' 이는 공이 항상 강조하시는 고명한

---

89) 경중승(耿中丞): 경정향(耿定向, 1524~96). 황안(黃安, 지금의 호북성 紅安) 사람으로 자는 재륜(在倫), 호는 천대(天臺), 별호는 초동(楚侗), 시호는 공간(恭簡)이다. 가정 연간에 진사가 되어 어사(御史)·대리우사승(大理右寺丞)·호부상서 등의 관직을 지냈다. 귀향한 다음에는 천태산(天台山)에 은거했고, 저서로 『경천대문집』(耿天台文集) 등이 전한다. 『명사』 권221에서는 그와 이지의 교류에 대해 다음과 같이 기록하고 있다. "그의 학문은 왕수인에 근본을 둔다. 일찍이 진강의 이지를 황안으로 불러들였지만 나중에 가선 그를 미워하게 되었고, 이지 역시 경정향을 자주 비난했다. 사대부나 선불교를 좋아하는 자들 중에는 이지를 따르는 자가 많았다. 이지는 젊어서부터 재주가 있었고 임기응변에 능해 경정향은 그를 당해낼 수가 없었다"(其學本王守仁. 嘗招晉江李贄于黃安, 後衙惡之, 贄亦屢短定向. 士大夫好禪者往往從贄游. 贄小有才, 機辨, 定向不能勝也.) 이지는 융경 4년(1570)부터 만력 5년(1577)까지 남경의 형부에서 봉직했는데, 이때 경정향·경정리·초횡 등과 교분을 맺게 되었다. 운남에서 사직한 뒤 그는 처자를 데리고 황안으로 가서 경정리에게 의탁하며 경씨 집안의 자제들을 가르쳤다. 황안에 머무는 3년 동안 이지는 경정리와는 서로 의기투합했지만 형인 경정향과는 줄곧 사이가 좋지 못했는데, 이는 이지가 경정향을 위선적이고 허위에 찬 가도학(假道學)의 대표적 인물이라고 인식하면서 늘 논쟁적인 서신을 주고받은 까닭이었다. 둘 사이를 조정해주던 경정리가 죽자 이지는 경정향과의 불화를 이기지 못하고 그곳에서 삼십 리 떨어진 마성의 용담 호숫가 지불원으로 거처를 옮겼다. 이 글은 이지가 황안에서 살 때 경정향에게 보냈던 편지 중의 한 통이다.

90) 『주역』 「계사」(繫辭) 상편의 다음 문장을 인용하였다. "(역은) 음양의 변화를 (64괘에 의해) 아우르니 밖으로 넘치는 것이 없고, 만물을 (384효로) 하나하나 자세히 성취시켜 빠뜨리는 것이 없다. 역은 밤낮의 도에 통달하므로 이치를 잘 알게 한다. 그러므로 역의 본질인 '신'은 일정한 방향이 없고, 신의 작용인 '역'은 그 변화가 무궁하여 일정한 형태가 없다"(範圍天地之化而不過, 曲成萬物而不遺, 通乎晝夜之道而知, 故神無方, 而易無體.)

말씀이고, 또 공께서 공자에게 배워 깊이 믿으면서 가법[91])으로 삼고 있는 바이기도 합니다. 제가 거기에 대해 또 무슨 말을 하겠습니까! 그러나 이는 바로 공자의 말씀이니, 나하고는 상관없는 일입니다. 무릇 하늘이 한 사람을 나게 하면 저절로 그 한 사람의 쓰임이 있게 마련이니, 공자에게서 가르침을 받은 연후라야 사람으로서의 자격이 생기는 것은 아닙니다. 만약 반드시 공자의 인정을 받아야 한다면, 천고이전 공자가 아직 태어나지 않았을 때는 제대로 된 사람이 전혀 존재하지 않았단 말입니까? 그러므로 공자의 학설을 배우기 원했던 것이야말로 맹자가 맹자로 그칠 수밖에 없던 까닭이 됩니다. 저는 바야흐로 그의 사내답지 못한 나약함을 통탄하는데, 공께서는 제가 그것을 원한다고 여기시다뇨?

게다가 공자는 사람들에게 자신을 배우라고 가르친 적이 한 번도 없습니다. 만약 공자가 사람들에게 자신을 배우라고 가르쳤다면, 안연[92])이 인에 대해 물었을 때 어째서 "인의 실천은 자신으로부터 시작된다"[93]) 하고 타인으로부터 말미암는 게 아니라고 하셨을까요? 어째서 "옛날의 학자들은 자신의 완성을 위해 공부했다"[94]) 말하고, 또 "군자는 자기 자

---

91) 가법(家法): 한대 초기 유가들이 경전을 전수할 때는 모두 구전(口傳)했기 때문에 구두(句讀)나 의훈(義訓)에 있어 저마다 차이가 생겨 학파가 갈라지게 되었다. 스승이 전수한 내용은 제자가 한 글자도 고칠 수 없었고 경계도 매우 엄격했는데, 이를 가법이라 불렀다. 하지만 당대에 와서는 거의 사라지게 되었다. 나중에는 집안을 다스리는 예법이란 의미로도 쓰였다.

92) 안연(顔淵): 안회(顔回, 기원전 521~490). 자가 자연(子淵)이라 안연이라고도 부른다. 춘추 말기 노나라 사람으로 공자의 제자였다. 집안이 가난해 누항(陋巷)에 살고 단사표음(簞食瓢飮)하면서도 그 즐거움을 고치지 않아 호학하면서도 덕행이 있다는 공자의 칭찬을 들었다. 그가 공자 문하로 들어온 이래 스승을 존경하고 호학하는 풍기가 날로 성해져 공자도 그의 요절에 대해 애통하여 마지않았다. 후세에 복성(復聖)이라 존칭되기도 하였다.

93) 출전은『논어』「안연」편. 전문은 다음과 같다. "안연이 인에 대해 묻자, 공자가 대답하셨다. '사욕을 누르고 예를 실천하는 것이 바로 인이다. 하루라도 극기복례할 수 있으면 천하가 다 그와 더불어 인을 행하는 것이다. 인의 실천은 자신으로부터 말미암으니, 어찌 다른 사람으로부터 행해지는 것이겠느냐?'"(顔淵問仁. 子曰: '克己復禮爲仁. 一日克己復禮, 天下歸仁焉. 爲仁由己, 而由人乎哉?')

신에게서 추구한다"[95]고 말씀하셨겠습니까! 인은 다만 자신으로부터 말미암는 까닭에 여러 제자들은 공자에게 인에 대해 물을 필요가 없었고, 학문은 자신의 완성을 위한 것인 까닭에 공자는 당연하게도 문도들에게 전수할 만한 특정한 학술이 없었습니다. 이것이 바로 타인도 없고 자기 개인도 없는 학문입니다. 자기 자신이 없는 까닭에 학문은 극기(克己)보다 우선하는 것이 없고, 타인이 없는 까닭에 가르침은 오직 사람에 따라 다르게 행해졌습니다. 한두 가지 예를 들어보지요. 예컨대 중궁[96]은 매사에 공경을 다하고 행동거지가 간결한(居敬行簡)[97] 사람이었습니다. 그가 인에 대하여 묻자, 공자는 곧장 '공경과 관용'(敬恕)[98]뿐이라고 지목해서 말씀하셨습니다. 옹(雍, 즉 중궁)은 총명했기

---

94) 『논어』「헌문」(憲問)편. "공자가 말씀하셨다. '옛날의 공부하는 사람은 자신을 충실히 하기 위해 공부했는데, 오늘날의 학자들은 남에게 인정받기 위해 공부한다'"(子曰: '古之學者爲己, 今之學者爲人.')

95) 『논어』「위령공」편. "공자가 말씀하셨다. '군자는 자신에게서 덕행을 강구하고, 소인은 남에게서 명예를 구한다'"(子曰: '君子求諸己, 小人求諸人.')

96) 중궁(仲弓): 염옹(冉雍, 기원전 522~?). 염민(冉民)이라고도 하며, 자가 중궁이다. 춘추 말기 노나라 사람으로 일설에는 염백우(冉伯牛)의 종족이라고도 한다. 공자의 제자로 아비가 천민이었지만, 공자 문하생 중에 안연·염경(冉耕, 염백우) 등과 함께 덕행으로 이름이 높았다.

97) 출전은 『논어』「옹야」(雍也)편. 원문은 다음과 같다. "공자가 '옹은 남쪽을 향해 앉는 제후를 시킬 만하다'고 말씀하셨다. 중궁이 자상백자는 어떠냐고 묻자, 공자는 '그래도 되지. 그는 간략할 수 있다'고 대답하셨다. 중궁이 '마음을 엄숙히 하고 행사를 간략히 하여 백성을 다스리면 되지 않겠습니까? 마음가짐이 간략한데 행사까지 간략하다면 너무 간략하지 않겠습니까?' 하고 말하자, 공자는 '옹의 말이 옳구나.' 하고 말씀하셨다"(子曰: '雍也, 可使南面.' 仲弓問子桑伯子, 子曰: '可也, 簡.' 仲弓曰: '居敬而行簡, 以臨其民, 不亦可乎? 居簡而行簡, 無乃太簡乎?' 子曰: '雍也言然.')

98) 『논어』「안연」편. "중궁이 인에 대해 묻자, 공자는 이렇게 대답하셨다. '대문 밖에 나서면 귀한 손님을 만난 듯하고, 백성을 부릴 때는 중요한 제사를 받들 듯하라. 자신이 원하지 않는 것을 남에게 덮어씌우지 말라. 이렇게 하면 제후의 나라에서 벼슬을 해도 원망하는 자가 없고, 경과 대부의 집에서 벼슬해도 원한을 품는 자가 없게 된다.' 중궁이 말했다. '제가 비록 불민하지만 이 말씀대로 행하겠습니다!'"(仲弓問仁. 子曰: '出門如見大賓, 使民如承大祭. 己所不欲, 勿施於人. 在邦無怨, 在家無怨.' 仲弓曰: '雍雖不敏, 請事斯語矣!') 공영달은 정의(正義)에서

때문에 깨달은 즉시 그 말씀을 섬기겠다 청하였습니다. 사마우[99]는 형제가 환란을 입어 늘 걱정과 두려움을 품고 있었으니, 그는 말을 삼가고 행동이 신중한 사람이었습니다. 그가 인에 대하여 묻자, 공자는 또 곧장 "말을 적게 하는 것"[100]이라고 적시하는 데 그치셨습니다. 사마우는 총명하지 못했던 까닭에 의구심을 품으면서 그 말로는 아직 모자라다고 여겼습니다. 위의 일화들로부터 보건대, 공자가 또 언제 사람들에게 자신을 배우라고 가르친 적이 있더이까? 공자는 사람들에게 자신을 배워야 한다고 강조한 적이 없었습니다. 그런데도 공자를 배우는 자들은 스스로를 버리고 반드시 공자만이 학문의 대상이 되어야 한다고 고집을 피우니, 비록 경중승 당신이라 하더라도 정녕코 웃기는 노릇이라 여기실 것이 분명합니다.

공자는 사람들에게 자신을 배우라고 가르치지 않았던 까닭에 그 뜻을 얻었으니, 자신을 천하의 교본으로 삼는 태도는 분명 아니었습니다. 이런 까닭에 성인께서 위에 계시면 만물이 제 자리를 얻게 된다고 하였으니, 다 그럴 만한 내력이 있는 소리지요. 천하의 사람들이 합당한 자리를 얻은 지도 벌써 오래되었습니다. 그렇지만 아직 제자리를 찾지 못하는 자가 존재하는 까닭은 탐욕스럽고 포악한 자들이 소란을 피우고 '어질다는 자'들은 해코지를 하기 때문입니다. '어질다는 자'들은 천하

"이 장은 인이 공경과 관용에 있음을 밝히고 있다"(此章明仁在敬恕也.)고 설명하였다.

99) 사마우(司馬牛): 사마경(司馬耕). 성은 사마, 이름은 리(犁), 자는 자우(子牛)이고, 송나라 사람이다. 일설에는 사마환퇴(司馬桓魋)의 동생이라고도 한다. 사람됨이 말이 많고 조급해서 공자가 인이란 신중하게 말하고 행동하는 것이라고 가르쳤다.

100) 『논어』「안연」편. 전문은 다음과 같다. "사마우가 인에 대해 묻자, 공자는 '인이란 말을 쉽게 내뱉지 않는 것이다.' 하고 대답하셨다. 사마우가 '말을 어눌하게 하면 이것을 인이라 말할 수 있겠습니까?' 하고 묻자, 공자가 대답하셨다. '행하기가 어려운데 말할 때 어찌 생각 없이 함부로 내뱉을 수 있겠느냐?'"(司馬牛問仁. 子曰: '仁者, 其言也.' 曰: '其言也?, 斯謂之仁已乎?' 子曰: '爲之難, 言之得無訒乎?')

가 제자리를 잃었다고 근심하면서 서둘러 적당한 영역을 찾아주겠다고 욕심을 부립니다. 이리하여 덕과 예절로써 사람들의 마음을 바르게 하고 정령과 형벌로써 그들의 사지를 꽁꽁 옭아맸는데,[101] 사람들은 정작 그때부터 제자리를 크게 잃어버리게 되었습니다.

이 세상의 백성과 사물들은 엄청나게 많습니다. 만약 그것들이 모두 내가 정한 질서에 따라 움직이길 바란다면, 천지신명이라도 그렇게는 할 수 없을 것입니다. 이런 까닭에 추위는 아교도 꺾을 수 있지만 저자로 향하는 장사치는 막을 수가 없고, 더위는 쇠도 녹일 수 있지만 부귀를 찾아 앞다퉈 달리는 풋내기는 굴복시키지 못합니다. 어찌하여 그럴까요? 부귀영달은 나의 타고난 오관[102]을 만족시켜주는 까닭에 그 형세가 절로 그렇게 이루어지기 때문입니다. 이런 까닭에 성인은 사람들의 욕망에 순응하여 천하를 다스리셨고, 그렇게 함으로써 천하를 편안하게 만들 수 있었습니다. 이런 연유로 재물을 탐하는 자에게는 봉록을 주고, 권세를 좇는 자에게는 작위를 주며, 강하고 힘있는 자에게는 권력을 주고, 유능한 자에게는 그 능력에 걸맞는 벼슬을 주고, 나약한 자는 곁에 끼고 도와가면서 부리셨습니다. 덕 있는 자에게는 허울뿐인 직위를 맡기면서 모두들 그를 우러러 받들게 했고, 재주 있는 자에게는 중책을 맡기면서 출신과 경력을 묻지 않았습니다. 각자 좋아하는 바에 따르게 하고 제각기 장기를 발휘하게 하여 한 사람도 쓰임에 맞지 않은 사람이 없도록 하였습니다. 그런 일들이 어찌 그리 용이하였을까요? 비록 어떤 이들은 거짓을 꾸미고 사기를 쳐서라도 권력자의 기호에 영합하려 들지만, 다스리는 나

---

101) 『예기』「치의」(緇衣)편의 다음 구절을 응용하였다. "공자가 말씀하셨다. '백성을 도덕으로 교화하고 예의로 속박하면, 그들은 바르게 되려는 마음을 갖는다. 그들을 정령으로 교도하고 형벌로 다스리면 형벌에서 도망가려는 마음이나 갖는다'"(子曰: '夫民教之以德, 齊之以禮, 則民有格心; 教之以政, 齊之以刑, 則民有遯心.')

102) 오관(五官): 인체의 다섯 가지 기관. 귀(耳)·눈(目)·코(鼻)·입(口)·형체(形) 혹은 귀·눈·코·입·심장(心). 여기서는 이들 오관이 대표하는 인간의 욕망을 가리킨다.

는 그들에게 던져줄 만한 아무것도 없었기 때문입니다. 비록 누군가 나의 허물을 가리고 미덕을 드러내려 하더라도, 나에게는 가려야 할 어떤 허물도 없었던 까닭입니다. 그러니 권력자를 설복시키기가 얼마나 어려웠겠습니까? 이야말로 진정으로 천하에 명덕을 밝힐 수 있어 앉은 채로 태평천하가 오게 하는 방도 아니겠습니까! 이야말로 정녕 한 오리만큼의 작위적인 행적을 보이지 않고도 저절로 마음이 편안해지고 날마다 명성이 높아지는(心逸日休)[103] 효과를 누리게 되는 자가 아니겠습니까! 그렇다면 공자의 학술 또한 오묘한 것이니, 공자에게 학문이 있고 술수가 있어 사람을 가르쳤다 말해도 괜찮다 하겠습니다. 그렇다면 학문도 없고 술수도 없는 이 점이 바로 공자의 학술이 되는 것이지요!

공께선 이미 그 말을 굳게 믿으며 독실하게 행하고 계시니, 공 자신의 학술이 그러하다 말해도 무방하겠지요. 다만 사람마다 모두 공과 같을 필요는 없다고 봅니다. 위와 같은 까닭에 공의 행하시는 바는 저절로 착한 일이 되고, 쓰임새는 저절로 넓어지며, 배우는 바는 저절로 온당해지겠지요. 저는 물론 공을 존경하겠지만, 제가 꼭 공을 닮아야 할 필요는 없을 것입니다. 공께서도 응당 저를 아껴주겠지만, 공이 반드시 저보다 어진 것은 아닐 것입니다. 그렇다면 공의 이번 출행은 사람마다 의관을 떨쳐 입고 달려가 축하해야 할 경사입니다. 그렇지 않으면 뜻이 같은 사람은 적고 다른 자는 많으며 어진 자는 적고 어리석고 불초한 자는 많으니, 천하가 과연 언제라야 태평해지겠습니까!

다시 경중승에게 답함 又答耿中丞

마음으로 하고 싶어 원하는 바는 더더욱 남의 말을 들을 필요가 없습

---

103) 『서경』「주서·주관」(周書·周官)편. 원문은 다음과 같다. "덕을 쌓으면 마음에 여유가 생기며 평판이 날로 좋아지지만, 거짓으로 일처리를 하면 마음이 항상 괴롭고 모든 일이 순조롭지 않게 된다"(作德心逸日休, 作僞心勞日拙.)

니다. 듣고 싶지 않은 것이 아니라 스스로 듣지 않는 것이어야 합니다. 듣고 싶지 않다는 것이 어떻게 하지 않는 것과 같은 일이겠습니까! 이 양자의 선택은 공으로부터 결정될 따름입니다. 게다가 세상에는 호사가들이 대단히 많으니, 또 어떻게 일일이 그들의 비위를 다 맞출 수가 있겠습니까?

게다가 내 몸이 천하에 매였다는 것 자체가 엄청난 일입니다. 옛날의 군자들은 평소 한가할 때는 다른 사람을 능가하지 못했을 뿐 아니라 오히려 그들에게 한참이나 미치지 못했습니다. 그런데 일단 큰일이 발생하고 나면 평소 잘난 체하며 자신을 드러내기 좋아했던 자들은 그 숫자가 얼마이든 간에 감히 앞으로 나서지를 못합니다. 오직 이들 군자 가운데 약간이나마 서여[104]를 풀어내는 자가 상황을 정돈하지요. 그들이 공을 세워도 사람들은 알지를 못하니, 이는 그가 남들보다 월등히 뛰어나기 때문입니다. 비유컨대 용천[105]이나 태아[106] 같은 칼은 교룡을 죽이고 무소를 처단하는 일이 아니면 함부로 놀리지 않습니다. 원래 작은 시도는 별다른 의미가 없고 사소하게 쓰이면 여지가 없는 법이니, 훗날 성취하는 바를 보면 모든 것을 알 수가 있습니다.

세속에 영합하는 언사야 시정잡배의 이야기일 따름이니, 어찌 거듭해서 이야기할 만한 것이겠습니까! 그러나 등활거(鄧豁渠)가 공을 알아준 까닭은 그의 기대와 소망 또한 자못 두텁기 때문이었습니다. 활거는 사람의 사귐에 있어서 마음 알아주는 일을 귀하게 칩니다. 만약 이 세상에 나를 알아주는 사람이 있다면 한 사람의 종자기(鍾子期)면 충분

---

104) 서여(緖餘): 실을 뽑은 뒤 남은 누에고치의 나머지 실밥. 사물의 잔챙이나 몸통 이외의 나머지를 비유한다. 출전은 『장자』「양왕」(讓王)편. "참된 도로 몸을 다스리고, 그 나머지로는 국가를 다스리고, 또 그 남은 찌꺼기로는 천하를 다스린다"(道之眞以治身, 其緖餘以爲國家, 其土苴以治天下.)

105) 용천(龍泉): 고대의 보검 이름. 원래 명칭은 용연(龍淵)이지만 당나라 사람들이 고조(高祖)의 휘(諱)를 피해 용천으로 개명해 불렀다.

106) 태아(太阿): 보검 이름. 『월절서』(越絶書)에 따르면, 춘추시대 초(楚)나라 왕이 구야자(歐冶子)와 간장(干將)을 시켜 만든 두 개의 칼 중 하나라고 한다.

해서 많을 필요가 없다는 거지요. 그런데 지금 공을 관찰하면 실로 활거의 지기라고 하기에는 부족합니다. 활거는 공과 더불어 형해[107]의 바깥에서 어울리고 싶어하는데, 공은 형해의 안으로만 얽매이시는군요. 아옹다옹 시끄럽게 활거의 잘잘못을 따지면서 그것으로 서로를 깊이 알 수 있다 여기십니다그려. 그러면서 나에게 요구하고 기대하는 자의 심오한 뜻에 답하겠다는 것은 대단히 큰 착각이지요.

세상 사람의 시비가 등활거의 기준이 되지 못한다는 것은 자명한 노릇입니다. 게다가 활거는 애당초 세상 사람의 시비를 갖고 자신의 시비로 삼은 적이 없습니다. 세속의 시비로 자신의 시비를 삼았다면 활거의 행동거지는 단연코 이와 같지 않았을 것입니다. 이는 너무나 쉽고도 확실한 일입니다. 등활거의 학문은 출세간에 주안점을 두기 때문에 매사에 직선적으로 행동하며 거리낌이 없었습니다. 지금 공의 학문은 세상에 쓰임을 위주로 하고 있으니, 더더욱 재능을 감추고 반드시 깊이 은거해야 마땅합니다. 자취는 서로 상반되지만 뜻은 서로의 모자람을 보충해주니, 이렇게 해서 그와 친밀해지는 것도 안 될 거야 없지 않겠습니까? 공으로 말미암아 그를 언급하다보니 말이 여기에까지 미쳤습니다. 그러나 이 또한 쓸데없는 군소리라, 그 무익함을 알겠습니다그려.

양정견[108]에게 與楊定見

이 일은 정말 그래서는 안 된다. 시비가 분분한 세상인지라 우리 인간들이야 시비 속에 살아가게 마련이니, 어떻게 거기서 벗어날 수 있겠

---

107) 형해(形骸): 사람의 몸이나 외양, 혹은 용모. 여기서는 눈에 보이는 겉치레, 즉 세속의 예절이나 형식을 가리킨다.
108) 양정견(楊定見): 자는 봉리(鳳里)이고, 마성 사람이다. 이지가 황안에서 마성으로, 다시 용담으로 옮겨다닐 때 조석으로 함께 어울리던 몇 사람 중의 하나이다. 경정향과 알력이 있을 때, 이지는 이 사단이 오해에서 빚어진 것이라 판단

느냐? 시비의 와중에 남의 비위를 맞추고 원한은 멀리하는 등등의 일은 또 식견이 짧은 자들의 일상적인 작태이니 탓할 바가 되지 못한다. 옛날 사람 중에도 진정으로 남을 대했다가 끝에 가서 스스로 몰락한 이가 얼마인지 모른다. 다만 껄껄 너털웃음 한 번으로 아무 일 없게 만들어야 하느니.

이제 저 사람이 시비를 따지는데 나까지 그와 더불어 시비를 말한다면 설왕설래가 그치질 않아 결국 논쟁에까지 이르고 말 것이다. 그런데 옆에서 듣는 사람은 당초 시비를 제기한 사람에 대해서가 아니라 반대로 그 시비에 대응하여 논쟁을 벌인 사람에 대해 짜증을 느끼게 된다. 이 일은 명약관화하지만, 그 안에서 헤매느라 깨닫지 못할 따름이구나. 기왕에 남들의 시비장단을 증오하면서도 내가 나서서 또 옳고 그름을 따지는 판이라니. 말이 그치질 않다보니 논쟁에 이르게 되고, 논쟁을 계속하다보니 자신도 모르게 말이 막히고, 이런 상황이 그치질 않고 지속되니 급기야는 서로 원수가 되고 마는구나. 말이 막히면 기운이 손상되고, 말이 너무 많으면 몸을 상하게 되며, 원수가 되면 서로간의 친밀함이 사라지니, 그런 상황의 불편함이야 당연히 막심하겠지. 사람이 이 세상에 살면서 약간의 편의조차 스스로 구할 줄 모른다면, 그것이 어찌 지혜로운 처신이라 하겠느냐?

게다가 나는 믿음과 의리로써 사람을 사귀었으니 이미 지혜롭지 못하였구나. 그런데 또 남들에게 신의를 저버렸다고 책망까지 늘어놨으니, 이는 지혜롭지 못한 위에 또 지혜롭지 못한 짓을 더한 꼴이고 우둔함에 또 우둔을 더한 처사였어. 자신을 조금밖에 아낄 줄 모르는 사람이라도 그러진 않을 텐데, 내 어찌 그럴 수 있었겠느냐? 조금이라도 상

하고 그와 주우산을 시켜 자신의 뜻을 설명하게 할 정도로 신임이 깊었다. 이지가 생전에 거주했던 지불원과 유골을 안치하게 될 탑옥은 모두 양봉리의 책임 아래 건립된 건물이다. 이지 사후에 그는 이지가 비점을 단 『양승암집』(楊升菴集)과 『충의수호전』을 원무애(袁無涯)에게 넘겨주어 판각·유통되도록 주선하였고, 『수호전』 첫머리에 소인(小引)을 남기기도 하였다.

황에 맞춰 처신할 줄 아는 사람이라면 반드시 비웃을 짓인데, 내 어찌 가만히 앉은 채로 남들이 나를 비웃도록 내버려두었겠느냐? 그런데 이런 바보 같은 짓들은 내가 평소에 익히 저지르던 바로구나. 다만 수시로 반성하여 그것을 극복할 수 있었으니, 내게 유리한 점을 양보해 남들에게 편의를 주려 하지는 않았다. 천만 가지 시비를 일소에 부쳐버리면 당장 만사가 편안해지고 정신이 다시 충만해지며 마음도 예전처럼 탁 트인 시원한 상태를 회복하게 되느니. 공부하고 과거보는 일일랑은 잠시 논하지 말기로 하자꾸나. 그저 한바탕 편안하게 잠을 자고 나면 스스로 수용하는 경지에 들게 되겠지. 이 얼마나 탄식할 일이며, 이 얼마나 수치스런 일일까나! 그러나 저들 논쟁과 무고에 열중하는 자들은 이런 개탄스럽고 부끄러운 상황을 되려 외면하고 마는구나.

서울의 벗[109]에게 보내는 회답復京中友朋

보내오신 가르침에서 이렇게 말씀하셨더군요.

"배부름을 구하지 않고, 편안함을 구하지 아니한다.[110] 이러한 마음이 어디에도 매이지 않아야 학문을 하게 된다."

그리고 바로 아래에 다음과 같은 주석을 다셨습니다.

"마음을 한곳에 모으면 다른 곳에 눈 돌릴 겨를이 없어지니, 배움이

---

109) 이 편지를 받은 서울의 벗은 만력 15년(1587) 당시 형부상서를 지내고 있던 이세달(李世達)을 가리킨다. 경정향이 당시 그의 수하에서 형부좌시랑(刑部左侍郎)을 지내고 있었기 때문에 이세달은 이지와 경정향 간에 벌어졌던 논쟁에 누구보다 상세히 알고 있었다. 이 해 늦가을 이세달은 북경에서 편지를 보내 이에 관해 언급했고, 이지는 그에 대한 반박용으로 이 편지를 썼던 것이다.

110) 출전은 『논어』 「학이」(學而)편. 원문은 다음과 같다. "공자가 말씀하셨다. '군자는 먹음에 배부름을 구하지 않고, 거처에 있어서도 편안함을 구하지 않는다. 일함에 부지런하고 말에 신중하며, 덕 있는 사람을 가까이하여 자신의 잘못을 바로잡을 수 있어야만 배움을 좋아한다고 말할 수 있다.'"(子曰: '君子食無求飽, 居無求安, 敏於事而愼於言, 就有道而正焉: 可謂好學也已.')

따로 있다는 따위는 틀린 생각이다. 도가 있는 사람을 가까이하면 정신이 서로 감응하여 이 마음이 저절로 바르게 된다. 만약 도 있는 사람에게 따로 고매한 견해가 있어 그것이 자신을 바로잡아줄 거라 여긴다면 얄팍한 생각이다."

또 이렇게도 말씀하셨지요.

"'진실로 인에 뜻을 두게 되면 악행이 없어진다.'[111] 여기서 악(惡)자는 응당 거성(去聲)으로 읽어야 한다. 설사 잘못해서 벌 받고 있는 자라 해도 잘못을 뉘우치면 남들과 나란히 살 수가 있고, 남을 모함하거나 포악한 짓을 했어도 그 어리석음에 대해 분노하고 미워하는 감정이 없게 된다.[112] 자고이래 성현들께서는 원래부터 미움이 없었음을 알 수가 있다. 또한 '바른 사람을 등용하여 간사한 자의 윗자리에 둔다'[113]고 말씀하셨는데, 여기서의 조(錯) 자는 버린다는 뜻이 아니라 바로 조치한다는 의미이다. 즉 모든 소인배들을 적절히 안배하여 적당한 자리에 배치했으니, 성현은 차마 그들을 방치하거나 버릴 수가 없었던 것이다. 또한 '대학의 도는 명덕(明德)을 밝히고 백성을 사랑함에 있다'[114]고도 말씀하셨다. 여기서 말한 '사랑한다'(親)는 한 글자야말로 바로 공자

---

111) 『논어』「이인」(里仁)편. "공자가 말씀하셨다. '진실로 인에 뜻을 두게 된다면 악한 일을 할 수가 없다'"(子曰: '苟志於仁矣, 無惡也.')

112) 『상서』(尙書)「익직」(益稷)편의 다음 구절을 응용하였다. "존경하는 좌우의 대신들이여, 참언 퍼뜨리길 좋아하는 어리석은 자들도 있구나. 만약 신하로서 자신이 해야 할 일을 살피지 않는다면 활쏘기의 예절로 그들을 가르치고 채찍으로 때려 경각심을 일으켜라. 그들의 죄상을 기록하되, 그들을 사지로 몰아넣지는 말도록 하라"(欽四鄰. 庶頑讒說, 若不在時, 侯以明之. 撻以記之. 書用識哉. 欲并生哉.)

113) 『논어』「위정」(爲政)편. 전문은 다음과 같다. "애공이 물었다. '어찌해야 백성들을 복종시킬 수 있습니까?' 공자가 대답하셨다. '정직한 사람을 등용하여 간사한 자의 윗자리에 두면 백성은 복종합니다. 사악한 자를 등용하여 바른 사람의 위에 두면 백성이 복종하지 않습니다'"(哀公問曰: '何爲則民服?' 孔子對曰: '擧直錯諸枉, 則民服. 擧枉錯諸直, 則民不服.')

114) 출전은 『예기』「대학」(大學)편. "대학의 도는 자신에게 품수된 밝은 덕을 밝히고, 백성을 사랑하며, 사람을 혁신시켜 지극히 선한 경지에까지 도달함에 있다"(大學之道, 在明明德, 在親民, 在止於至善.)

학파의 전통이다. 사랑할 수 있다는 것 자체가 바로 생기(生機)의 작용이다. 소소한 뜻이지만 사람마다 모두 갖추고 있는데, 다만 몸소 체험하여 확실히 파악해야만 그것을 유지하고 확충시킬 수 있다."

이와 같은 가르침에 대해 제가 감히 사실을 대조해보도록 하겠습니다.

편안하고 배부른 것을 추구하지 않는다고 말씀하셨지만, 그 품성은 다른 사람들과 다르지 않습니다. 사람이 세상에 나서는 오직 학문 한 가지 일이 중요한 까닭에 때로 서둘러 그것을 추구하느라 저절로 배부름과 편안함을 모르게 된 것이지, 그런 것들의 추구에 마음이 없기 때문은 아니었습니다. 만약 수시로 민첩하게 배우지도 않으면서 편안하고 배부른 것에만 신경을 쓴다면, 그것은 위선입니다. 기왕지사 학문에 늘 부지런하다면 말에 있어서도 저절로 신중해지지 않을 수가 없습니다. 어찌하여 그럴까요? 나의 학문이 아직 손에 잡히지도 않았는데 감히 무슨 말을 내뱉는단 말입니까? 또한 삼가고 비밀스런 가운데 부러 조심조심 말함으로써 남들에게 영예를 얻겠다는 수작에 뜻을 두지도 않게 됩니다. 지금 큰소리를 뻥뻥 치며 거만스레 높은 자리에 올라앉아 기필코 사람들의 스승이 되겠다고 설쳐대는 작자들은 모두가 학문에 부지런하지 못했기 때문에 그러는 것입니다.

진실로 학문에 부지런한 사람이야 어찌 말을 함부로 내뱉지 않고 먹음에 배부름을 구하지 않으며 생활에서 편안함을 모르는 정도에 그칠 뿐이겠습니까? 그들은 스스로 사방을 분주히 돌아다니며 도를 깨우친 사람을 찾아가 자기 자신을 교정합니다. 도를 깨우친 자란 바로 배우기를 좋아하여 스스로 성취한 바가 있고 대사[115]를 손에 넣은 사람입니다. 이 일이 비록 엄청나다고는 하나 거기에 이르는 방도는 천 가지만 가지나 되니, 별안간 깨닫는 사람도 있고 천천히 진입하는 자도 있

115) 대사(大事): 불교용어. 원래는 중생으로 하여금 불교의 교리를 깨닫게 하는 것을 말하지만, 여기서는 오도(悟道), 즉 사람됨의 이치를 깨우쳐 가장 높은 경지에 들어서는 것을 가리킨다.

습니다. 서서히 깨닫는 자는 비록 우회하여 힘을 낭비하는 것 같지만 그래도 깊이 있는 정진을 기대할 만하지요. 만약 북쪽으로 가고자 하는데 바퀴가 남쪽을 향해 있고 바다로 들어가겠다면서 태항산(太行山)에 오르고 있다면, 그것이 무슨 보탬이 되겠습니까! 반대 방향으로 가는 것은 그래도 괜찮습니다. 그저 일에 도움이 없을 뿐 해를 끼치지는 않으니까요. 만약 잘못된 길에 일단 들어서기라도 한다면, 이익을 구하려다 되레 손해를 입게 되지 않겠습니까? 이른바 '이익이 없을 뿐만 아니라 또 해까지 끼치는'[116] 경우라 하겠지요. 그렇기 때문에 현인을 찾아가 감히 잘못을 바로잡지 않을 수가 없는 것입니다. 이처럼 어진 이에게 나아가 자신을 바로잡는 것이야말로 호학(好學)이라 이르며, 바야흐로 도를 얻을 수 있다 하고, 깨달음을 손에 넣었다고 합니다. 그리고 수시로 민첩하게 공부하는 근면함을 저버리지 않았다고 말하기도 합니다.

위와 같기만 하면 나는 명덕(明德)을 밝힐 수 있게 됩니다. 기왕에 명덕을 밝혔으니 자연히 백성을 사랑하게 되지요. 마치 지난날 나를 위해 가르침을 주셨던 사방의 선각자들처럼 내가 이미 진실하게 도를 추구한다면 상대방 역시 짜증내거나 결코 미워할 리가 없고, 서로 사랑하고 아껴주지 않을 일이 없으며, 서로 속내를 드러낸 채 나와 더불어 도를 증명할 의사가 절대 없을 리 없습니다. 어찌하여 그럴까요? 명덕을 밝히는 자는 그 자연스러운 쓰임이 정녕 이와 같기 때문입니다. 이를 인식하여 단순히 표제가 아닌 학맥이 되게 한 것은 작심하고 그렇게 만든 것이었습니다. 그런데 이제 명덕을 밝히는 공력도 들이지 않고 느닷없이 친민(親民)을 말한다면, 이는 서지도 못하면서 걸으려 하고 아직 걷지도 못하면서 날겠다는 수작과 마찬가지입니다. 또 성인의 '명덕을 밝힌다'는 결정적인 한 마디로 하여금 죄다 헛소리가 되게 하는 짓거리지

---

116) 출전은 『맹자』「공손추」상편. "(호연지기를) 키우려는 것은 싹을 뽑는 자에 비유할 수 있는데, 비단 도움이 되지 않을 뿐만 아니라 도리어 그 싹을 해치게 된다"(助之長者, 堰苗者也; 非徒無益, 而又害之.)

요. 그러므로 진실로 인에 뜻이 있으면 저절로 싫증과 미움이 없어진다 하겠습니다. 어찌하여 그럴까요? 세상 사람들은 본래부터 어진 이와 매일반이었습니다. 성인이라 해서 특별히 높은 것도 아니고 보통사람이라고 낮은 것도 아니니, 다들 스스로 악을 용납하지 않을 뿐이지요. 성인에게 미움이 있는 까닭은 덕을 어지럽히는 향원[117]이 밉살스럽고, 오랫동안 거짓을 행하며 진실로 회귀하지 않는 것[118]을 얄미워하며, 명목상으로만 호학하고 실제로는 호학하지 않는 자들을 미워하기 때문입니다. 성인과 어진 이가 어떻게 세상의 보통 사람들을 미워할 리가 있겠습니까! 원래 어진 경지에 도달했으면 자연스레 미움이 없어지고, 이미 덕을 밝힐 수 있었다면 저절로 백성을 사랑하게 되는 법입니다. 이 모두는 자연스런 가운데 그리되는 것이어서 힘들여 고민할 필요가 없으니, 이것이 바로 성인의 학문이 오묘한 까닭입니다. 그래서 "배움에 싫증을 모르는 것은 '지'라 하고, 가르침에 싫증내지 않는 것은 '인'이라 한다"[119]고 말했고, "성의 덕은 안팎의 도를 종합하는 까닭에 언제 시행

---

117) 향원(鄕愿): 출전은 『맹자』「진심」(盡心) 하편. "만장이 말했다. '온 고을 사람들이 근실한 사람이라 칭찬하고 어디를 가든지 근실한 사람이 아닌 적이 없는 이를 두고 공자는 덕을 망치는 자라고 여겼는데, 무슨 까닭입니까?' 맹자가 대답하셨다. '잘못을 거론하려 해도 들 사실이 없고 죄를 비판하려 해도 비판거리가 없으며, 세속의 흐름에 동화하고 더러운 세상에 영합하며, 충성스럽고 믿음직한 것 같고 행실은 청렴결백한 듯하니, 사람들이 모두 그를 좋아하고 자신도 옳다고 여긴다. 하지만 그런 자는 요·순의 정도에 들어설 수 없으니, 이런 까닭에 덕의 적이라고 말씀하신 것이다'"(萬章曰: '一鄕皆稱原人焉, 無所往而不爲原人; 孔子以爲德之賊, 何哉?' 曰: '非之無擧也, 刺之無刺也; 同乎流俗, 合乎汙世; 居之似忠信, 行之似廉潔; 衆皆悅之, 自以爲是; 而不可與入堯舜之道, 故曰德之賊也.')
118) 『맹자』「진심」상편의 다음 문장을 원용하였다. "맹자가 말씀하셨다. '요와 순임금은 본성부터가 인의를 사랑하셨고, 탕왕·무왕은 인의를 몸소 실천했으며, 오패는 인의를 빌렸을 따름이다. 오랫동안 빌리고 반납하질 않으니, 그가 사실은 갖고 있지도 않은지 어찌 알겠는가?'"(孟子曰: '堯舜, 性之也; 湯武, 身之也; 五霸, 假之也. 久假而不歸, 惡知其非有也!') 조기(趙岐)의 주(注)에 따르면, 오패가 오랜 세월 인의를 참칭한 것은 물건을 오래 빌리고 돌려주지 않다가 진짜 물건 주인이 누군지 모르게 되는 것에 비유할 수 있다고 하였다.

해도 마땅하다"[120]고 하였습니다. 이 얼마나 자연스럽고, 이 얼마나 중요한 말입니까! 지금 사람들이야 '싫증내지 아니한다'와 '게으르지 않는다'를 표제로 내걸고 자기가 문제를 직접 해결하려 들지만 어떻게 그 경지를 이룰 수 있겠습니까! 어떻게 정말 싫증내지 않고 게으르지 않을 수가 있겠는가 말입니다!

성인은 단지 사람들에게 배우라고 가르치셨을 뿐입니다. 실로 배우기를 좋아할 수 있다면 저절로 이런 경지에 도달하게 되지요. 만약 배우려 들지도 않으면서 그저 '싫증내지 않는다'와 '게으르지 않다'를 말한다면, 공자의 모든 제자가 당연히 그것을 배울 수 있었을 텐데 왜 안자(顔子, 顔回)만이 호학했다고 일컬어지겠습니까? 안자가 배우기를 좋아하여 싫증을 모른다고 일컬어지기는 했어도 가르침에 게으르지 않다고는 말해진 적이 없으니, 덕을 밝혀 인간을 사랑하고 가르침을 세워 도가 행해지게 하는 임무는 오직 공자만이 감당할 수 있었음을 알게 됩니다. 제아무리 안자라 해도 이 두 가지를 감당하지는 못했던 것입니다. 그런데 지금 사람들은 아직 덕을 밝히지도 못한 주제에 당장 백성을 가까이하고, 아직 배움에 싫증내지 않는 정도에 미치지 못했으면서 가르침에 게으르지 말라는 도리를 먼저 배우며, 아직 말을 신중히 할 줄도 모르면서 일에만 조급합니다. 그런데도 스스로 도를 깨우쳤다고

---

119) 『맹자』「공손추」상편. "옛적에 자공이 공자에게 물었다. '선생님은 성인이시지요?' 공자가 말씀하셨다. '성인이라니, 당치도 않다. 나는 다만 배움에 만족할 줄 모르고, 가르침에 있어 싫증을 모를 뿐이다.' 자공이 말했다. '배움에 만족을 모름은 지혜로운 것이고, 가르침에 싫증을 모름은 어진 것입니다. 어진데다 지혜롭기까지 하시니, 선생님은 이미 성인이십니다!'"(昔者子貢問於孔子曰: '夫子聖矣乎?' 孔子曰: '聖, 則吾不能; 我學不厭, 而敎不倦也.' 子貢曰: '學不厭, 智也; 敎不倦, 仁也. 仁且智, 夫子既聖矣!')

120) 출전은 『예기』「중용」제 25장. "이런 까닭에 군자는 성에 도달함을 귀하게 여긴다. 성이란 비단 자기의 완성에 그칠 뿐 아니라, 만물을 완성시키는 바이기도 하다. 자기 인격의 완성은 '인'이고, 만물에 자연의 성품을 부여하는 것은 '지'이다. 인과 지는 모두 하늘이 내린 덕성이고 안팎의 도를 종합하는 까닭에 언제라도 시행에 있어 마땅함을 얻게 된다"(是故, 君子誠之爲貴. 誠者, 非自成己而已也, 所以成物也. 成己, 仁也; 成物, 知也; 性之德也, 合內外之道也, 故時措之宜也.)

지껄이며 부끄러운 줄도 모르고 방자하게 주둥이를 놀려댑니다. 단 하루도 도를 깨우친 사람에게 나아가 가르침을 받은 적이 없으면서 자신은 도를 깨우쳤다고 자처하며 남들을 바른 길로 인도하겠다고 설쳐대지요. 저는 정말 그들이 무슨 말을 하는지 알지 못하겠습니다.

그러므로 아직 덕을 밝히지 못한 사람은 친민을 이야기할 수 없고, 아직 인의 경지에 도달하지 못한 자는 싫증과 게으름이 없는 경지에 대해 말해서도 안 됩니다. 그래서 '자신보다 못한 사람을 벗하지 말라'[121]고 하셨던 것입니다. 이렇게 해서 교제를 신중히 해도 정직하지 못한 벗이나 아첨 잘하는 친구[122]가 있을 수 있으니, '사(賜, 子貢)가 나날이 예전만 못하다'[123]고 한 것은 자공이 자신보다 못한 사람과 어울리길 좋아하는 까닭에 나온 말씀이었습니다. 그는 왜 자기보다 못한 사람과 함부로 친교를 맺어 잘못을 탓하는 소리가 들리지 않는 곳에 몸을 두었을

121) 『논어』「자한」(子罕)편. "공자가 말씀하셨다. '충성스럽고 신실한 이와 가까이 지내고, 자기보다 못한 자와는 사귀지 말라. 허물이 있으면 고치는 것을 무서워하지 말라'"(子曰: '主忠信, 無友不如己者, 過則勿憚改.')

122) 『논어』「계씨」(季氏)편. "공자가 말씀하셨다. '이로운 친구가 세 종류 있고, 해로운 친구가 세 종류 있다. 정직한 사람과 사귀고, 신실한 이와 사귀며, 박학다식한 사람과 사귀면 이롭다. 위엄이나 차리며 정직하지 못한 이와 사귀고, 아첨이나 떨며 신실하지 못한 이와 사귀며, 말에 내용이 없는 사람과 사귀면 자신에게 해롭다'"(孔子曰: '益者三友, 損者三友: 友直, 友諒, 友多聞, 益矣; 友便辟, 友善柔, 友便佞, 損矣.')

123) 출전은 『공자가어』(孔子家語) 권4. 전문은 다음과 같다. "공자가 말씀하셨다. '내가 죽은 뒤 상(商, 子夏)은 날마다 흥할 것이고, 사(賜, 子貢)는 나날이 전락할 것이다.' 증자가 '무슨 말씀이신지요?' 하고 묻자, 공자는 이렇게 대답하셨다. '상은 자기보다 현명한 자와 어울리길 좋아하는데, 사는 저보다 못한 자와 떠들기를 좋아하는구나. 아들을 모르면 그 아비를 보고, 그 사람을 모르면 그 친구를 보며, 임금을 모르면 그 신하를 보고, 땅을 모르면 거기서 자라나는 초목을 보라고 하였다. 그러므로 착한 사람과 어울리면 마치 난초·지초가 핀 방에 들어가는 것과 같아서 시간이 흐르면 그 향기를 맡지는 못하더라도 저절로 향내가 나게 된다. 나쁜 사람과 어울리면 전복과 생선을 쌓아놓은 어물전에 들어가는 것과 같구나. 시간이 지나면 그 악취를 맡지 못하게 되지만 몸에는 냄새가 배게 된다. 단사는 붉은 색을 머금었고, 옻은 검은색을 품고 있다. 이런 까닭에 군자는 반드시 어울리는 장소와 사람에 신중한 것이다'"(孔子曰: '吾死之後,

까요? 그러므로 매사 부지런하게 자기의 덕을 알아서 밝히려면 모름지기 안자처럼 공자를 자신의 평생 사표로 삼을 정도는 되어야 합니다. 대체로 자신의 지조를 상실했다는 회한이 없어야만 호학(好學)이라는 열매를 거둘 수 있게 됩니다. 다른 제자들은 공자의 싫증을 모르는 경지는 배우지 못하고 가르침에 게으르지 않는 부분만을 배웠을 뿐이라, 결국은 공자가 공부한 바가 무엇이며 자신이 응당 해야 할 일은 무엇인지 끝내 알 수가 없었습니다. 똑같이 성인에게 배웠지만 막판에 가서 아무 수확도 없는 것은 어찌 이런 이유 때문이 아니겠습니까! 아아! 공자가 살아계실 때 그에게 직접 배웠던 제자도 이미 이와 같은데, 어찌 오늘날을 탓하겠습니까? 어떻게 지금의 공자 문도들을 나무랄 것입니까! 아아! 이는 또 나의 바람이 지나친 것이니, 참으로 속상합니다.

다시 서울의 벗[124]에게 답함 又答京友

선(善)과 악(惡)이 한 쌍인 것은 음(陰)과 양(陽)이 짝을 이루고, 부드러움과 강함이 짝을 이루며, 남자와 여자가 짝을 이루는 것과도 같습니다. 원래 둘이 있으면 짝을 이루게 마련이지요. 기왕에 둘이 있으면 명목상의 이름이나마 내세워 분별해주어야 하는 형세가 되는데, 예컨대 장삼(張三)이나 이사(李四) 따위로 이름을 붙여주는 경우가 바로 그

則商也日益, 賜也日損.' 曾子曰: '何謂也?' 子曰: '商也好與賢己者處, 賜也好說不若己者. 不知其子視其父, 不知其人視其友, 不知其君視其所使, 不知其地視其草木. 故曰與善人居, 如入芝蘭之室, 久而不聞其香, 卽與之化矣. 與不善人居, 如入鮑魚之肆, 久而不聞其臭, 亦與之化矣. 丹之所藏者赤, 漆之所藏者黑, 是以君子必愼其所與處者焉.')

124) 여기서 말하는 서울의 벗은 도망령(陶望齡, 1554~1608)을 가리킨다. 자는 주망(周望), 호는 석궤(石簣)이며, 절강의 회계(會稽) 사람이다. 만력 17년(1589)에 진사가 되어 한림원편수(翰林院編修)를 제수받았다. 초횡의 소개로 이지와 알게 되었는데, 이 편지를 받을 당시 북경에 있었기에 서울의 벗으로 지칭되었다. 『속분서』 권1에 실린 「도석궤에게」(與陶石簣)는 이 글의 절록(節錄)이다.

렇습니다. 장삼은 사람인데 이사는 사람이 아니라고 한다면, 그것이 가당키나 하겠습니까?

이뿐만이 아니지요. 이는 한 사람에게 있어서도 똑같이 적용됩니다. 처음 태어났을 때는 아명(兒名)이 있고, 좀더 자라나면 정식 이름을 지어주며, 성년이 되면 자(字)를 붙여주고, 또 별도의 호(號)가 생깁니다. 이렇게 되면 사람은 하나지만 이름은 서너 개나 갖게 되지요. 하지만 그 이름을 부르는 것은 기피사항으로 여겨지는 까닭에 연장자는 모두 그 본명을 피해 자(字)를 부르고 동년배들끼리는 자를 꺼려 호(號)를 불러주니, 이렇게 해서 호는 이름이 아니라고 여겨지게 되었습니다. 만약 호를 두고 이름이 아니라고 한다면, 어찌 호만 이름이 아니겠습니까? 자 역시 이름이 아니고, 휘[125] 역시 이름이 아닙니다. 사람이 태어날 때 이름을 껴안고 이 세상에 온 것도 아닌데, 어쩌다 이렇게 많은 이름이 생겼을까요? 또 무엇 때문에 불러도 좋은 이름이 있고 부르면 안되는 이름의 구분이 생겼단 말입니까? 단지 이름만을 놓고 말한다면 휘도 분명 이름이고 자 또한 이름이며 호 역시 이름입니다. 이름은 본디 그 사람과 아무 상관도 없는 것인데 어찌하여 또 기피하고 기피하지 않는 차이가 생겨났을까요?

세상 사람들의 미혹됨이 참으로 대단합니다! 하지만 그래도 호는 부르기에 아름답고 이름은 간혹 아름답지 못하기 때문이라고 에둘러서 말할 수는 있겠지요. 그런데 주회옹(朱晦翁)이라는 호는 아름답지 못하지만, 주회(朱熹)라는 본명은 아름답습니다. 희(熹)는 광명을 상징하지만 회(晦)라는 글자는 어둡고 혼탁해 밝지 못한 느낌을 주니, 주자 스스로 자신을 겸손하게 낮춘 호라고 하겠습니다. 오늘날 회암(晦庵)이라 호칭하면 학자들이 모두 기뻐하지만, 주회라고 부를라치면 반드시 격렬하게 화를 내며 칼까지 빼어들 기세가 됩니다. 이야말로 가장

---

125) 휘(諱): 이 글에서 '휘'는 동사와 명사 두 가지 의미로 쓰였다. 동사일 경우는 기피·회피의 의미이며, 명사일 때는 이미 고인이 된 어른의 이름을 뜻한다.

아름다운 이름을 부르면 금기를 범했다 여기고, 아름답지 못한 이름을 들먹이면 반대로 기뻐하는 꼴이지요. 이는 주자를 미화하는 게 아니라 미화하지 않겠다는 심보니, 어찌하여 본말의 전도가 이다지도 심하단 말입니까?

요즘에는 또 호를 부르는 것조차 꺼려 곧장 아무개 옹(翁)이라거나 무슨무슨 어르신(老)이라고들 호칭합니다. 만약 옹이란 호칭이 존경의 의미를 담았다면 야(爺)나 다(爹)라는 호칭도 사람을 존경하는 것은 마찬가지겠지요. 영감마님(爺)이야 노예들이 쓰는 호칭이지만 오늘날에는 아들이 아비를 아빠(爹)라 부르고 손자가 조부를 할아버지(爺)라고도 부르니, 노예들만의 전용어는 아니라고 하겠습니다. 야(爺)의 극존칭은 옹(翁)이고 다(爹)의 극존칭은 노(老)가 됩니다. 옹이라 부르고 노라 호칭하는 것이 노예라서 그런 것만은 아니니, 아들이나 손자의 소관사항은 어찌 아니라 하겠습니까? 또 어쩌자고 온 세상 사람들을 몽땅 나의 자식이나 손자로 만들어버린단 말입니까? 요사이 어느 정도 복고 취향에 반대하는 자라면 간혹 동년배들끼리는 서로 자를 부르면서 저속하지 않다고 여기는 경향이 있습니다. 아아! 진짜로 저속하지 않아야 한다면, 자를 부르는 것은 저속하지 않고 호를 부르는 것은 또 어째서 저속한 행위가 된단 말입니까? 대놓고 말해서 그것들은 한갓 이름일 따름이니, 또 어떻게 그것들이 세속과 같으면 안 된다고 유난을 떨겠습니까? 나는 다(爹)라고 부르든 야(爺)라고 호칭하든 안 될 것이 없다고 생각합니다.

이런 견지에서 보건대, 이른바 선과 악이란 명칭은 대체로 위와 비슷합니다. 원래 인(仁)에만 뜻을 두게 되면 나중에도 이러쿵저러쿵 이름 붙일 만한 악이 없어지게 되는데, 이는 대개 선과 악이 아직 구분되기 이전의 상태로 그것을 말하기 때문이지요. 이때는 선 자체가 없는데 어떻게 악이 있겠습니까? 아! 진실로 인에 뜻을 둔 자가 아니라면 누가 그런 이치를 알 수 있겠습니까? 구(苟)라는 글자는 성(誠)을 의미하고, 인(仁)이라는 글자는 타고난 이치를 말합니다. 공부하는 자들이 무악

(無惡)에 대해 언제 알고 싶어나 하던가요? 그 자체가 인에 뜻을 둔 학문으로 나아가는 길이련만, 나는 아직 그런 이를 보지 못했습니다.

송태수[126)에게 회답함復宋太守

성인이 천 분이어도 마음은 동일하니, 진리의 말씀은 양립하지 않습니다. 책에 씌어진 오래된 말들은 모두 수많은 성인들께서 고심 끝에 후세의 현인과 자손들을 위해 어렵게 내신 것들입니다. 다만 상황에 따라 임기응변으로 하신 말씀에도 대승(大乘)과 소승(小乘)의 구분을 두어 질이 높고 낮은 두 종자에 대비하셨지요. 만약 덕이 높고 재주가 뛰어난 상등 인재(上士)라면 당연히 성인의 훌륭한 말씀을 규명할 것입니다. 만약 기꺼이 열등 종자(下士)가 되어 다만 이 세상의 한 완벽한 사람 노릇이나 하겠다면, 그저 공자 성인 및 상고시대의 경전들을 가슴에 새기고 충심으로 받들어 그 뜻을 잃지 말아야 합니다. 근세의 식견 있는 명사가 내뱉은 한 마디 한 구절이라면 전부가 나의 몸과 마음에 절실하니, 그 모두를 진부한 말로 지목할 수는 없는 노릇이지요. 더군다나 뭔가 증거가 없으면 믿지 않게 된 지도 벌써 오래입니다. 만약 묵은 말을 들어서라도 증명하지 않는다면 듣는 사람이 한층 놀라거나 해괴하게 여길 수도 있는 까닭에 모든 논설은 반드시 경전을 인용하고 거기에 의거하게 되었는데, 이 또한 부득이했기 때문입니다. 요즘에는 경전에 의거하면 고루한 말로 치부되고, 가슴속의 말을 있는 대로 털어놓으면 당위성이 없다고들 여기니, 말한다는 것도 어려운 형편입니다.

무릇 말이란 것은 말할 수밖에 없는 부득이한 상황에서 흘러나오게 됩니다. 자신의 본분에 걸맞은 일이 아직 확실하게 보이지 않는다 해서

---

126) 송태수(宋太守): 당시 순천부승(順天府丞)을 지내고 있던 송임(宋任)을 가리키는 듯하나 확실하진 않다.

묵은 말을 취해 스스로를 점검하고 거기에 부합하길 바라는 것은 한가로운 심사와 한가할 겨를이 없으면서도 옛 사람을 대신해 근심을 짊어지려는 꼴이지요. 고인이 가셨으니 짊어질 걱정거리가 절로 없어진 셈인데 그래도 근심하는 것은 옛 성인의 훌륭한 말씀에 딱 들어맞는 경우를 아직 보지 못했기 때문입니다. 그래서 밤낮으로 마음을 졸이다가 친구를 만나기만 하면 함께 토론을 벌이게 되지요. 겨우 한 세대의 완벽한 사람이 되는 것이라면 천고의 격언을 모조리 수용하면 충분해서 반 글자도 더 말할 필요가 없을 것입니다. 얼굴만 본 사이라도 당장 서로를 교정하고 검증하는 까닭은 심지가 자못 엄청나서 한 세대만의 인사가 되는 정도는 기껍지 않기 때문입니다. 형께서 만약 그 죄를 용서하고 그런 마음을 받아주신다면, 저는 그래도 죄책감에서 벗어날 수 있겠습니다. 만약 허풍이나 떨며 부끄러운 줄도 모르고 과대망상으로 제 자랑이나 일삼는다고 여기신다면, 앞으로 죽을 때까지 입을 다무는 것 또한 쉬운 일일 따름입니다.

경중승이 논한 담백함에 대한 회답 答耿中丞論淡

세상 사람들은 대낮에도 잠꼬대를 하는데 공만은 유독 주무시면서도 대낮에 할 말을 하시니, 항상 깨어 있는 분이라고 말해도 좋겠습니다.

"주자례[127]는 이 정업[128]에 있어서 역시 분수[129]가 밝아진 걸 볼 수가

---

127) 주자례(周子禮): 주사경(周思敬, 1532~97). 자는 자례, 호는 우산(友山)이며, 마성 사람이다. 주유당(周柳塘)의 동생이고 경정향의 문인이었다. 융경 2년 (1568) 진사가 되었지만 장거정과의 갈등으로 관로가 순탄치는 않았다. 강릉이 실각한 뒤 출세할 기회가 있었지만, 자신이 장거정의 기대를 저버린 전말을 적은 소장을 올림으로써 이를 사양하였다. 재주와 절개로 명성을 널리 떨쳤지만 귀향하여 학문에만 몰두하던 중 경정향의 소개로 이지와 알게 되었다. 이지가 마성으로 옮긴 뒤에는 유마암(維摩庵)을 창건하여 그의 거처로 삼게 하였고, 그로부터 '선정과 지혜의 스승'(禪定智慧師)이란 칭송을 듣기도 하였다. 나중에

있다. 다만 갈고 닦고 씻고 헹굴 줄은 모르는구나."

공의 위와 같은 말씀은 과연 무엇을 지목하신 것인지요?

무릇 옛날의 성인들께서는 대체로 씻어내는 공력을 사용하곤 하였습니다. 다만 이른바 씻어낸다는 것은 바로 그 의식을 씻는다는 의미였고, 이른바 세척한다는 것은 그 견문을 씻어 깨끗이 헹군다는 뜻이었습니다. 만약 그때그때 의식이 움직이지 않고 견문이 작용하지 않는다면, 이 모두는 잠꼬대가 되고 맙니다. 다만 터럭만한 잡티가 섞이더라도 곧 맑지 않게 되어버리니, 항상 깨어 있는 방법이 되지 못하는 것입니다. 원래 '혐오감이 일어나지 않은'(不厭) 다음이라야만 '담백함'(淡)을 이야기할 수 있기 때문이지요. 그래서 "군자의 도는 담백하지만 혐오감을 일으키지 않는다"[130]라고 말했던 것입니다. 만약 정말로 좋아하는 바가 있다면 싫증나서 버리는 바도 분명히 있게 되므로 담백함이 아닙니다. 또 담백해야만 저절로 염증나지 않게 되므로 "나는 배움에 싫증내지 않는다"[131]고 말씀하셨습니다. 만약 '싫증내지 않는'(不厭) 것으로 학문의 목적을 삼으면서 배움에 있어 싫증내지 않는 경지에 이르기를 힘쓴

이지가 용담(龍潭)으로 옮겨간 뒤에도 문을 닫아걸고 함께 글을 읽으며 서로를 진정한 지기로 여겼다.

128) 정업(淨業): 맑고 깨끗한 선업(善業). 일반적으로 정토종의 사업을 독실하게 닦는 것을 말한다.

129) 분수(分數): 보통 천명이나 천수(天數)를 말하지만, 여기서는 규범이나 법도를 가리킨다.

130) 출전은 『예기』 「중용」 제33장. 전문은 다음과 같다. "시경에서 '화려한 비단옷 위에 홑저고리를 걸친다'고 노래했는데, 그 비단옷의 무늬가 밖으로 드러남을 꺼리기 때문이다. 그러므로 군자의 도는 밖으론 드러나지 않지만 시간이 흐르면서 저절로 빛을 더하게 되고, 소인의 도는 겉으론 선명해도 시간이 지나면 절로 소멸되어버린다. 군자가 사람을 대하는 도는 비록 담담하지만 사람으로 하여금 혐오감을 일으키게 하지 않는다. 본질은 간결하고 온유하지만 문채가 찬연하고, 가까운 것으로부터 먼 것을 알며, 바람의 기원을 알고, 은밀함을 알아 밝힐 수 있으니, 이렇게 해서 덕으로 들어갈 수 있게 된다"(詩曰: '衣錦尙絅', 惡其文之著也. 故君子之道, 闇然而日章; 小人之道, 的然而日亡. 君子之道, 淡而不厭, 簡而文, 溫而理; 知遠之近, 知風之自, 知微之顯, 可與入德矣.)

131) 출전은 『맹자』 「공손추」 상편.

다면, 결국은 싫증날 때가 오게 마련이지요. 이는 담백하지도 않고 순임금 조정(虞廷)[132]의 정일[133]한 취지도 아닙니다. 원래 정신은 하나로 모이니, 하나라야 순수합니다. 집중하지 않으면 하나가 되지 않고, 하나가 아니면 잡스러워지며, 잡스러우면 담백하지 않게 됩니다.

　이렇게 관찰하건대 담백함이 어찌 쉽게 말할 수 있는 것이겠습니까? 바로 이렇기 때문에 옛날의 성인께서는 학문의 장에서 생명을 마칠 때까지 강습하고 토론하며 깨달음을 구하고 힘써 행하셨지요. 그러다가 먹고 잠자는 것까지 모두 잊을 지경에 이른 경우를 담백함으로 치셨습니다. 담백함은 또 지혜와 힘으로 구할 수 있는 것이 아니고 느낌이나 체험으로 생기게 할 수도 없으니, 그것을 얻지 못하는 상황이야 다 이유가 있다고 하겠습니다. 원래 세상의 군자 중에서 일상에 싫증난 자는 반드시 새 것을 좋아하게 마련이지요. 하지만 색다른 것을 미워하는 자라면 또 괴이함을 즐겨 말하지도 않습니다. 사람의 안목이 속박에서 벗어날 수 있으면 아무리 심상한 것이라도 기괴하지 않은 것이 없고 또 기괴해도 예사롭지 않은 것이 없음을 모르더군요. 경세(經世)의 밖에 어찌 출세(出世)의 비방이 따로 있겠습니까? 출세의 취지가 어찌 경세하는 일을 다시 도외시하는 데에 있겠습니까? 그러므로 통달한 사람의 해박한 견식으로 보면, 우나라 순임금이 현인에게 선양(禪讓)한 엄청난 예식도 한갓 석 잔 술과 똑같이 보이고, 요·순의 위대한 사업일지라도 저 태허공(太虛空)의 뜬구름처럼 덧없기만 합니다. 달리 이유가 있어서가 아니라, 그 견식이 크기 때문이지요. 견식이 큰 까닭에 마음이 넓고, 마음이 넓은 까닭에 부족함이 없습니다. 이미 부족한 것이 없는데 또 무엇을 선망하겠습니까! 만약 평소에 실컷 보고 들은 것만을 일상적인 것으로 알고 어쩌다 듣거나 느닷없이 본 것을 괴이하다 여기면, 괴이함

---

132) 우정(虞廷): 우정(虞庭)이라고도 쓰며, 우순(虞舜)의 조정을 가리킨다. 우나라 순임금은 고대의 성군인 까닭에 성조(聖朝)의 대명사로도 쓰인다.
133) 정일(精一): 도덕과 수양이 완정하게 하나로 집중된 상태. 앞의 「다시 석양태수에게 답함」(又答石陽太守) 역주 참조.

과 일상적인 것은 두 가지 다른 일이 되고 경세와 출세는 두 가지 다른 마음이 됩니다. 요·순(勳華)[134]임금의 성대한 덕과 선양의 훌륭함을 외딴 마을 가난한 집의 술꾼에 비교하면 어찌 몇천만 리 떨어진 정도에 불과하겠습니까? 상황이 이런데 담백하고 싶다 한들 그것이 가능하겠습니까? 비록 "다른 것을 탐내거나 부러워하지 말라"(無然歆羨)[135] 하고 싶지만 또 그럴 수나 있겠습니까? 이는 다름이 아니라 그 견식이 작기 때문입니다.

원컨대 공께선 갈고 닦고 씻고 깨끗이 하는 공력을 더 이상 논하지 마시고 그저 학문활동이 열어주는 크나큰 이익에 대해서만 말씀하십시오. 얄팍한 견해나 오래 쌓인 습관은 더더욱 염려할 필요가 없으니, 오로지 스승과 벗이 연원하는 곳만을 절실히 탐구하십시오. 그러면 소강절(邵康節)이 말한바 "현주[136]의 맛은 바야흐로 담백하고, 큰 소리는 정작 희미하게 들린다"[137]고 한 경지를 저절로 깨닫게 되고, 담백하길 기대하지 않아도 저절로 담백해질 것입니다. 그래야 또 사람 노릇에 대

---

134) 훈·화(勳華): 훈은 '勛'이라고도 쓴다. 요·순(堯舜)의 병칭. 훈은 방훈(放勳)으로 요임금의 이름이고, 화는 중화(重華)로 순임금의 이름이다.

135) 무연흠선(無然歆羨): 출전은 『시경』 「대아·황의」(大雅·皇矣)편. "하느님이 문왕에게 이르셨네. 민심이 떠나게 하지 말고, 다른 것을 부러워하거나 탐내지 말며, 우선 송사를 공평하게 처리하라"(帝謂文王, 無然畔援, 無然歆羨, 誕先登于岸.)

136) 현주(玄酒): 고대의 제사에서 술 대용으로 쓰던 맑은 물. 농도가 옅은 술을 가리키기도 한다. 『예기』 「예운」(禮運)편에 그 명칭이 보이는데, 공영달(孔穎達)은 소(疏)에서 이렇게 설명하였다. "현주는 물을 말한다. 그 색깔이 검어 현주라 이른 것이다. 태고적에는 술이 없어 이 물을 술 대용으로 충당했기 때문에 현주라고 불렀다"(玄酒, 謂水也. 以其色黑, 謂之玄. 而太古無酒, 此水當酒所用, 故謂之玄酒.)

137) 『주자어류』(朱子語類) 권71에서 소강절(康節詩, 송대의 철학자 邵雍)의 다음 시를 인용하고 있다. "동지는 십일월의 중간인데, 천심은 움직임이 없구나. 양기가 막 꿈틀대는 곳이지만, 만물은 아직 깨어나지 않았을 때라네. 현주는 맛이 담백하고, 큰 소리는 희미하게 들린다. 이 말을 만약 못 믿겠거든 다시 한 번 복희씨께 물어보게나!"(冬至子之半, 天心無改移; 一陽初動處, 萬物未生時. 玄酒味方淡, 大音聲正希. 此言如不信, 更請問庖羲!)

한 공의 깊고 미묘한 뜻에 부합하면서도 '항상 깨어 있어야 한다'는 말씀에 어긋남이 없게 되지 않겠습니까?

유헌장[138]에게 답함 答劉憲長

공자 이후로 공자를 배웠다는 자는 곧바로 사도(師道)를 자임하며 단 하루도 남의 제자 노릇은 하지 않은 채 죽을 때까지 사람들의 스승이 되곤 합니다. 그리고 이렇게 하는 것이 공자의 가법(家法)이며, 이러지 않으면 공자처럼 되지 못한다고들 생각하지요. 일단 남의 스승이 되면 자신은 그저 남을 가르치게만 될 뿐 아무도 가르쳐주려 들지 않는 줄은 모르더이다. 사실 공자 이전에 어찌 성인이 없었겠습니까? 요는 모두 좋은 시절을 만나 적절한 지위를 얻고 뜻을 펼치는 것이라 하겠습니다. 때를 만나지 못한 자들, 즉 팔순 이전의 강태공이나 흙담 쌓는 일을 하기 전의 부열[139]이 만약 문왕(文王)이나 고종(高宗)을 만나지 못했더라면 죽을 때까지 위수(渭水) 물가에서 늙은 낚시꾼 노릇이나 하고 동굴에 사는 죄수로나 지냈을 것이니, 누가 그들을 알아주었겠습니까? 원래

---

138) 유헌장(劉憲長): 유동성(劉東星, 1538~1601). 자는 자명(子明), 호는 진천(晉天)이며, 시호는 장정(莊靖)이다. 산서의 심수(沁水) 사람으로 대대로 그 고을의 평상(坪上)에 살면서 후덕한 집안이란 칭송을 들었다. 융경(隆慶) 연간에 진사가 되어 호광좌포정사(湖廣左布政使)까지 올라갔다. 때마침 발발한 임진왜란과 천진(天津)의 재난 때문에 물자의 원활한 수송이 필요해지자 하조총리(河漕總理)가 되어 호수를 파고 수로를 정비했고, 이 공으로 병부상서가 되었다. 『명사』 권223과 『명사고』(明史稿) 권206에 보인다. 헌장은 명대에 도어사(道御使)를 가리키던 호칭인데, 유동성이 만력 10년 우첨도어사(右僉都御史)로 발탁되어 보정(保定)을 순시한 적이 있기 때문에 그렇게 부른 것이다.
139) 부열(傅說): 은나라 고종의 어진 재상. 당초 부암(傅巖)이란 바위동굴에 은거했는데, 그곳에는 길을 망가뜨리는 간수(澗水)가 흐르고 있었다. 부열은 일부러 죄수가 되어 흙담을 쌓으며 먹을 것을 얻었다. 고종이 꿈에서 그를 본 뒤 애타게 찾다가 만났더니 과연 사람됨이 현명하였으므로 「열명」(說命) 3편을 짓고 부열이란 이름을 내렸다. 『상서』 「열명」편과 『사기』 「은본기」(殷本記)에 보인다.

그들은 또 남들이 알아주길 바라지 않았습니다. 공자에 이르러서야 비로소 스승과 제자의 명목이 생겨났는데, 공자가 남의 스승 되기를 좋아해서가 아니라 또 상황에 밀려 그냥 넘어갈 수가 없었기 때문입니다. 마치 관령윤[140]이 노자(老子)를 만난 뒤 관문을 닫고 막아서며 놓아주지 않는 바람에 부득불 오천여 자의 문장을 써주었던 것처럼 말입니다. 다만 노자는 관문을 벗어나 결국 서쪽으로 떠났고 어디로 갔는지 알 수 없게 되었지요. 오직 공자만이 세상 따라 부침하면서 넓은 지역을 돌아다니다 보니 따르는 문하생이 점차 늘어났던 것입니다. 또 천성적으로 총명한 안자(顔子)를 만나 그와 논변을 벌일 수도 있었습니다. 동서로 떠돌아다녔지만 별다른 재미를 보지 못하던 터에 현명한 제자가 답답한 가슴속을 또 시원하게 틔워주자 마침내는 스승과 제자의 명목을 이루게 되었는데, 그것도 우연일 뿐이었습니다. 그렇지만 안자가 죽자 호학(好學)하는 이는 마침내 사라졌으니, 비록 제자라는 명칭은 있어도 실제로 명실상부한 제자는 없어지고 말았던 것입니다.

저는 이런 무리를 매양 비웃는 터였기 때문에 한평생 남의 제자 되기를 염원했고 단 하루도 남의 스승은 되고 싶지 않았습니다. 이제 멀리서 출가하겠다는 젊은이를 보내 눈앞에 대령시키셨지만, 저는 삭발이 쉬운 일은 아니라고 생각합니다. 잠시 그로 하여금 정황을 살피고 때를 가려 정말로 발원하는 마음이 생긴 연후에 그때 가서 머리를 깎게 해도 늦지는 않을 것입니다. 설사 삭발하지 않는다 해도 물론 무방하지요.

---

140) 관령윤(關令尹): 윤희(尹喜). 관령은 관문을 지키는 고대의 관직이지만, 시문에서는 일반적으로 윤희를 가리킨다. 배인(裴駰)은 『사기』 「노자한비열전」의 집해(集解)에서 『열선전』(列仙傳)을 인용하여 그를 다음과 같이 설명하였다. "관령윤희는 주나라의 대부이다. ……노자가 서쪽으로 갈 때 윤희는 먼저 그 기운을 보고 진인이 지나칠 것을 알았다. 기다렸다가 그 자취를 따라가니 과연 노자를 만날 수 있었다. 노자 역시 그가 범상치 않음을 알고 『도덕경』 오천여 자를 지어주었다. 윤희는 노자와 함께 사막 서쪽으로 가서 검은 참깨를 먹으며 지냈는데, 그 마지막은 알 길이 없다"(關令尹喜者, 周大夫也. ……老子西游, 喜先見其氣, 知眞人當過, 候物色而迹之, 果得老子. 老子亦知其奇, 爲著書. 與老子俱之流沙之西, 服巨勝實, 莫知其所終.)

여기에 있거나 거기 있거나 임의대로 할 수 있으니, 꼭 어디다 말뚝을 박아야 할 필요는 없다고 봅니다. 원래 삶과 죽음 같은 중대사는 쇠나 돌 같은 심장이 아니면 함부로 대할 일이 못 됩니다. 만약 정말로 생사를 두려워한다면 재가를 하든 출가를 하든 아무 차이가 없을 것입니다. 현재 높은 관 쓰고 넓은 띠 둘러맨 수많은 육신보살[141]이 세상에 존재하지만, 그들이 언제 가정을 버리고 삭발을 한 연후에 성불의 일을 진행하더이까? 저같이 재주 없는 사람은 자질이 노둔한데다 성격도 괴팍하고 게으르며 교제에 부지런하지 못한 까닭에 출가를 핑계삼아 도망쳤지만, 진실한 구경[142]을 위해서라면 응당 이와는 달라야 할 것입니다. 어르신처럼 순박하고 성실하며 재주가 뛰어난 분이야 재림보살이 아니라면 대체 누구이겠습니까? 만약 기필코 공명을 성취하고 난 다음에 손과 발을 정돈하겠다고 나선다면 그때는 이미 늦습니다. 다른 사람을 논할 필요도 없이 지금 서천(西川)에 있는 주우산(周友山)을 좀 보시지요. 그가 언제 벼슬살이와 부처 되기를 두 가지 다른 일로 생각하더이까? 깨달음을 얻으면 여러 부처와 문득 똑같아지지만, 깨닫지 못하면 얼굴을 마주하고서도 흘려넘기게 되니, 다만 헛소리를 일삼으면 아니 될 따름입니다.

주우산에게 답함 答周友山

교시하신 바가 어찌 틀렸을까마는, 사람들은 각자 의지하고 사는 대상이 있습니다. 술을 낙으로 삼는 자는 술을 자기 생명처럼 아는데, 아무개가 바로 그런 경우입니다. 여색을 즐기는 자는 여색을 목숨처럼

---

141) 육신보살(肉身菩薩): 살아 있는 보살. 위대한 선지식(善知識)에 대한 존칭으로도 쓰인다.
142) 구경(究竟): 불교용어. 지극(至極)이라고도 하며, 불교 경전에서 가리키는 가장 높은 경계(境界)를 뜻한다.

여길 것이니, 아무개 같은 자가 바로 그러합니다. 이처럼 사람들이 좋아하는 것은 참으로 다양해서 혹자는 노름이고, 누구는 처자식이며, 누구는 공훈과 업적이고, 누구는 잘 지은 문장이며, 어떤 이는 부귀를 꼽기도 합니다. 각자 한 가지씩 목표를 좇으며 모두 하루하루 넘기고 있지요. 유독 저만이 무엇을 좋아하는지 모른 채 그저 좋은 친구들을 목숨처럼 알고 살아왔습니다. 그리하여 좋은 친구가 곁에 있으면 즐겁고 떠나가면 마음이 울적했는데, 심할 경우에는 수천 리 밖까지 마음이 줄달음질치기도 하였습니다. 그런 친구는 만나기가 불가능한 줄 분명히 알았지만 온 정신이 친구를 찾아 떠도는 것은 스스로도 어떻게 억제할 수 없었습니다. 이 어찌 천지간에 홀로 괴로운 바가 아니겠습니까?

무념[143]은 벌써 남경으로 떠났고 암자 안에는 썰렁한 기운만이 감돌고 있습니다. 초동(楚侗, 耿定向)이 돌아왔습니다. 아직 만나보지도 못했는데, 다시 어딘가로 거처를 옮길 듯합니다. 만나서 한바탕 시시콜콜 토론하지 못하는 것이 안타깝군요. 여기나 거기나 모두 다 늙어버린 모양입니다. 우리 고을에 한 달 사이 염라대왕의 부름을 받고 저승으로 떠난 이가 사오 명이나 된다는데, 다들 오십을 채우지 못한 젊은 사람들이라 저를 놀라고 우울하게 만드는군요. 아울러 초동 노인네 걱정에서도 사뭇 벗어날 수가 없습니다. 사실 지금의 도학자들 가운데 초동보다 나은 이도 없기 때문이지요. 숙대[144]는 반드시 집에 들르려고 생각

---

143) 무념(無念): 심유 화상(深有和尙). 호는 무념. 웅씨(熊氏)의 아들이고, 동산(東山) 사람이다. 어려서 고아가 되어 출가했는데, 원래는 문자를 몰랐지만 깨달음을 얻은 뒤로는 게송 등을 물 흐르듯 줄줄 읊어내게 되었다. 이지는 소문을 듣고 그와 교유하기 시작했으며, 초약후·도주망(陶周望)·황평휘(黃平輝)·원중랑 등도 모두 그에게 예의를 갖췄다. 만년에는 황백산(黃柏山)에 선림(禪林)을 건립했으며, 기륭산(基隆山)에도 그의 도량이 있었다고 한다. 1600년 이지가 호북에서 곤경에 처했을 때 한겨울이지만 황백산으로 간 것도 그에게 의지하기 위해서였다. 초횡이 속세에서 이지의 가장 친밀한 친구였다면, 무념은 출가승들 가운데 가장 가까운 사이였다. 오직 두 사람만이 '서로 사랑한다'(相愛) 말할 수 있다고 『속분서』 권2의 「궁도설」(窮途說)에서 증언하고 있다.

한답니다. 집에 들르면 반드시 구현(舊縣)에 올 것이고, 그러면 서로 만날 수 있겠지요.

주유당(145)에게 답함 答周柳塘

복더위가 슬그머니 꼬리를 내렸으니, 가을 날씨에 응당 시원하고 안락해야 할 것입니다. 저는 안타깝게도 더위가 조금도 덜하질 않는군요. 그래서 화기(火氣)가 꼭대기까지 올라와도 도무지 어쩔 도리가 없습니다. 아래층에서 겨우 숨이나 헐떡이며 지내는 판이지요. 하늘이 이처럼 혹독한 시련을 내린 것은 다만 대지 위에 사는 인간들이 악행을 저지르는 바람에 엄중한 견책을 받는 거라 생각하였습니다. 만약 그 혹독한 꾸지람을 기꺼이 받아들이지 않는다면, 이는 하늘의 노여움을 더욱 무겁게 만드는 것이겠지요. 밥을 먹고 더위를 견디는 것은 공복에 열을 받는 것과 비교하여 어떨까, 이렇게 생각했더니 그토록 힘들던 무더위가 전혀 뜨겁게 느껴지지 않았습니다. 게다가 때에 맞춰 발생하는 천재

---

144) 숙대(叔臺): 경정력(耿定力, 1544~1607). 황안 사람. 자는 자건(子健), 호는 숙대이며, 경정향의 아우이다. 융경 5년(1571)의 진사로 만력 연간에 벼슬이 병부시랑(兵部侍郎)에 이르렀다. 이지는 경정향·경정리·초횡 등과 친밀했던 까닭에 경정력과도 면식이 있었다. 하지만 교분은 그다지 깊지 않았던 듯 오고간 문자는 의례적인 수작이 대부분이다.

145) 주유당(周柳塘): 주사구(周思久, 1527~92). 자는 자징(子徵), 호는 유당이며, 마성 사람이다. 가정 32년(1553)의 진사로 벼슬이 병부시랑(兵部侍郎)에 이르렀다. 주사구의 형이고 경정향과는 막역한 사이라 이지가 운남을 떠나 황안의 경씨 집안에 의탁하게 된 다음 자연스레 교유하게 되었다. 일찍이 마성현의 동쪽에 있는 용담(龍潭)에 지불원(芝佛院)을 창건하여 심유 화상에게 맡겼는데, 이지가 마성에 사는 것을 좋아하지 않자 그에게 권유하여 이곳으로 옮기게 하였다. 하지만 이지와 경정향의 사이가 틀어진 다음에는 그와도 알력이 생겨 서로 간에 감정이 좋지 않게 되었다. 벼슬을 그만둔 다음에는 강학에 힘써 양기원(楊起元) 같은 제자를 배출했고, 보인서원(補仁書院)을 세우기도 하였다. 용담의 조대(釣臺)에 한벽루(寒碧樓)라는 정자를 건립했기 때문에 제자들은 그를 석담선생(石潭先生)이라 호칭했다. 저서로『석담집』(石潭集)이 남아 있다.

(天災)는 누구라도 도망치기 어려운 것이라, 사람마다 또 저마다의 피서법이 있게 마련이지요. 이른바 군자는 지혜를 활용하고 소인은 힘을 쓴다고 하며, 힘센 자는 다른 데로 옮기는 능력이 있고 약한 자는 밥벌이할 대책이 있으니, 자연스레 수많은 꾀와 지혜가 생겨나게 됩니다. 가장 불쌍한 것은 힘도 없고 대책도 없는 경우지요. 또 스스로 어버이로서의 근심을 감당하여 대대적으로 처리 방도를 기획하는 것은 우리처럼 한꺼번에 나고 성장한 백성들과 더불어 도모할 수 있는 바가 아닙니다. 하늘의 부름을 받아 황하의 물길을 바로잡았던 우(禹)임금이나 천명을 이어 농사를 가르쳤던 후직[146]은 자신의 굶주림과 곤경은 스스로 감당하면서 한편으론 어려움에 처한 사람들을 구제하려 근심했으니, 우리 따위가 어찌 그런 명장을 대신해 나무를 깎을(代大匠斲)[147] 재간이 있겠습니까? 우리 같은 무리는 그저 친한 이를 가까이하고 자기와 맞는 친구와 벗하면 그만입니다. 각자 친한 벗이 있어 서로 어려움을 호소하고, 제각기 마음을 다하고 능력을 헤아려 서로 도우면 되는 것이지요. 만약 내 친한 벗이 아니고 내가 도모할 수 있는 바가 아니라면 또한 당연히 내가 나설 바가 아닌 것입니다. 어찌하여 그럴까요? 그것은 내 바람을 벗어난 생각인 동시에 내 본분을 넘어선 망발이기 때문입니다.

---

146) 후직(后稷): 주나라의 시조. 전설에 의하면, 강원(姜嫄)이 하느님의 발자국을 밟고 잉태하여 낳은 아들이라고 한다. 일찍이 버려지는 바람에 부모에게서 양육되지 않아 이름을 기(棄)라고 하였다. 우순(虞舜)이 그를 농관(農官)으로 임명해 백성들에게 농사일을 가르치게 했기 때문에 후직이라고 부른다.

147) 대대장착(代大匠斲): 출전은 『노자』제74장. 원문은 다음과 같다. "조물주를 대신하여 사람을 죽이는 짓은 뛰어난 목수를 제끼고 나무를 깎는 것과 같다. 훌륭한 목수를 대신해 깎는다는 자 중에 제 손을 다치지 않는 자가 드물구나"(夫代司殺者, 是謂代大匠斲; 夫代大匠斲者, 希有不傷其手矣.)

경사구에게 보내는 고별사與耿司寇告別

신읍[148]은 명철하고 식견이 원대하시어 오로지 댁내의 두세 자질(子
姪)들만이 그에게 말을 붙일 수 있습니다. 더불어 담론할 만한 데도 어
울리지 않으면 그 사람을 잃게 되니, 이는 불초한 탓에 범하는 죄이겠
지요. 그 나머지 여러 젊은이들은 개중에 총명하지만 아직 계발되지 않
은 이도 있고, 어떤 경우는 지향하는 바가 아직 뚜렷하지 못하기도 합
니다. 이른바 더불어 이야기하면 안 되는 작자와 함께 어울리다 보면
실언을 하게 되는데, 이런 경우라면 제가 옳지 않은 것이지요. 그렇더
라도 실언은 할지언정 사람을 잃으면 아니 됩니다. 실언은 차라리 낫다
할 것이니, 사람을 잃는 것이 어찌 가당한 노릇이겠습니까! 자고로 인
재는 만나기도 어려운 존재였습니다. 이처럼 인재를 얻기가 어려운 판
에 어쩌다 요행으로 한 사람을 만났는데 다시 그를 잃는다면 어찌 유감
이 아니겠습니까!

아아! 안자(顔子)가 죽고 나자 배우기 좋아하는 사람은 더 이상 찾아
볼 수 없게 되었습니다. 공자 당시에도 인재 만나기 어려움에 이미 그
토록 고심하셨는데, 하물며 오늘날이겠습니까! 그래서 칠십 명 제자 중
에서 찾다가 얻지 못하자 삼천 명의 무리 가운데서 구하셨습니다. 삼천
명 안에서 찾아내지 못하자 부득이 천지사방을 떠돌며 인재를 구하셨
지요. 온 세상을 떠돌아도 끝내 만나지 못하자 결국은 고향으로 돌아가
자는 탄식을 내뱉으셨습니다.

---

148) 신읍(新邑): 경정향의 문인 오심학(吳心學). 호가 소우(少虞)라 이지의 책에서
    는 오소우라 부르는 경우가 많다. 일찍이 황안의 사마산(似馬山)에 은거하며 동
    룡서원(洞龍書院)을 창건하였다. 경정향과 아직 사이가 틀어지지 않았을 때 이
    지는 자주 동룡서원을 찾았고 여기서 적지 않은 시간을 보내곤 하였다. 그러나
    이지가 경정향과 한창 논쟁을 벌일 즈음에는 경정향의 편에 서서 이지에게 인신
    공격을 퍼붓는 바람에 이지에게 많은 상처를 안겨준 인물이기도 하다. 신읍은
    구성(舊城)인 마성(麻城)과 구분하기 위한 황안(黃安)의 별칭인데, 오소우가 이
    곳 출신이라 그렇게 불렀다.

"돌아가자! 돌아가자꾸나! 나를 따르는 젊은이들 중에도 가르칠 만한 아이들이 있다."[149]

공자는 인재를 잃을까봐 이처럼 절절하게 노심초사하셨으니, 이를 보면 중행[150]이 반드시 지켜지는 것만은 아니었음을 알게 됩니다. 진취적인 자(狂者)는 전통을 답습하지 않고, 지나간 자취를 밟지 않으며, 견식이 높습니다. 이른바 봉황이 까마득히 높은 하늘을 비상하는 것과 같으니,[151] 누가 그를 당해낼 수 있겠습니까? 그런데 봉황은 평범한 뭇 새들이 자기와 똑같은 새라는 것을 믿지 않습니다. 이런 이유로 견식이 비록 높아도 결실을 맺지 못하고, 결과가 없으니 행위도 중용을 지키지 못하게 됩니다. 성미가 강직한 자(狷者)는 딱 한 번 불의를 행하고 딱 한 번 무고한 사람을 죽여 천하를 얻는다 해도 그렇게 하지 않습니다. 예컨대 백이(伯夷)와 숙제(叔齊) 같은 이들은 그 고수하는 바가 일정합니다. 이른바 호랑이와 표범이 산 속에 있으면 온갖 짐승이 두려워 벌

---

149) 출전은 『논어』「공야장」(公冶長)편. 원문은 다음과 같다. "공자가 진나라에 계실 때 이렇게 탄식하셨다. '돌아가자! 돌아가자꾸나! 우리 고향의 젊은이들은 뜻이 크고 행동이 간략하며 도덕과 문장이 모두 빛난다. 하지만 어떻게 다듬어야 할지를 모르는구나'"(子在陳曰: '歸歟歸歟! 吾黨之小子狂簡, 斐然成章, 不知所以裁之.')

150) 중행(中行): 중용의 도리에 합당하게 행동하는 사람, 혹은 중용지도를 포괄적으로 가리키기도 한다. 출전은 『논어』「자로」(子路)편. "공자가 말씀하셨다. '중용을 행하는 자를 만나 그와 더불지 못한다면, 나는 틀림없이 광자 · 견자와 어울릴 것이다. 광자는 뜻이 높아 진취적이고, 견자는 지조를 지켜 하지 않는 일이 있다'"(子曰: '不得中行而與之, 必也狂狷乎! 狂者進取, 狷者有所不爲也.') 형병(邢昺)은 소(疏)에서 광자와 견자에 대해 "광자는 착한 도리를 지키는 데 앞장서지만 나아갈 줄만 알고 물러설 줄은 모른다. 견자는 지조를 지켜 하지 않는 행위가 있으니, 응당 나아가야 할 때 물러서는 사람이다"(狂者進取於善道, 知進而不知退; 狷者守節無爲, 應進而退也.) 하고 설명하였다. 곧 광자는 지향하는 바가 높고 진취적인 사람, 견자는 고결하고 강직한 사람을 가리킨다 하겠다.

151) 『주자어류』(朱子語類) 권40의 『논어』 해설에서 주희(朱熹)는 "증점의 포부는 봉황이 천 길 높은 하늘을 나는 것과 같았다. 그래서 그는 '세 사람이 품은 뜻과는 다릅니다' 하고 말했던 것이다"(曾點之志, 如鳳凰翔於千仞之上, 故其言曰: '異乎三子者之撰.')라고 설명한 바 있다.

벌 떨게 되니, 어느 놈이 감히 그들에게 덤벼들 수 있겠습니까? 하지만 힘센 놈들은 달리는 것들 모두가 자기와 같은 짐승임을 믿지 않습니다. 이런 까닭에 몸가짐이 비록 일정해도 마음을 비우지 못하게 되고, 마음이 비지 않았으므로 중용을 지키지 못하게 됩니다. 이런 연유로 증점[152]은 종신토록 지향하는 바가 높았으면서도 결과를 내지 못했던 것입니다. 하지만 증참[153]이 바른 도를 신봉하게 된 다음부터는 마침내 마음을 비울 수 있어 죽을 때까지 지키는 바가 일정했으니, 공자는 고향에 돌아온 뒤 이 사람을 얻게 되었습니다. 그렇지 못해서 만약 이 사람을 잃고 말았더라면, 어찌 유감스런 일이 아니겠습니까!

덕을 상하게 하는 향원(鄕愿) 같은 경우에는 비록 그 대문 앞을 지나치더라도 집 안에는 들어가지 않으려 하였습니다. 그를 거절하는 마음이 원래 강했기 때문이니, 별안간 마음을 바꿔 향원에게 사람 대접을 해주고 싶겠습니까! 그런데 지금 와서 일이 부득이하다며 향원과도 한통속으로 어울리는 한편 장차 성의를 다한 충고로 그를 도(道) 안에 끌어들이려 하다니, 그 사람과는 원수지간이 되더라도 이상할 것이 없습니다. 모든 잘못은 본인의 실언에 있기 때문이지요. 사정은 그러하나 실언이 또 무에 해로울 게 있겠습니까? 근심할 바는 오로지 사람을 잃는 것일 따름입니다. 만약 만분의 일이라도 사람을 잃었다는 후회가 있으면 그 고통은 죽을 때까지 갈 것이고, 죽더라도 눈을 감지 못할 것입니다. 더불어 잘 지낼 만한 좋은 사람을 논하자면 원래 향원이 가장 으뜸이지만, 재도[154]를 논하며 수많은 성인들의 끊어진 학통을 잇겠다면

---

152) 증점(曾點): 자는 석(晳). 춘추시대 노나라 남무성(南武城, 지금의 산동성 費縣) 사람. 증참의 아버지. 일찍이 공자의 곁에 시립해 있다가 자신의 포부를 "늦은 봄이면 새로 지은 봄옷을 입고 젊은이 대여섯 명, 어린이 예닐곱과 함께 기수에서 몸을 씻고 무우에서 바람을 쐬다가 노래 부르며 돌아오는 것입니다"(莫春者, 春服旣成, 冠者五六人, 童子六七人, 浴乎沂, 風乎舞雩, 詠而歸.) 하고 아뢰어 공자의 칭찬을 받았다. 출전은『논어』「선진」(先進)편.
153) 증참(曾參, 기원전 505~435): 자는 자여(子輿). 증점의 아들이고, 공자의 제자 중에서 효성으로 이름이 났다.『효경』(孝經)의 저자이기도 하다.

진취적인 자와 강직한 사람을 버리고 장차 어디로 가겠습니까?

공은 지금껏 벼슬살이로 천하의 절반을 돌아다니셨습니다. 두 수도 (兩京)[155]는 또 인물들이 흔한 곳이니, 좌우로 잘 살펴 발탁하고 끌어주다가 또 그런 인물을 얻은 적은 없으신지요? 아니면 구했으나 얻지 못하셨습니까? 아니면 일찍이 찾아본 적도 없으신가요? 아니면 구하다 얻은 사람이 죄다 진취적이지 못하고 강직하지 못한 인사였습니까? 설사 진취적인 자라 해도 막판에 결실이 없어 버림을 당해야 했습니까? 그리고 백이처럼 맑은 사람이 있었지만 행동만 깨끗한 척하는 사이비로 그 자리를 대체하신 적은 없으십니까? 이렇게 살핀다면 공은 결국 사람을 잃었다는 후회를 면치 못하게 될 것입니다.

대저 백이와 숙제는 서백(西伯)에게서 먹을 것을 얻었지만 무왕(武王) 아래서는 차마 생존을 바랄 수 없었지요. 아버지가 서백의 자리에 있을 때 천 리 길을 멀다 않고 찾아와 얻어먹으며 기꺼이 그 문하의 식객이 된 것은 그가 은나라에 신하의 도리를 다할 수 있다고 생각했기 때문입니다. 아들이 주나라 왕이 되자 차라리 굶어 죽을지언정 그 땅에서 나는 고사리 한 포기도 먹으려 들지 않았던 것은 무왕이 폭력으로써 폭력을 제압했기 때문이고요. 증원(曾元)이 증자에게 아뢰었습니다.

"선생님의 병이 위중합니다. 내일 아침까지 기다렸다가 삿자리를 바꾸십시다!"

그 말에 증자는 이렇게 답변하였습니다.

"군자는 남의 덕을 완성시키는 것으로 사람을 사랑하고, 소인은 한때의 환심을 사는 것으로 사람을 사랑한다. 그 중에 내가 무엇을 구하겠느냐! 나는 정도를 얻고 죽으려는 이 한 마음뿐이다."[156]

---

154) 재도(載道): 일정한 사상이나 도리를 표현하는 행위나 도구.

155) 양경(兩京): 북경(北京)과 남경(南京).

156) 『예기』 「단궁」(檀弓) 상편에 보이는 증자의 죽음을 인용하고 있는데, 전문은 다음과 같다. "증자가 병으로 누웠는데 상태가 몹시 위중하였다. 악정자춘은 침상 아래 앉았고, 증원과 증신은 발치에 앉았으며, 동자 하나가 모서리에 앉아 촛불

증원은 자리에서 일어나 삿자리를 바꿨고, 증자는 새로 든 자리에 몸을 편히 누이기도 전에 숨이 끊어졌습니다. 이 이야기가 백이의 굶어 죽은 일과 무엇이 다릅니까? 그리고 향원의 청렴결백으로 그것을 감당할 수나 있겠습니까? 그러므로 도를 배워도 백이나 증자 같은 무리가 되지 못한다면 결국 득도할 수 없고, 도를 전파해도 그 같은 무리가 아니라면 끝까지 도에 대해 말할 수가 없는 법입니다. 진취적이거나 강직하지만 도를 깨닫지 못했다는 자는 있을지언정, 진취적이거나 강직하지 않은데도 도를 깨달았다는 사람은 존재한 적이 없습니다.

저는 이제 곧 떠나갑니다. 이 마당에 진취성과 강직함, 실인(失人)과 실언(失言)의 무게에 대해 다시금 말씀드리는 까닭은 이것만이 또 만분의 일이나마 당신에게 보답할 수 있는 길이라고 생각했기 때문입니다. 저의 가솔들은 고향으로 돌아가고 싶어하기에 부득이 떠나보냈습니다. 저는 사방으로 유랑을 떠나면서 고인(古人)들이 친구를 찾아 나섰던 행적을 본받을까 합니다. 공자께서 자신보다 나은 친구를 구하셨

을 들고 있었다. 동자가 '화려하고도 아름답습니다. 대부의 삿자리가 아닙니까?' 하고 묻자, 자춘이 얼른 '소리내지 말라!'고 주의를 주었다. 증자는 그 말을 듣더니 별안간 벌떡 일어나 '헉' 하는 소리를 냈다. 동자가 다시 '화려하고 아름답네요. 이것은 대부가 쓰는 삿자리 아닌가요?' 하고 묻자, 증자는 '그렇다. 이것은 계손씨가 하사한 물건이다. 나는 힘이 모자라 바꿀 수가 없으니, 원아, 네가 일어나 삿자리를 교체하거라' 하고 말했다. 증원이 '어르신의 병이 위급해 옮길 수가 없습니다. 내일 날 밝기를 기다렸다가 그때 조심조심 바꾸시지요' 하고 말하자, 증자가 대꾸했다. '너는 저 아이보다도 나를 사랑하지 않는구나. 군자는 덕으로 남을 사랑하고, 소인배는 일시적인 환심을 사는 것으로 남을 사랑한다. 내가 지금 무엇을 구하겠느냐? 나는 다만 바르게 죽고 싶다는 소망, 이 한 가지뿐이다.' 그들은 증자를 들어올려 삿자리를 바꿔주었다. 그리고 미처 안돈도 하기 전에 증자는 죽었다"(曾子寢疾, 病. 樂正子春坐於床下, 曾元·曾申坐於足, 童子隅坐而執燭. 童子曰: '華而睆, 大夫之簀與?' 子春曰: '止!' 曾子聞之, 瞿然曰: '呼!' 曰: '華而睆, 大夫之簀與?' 曾子曰: '然, 斯季孫之賜也, 我未之能易也, 元, 起易簀.' 曾元曰: '夫子之病革矣, 不可以變, 幸而至於旦, 請敬易之.' 曾子曰: '爾之愛我也不如彼. 君子之愛人也以德, 細人之愛人也以姑息. 吾何求哉? 吾得正而斃焉, 斯已矣.' 擧扶而易之, 反席未安而沒.) 여기 나오는 악정자춘은 증자의 제자이고, 증원과 증신은 증자의 아들이다.

던 까닭은 도를 전하기 위해서였으니, 이른바 스승보다 지혜로우면 도를 전수할 수 있다는 생각이었겠지요. 저 같은 자가 자신보다 나은 친구를 구하는 것은 도를 증험하기 위해서이니, 이른바 세 번 동산을 찾아가고 아홉 번 투자산에 갈(三山洞山, 九到投子)[157] 정도로 정성을 들인다는 말이 바로 그것입니다.

경사구[158]에게 답함 答耿司寇

이번에 내려주신 한판 가르침은 바야흐로 진짜 강학(講學)이라 이를 만하니, 공은 진정한 친구라고 말할 만합니다. 공께서는 무엇 때문에 반드시 저를 가르치고 싶은지 모르시고, 저 역시 무슨 이유인지는 모르겠지만 기필코 공에게만 가르침을 구하게 되니, 이는 어쩔 수 없는 인연(不容已眞機)[159]이라 부를 만합니다. 저 자신 알지 못하는 사이 저절로 그렇게 되어 있더군요.

아아! 친구 사이의 도가 끊어진 지도 오래되었습니다. 저는 천고이래 군신만이 있을 뿐 친구는 없다고 잘못 판단한 적이 있는데, 그 얼마나 지나친 논단이었을까요! 무릇 임금은 용과 같아서 아래턱에 있는 역린

---

157) 복주(福州) 설봉산(雪峰山)에서 수행한 의존(義存) 선사가 깨달음을 위해 투자산(投子山) 대동(大同) 선사를 세 번 찾고 동산(洞山)의 덕산선감(德山宣鑒) 선사를 아홉 번 찾은 일화를 빗대어 열성적인 구법 행위를 설명했다. 의존은 아홉 번 동산에 오르고 세 번 투자산에 찾아갔다고 하나 여기서는 숫자가 바뀌었다.

158) 경사구(耿司寇): 경정향(耿定向). 사구는 사법기관의 장관을 일컫는다. 경정향은 임기 대부분을 사법부에서 보내면서 대리사승(大理寺丞)·첨도어사(僉都御史)·형부시랑(刑部侍郞)·우도어사(右都御史) 등을 지냈기 때문에 이지도 그를 경사구·경중승(耿中丞)·경대중승(耿大中丞) 등으로 불렀다.

159) 불용이진기(不容已眞機): 인위적으로 만들어낸 것이 아니라 자연스럽게 존재하는 기회나 연분. '불용이'는 이 편지에 가장 많이 등장하는 핵심어인데, 직역하면 막거나 억제할 수 없다는 의미이다. 이지에게 이 용어는 양지(良知)·진기(眞機)·동심(童心)·본심(本心)·진성(眞性)·제일념(第一念) 등으로 표현되면서 선천적으로 타고난 본성이 자연스럽게 분출되는 상황을 형용하는 말로 쓰였다.

(逆鱗)을 건드리는 자는 반드시 죽게 됩니다. 그렇지만 죽음의 위험을 무릅쓰고 간언하는 자가 줄곧 끊이지 않았던 것은 대체 무슨 까닭일까요? 죽더라도 죽음을 무릅쓰고 간언했다는 명성을 얻게 되므로 뜻 있는 선비들은 또 그렇게 하길 원했는데, 죽을 필요 없이도 크나큰 복록이 생기는 일이야 나위가 있겠습니까? 화를 피하려는 마음이 명리를 추구하는 마음을 누르기엔 역부족이기 때문에 재앙을 입어도 돌아보지 않는 것인데, 아무런 해코지를 당하지 않고도 큰 이익이 생기는 경우야 말해 무엇하겠습니까! 그런데 친구의 경우는 그렇지가 않습니다. 요행히 친구가 내 의견을 받아들이더라도 나에게는 터럭만큼의 이익도 생기지 않고, 불행히도 서로 마음을 맞추지 못하면 작게는 분쟁이 일어나고 크게는 원수가 됩니다. 하심로[160]는 이 때문에 목숨을 잃었습니다. 목숨을 바치고도 명예조차 성취하지 못했으니, 이 얼마나 명백하게 귀감이 되는 일이란 말입니까! 그러므로 제가 천고이래 친구가 없다고 말한 것은 생기는 이익이 없음을 말한 것이었습니다. 이런 까닭에 어려움을 무릅쓰고 간언하는 선비들은 군주와 신하들 주변에 항시 보이게 마련이지만, 친구들 사이에선 절대 그런 이야기가 들리지 않았습니다. 그런데 이제 무슨 행운인지 저는 공에게서 그런 경우를 보게 되었습니다 그려! 이는 정녕 고귀한 일입니다. 또 무슨 다행인지 공의 가르침까지 입게 되었으니, 참으로 소망스런 일입니다. 상쾌한지고! 즐거운지고! 너무나 뜻밖에도 서로 격려하고 채근하는(偲偲切切)[161] 정경을 다시

---

160) 하심로(何心老): 하심은(何心隱). 장거정(張居正)이 사업(司業)을 지낼 때, 하심은은 그의 비위를 거스르고 난 뒤 이렇게 말했다. "이 사람은 반드시 재상이 될 것이고, 재상이 되면 기필코 나를 죽일 것이다"(夫夫必當國, 當國必殺我.) 훗날 하심은은 과연 장거정의 수하에게 목숨을 잃었는데, 이지는 본문에서 이 일을 암시한 것이다. 앞의 「등명부에게 답함」(答鄧明府)에 상세한 전말이 설명되어 있다.

161) 시시절절(偲偲切切): 서로 독려하고 책망하는 모습. 출전은 『논어』「자로」편. "자로가 물었다. '어떻게 처신해야 선비라고 할 수 있습니까?' 공자가 말씀하셨다. '간곡하게 권면하면서도 화목하게 지낼 수 있어야만 선비라고 말할 수 있

보게 된 것입니다. 그렇다면 어떻게 공 혼자서만 공자(孔子)를 의지하고 본받으려 하는 것이겠습니까? 저 또한 일찍이 그분을 본받고 의지하길 원하지 않은 때가 없습니다.

다만 공은 인간을 두루 사랑하시어 사람을 선택하려 들지 않는다는 점에서 어쩔 수 없으시고(不容已), 저는 자신의 신념을 위해 사람을 사귀고자 하기 때문에 사람들과 함부로 어울리고 싶지 않은 점에서 어쩔 수가 없으니, 여기서 차이가 나는 줄을 어렴풋이 느끼게 됩니다. 공께서 견지하는 바는 사람이 나서 열다섯 살 이전에 배우게 되는 「제자직」[162] 같은 문장에 나오는 집에서는 효도하고 나와서는 윗사람에게 순종하라는 등등의 가르침이고, 제가 견지하는 것은 바로 열다섯 살 넘어 성인이 되면 『대학』(大學)의 뜻을 밝히는 큰사람이 되고 세상에 아름다운 덕을 드러내야 한다는 따위의 일입니다. 공께서 중시하는 바는 범위가 넓지만 표면적이고 지엽적이며, 제가 중시하는 바는 전문적이면서도 곧장 개안[163]에 도달하는 공덕을 거둘 수 있습니다. 공께서 중시하는 바는 비나 이슬이 만물을 촉촉이 적시는 것과 같아서 청하지 않아도 저절로 당도합니다. 마치 시골 서당의 훈장 선생이 어린아이를 가르치는 것과 같은 까닭에 거둘 수 있는 효과는 적은 반면 힘은 많이 들지요. 제가 중시하는 바는 서리나 눈발처럼 매서운 까닭에 반드시 일정한 때가 되어야만 그 가치를 인정받게 됩니다. 또 대장군이 전쟁을 지휘하듯 곧바로 적군의 왕을 낚아채는 까닭에 힘은 적게 들면서도 드러나는 수확은 엄청나지요. 비록 각각의 수단은 다르지만 그 포기하지 못하는 본심[164]은 동일하다고 하겠습니다. 마음이 만약 일치한다면 공에게는 그렇게

다. 친구지간에는 독려하고, 형제간에는 화기애애하게 지내야 하느니'"(子路問曰: '何如斯可謂之士矣?' 子曰: '切切偲偲·怡怡如也, 可謂士矣. 朋友切切偲偲, 兄弟怡怡.')

162) 「제자직」(弟子職): 고대 중국의 학칙(學則). 『관자』(管子) 「잡편」(雜篇)에 상세하게 보인다.

163) 개안(開眼): 불교용어. 원래는 불교의 진리를 깨닫는 것을 말하지만, 여기서는 진리에 대한 깨달음 일반을 지칭한다.

중요해서 반드시 내뱉어야 하는 의론도 정녕 말이 필요 없는 경지로 돌려 잊어버릴 수 있겠지요. 만약 공께서 중시하는 바가 옳다면 제가 중시하는 바는 그르고, 공의 중시하는 바가 성인의 학문이라면 제가 중시하는 바는 이단의 학문이 되겠는데, 저는 그 이유를 도무지 알 수가 없습니다. 공께서 중시하는 바는 포기가 용납되지 않습니다. 그리하여 기필코 중도에 멈추지 않는 것이 되도록 노력하는지라 진짜로 그만두지 못하게 됩니다. 제가 중시하는 것은 그것이 왜 중요한지도 알지 못합니다. 그런데도 알아서 때려치우지 못하는 것은 그것이 성인 공자께서 중시한 바가 아니기 때문인데, 저는 또 그 이유를 알 길이 없습니다. 공은 어쩌면 이 일에 있어 아직도 자기만 옳다고 고집부리는 병통이 남아 있는 것 같습니다. 아직은 사람들 모두가 그 주장을 좋아한다고는 볼 수 없는 상황에서 급기야는 자신만이 옳다고 여기다가 느닷없이 남들의 잘못을 책망하고 있지 싶습니다. 아직은 나라 안에 이름을 휘날릴 단계가 아닌데 자신의 주장에 확신을 가진 나머지 드디어는 남들이 모두 이단이며 공자와 맹자의 정통 학맥을 잇지 못했다고 비웃는 것은 아닌지 걱정이 됩니다. 저는 이렇게 생각합니다. 공께서 견지하고 추구하는 이상이 정말로 옳다면, 세상 사람들이 추구하는 이상 역시 모두가 옳다고 말입니다. 만약 세상 사람들의 이상이 아직 옳지 못하다면, 공께서 추구하는 이상도 반드시 옳은 것만은 아니겠지요. 이것은 또 제가 진심으로 견지하며 추구하는 바입니다. 제 생각이 옳은지 그른지 한 번 가르쳐주시길 바라나이다.

공의 행사를 살펴볼라치면 다른 사람과 조금도 다를 바가 없습니다.

---

164) 본심(本心): 착한 마음(善心). 『맹자』 「고자」(告子) 상편의 "이를 두고 그 본래의 양심을 잃었다고 말한다"(此之謂失其本心)는 대목으로부터 성선설이 유래하는데, 주희는 여기서의 본심을 수오지심(羞惡之心)이라고 풀이하였다. 남송의 육구연(陸九淵)은 맹자의 관점을 더욱 발전시켜 도덕적 의식은 사람마다 고유한 것인데 '본심'에 의거해야 정확해진다고 인식하였다. 명대의 왕수인(王守仁)은 이를 계승하여 심학(心學)을 개창했고, 이지 역시 그의 영향을 다분히 받으면서 이 용어를 사용하고 있다.

사람들이 모두 그러하다면, 나 또한 그러하고, 공 역시 그렇습니다. 아침부터 저녁까지, 지각이 있기 시작했을 때부터 오늘에 이르기까지, 똑같이 밭을 갈아 양식을 구하고, 땅을 마련해 파종을 하며, 집을 지어 안식을 구하고, 책 읽어 과거 합격을 추구하며, 벼슬살이에 임해서는 존귀해지길 바라고, 풍수(風水)에 의탁해 자손들에게 음복이 있기를 기원해왔습니다. 갖가지 일상사가 모두 자신과 가족을 위한 계획뿐이고 터럭만큼도 남을 위해 도모한 바가 없습니다. 입을 열어 학문을 논했다 하면 너는 자신밖에 모른다 하고 나는 다른 사람을 위한다고 하며, 너는 이기적이지만 나는 이타적으로 굴 거라고 말해왔습니다. 나는 동쪽 집의 굶주림을 가여워할 뿐만 아니라 서쪽 집이 추워하고 있음을 생각하면 견디기 어렵다고 주절거렸습니다. 아무개가 기꺼이 남의 집까지 가서 학생을 가르치는 것은 공맹의 뜻이고, 아무개는 사람들과 어울리지 않으니 이기적인 작자라고 하였지요. 아무개는 행동은 비록 칠칠치 않아도 사람들과 잘 지내려 노력하는 이고, 아무개는 행동거지가 단정하긴 해도 불가(佛家)의 사상을 좋아함으로써 남들에게 해를 끼친다고 논했습니다. 이렇게 보면 말로 표현했다 해서 반드시 공이 행하는 바일 리도 없고, 행하는 바는 또 공이 말하지 않은 것일 수도 있으니, 말은 행동을 돌아보고 행동은 말한 바를 고려한다(言顧行, 行顧言)[165]는 공자님 말씀과 어찌 그리도 다르단 말입니까? 이를 두고 성인 공자의 교

---

165) 언고행, 행고언(言顧行, 行顧言): 출전은 『예기』 「중용」 제13장. "공자가 말씀하셨다. '군자의 도리는 네 가지인데, 나는 그 중 한 가지도 잘하지 못한다. 아들에게 구하는 바로써 아비를 섬기지 못하고, 신하에게 바라는 바로써 임금을 섬기지 못하며, 아우에게 바라는 바로써 형을 받들지 못하고, 친구에게 바라는 바를 먼저 그에게 베풀지 못한다. 평소에 덕을 실행하고, 평소에 말을 신중히 해야 한다. 부족한 것이 있으면 노력하지 않을 수 없으며, 넘치는 말이 있더라도 감히 다 내뱉어선 안 된다. 말할 때는 행실을 돌아보고, 행동할 때는 말했던 바를 고려해야 한다. 군자라면 어찌 빨리 실행하지 않겠느냐!'"(子曰: '君子之道四, 丘未能一焉. 所求乎子以事父, 未能也; 所求乎臣以事君, 未能也; 所求乎弟以事兄, 未能也; 所求乎朋友先施之, 未能也. 庸德之行, 庸言之謹; 有所不足, 不敢不勉; 有餘不敢盡. 言顧行, 行顧言, 君子胡不慥慥爾!')

훈이라 일컬어도 괜찮은 것입니까? 이런 등등을 뒤집어 생각하면 차라리 시정의 소인배만도 못하니, 그들은 직접 몸으로 때우는 일과 입으로 말하는 바가 일치합니다. 장사치는 다만 장사에 대해서만 말하고, 농사꾼은 오직 밭가는 일만을 이야기합니다. 그들의 말은 확실히 음미할 만하고 진정코 덕이 담긴 내용이라 듣는 사람으로 하여금 권태를 잊게 합니다.

공자가 말씀하신 바 언행일치가 대체 무엇이겠습니까? 그분은 아들과 신하와 아우와 친구의 도리에 아직 능숙하지 못하다고 말씀하셨는데, 이는 정말로 그러했기 때문이며 거짓으로 떤 겸손이 아니었습니다. 사람이 이 세상을 살아나가는 데 이 네 가지 도리는 죽을 때까지 지켜야 하는 것이니, 언제 다할 날이 있겠습니까? 만약 내가 그런 일에 능숙하다고 생각한다면 스스로 멈춰버리는 짓이어서 더 이상의 진보는 없게 될 것입니다. 성인께서는 이런 도리를 다하기가 너무나 어려운 줄 아셨기 때문에 스스로 아직 능숙하지 못하다고 말씀하셨습니다. 실제로 자신이 아직 미숙하므로 내가 잘하지 못한다고 말하는 것, 이것이야말로 말이 그 행동을 돌아보는 경우입니다. 내가 아직 능숙하지 못하다고 말하면서 실제로도 잘하지 못하는 것은 행동이 그 말을 돌아보는 경우라 하겠습니다. 이렇게 해서 언행이 차분해지고, 항상 일정한 바가 있으며, 충(忠)과 신(信)에 위주하고, 스스로를 속이지 않게 되며, 그리하여 진짜 성인이 될 따름이었습니다. 오늘날의 사람들이 자신은 그런 일에 미숙한 줄도 모르고 이 네 가지에 힘쓰라고 남들에게 요구하고 가르치는 것과 같지는 않았던 것입니다. 다른 사람에 대한 요구는 무거우면서도 스스로의 책임은 가볍게 하니, 누가 그런 사람을 기꺼이 믿어주려 하겠습니까?

성인은 그런 일에 능숙해야 한다고 사람들을 다그치지 않으셨으니, 그렇기 때문에 사람은 누구나 다 성인이 될 수 있습니다. 그래서 왕양명(王陽明) 선생은 "거리에 넘치는 사람이 모두 성인이다"[166] 하고 말씀하셨던 것입니다. 부처님도 "사람의 마음이 곧 불성(佛性)이니, 사람은 누구나 다 부처이다"라고 말씀하셨습니다. 사람이 모두 성인인 까닭에 성인께선 특별히 사람들에게 보여줄 만한 중요한 도리를 따로 갖지 못하셨고, 그래서 "나는 더 이상 말하고 싶지 않다"[167]고 말씀하셨습니다. 사람이 모두 부처인 까닭에 부처도 일찍이 중생을 제도한 적이 없었습니다. 중생의 상[168]이 없는데 어디에 인상(人相)이 있으며, 도리(道理)의 상(相)이 없는데 어디에 아상(我相)이 있겠습니까! 나의 상(相)이 없으므로 능히 자신을 버릴 수 있고, 타인의 상(相)이 없으므로 남을 따를 수 있는 것입니다. 강요하지 않더라도 사람마다 모두 부처인 것을 직접 보고 나면 자신의 선을 남에게 베풀어 서로 같아질 수 있기 때문이지요. 기왕에 남과 더불어 착해질 수 있는데, 어찌 나 혼자에게만 선(善)이 존재한다고 주장하겠습니까? 남과 내가 이미 똑같이 착한데 어디에 받아들이지 못할 한 사람만의 선이 있겠습니까? 그래서 다음과 같은 말이 나왔지요.

"농사꾼이나 도공·어부 시절로부터 제왕이 될 때까지 순임금은 남의 장점을 받아들여 자기 것으로 만들지 않은 적이 없었다."[169]

후세 사람들은 이 말에 찬탄하며 칭송하기를, 남의 착한 점을 본받게

---

166) 왕양명의 제자인 동라석(董羅石)이 어느 날 외출에서 돌아와 "오늘은 한 이상한 일을 보았습니다" 하고 아뢰자, 양명이 물었다. "어떤 이상한 일 말이냐?" "온 거리의 사람들이 성인임을 보았습니다." "그 또한 일상사니라. 무에 이상할 것이 있단 말이냐!" 하고 양명이 응수했다는 고사가 『전습록』(傳習錄) 하권에 보인다.

167) 출전은 『논어』「양화」(陽貨)편. 전문은 다음과 같다. "공자가 말씀하셨다. '나는 더 이상 말하지 않으련다!' 자공이 '선생님께서 입을 열지 않으시면 저희 제자들은 어디서 도를 전수받습니까?' 하고 말하자, 공자가 말씀하셨다. '하늘이 언제 말을 하더냐? 사계절이 흘러가고 만물이 자라나지만 하늘에게 무슨 말이 있더냐?"(子曰: '予欲無言!' 子貢曰: '子如不言, 則小子何述焉?' 子曰: '天何言哉? 四時行焉, 百物生焉, 天何言哉?')

168) 상(相): 불교용어. '성'(性)의 상대어로서, 모든 사물의 밖으로 드러나는 형상이나 상태를 말한다. 예컨대 불의 염상(焰相), 물의 유상(流相) 등을 들 수 있다.

169) 출전은 『맹자』「공손추」(公孫丑) 상편. "맹자가 말씀하셨다. '자로는 누군가 자신의 잘못을 말해주면 몹시 기뻐하였다. 우임금은 착한 말을 듣게 되면 경건히 절을 하고 받아들였다. 순임금은 더 위대한데, 그는 천성적으로 착한 사람과 호

되면 바로 자신이 남에게 선행을 베푸는 것이 된다고 하였습니다. 순임금은 애당초 다른 사람에게 선행을 베풀려는 마음이 없었습니다. 만약 순이 먼저 그런 마음을 먹고 남의 장점을 받아들였다면, 그가 받아들인 선은 틀림없이 진실되지 않았을 것입니다. 사람의 마음은 지극히 신비로워 순의 마음씀이 자신으로 하여금 선을 행하는 데 있음을 알게 되면 또 순과 함께 선을 행하지 않게 될 것이고, 순 역시 그에게는 선행을 베풀지 못하게 될 것입니다. 순은 죽을 때까지 선행의 관건은 남에게 있고 자신은 단지 그것을 취할 따름임을 알았습니다. 농사짓고 그릇을 굽고 고기를 낚는 사람들에게서도 받아들이면 안 될 바가 이미 없는데, 수많은 성현의 장점이야 어찌 받아들여선 안 될 바가 있겠습니까? 왜 또 꼭 공자만을 배워 학문의 정통으로 삼아야 한단 말입니까?

기왕지사 남들로부터 받아들이면 안 될 선(善)이 없다면, 나에게도 물론 베풀 만한 선이나 말할 만한 도(道)가 없어지게 됩니다. 그렇다면 당신의 제자 주자례(周子禮, 周思敬)가 강학(講學)을 허락하지 않았다는 이야기[170] 또한 지나친 고심입니다. 그가 어떻게 유로(柳老, 周思久)를 깎아내릴 수 있겠습니까? 그렇지만 기필코 유로를 위해 그 억울함을 풀어주고 싶었을 터이니, 이렇게까지 유로를 두둔하였을까요? 그

오를 같이하였다. 게다가 자기 고집을 버리고 남의 의견을 좇을 줄 알았으며, 남의 장점을 즐겨 받아들여 선을 행하셨다. 농사꾼·도공·고기잡이하던 미천한 시절부터 제왕이 될 때까지 남들로부터 장점을 받아들이지 않음이 없으셨던 것이다. 남의 장점을 받아들여 선을 행하는 것은 바로 그들을 도와 선을 행하는 것이다. 그러므로 군자의 도리 가운데 남을 도와 선을 베푸는 것보다 더 큰 선행은 없다"(孟子曰: '子路, 人告之以有過則喜; 禹聞善言則拜. 大舜有大焉: 善與人同, 舍己從人, 樂取於人以爲善. 自耕稼陶漁, 以至爲帝, 無非取於人者. 取諸人以爲善, 是與人爲善者也. 故君子莫大乎與人爲善.') 남을 도와 선을 행한다는 구절은 이지에 의해 종종 인용되곤 하는데, 사람마다 억누를 수 없는(不容已) 바인 선(善)은 개별적인 것이지만 한편으로 예외 없이 모든 사람에게 용솟음쳐 흐른다는 점에서는 보편적(同)이라는 시각으로 연결된다.

170) 강학을 허락하지 않았다는 말은 바로 위의 "나에게는 전할 만한 선이 없고 말할 만한 도 역시 없다"는 구절과 연결된다. 이 말은 자례에게 따로 생각이 있었음을 암시하지만, 그 자세한 내막은 알 길이 없다.

것이 또 어떻게 자례의 말실수로 돌릴 일이며 다시 자례를 위해 덮어줄 일이겠습니까? 공의 마음 쓰심 역시 지나치게 쩨쩨합니다! 이미 장편 대작의 편지들을 세상에 유통시켜놓고 또다시 사람들로 하여금 전파하지 말라고 명하시다니, 이 무슨 이율배반의 처사이십니까? 아무리 곱씹어봐도 공의 마음 씀씀이가 또 너무나 바르지 못하십니다. 게다가 자례는 일찍이 자신의 잘못이라고 시인한 적이 없습니다. 설사 잘못이 있었더라도 그 사람은 또 자신을 비호할 인물이 아닌데 공은 반대로 그를 위해 덮어두시겠다니, 이 정녕 무슨 심보란 말입니까? 옛날의 군자는 그 허물이 일식이나 월식처럼 뚜렷해서 사람들이 죄다 쳐다보고 또 모두가 우러렀습니다. 오늘날의 군자는 비단 잘못을 고치지 않고 순응할 뿐만 아니라 또 그에 대한 변명까지 지어냅니다.[171] 공은 거기에 대해 어떻게 생각하십니까? 유로는 한평생 고요한 가운데 묵묵히 정좌했을 뿐 어떤 일도 마음에 담아두지 않았기 때문에 장족의 진보는 없었는데 공만은 유독 유로가 자신을 과장한다고 여기시니, 또 어찌된 일인지요? 어찌하여 공은 유로에게 유감을 품고 그의 큰 발전은 기원하지 않으시는 겁니까? 그렇다면 유로에 대한 자례의 사랑은 마음 깊숙이서 우러난 것이요, 공께서 유로를 아끼는 것은 겉치레에 그치는 것을 또 말하지 않아도 알 만합니다. 유로는 자례에게 있어 형이 됩니다. 자례는 형제가 많은데도 유독 유로에게만 마음을 쏟고 있습니다. 게다가 유로는 벼슬길에 나아가지도 않았고 또 그와 더불어 집과 전답을 이웃하지도 않았으니, 서로 다퉈야 할 일도 없습니다. 그가 유로를 망쳐 자신의 사사로움을 채우려 함이 아님을 또한 알 수 있는 것입니다. 이미 티끌만큼의 사심도 없으니, 말하는 바는 순전히 한 조각 붉은 마음일 뿐이지요.

---

171) 출전은 『맹자』「공손추」하편. "옛날의 군자는 그 허물이 마치 일식이나 월식 같아서 백성들이 모두 쳐다볼 수 있었고, 그가 허물을 고치면 백성들이 모두 우러르곤 하였다. 지금의 군자는 비단 허물을 끝까지 지고 갈 뿐 아니라 또 거기에 대한 변명까지 지어낸다"(古之君子, 其過也, 如日月之食, 民皆見之; 及其更也, 民皆仰之. 今之君子, 豈徒順之, 又從爲之辭.)

공처럼 총명하신 분이 왜 유독 여기에만 어두우시단 말입니까? 설사 자례의 말이 옳지 않더라도 응당 자례를 위해 애석해해야지 유로를 위해 걱정하는 것은 부당합니다. 만약 자례의 말이 옳다면 응당 유로를 위해 애석해해야지요. 정녕 평소에 공자의 바른 맥이라고 자부하시던 그 포기할 수 없는 진리(不容已眞機)로 곧장 유로를 완곡하게 깨우치고 인도해야 마땅할 것입니다. 유로는 오로지 공만을 존경하고 믿는 사람이니, 말씀하시면 들어먹히지 않을 말이 없지요. 이제 그렇게만 된다면 유로에게 있어 얼마나 크게 도움이 되겠습니까! 유로는 또 공이 자신을 알아준 데 대해 얼마나 감격할까요! 그렇다면 자례가 실언을 했다는 것도 어쩔 수 없어 하신 말씀이 되고, 이런 말을 한 책임에서도 일단 벗어나게 되지요. 만약 유로의 성취가 이미 깊어 쉽게 엿볼 수 있는 경지가 아니라면 공은 응당 유로를 위해 크게 기뻐해야 할 것입니다. 그리고 또 그가 마음을 쓴다 해서 걱정하실 필요도 없고요. 어찌하여 그럴까요? 세상으로부터 숨어 남이 알아주지 않더라도 후회하지 않는 것, 이것이 바로 학문의 목적이기 때문입니다. 뭇 사람이 나의 학문을 알지 못하면 나는 현인이 되니, 이는 기뻐할 노릇입니다. 현인이 나의 학문을 알아주지 않으면 나는 성인이 되는데, 더한층 기뻐할 노릇 아닐까요? 성인께서 나의 학문을 알아주지 않으면 나는 신이 되는 것이니, 더더욱 기뻐할 일이 아니겠습니까? 공자 당시에 그를 알아준 이는 오직 안자(顔子) 한 사람뿐이었습니다. 자공(子貢) 같은 제자도 공자를 이해하지 못했지만 이야말로 공자가 공자일 수 있는 진짜 이유인 것이니, 또 어떻게 자례의 인정을 받고야 말겠다며 거기에 마음을 쓴단 말입니까? 또 어떻게 그것이 유로를 핍박하는 일이 되고, 유금오[172] 같은 어른들로 하여금 우리를 경시하게 만드는 일이 되겠습니까? 저는 우리에

---

172) 유금오(劉金吾): 유수유(劉守有). 『마성현지』(麻城縣志) 권9 「기구 · 명현」(耆舊 · 名賢)에 그에 관해 다음과 같은 기록이 보인다. "유수유의 호는 사운이다. 조부인 장양공의 음덕을 입어 금의위에서 벼슬을 했고 태부에 보임되었다"(劉守有, 號思雲, 襲祖莊襄公陰, 官錦衣衛, 加太傅.)

대한 남들의 멸시는 걱정하지 말아야 한다고 생각하니, 바로 우리 스스로가 자신을 멸시할 뿐이지요. 어줍잖게 명성을 보호한대야 언제 그것을 완벽하게 비호할 수나 있었습니까?

게다가 저는 유금오 또한 인걸이라고 들었는데 공께선 간절하게 그의 강학을 원하시니, 이는 대체 무슨 속셈이십니까? 어째서 공의 거동으로 금오에게 영향을 끼치려 하십니까? 만약 더해질 바가 있다면 하나하나 제게 적시하시어 저도 좀 볼 수 있게 해주십시오. 만약 보태질 바가 아무것도 없는데 그를 내게 보내 이런 무익한 헛소리를 지껄이게 하려 했다면, 이것은 또 무슨 사단입니까? 삼척동자 속이기에도 부족한 제가 호걸지사를 속여넘길 수나 있겠습니까! 그렇다면 공자님의 강학은 틀린 걸까요? 공자께선 성인과 바보를 일률적으로 생각하시어 거기서 더도 덜도 용납하지 않으셨습니다. 이른바 기린과 뭇 짐승이 나란히 달리고 뭇 새와 봉황이 일제히 날아오르니, 그들은 모두 동류입니다. 이른바 만물은 모두 나와 한몸이란 말이 바로 그것이지요. 그런데 유독 동류를 벗어난 출중한 학문은 공자만이 아셨던 까닭에 맹자의 말씀[173]에는 음미할 만한 구석이 있습니다. 그러나 공자의 학문이 출중할 수 있었던 까닭을 따져보면 바로 교묘하게 맞아떨어진 점에 있는데, 교묘하다는 것은 또 억지로 힘을 써서 되는 것이 아니지요. 이제 인위적인 가공이 허용되면 안 될 부분은 연구하지 않고 오직 힘닿는 데로만 우격다짐 안착하려 든다면, 공자 · 맹자가 전하지 않은 오묘한 학문은 진작에 잃어버린 것이 됩니다. 이것이 어떤 일인데 또 함부로 사람들과 이야기할 수 있겠습니까?

---

173) 『맹자』「공손추」상편에 실린 유약의 다음과 같은 말을 가리킨다. "유약이 말했다. '어찌 사람뿐이겠는가? 기린은 뭇 길짐승과, 봉황은 뭇 날짐승과, 태산은 작은 언덕과, 하해는 길가에 고인 웅덩이와 같은 종류이다. 성인은 보통 백성과 또 같은 종류이다. 다만 그는 동류를 뛰어넘는 비범함이 있고 그 무리 중에서도 발군이니, 인류가 생겨난 이래 공자보다 위대한 이는 없었다!'"(有若曰: '豈惟民哉? 麒麟之於走獸, 鳳凰之於飛鳥, 泰山之於丘垤, 河海之於行潦, 類也. 聖人之於民, 亦類也; 出於其類, 拔乎其萃, 自生民以來, 未有盛於孔子也!')

공께서 이 말을 들으시면 틀림없이 이단에 물든 자는 그저 훈계하고 계몽해야 마땅하다고 여기실 테지요. 그리고 다만 '명명덕'(明明德)을 빌려 제목으로 삼으면 그만인데 왜 꼭 허무와 적멸(寂滅) 같은 도가와 불가의 가르침을 말해 사람을 현혹하는가 하고 생각하실 것입니다. 이른바 유불선은 모두 같은 이름일 뿐입니다. 공자는 사람들이 명성을 좋아하는 줄 아셨기에 명교[174]로 그들을 유인하셨고, 석가는 사람이 죽음을 무서워한다는 걸 아셨기에 죽음으로 그들에게 공포를 주었고, 노자는 사람이 생을 탐하는 줄 알았기에 불로장생으로 그들을 유인했습니다. 모두 부득이하여 우선은 권도로 명색[175]을 세우고 그것으로 후인들을 교화하고 유인했지만, 그것이 진실은 아니었습니다. 오직 안자(顔子)만이 그런 사정을 알았기에 "선생님은 유인을 잘한다"[176]고 말했던 것입니다. 지금 저의 행사에서 하나라도 공과 같지 않은 것이 있습니까? 똑같이 벼슬하길 좋아하고, 역시 부귀를 탐하며, 처자를 두었고, 집이 있고, 친구가 있고, 손님과 모임을 갖는데, 공이 어떻게 저보다 나을 수가 있겠습니까? 어째서 유독 공에게만 말씀하실 학문이 있고, 공에게만 중요한 곳이 그토록 많단 말입니까? 저는 이미 공과 똑같으니 인륜을 저버리고 가정을 떠나며 삭발하고 가사를 걸쳤다는 등등의 말씀은 공 또한 잊어버리고 다시는 거론하지 않았으면 좋겠습니다. 어찌하여 그렇겠습니까? 저는 한 가지도 공과 같지 않은 바가 없기 때문입니다. 다만 공께서 고관대작인 점만은 다르지요. 그러나 학문이 어찌

---

174) 명교(名教): 명분을 위주로 하는 봉건적 예교(禮教).

175) 명색(名色): 불교용어로 오온(五蘊)의 총칭이다. 불교에서는 사람의 몸이 색온(色蘊)·수온(受蘊)·상온(常蘊)·행온(行蘊)·식온(識蘊)의 다섯 가지로 구성되어 있다고 인식한다. 여기서는 사람이 감지하는 갖가지 형상이나 상태를 가리킨다.

176) 출전은 『논어』「자한」(子罕)편. "안연이 탄식하며 말했다. '선생님의 도는 우러러볼수록 더욱 높고, 뚫으려 할수록 더욱 견고하구나. 앞에 있는가 싶더니 어느새 뒤에 있구나! 선생님은 순서에 맞춰 사람을 잘 인도하신다. 먼저 글로 나를 넓혀주시고, 다음은 예절로 나를 가다듬어주셨다"(顔淵喟然歎曰: '仰之彌高, 鑽之彌堅, 瞻之在前, 忽焉在後! 夫子循循然善誘人: 博我以文, 約我以禮.')

고관이라 해서 더 나을 수가 있겠습니까? 학문이 벼슬의 높낮이에 따라 달라지는 것이라면 공자나 맹자께서는 감히 입도 떼지 못했어야 마땅합니다.

게다가 동곽 선생[177]은 공과 비길 수 있는 인물이 아닙니다. 동곽 선생은 오로지 양명 선생의 '양지'[178]의 취지를 발휘하여 전통을 잇고 미래를 개창하는 것이 자신의 소임이라고 여기신 분입니다. 그의 오묘한 점은 자신에게 쏟아질 오명을 피하지 않고 동류의 위급함을 구제한 데 있으니, 공께서야 어찌 이렇게 할 수 있겠습니까? 저는 공을 아주 잘 알지요. 공은 더 이상 거짓말을 늘어놓지 마십시오! 모름지기 동곽 선생 같은 분이라야 정말로 억제할 수 없는 바(不容己)를 말할 수 있습니다. 근자에는 오로지 용계(龍溪) 선생만이 그 뒤를 이을 자격이 있으며, 근계(近溪) 선생도 약간은 계승할 수 있었지요. 공께서 동곽 선생의 뒤를 잇는다 함은 결국 있을 수 없는 일이라 하겠습니다. 어찌하여 그럴까요? 이름에 대한 집착이 지나치게 무겁고, 왜곡된 비호가 너무나 심하기 때문입니다. 사실은 많은 악덕을 지녔으면서도 말끝마다 인(仁)에 뜻을 두어 악함이 없다 말하고, 실제로는 제 좋은 것만 편애하면서도 말로는 범애(汎愛)와 박애만을 들먹거립니다. 실제로는 자기 의견만 고집하면서도 자신만 옳다고 하면 안 된다고 말씀하십니다. 공이 보시기에 근계에게 이런 점이 있습니까? 용계에게 이런 점이 있습니까? 하물며 동곽이 그랬겠습니까! 이는 억지로 되는 것이 아니니, 여러 원로는 모두 확실하게 선이란 자신이 남과 같아지는 것이라 분별이 용납되지 않음을 아셨던 까닭이지요. 기왕에 분별이 없는데 어디에 또 악이 있겠

---

177) 동곽 선생(東廓先生): 추수익(鄒守益, 1491~1562). 자는 겸지(謙之), 호는 동곽으로 강서성 안복(安福) 사람이다. 시호는 문장(文莊). 벼슬이 남경 국자좨주에 이르렀다. 정자·주자·왕수인을 차례로 배웠지만, 특히 왕학에 열중했다고 한다. 신독(愼獨)과 계구(戒懼)를 남달리 강조하면서 이를 치량지(致良知)에 이르는 수양의 방법으로 삼았다. 저서로 『동곽집』(東廓集)이 전한다.

178) 양지(良知): 원래는 맹자가 쓴 용어로 사람이 나면서부터 갖고 있는 도덕관념을 가리킨다. 훗날 왕수인은 이를 바탕으로 '치량지' 설로 발전시켰다.

습니까? 공은 지금 갖가지 분별이 이와 같으시니, 온 세상의 도학자를 통틀어도 공의 심중에 마땅한 사람은 있지 않을 것입니다. 심재(心齋) 선생조차도 잡종으로 치부하여 공이 인정하는 범주에 들여놓지 않는 마당인데, 다른 사람들이야 말해 무엇하겠습니까! 동시대의 좋아하는 이로는 겨우 호려산[179]이 있을 뿐입니다. 그 외에는 마성의 주유당(周柳塘)이나 신읍(新邑)의 오소우(吳少虞) 두 사람만을 특출하다고 보실 뿐이니, 공께서는 선을 취하는 범위가 너무나 협소합니다. 이래서야 어떻게 천하에 명덕(明德)을 밝힐 수 있겠습니까?

저는 공을 존경하고 따르는 것이 미덕이 되는 줄 모르지 않지만, "제나라 사람은 나만큼 왕을 공경하지 못한다"[180]는 자부심이 있습니다. 또 공에게 순종하면 공도 틀림없이 저를 사랑할 줄 모르지 않습니다. 공이 저를 사랑하시면 온 고을의 선비와 백성들이 예를 갖춰 저를 존경할 것입니다. 오소우 또한 틀림없이 저를 존경할 것이고, 관리ㆍ아전ㆍ스승ㆍ제자 따위의 사람들도 모두 찾아와 저를 존경할 것이니, 얼마나 지내기 편할 것이며 얼마나 기분이 날아가겠습니까! 그러나 모든 사람이 찾아와 경의를 표해도 결국은 공 한 사람이 저를 알아주고 존경하는 것만 못하고, 공 한 사람이 저를 존경하는 것은 결국 공이 스스로를 공경하는 것만 같지 못합니다.

아아! 공이 정말로 스스로를 공경할 수 있다면, 제가 거기에 무슨 말을 더 보태겠습니까? 스스로를 공경한다는 것은 무엇입니까? 경계하고

---

179) 호려산(胡廬山): 호직(胡直). 자는 정보(正甫), 호는 여산. 가정(嘉靖) 연간의 진사로 독학(督學)ㆍ참정(參政)ㆍ안찰사(按察使) 등의 벼슬을 역임했다. 왕양명의 심학을 계승하여 '마음'(心)이 천지만물의 창조자라는 학설을 내놓은 바 있다. 황종희는 그를 추수익과 함께 강우왕문(江右王門)의 한 사람으로 분류하였다.

180) 속으로는 불복하면서 겉으로만 공경하는 것은 오히려 불경이 된다는 의미에서 인용한 구절로 출전은 『맹자』「공손추」하편. "저는 요ㆍ순이 천하를 다스리던 도리 외의 다른 것은 감히 왕의 면전에서 늘어놓지 못합니다. 그러므로 제나라 사람 중에 저보다 왕을 공경하는 이는 없습니다"(我非堯舜之道, 不敢以陳於王前, 故齊人莫如我敬王也.)

근신하여 함부로 보지 않고, 두려운 듯 행동하여 함부로 듣지 않으며, 자신을 속이지 않고, 스스로 만족을 구하며, 혼자 있을 때 신중한 것입니다.[181] 성인이신 공자께서도 스스로 공경함이 대체로 이와 같으셨습니다. 스스로를 공경할 수 없으면서 다른 사람을 공경한다는 것은 있을 수 없는 일입니다. 이른바 근본이 어지러운데 말단만 다스리겠다는 작정이니, 이런 이치는 있을 수 없지요. 그래서 "모두 한결같이 수신으로 근본을 삼아야 한다"[182]고 말씀하셨던 것입니다. 이것이 정통 학맥이고, 가장 쉬우면서도 극도로 간단한(至易至簡)[183] 학문이며, 간략히 행하면서도 널리 베푸는 도라고 하겠습니다. 그래서 다음과 같이 말씀하셨지요.

"군자가 도리를 지켜 스스로 수신하면 천하가 태평해진다."[184]

---

181) 출전은 『예기』 「중용」 제1장. "이런 까닭에 군자는 남들이 보지 않는 곳에서도 항상 경계하고 근신하며, 남들이 듣지 않는 곳에서도 늘 황공해하며 두려워한다. 은밀한 곳보다 더 잘 드러나는 곳은 없고, 미미한 것보다 더 확실한 것은 없다. 그러므로 군자는 혼자 있을 때 더한층 조심한다"(是故, 君子戒愼乎其所不睹, 恐懼乎其所不聞. 莫見乎隱, 莫顯乎微, 故君子愼其獨也.)

182) 출전은 『예기』 「대학」 경(經) 1장의 대학지도(大學之道). "천자에서 평민에 이르기까지 하나같이 수신을 근본으로 삼아야 한다. 자신도 다스리지 못하면서 국가나 천하를 다스리겠다는 것은 틀린 생각이다. 중요한 수신은 가볍게 보고 그 다음이어야 할 국가경영은 첫머리에 놓아서 천하가 잘 다스려진 적은 있지 않았다"(自天子以至於庶人, 壹是皆以修身爲本. 其本亂而末治者否矣; 其所厚者薄, 而其所薄者厚, 未之有也.)

183) 『역경』 「계사전」(繫辭傳) 상편에서는 쉽고 간략한 것의 성과를 다음과 같이 풀이하고 있다. "평이와 간단을 몸에 익히면 천하의 이치를 체득할 수 있다. 천하의 도리를 체득하게 되면 천지 가운데 사람의 바른 위치를 확립하게 된다"(易簡而天下之理得矣, 天下之理得而成位乎其中矣.)

184) 『맹자』 「진심」 하편. "맹자가 말씀하셨다. '언어는 쉽지만 깊은 의미를 함축한 것이 가장 잘하는 말이고, 간략한 원칙을 지키면서도 시행범위는 넓어야 가장 훌륭한 방도가 된다. 군자의 말씀은 바로 곁에 있는 것처럼 가깝지만 도가 모두 그 안에 존재한다. 군자의 몸가짐은 자신의 심신을 닦아 천하를 태평하게 하는 것이다. 사람이 자기 밭은 내버려두고 남의 밭 김만 맨다면, 남에 대한 요구는 무겁고 자기의 부담은 가볍게 하는 것이 된다'"(孟子曰: '言近而指遠者, 善言也; 守約而施博者, 善道也. 君子之言也, 不下帶而道存焉. 君子之守, 修其身而天下平. 人病舍其田而芸人之田; 所求於人者重, 而所以自任者輕.')

또 다음과 같이 말씀하기도 했지요.

"사람마다 자기 부모를 사랑하고 어른을 공경하면 천하가 태평해진다."[185]

또 이런 말씀도 남기셨습니다.

"윗사람이 노인을 대접하면 백성들에게서 효도가 일어난다."[186]

어떻게 해야 천하가 태평해질 것인가는 더 이상 언급하지 않으셨고 다만 수신(修身) 두 글자만 말씀하셨을 뿐입니다. 공자 문하의 가르침은 이와 같을 따름이니, 저는 어디에 더 중요한 말씀이 있는지 알지 못하겠습니다.

공은 수신이 쉽고 명덕을 밝히는 일도 어렵지 않아 사람들이 노력하지 않을지도 모른다는 걱정일랑 접어두십시오. 정말로 명덕을 밝히려 든다면 그 공부는 그야말로 어려워서 이삼십 년을 매진해도 그 끝에 도달하질 못하는데, 어떻게 공부가 없어도 된다고 말할 수 있겠습니까? 용계 선생은 연세가 구십에 이르셨습니다. 스무 살부터 학문에 종사했고, 또 고명한 스승을 만났으며, 천하의 책은 두루 섭렵하셨고, 방방곡곡 모든 사람에게 가르침을 구하셨지만 말년에 이르러서야 비로소 결실을 얻으셨으니, 그분을 두고 공부가 없었다고 말할 수 있겠습니까? 공은 그저 자신의 공부에나 신경쓰고 다른 사람이 공부하지 않을까 하는 걱정일랑 거둬주십시오. 뜻이 있는 사람은 저절로 와서 함께 배울 것이지만, 뜻이 없는 자라면 아무리 더불어 이야기한들 무슨 도움이 되

---

185) 『맹자』「이루」(離婁) 상편. "천하를 다스리는 도는 가까운 데 있는데도 멀리서 찾고, 천하를 태평하게 만드는 일은 아주 쉬운데도 어려운 것부터 손을 대는구나. 사람마다 자신의 부모를 사랑하고 윗사람을 공경하면 세상은 저절로 태평해진다"(道在爾, 而求諸遠; 事在易, 而求諸難. 人人親其親, 長其長, 而天下平.)

186) 『예기』「대학」 제10장. "이른바 평천하는 치국에 달렸다는 말이 있는데, 이는 임금이 노인을 공경하면 백성도 따라서 효성스러워지고, 임금이 어른을 존중하면 백성들 사이에서도 우애가 생겨나며, 임금이 고아를 불쌍히 여기면 백성도 그들을 저버리지 않는다는 뜻이다. 이런 까닭에 군자는 자신을 헤아려 남에게 베푸는 관용의 도를 지닌다"(所謂平天下在治其國者, 上老老而民興孝; 上長長而民興弟; 上恤孤而民不倍. 是以君子有絜矩之道也.)

겠습니까! 근계 선생은 어려서부터 도를 공부했지만 진사에 급제하고
십 년이 지나서야 벼슬을 하셨습니다. 지금은 연세가 일흔둘인데도 여
전히 강호의 각처를 돌며 사람을 방문하고 계시니, 이 어찌 가르침을
전하려는 생각만으로 그러는 것이겠습니까! 그에게도 역시 멈출 수 없
는 바(不容已)가 있는 것이지요. 그분은 일평생 명성을 좋아하셨는데
근래에 와서야 어느 정도 이름 감추는 법을 아신 듯합니다. 강우와 양
절, 고소에서 말릉[187]에 이르기까지 도학자라면 찾아보지 않은 이가 없
더군요. 아무리 제자가 스승을 구하게 마련이라지만 그보다 더 절절한
이는 아직까지 없었으니 양지(良知)에 도달했다고 말할 수 있는데, 거
기에 어찌 공부가 없었겠습니까? 그렇다면 공은 다만 공부를 시작한 데
불과합니다. 유가의 서적은 두루 독파하셨지만 따로 불교경전까지 꼭
꼭 챙겨 읽으신 것은 아니었습니다. 문자 해석에만 급급하면 깊은 의미
를 이해하기 어렵고, 자기의 의견을 고집하면 결국 마음 비우기가 어려
우니, 이는 다른 사람의 밭을 갈면서 정작 자신의 땅은 황무지로 만드
는 격이지요. 원컨대 공께선 꼴 베는 나무꾼이나 도공·어부의 견해라
고 하여 내버리거나 홀시하지 마십시오. 옛날 사람은 이들 노동자들의
의견을 살펴 받아들이길 좋아하였습니다.

　명성은 바로 자신을 구속하는 족쇄이니, 근로(近老, 羅汝芳)가 가신
길에는 아무도 그를 이해하거나 믿어준 사람이 없다고 들었습니다. 주
유당이 애당초 집에 있을 때 그의 책을 읽고는 십 할을 믿었는데, 남창
(南昌)에 가자 칠 할이 되고, 건창[188]에 가서는 또 이 할이 감소되어 오
할만이 남게 되었습니다. 남경(南京)에 닿았을 때는 일 할의 믿음이라
도 구하려 했지만 남은 것이 없었습니다. 유당의 문도인 증(曾) 아무개

---

187) 강우(江右)는 강서성(江西省)의 별칭. 옛사람은 동쪽을 좌측, 서쪽을 우측으로
　　보았기 때문에 강우는 의미상으로 강북을 가리킨다. 양절(兩浙)은 절동(浙東)
　　과 절서(浙西)의 합칭으로 대략 지금의 절강성과 상해 및 강소성 동남부를 가리
　　킨다. 고소(姑蘇)는 소주(蘇州)의 별칭이고, 말릉(秣陵)은 현(縣) 이름으로 지
　　금의 남경시 일대에 해당한다.
188) 건창(建昌): 지금의 강서성 남성(南城) 일대.

는 비록 일·이 할의 믿음은 있었지만, 대체로 그에게 놀라거나 의아함을 느낀 경우가 또 대부분이었다고 합니다. 초약후(焦弱侯, 焦竑)는 자신이 총명하며 특출하다고 생각했고 방자급(方子及, 方沆) 또한 호걸로 자부했지만, 모두가 큰 스승인 근로를 내치고 그와는 상대하지 않았습니다. 그러므로 진정으로 안목 있는 사람은 온 세상을 통틀어도 찾아보기 힘든 것을 알 수가 있으니, 이는 근로로 하여금 은둔하여 남들의 인정을 받지 못하게 만드는 기묘한 작용을 초래하고 말았던 것입니다. 지극하여라, 근로가 자신을 감춘 그 교묘한 방법이여! 증 아무개가 돌아와서 제게 이르더군요.

"근로는 아무도 알아주는 사람이 없고 오직 선생님 한 사람만 그를 알아주더이다."

아아! 제가 만약 근로를 알아주지 않는다면, 근로에게 무슨 용처가 닿겠습니까! 오직 저 한 사람이 그를 알아주면 족하니, 많은 이가 알아줘서 다 무엇하겠습니까! 많은 이가 알아주면 쓰임에 맞지 못하게 되고 오히려 명성을 가까이한다는 부담만 생길 뿐이니, 어찌 귀하게 여길 바이겠습니까! 그래서 다음과 같은 말이 있지요.

"나를 알아주는 사람이 드물수록 나는 귀해진다."[189]

저는 근로가 너무 존귀해지는 것이 달갑지 않습니다. 삶에 있어 근로가 어찌 저와 같은 가락이겠습니까? 그는 행동거지가 공과 거의 흡사합니다. 그래도 소생이 그를 깊이 믿게 되는 까닭은 무엇일까요? 오대[190]

---

189) 『노자』 제70장. "내 말은 몹시 알기 쉽고 행하기도 쉬운데, 천하의 누구도 이해하지 못하고 행하지도 못한다. 나의 말에는 도가 있고, 행하는 바에는 근거가 있다. 다만 그것을 알지 못하니, 나를 이해하지 못하는 것이다. 나를 알아주는 사람이 드물수록 나는 귀하게 된다. 이런 까닭에 성인은 칡베옷을 걸치고도 속에는 보배를 품는다"(吾言甚易知, 甚易行. 天下莫能知, 莫能行. 言有宗, 事有君. 夫唯無知, 是以不我知. 知我者希, 則我者貴. 是以聖人被褐懷玉.)

190) 오대(五臺): 육광조(陸光祖, 1521~97). 자가 여승(與繩), 호는 오대이고, 평호(平湖) 사람이다. 가정 연간의 진사로 벼슬이 공부우시랑(工部右侍郎)에 이르렀다. 장거정(張居正)의 노여움을 사는 바람에 병을 칭탁하고 귀향했다가 훗날 재

는 어느 정도 소생과 비슷한데도, 공께서는 또 오대 선생의 심장은 뜨겁고 저의 심장은 지나치게 차갑다고 말씀하십니다. 아아! 어찌하여 말을 고르는 데 있어서 암수와 색깔만을 보시는 것입니까!

이러구러 백 마디 천 마디나 되는 말들을 아무런 거리낌없이 적어대고 말았습니다. 거기다 집안이 가난하여 대필해주는 이가 없는 탓에 대강대강 붓을 놀렸더니 문장이 전혀 성립되질 않는군요. 또 시원스레 붓을 놀려 거침없이 말하지도 못했으니, 공에게 거듭 노여움만 사는 것은 아닌지 모르겠습니다. 편지가 끝나자 마침내 봉함을 했지요. 제가 중병을 수십 일 동안이나 앓았다는 사실을 잘 아실 것입니다. 낡은 육체가 아직 완전히 회복되지 않은 터라, 이런 정도의 수고도 급기야는 감당하기 어려웠습니다. 다만 일·이 할이라도 공의 믿음을 얻게만 된다면 당장 죽어 구덩이 속에 던져지더라도 달게 감내할 것입니다. 공은 저의 이런 마음을 어떻게 생각하십니까? 불교를 공부한다는 제가 어떻게 공과 더불어 이름을 다투겠습니까? 아니면 벼슬자릴 놓고 싸우기라도 하겠습니까? 그런 일은 전혀 없을 것입니다. 공께서 만약 저를 믿지 못하겠다면 시험삼아 저의 이런 뜻을 오대에게 확인해보심이 어떠할지요? 오대는 그래도 공이 믿는 사람이니까요. 만약 오대 또한 불교를 공부해서 안 된다고 한다면, 근계 선생께 물어보시면 어떨는지요?

공은 또 이렇게 말씀하셨습니다.

"지난번 「이조부」(二鳥賦)는 원래 자례를 위해 쓴 것이었고, 공을 위해 쓴 것은 아니었소."[191]

「이조부」가 순전히 자례 때문에 씌어진 글이라면 이 얼마나 자례를

기하여 이부상서(吏部尙書)가 되었다. 널리 인재를 등용하면서 한편으로 구악(舊惡)은 잊어버려 사람들이 그의 도량에 탄복했다는 희대의 명신이다. 죽은 뒤 태자소보(太子少保)에 추증되었고, 시호는 장간(莊簡)이다.

191) 『속분서』 권1의 「초약후 태사에게」(與焦弱侯太史)에서 이지는 초횡에게 이렇게 말한다. "초동 선생님이 근자에 「이조부」를 지으셨는데, 형은 그 글을 본 적이 있으십니까? 저는 실로 이 어른이 저를 잊지 않고 따끔하게 가르치심에 감격한 나머지 그 당시 버릇없게도 비판의 글을 짓고 그분을 되받아 성토했지요. 또

후대하고 불초 소생은 박대하는 처사입니까! 저는 자신의 과실을 덮어 두길 좋아하는 사람이 아닙니다. 오직 저의 잘못과 악덕을 파헤쳐 공격할 수 있는 분만이 저의 스승이시지요. 저는 공께서 저를 큰 화로에 집어넣어 오래도록 단련시켜주시길 바랍니다. 사물이 단련되지 않으면 그릇이 될 수가 없고, 사람이 절차탁마할 기회를 얻지 못하면 결국은 완전한 사람이 되지 못하는 법이지요. 저는 친구를 찾으려고 할 뿐 명성을 구하지는 않습니다. 저는 도를 구하려고만 했지 명예나 칭찬을 추구하진 않았습니다. 공께서는 더 이상 저의 허물을 덮어주지 않으셔도 되겠습니다. 저는 제게 허물없음을 좋아하지 않으니, 다른 사람이 저의 허물 들춰내는 것을 기뻐합니다. 저는 제게 허물이 있음을 걱정하지 않고 그 허물이 드러나지 않을까봐 걱정하지요. 이는 부처의 말씀이지 마귀의 말이 아니고, 또한 확실한 논단으로서 농담 삼아 지껄여보는 말이 아닙니다. 공은 마음을 비우시고 그런 저를 한 번 관찰해보심이 어떻겠습니까?

공께서 미망에 집착하여 돌이키지 못하는 까닭을 매번 생각할 때마다 그 병통은 많은 욕심에 있다고 여겨졌습니다. 고인이 다른 교묘함은 없이 그저 욕심을 적게 하는 것으로 마음 다스리는 처방을 삼았던 것은 진실로 음미할 만합니다. 지금 공께서는 공자를 받들지만 한편으론 또 여러 성인의 장점까지 아우르겠다고 욕심을 부리십니다. 청렴하고 싶다면서 벼슬도 하고 싶어하고 또 사람들과 화목하게 잘 지내려고도 합니다.[192] 성인께서 과거를 잇고 앞날을 연 것에 대해 밤낮으로 신경을 쓰고 실천하려 들지만, 또 세상의 다른 사람들처럼 조상을 빛내고 후손

몇 글자 첨부하여 극명에게 전해달라고도 부탁하였습니다"(楚倜令師近有「二鳥賦」, 兄曾見否? 弟實感此老不忘我鍼砭也, 當時遂妄肆批題, 繳而還之, 又有數字附克明呈上.) 이 글로 보아 「이조부」는 누군가에게 교시하는 내용인 듯하다. 그리고 자례를 위해 지었다는 말은 이지의 반발을 무마시키기 위한 경정향의 변명으로 추정된다.

192) 『맹자』 「만장」 하편 참조. "백이는 나쁜 색깔은 보지 않았고 나쁜 소리도 듣지 않았다. 자신의 군주가 아니면 섬기지 않았고, 자신의 백성이 아니면 부리지 않

을 잘되게 하는 일도 염두에 두지 않을 때가 없습니다. 그러면서도 세상 사람의 생각은 저속하게 여겨 언제나 덮어 가리려고만 하고, 단지 선인의 유업을 잇고 미래를 여는 포기할 수 없는(不容已) 본심만을 드러내 사람들에게 보이려고 애쓰셨습니다. 자신을 존귀하고 유명하게 만들어줄 수 있는 높은 작위와 후한 봉록을 탐내고, 부모와 조부모 이대를 영광스럽게 할 수 있는 삼품·이품의 벼슬을 탐낸 것이 분명하지요. 이는 공께서 정말로 중시하는 바이며, 이것이 정직한 심정일 것입니다. 그런데도 여기에 대해 굳이 다음과 같이 변명하시지요.

"나는 지금의 임금과 백성들을 요·순 시절의 임금과 백성으로 만들기 위해 출사했으며, 나 자신을 선지자이자 선각자로 자임하기에 출사하였다."[193]

왔다. 나라가 잘 다스려지면 출사했고, 어지러우면 은둔하였다. ……이윤은 '어떤 군주가 섬길 수 없는가? 어떤 백성이 부릴 수 없단 말인가?' 하고 말하며 치세에도 출사했고 난세에도 출사하였다. ……유하혜는 더러운 임금 섬기는 것을 수치로 알지 않았고 비천한 관직도 거려하지 않았다. 벼슬을 지닐 때는 결코 자신의 재능을 감추지 않았고 반드시 정도에 따라 처신했다. 쫓겨났을 때도 원망하지 않았고, 곤궁할 때도 근심하지 않았다. 무식한 촌민들과 함께 살 때도 유유자적 편안하여 그들을 떠나지 않았다. ……백이는 성인 중에서 가장 맑은 이이고, 이윤은 성인 중에서 가장 책임감이 강한 사람이며, 유하혜는 성인 중에서 가장 잘 화합하는 사람이다"(伯夷, 目不視惡色, 耳不聽惡聲. 非其君不事, 非其民不使. 治則進, 亂則退. ……伊尹曰: '何事非君? 何使非民?' 治亦進, 亂亦眞. ……柳下惠, 不羞汙君, 不辭小官; 進不隱賢, 必以其道. 遺佚而不怨, 阨窮而不憫; 與鄕人處, 由由然不忍去也. ……伯夷, 聖之淸者也; 伊尹, 聖之任者也; 柳下惠, 聖之和者也.) 백이·이윤·유하혜는 모두 다른 각도에서의 성인인데, 이지는 경정향이 그들 모두의 성인된 소이를 구비하려는 터무니없는 욕심을 부린다는 야유에서 위와 같이 말한 것이다.

193) 『맹자』 「만장」 상편에 보이는 이윤(伊尹)의 말. "나 혼자 밭도랑 사이에서 요·순의 도를 즐기기보다야, 내 어찌 이 임금을 요·순처럼 만들지 않을 것이냐! 내 어찌 이 백성을 요·순의 백성으로 만들지 않을 것이냐! 내 어찌 요·순 시절의 부활을 눈으로 직접 보지 않을 것이냐! 하늘이 이 백성을 내신 것은 선지자로 하여금 나중에 아는 자들을 각성시키고, 선각자로 하여금 나중에 깨달을 자를 일깨우게 하기 위해서이다. 나는 하늘이 낸 백성들 중의 선각자이니, 나는 장차 이 도로 우리 백성들을 깨우칠 것이다. 내가 아니면 누가 그 일을 감당하겠는가!"

이는 또 앞의 욕심을 덮어버리려는 심보이며 공이 중시하는 진짜 본심이 아닙니다. 게다가 이는 또 이윤[194]의 뜻이지 공자의 뜻이 아닙니다. 공자나 맹자의 뜻을 공께서 어찌 들어보지 못하셨겠습니까! 공맹의 뜻은 이러합니다.

"그러므로 장차 큰일을 할 임금에게는 반드시 함부로 부르지 못하는 신하가 있게 마련이니, 어떤 일을 상의하고 싶을 때는 임금이 직접 그를 찾아간다. 임금이 덕 있는 이를 존경하고 도에 즐거워하는 것이 이와 같지 않다면 그와는 무슨 일도 함께 하기 어렵다."[195]

이런 까닭에 노(魯)나라 목공(繆公)은 자사[196]의 곁에 사람을 두고 시중들게 하지 않으면 안심할 수 없었다고 합니다.[197] 공맹이 전하는 법도는 이와 같이 자중하는 것이었고, 또 이와 같이 도를 중시하는 것

(與我處畎畝之中, 由是以樂堯 · 舜之道, 吾豈若使是君爲堯 · 舜之君哉! 吾豈若使是民爲堯 · 舜之民哉! 吾豈若於吾身親見之哉! 天之生此民也, 使先知覺後知, 使先覺覺後覺也. 予, 天民之先覺者也, 予將以斯道覺斯民也, 非予覺之而誰也!)

194) 이윤(伊尹): 상(商)나라 초기의 명신. 이름은 이(伊), 벼슬이 윤(尹)이었다. 이 글에서 말하는 이윤의 뜻이란 섬기는 임금의 덕과 상관없이 선지자와 선각자를 자임하는 것으로서 앞의 주에서 설명한 내용과 같다. 맹자는 「고자」 하편에서, "다섯 번 탕에게 귀순하고 다섯 번 걸에게 천거된 사람이 바로 이윤이다"(五就湯, 五就桀者, 伊尹也.)라고 그를 설명한 바 있다.

195) 출전은 『맹자』 「공손추」 하편.

196) 자사(子思): 전국시대 초기의 철학자로 이름은 공급(孔伋). 공자의 손자로 증자(曾子)에게 배웠다고 전해진다. '성'(誠)을 세계의 본원으로 인식했고 '중용'(中庸)을 자기 학설의 핵심으로 삼아 훗날 '술성'(述聖)으로 존칭되었다. 『예기』 안의 「중용」 등이 그의 저작이라고 한다.

197) 『맹자』 「공손추」 하편. "맹자가 제나라를 떠나면서 주에서 하룻밤을 묵었다. 제왕을 대신해 맹자를 만류하려는 사람이 자리에 앉아 떠나지 말라는 말을 하는데, 맹자는 응답도 없이 책상에 기대 졸고 있었다. 손님이 화를 내며 말하길, '저는 하룻밤 목욕재계하고 찾아와 말씀을 드리는데 선생님은 누워서 듣지도 않으시니, 다시는 찾아뵙지 않더라도 탓하지 마십시오' 하자, 맹자가 말했다. '앉으시게. 내가 그대에게 확실히 말을 하겠네. 예전에 노나라 목공은 자사를 존경했지. 그가 만약 자사의 곁에 항상 사람을 파견해 시중들게 하지 않았으면, 자사를 붙들 수가 없었을 것이네. 설류와 신상은 자사보다 현명하지 못했지. 만약 목공의 곁에서 누군가 늘 그들을 옹호하지 않았더라면 그들 스스로 남지 않

이었습니다. 공께선 중니(仲尼)를 본받으시면서 어째서 이것은 배우지 않고 기필코 이윤만을 본받으려 하시는지요! 어째서 성인 공자께서 정말로 중시한 바를 그릇되게 만드시는 겁니까? 저는 이렇게 생각합니다. 공자나 맹자라면 이런 경우를 당했을 때 남의 장단에 휩쓸려 나아가고 물러섬으로써 고위층에 충성하기보다는 차라리 죽을 때까지 가난한 동네의 누추한 방 안에서 굶주릴지언정 후회하지 않았을 거라고 말입니다. 이는 안자가 공자에게서 제대로 배운 바입니다.

이뿐만이 아닙니다. 극명[198]이 세속에 초탈하여 자손 두는 일에 관심이 없음을 분명 유감으로 여기면서도 도리어 그를 두둔하여 이렇게 말씀하십니다.

"우리 집안의 자질(子姪)들이 초탈한 것을 좋아해 후사를 잇는 일에 신경쓰지 않는다."

이리하여 다시 애꿎은 이탁오를 탓하며 말씀하시지요.

"그 사람이 초탈하여 대 잇는 일을 중시하지 않는 바람에 아이들이 그를 본받게 되었다."

아아! 아들을 낳고 손자를 두는 일이 대관절 어떤 일인데 남을 흉내 내 따라한단 말입니까! 게다가 초탈한 사람은 또 아들을 두면 안 되는 것입니까! 설사 아이들이 초탈한 것을 좋아하여 아직 자손을 두지 못한다손 치더라도, 공은 초탈하지 않으신 분인데 어째서 많은 아들을 두지

앉을 것이네. 그대는 이 노인네를 위해 계획을 세운다면서 나를 자사보다도 못하게 보고 있네. 그대가 먼저 나를 버린 것인가? 아니면 내가 그대를 버린 것인가?"(孟子去齊, 宿於晝. 有欲爲王留行者, 坐而言; 不應, 隱几而臥. 客不悅曰: '弟子齊宿, 而後敢言, 夫子臥而不聽. 請勿復敢見矣!' 曰: '坐, 我明語子: 昔者魯繆公無人乎子思之側, 則不能安子思; 泄柳‧申詳, 無人乎繆公之側, 則不能安其身. 子爲長者慮, 而不及子思, 子絶長者乎? 長者絶子乎?')

198) 극명(克明): 경여우(耿汝愚). 자는 극명, 호는 고우(古愚)이며, 경정향의 큰아들이다. 광서(光緖) 연간에 발행된 『황안현지』권8 「유림(儒林)」의 기록에 의하면, 여러 번 과거에 실패한 뒤 벼슬에 뜻을 접고 문을 닫은 채 공부만 하였다. 부친이 돌아간 뒤 집안이 더욱 빈궁해지자 저술은 접어두고 치산에 힘써 채 이십 년도 되기 전에 십만의 재산을 이룬 거부가 되었다고 한다.

못하셨습니까? 저는 연달아 네 아들을 낳았지만 모두 요절했고 늙어서 힘이 없는 까닭에 제 운명에 안분하려는 것이지 사실은 초탈한 적이 없습니다. 공은 어째서 이토록 심하게 저를 모함하십니까!

또 이뿐만이 아닙니다. 극명이 초탈한 것을 좋아하여 과거공부에는 관심이 없음을 분명 유감으로 여기면서도 도리어 그를 두둔하십니다.

"우리 집안의 자제들은 초탈한 것을 좋아하여 평상시에 본분에 맞는 일을 착실하게 돌보려 들지 않는다."

그러면서 또 이탁오를 탓하시지요.

"그 사람이 초탈하여 공명을 중시하지 않는 바람에 우리 집안 아이들을 다 버려놓고 말았다."

아아! 탁오는 스물아홉 때부터 관직에 있다가 쉰세 살이 되어서야 퇴직을 했는데, 어디에 한 점 초탈한 구석이 있단 말입니까! 극명은 해마다 북경에 가서 과장에 들어가니, 언제 공명을 가벼이 여긴 적이 있었습니까! 시운이 아직 닿질 않아서 그렇지 그 사람 또한 진득이 참고 기다리지 않은 것은 아니지요. 그런데도 당신이란 노친네는 조급한 성질에 모든 탓을 과거공부 열심히 않은 것에 돌리니, 이는 욕심이 앞서 너무 조바심을 내기 때문입니다. 세상에 글 잘하는 이가 얼마나 많습니까? 그들 모두가 반드시 과거에 합격하고 한 사람 한 사람이 일찍부터 중용되어야 한다면, 이백(李白)이나 두보(杜甫)의 문장은 응당 낙방하지 말았어야 합니다. 그리고 저와 공은 또 요행으로라도 그들의 문장을 볼 수 없었을 것입니다.

이른바 초탈을 말하려면 도연명(陶淵明)의 무리처럼 벼슬에 게으르고 집안일에도 게으른 정도는 되어야 할 것입니다. 지금 공께서는 정녕 초탈하지 않은 자라야 집안을 잘 다스릴 수 있다고 말씀하십니다. 그런데 초탈한 극명은 가족을 팽개치거나 집안을 다스리지 않은 적이 없으니, 어떻게 그의 초탈을 두고 유감일 수 있겠습니까! 만약 초탈해서 도연명을 뒤따를 수만 있다면 저는 공을 위해 축하할 것이니, 그 때문에 유감일 필요는 없겠지요. 이는 모두 지나친 욕심이 빚어낸 사단이니,

이런 이유 때문에 어긋나고 뒤틀렸으며 또 이런 지경으로까지 혼란과 은폐가 판을 치게 된 것입니다. 게다가 극명이 어떤 사람입니까? 무쇠처럼 기골이 강하니, 그가 어디 남을 모방하며(效顰)[199] 다른 이의 발뒤꿈치나 쫓아다닐(學步)[200] 사람이기나 합니까! 남들 흉내는 광대나 할 짓이니, 극명에게는 통하지 않는 일입니다. 그러므로 극명이 설사 거인(擧人)이 되지 못하고 진사(進士)에 합격하지 못하며 고관대작이 되지 못한다고 하더라도 그는 또 천지간에 몇 안 되는 특출한 품덕을 지녔고 보통 사람과는 다른 뛰어난 인물인 것입니다. 어떻게 공의 좁은 소견으로 그를 재단할 수 있겠습니까?

오소우가 일찍이 저에게 말하더군요.

"초공(楚倥, 耿定理)은 방종하여 꺼리는 것이 없는데, 이는 모두 당신이 가르친 것이다."

저는 어처구니가 없어 이렇게 대꾸했지요.

"세상에 그렇게 이치에 닿지 않는 말이 어디 있는가?"

그러자 오소우가 또다시 지껄이더군요.

"비록 당신이 가르치진 않았다 해도 당신 때문에 망쳐졌고 또 당신으로부터 연유했기 때문에 방종하다 말해도 타당하오."

아아! 초공이 언제 그토록 방종한 적이 있었습니까? 게다가 그는 바로 저의 스승이니, 저는 그 사람을 오직 스승으로나 알 따름입니다. 그 사람 눈에는 온 세상이 다 공허합니다. 거기다 그가 또 딴 사람의 발꿈

---

199) 효빈(效顰): 동시효빈(東施效顰)의 준말. 출전은 『장자』 「천운」(天運)편으로 추녀가 서시(西施)의 찡그린 모습을 흉내내다 더 못생기게 보였다는 고사에서 유래하였다. 남을 모방하다 원래보다 더 못한 결과를 낳는다는 의미로 쓰인다.

200) 학보(學步): 한단학보(邯鄲學步)의 준말로 출전은 『장자』 「추수」(秋水)편. "그대는 또 수릉의 젊은이가 조나라 서울 한단에 가서 걸음걸이를 배운 이야기를 들어보지 못했는가? 그는 조나라의 걸음을 배우기도 전에 또 원래의 걸음걸이마저 잊어버려 엉금엉금 기어서 돌아올 수밖에 없었다네"(且子獨不聞夫壽陵餘子之學行於邯鄲與? 未得國能, 又失其故行矣, 直匍匐而歸耳.) 역시 남을 모방하다 기대했던 결과를 얻지 못한 상황을 비유한다.

치나 따라갈 그런 사람이기나 합니까? 만약 그런 사람이라면 초공이라 부를 수도 없을 테지요. 대저 오소우의 말 한 마디 행동 한 자락은 모두 공으로부터 나오고 있습니다. 만약 공의 뜻에서 나온 것이라면, 공 또한 지나치게 뒤틀리셨습니다. 탁월한 식견은 지니지 못했을망정 어찌 일반인의 안목조차 갖추지 못하셨는지요! 저는 공께서 마음을 비우고 저의 한 마디를 귀기울여 들으시어 일생을 잘못 그르치진 말아야 한다고 생각합니다. 만약 조상과 후손을 광영되게 하는 일에만 전념하라 한다면, 공은 틀림없이 달가워하지 않으면서 결단코 성현의 일까지 겸비하려고 나설 분임을 압니다. 그런데 한 몸으로 두 가지 임무를 감당하는 것은 성인이신 공자라도 불가능한 일이었지요. 그래서 아들 리(鯉)가 죽자 그냥 죽었는가 했지만, 안자가 죽자 애통해 마지않으셨습니다. 부인이 집을 나가자 다시 재취를 들이지 않으셨으니, 리가 죽었어도 첩을 들여 또다시 아들을 낳으려 했다는 말은 듣지 못하게 되었습니다. 다른 이유가 있어서가 아니라, 도가 중요했기 때문이지요. 도가 중요한 까닭에 기타 다른 일은 생각 밖이었던 것입니다. 그런데 공은 이 일을 또 느닷없이 초탈로 인해 생겨난 병폐로 돌리십니다그려!

그러나 제가 공을 관찰한 바에 따르면, 사실은 도를 전하겠다는 뜻도 없고 도를 중시하는 마음도 가진 적이 없으십니다. 공께서 도를 주창하신 이래로 누가 공의 도를 이어받아 창도하더이까? 다른 곳은 제가 알지 못하지만, 신읍(新邑) 여기만 해도 누가 공의 진짜 학맥을 이은 후계자인지요? 면전에서는 복종해도 뒤돌아서면 완전히 딴 짓입니다. 몸으로 보여주신 가르침은 오소우 같은 이들이 알아서들 준수하지만, 말로만의 가르침은 일찍이 반 마디도 받들어 거행한 적이 없는 것입니다. 이런 이유로 저는 절대 이곳 사람들과는 상종하고 싶지 않으며, 그들 또한 자발적으로 저와는 접촉하지 않았습니다. 무엇 때문에 그랬겠습니까? 저에게는 빌붙어도 될 만한 권세가 없었기 때문입니다. 아아! 스승이란 자는 제자가 아부하기 위해 바삐 쫓아온 사실을 잊어버린 채 그가 아첨하는 대로 내버려두며 사양도 않고 지껄입니다.

"나의 도덕이 그를 감화하여 불러들였구나."

제자라는 자 또한 자신이 권력을 좇아 따끈따끈한 자리에 달라붙으러 온 것도 잊어버리고는 오랫동안 빌려쓰다가 결국은 원래의 소속을 잊고 마는 것처럼 이렇게 지껄입니다.

"나는 도를 스승으로 삼고 덕을 친구로 한다."

아! 이것이 도를 배우는 도리입니까! 조금이라도 지향이 있는 사람이라면 그런 자와는 사귀고 싶지 않을 것인데, 더군다나 저 같은 사람이겠습니까! 제가 두문불출 바깥나들이를 않는 까닭은 게으르거나 거만해서가 아니고 사람을 피하고 세상과 인연을 끊으려 해서도 아닙니다. 만약 세상에서 도망치고 싶었다면 산 속 깊이 들어갔겠지요. 마성(麻城)은 공이 거주하는 곳과는 제법 거리가 떨어졌고 인구 또한 많은 편이어서 공의 가르침이 잘 닿지 않는 곳인 덕분에 개중에는 또 웬만큼 어울려도 될 만한 진실한 사람이 있었습니다. 비록 으뜸가는 자질(上智)[201]을 지닌 이는 아직 만나지 못했지만, 하나하나 더불어 이야기를 나눠보면 자연스러워서 속되지가 않더군요. 황피(黃陂)의 축 선생[202]은 예전에 백하(白下, 남경)에서 자주 만났었는데, 저는 당초 이 사람이 질박하고 성실해서 함께 공부할 만하다고 여겼었지만 안타깝게도 기골이 너무 약했습니다. 근자에 만나보고 나서야 비로소 그가 스스로의 마음을 감추지 않는 이라는 것을 알았지요. 비록 간담을 모두 내보이진 않더라도 간담을 토로할 줄은 아는 사람이라고 말할 수 있겠습니다. 약간

---

201) 상지(上智): 가르치지 않아도 아는 사람, 곧 성인을 말한다. 하우(下愚), 즉 가르쳐도 소용없는 사람과 상대되는 말이다.

202) 축 선생(祝先生): 황피교유(黃陂敎諭)를 지내고 있던 축세록(祝世祿, 1539~1610)을 가리킨다. 자는 연지(延之), 호는 무공(無功)으로 파양(鄱陽) 사람이다. 만력 연간의 진사로 휴녕지현(休寧知縣)을 제수받았고, 1595년에는 이부급사중(吏部給事中)이 되었으며, 상보사경(尙寶司卿)을 역임했다. 경정향이 동남방에서 강학할 때, 축세록도 그 문하에 들어 반거화(潘去華)·왕덕유(王德孺) 등과 함께 이름을 떨쳤다. 『축자소언』(祝子小言)·『환벽재시집』(環碧齋詩集) 및 『척독』(尺牘)을 남겼다. 황피(黃陂)는 현(縣) 이름으로 지금의 호북성 경내에 위치한다.

만 더 강건하고 용맹스럽다면 도를 전하는 일쯤은 감당할 만한 사람이니, 원컨대 공은 그를 키우는 데 좀더 신경을 써주시지요.

들자하니 마성에는 새로 선발된 수령이 막 당도했는데, 유당은 그 참에 회합을 갖고 수령에게 모임을 주관해달라 부탁드리려 한답니다. 제가 생각하기에 수령이 백성을 사랑하면 저절로 할 일이 있어서 밤낮으로 겨를이 없을 터인데, 왜 꼭 파벌을 만들어 온 고을로 하여금 당파를 짓게 하려는 것인지요? 회합에 참여하는 사람을 어질다고 하면, 참가하지 않는 사람은 못난 자가 됩니다. 사람들에게 불초하다는 오명을 뒤집어씌운다면, 이는 우리가 일으킨 사단입니다. 게다가 수령이 참가한다면 누군들 그 모임에 들려고 하지 않겠습니까? 이미 모임에 들기를 원했다면 입회자 중에는 틀림없이 많은 이가 못났을 테고, 못난이가 많아지면 현명한 사람은 필경 오려 하지 않을 테지요. 이렇게 되면 그 모임은 오로지 못난이들만 몰려들게 될 것입니다. 모임을 만든 애초의 의도가 어찌 그러했을까마는, 그 형세가 여기에 이르지 않을 수가 없는 것입니다. 더군다나 회합을 여는 일이 수령에게 무슨 도움이 되겠습니까? 쓸데없이 소인배들로 하여금 이런 일을 빌려 현령 어른을 번거롭게나 할 뿐이지요. 현령 나리가 어질면 처신을 알아서 잘 하겠지요. 하지만 그의 정신이 분산되어 백성의 일을 처리하는 데 전념하지 못할 것임은 너무나 뻔한 노릇입니다. 만약 그의 총명함이 다른 사람보다 떨어진다면 이 모임은 바로 성명(性命)을 끊는 도끼날이 될 것이니, 어진 마음을 가진 이라면 이런 짓을 하고 싶겠습니까! 만약 현령 나리가 정말로 성명을 중시한다면 스스로 스승과 친구를 찾아나설 수 있을 테고, 우리가 그를 대신해 수고할 필요는 없는 것입니다. 어찌하여 그럴까요? 돌이켜 보면 제가 도를 공부할 때는 바로 고각로[203] · 양이부[204] · 고예부[205] 등

---

203) 고각로(高閣老): 고공(高拱). 신정(新鄭) 사람으로 자는 숙경(肅卿). 가정 연간의 진사로 관직이 문연각대학사(文淵閣大學士)에 이르렀다.
204) 양이부(楊吏部): 양박(楊博). 포주(蒲州) 사람으로 자는 유약(惟約). 가정 연간의 진사로 벼슬이 이부상서(吏部尙書)에 이르렀다.

여러 대신들이 회합을 금기로 하던 시절이었습니다. 그 당시 모임이란 전혀 있지 않았고, 입을 열어 성명에 관해 이야기하는 일조차 절대로 없었습니다. 저는 항시 모임을 갖는 것이 절실했으므로 자연히 친구를 찾게 되었고 저절로 수많은 말씀 없는 스승들과 만날 수 있었으니, 어찌 꼭 회합을 연 다음이라야 배우는 것이겠습니까! 이 일은 쉽게 알 수 있는데 유당이 그래도 모른다고 한다면, 대체 무슨 이유일까요? 유당의 도로 말할 것 같으면 온 고을의 문생을 통틀어 이어받은 자가 하나도 없습니다. 만약 그가 이번 기회를 빌려 현령 나리께 전수하고 싶다면 스스로 알아서 자신의 도를 현령에게 설명하면 그만이니, 깨닫지 못할 사람들까지 죄다 소집하여 그들의 귀를 어지럽히면 안 될 것입니다. 만약 현령 나리가 득도하신 분이라 유당이 그 도를 듣고자 한다면, 유당 자신 그와 더불어 토론하고 증험하면 그만입니다. 또 현령 나리에게 도가 있다면 현령 자신이 참지 못하고 알아서 사람을 모으고 회합을 열 터이니, 우리가 대신 기치를 꽂고 수고할 필요가 없지요. 아무리 곱씹어 생각해봐도 결국은 공명심이 이끌어낸 결과라, 본말이 뒤바뀐 경우가 아닐 수 없습니다.

등명부에게 답함 答鄧明府

저는 우연히 세상 밖에서 노닐게 되어 인간세상에는 어쩌다 이렇게 힐끗 모습을 드러냅니다. 잠시 그렇게 함으로써 동시대의 소위 성현군자라는 자들에게 이름을 감추고 그들의 견책으로부터 도피하였지요. 이번에 과분하게도 간곡한 당부와 가르침을 받았는데 비록 친형제라고 하여도 그 깊은 정에는 미칠 수 없을 정도이니, 어떻게 감사를 드려야

---

205) 고예부(高禮部): 고의(高儀). 전당(錢塘) 사람으로 자는 자상(子象). 가정 연간의 진사로 예부상서(禮部尚書)를 지냈다. 일찍이 대전례(大典禮)를 기초했으며 훗날 문연각대학사를 지냈다.

할는지요? 다만 일전에 받은 가르침 중에 아직 미진하여 도움을 청해야 할 부분이 있기에 삼가 그 대략을 아래에 적어봅니다.

순임금은 이언[206]을 잘 헤아리는 분이셨습니다. 저는 이언이란 지극한 성인이 아니면 헤아릴 수 없지만, 성인이 아니면 이해할 수 없는 것 또한 아니라고 생각합니다. 이미 성인의 경지에 도달했다면 뭇 사람의 이야기가 속되지 않은 줄 저절로 알게 되고, 진정 성인의 말씀이 아닌 이언은 하나도 없다는 걸 알게 되지요. 어떤 이언도 성인의 말씀 아닌 것이 없으니, 성인의 지혜를 갖추지 못한 이는 이 세상에 정녕 한 사람도 없는 것입니다. 이는 억지가 아닙니다. 원래 성인께서는 일찍이 사람을 알아보는 공력을 발휘하여 본래의 면목에는 사람간의 차이가 없음을 진짜로 알아내셨지요. 실로 자신을 가다듬는 도덕적 수양의 공부에 몰두하여 개개인의 본래 면목에는 나 자신이 없는 높은 경지를 직접 체험하셨던 것입니다. 본래 나 자신이 없으니 성인도 본래부터 계시지 않은 것이고, 본래 성인이 없으니 또 어떻게 나는 성인이고 세상의 다른 사람들은 성인이 아닌지 알 수 있겠습니까? 본래 사람과 사람 사이에 구별이 없으므로 언어에도 물론 천속하고 심오한 차이가 없게 되지요. 본래 그런 구별이 없는데 또 어떻게 이언은 살펴선 안 되고 성인의 말씀은 더한층 성찰해야 한다는 차이가 생겨날 수 있겠습니까! 그래서 다음과 같이 말씀하셨습니다.

"밭 가는 농부, 도공, 고기 잡는 어부에게서도 그들이 지닌 장점을 배우지 않은 적이 없었다."[207]

깊은 산 속에 살면서 바위와 나무를 거처로 삼고 사슴이나 산돼지 같은 들짐승과 놀다보니 들리는 바는 죄다 착한 말이요 보이는 것은 모두

---

206) 이언(邇言): 쉽고 친근한 말. 흔히 세간의 민정(民情)을 비유한다. 『예기』「중용」 6장에 "순은 묻기를 좋아했고 백성들의 일상어에 대해 성찰하기를 즐겼다"(舜好問而好察邇言)는 대목이 나오는데, 정현(鄭玄)이나 주희(朱熹) 같은 역대 주석가들은 모두 쉽고 깊이 알아 잘 이해할 수 있는 말로 해석하였다.
207) 출전은 『맹자』「공손추」 상편.

가 아름다운 행동입니다. 이 어찌 저만의 억지라 하겠습니까! 만물의
타고난 성질이 본래 이러한 것을요. 이제 소생 한 사람을 대상으로 하
여 그 일을 논해보도록 하겠습니다.

저는 성급하고 속이 좁은 사람인지라 서로 어울리는 이도 거의 없는
지경입니다. 간혹 같이 참선하던 한두 명이 어디로 진입해야 할지 몰라
쩔쩔 매는 광경을 보게 되면 불현듯 그들을 돕고 싶다는 보리심(菩提
心)이 우러나오고, 이렇게 해서 백성들의 일용이란 견지에서 한바탕씩
일깨우게 되었지요. 재물을 좋아하고, 여색을 즐기며, 학문에 힘쓰고,
벼슬을 하며, 많은 금은보화를 모으고, 전답과 저택을 있는 대로 사들
여 자손의 앞날을 설계하고, 명당자리를 널리 구해 후손의 음복을 보장
하는 등등, 세상의 모든 생산 활동은 죄다 그들이 좋아하고 함께 익히
는 바입니다. 또한 모두가 알고 같이 이야기하는 바이기도 한데, 이것
이야말로 진짜 이언이지요. 여기서 정말 자신을 돌아보고 반성(反
求)[208]할 수 있다면 문득 이언의 마음을 얻게 됩니다. 불현듯 모든 성현
과 불교의 조사(祖師)들이 대기대용[209]을 발현하여 만물의 본래 면목
을 인식한 경우를 보게 되니, 그토록 오랫동안 명쾌하지 않았던 큰 문
제들이 한꺼번에 말끔히 해결되곤 하였습니다. 이는 제가 실제로 증험
하고 체득한 경지인데, 이 모두는 이언을 잘 살핀 데서 얻게 된 수확이
지요. 이리하여 저는 꺼릴 줄도 모른 채 수시로 이 말을 내세우게 되었
습니다. 하지만 그대의 스승(경정향)은 도리어 내가 남들을 해치고 자
신의 젊은 후학들을 꼬드긴다고 몰아붙이며 나를 통렬하게 비판하고
미워하더군요. 그가 말하는 젊은 후학은 나에게도 후학이 되는 줄 모르
시니, 내가 또 어떻게 그들을 해치겠습니까! 다만 저는 백성들의 일상

<hr>

208) 반구(反求): 출전은 『맹자』 「공손추」 상편. "인이란 활쏘기와도 같다. 활을 쏘는
　　사람은 자신의 몸을 꼿꼿이 편 뒤에야 화살을 날린다. 화살이 과녁에 적중하지
　　않아도 자신보다 잘 쏜 사람을 원망하지 않는다. 다만 실패한 원인을 자기에게
　　서 찾을 뿐이다"(仁者如射: 射者正己而後發; 發而不中, 不怨勝己者, 反求諸己而
　　已矣.)

209) 대기대용(大機大用): 불법(佛法)에 있어서의 진정한 깨달음과 그 용도.

에서 우러나온 이언을 즐겨 살폈을 뿐입니다. 그렇게 해서 나 역시 백성들과 더불어 그들의 이언을 공유했을 뿐인데, 그대의 스승은 어찌하여 이런 사정은 살피지도 않으시는 겁니까?

제가 이런 말을 하는 것은 자신을 순임금에 비겨서도 아니고 또 스스로를 성인으로 간주해서도 아닙니다. 하지만 저는 모든 사람이 다 성인이라 순임금같이 될 수 있다고 생각합니다. 그들의 말이 속된지를 전혀 알지 못하니, 이런 이언을 잘 살필 수 있는 자는 순임금과 같은 성인인 것입니다. 이제 그대(門下)[210]에게 한 번 가르침을 청해보겠습니다. 그대는 과연 순임금과 같이 백성들의 이언을 잘 살피는 것이 옳다고 보십니까? 아니면 순임금처럼 이언을 잘 살피는 것이 옳지 않다고 보십니까? 자연스럽게 열심히 성찰하는 것이 옳습니까? 아니면 이언 중에는 틀림없이 지극한 이치가 있을 거라 억지를 부린 뒤 거기서부터 의도적으로 살피는 것이 옳습니까? 저의 우둔한 생각으로는 억지로 성찰한다는 것이 일시적으로 가능할 수는 있겠지만 평생을 놓고 보면 반드시 큰 손해를 면치 못할 짓거리입니다. 대중의 면전에서는 억지를 쓸 수 있겠지만, 나 한 사람의 후미에서는 반드시 그 진면목이 폭로되고 말 것입니다. 이 어찌 내가 호승심이 강한 탓에 그대의 스승으로 하여금 기어이 나를 잘 살피게 하려는 것이겠습니까! 이는 바로 순임금과 도척(盜跖)을 가르고 이익과 선을 분간하는 것이기 때문에 지극히 두려워해야 함과 동시에 단단히 주의하여 살피지 않을 수가 없습니다. 이미 친구의 성명(性命)이 연계된데다 진실로 백골에 새살이 돋는 은혜를 입은 경우보다 더 절실한 것이라면, 어떻게 수수방관하면서 그가 성찰하지 않도록 내버려둘 수 있겠습니까! 속인들은 그런 사정을 알지 못해 내가 그대의 스승에게 공연한 시비를 건다고 잘못 생각하는데, 공처럼 총명한 이가 아니면 누가 나의 한 조각 붉은 마음을 믿어줄 수 있겠습니까!

---

210) 문하(門下): 원래는 제자 혹은 문생(門生)의 뜻이지만, 여기서는 등명부를 가리킨다. 이지에게는 그가 후배였기 때문에 이런 용어를 썼을 것이다.

그러나 이렇게 이언을 잘 살피는 것은 원래 요긴한 일이면서도 한편으론 가장 어려운 일이기도 합니다. 어찌하여 그럴까요? 이언을 잘 살필 수 있으면 본심이 무엇인지 알게 됩니다. 그러나 본심을 잘 이해하는 자가 아니면 결단코 이언도 제대로 성찰할 수 없지요. 제가 매번 "지금 우리 나라에는 사람이 없다"고 큰소리치는 것도 바로 이 때문입니다. 사람이 없다고 한 것은 세상의 학자들이 자기도 없고 타인도 없는 공부만을 일삼으려 들면서도 사실은 나도 없고 타인도 없어 원래 인위적 조작이 용납되지 않는 줄은 모르기 때문이지요. 만약 인위적인 조작이 허용되면 당장 상황 따라 일들을 안배하게 되고, 그러면 오래지 않아 자신을 속이고 타인을 속여 성의(誠意)를 다하지 못하는 병폐에 빠져버리게 됩니다. 스스로 깨닫고 싶어도 그런 날은 끝내 오지 않게 되는 것입니다. 하지만 제가 아무리 날마다 소망한다 한들 또 어떻게 감히 그대의 스승이 이언을 잘 성찰하는 그런 결과를 기어이 이끌어낼 수 있겠습니까! 그대의 스승은 이언을 잘 살피는 일이 사람들을 해치는 짓이라고 단정짓지도 못한 채 되려 남들의 빈축이나 샀을 뿐이라고 여겨집니다. 어찌하여 그럴까요? 만약 이언이 사람들을 해친다고 한다면 공자의 "인(仁)이란 남을 사랑하는 것이다"[211]라는 말씀, 맹자의 "인(仁)

---

211) 출전은 『예기』 「중용」 제20장. "노나라 애공이 정치의 도를 묻자, 공자가 대답하셨다. '문왕과 무왕의 정치는 모두 책에 기재되어 있습니다. 다만 그들이 살았을 때는 그 정치가 시행되었는데, 그들이 죽자 그 정치는 없어졌지요. 임금의 도리는 서둘러 다스림에 있고, 땅을 이용하는 도는 빨리 심는 것에 있습니다. 무릇 정치란 부들이나 갈대 같은 것이어서 인성에 어긋나지만 않으면 쉽게 효과를 볼 수 있지요. 그러므로 정치의 요체는 인재를 얻는 데 있다 하겠는데, 그러려면 반드시 자신을 수양해야 합니다. 수신은 바른 도로 해야 하는데, 그 도는 바로 인을 말합니다. 인이란 사람을 사랑하는 것이며, 그 중에서도 자신의 가족을 사랑하는 것이 가장 중요하지요. 의로움이란 일을 합당하게 처리하는 것인데, 그 중에 현인을 존경하는 것이 가장 중요합니다. 친족을 친애하고 현인을 존경하는 것에도 차등이 있으니, 예가 바로 여기서 생겨나지요. 그러므로 군자는 수신하지 않을 수 없습니다. 수신을 생각한다면 불가불 양친을 잘 섬겨야 하고, 부모에게 효도하고 싶다면 현인을 알지 않을 수 없으며, 현인을 알고 싶다면 하늘의 이치를 몰라서는 안 됩니다'"(哀公問政. 子曰: '文武之政, 布在方策.

190

은 사람의 마음이다"[212]라는 학설, 그리고 달마[213]가 서쪽에서 와서 전한 단전(單傳)과 직지(直指)의 여러 말씀들까지 죄다 세상과 사람을 속이는 것이 됩니다. 거짓말을 하면 천하와 후세가 미혹되고 어지러워집니다. 상황이 이러하건대 어떻게 또 주·정[214]과 같은 이가 존재할 수 있으며, 왕양명(王陽明)·왕심재(王心齋)·조대주(趙大洲) 같은 큰 학자와 육조[215]·마조[216]·임제[217]와 같은 불교계의 조사(祖師)가 나올 수 있겠습니까?

其人存，則其政擧；其人亡，則其政息. 人道敏政，地道敏樹. 夫政也者，蒲盧也. 故爲政在人；取人以身，脩身以道，脩道以仁. 仁者，人也，親親爲大；義者，宜也，尊賢爲大. 親親之殺，尊賢之等，禮所生也. 故君子不可以不脩身；思脩身，不可以不事親；思事親，不可以不知人；思知人，不可以不知天.')

212) 『맹자』「고자」상편. "맹자가 말했다. '인은 사람의 마음이고, 의는 사람의 길이다. 그 길을 팽개친 채 가지 않고, 그 마음을 잃어버렸는데 찾지를 않으니, 슬프구나! 닭이나 개를 잃어버리면 찾아나설 줄 알지만 마음을 잃고서는 찾을 줄을 모르다니! 학문의 길은 다름이 아니구나. 바로 잃어버린 마음을 찾아 되돌리는 것일 뿐이다'"(孟子曰：'仁，人心也；義，人路也；舍其路而弗由，放其心而不知求，哀哉! 人有鷄犬放，則知求之；有放心，而不知求! 學問之道無他，求其放心而已矣.')

213) 달마(達摩): 보리달마(菩提達摩)의 약칭. 중국 선불교의 창시자로 남천축(南天竺) 출신으로 전해진다. 남조 송(宋)나라 때 배로 광주(廣州)에 도착했는데, 나중에는 숭산(嵩山)의 소림사(少林寺)에서 수도하였다. 그의 가르침은 "곧장 사람 마음을 가리키니, 자신의 본성을 깨달아 부처가 된다. 말을 거치지 않고 이심전심으로 전수하니, 문자를 거쳐 도를 전하지 않는다"(直指人心，見性成佛，教外別傳，不立文字.)라는 오성론(悟性論)으로 요약된다. 단전(單傳)은 별전(別傳)의 동의어로 문자를 벗어나 따로 가르침을 전한다는 뜻이다.

214) 주(周)·정(程): 주돈이(周敦頤)와 정호(程顥)·정이(程頤) 형제. 모두 북송의 철학자이자 교육가로 송대 이학(理學)의 창시자로 꼽힌다.

215) 육조(六祖): 혜능(慧能, 638~713). 속성이 노씨(盧氏)라 처음 출가했을 때는 노행자(盧行者)라고 불렀다. 신주(新州, 지금의 광동성 新興) 사람으로 신수(神秀)와 함께 홍인(弘忍)을 사사하였다. 홍인이 입적한 뒤 소주(韶州)의 광과사(廣果寺)에서 불법을 전했고, 훗날에는 조계산(曹溪山) 보림사(寶林寺)에 주석하면서 남종(南宗)을 크게 일으켜 선종의 제6대 조사가 되었다. 입적 뒤 공양한 육신이 아직도 보림사에 전해진다. 시호는 대감선사(大鑑禪師). 저서로 『단경』(壇經)이 있고, 『송고승전』(宋高僧傳) 권8과 『천성광등록』(天聖廣燈錄) 권7 등 여러 책에 사적이 전한다.

216) 마조(馬祖): 강서(江西)의 도일선사(道一禪師). 한주(漢州) 사람으로 속성이 마씨인 까닭에 마조라고 부른다. 남강(南康)의 공공산(龔公山)에 거주했으며, 『경덕전등록』(景德傳燈錄) 권6에 보인다.

이런 까닭에 법[218]을 위해 부득이 따져보지 않을 수 없었습니다. 천만 마디 말도 결국은 한 마디 말로 집약될 수밖에 없고, 천 번 만 번의 변론도 결국은 한 번의 변론을 넘어서지 못하는 것입니다. 아마도 당신의 스승은 아직까지 이언을 살펴본 적이 없는 까닭에 이번 기회를 빌려 대지[219] 앞으로 저의 이런 견해를 첨부해보낸 것이겠지요. 마땅한 방편[220]이 있다면 혹여 저를 위해서라도 당신의 스승께 그런 뜻을 전해주시기 바랍니다.

제가 성찰하기 좋아하는 것은 이언입니다. 그리고 제가 직접 몸으로 실천하는 바인즉 재물을 탐하지 않고, 여색을 즐기지 않고, 권세에 집착하지 않으며, 재물을 얻고 잃는 것에 근심하지 않고, 후손에게 유산을 남기지 않으며, 풍수를 찾고 명당을 따져 자손들에게 내릴 음복을 기도하지 않는 따위입니다. 이런 일들이 비록 말하기는 쉽지만 행동으로 옮기기가 쉽지 않은 까닭은 무엇일까요? 저는 이렇게 생각합니다. 이런 일은 다만 세상 사람 중에서 학문이 뭔지 모르는 자에게만 속되지 않다고 여겨질 뿐, 대도(大道)의 관점에서 보면 모든 것이 너무나 속되다고요. 일찍이 도학을 공부한 적이 없는 사람만 쉽다고 여길 뿐, 대도의 견지에서 보자면 또 모두가 쉽지 않은 일들입니다. 그렇다면 사람들은 저마다 각자에게 알맞은 법문[221]이 있으니, 별도로 저를 통해 방도를 얻을 필요가 없는 것입니다. 하물며 만물은 함께 생장하면서 원래가 서로를 해치지 않으니, 저 따위가 그것들을 해칠 수나 있겠습니까?

---

217) 임제(臨濟): 혜조선사(慧照禪師) 의현(義玄). 진주(鎭州)의 임제원(臨濟院)에서 주석하였다. 선종 5가(五家)의 하나인 임제종의 창시자이다.

218) 법(法): 범어 dharma의 의역. 사물 및 그에 나타나는 현상을 가리키지만, 특별히 불법을 지칭하기도 한다. 꼭 불교용어가 아니라 진리의 말씀 일반을 가리킨다.

219) 대지(大智, 1524~92): 이지와 가깝게 지내던 마성의 승려. 속성은 동(董)씨로, 『호북통지』권169에 보인다.

220) 방편(方便): 불교용어. 사람에 따라 다른 방식으로 가르침을 펴고 불교의 진의(眞義)를 깨닫게 하는 것을 말한다.

221) 법문(法門): 불교용어로 원래는 수행자가 들어서는 문을 말한다. 나중에는 일하는 요령이나 방법의 뜻으로 많이 쓰이게 되었다.

다시 한 번 이언으로 증명하겠습니다. 지금 사람들이 어디 태어나서 죽을 때까지, 한 가정에서 수많은 다른 가정에 이르기까지, 한 나라에서 온 천하에 이르기까지 이언 속의 모든 일들을 누가 가르쳐준 뒤에야 시행합디까? 이익을 좇고 손해를 피하려는 마음은 모든 사람이 한결같습니다. 이를 두고 자연에 합일한다(天成)²²²)고 하며 뭇 사람의 지혜(衆巧)라고 일컫는데, 이언이 오묘한 것은 바로 이 때문이지요. 순임금은 이를 잘 살필 수 있었기 때문에 고금에 걸쳐 가장 지혜로운 인물이 되었습니다. 지금 그대의 스승이 행하는 일들은 이언에서 한 치도 벗어난 것이 없습니다. 그런데 학생에게 가르치는 바는 하나같이 도덕에 뜻을 두고, 공명을 추구하지 말며, 지위나 녹봉을 탐내면 안 되고, 얻고 잃는 것에 대해 근심해서도 안 되며, 재물이나 여색을 탐내서도 안 되고, 애첩과 토지와 저택을 많이 사들여 자손을 위해 미리 도모하지 말라는 따위뿐입니다. 모든 이언을 마치 독약이나 날카로운 칼날처럼 대해서 비단 그 말들을 잘 살피지 않는 정도에 그치지를 않는군요. 이런 점들이 확실해진다면 누가 그의 말을 귀기울여 듣겠습니까? "나도 세상 사람들이 이언에만 탐닉해 필시 내 말은 듣지 않을 줄 잘 안다. 다만 다른 사람의 스승된 처지라, 이같이 논점을 확립하여 그들을 가르치지 않을 수가 없구나" 하고 말씀하시는 것도 물론 무방하겠지요. 예전부터 다들 그래왔고, 모두 이런 식으로 중생들을 가르쳐 법당²²³) 앞의 풀이

---

222) 천성(天成): 자연에 합치되어 인공이 가해지지 않은 경우. 출전은 『장자』「우언」(寓言)편. "안성자유가 동곽자기에게 말했다. '저는 선생님의 말씀을 들은 뒤로부터 일 년이 지나자 소박해졌고, 이 년이 되자 세상을 따르게 되었으며, 삼 년이 된 뒤에는 남들과 통해서 피아의 구별이 없어졌고, 사 년이 되자 사물처럼 지혜를 잊었으며, 오 년이 되어서는 도가 다가왔고, 육 년이 되자 귀신이 와서 깃들었으며, 칠 년이 되면서는 천지자연과 합일했고, 팔 년이 되자 생사를 모르게 되었으며, 구 년이 되어서는 드디어 큰 도를 깨닫게 되었습니다'"(顔成子游謂東郭子綦曰: '自吾聞子之言, 一年而野, 二年而從, 三年而通, 四年而物, 五年而來, 六年而鬼入, 七年而天成, 八年而不知死, 不知生, 九年而大妙.')

223) 법당(法堂): 불교에서는 가르침을 펴는 집이지만, 훗날에는 강당(講堂)의 의미로 많이 쓰였다.

석 자 높이로까지 자라는 경우를 모면해왔으니까요. 다만 이런 심사에 푹 빠진 나머지 제가 사람들을 해친다고 말해서는 아니 될 것입니다. 순임금과 같은 경지를 사람들에게 기대한다 해서 그것이 사람을 해치는 짓이라고 여길 자는 세상에 없을 것입니다. 순임금의 행사로 그대의 스승을 섬긴다 해서 그것이 그대의 스승을 업신여기는 짓거리라 생각할 사람도 없습니다. 이는 모두 지극히 평범하고 극도로 천이하며 또 알기 쉬운 말들이니, 그대의 스승도 반드시 듣고 성찰해야 한다고 여겨집니다. 다만 그 동안 지은 죄업이 너무 뿌리가 깊으니, 둑이 터져 강물이 쏟아지듯 당장 잘못을 뉘우치는 일이야 생기지 않겠지요. 그래서 감히 당신에게 직접 주문합니다. 오직 그대가 힘써주어야만 그 사람도 때를 놓치지 않고 이를 파악하여 자신의 주요 관심사로 돌리게 될 것입니다. 만약 "거사[224]는 지난날 유학자의 의상을 걸치고 불교의 교리를 강변하더니, 이제는 불가의 입장에서 또 유교의 교리를 강변한다"고 말씀하신다면, 그대의 스승에게는 완전히 절망뿐입니다.

주유당에게 회답함 復周柳塘

저는 진작부터 형이 경로(耿老, 경정향)에게 저의 이런 충고를 들이밀지 못할 줄 알고 있었습니다. 지난번 서신 왕래를 했기 때문에 이번에는 제가 직접 나서서 형께 여쭤보았을 뿐이지요. 이렇게 해서 평생친구를 모으고 학문을 강론하던 거동이며 악을 버리고 선으로 나아가라(遷善)[225]는 훈계 역시 엄청난 사기였음을 알게 되었습니다. 남을 속

---

224) 거사(居士): 불교용어. 출가하지 않고 수도하는 사람을 일컫는다. 여기서는 이지 자신을 지칭하였다.

225) 천선(遷善): 출전은 『맹자』 「진심」(盡心) 상편. "패자의 백성은 기쁜 듯하고, 성왕의 백성은 유유자적해 보인다. 죽여도 원망하지 않고, 이롭게 해도 찬양하지 않는다. 백성들은 날마다 좋은 방향으로 옮겨가면서도 누가 그렇게 만들었는지 알지를 못한다. 군자가 지나간 자리에서 백성들은 감화를 받고, 내심으로 존

이는 것은 바로 스스로를 기만하는 짓이니, 더 이상 무슨 말을 하겠습니까? 그가 선이 없고 악이 없는(無善無惡) 경지의 학문에 대해서만 말하기에 저도 무선무악으로 그에게 대응하였습니다. 만약 그가 앞장서서 또다시 악을 버리고 선으로 나아가는 일에 대해 말한다면, 저는 차라리 눈동자 없는 사람이 되고 말겠습니다. 그가 오로지 악을 버리고 선으로 나아가는 배움만을 말한다면, 저는 바로 똑같은 취지로써 그를 우러를 것입니다. 만약 그 사람이 앞장서서 악을 버리고 선으로 나아가는 일로써 질책하지 않더라도, 저는 또 눈 없는 사람이 되겠습니다. 세상의 공부하는 자는 원래 이런 두 종류가 있으니, 제가 어찌 똑같은 두 가지로 그에게 대응하지 않을 수 있겠습니까? 그 중에 한 부류는 별로 중요할 것도 없는 사람이라 말 한 마디 잘못한대야 그저 스스로 체통을 잃는 것에 불과하고, 한 자락 잘못된 행동도 그저 혼자만의 잘못에 그치고 말지요. 세상과 별 상관이 없으니 논의하지 않아도 그만일 것입니다. 만약 특별히 걸출해서 강상[226]을 보좌하고 사회적 기강을 바로세우며 과거의 전통을 잇고 뭇 대중을 깨우쳐야 할 갖가지 부담을 등에 진 사람이라면, 그의 한 마디 실언은 온 천하가 보고 들으며 단 한 번 실수라도 나중에 태어난 젊은 후학들이 그 허물을 본받을 테니 어찌 가볍게 흘려 넘기겠습니까?

저 같은 사람은 세상에 별 도움이 되지 못하는지라 그럭저럭 놀며 쉬며 다만 초목과 더불어 함께 썩어갈 것입니다. 그래서 스스로도 자신의 육체를 썩어 문드러져 다시는 쓰임을 감당하지 못할 그릇으로나 간주

재하는 바는 더욱 신묘해진다. 덕이 위아래로 천지와 함께 흐르는데, 어떻게 작은 은혜로 미봉한다 말할 수 있겠는가!"(覇者之民, 驩虞如也. 王者之民, 皞皞如也. 殺之而不怨, 利之而不庸; 民日遷善而不知爲之者. 夫君子, 所過者化, 所存者神, 上下與天同流, 豈曰小補之哉!)

226) 강상(綱常): 삼강오상(三綱五常)의 약칭. 유교 도덕의 기본이 되는 세 큰 줄거리, 곧 군신·부자·부부 사이의 도리인 군위신강(君爲臣綱)·부위자강(父爲子綱)·부위부강(夫爲婦綱)을 삼강, 인(仁)·의(義)·예(禮)·지(智)·신(信)을 오상이라 부른다.

하니, 제멋대로의 미친 작태도 사실은 책망거리가 되지 못합니다. 하지만 두 분 선생께서야 그 대단한 자부심에다 넓은 인간관계까지 겸비하셨으니, 어찌 가볍게 처신하실 수 있겠습니까? 이런 까닭에 저는 공자 문하의 충고를 본받아 친구를 잘 인도하라는(善道)[227] 옛 현인의 가르침을 답습하고, 아부를 일삼는(善柔)[228] 천박한 태도를 멸시하며, 정직하고 신의 있는 사람들의 뒷줄에 붙고, 명예와 절개를 보존함으로써 두 분 선생에게 의탁하려 하였습니다. 이리하여 급기야는 듣지 않으면 충고를 그만두어 자신을 욕보이지 말라는 조목을 어긴 것도 스스로는 알지 못하고 말았지요. 저간의 사정은 그랬지만, 두 분 선생이 또 어떤 분들입니까? 저처럼 아무짝에도 쓸모 없는 인간에게 우리 두 선생님은 그래도 잘못을 고쳐 착한 길로 나가라는 소망을 수시로 비쳐주셨습니다. 더군다나 경로 같은 분은 아직까지도 악을 버리고 선으로 나가라는 말씀을 들이밀 수 없는 분 아닙니까? 어떻게 감히 듣지 않을 것 같으면 알아서 멈추라는 훈계 따위로 두 분 어른을 섬겨야 하겠습니까?

어쩌다 광려[229]를 여행하고픈 흥취가 일었습니다. 게다가 제가 사는 좁은 건물에서는 혹독한 더위를 견디기 어려운지라, 이를 핑계삼아 피

---

227) 선도(善道): 출전은 『논어』 「안연」(顏淵)편. "자공이 친구 사귀는 방법에 대해 물었더니, 공자가 대답하셨다. '벗에게 잘못이 있으면 진심으로 충고하여 착한 방향으로 잘 이끌며, 만약에 듣지 않으면 권유를 중단해 스스로를 욕보이지 않는 것이다'"(子貢問友. 子曰: '忠告而善道之, 不可則止, 毋自辱焉.')

228) 선유(善柔)출전은 『논어』 「계씨」편. 전문은 다음과 같다. "공자가 말씀하셨다. '유익한 친구가 세 종류, 해로운 친구도 세 종류 있다. 정직하고 신의가 있고 박학다식한 벗을 사귀면 유익하다. 허례허식에 물든 이, 아첨 잘하는 이, 입에 발린 소리를 잘하는 이와 벗하면 해롭다'"(孔子曰: '益者三友, 損者三友: 友直, 友諒, 友多聞, 益矣; 友便辟, 友善柔, 友便佞, 損矣.')

229) 광려(匡廬): 강서(江西)의 여산(廬山). 은(殷)·주(周)의 교체기에 광속(匡俗) 형제 일곱 명이 이곳에 오두막을 짓고 살았다 해서 붙여진 이름이다. 광속은 광유(匡裕)라고도 한다. 주나라 무왕(武王) 때 혹은 진(秦)나라 말기 무렵 사람이라고도 전한다. 형제 7인이 신선이 되는 도를 배우면서 남장산(南障山)에 은거했기 때문에 남장산을 여산·광산(匡山)·광려 등으로 부르고 광속을 광신(匡神)으로 존칭하게 되었다.

서에 나서게 되었지요. 날씨 서늘한 가을에 돌아와 형과 더불어 한바탕 강론을 벌이고 세상에 쓸모 있는 사내가 되도록 애써보겠습니다.

경대중승에게 보내는 답장 寄答耿大中丞

두 분 어른이 논하는 학문을 보자면 한 분은 듣기에는 그럴싸하지만 그 전부가 꼭 실행에 옮겨지는 바는 아니고, 다른 한 분은 듣기 좋은 말은 아니라도 전부가 실행에 옮겨질 수 있는 바입니다. 비단 본인이 행할 수 있을 뿐 아니라 남들도 실천할 수 있는 바이지요. 자신의 실천이 가능한 뒤에 말을 하면 실천이 말에 앞선다고 하고, 자신이 실천할 수도 없으면서 말부터 앞세운다면 말과 행동이 어긋난다고 이릅니다. 저는 자신이 실천할 수 있는 것만 추구하고 남들이 실천할 수 있는 것만 좇을 따름입니다.

자신의 능력을 알고 남들도 모두 가능한 바를 아는 것이야말로 자신의 선을 남에게 베풀어 서로 같아지는 것(己之善與人同)[230]이니, 이는 자아도 없고 남도 부정하지 않는 경지입니다. 거기에 어디 버리지 못할 자아가 있겠습니까? 기왕에 타인의 능력을 인식하고 또 자신도 그에 못지 않음을 알고 있다면, 이는 남의 장점을 받아들여 자신도 그와 같아지는 것(人之善與己同)이지요. 이는 타인이 없고 자아도 부정하는 경지이니, 거기에 어디 추종하지 못할 타인이 있겠습니까? 이것이야말로 자기도 없고 타인도 없는(無己無人) 학문이며, 만물이 제자리에서 키워지도록(位育)[231] 내실을 돕는 것이며, 세상을 바로잡고 교화를 펴는

---

230) 출전은 『맹자』 「공손추」 상편. 앞에 나온 글 「경사구에게 답함」(答耿司寇)의 역주 참조.

231) 위육(位育): 귀천이나 지위 고하를 막론하고 모두가 제자리에서 편안하며 만물이 자신에게 주어진 생을 따르는 것. 『중용』 제1장의 다음 구절에서 유래하였다. "중화의 경지에 다다르면 천지가 제자리를 찾고 만물이 순조롭게 생장한다"(致中和, 天地位焉, 萬物育焉.)

근원입니다. 원래 진정으로 견식이 있으면 선을 베풀어 남들과 같아지는 극한으로 나아가는 까닭이지요. 지금 사람들은 자신의 선을 확대시켜 남과 동일해지는 학문은 알지 못한 채 쓸데없이 자아를 버리고 남을 좇아서 생기는 명성에만 정신이 팔렸으니, 이는 고의로 자아를 내버리는 짓입니다. 고의로 자아를 내친다는 것은 바로 자아를 고집하는 행위이고, 의식적으로 타인을 추종하는 것은 바로 그 타인의 존재를 인정하는 것입니다. 하물며 아직 자아를 버리지도 못했으면서 말로만 자아를 버려야 한다고 남을 가르치는 짓이겠습니까? 만약 진짜로 자아를 버릴 수만 있다면, 두 어른은 모두 버려야 마땅한 분들입니다. 지금 두 분 다 자아를 버리지 못하고 남을 추종하는 주제에 또 어쩌자고 밤낮 절박한 어조로 자아를 버리라고 떠드는 것인지요? 남에게는 자신을 버리라고 가르치면서 스스로는 버리지 못하니, 말씀하신 바 자신을 버리고 남을 좇았다는 말은 다 헛소리가 되고 맙니다. 순임금이 자기 의견을 버리고 남을 따랐던 그런 경지가 아닌 것입니다. 자신을 버렸다고 말하는 자들은 반성하고 숙고해야 하겠습니다.

진짜로 자신을 버리는 자는 자신이 있는 줄도 알지 못합니다. 자아의 존재를 모르는지라 버릴 만한 자아도 없는 것이지요. 버려야 할 자아가 없는 까닭에 자기를 버린다고 말했습니다. 어째서 그런가 하면 배움이란 먼저 자아를 알아야 하는 것인 까닭이지요. 정말로 남을 따르는 자는 따라야 할 남이 있는 줄도 모릅니다. 따라야 할 남이 존재하지 않으니, 따를 만한 사람도 없게 되지요. 어찌하여 그런가 하면 배움이란 타인을 아는 것이 먼저이기 때문입니다. 이제 자신에 대해서는 알지도 못한 채 자아를 버리라고 떠들어대고 타인에 대해서도 모르면서 남을 좇으라고 우겨대니, 그들 자신 고집스레 자아에 매달리고 타인을 완강히 거절하는 한편 밤낮으로 자신을 버리고 남을 따르라는 말로 사람들을 속인대도 이상할 것이야 없지요. 그러나 누가 그 말에 속아넘어가겠습니까? 그저 자신을 속일 따름입니다. 이는 달리 이유가 없으니, 바로 세상을 바로잡아 가르침을 펴겠다는 염원이 빚어낸 사단입니다. 세상을 바로잡아 교화하겠다는 생각은 먼저 알고 먼저 깨닫는 책무가 선행되어야 합니다. 먼저 알고 먼저 깨닫는 소임이란 신하가 가르친 바까지 좋아하는 마음이 추동해서 형성되는 것이지요. 이런 까닭에 진종일 세상을 바로잡겠다고 떠들지만 단 한 시각도 세상에 도움을 주지 못했으니, 그는 세상 바로잡기를 자신의 소임으로 생각해 본 적도 없는 자와 똑같을 따름입니다. 하루 온종일 교화를 편다고 말하지만 일찍이 단 한 명도 교화한 적이 없으니, 그는 한 번도 교화를 자신의 소임으로 안 적이 없는 자와 결국 마찬가지입니다. 이는 부끄러워할 일 중에서도 큰 것이니, 이른바 "말이 행동을 초과하는 것을 부끄러워한다"[232]는 경우가 아니고 무엇이겠습니까! 이른바 "남보다 못한데도 부끄러움을 느끼지 못한다면 남과 같은 게 무엇이란 말인가?"[233] 하는 경우가 아니면 또 무엇이란 말입니까!

세상을 바로잡고 싶다면 모름지기 해강봉[234]이 세상을 근심한 정도

---

232) 출전은 『논어』「헌문」(憲問)편. "공자가 말씀하셨다. '군자는 자신의 말이 자신의 행동을 넘어서는 경우를 부끄러워한다'"(子曰: '君子恥其言而過其行.')

233) 『맹자』「진심」상편. 전문은 다음과 같다. "맹자가 말했다. '수치심은 사람에게 있어 대단히 중요하다. 속임수에 능하고 간계를 잘 부리는 자들은 수치심을 느끼지 않는다. 남보다 못한 것에 부끄러움을 느끼지 않는다면, 무엇으로 남들과 견줄 수 있겠는가?'"(孟子曰: '恥之於人大矣. 爲機變之巧者, 無所用恥焉. 不恥不若人, 何若人有?')

234) 해강봉(海剛峰): 해서(海瑞, 1514~87). 자는 여현(汝賢), 호가 강봉으로, 경산(瓊山) 사람이다. 가정 연간의 거인(擧人)으로 벼슬이 남경우도어사(南京右都御史)에 이르렀다. 그가 호부주사(戶部主事)를 지낼 때 세종(世宗)이 서원(西苑)에 칩거하고 재초(齋醮, 승려나 도사가 제단을 설치하고 기도드리는 행위)에 빠져 정사를 돌보지 않았지만, 조정의 신하들은 양최(楊最)와 양작(楊爵)이 죽음을 당한 이래 감히 입을 여는 자가 없었다. 이에 해서가 관 한 짝을 사고 처자에게 결별을 고한 뒤 상소하고 하옥된 일화는 소설이나 희곡에서도 많이 인용되는 유명한 사건이다. 목종(穆宗)이 즉위하여 석방된 뒤로는 다시 어사와 순무 등을 지내며 호족들의 겸병을 억제하고 그들이 탈취한 토지는 빈민들에게 돌려주는 등의 강경한 개혁정책을 폈다. 죽은 뒤 백성들은 그를 위해 철시했으며, 상복을 입고 곡을 하는 자가 백 리에 걸쳐 끊이지 않았다. 시호는 충개(忠介). 저서로는 『비망집』(備忘集)·『원우당인비고』(元祐黨人碑考) 등이 있으며, 『명사』권226 등 여러 책에 사적이 보인다.

는 되어야 진정으로 세상을 바로잡을 사람이라 말할 수 있습니다. 가르침을 펴서 교화하고 싶다면 모름지기 엄인소[235]가 입신한 정도는 되어야 정말로 남에게 가르침을 편다고 말할 수 있지요. 그런데 이 두 분은 세상을 바로잡고 가르침을 펼 만한 실력이 있었지만 입술을 꼭 다문 채 세상을 바로잡고 교화하겠다는 말씀을 꺼내지 않으셨습니다. 비록 입을 다물고 그런 말은 하지 않았다지만, 사람들은 또 그들이 세상을 바로잡고 교화를 할 만한 실력이 있음을 아무도 부정한 적이 없습니다. 그런데 지금 사람은 그런 실력도 없는 주제에 스스로 자신의 명성이나 높이려 하니, 그것이 가당키나 한 일입니까?

게다가 세상을 바로잡아 교화하고 만물이 제자리에서 생장하도록 돕는 일은 벙어리·장님·난쟁이·절름발이라 해도 가능한 노릇이니, 중자[236]의 말은 벌써 사람 마음에 부합하고 있었습니다. 설사 세상을 바로잡고 교화할 수 있어 만물이 제 위치를 찾고 순리대로 생장할 수 있게 만들었대도 그것은 또 난쟁이·절름발이·벙어리·장님도 모두 할 수 있는 일에 불과합니다. 거기에 무슨 특별한 기교가 있다고 천하를

---

235) 엄인소(嚴寅所): 엄청(嚴淸). 자는 공직(公直), 운남의 후위(後衛) 사람이다. 가정 연간의 진사로, 여러 벼슬을 거치는 동안 염결봉공(廉潔奉公)으로 이름이 높았다. 낭중(郎中)으로 북경의 외성(外城)을 쌓으며 구릉(九陵)을 수리할 때는 아전들이 사사로이 착복하지 못했고, 우첨도어사(右僉都御史)로 사천을 순무할 때는 관리들이 그의 풍채를 흠모하여 다투어 품행을 연마하였다. 만력 연간 벼슬이 형부상서에 이르렀다. 장거정이 집권했을 때도 아부하지 않았고, 풍보(馮保)의 가산을 적몰시키기도 하였다. 이부상서를 지낼 때는 모든 인사를 직접 챙겨 요행으로 승진한 자가 하나도 없었다. 시호는 공숙(恭肅). 『명사』 권224에 보인다.

236) 중자(仲子): 진중자(陳仲子). 전국시대 제나라 사람. 형인 대(戴)가 제경(齊卿)으로 만 종의 녹을 받았지만, 중자는 이를 불의하다 여기고 초나라의 오릉(於陵)으로 가 살면서 자칭 오릉중자(於陵仲子)라고 하였다. 가난해도 구차하지 않았고 불의한 음식은 먹지 않았다. 초나라 왕이 그가 어질다는 소문을 듣고 재상으로 삼을 생각에 후한 예물로 그를 초빙하였다. 중자가 이를 처에게 상의하자, 그 처는 이렇게 말했다. "난세에는 환란이 많으니 서방님의 목숨을 보전하지 못할지도 모릅니다"(亂世多害, 恐先生不保命也.) 이리하여 그들은 다시 도망을 가 다른 사람의 정원에 물을 주며 살았다. 『고사전』(高士傳)에 보이는 이야기.

막중하게 여기면서 기어이 그것을 떠맡겠다 욕심을 부리는 것인지요! 만약 난쟁이·절름발이·벙어리·장님도 만물을 생장시킬 수 있음을 믿지 못하고 별도로 이른바 만물이 제자리에서 생장하도록 돕는 바를 찾아 칭송하며, 지금의 도를 배우는 작자들은 하나같이 사리사욕만 추구하느라 이런 이치를 모른다고 여기면, 그 또한 만물의 위치를 바로잡아 생장시켜주는 것이라 말할 수 없습니다. 이는 자기 혼자만 좋은 자리에서 생장하겠다는 심보이니, 성인이라면 이렇게 하지 않습니다.

권2

서답書答

오늘날의 이른바 성인이란 자들은 산인으로 불리는 자들과
별반 다를 바가 없습니다. 다만 요행과 불행의 차이만이 존재할 따름이지요.
요행 시라도 지을 줄 알면 자칭 산림처사가 되고, 불행히도 시에 재주가 없으면
사의 칭호를 사양하고 성인이란 이름을 갖다붙입니다.

장순부에게 與莊純夫

　일재[1]가 도착해 장사지내는 일이 끝났음을 알게 되니, 기쁘고 또 기쁘구나! 사람의 한평생이란 이와 같을 따름이구나. 함께 산 지 사십여 년에 정도 깊이 들었지만 병주[2]에서의 나그네 생활 또한 오랜 기간이었던지라, 함께 고향에 살게 된 이래로는 갑자기 떨어지기가 몹시 어려웠다. 부부 사이에 은애의 정이 특히 깊었는데, 비단 잠자리에서뿐만 아니라 고생하고 어려웠던 시절에는 내조의 덕도 톡톡히 보았지. 그 사람은 평소 손님을 대하듯 남편을 공경했고, 눈썹과 나란히 밥상을 받들어 바치는 정성이 있었다. 효성스럽고 우애가 있으며 충성스럽고 믿음직하였다. 자신은 손해를 보더라도 남을 이롭게 했으니, 한갓 허명이나 날리며 내실 없는 요즘의 도학자들보다 훨씬 나은 사람이었구나. 그래서 이별을 당하자 떨쳐내기가 더욱 어려웠나 보다. 어째서 그랬을까? 사랑이 있으면서도 여자가 갖춰야 할 행실·솜씨·언사·부덕을 겸비했다면 더한층 잊을 수 없는 법인데, 너의 장모 황의인[3]이 바로 그런 사람이었다. 다만 학문을 강론하는 한 가지 일만큼은 사람의 말을 믿지 않아 약

---

1) 일재(日在): 이지 혹은 장순부의 친족으로 추정된다.
2) 병주(幷州): 고대 구주(九州)의 하나. 대략 지금의 하북성 보정(保定)과 산서성 태원(太原)·대동(大同) 일대에 해당한다.
3) 황의인(黃宜人): 이지의 부인 황씨. 의인은 죽은 부인을 일컫는 호칭이다.

간 유감이었다만, 나머지는 죄다 지금 사람들이 전혀 갖추지 못한 장점 뿐이었다. 내 비록 쇠나 돌 같은 간담을 지녔다지만 어찌 서글프지 않을 수 있겠느냐! 하물며 늙은 다음에는 각자 멀리 떨어져 있는 바람에 영결도 지켜보지 못했구나! 이런 말일랑은 그만두자! 그만두자꾸나!

아내의 부음을 들은 이후로는 하룻밤도 꿈에 나타나지 않는 날이 없어 그녀가 정말 죽은 줄도 알지 못하였다. 그녀는 정말로 여기에 왔단 말인가? 아니면 내가 그녀를 그리워해 혼이 저절로 감응한 것인가? 생각건대 그 사람은 한평생 삼가고 신중했으니 틀림없이 절 안에는 함부로 발을 들여놓지 않을 것이다. 하지만 절집에 한 번 드는 것쯤이야 안 될 게 또 무엇이랴. 요컨대 그런 망설임은 모두 초탈하지 못해서일 따름이렷다. 기왕에 혼령이 있다면 남녀가 무엇이고, 거리가 또 무엇이며, 구애될 바가 또 무엇이겠느냐! 만약 아직도 예전에 얽매여 절에 들어오지 못한다면 얼굴을 맞댈 기약은 끝끝내 기대할 수 없겠지. 만약 혼령이 존재하고 이 몸이 아직 죽지 않은 줄 안다면 절로 거리낄 바가 없을 터인데 더한층 스스로를 옭아매다니, 그래도 되는 것이냐? 만약 이렇게 해서 구애되는 바가 없어진다면 거기가 바로 서방정토요 극락 세계이니, 그 너머로 따로 서방세계가 존재하는 것은 아니니라.

자네는 이 편지를 장모의 영전에 불살라 고하여 그녀로 하여금 나의 이런 뜻을 알게 하여라. 새로 태어날 즐거움을 탐하여 누군가의 뱃속에 처박혀서 캄캄한 어둠 속에 들지 않도록 할지어다. 사람이 하늘에 바치는 공양을 탐내지 않도록 만들라. 일단 하늘에 태어나 공양을 받게 되면 전생의 자유자재로웠던 숙념들은 문득 망각하게 되겠지. 업보가 다해 지은 업이 드러나면 육취[4]로 순환하게 되니, 모든 것이 끝나는 때란 있지 않구나.

네 장모는 평소 사람됨이 위와 같았으니, 하늘에 태어날 것임은 전혀

---

4) 육취(六趣): 불교용어. 육도(六道)와 동의어로 중생이 윤회하는 여섯 가지 장소, 곧 지옥도(地獄道)·아귀도(餓鬼道)·축생도(畜生道)·수라도(修羅道)·인도(人道)·천도(天道)를 일컫는다.

의심할 바 없는 일이겠지. 모름지기 내 말을 기억하여 망각하지 말지어다. 비록 하늘에 있다 하더라도 언제나 잊지 않고 기억하다가 내 목숨이 다할 때를 기다려 마중을 나오면 서로 어우러져 의지하는 일에 아무런 어긋남이 없을 것이다. 혹 염불하는 곳에 잠시 기탁하게 된다면 더욱 좋겠지. 혹은 내 평생 교유하던 이들, 내가 평소에 경애하던 이들에게 의탁하면서 내가 도착하길 기다려도 될 터이다. 수태되어 다시 태어나는 일만은 욕심내지 않았으면 좋겠구나. 자네는 부디 향을 사르고 지전을 태워가며 몇 번이고 편지를 읽어 영령에게 당부하게나. 확실하게 아뢰기만 하면 자네 장모도 능히 내 마음을 알아줄 것이네.

초약후에게 보내는 답장 復焦弱侯

고충암5)이 바야흐로 남경에 부임했지만 어디에도 아직 거처할 곳은 정하지 못했습니다. 그래도 저와는 명월루(明月樓)에서 만나기로 약조했지요. 안정과 편안함을 저버리고 이곳저곳 떠돌던 사람인데 이제 와서 아무도 없는 빈 산에 주저앉아 시랑(侍郎, 顧養謙)을 위해 집이나 지키라 한다면, 이 늙은 이탁오의 용처가 또 무엇이겠습니까! 우선은 잠시 이곳에 머무르며 무념(無念)·양봉리(楊鳳里)·유근성(劉近城) 같은 사람들과 아침저녁 용호6)에서 어울리려 합니다. 바라는 바는 형께서 맡은 직책을 충실히 수행하시는 것이지요.

---

5) 고충암(顧沖菴): 고양겸(顧養謙, 1537~1604). 자는 익경(益卿), 호는 충암, 시호는 양민(襄敏). 남직예(南直隸)의 통주(通州) 사람으로 가정(嘉靖) 44년(1565)에 진사가 되었다. 요동순무(遼東巡撫)로 업적을 쌓은 뒤 남경의 병부시랑으로 발령을 받았는데, 이때 마침 임진왜란이 발발하여 계요(薊遼)의 군무를 맡다가 조선에 참전하기도 하였다. 담력이 뛰어나고 지략이 빼어나 가는 곳마다 명망이 높았다고 한다. 『충암무요주의』(沖菴撫遼奏議)·『독무주의』(督撫奏議)가 전하고, 『명사』 권85에 열전이 보인다. 본문에 나오는 명월루는 그의 별장이다.

6) 용호(龍湖): 호북성 마성(麻城)의 용담호(龍潭湖). 이지가 만년에 거처하던 곳이다.

저는 일찍이 세상에는 세 부류의 사람이 있다고 생각한 적이 있습니다. 이들은 세상을 태평하지 못하게 만드는데, 다들 두 가지 이익을 한꺼번에 취하려고 생각하기 때문이지요. 첫 번째 부류는 관직에 매이는 것을 무서워하면서도 차마 그만두지 못하는 자들입니다. 이들은 육신이 괴로울 뿐만 아니라 정신 또한 너무나 괴롭습니다. 이런 부류의 사람들은 지위가 높을수록 그 마음이 더 한층 괴로워서 관직을 그만두어야만 비로소 자유로워지는데, 저 같은 자가 바로 여기에 속합니다. 또한 부류는 본디 부귀에 뜻을 두었으면서도 밖으로는 그것을 원치 않는양 가장하는 자들이지요. 그러나 실제로는 이를 발판으로 일신의 영달을 꾀하고 또 도덕(道德)과 인의(仁義)의 허울로서 자신을 엄호하려 꾀합니다. 이런 사람들의 몸과 마음이 모두 피곤할 것은 말할 필요조차 없겠습니다. 오직 한 부류만이 벼슬살이가 싫으면 곧장 그만두고, 벼슬살이가 좋으면 또 벼슬을 합니다. 학문을 강론하고 싶으면 곧바로 가르침을 베풀고, 강학(講學)이 싫으면 또 미련 없이 그만두어버리지요. 이부류는 심신이 모두 태평한데다 손발이 가볍고 편안합니다. 두 가지를동시에 신경 써야 하는 걱정거리가 없을 뿐만 아니라 또 자신의 치부를감추거나 잘났다고 자랑하는 추태가 없으니, 칭찬할 만한 부류지요. 조문숙[7] 선생께서는 이렇게 말씀하셨습니다.

"나의 이 주둥이, 장자[8]의 저 상판때기로도 재상이 된다면 비로소 만사에 정해진 전도가 있다고 믿겠다. 하루라도 마음이 편할 수 있다면그 하루를 벌었다고 할 수가 있지."

세간의 공명과 부귀, 도덕과 성명(性命)이 언제 사람을 속박한 적이

---

7) 조문숙(趙文肅): 조정길(趙貞吉). 호는 대주(大洲), 시호는 문숙(文肅)이다. 명대에는 대학사(大學士)나 한림학사(翰林學士)가 입각해서 일을 하면, 이들을 일컬어 '각로'(閣老)라고 하였다. 조대주는 일찍이 한림원학사와 문연각대학사(文淵閣大學士)를 역임했는데, 의례에 대한 주장 때문에 몇 번이나 엄숭(嚴嵩)을 거슬러 파직되었다. 그래서 본문의 언사와 같은 말이 나온 것이다.
8) 장자(張子): 장거정(張居正)을 지칭하는 듯하다. 명대의 정치가로 융경(隆慶) 원년(1567) 조대주에 비해 몇 년 늦게 입각했다.

있었습니까? 사람들 자신이 스스로를 속박했을 따름이지요.

「문밖에 나서면 귀한 손님을 뵌 듯하라」(出門如見大賓篇)[9]는 『설서』(說書)의 글 한 편을 첨부하여 삼가 가르침을 청하옵니다. 대저 성인들의 말씀은 절실하고 쓸모가 있어 한갓 구두선에 그치지 않으니, 저 같은 것의 말인즉슨 어떻게 성인의 말씀에 갖다 대겠습니까! 학문을 논한 세상의 글들 가운데 예로부터 지금까지 용계 선생 것처럼 명쾌하고 핵심을 찌르는 글은 아직 없었습니다. 저는 예전에는 제법 많은 글을 소장하고 있었지만 지금은 전부 남들이 가져가고 말았습니다. 제 친구들은 경문 읽기를 어려워하는데, 그 중에서도 대혜[10]의 『법어』(法語)를 특히 어려워하더군요. 유독 용계 선생의 글만은 읽어서 기뻐하지 않는 자가 없었습니다. 이로부터 선생께서 천하와 후세에 남기신 공이 실로 적지 않음을 알게 되었지요. 양복소[11]는 「심여곡종론」(心如穀種論)과 「혜적종역」(惠迪從逆)을 지었는데, 이 대작가의 작품은 처음 서너 쪽은

---

9) 『논어』 「안연」편에 나오는 '출문여견대빈'(出門如見大賓)을 풀이한 글. 전문은 다음과 같다. "중궁이 인에 대해 묻자, 공자가 대답하셨다. '문밖에 나서면 마치 귀빈을 뵌 듯하고, 윗자리에서 백성들을 부릴 때는 중요한 제사를 지내듯 하라. 자신이 원하지 않는 바를 남에게 베풀지 말라. 그러면 제후의 나라에서 벼슬을 해도 원망하는 자가 없을 것이고, 경·대부를 섬길 때도 원한을 갖는 자가 없을 것이다.' 중궁이 말했다. '제가 비록 불민하지만 삼가 이 말씀대로 하겠습니다!'"(仲弓問仁. 子曰: '出門如見大賓, 使民如承大祭. 己所不欲, 勿施於人. 在邦無怨, 在家無怨.' 仲弓曰: '雍雖不敏, 請事斯語矣!')

10) 대혜(大慧): 송대의 비구 종고(宗杲). 자는 담회(曇晦), 호는 묘희(妙喜). 안휘성의 영국(寧國) 사람으로 계씨(季氏)의 아들이다. 소년 시대에 출가했는데 장상영(張商英)이 그를 보고 기이하게 여겨 "이 사람은 진짜 불자다"(此眞佛子也)라고 말했다. 나중에 참선으로 각고 끝에 깨달음에 들었고 장상영의 뒤를 이었다. 성격이 곧고 과감했으며 달변으로 유명했다. 진회(秦檜)가 재상을 지낼 때 미움을 사 영남(嶺南)으로 유배되었고 그가 죽은 뒤에야 풀려났다. 효종(孝宗) 즉위 후 궁중으로 불려 들어가 의견을 개진한 뒤 대혜라는 호를 하사받았고 경산(徑山)에 거주할 것을 명령받았다. 그의 명성을 듣고 사방에서 사람이 몰려들어 수하에는 항상 수천 명의 제자가 들끓었다. 흥륭(興隆) 원년(1163)에 입적하니, 향년 75세였다. 『어록』(語錄)·『임제정종기』(臨濟正宗記)·『정법안장』(正法眼藏) 등의 저서가 전한다.

투철하고 명쾌하나 아쉽게도 후반부에 이르러선 이치가 상응하지 않았습니다. 하지만 지금 사람들 중에는 이런 글조차 지어낼 이가 없는 형편이지요. 지금 공부하는 자들은 자신의 명성보다 더 높은 관직을 차지하고 자신의 학문보다 더 높은 명성을 누리면서 학문으로 명성을 추구하고 명성으로는 관직을 차지하려 드는데, 이런 일이 순환하여 번갈아 일어나다가는 결국 관직만을 귀중하게 여기는 풍조에 귀착합니다. 학문을 하더라도 명성을 일으키지 못하고 명성은 있되 그것이 관직을 가져다주기에 부족하면, 그 명성을 마치 헌 빗자루처럼 내팽개치고 말지요. 사정이 이렇다 보니 뜻 있는 사람은 거개가 학문을 하려 들지 않고, 많은 이가 우리 무리를 거론할 가치조차 없는 얼건달로만 치부하는 것도 이상할 것은 없습니다. 자신은 공부하려 들지 않으면서 되레 남을 비웃는 태도에 대해 부끄러움이 있다면 그래도 수오지심(羞惡之心)은 지녔다고 하겠습니다. 지금 말이 행동보다 앞서 나가면서도 부끄러워할 줄 모르고 되레 남들의 장난질을 미워한다면, 이는 이른바 부모님의 삼년상은 챙기지 못하면서 남들의 소공[12]을 살뜰하게 챙기는 격이 됩니다. 어찌 슬픈 일이 아니겠습니까!

근자에 「남이 알아주지 않음을 걱정하지 말고 남에 대해 모르는 것을 걱정하라」(不患人之不己知患不知人)는 『설서』 수록의 글 한 편을 지었습니다. 세상 사람 누군들 '나는 사람을 알아볼 능력이 있다'고 말하지 않으랴마는, 공자만은 유독 다른 사람을 잘 알아보지 못할까봐 걱정했고 요(堯)임금은 그 일이 대단히 어렵다고 여기셨으니, 남에 대해 잘 안다고 제 입으로 지껄이는 세상 사람들은 모두 망령을 떠는 것입니다. 진실하게 배움을 추구하면 사람을 잘 알 수 있게 되고, 남을 이해할 수

---

11) 양복소(楊復所): 명대의 사상가 양기원(楊起元, 1547~99). 자는 정복(貞復), 호는 복소이며, 광동의 귀선(歸善, 지금의 惠州) 사람이다. 나여방에게 배웠으며, 만력 5년(1581) 진사가 되어 벼슬이 이부좌시랑(吏部左侍郎)에 이르렀다. 천계연간 초기에 문의(文懿)라는 시호가 추증되었다.

12) 소공(小功): 상복의 일종으로 거상기간은 다섯 달이다. 비교적 먼 친척의 죽음을 애도할 때 입었다.

있으면 자신에 대해서도 잘 알게 됩니다. 이처럼 타인에 대한 이해가 바로 자신을 이해하는 요체가 되므로 "나는 남들이 하는 말의 옳고 그름을 이해할 수 있다"[13]고 말씀하셨으며, "누군가의 말에서 시비를 가리지 못한다면 그 사람을 이해할 방도가 없다"[14]고도 하셨습니다. 세상에 등용되었을 때 가깝고 절실하여 허황하지 않으면 저절로 타인을 이해할 수 있게 되니, 타인에 대한 이해는 기실 자기 자신을 잘 아는 데서 출발하는 것입니다. 이처럼 자신을 아는 것은 남을 이해하는 요체가 되는 까닭에 "타인을 이해하는 자는 명철하다 할 것이며, 관리를 잘 임용할 수 있다"[15]고 말씀하셨습니다. 요임금과 순임금은 사물을 똑같은 비중으로 취급하지 않았고 급히 서둘러야 할 일부터 힘쓸 줄을 아셨습니다. 먼저 서둘러야 할 일이란 바로 어진 이를 가까이하는 것이었지요. 어진 이를 가까이한다는 것은 어진 이를 알아본다는 말에 다름 아닙니다. 자고이래 현명한 임금과 어진 재상이라면 누군들 현인을 얻어 가까이하고 싶지 않았겠습니까? 하지만 그들이 마지막에 가까이한 자들은 하나같이 어질지 못한 자들이었으니, 이는 그들이 어질지 못한 줄도 알

---

13) 출전은 『맹자』 「공손추」(公孫丑) 상편. "공손추가 '선생님의 부동심은 어디에 장점이 있습니까?' 하고 묻자, 맹자가 대답하였다. '나는 남의 말을 잘 이해하고, 또 나의 호연지기를 잘 배양할 수 있다.' '호연지기란 무엇을 말합니까?' '말하기 어렵다. 그 기는 너무나 넓고 너무나 강하다. 만약 바르게 배양해서 아무런 위해도 가하지 않는다면 온 천지간에 충만하게 된다'"(敢問夫子惡乎長 曰: '我知言, 我善養吾浩然之氣.' '敢問何謂浩然之氣?' 曰: '難言也. 其爲氣也, 至大至剛, 以直養而無害, 則塞于天地之間.')

14) 출전은 『논어』 「요왈」(堯曰)편. "공자가 말씀하셨다. '천명을 알지 못하면 군자가 될 수 없고, 예를 알지 못하면 사회에서 입신할 수가 없으며, 다른 사람의 말에서 시비를 가릴 줄 모르면 그 사람을 알아볼 도리가 없다'"(子曰: '不知命, 無以爲君子也. 不知禮, 無以立也. 不知言, 無以知人也.')

15) 출전은 『상서』 「고요모」(皐陶謨)편. "우임금이 말씀하셨다. '사람을 알아보려면 명철해야 하니, 현명한 이는 관리를 임용할 수 있다. 백성들을 편안히 해주면 사랑받을 것이고 그들이 우러러볼 것이다. 명철하여 사랑받게 된다면 환두 같은 오랑캐가 무슨 걱정이랴? 묘족을 어찌 내치겠는가? 교언영색으로 아첨 떠는 사람을 어찌 두려워하겠는가?'"(禹曰: '知人則哲, 能官人. 安民則惠, 黎民懷之. 能哲而惠, 何憂乎驩兜? 何遷乎有苗? 何畏乎巧言令色孔壬?')

아보지 못하고 함부로 어진 사람으로 단정하며 가까이했기 때문입니다. 그리하여 또 이런 말씀도 남기셨지요.

"그 사람을 모른다면 말이 되는가?"[16]

사람을 알면 그 사람을 놓치는 경우가 없고, 사람을 놓치지 아니하면 천하가 편안해집니다. 이는 요임금이 어렵게 생각하신 바이며 공자와 같은 큰 성인도 깊이 우려하신 바인데, 세상 사람들은 이를 너무 쉽게만 여깁니다. 오호라! 이 얼마나 방자하고 생각 없는 짓거리란 말입니까! 하물며 일시적인 희로애락이나 한 개인의 애증만 갖고 산림에 은거한 고고한 처사, 자신의 빛을 감추고 세속과 어울리는 현인, 냄새나고 더러운 막일꾼들 틈에 끼여 자신을 감추는 세상의 은자들을 살피려 하다니요! 장주(莊周)나 공구(孔丘) 같은 이가 바로 그 사람들입니다! 그러므로 지위를 얻는 것은 어렵지 않으나 그 지위에 걸맞는 업적을 쌓는 일은 너무나 어렵습니다. 만약 자신에게 무조건 순종하는 자나 자기를 존경하는 무리만을 가까이한다면, 천하의 선비들은 그를 찾아오지 않을 것입니다. 지금 시를 외우고 글을 읽는 자들은 있지만, 그들에게 과연 사람을 알아보고 세상을 논할 능력이 있기나 할까요! 저는 평소 맹자를 가슴속 깊이 우러나는 마음으로 받들기에는 부족한 인물로 보았지만, 정작 때를 당하고 보니 그가 말한 '상론'[17]처럼 절실하고 또 유용하지 못할까봐 걱정이 되더이다. 세상의 학자들이 나의 이 말을 망언이

---

16) 『맹자』「만장」하편. "맹자가 만장에게 말씀하셨다. '한 고을에서 가장 착한 사람이라야 비로소 그 고을의 착한 사람과 사귈 수 있고, 한 나라에서 가장 착한 사람이라야 그 나라의 착한 사람과 벗할 수 있으며, 온 천하의 가장 착한 이라야 천하의 착한 사람과 벗할 수 있다. 만약 온 천하의 착한 사람을 사귀고도 아직 부족하면 더 나아가 고인을 논하게 된다. 고인의 시를 읊고 고인의 책을 읽으면서 고인의 생평을 모를 수가 있겠는가? 이리하여 다시 고인의 신세를 논하게 되는데, 이것이 고인과 사귀는 길이다'"(孟子謂萬章曰: '一鄉之善士, 斯友一鄉之善士; 一國之善士, 斯友一國之善士; 天下之善士, 斯友天下之善士. 以友天下之善士爲未足, 又尙論古之人. 頌其詩, 讀其書, 不知其人可乎? 是以論其世也. 是尙友也.')

17) 상론(尙論): 고인의 행사를 들춰서 논하는 것. 상(尙)과 상(上)은 같은 뜻이다. 출전은 『맹자』「만장」하편.

나 아주 듣기 싫은 말로 치부할 것임을 잘 알고 있습니다. 하지만 귀에 거슬린다고 받아들이지 않으면 듣기 좋은 말만 골라 듣는 지난날의 전철을 되풀이하게 될 것이니, 그것은 또 고관이란 신분을 이용하여 조정을 기만하고 천하의 선비들을 속이는 짓 아니겠습니까! 독한 약으로 병을 다스리고 뼈를 갈아 피를 뽑는 대수술은 관운장(關雲長, 關羽) 같은 엄청난 용맹이 아니면 견뎌내기 어려운 것입니다. 공자나 맹자의 전도사로 자부하는 분들이 정녕코 일개 관의용무안왕(關義勇武安王)만도 못하대서야 안 될 말이지요!

소장공(蘇長公, 蘇軾)이야 인품이 얼마나 뛰어난 분입니까! 때문에 그의 문장들은 자연히 경천동지할 대작이 되었지요. 그런데 세상 사람들은 이런 사정은 모르고 단지 그의 문장만을 칭송하는데, 이는 그에게 있어 문장이란 단지 여가활동의 소산임을 모르는 까닭입니다. 인격이 탁월하지 못하면서 불후의 명문장을 쓸 수 있는 자는 세상에 존재한 적이 없습니다. 저는 장공의 전집 중에서 일부를 베껴 네 권의 책으로 엮었는데, 여기에 실린 글은 전부 세상 사람들에게 알려지지 않은 것들입니다. 세상 사람들이 즐겨 읽는 것은 그들이 익히 아는 글일 텐데, 그것은 또 소장공이 세상 사람들에게 영합하여 지은 작품들입니다. 장공의 호방한 기상이 진정으로 표현되어 세게 두드리면 크게 울리고 약하게 두드리면 가늘게 호응하는 작품에는 하나같이 그의 정신과 골수가 맺혀 있습니다. 이제 제가 그 모든 작품을 베껴냈는데 수시로 펴놓고 읽다보면 그의 평생이 그대로 옮겨진 듯 선연하니, 흡사 소장공과 흉금을 터놓고 얼굴을 마주한 채 이야기를 나누는 것만 같습니다. 다시 한 부를 더 베껴 그대에게 보낸 뒤 가르침을 청하지 못하는 것이 안타까울 따름이군요. 만약 인쇄되어 나오기만 한다면 공부하는 자들은 이 책을 책상머리에 모셔둘 것이고, 과거의 초장·이장·삼장[18] 시험 때마다 빠짐없이 지참하게 될 것입니다.

---

18) 명·청 양대에는 향시(鄕試)와 회시(會試)를 칠 때 세 번에 나누어 시험을 치렀다.

용계 선생의 전집이 나오면 제게도 한 부 보내는 일을 절대 잊으시면 안 됩니다. 근계 선생의 책이라면 굳이 챙겨서 읽지 않아도 되겠지만요.『근계어록』(近溪語錄)은 모름지기 깨우쳐 통달한 자라야 언어 바깥의 의미를 읽어낼 수 있습니다. 그렇지 않다면 되레 밧줄로 꽁꽁 묶이는 듯한 속박에서 벗어나지 못하게 될 것입니다. 때문에 이 책은 용계 선생의 문장이 글자마다 모두 해탈로 향하는 지름길이어서 이미 깨달은 자가 읽으면 서로의 마음이 합해지고 아직 깨닫지 못한 자가 읽으면 해탈의 길로 들어설 수 있는 경우와는 다르다고 하겠습니다.

다시 초약후에게 又與焦弱侯

정자현(鄭子玄)은 구장유[19] 부자와 문회[20]에서 어울리는 친구입니다. 문장은 비록 구씨 부자만 못하지만 자신의 자질에 대한 부끄러움이 있어 학문을 강론하지 않으려 하기에 이 점을 기특하게 보다가 그를 좋아하게 되었습니다. 그는 원래 자신의 견해로 안회(顔回) · 증참(曾參) · 자사(子思) · 맹자를 대한 적이 전혀 없고, 또 그렇게 주돈이 · 이정(二程) · 장재[21] · 주희[22]를 대한 적도 없었습니다. 다만 그는 요즘의 주돈이 · 이정 · 장재 · 주자를 강론하는 자들을 보고는 주돈이 · 이정 ·

---

19) 구장유(丘長孺): 구탄(丘坦). 자는 탄지(坦之), 호는 장유, 호북성 마성 사람이다. 만력 연간의 거인(擧人)으로 벼슬이 해주(海州) 참장(參將)에 이르렀다. 글씨에 능하고 시를 잘 지었으며 유람을 좋아했다.

20) 문회(文會): 문장과 학문으로 만난 집회나 단체. 과거시대의 선비들은 흔히 정기적으로 모임을 가지며 문장으로 친구를 사귀곤 하였다.

21) 장재(張載): 송대의 철학자. 자는 자후(子厚), 봉상미현(鳳翔郿縣, 지금의 섬서성 眉縣)의 횡거진(橫渠鎭) 사람이다. 세칭 횡거 선생. '태허가 바로 기'(太虛卽氣)라는 학설을 내세워 '기'가 바로 우주를 채우는 실체라고 인식했고 불가와 도교의 '공'(空)과 '무'(無)를 반대했다. 사물에는 음양이 있다고 인식하여 서로 반대되는 두 가지를 통일로 이르게 하는 원리를 제시하기도 했다. 저서로는 『장자전서』(張子全書)가 있다.

214

장재 · 주자가 확실히 그들과 똑같다고 여겨 부끄러운 나머지 강론을
거부하고 말았지요. 공부하는 사람으로 하여금 수치감을 느껴 강론하
지 않게 하고 주돈이 · 이정 · 장재 · 주자가 결국 요 정도에 그친다고
여기게 했으니, 오늘날의 주돈이 · 이정 · 장재 · 주자를 강론하는 자들
은 쳐죽일 놈들인 것입니다. 그가 보기에 주돈이 · 이정 · 장재 · 주자는
입으로는 도덕을 말하지만 마음은 높은 관직에 두었고 치부에도 뜻이
있던 사람들입니다. 이미 높은 관직과 많은 재물을 차지한 다음에도 여
전히 도덕을 이야기하고 태연자약 인의를 설파한 자들이기도 하지요.
더욱이 한 걸음 더 나아가 남들에게 "나는 세속의 백성들을 격려하고
교화하려 한다"고 떠들기까지 하였습니다. 그의 생각에 세상을 망치고
풍속을 어지럽히는 자들 중에 주돈이 · 정이 · 장재 · 주자를 강론하는
자보다 더 심한 이는 없었으니, 이런 까닭에 그들을 더욱 신뢰하지 않
게 되었지요. 신뢰하지 않는 까닭에 강론하지 않았구요. 그렇다면 강론
하지 않은 것 또한 잘못이라 할 수는 없겠습니다.

황생[23]이 이곳에 들렀습니다. 듣자하니 그는 서울에서부터 장로[24]까
지 재물을 갈취하러 왔다가 장로현의 장관이 다른 곳에 새로 부임하자

---

22) 주희(朱熹, 1130~1200): 남송의 철학자이자 교육가. 자는 무회(無晦) 혹은 중회
(仲晦), 호는 회암(晦庵)이며, 별호가 자양(紫陽)이다. 비각수찬(秘閣修撰) 등의
벼슬을 지내며 항금(抗金)을 주장했다. 역대 전적들에 주석을 달아 각각의 과목
에 공헌한 바가 적지 않다. 철학에서는 이정(二程)을 이어 이기론(理氣論)을 발
전시켜 이학을 집대성시켰다. 그의 박학하고 정밀하면서도 분석적인 학풍은 후
대 학자들에게 지대한 영향을 미쳤다.
23) 황생(黃生): 황극회(黃克晦). 자는 공소(孔昭), 호는 오야(吾野)이며, 혜안(惠安)
사람으로 평생 유람하길 좋아하였다. 만력 16년(1585) 65세의 나이로 병부상서
를 지낸 황극찬(黃克纘)을 따라 북행하여 수도에 갔다가 태(泰) · 대(岱)를 노닐
고 남하하여 구강(九江)에 이르렀다. 그곳에서 다시 소준(蘇濬)을 만나 북상하여
숭산과 소실산에 노닐었는데, 당시 마성을 지나던 중 이지를 만났다고 한다. 그
러므로 위 문장에서 말한 현달한 사람은 응당 소준을 가리킨다 할 것이다. 소준
은 자가 군우(君禹), 호는 자계(紫溪)이며, 진강(晉江) 사람이다. 만력 5년의 진
사로 일찍이 귀주안찰사(貴州按察使)와 절강학정(浙江學政)을 지냈는데, 그 역
시 평생 등림(登臨)을 좋아했다고 한다.
24) 장로(長蘆): 현(縣) 이름. 지금의 하북성 창주시(滄州市) 일대를 가리킨다.

또다시 그를 따라갔다고 합니다. 구강(九江)에 이르러 어느 명망 있고 지위 높은 사람을 만나자 옛사람을 버리고 새사람을 좇아서 그를 따라 북으로 방향을 바꿨다는데, 모진 바람과 추위도 아랑곳하지 않고 연로하여 곧 죽을 나이도 돌아보지 않았다고 합니다. 마성에 도착했을 때, 그는 나를 보고 이렇게 말했었지요.

"나는 숭산[25]과 소실(小室)에서 노닐고 싶었는데, 저 현달한 사람 역시 숭산과 소실에서 노닐고자 하더이다. 그가 나를 끌고 동행하는 바람에 여기까지 오게 되었지요. 그러나 현달한 분이 성안에서 나를 기다리는지라 형편상 이곳에서는 일박도 할 수가 없습니다. 돌아올 때 응당 이곳을 다시 거칠 텐데, 여기 들르면 길어야 사나흘 정도 머물다 떠나게 될 것입니다. 이렇게 허둥지둥 서두르려니 정말로 떠나기가 섭섭하군요."

그의 말은 이러했지만 그의 속내는 과연 어떠할까요? 내 짐작이지만, 그는 사실 임여녕[26] 덕분에 떨어질 떡고물을 기대해서 쉽게 떨어져나가지 못했을 뿐입니다. 하지만 임여녕이 예전에 세 번 외지에 나갔을 때 그는 따라나서지 않은 적이 한 번도 없고, 갈 때마다 번번이 수레에 재물을 가득 싣고 돌아오면서도 늘 만족하지 못한 기색이었습니다. 비유컨대 배고픈 강아지가 눈 지 하루나 지난 식은 똥에 허발하는 형국이었으면서도 감히 나를 속여 숭산과 소실산에 노닐고자 한다고 둘러댔던 것입니다. 숭산과 소실산을 유람하는 것으로 임여녕에게서 재물을 뜯어내는 자신의 행위를 나에게 감췄고, 또 임여녕이 다시 찾아온 자신

---

25) 숭산(嵩山): 하남성 등봉현(登封縣)의 북쪽에 있는 산. 세 개의 높은 봉우리가 있는데 그 중의 하나가 소실산이다. 산 아래에 석실이 있다고 하여 '소실'이란 이름이 붙었다.

26) 임여녕(林汝寧): 임운정(林雲程, 1533~1628). 자는 등경(登卿), 호는 진서(震西)이며, 진강(晉江) 사람이다. 가정(嘉靖) 44년(1565)의 진사로 구강지부(九江知府)를 지냈고, 만력 14년(1586)에는 여녕(汝寧)의 지부를 지냈다는 기록이 『하남통지』(河南通志) 권32 「직관」(職官)에 실려 있다. 여녕은 지금의 하남성 여남현(汝南縣)인데, 마성과 숭산 사이에 위치하였다.

에 대해 의심할까봐 이탁오와 헤어지기가 아쉬워 다시 이탁오를 예방해야 한다는 거짓말로 임여녕을 속였던 것입니다. 이야말로 명분과 실리를 한꺼번에 취하겠다는 양수겹장이요, 일신의 행위가 모두 온전해지는 기가 막힌 속임수입니다. 나와 임여녕은 나란히 그의 술수에 걸려들었어도 거의 깨닫지를 못했으니, 어찌 교묘하다 하지 않겠습니까! 오늘날의 도학이 이와 무엇이 다르겠습니까!

이렇게 보건대 오늘날의 이른바 성인이란 자들은 산인[27]으로 불리는 자들과 별반 다를 바가 없습니다. 다만 요행과 불행의 차이만이 존재할 따름이지요. 요행 시라도 지을 줄 알면 자칭 산림처사가 되고, 불행히도 시에 재주가 없으면 처사의 칭호를 사양하고 성인이란 이름을 갖다 붙입니다. 요행 양지(良知)에 대해 강의할 줄 안다면 성인으로 자칭하고, 불행히도 양지에 대해서 할 말이 없으면 성인이란 호칭은 접어두고 산림처사로 자칭합니다. 이 따위로 요리조리 뒤집는 짓이나 반복하여 세상을 속이고 이익을 차지하니 명색은 처사인데 그 마음은 장사치나 다름이 없고, 입으로는 도덕을 외치지만 뜻은 개구멍을 파는 도둑질에 있습니다. 명색은 산림처사라지만 마음이 장사치나 진배없으니, 이 얼마나 비천한 꼬락서니입니까? 그러고도 도리어 부자에게 빌붙는 자신을 은폐하려 숭산·소실산에 노닌다고 내세우며 이로써 다른 사람을 속일 수 있다고 생각하니, 어찌 더한층 가증스럽지 않겠습니까! 요사이 도덕과 성명[28]을 강의하는 자들은 하나같이 숭산과 소실산에서 노니는

---

27) 산인(山人): 은자(隱者). 이 글에 나오는 황생이 바로 이런 부류에 속한다.

28) 성명(性命): 본래는 인간의 속성과 수명을 가리킨다. 유가에서는 사람과 사물의 속성이 모두 타고나는 것이어서, 인성이란 천도(天道) 혹은 천리(天理)가 사람의 몸에 구현된 바라고 여겼다. 사람의 속성은 '성'(性)이며, 그 성의 근본을 '명'(命)이라 일컬었다는 것이다. 『예기』「중용」은 "천명을 일컬어 성이라 한다"(天命之謂性)고 했으며, 『맹자』「진심」(盡心)편에서는 존심(存心)은 양성(養性)으로 하고 수신(修身)은 입명(立命)으로 이루라고 가르친다. 정이(程頤)는 『이정유서』(二程遺書)에서 "마음은 성이다. 그것이 하늘에 있으면 명이 되고, 사람에게 있으면 성이 된다. 그 주된 바는 마음이라고 논하지만 기실은 하나의 도일 뿐이다"(心卽性也. 在天爲命, 在人爲性, 論其所主爲心, 其實只是一個道.)라고 설명했다.

자들입니다. 오늘날 재물의 득실을 걱정하고, 높은 벼슬과 많은 봉록에
뜻을 두었으며, 집과 전답을 선호하고, 풍수를 찬미하여 자손에게 음복
이 내리기를 기도하는 자들은 죄다 임여녕에게 이름을 기탁하고 이탁
오와는 차마 떨어질 수 없다고 둘러대는 자와 마찬가지인 것입니다. 그
렇다면 정자현이 강학을 하려 들지 않는 것도 전혀 탓할 수만은 없는
노릇이지요.

그리고 설령 장사치라 한들 비천할 것이 또 무에 있겠습니까? 수만의
재물을 옆에 낀 채 바람과 파도의 험난함을 헤치며, 관문을 지키는 관
리들의 모욕을 감내하고, 교역 중에 일어나는 꾸지람을 참아야 하며,
온갖 간난신고를 이겨내야 합니다. 그들은 정작 중요한 일을 하면서도
얻는 결과는 미미합니다. 하지만 그들은 반드시 경대부(卿大夫) 가문과
친분을 맺은 다음이라야 이익을 챙기고 손해를 멀리할 수 있으니, 어찌
오만하게 공경대부의 윗자리에 앉을 수 있겠습니까! 요즘의 산림처사
란 자들은 장사치라 칭하자니 한푼도 지니지 못한 무일푼 처지고, 처사
라 부르자니 공경대부의 대문 안이 아니면 발을 들여놓지 않는 까닭에
비천하기만 할 따름이지요. 사정은 그러하지만, 내 어찌 이런 가짜 산
림처사의 허물이 없겠습니까? 그리하여 장사치처럼 이익을 탐하는 마
음은 내게 없다 해도 석가모니 종족의 의복을 걸친 채 세상을 속이고
이름을 훔치는 작태를 벌이지 않는지 어찌 알겠습니까? 그런 일이 있다
면 저에게 벌을 내려주시기 바랍니다. 저는 거기에 대해 어떤 변명도
늘어놓지 않겠습니다. 그렇다 치더라도 재물을 얻고 또 잃을 것을 걱정
한다거나 전답과 가옥을 사들이고 명당자리를 구하는 짓 따위는 결단
코 없었음을 좀 알아주십시오.

주희는 '성즉리'(性卽理)의 관점을 피력하며 "그 이치로부터 말하면, 하늘이 이치
를 사람과 만물에게 명하면 이를 '명'이라 하고, 사람과 만물이 하늘로부터 품수
받는 것은 '성'이라 일컫는다"(自其理言之, 則天以是理命乎人物謂之命, 而人物受
是于天謂之性.)고 『문집』 권56 「답정자상」(答鄭子上)에서 말했다.

등정석에게 보내는 답장 復鄧鼎石

두보(杜甫)는 뇌양[29]의 현인이 아니었다면 대홍수의 와중에서 횡액을 면치 못했을 것이고, 사마상여[30]가 임공[31]이란 지역을 선택하지 않았더라면 정정[32]과 탁왕손(卓王孫) 무리는 그를 더러운 거름으로나 취급했을 것입니다. 어쩔 수 없는 상황에 이르면 낱알 한 톨, 돈 한 푼, 한 번의 호의가 원래보다 열 배의 가치로 올라가는 것은 당연한 이치겠지요. 다만 그럴 때 그럴 지경일수록 가장 큰 어려움은 거처를 마련하는 것입니다. 삼가 감사드립니다. 거듭 감사드립니다.

노심초사한 끝에 그 부득이한 정황을 안다 하더라도 어떻게 손을 쓸 수조차 없으니, 그저 있는 힘껏 내 할 수 있는 바를 다할 뿐입니다. 듣자하니 장사(長沙)·형[33] 영[34] 등지는 곡식이 잘 익었다 하고, 양[35]과 한[36] 지역 또한 작황이 괜찮다고 합니다. 지금 관에서 할 노릇이란 다만 곡식 사들일 재원을 마련하는 일이겠지요. 적당한 사람에게 위탁할

---

29) 뇌양(耒陽): 현 이름. 호남성 관할로 형양현(衡陽縣)의 동남방에 위치했다.

30) 사마상여(司馬相如): 서한의 사부(辭賦) 작가. 자는 장경(長卿)이고, 성도 사람이다. 일찍이 경제(景帝)를 섬기며 무기상시(武騎常侍)를 지냈으나 성격에 맞지 않아 병을 핑계대고 그만두었다. 문사를 애호하는 양 효왕(梁孝王)을 따라갔으나 그가 곧 죽자 임공으로 갔다. 거기서 탁왕손의 딸 문군(文君)과 부부가 되어 술장사를 하며 나날을 보내다가 무제의 부름을 받아 랑(郎)이 되었다. 그의 부는 주로 제왕의 생활을 묘사한 까닭에 과장과 수식이 심하며 문채가 화려한데, 말미는 풍간(諷諫)의 뜻으로 마무리지었다. 『사마문원집』(司馬文園集)이 전한다.

31) 임공(臨邛): 지금의 사천성 공래현(邛崍縣). 소금과 철의 산지로 유명하다. 아래에 나오는 정정과 탁왕손은 모두 제철로 거부가 된 사람들이다.

32) 정정(程鄭): 한대의 산동 사람. 임공에 거주하며 쇳물 주조를 업으로 삼았고 탁왕손과 버금가는 부를 쌓았다. 『사기』 권129와 『한서』 권110에 보인다.

33) 형(衡): 현 이름. 호남성의 형산현(衡山縣)을 가리킨다.

34) 영(永): 지금의 호남성 영릉현(零陵縣). 수나라 때 영주(永州)라고 부르기 시작한 이래 줄곧 이 이름을 고수하였다.

35) 양(襄): 양양현(襄陽縣). 호북성 관할로 남장현(南漳縣)의 동북방에 위치하였다.

36) 한(漢): 한구(漢口)의 약칭. 호북성 관할이다.

수만 있다면 상등품이든 열등품이든 혹은 보리든 쌀이든 간에 구애받지 말고 매입에 익숙한 부자들로 하여금 각자 돈냥을 내어 생산지로 나아가 곡식을 사들이게 하십시오. 매상이 끊이지 않게 하되, 물길 닿는 곳까지 운반도 시켜야겠지요. 관청은 다시 적정한 가격을 책정하여 빈민들이 와서 곡식을 사가게 하는데, 돈의 액수에 구애받지 말고 자금이 적어 두세 푼밖에 없는 사람일지라도 편의를 봐주어야 할 것입니다. 돈을 가져오기만 하면 금전출납계에서 돈을 받고 전표를 발행한 다음 그로 하여금 직접 배가 정박한 부두로 나아가 곡식을 가져가게 하십시오. 곡식을 파는 사람도 이문이 남는다면 기꺼이 그 일에 달려들 테니, 곡식을 구입한 자본금에는 당연히 손실이 나지 않을 것입니다. 찾아와 곡식을 사간 빈민들은 이미 쌀이며 보리 같은 양식을 확보했으니, 그들 또한 굶주리는 일은 저절로 없어지겠지요. 전표를 발행하고 곡식을 내주는 일은 간편하면서도 주도면밀하게 처리해서 사람들에게 불편을 주거나 지체되는 일이 없도록 하면, 우리 수령 어질다는 칭송이 저절로 일어날 것입니다. 게다가 이런 때를 당하여 봐주는 약간의 편의는 사실상 그만큼의 하사품을 받는 것과 마찬가지이니, 그들이 고을의 수령에 감격하여 우러러 받드는 태도 또한 저절로 이전과는 달라질 것입니다.

제가 생각해보니 요사이 마땅히 해야 할 일과 할 수 있는 일들 중에서 시급히 서둘러야 할 것이라면 위와 같은 정도에 불과합니다. "가뭄 구제는 나라님도 별 수 없다" 따위는 속물 유자들의 망령된 언사이니, 어찌 귀담아들을 만한 말이겠습니까! 세상에 대처할 수 없는 일이 무엇이며, 구휼이 불가능한 때가 또 언제이겠습니까? 요임금은 구 년 동안 홍수가 없었기 때문에 물을 다스릴 묘책이 있게 되었습니다. 탕(湯)임금은 칠 년 동안 가뭄이 없었기에 가뭄을 구할 비책이 생겨난 것입니다. 많이 쌓아두고 용도에 먼저 대비해야 한다고 말하는 자들은 그것이 준비단계의 한 과정일 뿐, 정작 일을 당해서의 구제책은 아니라고 지껄입니다. 세상 사람들은 오직 재주나 방법이 없어서, 혹은 재주나 방법이 있어도 이해관계에 얽혀들어 해를 입을까봐 백방으로 도피하기 때문에 결국은 또 우물쭈물 미적거리며 간여하지 않다가 앉은 채로 고스란히 죽음을 당하게 되지요. 그러나 자신이 불가능하다 해서 남들까지 불가능하다고 생각해서는 안 됩니다. 유독 한 무리의 속물 유자들만 자신이 할 수 없는 바라면 남들도 결코 가능하지 않다고들 떠들어대지요. 그리고 또 감히 "가뭄 구제는 뾰족한 묘책이 없다"는 큰소리까지 서슴지 않습니다. 오호라! 이런 말을 내뱉어 천하의 구황(救荒)을 가로막는 자들은 틀림없이 위와 같은 작자들입니다. 그러므로 속물 유자들은 천하의 재앙이지요. 그들의 해악이 어찌 대단하지 않다고 할 수 있겠습니까!

서울에 있는 친구에게 보내는 답장 寄答京友

"인재는 얻기 어렵다더니, 맞는 말이 아니냐!"[37]

지금 사람들은 모두 인재 얻기가 어려운 것을 알고, 인재 얻기가 어렵다고 말할 줄도 알지만, 인재 되기가 어려운 줄은 끝내 알지를 못합니다. 인재가 코앞에 있어도 전혀 사랑할 줄 모르고, 요행히 아끼고 사랑할 줄 알더라도 말치레에 그칠 뿐 실제로 자기 수하의 사람이나 자기가 배출한 사람처럼 인재를 아끼는 사람도 끝끝내 볼 수가 없습니다. 오호라! 그 문제에 대해선 아무 희망도 없습니다그려!

춘추시대의 천하를 들춰보면 성인의 재주를 아까워하는 자가 한 사람도 없었습니다. 그래서 성인은 특별히 위와 같이 한탄하면서 요·순

---

37) 출전은 『논어』 「태백」(太白)편. "순임금은 현명한 신하 다섯을 얻어 천하를 잘 다스리셨다. 무왕이 말했다. '나에게는 일 잘하는 신하 열 명이 있다.' 공자가 말씀하셨다. '인재는 얻기 어렵다더니, 맞는 말이 아니냐! 요·순 이래 주나라까지는 인재의 전성시대지만 그 중에 한 명은 부인네였으니, 아홉 사람이 있을 뿐이다. 천하를 삼등분했을 때 주나라는 둘을 차지했으면서도 여전히 신하로서 은나라를 섬겼으니, 문왕의 덕은 최고라고 말할 수 있구나!"(舜有臣五人, 而天下治, 武王曰: '予有亂臣十人.' 孔子曰: '才難, 不其然乎! 唐虞之際, 於斯爲盛, 有婦人焉, 九人而已. 三分天下有其二, 以服事殷, 周之德, 可謂至德也已矣!')

시절 인재가 받던 융성한 대우를 마음 깊이 부러워하셨던 것입니다. 그렇다면 인재란 정녕 만나기 어렵지만 그래도 언제나 존재하고는 있었다 하겠습니다. 하지만 인재를 아끼는 사람은 천고이래 보이지 않았습니다. 공자는 인재를 아끼셨지만, 또 그들이 마땅한 자리를 맡지 못한다는 사실도 알고 계셨습니다. 제(齊)나라에 들어가서는 안평중³⁸⁾을 알아보셨고, 정(鄭)나라에서 거주할 때는 정자산³⁹⁾을 찾았으며, 오(吳)나라에 계자⁴⁰⁾가 있다는 소문을 듣자 곧장 달려가 그의 장례를 지켜보셨습니다. 인재를 아끼는 성인의 마음이 이와 같았으니, 그가 만약 뜻을 펼 수 있었더라면 어찌 그들이 흔적 없이 사라져 보이지 않게 되는 상황을 용납하셨겠습니까! 그렇다면 공자의 인재에 대한 탄식은 인재 얻기가 어렵다는 한탄이 아니라 인재를 아끼는 사람을 만나기가 어렵다는 한탄이었던 것입니다. 인재란 태어나기도 너무나 어려우니, 그들을 아끼고 사랑하지 않으면 안 된다고 생각하셨지요.

무릇 재주에는 크고 작음이 있습니다. 큰 재주를 지니고도 한 번도 발탁되지 않으면 기댈 바가 없어지니, 비록 그 재주를 아끼더라도 그가 무엇을 할 수 있겠습니까! 요행히 높은 자리에 올라 의탁할 곳이 생기면 누군가의 손을 빌려서라도 추천이 가능할 것입니다. 그렇지만 나이가 이미 시기를 놓쳤다면 아무리 장양양⁴¹⁾ 같은 인재라 하더라도 추천

---

38) 안평중(晏平仲): 춘추시대 제나라의 대부 안영(晏嬰). 자는 평중. 유명한 정치가로 영공(靈公)·장공(莊公)·경공(景公)의 삼 대를 모셨다. 일찍이 제의 정권이 전씨(田氏)의 수중으로 넘어갈 거라 예언했는데, 훗날 사실로 실현되었다. 그의 언행에 관해 전국시대 사람이 엮은 책으로 『안자춘추』(晏子春秋)가 있다.

39) 정자산(鄭子産): 춘추시대의 정치가 공손교(公孫僑). 자는 자산. 정나라에서 집정할 당시 일련의 개혁을 단행하여 나라의 면모를 일신시켰다.

40) 계자(季子): 계찰(季札), 혹은 공손찰(公孫札)이라고도 부른다. 춘추시대 오나라의 왕 제번(諸樊)의 아우로 몇 번이나 임금자리를 양보한 현인이다.

41) 장양양(張襄陽): 당대(唐代)의 장간지(張柬之, 625~706)를 말한다. 양주(襄州)의 양양(襄陽, 지금의 호북성 陽樊 襄陽) 사람으로, 자는 맹장(孟將)이다. 영창(永昌) 원년(689) 현량과(賢良科)의 대책(對策)에 장원을 차지하여 측천무후의 주나라에서 봉각사인(鳳閣舍人) 등의 벼슬을 지냈다. 적인걸(狄仁杰)이 재상감

을 받는 사람이 피추천자의 나이가 많음을 핑계로 내치지 않을지 어찌 알며, 피추천인은 또 자신이 이미 늙었음을 빙자하여 스스로 나태해지지 않을지 어찌 알겠습니까!

대저 재주가 큰 사람은 자질구레한 일은 잘 모르고 흠잡힐 곳도 반드시 많게 마련이니, 진정한 안목을 갖춘 사람이 그와 더불어 말하지 않으면 반드시 신임을 받지 못하게 됩니다. 이런 몇 가지 경우를 당한다면 아무리 큰 인재라도 또 어디 가서 자신의 재주를 펼칠 기회를 맞겠습니까? 그러므로 덕망이 남보다 월등하거나 재주와 학식이 세상의 으뜸이 아닌데도 집정자의 총애를 받고 있다면 그를 쉽게 믿거나 등용해서는 안 될 것입니다.

증중야[42]에게 與曾中野

일전에 공을 뵈니 두 달여에 걸친 걱정거리가 별안간 얼음이 풀리듯 스르륵 녹아 없어짐을 느꼈습니다. 그제서야 지난번 내게 한 권유가 다만 나를 위해 기름을 붓고 장작을 땐 것인 줄 알게 되었지요. 그런데 공은 한 말씀도 하지 않았지만 그 사람을 걱정하는 뜻만은 더욱 확연하게 감지되는 까닭에 저도 모르게 마음으로부터 도취하고 말았습니다. 지

라고 그를 추천하여 형부시랑이 되었고, 다시 요숭(姚崇)의 추천을 받아 병부시랑 겸 봉각난대평장사(鳳閣鸞台平章事)가 되었다. 신룡(神龍) 초기 그의 주도 아래 무후가 총애하던 장이지(張易之)·장창종(張昌宗)을 처단해 당나라를 회복시키는 거사가 일어났고, 그는 이 공으로 하관상서(夏官尚書)가 되면서 한양군왕(漢陽郡王)에 봉해졌다. 훗날 위(韋) 황후와 결탁한 무삼사(武三思) 등의 모략으로 양주자사(襄州刺史)로 방출되었고, 이듬해 신주사마(新州司馬)로 폄적되어 울분 속에 죽었다. 『당서』권120과 『구당서』권91에 보인다.

42) 증중야(曾中野): 주유당(周柳塘)의 사위인데, 자세한 사적은 미상이다. 이지가 마성에 거주할 때 알게 된 듯하며, 일찍이 이지에게 큰 집을 희사해 살게 한 적이 있다. 또 이지와 주유당 사이에 알력이 생기자 그 사이를 오고가며 조정하였다. 『속분서』권1 「초약후 태사에게」(與焦弱侯太史) 참조.

난 일은 다 접어두기로 하지요. 이제부터는 더 이상 유로(柳老, 周思久)를 원망하지 않겠습니다.

세간의 옳고 그름에 또 무슨 일정함이 있겠습니까? 그러므로 여러 사람들이 내게 권유한 바는 시비를 넘어서서 뭔가 새로운 걸 찾아내라는 주문이 아니라 내 해묵은 분노를 감추고 밖으로 남들과 화합하라는 것이었으니, 이는 음험한 소인배의 행사로 나를 대하는 것입니다. 만약 마음을 주고받는 사귐이 아니라면 입으로는 꿀처럼 달콤한 말을 속삭여도 뱃속에 칼을 품고 있는 경우라, 그런 자들은 전혀 돌아보지 않았습니다. 이런 까닭에 옳다고 여기는 바가 갈수록 견고해지면서 더한층 응어리를 풀 수 없게 되었던 것입니다. 주자께서 말씀 한 번 제대로 잘했지요.

"은자(隱者)란 대부분 성깔이 있으면서도 그것을 감출 줄 아는 사람들이다."[43]

저는 은자이며 성깔도 있는 사람입니다. 길을 가다가도 부당한 일을 보면 아직도 칼을 빼서 도와주고 싶은데, 내 자신이 그런 일을 당하는 경우야 말할 나위 있겠습니까! 그러나 사실을 알고 보면 하릴없는 바보가 몽땅 귀신에게 홀려 저지른 일들뿐이었습니다. 만약 좋은 친구를 만나지 못한다면 언제 그런 미혹에서 방향을 되돌릴 수 있겠습니까? 이런 까닭에 자신보다 나은 벗을 그리는 마음에서 하루라도 벗어날 수 없었던 것입니다.

아아! 경초공은 이미 세상을 떠났으니 뼛골을 파고드는 절실한 말씀은 들을 길이 없어졌습니다. 주우산과는 나날이 소원해져 나를 일깨우는 쓰디쓴 충고의 말이 귀에 닿지 않습니다. 제가 미혹에 빠진 지도 오래되었으니, 어찌 오늘만의 새삼스러운 문제이겠습니까! 앞으로는 모

---

43) 완전히 일치하진 않지만 『주자어류』(朱子語類) 권8의 「총론위학지방」(總論爲學之方)에도 이와 비슷한 말이 실려 있다. "성깔이 있으면서도 그것을 감출 줄 아는 사람이 아니면 중이 될 수 없고 도사 노릇도 할 수 없다"(不帶性氣底人, 爲僧不成, 做道不了.)

든 일을 접어두고 더 이상은 유로를 원망하지 않겠습니다. 게다가 우리 두 사람은 모두 예순네 살이나 됩니다. 아무리 장수한다 해도 앞으로 예순네 해를 더 사는 일이야 없을 테지요. 저 같은 사람은 달마다 모습이 달라질 뿐 아니라 날마다 쇠약해지는 처지이니, 앞으로 살 날이 얼마나 더 되겠습니까! 죽을 날이 임박했는데도 아직도 같잖은 호기나 부리고 있으니 가소롭기만 할 따름입니다!

증계천[44]에게 與曾繼泉

듣자하니 공이 머리를 깎고 싶어한다던데, 이야말로 정말 안 될 소리입니다. 공은 처첩과 재산은 있지만 아직 아들이 없습니다. 아들이 없으니 처첩과 재산을 어디에 맡길 것입니까? 처첩과 재산을 특별한 이유 없이 버리는 것은 어질지 못할 뿐만 아니라 의롭지도 않은 행위입니다. 만약 생사(生死)를 탐구하고 도를 닦겠다는 생각이 진정으로 절실하다면 속세에 머무는 것도 하나의 방편이며 오히려 출가하는 편보다 만 배는 나을 것입니다. 한 번 물어보건대 공은 직접 바리때를 들고 가가호호 돌아다니며 동냥할 수가 있겠는지요? 며칠을 연거푸 굶고서도 다른 사람에게 밥 한 끼를 애걸하지 않을 수 있겠습니까? 만약 이런 일이 불가능하여 여전히 농사를 지어 생활해야겠다면 차라리 집에서 수행하는 편이 훨씬 낫지 않겠습니까?

제가 막 도를 공부하기 시작했을 때는 가족이 있었을 뿐 아니라 벼슬아치 노릇까지 할 때라서 사방을 분주히 돌아다니고 수만 리를 왕래하는 처지였습니다만 학문에 나날이 힘이 붙는 것을 느낄 수가 있었습니다. 나중에 호북에 머물게 되면서는 직접 훌륭한 스승과 벗을 찾아

---

44) 증계천(曾繼泉): 자세한 사적은 미상. 앞의 증중야와 마찬가지로 이지가 마성에 거주할 때 알게 된 사람이다.

다니고 싶었지만 집사람이 그 땅에 남기를 원치 않는 까닭에 사위와 딸을 시켜 그녀를 돌려보냈지요. 하지만 친딸과 조카 등이 조석으로 봉양하고 벼슬할 때 여축으로 모았던 봉급을 또 모두 넘겨준데다 나 혼자만 외지에 남았던 터라, 나의 죽은 아내 황씨가 비록 고향에 돌아 갔다고는 하지만 내가 신경을 쓸 필요는 전혀 없었습니다. 때문에 저는 안심하고 그곳에 머물며 친구들과 즐겁게 어울릴 수가 있었지요. 제가 머리를 깎은 이유는 집안의 한가한 자들이 불쑥불쑥 들이닥쳐 나의 귀향을 보채는데다 또 수시로 불원천리하고 찾아와 속세의 일로 나를 압박하기 때문이었습니다. 그리하여 머리를 깎음으로써 내가 돌아 갈 의향이 없으며 속세의 일에는 결단코 상관하지 않겠다는 의지를 보여주었던 것입니다. 또 이 땅의 견식 없는 자들 중에는 저를 이단으로 지목하는 자도 많았던 까닭에 차라리 머리를 깎아 저 애송이들의 소원 대로 이단이 되어주자는 생각도 있었지요. 이런 몇 가지 이유 때문에 돌연히 머리를 깎기는 했지만 그것이 나의 본심은 아니었습니다. 사실인즉슨 나이도 이미 연만하여 이 세상 살 날이 얼마 남지 않았다는 점도 구실이 되었지요.

공은 아직 장년의 나이라 아들을 낳기에도 좋고, 사람 구실하기도 좋으며, 발전을 이루기에도 적합합니다. 게다가 전답이 너무 많은 것도 아니고 가업이 거창하지 않아 살림을 꾸려나가기에도 딱 적당하지요. 너무나 부귀한 집안이라 집안일에 눈 돌릴 틈이 없고 잠시잠깐의 겨를도 생겨나지 않는 경우와는 다르다 하겠습니다. 왜 꼭 머리를 깎고 출가해야만 도를 공부하게 되는 것이겠습니까? 저는 머리 깎고 출가한 다음부터 도를 공부하기 시작한 사람이 아님을 제발 기억해주기 바랍니다!

유방백[45]에게 답하는 편지 答劉方伯書

이 일은 마치 기갈난 것과도 같습니다. 배고픔이 지속되면 먹고 싶어지고, 갈증이 계속되면 마시고 싶은 것이 인지상정입니다. 이 세상에 언제 먹고 마실 것을 생각하지 않는 사람이 있었습니까! 먹거나 마시고 싶지 않다는 것은 그럴 만한 까닭이 있기 때문이니, 바로 아무 거나 먹는 잡식이 병통이지요. 이제 땅 위에 사는 중생들을 관찰하건대, 누가 잡식의 병통을 범하지 않더이까? 잡식이란 무엇을 말함인가요? 작은 이익에도 잽싸게 달려들고, 아는 것이란 그저 제 몸뚱이뿐이며, 그 밖의 것들은 관심조차 없는 것이지요. 욕심이 수십 세대가 지난 오랜 뒤까지 뻗치지만, 만 대 억 대 이후의 먼 미래에 대해서는 욕심부리지 않는 것이기도 합니다.

대저 공명과 부귀는 세상의 중생들이 자신의 일곱 자 몸뚱이를 받들어 모시는 까닭입니다. 이는 육체와 관련된 물질적 조건이므로 그들이 조급해하는 것도 당연하지요. 그래서 죽을 때까지 육신을 혹사하고 그 마음을 수고롭게 하면서 자신의 몸을 받드니, 이런 일은 인생 백 년을 살고 죽을 때가 되어서야 그치게 됩니다. 이는 인생 백 년의 물질적 조건이므로 아직 인생을 다 살지 않은 사람이라면 누구나 기갈이 나서 추구하는 목표가 되지요. 하지만 멈출 줄 모르는 자들은 여전히 웃으면서 말합니다.

"요것만으로 어찌 족하다 하겠는가! 사나이라면 모름지기 자손을 위해 흔들리지 않을 기반을 닦아야 하니, 어찌 자신이 죽는다고 해서 냅다 그만둘 수 있단 말이냐?"

이리하여 그들은 집터와 묏자리를 골라잡는 것으로 모든 음양[46]에 호

---

45) 유방백(劉方伯): 유동성(劉東星). 방백은 명대에 포정사(布政使)를 일컫는 호칭이었다.

46) 음양(陰陽): 천지간에 만물을 낳고 변화시키는 두 가지 기운. 여기서는 천지신명을 말한다.

소하니, 길지를 잡음으로써 후손에게 음덕을 베풀려는 의도입니다. 이는 또 수십 대 이후를 겨냥한 물질적 준비라 하겠습니다. 이렇게 수십 대 자손의 먹을거리까지 욕심내는 자들은 모두 허발을 하며 덤벼드는 형국이 일반적이지요. 이리하여 혹자는 보이지 않는 곳에서 음덕을 쌓고 혹자는 드러나게 보시를 베풀기도 하니, 그 마음씀은 지극히 복잡하고 주도면밀하며 방법 또한 너무나 현실적이고 다양합니다. 하지만 그 모든 것은 다만 한 줌 바다나지 않을 먹을 거리를 후손에게 남겨주려는 탐욕일 뿐이지요. 그런데 현자(賢者)들은 또 그들을 비웃으며 말합니다.

"이 어찌 오래갈 일이겠는가! 이런 일이 또 어떻게 입에 올리기 족한 것일까! 게다가 본인과는 상관없는 일이 아니더냐! 마음을 수고롭게 하여 육신을 섬기는 것도 지혜로운 자(智者)는 하지 않는데, 몸뚱이를 피곤하게 만들어 자손들을 위한 소나 말이 되는 짓이야 나위가 있겠나? 사나이가 세상에 태어났다면 응당 썩어 없어지지 않는 이름을 남기는 것이 중요하다."

이들은 이름을 추구하는 자들입니다. 이름이 기왕에 그들이 먹고 씹는 대상이라면, 기갈이 나서 추구하다가 안 가는 곳이 없게 마련입니다. 명성이 비록 오래 가서 천지와 더불어 수명을 같이할지는 모르지만 천지가 다하면 그 또한 따라서 스러지고 마는데, 어찌 영원함을 얻을 수 있겠습니까? 그런데 통달한 사람(達者)은 또 그들을 비웃으며 말합니다.

"이름과 육신 중에서 대체 무엇이 더 가까운가? 대저 마음을 수고롭게 하여 몸뚱이를 받드는 것도 이미 어리석다 말하는데, 마음을 사역하여 몸뚱이 밖의 이름을 구하는 짓임에랴?"

그렇다면 이름이 육신보다 더 가까운 것은 아님이 자명합니다. 그런데도 "군자는 죽은 뒤 이름을 남기지 못하는 것을 두려워한다"[47]고 한

---

47) 출전은 『논어』 「위령공」(衛靈公)편. "공자가 말씀하셨다. '군자는 죽은 뒤 좋게 말해지지 않는 것을 두려워한다'"(子曰: '君子疾沒世而名不稱焉.')

것은 또 무슨 말입니까? 원래 보통사람의 병통은 이익을 좋아함에 있고, 현자의 병통은 이름을 좋아한다는 것에 있습니다. 만약 이름으로 그를 유인하지 않으면, 그 말이 들어먹히지 않게 되지요. 오직 길이 있다면 점진적으로 유도하여 그들로 하여금 실질로 돌아가게 하는 것인데, 실질로 돌아가고 나면 이름 또한 존재하지 않게 되는 까닭에 "공자는 유인을 잘 하셨다"[48]고 말한 것입니다. 하지만 안연이 죽자 공자가 유인에 뛰어난 줄 알았던 사람은 사라져버렸습니다. 때문에 안자가 죽자 공자의 훌륭했던 유인 기술은 결국 끝장나고 말았던 것입니다.

아아! 대지 위의 중생들은 작은 이익만 보아도 속도를 내려 하는 까닭에 그들이 먹고 마시는 바는 죄다 이 정도에서 끝나고 마니, 통달한 사람은 그 누구이겠습니까? 하지만 그들더러 공자나 안자의 처신을 사모하라고 요구하는 것 또한 어렵지 않겠습니까? 그래서 저는 이렇게 생각하였습니다. 천 년의 세월 동안 비록 공자께서 나서서 중생들을 잘 인도하셨더라도 그들이 갈구하는 바를 바꿔 공자처럼 처신하게 만들 수는 없었다고 말이지요. 헤아려보면 오직 스스로 배불리 먹고 노래하며 스스로 마시고 춤추는 일이 있을 뿐이었습니다. 하물며 저 같은 사람은 방외(方外)에 몸을 기탁하여 군중들에게서 이탈하고 세상 밖으로 도망친 주제이면서도 감히 요란스레 떠들고 다니면서 알아서 멈출 줄을 몰랐습니다. 그래서 결국 본인에게 무익했을 뿐만 아니라 재앙을 입는 경고까지 당하고 말았지요! 그렇다면 요즈음 자신이 공자나 되는 줄 알고 남들을 유인하여 자신을 따르라고 시키는 자들은 정말로 가소롭기 그지없습니다. 어째서 그렇겠습니까? 공자 같은 분도 안자말고 다른 제자는 두지를 못했는데, 그 누가 가슴속 깊이 기갈을 일으켜 저와 함께 이곳에서 먹고 마시겠습니까! 설사 온 상 가득 산해진미를 차려놓고 용과 봉새의 골수를 쌓아놓은 채 무릎 꿇고 받들어 올린다 해도 필경은 노여움을 타고 거친 질책이나 입게 될 것입니다. 설사 어떤 자가 얼굴

---

48) 출전은 『논어』 「자한」(子罕)편.

빛을 꾸미고 아양을 떨어 잠시 고기 한 점을 집어들었다 해도 곧 '웩웩' 토악질소리를 내며 뱉어버리게 될 것입니다. 어찌하여 그럴까요? 원래부터 그가 먹고 마실 음식이 아니었으니, 불러다 함께 먹자고 청하면 안 되는 것이었지요. 그렇다면 공자님 이후에 태어난 사람은 학문을 강론해도 결국 아무 이익이 없으니, 비록 머리를 깎지 않은 채 출가하여 방외의 친구를 찾아 어울리고 싶다 한들 그것이 또 어떻게 가능하겠습니까! 그렇다면 지금 세상에 태어났어도 과연 그들과 더불어 먹고 마시며 의기투합할 길은 끝내 없는 것일까요? 정녕 그들과 더불어 함께 어울릴 길은 꽉꽉 막혔을 뿐이었습니다!

장순부에게 답하는 편지 答莊純夫書

학문이란 모름지기 수시로 문제를 가늠해야 시시각각 이익을 얻게 되는 법이다. 설사 강론하는 사람이 없더라도 자신이 알아서 남의 강의를 찾아가 들어야 하느니. 원래 하루를 공부하면 그 하루가 새로워지는데, 이는 남을 위해서가 아니요 바로 전적으로 자신을 위한 일이다. 용계(龍谿, 王畿)나 근계(近溪, 羅汝芳) 두 어른은 우러러 본받을 만한 분들이시다. 그들이 학문이란 영역에는 교묘한 수단이 없음을 어찌 모르셨겠는가! 석가모니라는 진짜 선인(仙人)은 대체로 여기에 푹 빠져서 싫증내지 않았던 분이시구나. 요즘 사람들은 알지도 못하면서 모두들 그분이 사람 제도를 잘한다고 지목하는데, 바로 가장 중요한 표제를 빠뜨리고 하는 소리들이니라.

주우산에게 보내는 편지 與周友山書

불초 소생이 황안과 마성에서 거주하기 시작한 지도 어언 십이 년이란 세월이 흘렀습니다. 근자에 와서야 황학루[49]의 빼어난 경치를 한 번 둘러보았을 뿐, 아직까지 청천(晴川)과 구봉(九峰)은 유람한 적이 없습니다. 저는 이제 세상을 걱정한다는 자들에 의해 도를 그르치고(左道) 백성들을 미혹한다는 혐의를 뒤집어쓰게 되었습니다. 저는 반복해서 그 일을 생각했지만 한평생 누구도 내 사람이 된 적이 없으니, 도대체 누구를 미혹했다는 말인지 알 수가 없군요. 그러나 좌도라는 호칭에서 저는 정말이지 도망칠 수가 없습니다. 까닭이 무엇일까요? 혼자 산 날 이 오래인지라 좋은 말은 귀에 들리지 않고 몸은 쇠약한데다 죽음을 두 려워하는 마음이 깊어지니, 어쩌면 좌도의 죄를 범했을지도 모르기 때 문입니다. 뜻하지 않게도 세상을 걱정하는 우국지사들께서는 이와 같 이 저를 가르치는 크나큰 자비를 기꺼이 베풀어주셨습니다그려!

오늘 당장이라도 관을 쓰고 머리를 기르면 본래의 면목을 완전히 회 복할 수 있고, 두세 명의 시종들에게도 남들과 똑같이 둥근 모자 하나 만 씌우면 승려의 모습은 완전히 감춰지게 됩니다. 이렇게 복장을 단정 히 하고 가르침에 따르면 좌도라는 죽을죄에서 벗어날 수 있지 않을까 요? 생각건대 공자님이라도 그리 심하게는 다그치지 않으실 것입니다. 여러 공들께서는 공자 문하의 가법을 준수하고 계시니 관대한 처분으 로 저의 개과천선을 허용하실 것이야 결단코 의심의 여지가 없습니다. 그러나 일의 형세는 예측하기 어렵고 사정과 이치가 항상 일정한 것은 아니지요. 만약 좌도를 금지하는 규약을 준수해 가볍게 용서하지 않고 제가 가는 곳마다 끝까지 따라가 추궁하려 든다면, 온 땅이 다 금지 구 역이니 또 어디로 도망을 치겠습니까! 저는 이에 진퇴양난에 빠졌습니 다. "이튿날 그대로 길을 뜨셨다"[50]는 공자를 본받고 싶어도 정들어 살

---

49) 황학루(黃鶴樓): 지금의 호북성 무한시(武漢市) 무창(武昌)의 사산(蛇山)에 위치 한 누각. 당대의 이백과 최호(崔灝), 송대의 육유(陸游) 등이 이곳에서 노닐며 시 를 남겼다. 아래에 나오는 청천과 구봉도 모두 근처의 경승지이다.

50) 출전은 『논어』「위령공」편. "위령공이 공자에게 진영의 일을 묻자, 공자가 대답하 셨다. '제사에 관련된 일은 일찍이 들은 적이 있지만 군대의 일은 배운 적이 없습

던 땅을 저버리기 어렵고, "평복을 하고 송나라를 지나가버린"[51] 고사를 따르려 해도 성을 지키는 정자(貞子)가 아직 태어나질 않았습니다. 고명하신 형께서 저를 위해 요량해주심이 어떠할지요?

그러나 저의 개과천선은 실로 본심에서 우러난 것입니다. 지난날에는 줄곧 불교에 탐닉했던 까닭에 자신이 좌도에 빠진 줄도 알지 못했으니, 명백히 잘못을 알면서도 일부러 죄를 짓는 부류와 비교하면 아니 되겠습니다. 모르고 죄를 지은 것이야 정리상 용서할 수도 있으려니와, 기왕에 조속히 고치려고 한다니 더더욱 장려할 노릇이지요. 또 그 과오를 즉시 용서하는 것에 그치지 말고 양식까지 제공해줘야 할 것입니다. 만약 이렇게만 될 수 있다면 저는 응당 형에게 먼저 용서를 부탁하고, 대종사(大宗師) 문하에 절을 올릴 것이며, 다시금 새롭게 공자 문하의 '친민'(親民) 학설을 끄집어 내세울 것입니다. 내 나이 어언 예순다섯입니다. 이제 와서야 여태껏 살아온 예순네 해의 잘못을 깨닫게 되었습니다그려!

다시 주우산에게 보내는 편지 又與周友山書

제가 탑옥(塔屋)을 짓는 일에 대해 내려주신 가르침은 대단히 옳습니다. 다만 제가 이미 가족의 즐거움이 없는데다 친구의 낙까지 잃어버린

니다.' 이튿날 공자는 위나라를 떠나셨다. 진에 이르자 식량이 떨어졌고 따르던 제자들은 병들어 쓰러져 일어나지 못했다. 자로가 잔뜩 화가 난 얼굴로 '군자에게도 궁할 때가 있습니까?' 하고 따지자, 공자가 말씀하셨다. '군자도 곤궁할 때가 있지. 다만 소인은 곤궁할 때 본분을 지키지 못한다'"(衛靈公問陳於孔子. 孔子對曰: '俎豆之事, 則嘗聞之矣; 軍旅之事, 未之學也.' 明日遂行. 在陳絶量. 從者病, 莫能興. 子路慍見曰: '君子亦有窮乎?' 子曰: '君子固窮, 小人窮斯濫矣.')

51) 『맹자』「만장」 상편. "공자는 노나라와 위나라를 좋아하지 않으셨다. 송나라의 환사마가 장차 그를 죽이려고 하자 평복을 입고 송을 그대로 지나치셨다"(孔子不悅於魯衛, 遭宋桓司馬將要而殺之, 微服而過宋.) 본문에 나오는 정자(貞子)는 당시 공자를 도와주었던 진(陳)나라의 임금 주(周)의 신하를 말한다.

외롭고 고독한 신세인지라 더불어 만나거나 이야기를 나눌 만한 이가 없음을 떠올려주십시오. 그저 앞으로 저의 유골을 안치하게 될 탑옥 한 채에 노년의 외로움을 달래고 있으니, 제발 저의 뜻에 따라주시고 가로막지는 말아주십시오! 제가 죽은 다음에는 산수를 즐기는 자들이 찾는 장소가 될 수도 있고 혹은 독서모임이 열릴 수도 있으며 때로는 기와나 자갈 따위를 쌓아두는 곳으로도 쓸 수가 있으니, 지혜로운 자가 굳이 남을 거슬리면서까지 도모할 바는 아니라고 하겠습니다.

고인의 견식은 지극히 높지만 당장의 보는 범위만큼은 대단히 근시 안적이어서 자자손손 만 년의 사업은 도모할 수 없었습니다. 곽분양[52]의 집은 절이 되었고 마수[53]의 저택은 원림으로 바뀌었으니, 두 원로가 견식이 없어 그리되었다고 말할 수 있겠습니까? 우(禹)임금처럼 지혜가 뛰어나고 팔 년이란 세월을 그토록 열심히 일했으며 모든 공덕을 그같이 백성에게 돌리셨던 분도 자손인 태강(太康)이 예(羿)에게 왕위를 빼앗기고 천하를 잃게 될 줄은 헤아리지 못하셨으니, 그처럼 위대하고 경이로운 지혜의 소유자도 겨우 이 정도에 불과했던 것입니다.

원나라의 세조(世祖)가 처음으로 강남을 평정했을 때, 유병충(劉秉忠)에게 물었습니다.

"자고이래 몰락하지 않은 집안이 없고 망하지 않은 나라가 없다. 짐

---

52) 곽분양(郭汾陽): 곽자의(郭子儀, 697∼781). 당나라 화주(華州)의 정현(鄭縣, 지금의 섬서성 華縣) 사람. 무과를 통해 변방의 절도사에 이르렀다. 안록산의 난을 평정할 때 으뜸가는 공을 세워 숙종으로부터 "국가의 재건이 그대의 힘 덕분"(國家再造, 卿力也)이란 찬사를 듣기도 하였다. 영태(永泰) 초기 회흘(回紇)과 토번(吐蕃)이 연합해 쳐들어오자, 그는 단독으로 회흘을 찾아가 설득하여 그들과 더불어 토번을 물리치기도 하였다. 덕종 때 상부(尙父)라는 호칭이 하사되었고, 분양에 봉해져 세칭 '곽분양'이라고 부른다. 시호는 충무(忠武). 『당서』 권137 등 여러 책에 보인다.

53) 마수(馬燧): 당나라 사람으로 마현(馬炫)의 아우이다. 자는 순미(洵美). 대력(大曆)과 건중(建中) 연간 누차에 걸쳐 이영요(李靈耀)를 격파하고 벼슬이 중서문하평장사(中書門下平章事)에 올랐으며 북평군왕(北平郡王)에 봉해졌다. 또 이회광(李懷光)을 평정하는 데 공을 세워 제왕에 버금가는 지위에 올랐다. 시호는 장무(莊武). 『당서』(唐書) 권155와 『구당서』(舊唐書) 권134에 사적이 보인다.

의 천하는 훗날 어떤 사람이 차지하게 될 것인가?"

유병충은 이렇게 대답하였지요.

"서쪽에서 온 사람이 얻게 될 것입니다."

이 말에 자극을 받은 세조는 나중에 수도를 연경[54]으로 정했습니다. 그런데 성을 쌓으려고 땅을 파던 중 돌상자 하나를 발견하고 뚜껑을 열었더니, 안에는 대가리가 붉은 벌레들이 가득 차 있었습니다. 다시 병충에게 조서를 내려 문의하자, 그는 이렇게 대답했지요.

"훗날 폐하의 천하를 얻을 자는 바로 이놈들입니다."[55]

여기서 우리는 세조가 천하를 얻자마자 곧바로 천하를 잃게 될 날을 물었고, 병충 또한 천하를 잃는 것을 불길한 일로 여기지 않고 정직하게 대답했음을 알 수가 있습니다. 잃더라도 가진 것과 똑같이 보는 태도야말로 진정한 영웅호걸이니, 정말로 시쳇것들과는 다른 풍모라 하겠습니다! 유병충은 어려서 중노릇을 했는데, 세조가 대도(大都)에 와서 그를 만나자 승복을 입은 그대로 따라나서 종군하였지요. 말년에야 비로소 관복을 입고 원나라의 개국원로가 되었던 것은 전혀 우연한 일이 아니었습니다.

제가 탑옥을 짓기는 하지만 경영상의 어려움이 없는데다 돈을 모금하러 다니는 수고도 없습니다. 돈이 모이는 대로 짓고 알아서들 힘을 보태게 하면서 다만 저의 규제에 따르게 하였을 뿐입니다. 형께서 이 말을 들으시면 분명 어떤 의구심도 말끔히 사라지게 될 거라고 생각합니다.

---

54) 연경(燕京): 북경의 별칭. 춘추시대 연나라의 수도가 위치했던 까닭에 그런 이름을 얻게 되었는데, 원대 이래로 중국의 수도이다. 본문에 나오는 대도(大都)는 원나라 당시에 부르던 명칭이다.

55) 원나라는 홍건(紅巾)을 쓴 백련교(白蓮敎) 무리에 의해 망했는데, 이들은 서방정토설(西方淨土說)을 신봉하였다.

초의원에게 與焦漪園

저는 지금 다시 무창(武昌)에 거주하고 있습니다. 양자강과 한수(漢水) 유역을 저 홀로 노니는 것입니다. 도를 시행하기 어려운 줄은 진작에 알았으니, 「귀거래사」를 부르고 싶은 한탄이 어찌 그쳐질 리 있겠습니까? 하지만 이 늙은이는 돌아갈 곳이 없습니다. 친구들만이 의지처라고 여기던 터에 지금 같은 경우를 당하고 보니 어디로 가야 할지 알 수가 없군요!

한양(漢陽)의 성안에선 그래도 이런 말을 나눌 자가 존재했지만, 무창에서는 왕래조차 다 끊어진 마당인데 무슨 수로 학문을 담론하겠습니까! 글이 여기에 이르니 글자마다 눈물이 한 줄금씩 흘러내리는군요. 누구에게 이런 사정을 하소연하고 누구에게 이 글을 읽혀야 좋을지 모르겠습니다. 의당 예전처럼 머리를 깎고 산으로나 들어가야 할까 봅니다.

유진천[56]에게 보내는 편지 與劉晉川書

어제 약속으로는 그 사람이 마중을 나온다고 했지만, 그는 끝내 나타나지 않았습니다. 이리하여 저 혼자서는 감히 감영 안으로 들어가지 못했는데, 이는 제가 일 없이 어슬렁어슬렁 기어들어 반드시 뭔가 간여할 것이라는 남들의 의구심이 걱정스러웠기 때문입니다. 오늘은 시간이 있으신지요? 시간이 난다면 당장 사람을 보내 저를 데려가 주십시오. 그래서 감영 내의 모든 사람들로 하여금 그대와 내가 서로 만나려는 까닭은 오직 성명(性命) 한 가지 일 때문임을 알게 하는 것이 좋겠습니다. 저는 평소 행실로 말미암아 사람들에게 신망을 얻지 못했습니다. 부득이 사람들의 비방을 미리 방지하려는 것일 뿐, 제가 존귀해서 대접받으

---

56) 유진천(劉晉川): 유동성(劉東星). 진천은 그의 호이다.

려고 그러는 것이 아닙니다.

벗에게 보내는 편지 與友朋書

고호두(顧虎頭, 顧養謙)는 비록 배움에 익숙하진 않지만 나름대로 안목을 지녔으니, 가상한 인물이다. 주공근(周公瑾, 周思敬)은 학문에 이미 통달한데다 안목까지 빼어났으니, 더한층 가상할 따름이다. 이들은 둘 다 식견이 뛰어나고 자질이 빼어난데다 담력마저 갖추고 있어 지혜와 어짊과 용기의 세 가지 덕목을 아울러 구비한 사람들이다. 주공근은 감추기를 잘 하는 사람이다. 만전을 기한 다음이 아니면 절대로 드러내지 않는 까닭에 사람들은 그가 칼 가는 데(善刀)[57] 교묘한 재주를 지닌 줄만 알고 칼을 다루는 데(遊刃)[58] 있어서도 능력이 빼어난 줄은 알지 못하는구나. 반면에 고호두는 표현을 잘 하지만, 일껏 드러내도 사람들은 그것을 보지 않는다. 때문에 사람들은 그가 칼을 휘두르는 데만 유능한 줄 알지 그가 칼 가는 방면에도 재주가 있는 줄은 알지 못한다. 주공근은 자신을 점검하고 단속하는 데 열중하면서 한평생 자신만을 위할 줄 알았던 까닭에 지기(知己)가 드물고 정 또한 희박한 것처럼 보인다. 하지만 일단 지기가 되고 나면 아교칠을 한 것처럼 서로 떨어지기 어려운 이가 바로 그 사람이다. 고호두는 휘날리고픈 뜻이 강해 평생토

---

57) 선도(善刀): 칼을 갈아 사전에 대비하는 것. 출전은 『장자』「양생주」(養生主).

58) 유인(遊刃): 포정(庖丁)이 문혜군(文惠君)을 위해 소를 잡다가 기량이 뛰어나다는 칭찬을 듣고 이렇게 말했다. "신은 이제까지 십구 년 동안 칼을 쓰며 수천 마리의 소를 잡았지만 칼날은 숫돌에서 갓 갈아낸 듯합니다. 소의 뼈마디 사이는 틈이 있고 칼날은 두껍지 않으니, 얇은 칼날로 틈새를 파고들어 넓디넓은 공간에서 칼을 휘두르면 반드시 여지가 남아돌기 때문입니다"(今臣之刀十九年矣, 所解數千牛矣, 而刀刃若新發於硎. 彼節者有閒, 而刀刃者無厚, 以無厚入有閒, 恢恢乎其於遊刃, 必有餘地矣.) 이로부터 '유인'은 사물을 투철히 관찰하고 기예에 익숙해 자유자재로 운용하는 상황을 일컫는 말이 되었다. 출전은 역시 『장자』「양생주」.

록 자신을 챙겨본 적이 없으니, 그래서 서로를 아껴주는 정리는 대단히 광범위해도 그 정이 외곬으로 집중된 것처럼은 보이지 않는다. 그러나 정이 한곳으로 쏠리게 된다면 그 사랑은 정녕코 분산되지 못한다. 어찌하여 그럴까? 이는 그들 모두가 안목을 지닌 인물들인 까닭이다. 내가 알기로 그들은 둘 다 사람을 꿰뚫어 보면서도 자신이 아는 바에 현혹되지 않았다. 남을 아껴줄 수 있으면서도 그 사랑에 눈멀지 아니했고, 사람을 부릴 줄만 알 뿐 남에게 이용을 당하지는 않았다. 주공근은 귀머거리 벙어리처럼 행세하면서 노자(老子)의 진수를 체득하였다. 덕분에 그와 더불어 청정영일(淸淨寧一)의 변화와 무위자연(無爲自然)의 쓰임에 대해 이야기를 나누게 되면 마치 물 속에 돌을 던진 것처럼 자연스럽게 빨려들어 조금의 거스름도 생겨나지 않는다. 이른바 안색 한 번 변하지 않으면서 천하를 태산에 안전하게 올려놓을 자란 바로 이런 사람인 것이다. 그는 최상층의 경지에 오른 사람이니, 어떻게 쉬이 만날 수 있으랴? 고호두에게는 황제가 나어린 태자를 부탁하고 국정을 맡길 만한 군자의 기풍이 존재한다. 그러므로 한밤중에 찾아가 문을 두드리더라도 반드시 서로 가까운 사이라는 이유로 해이해지지 않을 인물인 것이다. 하물며 중차대한 임무를 양어깨에 짊어지고 어지러운 세상을 바로잡는 사업을 그가 저버리려 하겠는가! 이 사람은 나라가 크게 의지할 만한 인물이다. 다만 또 어찌해야 얻을 수 있을꼬! 고호두는 통주(通州) 사람이고, 주공근은 마성(麻城) 사람이다.

유진천에게 답하는 편지 答劉晉川書

저도 이제는 고희를 바라보는 나이입니다. 혈혈단신 떠돌다보니 어느덧 죽을 날만 가까이 다가와 염라대왕의 쇠몽둥이를 거역하기 어려운 상황이지요. 게다가 이승에서의 괴로움을 또 벌써 물리도록 목격했던 터라 도를 배워야겠다는 생각은 점점 급박해지기만 하였습니다. 기왕에 도를 배우기로 작정한 이상 부득이 선각자에게 기대지 않을 수 없었습니다. 선각자에게 의지하려니 사방팔방 떠돌지 않을 수 없었고, 천지를 떠돌자니 혼자서 고독과 괴로움을 삭여내지 않을 수 없었습니다. 이유가 무엇일까요? 식솔들은 그저 고향 그리운 줄이나 알고 하인배들은 저마다 처자식에 대한 상념 때문에 저와는 뜻을 같이하지 않았습니다. 각자 뜻이 다르니 붙잡아두기 어려운지라 죄다 고향으로 돌려보내고 말았는데, 이는 제가 가족들이 따라다니는 것을 원치 않고 혼자 외로움을 즐기기 때문이 아니었습니다. 도를 향한 마음이 날마다 조급해지니 외로운 고통쯤이야 달게 여길 수 있었지요. 원래 외로워 고통스런 날은 짧고 극락세계에 머물 날은 기나긴 법이니까요.

벌써 오래 전부터 남과 북에 있는 두 수도로 가서 도를 깨달은 분들을 찾아보려 작정했었고, 북경과 남경의 친구들 또한 날마다 저를 기다려 왔습니다. 요즈음 듣자하건대 두 수도의 친구들이 더욱 승승장구하고 있다고 합니다. 오중승(吳中丞)의 편지를 받아보고 나서 그가 나를 얼마나 아끼는지 알게 되었습니다. 그러나 고통주(顧通州, 고양겸)는 나를 사랑하고 인품 또한 내가 사표로 여길 만한 사람이지만 일찍이 생사(生死)에 관한 문제는 염두에 둔 적이 없습니다. 이 땅에는 또 주우산이 있고 다시 당신네 부자가 계시니, 제가 여기를 버리고 어디로 가야 하겠습니까?

이제 주우산은 북쪽으로 올라가야 하고 공은 또 별도로 남경으로 유람을 떠나려 하십니다. 칠십 평생 동안 나를 벗하여 준 분들이 계시기에 안심하고 살아왔지요. 더불어 벗이 되어주셨기 때문에 또 미친 듯이 내달리며 스스로를 고해에 던질 필요가 없었던 듯싶습니다. 오중승이 비록 호의를 보여주긴 하지만 제 생각으로는 재물을 나눠주고 내가 알아서 무창성 아래에다 선방 한 곳을 짓게 하느니만 못할 것 같습니다. 서두르는 꼬락서니가 웃음이나 자아낼 노릇이지만, 그럴싸하다고 여겨지시면 저의 이런 뜻을 그에게 전해주십시오.

유초천[59]과 작별하며 別劉肯川書

큰 '대'(大) 자는 공에게 아주 요긴한 약이 될 것입니다. 크지 않으면 자신도 보호할 수 없는데 어떻게 남을 비호할 수 있겠습니까? 대저 남을 보호하지 못하고 죽을 때까지 남들의 비호나 받는 사나이 대장부란 존재한 적이 없습니다. 대인(大人)이란 남을 비호하는 사람이요, 소인(小人)이란 남에게서 비호를 받는 자입니다. 무릇 대인의 견식과 역량이 보통 사람들과 같지 않은 까닭은 그것이 모두 남을 비호하는 것으로부터 생겨나 날마다 확충되고 자라나며 날마다 번창하기 때문입니다. 만약 남의 그늘에나 있는 사람이라면, 그 자신이 죽을 때까지 견식과 역량으로 채워질 날은 없습니다. 요즘 사람들은 하나같이 남의 비호나 받을 줄 알지 자신이 남을 비호할 일이 있는 줄은 아예 알지도 못합니다. 집에서는 부모의 보호를 받고, 관리가 되면 상관의 비호를 받으며, 조정에서는 재상의 보호를 받길 원하고, 변방의 장수가 되어서는 중앙 관료가 두둔해주길 바라고, 성현을 자처하는 자들은 공자나 맹자의 비호를 구하며, 문장가를 자처하는 자들은 반고(班固)나 사마천(司馬遷)의 그늘에 들기를 원합니다. 자신을 대하는 이런 갖가지 태도는 모두가 자신을 사나이라고 간주하는 데서 비롯되지만, 기실은 그들 전부가 어린아이라 뭐가 뭔지를 모르고 있습니다. 호걸과 보통 사람의 구분은 다만 남을 비호하고 남에게서 비호를 받는다는 이 한 가지 견식의 차이로부터 출발한다고 하겠습니다.

---

59) 유초천(劉肯川): 유용상(劉用相). 자는 초천, 심수(沁水) 사람으로 유동성(劉東星)의 장남이다. 부친과의 인연 때문에 이지와는 매우 가깝게 지냈다. 유동성은 두 차례 평상(坪上)과 제녕(濟寧)에서 이지를 맞아 부양한 적이 있는데, 그때마다 초천이 맞이하고 접대했다고 한다.

친구에게 답하는 편지 答友人書

누군가가 말했습니다.

"이탁오는 폭발적인 분노를 학문이라고 말한다니, 그 또한 기이하지 않습니까!"

어떤 친구가 그 말에 대꾸했지요.

"탁오 선생은 결단코 노발대발 화내는 것을 학문이라고 말하지 않았다. 격렬한 분노는 응당 성(性)이라고 말해야 한다."

혹자가 다시 말했지요.

"드러나는 것마다 예의법도에 맞아떨어지는 상태(中節)[60]를 바야흐로 성(性)이라 합니다. 어찌 터질 듯 화를 내는 것이 성의 이치일 리 있겠습니까!"

"노여움 또한 아직 드러나지 않은 가운데 존재한다."

아아! 폭발적인 분노를 성이라 말한다면 이는 성을 무고하는 것이고, 폭발적인 분노를 학문이라 한다면 이는 학문을 무고하는 짓입니다. 기왕에 학문이 아니고 또 성도 아니라니, 저는 진정 그것이 어디서 왔는지 알 수가 없습니다. 혹시 인연이 닿아서 흘러온 것일까요? 매번 하늘을 속이고 사람을 기만하는 무리들을 볼 때마다 당장 손에 칼을 쥐고 냅다 그 모가지를 치고 싶은 것이 어찌 유별나게 포악스럽기 때문이겠습니까! 설사 반대로 제가 와드득와드득 씹힌다 하더라도 달게 감수하며 죽어도 후회하지 않을 것이니, 그것이 어찌 포악하다 이르기에 충분하겠습니까! 그러나 저는 다시 광명정대한 사나이를 보거나 언행이 일치하는 선비를 만나게 되면 노여움이 금방 어디로 갔는지 모르게 사라져버리고 기쁨은 또 어디서 왔는지 모르게 기뻐 날뜁니다. 그렇다면 제가 화를 잘 낸다는 말도 옳겠지만, 또 자신의 분노를 남에게 전가하는

---

60) 중절(中節): 예의와 법도에 합당한 상태. 출전은 『예기』 「중용」편. "희로애락이 아직 발현되지 않은 상태를 일컬어 '중'이라 하고, 발현된 뒤 모두가 예의법도에 맞는 상태를 '화'라고 부른다"(喜怒哀樂之未發謂之中, 發而皆中節謂之和.)

사람은 아니라고 말해야 옳다고 하겠습니다.

여인은 도를 공부해도 별 수 없다는 견해에 대한 답변
答以女人學道爲見短書

어제 내려주신 거룩한 가르침에는 부녀자의 소견은 좁아서 도를 배우기에 부적당하다는 말씀이 들어 있었습니다. 정말 그렇지요! 옳은 말씀이고 말고요! 대저 부녀자들은 문지방을 넘어서는 일이 없는 데 반해 남자들은 뽕나무 활이나 쑥대궁이 화살을 들고서라도 사방으로 나돌기 때문에 그 소견에 우열이 있을 것임은 굳이 말할 필요조차 없습니다. 다만 짧은 견식은 보는 바가 안방 문을 넘어서지 못하기 때문이고, 원대한 견식은 환하고도 넓은 벌판에서 깊이 성찰할 수 있기 때문에 만들어지는 것입니다. 견식이 짧은 사람은 겨우 백 년 안쪽의 일만 볼 뿐이어서 어떤 이는 아들이나 손자 정도에 접근하고, 또 어떤 이는 겨우 자기 한 몸에 그칠 따름입니다. 원대한 식견이란 육체를 초월하고, 생사의 껍데기를 벗어던졌으며, 백 · 천 · 만 · 억 겁[61]의 이루 헤아릴 수 없는 시간을 넘어선 비유의 영역일 따름입니다. 견식이 짧은 사람은 그저 길거리에 떠도는 소문이나 시정잡배의 유치한 말이나 들을 뿐이지만, 견식이 원대하면 덕이 높은 대인에게 마음으로부터 깊이 승복하고 성인의 말씀은 감히 업신여기지 못하며 특히 속세 사람들의 호불호 입방아 따위에 흔들리는 일이 없습니다. 저는 견식의 길고 짧음을 논하려면 응당 이와 같아야 하고 부녀자의 견식이 짧다고 단정짓는 데 그쳐선 안 된다고 생각합니다. 그러므로 사람에 남녀가 있다고 말하는 것은 옳지만, 견식에 남녀가 있다는 말이야 어찌 가당하겠습니까? 견식에 길고

---

61) 겁(劫): 불교용어. 고대 인도인은 세계가 몇만 년에 한 번씩 훼멸하고 다시 시작한다고 믿었는데, 이 한 차례의 생성 주기를 일컬어 '겁'이라고 하였다.

짧음이 있다고 말하는 것은 괜찮아도, 남자의 견식은 하나같이 길고 여자의 견식은 하나같이 짧다는 말이 또 어떻게 가당하겠습니까? 설사 여자의 몸이라도 남자의 견식을 지녀 바른 말씀을 즐겨 듣고 속된 말은 경청하기에 부족한 줄 알며 기꺼이 세간의 속박에서 벗어나는 방도를 배워 이 허망한 진세(塵世)에 미련 둘 필요가 없음을 아는 이가 있다면, 세상 남자들도 그런 여인에게는 모두 부끄러워 식은땀을 흘리며 감히 입도 뻥끗하지 못할 것입니다. 이는 원래 성인 공자께서 천하를 주유하신 까닭입니다. 단 한 번만이라도 만나길 바라셨지만 결국은 뜻을 이루지 못하셨는데, 이제 와서 그런 이를 도리어 견식 짧은 사람으로 취급한다면 어찌 또 억울하지 않겠습니까! 원통하고 원통하지 않음이 견식 높은 이와 무슨 상관이 있을까마는, 곁에서 구경하던 자는 추잡해질 수도 있을 테지요.

지금부터 찬찬히 살펴봅시다. 읍강[62]은 일개 부녀자의 몸이지만 다른 아홉 명의 숫자에 채워져서 주공[63]·소공[64]·태공[65] 등과 더불어 십대 현신(十亂)[66]의 반열에 올려놓아도 무방합니다. 문모[67]는 성스러운

---

62) 읍강(邑姜): 주나라 무왕(武王)의 부인. 태공망(太公望)의 딸이자 성왕(成王)의 모친이기도 하다.

63) 주공(周公): 주나라 무왕의 동생으로 이름은 희단(姬旦). 주(周, 지금의 섬서성 경내)를 봉토로 받아 주공이라 부른다. 무왕을 도와 은나라를 멸망시켰고 성왕이 아직 어릴 때 대신 섭정하면서 예악을 정비하고 일체의 전장제도를 확립시켰다.

64) 소공(召公): 소공(邵公), 혹은 소강공(召康公)이라고도 부른다. 이름은 석(奭). 일찍이 무왕을 도와 은을 멸망시켰고 연(燕)에 봉토를 받아 연나라의 시조가 되었다. 나중에 주공과 더불어 성왕을 보좌하였다.

65) 태공(太公): 주나라 여상(呂尙)을 가리킨다. 일명 강태공으로 자는 자아(子牙). 무왕을 도와 은을 멸망시켰고 제(齊)에 봉토를 받아 제나라의 시조가 되었다.

66) 십란(十亂): 주나라 무왕의 열 신하. 『소학감주』(小學紺珠) 「명신류」(名臣類)에서는 주공단·소공석·태공망·필공(畢公)·영공(榮公)·태전·굉요·산의생·남궁괄·문모 10명이라고 설명하였다. 여기서의 난(亂)은 치(治)의 의미이다.

67) 문모(文母): 주나라 문왕(文王)의 부인으로 무왕의 어머니. 신(莘)나라의 딸로 성은 사씨(姒氏)이다. 문왕은 바깥을 다스리고 태사(太姒)는 안을 다스려 덕정(德政)을 유포하니, 교화가 크게 이루어졌다고 한다. 태강(太姜, 古公亶父의 부인이자 王系의 모친)·태임(太任, 왕계의 부인이자 文王의 어머니)과 더불어 주나라

여성으로서 이남[68]의 기풍을 바로잡았으니, 그녀를 산의생·태전[69] 무리와 더불어 사우(四友)로 호칭해도 괜찮다고 하겠습니다. 저 구구한 사례들은 다만 세간법[70]을 경영하여 한 시대의 태평을 일군 업적일 뿐이지만, 그래도 감히 남녀를 차별하거나 견식의 장단에 따라 다른 눈길로 보지는 않았습니다. 하물며 세속을 벗어나는 도를 공부하여 석가모니 부처님과 공자 성인의 도를 실천하는 데 매진하는 사람이라면 더 말할 나위가 있겠습니까? 이런 이야기를 민간의 소인배들에게 듣게 하면 죄다 부인네의 좁은 소견을 책망하고 여자들이 정절을 지켜야 이롭다고 노닥거리면서 문모나 읍강을 죄인으로 만들고 말 테니, 어찌 대단히 억울하지 않겠습니까! 그러므로 원대한 식견을 자부하는 선비라면 대인이나 군자의 웃음거리가 되어서도 안 되지만 시정잡배들의 환심을 사는 데 급급하지 않는 것이 좋다고 하겠습니다. 만일 시정잡배의 환심을 사고 싶다면 그 또한 시정잡배일 따름입니다. 그것이 원대한 식견인지 짧은 소견인지는 응당 저절로 분간이 되겠지요. 제 생각으로 이런 원대한 식견을 가진 여인은 바로 가문의 경사요 선업(善業)의 서광이니, 수백

왕실의 삼모(三母)로 일컬어지며, 주 왕실의 건립에도 큰 공을 세웠다. 문왕 때문이 아니라 그녀 자신의 밝은 문덕(文德) 덕분에 문모(文母)로 불린다는 기록이 『열녀전』(列女傳) 「모의전」(母儀傳)에 실려 있다.

68) 이남(二南): 『시경』 국풍(國風)의 「주남」(周南)과 「소남」(召南). 주와 소는 주공 단과 소공 석의 채읍(采邑, 卿大夫의 봉토)을 말한다. 『시집전』(詩集傳)에 따르면, 문왕은 "주공으로 하여금 나라 안을 다스리게 하였고, 소공을 시켜 이를 제후들에게 선포하였다. 이리하여 나라 안에 덕화가 크게 펼쳐지니, 남방의 제후국들과 장강·타수·여수·한수 등이 흐르는 전 지역에 걸쳐 교화되지 않은 곳이 없었다"(使周公爲政于國中, 而召公宣布于諸侯. 于是德化大成于內, 而南方諸侯之國·江沱汝漢之間, 莫不從化.) 또 주희의 「시집전 서문」(詩集傳序)에서도 「주남」과 「소남」이 문왕의 교화를 직접 입은 지역의 노래이며 국풍 중의 정경(正經)이라고 말함으로써 문모가 이남의 기풍을 바로잡았다는 위의 가정에 대한 근거를 제시하고 있다.

69) 산의생(散宜生)·태전(太顚): 둘 다 주나라 초기의 현신. 굉요(閎天)·남궁괄(南宮括)과 더불어 문왕을 보좌하여 세칭 문왕사우(文王四友)라고 부른다.

70) 세간법(世間法): 불교용어. 세법(世法)이라고도 하며, 인간세상의 생멸무상(生滅無常)한 일체의 사물과 현상을 말한다. 출세법(出世法)과 반대되는 개념이다.

년 동안 공덕을 쌓은 집안이 아니면 쉽게 태어날 수가 없습니다.

설도[71]는 원래 촉(蜀) 땅 사람이었습니다. 원미지[72]는 그녀에 관한 소문을 듣자 일부러 서천[73]까지 벼슬을 살러 나가 그녀와 상면했지요. 설도가 이에 붓을 놀려 「사우찬」(四友贊)을 짓고 그 뜻에 화답하니, 원미지는 그저 탄복할 뿐이었습니다. 원미지야 정원(貞元. 당대 德宗의 연호로 785~805년) 연간의 걸출한 인재였으니, 그가 어찌 쉽사리 남에게 탄복할 인물이겠습니까! 아! 설도처럼 글재주 하나만 갖고도 천리 밖에서부터 사모하여 찾아오는 사람이 있거늘, 부처님의 도에 기대어 이 세상을 떠돌던 중 정녕코 세속을 벗어난 이를 만난다면 어찌 마음으로 감복하지 않을 리가 있겠습니까! 그런 사람은 있지 않을 것입니다. 방공[74]의 일을 들어보지 못하셨습니까? 방공은 당신처럼 초(楚) 땅의 형양(衡陽) 사람으로 그 아내인 방파(龐婆), 딸인 영조(靈照)와 더불어 마조(馬祖)를 스승으로 섬겼습니다. 세속을 벗어나는 도를 구하다가 마침내는 앞서거니 뒤서거니 떠나가 세상 밖의 사람이 되었으니, 이는 고금을 망라한 상쾌한 일입니다. 바라건대 공께서도 그 원대한 식견을 배우시면 좋겠습니다. "내가 시정의 소인배들과 그 일을 상의할 때까지 기다리라"는 말씀 같은 것은 제가 도무지 알아들을 길이 없군요.

---

71) 설도(薛濤): 당대(唐代)의 여류 시인. 장안 사람이지만 어려서 부친을 따라 촉에 들어갔고 나중에 악기(樂妓)가 되었다. 시에 능숙해 당시 '여교서'(女校書)라는 별칭이 있었다. 일찍이 완화계(浣花溪)에 거주하면서 심홍색 쪽지에 시를 적는 '설도전'(薛濤箋)을 창제해냈다. 『설도이야시집』(薛濤李冶詩集)이 전한다.

72) 원미지(元微之): 당대의 시인 원진(元稹, 779~831). 자는 미지로 일찍이 감찰어사 등의 관직을 지냈다. 백거이와 친분이 두터워 늘 서로 시를 주고받았기 때문에 세칭 원(元)·백(白)이라 부른다. 신악부운동을 창시했으며, 『원씨장경집』(元氏長慶集)이 전한다. 그가 지은 전기 「앵앵전」(鶯鶯傳)은 희곡 『서상기』(西廂記)의 모본이 되기도 하였다.

73) 서천(西川): 당나라 방진(方鎭)의 명칭으로 검남서천(劍南西川)의 준말이다. 성도부(成都府)에 위치하였다.

74) 방공(龐公, 龐蘊): 자는 도현(道玄). 호남성 형양 사람으로 석두희천(石頭希遷)에게 배운 뒤 마조도일(馬祖道一) 밑에서 법을 이었다. 중국 선계(禪界)에서 거사의 대표처럼 여겨진다.

경동로[75]에게 답하는 편지 復耿侗老書

세상 사람들은 평범을 미워하고 신기한 것을 좋아하느라 세상의 가장 신기한 것은 평범 속에 존재한다고 말할 줄을 모릅니다. 해와 달은 항상 똑같으면서도 천고이래 매 하루가 새로웠으며, 옷감과 곡식은 일상적인 것이지만 추위를 막아 따뜻하게 해주고 배고플 때는 배부르게 해줄 수 있으니 또 얼마나 신기합니까! 이처럼 신기함이란 바로 평범 가운데 있는데도 세상 사람들은 살피지 아니하고 도리어 일상의 밖에서 신기한 것을 찾아 헤매니, 이래서야 어떻게 신기함을 말할 수 있겠습니까? 촉(蜀) 땅에 사는 선고[76]가 바로 그러한 경우입니다. 사람들은 입을 모아 그녀가 미래와 과거의 일을 알 수 있다 말하면서 다투어 신으로 받들고 경이롭게 여깁니다. 과거의 일이야 저도 벌써 아는 바이니 무슨 딴 말이 필요하며, 미래는 알 필요도 없는 것이니 또 무슨 딴 말이 필요합니까? 그래서 "지혜로운 사람은 미혹되지 않는다"[77]고 말씀하셨던 것입니다. 신기한 것에 미혹되지 아니하니, 미래의 재앙에 대해서도 걱정하지 않으셨습니다. 그래서 또 "어진 사람은 걱정하지 않는다"고도 하신 것입니다. 미래에 입을 재앙에 대해 걱정하지 아니하므로 저절로 허황된 말을 통해 미래를 먼저 알고 싶어하거나 신기함 때문에 미혹되진 않게 되지요. 이는 실로 이익을 보고도 쫓아가지 않거나 해를 당하더

---

75) 경동로(耿侗老): 경초동(耿楚侗), 즉 경정향을 말한다.

76) 선고(仙姑): 본래는 선녀·여도사·무당 등을 가리지 않고 부르는 호칭이지만, 여기서는 사천 지역에서 영험을 보인 한 여자무당을 가리키는 용어로 쓰였다.

77) 이 구절은 『논어』에 두 번 보인다. 즉 「자한」(子罕)편의 "공자가 말씀하셨다. '지혜로운 사람은 미혹되지 않고, 어진 사람은 근심하지 아니하며, 용감한 사람은 두려워하지 않는다'"(子曰: '知者不惑, 仁者不憂, 勇者不懼.')는 대목과 아래의 「헌문」(憲問)편이다. "공자가 말씀하셨다. '군자의 미덕으로는 세 가지가 있는데, 나는 하나도 잘하지 못한다. 어진 자는 걱정하지 않고, 지혜로운 자는 의혹을 품지 않으며, 용감한 자는 두려워하지 않는다.' 자공이 말했다. '선생님 자신을 말한 것이로군요!'"(子曰: '君子道者三, 我無能焉: 仁者不憂, 知者不惑, 勇者不懼.' 子貢曰: '夫子自道也!')

라도 몸을 피하지 않는 경지와는 다르니, 공부자께서 말씀하신 바 "뜻 있는 선비는 자신의 몸뚱이가 골짜기에 뒹굴 날을 잊지 않고, 용사는 자신의 목이 달아날 때를 잊지 않는다. 뜻 있는 선비와 어진 사람은 자신이 살고자 인을 해치지 않으며 오히려 자신을 죽여 인을 완성한다"[78]는 경지는 도대체 누가 감당할 수 있을까요? 그래서 또 "용기 있는 자는 두려워하지 않는다"는 말씀도 남기셨지요. 대저 지혜와 인과 용기의 세 가지 미덕을 합친 다음이라야 평범함에 대해 싫증내지 않을 수 있고 신기함에 미혹당하지 않을 수 있으니, 세상 사람들이 미래를 알고 싶어하면서 촉 땅의 선고를 신기하게 여기는 것이 또 무에 탓할 일이 되겠습니까? 그들이 왜 그럴까요? 바로 지혜롭지 않기 때문입니다. 지혜롭지 못하니 어질지 않고, 그래서 용기마저 없는 것이지요. 그러므로 사실은 지혜가 가장 우선이 됩니다.

이유청[79]에게 與李惟清

지난번 내려주신 가르침은 대단히 유익했다고 느껴집니다. 덕분에 공의 성취가 벌써 부처님이란 평판을 들을 정도로 높은 경지에 도달했음을 알게 되었지요. 청주[80]는 공부자의 고향이지만 일찍이 부처님 칭

---

78) 이 문장은 각기 다른 곳에 보이는 공자의 말씀을 합성하고 있다. 앞의 "지사는 죽어 골짜기에 나뒹굴 것을 잊지 않고, 용사는 전쟁에서 자신의 머리통이 날아갈 것을 잊지 않는다"(志士不忘在溝壑, 勇士不忘喪其元)는 『맹자』 「등문공」(藤文公) 하편에 보이는데, 주희는 『집주』에서 이 대목이 우인(虞人)의 말에 대한 공자의 찬탄이라고 풀이하고 있다. 뒤의 문장은 『논어』 「위령공」편에 보인다.

79) 이유청(李惟淸): 이시휘(李時輝). 호는 유청으로 산동의 익도현(益都縣) 사람이다. 만력 17년의 진사로 일찍이 서안부추관(西安府推官)과 병부주사(兵部主事) 등을 지냈다. 이지와는 일찍이 수도에서 알게 되어 도를 논하던 사이였는데, 만력 25년(1597) 이지가 대동(大同)에 머물 때는 그곳의 추관을 지낸 관계로 자주 만나곤 하였다.

80) 청주(青州): 옛날 구주(九州)의 하나. 지금의 산동성 제남(濟南)·청주·등주(登州)·내주(萊州) 등과 요녕성의 요하(遼河) 동쪽 땅을 가리킨다.

호를 들은 분이 계신 적이 없는데, 졸지에 이런 상쾌한 말을 내놓게 되니 진정 기쁘기 한량없었습니다.

공의 권유와 깨우침에 힘입어 함께 서방(西方)세계로 귀의하게 된다면 참으로 좋은 일이겠지요. 다만 저는 서방을 아미타불(阿彌陀佛)의 도량, 그 한 분 부처님의 세계로 알고 있습니다. 만일 그 세계에 태어나고 싶은 자가 있다면 그는 바로 아미타불 집안의 자손일 것입니다. 이미 그 집안의 자손이라면 잠깐은 윤회에서 벗어날 수 있어 모든 천당과 지옥의 제취[81]에 의해 휘둘리지는 않게 될 것입니다. 저들 중에 가장 최상 등급(上上品)으로 환생하는 자는 바로 아미타불 집안의 가장 친밀한 자손으로 부처님의 광명에 가까이 닿을 수 있고 부처님의 말씀을 들을 수 있으니, 지극히 이상적입니다. 상품(上品)이라도 중간밖에 안 되면 부처님에게서 약간 떨어지게 되고, 상품의 아래에 들면 얼굴 뵙기조차 어려운 지경이니, 중품(中品)과 하품(下品)이야 굳이 말해 무엇하겠습니까! 그래서 거기에 태어난다 하더라도 또 뒤로 처지거나 아래로 떨어진 자는 부처님을 뵙기가 어려운 까닭에 세간의 속된 생각이 다시 쉽게 일어나고, 일단 속된 생각이 일면 곧장 나락으로 떨어지게 되지요. 그러므로 서방세계에 태어나지 못한다고 걱정할 것이 아니라, 바로 거기 태어났어도 계속 머물려 들지 않는 것을 걱정해야 합니다. 이는 또 서방에 태어나고 싶은 사람이라면 응당 알아둬야 할 일이지요. 저 같은 사람은 도처를 떠도는 나그네 신세라 어느 곳의 터줏대감 되기를 원치 않았습니다. 가는 곳마다에서 발원을 내세우며 일정한 거처를 두진 않았지요. 기왕에 나그네가 되었으니 머물러 살 리가 없고, 이런 까닭에 그저 서방으로 출행이나 할 수 있었습니다. 하지만 서방의 부처님을 잠시잠깐 주인으로 모시면 족하다고 여겼으니, 공들처럼 그곳에 태어나길 발원하고 그 집안의 자손이 되기를 염원하는 것과는 비할 바가 아

<hr />

81) 제취(諸趣): 불교용어. 육도윤회(六道輪回)의 별칭이다. 사람이 죽으면 신식(神識)이 여섯 도를 윤회하는데, 각자의 선악과 업력(業力)의 정도에 따라 육도 사이를 오르내린다고 한다.

니겠지요.

게다가 부처의 세계는 또 대단히 다양합니다. 세계가 있다면 부처님이 계시게 마련이고, 부처가 계시면 거기가 바로 내가 노닐고 머무는 장소입니다. 부처는 항상 주인이고 나는 항상 손님이 되는 이런 관계야말로 또 나의 인과(因果)에서 가장 현저하게 드러나는 바입니다. 그러므로 나의 천·만·억 겁의 과(果)를 알고픈 자가 있다면, 내 오늘의 인(因)을 관찰하면 당장 알 수 있을 것입니다. 이런 까닭에 때로는 서방의 부처와 더불어 좌담도 하고, 때로는 시방의 부처와 함께 이야기도 나누면서, 어느 때는 유마(維摩) 거사 정토의 손님이 되고, 어느 때는 기원정사[82]의 손님도 되며, 때로는 방장(方丈)과 봉래(蓬萊) 같은 신선들의 땅에서 노닐고, 또 어느 때는 용궁의 숨겨진 보물들을 찾아다니기도 하겠습니다. 부처가 천당에 계시면 천당에 갈 것이고, 부처가 지옥에 있다면 지옥으로 갈 것입니다. 무엇 때문에 백낙천(白樂天)의 도솔천[83]에 얽매여 그곳에 갈 것만 고집하고, 천태산(天台山)의 지자(智者) 영명수선사[84]처럼 오로지 서방에 태어나기만 구하겠습니까? 이는 불초 소생의 뜻입니다. 서방을 멸시하여 태어나지 않겠다는 것이 아니라, 서

---

82) 기원정사(祇洹精舍): 기타원림수달정사(祇陀園林須達精舍)의 약칭. 『열반경』(涅槃經) 권29에 사위성(舍衛城)의 장자(長者) 수달(須達)이 사리불(舍利佛)과 의논하여 기타태자(祇陀太子)의 원림에 지은 절이라고 설명하고 있다. 부처님 살아생전에 설법하던 장소로 유명하다.

83) 도솔천(兜率天): 범어 tuṣita의 음역으로 도술천(兜術天)이라고도 한다. 불교에서 하늘은 여러 층으로 나뉘는데, 그 중에서 네 번째에 속한다. 도솔천의 내원(內院)은 미륵보살이 사는 정토(淨土)이고, 외원(外院)은 천상의 중생들이 거처하는 곳이라고 한다. 당대의 백거이는 「제중서위상공문」(祭中書韋相公文)에서 "영취산에서는 벌써 만났으니, 도솔천에서 어찌 훗날을 기약하지 않으리?"(靈鷲山中, 旣同前會; 兜率天上, 豈無後期?)라는 구절을 남겼다.

84) 영명수선사(永明壽禪師): 송대의 승려 연수(延壽). 항주 혜일산(慧日山)의 영명사(永明寺)에 거주한 까닭에 영명대사라고도 부른다. 죽은 뒤의 시호는 지각선사(智覺禪師). 처음에는 항주의 용책사(龍冊寺)에서 『법화경』을 연구하다 나중에 천태산의 소국사(韶國師)를 뵙고 현지(玄旨)를 깨달은 뒤 법을 전수받았다. 『종경록』(宗鏡錄) 100권을 지었으며, 수많은 제자를 길렀다. 『송고승전』(宋高僧傳) 권28 등에 사적이 보인다.

방을 다만 오늘날의 우리가 꿈꾸는 대동(大同) 세상으로나 간주할 뿐인 것입니다. 공 같은 분이야 저절로 그곳에 태어나게 될 터이니, 서로를 구속할 필요가 무에 있겠습니까?

살생을 금하라는 가르침은 마땅히 목숨처럼 알고 경계하겠습니다. 또 저는 성격상 기가 너무 세다고 말씀하셨는데, 이것이야말로 저의 고질병입니다. 가르침을 들었으니 이제부터는 좀 나아지겠지요. 다만 온전히 경계한다거나 완전히 낫는 일은 또 있을 것 같지 않습니다. 만일 온전히 경계하고 완전히 낫게 된다면, 설사 아수라(阿修羅)의 영역에 들어가더라도 독룡(毒龍)과 마왕 따위와 벗하는 일은 없을 테지요.

명인에게 與明因

세상 사람이란 결국 큰 차이가 없게 마련이지만, 세간을 벗어나는 법(出世法)을 배우는 것만큼은 일상적인 궤도를 벗어난 장부가 아니면 불가능하다. 지금 우리는 벌써 상궤를 벗어난 장부의 일을 행하고 있는데 세상 사람들이 우리를 알고 믿어주길 바란다면, 어찌 또 미혹이 아니겠느냐! 기왕에 나를 이해하지 못하고 믿어주지 않는데 그들과 또 논쟁을 벌인다면 그 미혹은 갈수록 심해질 것이다. 나 같은 사람이야 그저 어쩔 수가 없더구나. 다만 너희들 출세법을 배우려는 자들이 때로 마거에 홀려 자기 중심을 잡지 못하기 때문에 부득이 머리를 내밀고 마왕 흉내를 내어 그들을 쫓아내는 역할을 맡게 되었느니라. 너희 같은 이들이 어찌 그들과 언쟁을 벌일 만하겠느냐! 더군다나 이들은 모두 같이 거주하거나 함께 먹고 마시던 무리가 아니로구나! 내가 속세를 벗어난 출세인(出世人)이라도 그들의 머리꼭대기에 광채가 더해지지 않고, 내가 세속을 벗어나지 않은 속세인(俗世人)이라 해도 그들의 머리꼭대기에 치욕이 더해질 리 없으니, 어찌 감히 찾아와서 나하고 이치를 따지겠느냐! 얼굴을 맞대고 침을 뱉더라도 물론 무방할 것이니, 원컨대 시종일관 이 큰일에만 마음을 붙들어매거라. 석가모니 부처님이 출가할 때 정반왕(淨飯王)은 그의 친 아버지였음에도 상관 않고 내버려두었는데 다른 사람들이야 말해 무엇할까나! 성불이 대체 무슨 일이며, 부처가 되는 이는 또 어떤 종류의 사람이더냐! 그런데 세간의 기준을 갖고 그 일을 해낼 수 있겠느냐!

초약후에게[85] 與焦弱侯

형께서 본 사람은 예전의 탁오일 뿐, 오늘날의 탁오와는 천양지차인 줄을 모르십니다. 형께서 좋아하는 이는 역시 예전의 탁오일 따름이며, 지난날의 탁오가 얼마나 비루하고 나약했는지를 모르십니다. 만약 형께서 예전의 탁오를 좋아하셨다면 오늘날의 탁오에 대해서는 분명 서글퍼하실 테지요. 지난날의 탁오는 저러했는데 요즘의 탁오는 또 어째서 이럴 수밖에 없는지, 이 글을 읽으면 그 까닭을 알 수 있을 것입니다. 사람들은 고정(古亭)의 인사들이 저를 항상 미워한다는 것만 알 뿐, 그들이 사실은 저를 시시각각 완성시켜주는 줄은 알지 못합니다. 옛 사람은 그것을 미진약석[86]에 비유했었는데, 저는 지금 실제로 그 말을 체험하고 있습니다.

---

85) 이 편지는 이지가 70세일 때, 순도(巡道, 각 지방의 안찰을 담당하던 관리)인 사(史) 아무개가 이지는 마성(麻城)의 교화에 해가 된다고 여겨 원적지인 천주(泉州)로 송환하려고 하던 무렵 쓰인 것으로 추정된다. 「예약」(豫約)을 쓰고 나서 주우산(周友山)에게 보낸 편지에서 그는 이러한 고충을 구구절절 호소하며, "나는 늙었다. 이곳을 떠나기보다 차라리 죽는 편이 이치에 합당하다"라고 말하고 있다. 그 뒤 마성의 지불원(芝佛院)에 화재가 날 때까지의 4년 동안 그는 남경이나 제남(濟南) 등지로 친구를 방문하며 학문을 탐구하는 나날을 보냈다. 이 편지에 따르면, 마성은 이미 그에게 있어 뼈를 묻을 땅이 아니었다. 그에게 중요한 문제는 어느 곳에서 죽는가보다는 누구의 손에 죽는가인데, 이는 그가 누차에 걸쳐 토로한 것처럼 그 자신을 능가하는 사람(勝己)과 자신을 알아주는 사람(知己)과 더불어 진리탐구에 매진하겠다는 신념의 표현이었다. 때문에 용호(龍湖)로 돌아가지 않겠다는 본문의 언사는 오히려 꿋꿋한 자세를 나타내기 위한 이지 나름의 역설적인 표현으로 보아야 할 것이다.

듣자하니 저를 죽이고 싶어하는 자가 있었는데 형의 간곡한 가르침을 받고 뜻을 접었다 하더군요. 이는 물론 은덕에 감사할 일이겠지요. 하지만 제가 중원에 살고 있는데 이 드넓은 나라 안에서 저를 알아줄 자가 하나도 없다면, 차라리 저 변방으로 나가 돌아다니다 죽은 뒤 오랑캐 땅의 해골이 되는 편이 낫다고 생각하고 있습니다. 형은 어째서 제가 꼭 용호(龍湖)로 되돌아가야 한다고 권유하십니까? 용호는 제가 죽을 장소가 아닙니다. 나보다 나은 벗이 있고 또 진정으로 나를 알아주는 사람이 있는 곳이야말로 제가 죽을 장소입니다. 쯧쯧! 팔순 노인네인 등활거(鄧豁渠)도 보정(保定)의 범부 곁에서 죽는 것은 그래도 참을 수 있었지만 조대주(趙大洲, 趙貞吉)의 곡식은 한 톨도 먹으려 들지 않았는데,[87] 이탁오야 말해 무엇하겠습니까! 친구를 얻지 못하고 죽느니 차라리 감옥이나 전쟁터에서 죽는 것을 달게 여길 터인데, 형께서는 왜 저를 구제하지 못해 안달이신지요? 죽더라도 오히려 협객의 기골을

---

86) 미진약석(美疢藥石): 고통 없는 질병과 입에 쓴 약이나 돌침. 출전은 『춘추좌전』 「양공」(襄公) 23년조. "장손이 말했다. '계손씨의 나에 대한 사랑은 질병과도 같고, 나에 대한 맹손씨의 증오는 병을 낫게 하는 약이나 침과 같다. 괴로움 없는 질병은 사람을 괴롭게 하는 약과 침만 못한 것이다. 약과 침은 나를 살게 해주지만, 질병은 고통이 없어도 그 해독이 갈수록 커지기만 한다'"(臧孫曰: '季孫之愛我, 疾疢也; 孟孫之惡我, 藥石也. 美疢不如惡石. 夫石, 猶生我; 疢之美, 其毒滋多.') 미진은 또 총애가 지나치거나 임시변통이란 의미로, 약석은 규범이나 경계의 뜻으로도 쓰인다.

87) 보정은 하북성의 보정부(保定府)로 등활거 사람들 모르게 홀로 동떨어져 죽어간 땅이다. 경정향의 「마을의 세 이인 전기」(里中三異人傳)에 따르면, 활거가 북경에 있던 재상 조대주를 찾아갔다. 하지만 삭발하고 아버지의 장례에도 참례치 않은 채 문학주유(問學周遊)에만 몰두하는 활거의 소행이 인륜을 거역하는 것이라며 불쾌하게 여기고 있던 대주는 면회를 거부하고 만나주지 않았다. 다만 옛 제자의 낙백을 불쌍히 여겨 봉급의 일부를 그에게 나눠주고 벼슬에 부임하는 동향인으로 하여금 그와 동행시켰을 뿐이었다. 도중에 탁주(涿洲, 하북성 涿縣)에서 활거가 병으로 드러눕자 동행하던 사람은 제 갈 길로 서둘러 가버렸고, 결국 야사(野寺)에서 목숨을 마친 그는 매장도 되지 못했다고 한다. 나중에 경정향이 그곳을 지나다가 유해가 있는 곳을 찾았지만 끝내 찾을 수가 없었다. 범부의 손에 죽는다는 것은 도업(道業)에 인연이 있는 사람들로부터 멀리 떨어져서 죽는 것을 말한다.

지녔다는 평판을 듣고 열사(烈士)의 명예를 얻게 된다면, 그것을 어떻게 용호에서의 편안한 죽음에다 비할 수 있겠습니까? 대체로 처자식의 손에서 죽기를 원치 않는 자는 틀림없이 친구의 손에서 죽기로 결심한 자이니, 이들은 인정이나 이치상 쉽게 드러나는 자들입니다. 오직 이 세상에 참된 친구가 없는 까닭에 쉽사리 보이는데도 불구하고 끝내 만나지 못할 뿐이지요. 내가 어찌 풍수를 따지고 좋은 묏자리를 탐하는 사람이겠습니까! 내가 어찌 멍청하게 좌선(坐禪)에 매달리고 적멸(寂滅)이나 꿈꾸면서 오로지 죽은 귀신이나 지켜주는 그런 자이겠습니까! 왜 꼭 용호에 가서 죽어야 하고 용호만이 내 무덤자리임을 주장하며 그곳으로 못을 박아야 하겠습니까!

더욱 가소로운 일이 있습니다. 일생 동안 공자를 공부했다는 자들이 공자님의 위대한 도와 덕이 후손들을 저절로 비호하게 된 줄은 모르고 공림[88]의 풍수가 좋은 탓에 공자 가문이 비호를 받는다고 생각하니, 이는 공자가 되려 공림만도 못하다는 발상이지요. 이들은 공자의 원대한 가르침이 삼천칠십 명의 제자는 물론 만만대 이후 공자 학문의 맥을 잇는 자들에게까지 저절로 미칠 것임은 알지 못하고 공자께서 도학을 강론하시며 무리를 모으고 문하생들을 받아들인 것만을 배워 자신의 명성을 드날리거나 부귀를 도모하고 있습니다. 그들은 공자께서 일찍이 부귀를 노리고 도당을 모은 적이 없다는 사실을 모르는 것일까요? 공자는 너무나 가난하고 비천하셨으며 가없는 환란을 겪으셨습니다. 어쩔 수 없는 상황에 이르자 바다에 나가려고도 하셨고 오랑캐 땅에서 살려고도 하셨지만, 제자들은 기꺼운 마음으로 그를 따랐습니다. 진(陳)나라와 채(蔡)나라에서 굶주렸을 뿐만 아니라 광(匡)에서 포위를 당하는 곤경까지 겪었지만 그래도 공자를 따르면서 떠나가지 않은 것을 볼

---

88) 공림(孔林): 지성림(至聖林) 혹은 공리(孔里)라고도 부르는 공자와 그 후손들의 묘원(墓園). 산동의 곡부시(曲阜市) 성 북문 밖에 위치했으며, 숲과 시내가 십여 리에 걸쳐 서로 연결되어 있다. 면적은 삼천 무(畝) 가량이고, 높은 담장에 둘러싸여 고목과 건축물·비각(碑刻)·석수(石獸) 등이 즐비한 문화재이다.

수 있습니다. 요즘 사람들 같으면 관직에서 물러나기가 무섭게 제자들이 떨어져나가고 재산이 바닥나는 날이 오자마자 제자들은 뿔뿔이 흩어지고 마니, 마음으로 기뻐하며 기꺼이 복종하는 자가 그 누구일까요? 비단 마음 깊이 기뻐하며 진정으로 따르는 제자만 없는 것이 아니라, 사람들로 하여금 내심 기뻐서 기꺼이 승복하게 만드는 스승도 없는 실정이지요. 만약 그런 이가 있다면 저는 기꺼이 그를 위해 목숨을 바칠 것입니다. 제발 저에게 용호로 돌아가라 권유하지 마십시오!

약후에게 與弱侯

객생[89]이 일찍이 저에게 말하더군요.

"저는 대체로 공과 비슷합니다. 다만 저는 일이 한 번 지나가면 그대로 넘겨버리는 데 반해, 공은 그 일을 진지하게 받아들이고 심각하게 생각하시죠."

저는 당시 그 말을 듣고 몹시 부끄러워하면서 응수했습니다.

"이 세상은 한바탕의 연극판과 같지요. 연극을 잘 놀았든 못 놀았든 일단 막이 내리면 흩어져야 하니, 무엇 때문에 굳이 그렇게 진지하고 심각하게 굴겠습니까? 하지만 타고난 성미가 그저 대충대충 넘어가지 못하는 사람이니, 어찌해야 좋단 말입니까! 주변 사람들과 어울릴 때마다 수시로 이런 말을 듣곤 합니다. 자중자애하지 못하는 이 오랜 악습이 차츰 고쳐지길 바라고 있지요."

그 당시 객생에 대한 저의 답변은 위와 같았지요. 지금 형의 진지한 모습을 뵈니 동병상련의 감상에서 벗어날 수 없는 까닭에 감히 이런 말씀을 아뢰는 것입니다.

---

89) 객생(客生): 매국정(梅國楨). 호는 형상(衡湘)이고, 자는 객생 혹은 극생(克生)이라 하였다. 호광(湖廣)의 마성(麻城) 사람이다.

소장공(蘇長公, 蘇軾)께서 이런 말씀을 하셨습니다.

"세간의 속담에도 배울 만한 점이 있더구나. 가난한 자가 천하게 살기는 쉬워도, 부유한 자가 고귀하기는 어려운 법이다. 노동의 괴로움에 편안하기는 쉽지만, 한가하고 흐트러진 처지에서 편안하기는 어려우니라. 아픔을 참기는 쉬우나, 가려움을 참는 것은 어렵다."

저는 또 계필[90]에도 대단히 좋은 말이 들어 있는 것을 보았습니다.

"즐거움 속에 우환이 있고, 근심 가운데 기쁨이 들어 있다."

무릇 즐거운 일이 생겼을 때 보통 사람들은 바야흐로 기쁘게만 여기는데, 지인[91]만은 홀로 근심스럽게 여깁니다. 또 슬픈 일을 당하게 되면 보통 사람은 다들 슬퍼하기에 여념이 없지만, 지인은 도리어 기쁨으로 알지요. 이는 인지상정에 어긋난 바가 아니니, 원래 길흉화복이란 언제나 서로 기댄 채 감추어져 있는 까닭입니다. 오직 지인만이 그 맞물린 조짐을 제대로 보는 까닭에 차라리 우환 속에 살지언정 즐거움에 처하려고 들지를 않습니다. 사람들은 이를 보고 우둔하다 여기지만 사실은 지인이 사물의 감춰진 이치를 파악한 덕분에 종신토록 즐거움 속에 살며 근심하지 않는 줄을 모르는 거지요. 이른바 순리에 맞게 적절히 처신한다는 것은 바로 이런 경우라 하겠습니다. 계필에는 또 이런 말도 있었습니다.

"좋은 일이 있으면 맘껏 기뻐하고, 슬픈 일을 당하면 그때는 또 한껏 슬퍼하라."

이는 세상의 모든 용렬한 속인들이 취하는 태도일 뿐, 위대한 현인의 몸가짐은 아닙니다. 제가 생각하기에 "좋은 일이 있으면 즐거워하고, 슬픈 일을 당하면 또 슬퍼하라"는 여덟 자의 글귀는 세상 인심의 정곡을

---

90) 계필(乩筆): 부계(扶乩)로 얻은 점괘의 말. 정(丁) 자 모양의 막대기를 모래를 깐 쟁반에 올려놓고 빌면 신이 강림하여 모래 위에 글씨를 쓴다고 하는데, 이를 '부계'라고 불렀다. 여기서는 일반적인 점괘를 일컫는다.

91) 지인(至人): 도가에서는 세속을 초월하여 무아의 경계에 다다른 사람을 일컫지만, 보통은 사상이나 도덕적 수양이 최고의 경지에 도달한 이를 가리킨다. 『순자』 「천론」(天論)편에서는 "그러므로 하늘과 사람의 본분에 밝은 사람이라면 지인이라고 말할 수 있다"(故明於天人之分, 則可謂至人矣.)라고 설명하였다.

꿰뚫는 말입니다. 세상 사람들이 감히 서로를 업신여기는 까닭은 어느한 사람이 정작 자기만의 즐거움에 탐닉하기 때문입니다. 만약 나에게이 즐거움을 걱정하는 마음이 있는지 저 사람에게 알게 하면, 그도 뉘우치는 마음이 생겨날 것입니다. 이것이 바로 옛날부터 지인이 상인[92]이되는 요체를 홀로 거머쥐고 남들 손아귀에는 넘겨주지 않았던 까닭이지요. 형께서도 그렇겠다고 여기지 않으십니까?

제가 무슨 대단한 사람이라고 감히 형의 곁에서 이러쿵저러쿵 혓바닥을 놀리겠습니까? 애오라지 좁은 소견이기에 저도 모르게 이런 쓸데없는 말을 넘치도록 내뱉고 말았습니다.

방백우[93]에게 보내는 서간 與方伯雨柬

작년에 첨효렴(詹孝廉)이 용호를 지나다가 공의 직접 가르침을 접하

---

92) 상인(上人): 도와 덕이 높은 사람. 한대의 가의(賈誼)는 『신서』(新書) 「수정어」(修政語) 하편에서 "도를 향한 뜻을 듣게 되면 그것을 잘 간직하고, 도가 착한 줄알아서 그것을 잘 실행하는 사람은 상인이다. 도를 듣고서도 거둬 간직하지 않고도를 알면서도 실행에 옮기지 않는 이는 하인이라 부른다"(聞道志而藏之, 知道善而行之, 上人矣; 聞道而弗取藏, 知道而弗取行也, 則謂之下人也.)라고 설명했고, 『석씨요람』(釋氏要覽) 「칭위」(稱謂)에서도 이렇게 말했다. "안으로 덕과 지혜가있고, 밖으로 아름다운 행실이 있으며, 다른 사람 윗길에 있는 이를 상인이라 부른다"(內有德智, 外有勝行, 在人之上, 名上人.)

93) 방백우(方伯雨): 방시화(方時化). 자는 백우. 광안(廣安) 사람으로 왕본아의 스승이다. 그의 부친이 일찍이 이지와 교유했던 까닭에 왕본아가 가족을 거느리고용호로 내려와 영경사(永慶寺)에서 이지를 사사하게 되었다 한다. 왕본아는 훗날『이탁오유서』(李卓吾遺書)의 부록에 수록된 「이탁오 선생을 애도하는 글」(哭李卓吾先生文)에서 당시의 상황을 이렇게 적고 있다. "1598년 봄, 스승께서 초약후선생과 함께 남경으로 가시자 선생은 깨끗한 집을 지어 스승님이 거주하게 하셨다. 당시 방백우 선생님은 가족을 거느리고 찾아가서 배웠는데, 스승은 방 선생과 더불어 밤낮으로 『주역』을 읽는 데 열중하셨다.……그리하여 『역인』이 출간되었다"(明年春, 師同弱侯焦先生抵白下, 先生造精舍以居師. 時方伯雨師, 挈家往就學焉, 師因與方師日夜讀『易』不倦. ……而『易因』梓矣.)

고는 공이 큰 효자임을 알았다고 합니다. 공의 선친 덕분에 용호에서 늙어 썩어가는 이 사람을 아직까지 기억하고 계시다니, 그야말로 감격이로군요! 왕본아[94]는 공께서 학문을 강론하시더라 말하면서 또 한편으로 공의 호학(好學)을 말하더이다. 그런데 호학이야 괜찮지만 강론을 즐기는 건 아니 될 말이외다. 입으로만 떠드는 강론을 좋아함은 더더욱 아니 될 말이구요. 공께서는 말로만 떠들 분이 아님을 알기 때문에 감히 혓바닥을 놀려 말씀드리는 것입니다. 왕본아는 공과 같은 경전을 공부하고 있으니, 공의 가르침을 입게 되길 바라나이다. 이런 강론이야 후학에게도 유익한 것이니 강론하셔도 무방하겠지요. 언 손을 녹여가며 몇 자 적는 바람에 예를 갖추지 못했습니다.

양정견에게 與楊定見

세상 사람들이 나를 사랑한다면 그것은 내가 관리여서가 아니고, 내가 중이기 때문도 아니며, 그저 있는 그대로의 나를 사랑함이니라. 세상 사람 중에 나를 죽이고 싶은 자가 있다면 감히 관리를 죽이려는 게 아니고, 감히 중놈 하나를 죽이려는 것도 아니며, 그저 있는 나를 죽이

---

94) 왕본아(汪本鈳): 자는 정보(鼎甫). 신안(新安) 사람. 1594년 용호에서 이지와 처음 만나 석 달 동안 함께 『주역』을 읽었다. 그 후 과거를 보러 떠났다가 1597년 북경의 극락사(極樂寺)에서 재회한 뒤 6년 동안 잠시도 떨어지지 않으며 이지 만년의 가장 가까운 친구가 되었다. 이지가 체포되기 하루 전에 왕본아가 모친을 뵙기 위해 떠나자 「어머니를 뵙기 위해 남으로 돌아가는 왕정보를 전송하다」(送汪鼎甫 南歸省母幷序, 『속분서』 권5)라는 시를 지어주었고, 옥에서도 그를 그리워하며 「옥중에서 남으로 돌아간 왕정보를 그리워하다」(繫中憶汪鼎甫南還, 『속분서』 권5)를 짓기도 하였다. 왕본아는 이지가 죽은 지 석 달이 지나서야 부음을 들었다. 이에 그는 애통해 마지않으며 한평생 『구정역인』을 연구해 스승의 은혜에 보답하겠다고 맹세했다. 1618년 그는 아직 수록되지 않은 글들을 모아 『분서』와 『설서』를 다시 간행했는데, 초횡은 『속분서』의 서문에서 이런 그의 공적을 몹시 칭찬하고 있다. 1600년 『역인』을 찍은 것도 왕본아가 필사한 공이 컸다.

려는 것에 불과한 것이다. 내게 사랑스런 구석이 없다면 나는 그저 아무 귀여울 것 없는 사람이 될 뿐이지만, 저 사람이 나를 사랑하는 데 있어서야 이것이 무슨 방해가 되겠느냐! 내가 죽어서는 안 된다면 나는 저절로 하늘의 보살핌을 입어 죽지 않게 될 테니, 나를 죽이려는 사람만 또 피곤해지지 않겠느냐! 그렇다면 내가 모자를 쓰는 것은 사람들이 중이라고 트집잡아 죽일까봐 염려해서가 아닌 것이다.

동로(侗老, 耿定向)는 원래 장자(長者)의 덕이 있는 분이지만 한쪽 말만 듣는 편향된 귀를 갖고 계시구나. 이리하여 경씨(耿氏) 문중에서 얻어먹는 모든 자들이 동로와 내가 당초와 같이 사이좋게 지내길 원하지 않으면서 지금도 아침저녁으로 무창(武昌)에서 사뭇 근거 없는 소문들을 지어내게 되었어. 본래는 나의 허물을 강조하려는 의도였겠지만 그것이 도리어 나의 명성을 높여주고 있는 줄은 모르는 판이니. 동로가 그런 사정을 모르다가 이들 소인배들 때문에 어쩌면 낭패를 당할 수도 있으니, 하루 속히 이런 뜻을 고우(古愚, 耿汝愚) 형제에게 전달하거라. 그러지 않다가 혹시 다른 변고라도 생기는 날이면 동로만 괜히 억울하게 교사범이란 누명을 쓰게 될 테니, 경씨 가문에도 적지 않은 누가 미칠 것이다. 소인배들이야 가까이하면 안 된다는 것이 고금의 철칙인데 유독 동로만 그걸 깨닫지 못하니 안타까울 따름이구나. 그것을 알았을 때는 이미 후회해도 소용없는 지경이나 아닐는지 모르겠어. 이 편지를 다 읽고 나면 즉시 봉함하여 주우산(周友山)에게 보내고, 다시 한 장을 써서 고우 형제 앞으로 부치도록 하여라.

양봉리에게 與楊鳳里

의사도 부를 필요 없고 자네 또한 올 필요가 없게 되었네. 나는 이미 행장을 꾸려 먼저 돌아가겠다고 분부해놓았어. 나의 이질(痢疾)은 아직도 완전히 낫질 않았는데, 지금 상태를 보면 필시 시월 초순이나 되어야 바깥출입이 가능할 것 같으이. 그때가 되면 도[95])를 시켜 편지 한 통을 가져갈 수 있을 것이네. 탑옥(塔屋)이야 이미 시작부터 엉망으로 지어놨으니, 지금이라 해서 어찌 대충 살 수가 없겠는가? 세간 사람들에게는 처자식, 전답과 가옥, 녹봉과 작위, 명성과 수명, 자손, 소와 말, 돼지와 양, 닭과 개 등등 딸린 목숨이 하나둘이 아니니, 스스로 알아서들 잘 건사해야겠지. 나 같은 승려는 세속을 벗어난 고고한 선비라네. 산사(山寺)라면 죄다 산꼭대기 흰 구름 속에 자리잡은 것을 보지 못하였는가? 내게는 한 줌 늙은 뼈만 남았을 뿐으로 앞으로 썩어 문드러질 것을 두려워하지 않으니, 내가 정한 법규대로 속히 그 일을 마무리짓는 편이 좋겠네!

다시 양봉리에게 又與楊鳳里

행장이 벌써 용호에 도착했단다. 도중에 내내 비가 오지 않았으니, 일정이 순조로웠다고 말할 수 있겠지. 나의 호숫가 집은 낮은 곳은 낮게 짓고 높은 곳은 높은 대로 지형에 맞춰 지었더니 힘도 전혀 들지 않았고 또 편하기도 했었네. 낮은 곳엔 불전(佛殿) 같은 건물을 지어 불상을 깎고 승려들이 모이게 하였지. 내가 거처하는 집은 뚝 떨어진 곳을 잡아 구름 위로 솟은 듯 높게 지었더니 또 서방의 묘희[96]) 세계 같기도

---

95) 도(道): 이지를 시봉하던 승려의 한 사람인 도일(道一)을 지칭하는 듯하다. 도일은 주사선(周思善)의 아들이고, 마성 사람이다. 동자시(童子試)를 일등으로 합격하고 나서 향시를 치르기 위해 성(省)으로 가던 중 강을 먼저 건너려고 싸우는 사람들을 보고 느낀 바가 있어 돌아서고 말았다. 그리고 유학을 버리고 신선술을 공부하다가 무이산(武夷山)으로 종적을 감췄다. 나중에 고향으로 돌아가던 중 용호에서 이지를 만났는데, 서로 의기투합하여 마침내는 머리를 깎고 승려가 되었다. 자호는 금우소자(金牛小子). 훗날 마성의 동안대(東雁台)에 도량을 짓고 거주하였다. 『마성현지』(麻城縣志) 권25 참조.

96) 묘희(妙喜): 불교용어로 동방에 있다는 불국(佛國)의 명칭이다.

하더군. 내가 돌아가면 여러 사람들에게 염불만 하도록 주장하여 오로지 서방정토로 가는 길만 닦게 할 것이며 한 놈이라도 한가한 주둥이를 놀리지 못하게 만들 것이네. 증계천(曾繼泉)이 큰 건물로 옮기면 좋겠다고 하기에 회첩(懷捷)이 그를 큰 건물로 올라오게 해서 쉬고 머물도록 조처했다는구나.

매형상에게 與梅衡湘

선우(單于)의 목을 매달라는 교시를 받으셨다면서요. 저는 오늘날 매달아야 할 모가지는 오랑캐 땅이 아니라 이 나라 안에 있다고 생각합니다. 사사건건 문제를 일으키는 나라 안 작자들은 공처럼 조정에 계신 어질고 현명한 분들께서 당장 처단하셔야 합니다. 오랑캐 따위는 바깥 일로 돌려버리십시오. 바깥 일로 돌리자는 말은 그들을 목매달지 말자는 뜻이지요. 돌이켜보면 한(漢)나라 때는 묵돌(冒頓)이 가장 강성하던 시기였고, 그들과는 철천지원수라 할 만큼 대단히 사이가 나빴습니다. 백등산[97]의 치욕이 있었고, 우리를 업신여기는 편지를 받는 굴욕이 있었으며, 중행설[98]의 치욕이 있었습니다. 공주를 시집보내야 했고 해마다 폐백을 바쳐야만 했으니, 훗날 송(宋)나라가 거란에 헌납하던 정황과 무엇이 다르겠습니까! 그래서 가의(賈誼)는 개탄하며 자신이 그 일을 맡아 처리하려 했지만, 문제(文帝)는 공연한 말썽을 일으키고 백성들을 소란스럽게 할까봐 가의의 계책을 들어주지 않았지요. 그때도 그

---

97) 백등산(白登山): 산서성(山西省) 대동현(大同縣) 동쪽에 있는 산 이름. 백등대(白登臺)라고도 부른다. 한 고조 유방이 흉노인 묵돌에게 이레 동안이나 포위된 곳이라고 한다.

98) 중행설(中行說): 한나라의 환관. 문제 때 본인은 원하지 않았지만 흉노에게 시집가는 공주를 호송하는 임무를 억지로 떠맡게 되자 아예 그쪽으로 투항해버리고 말았다. 그런 뒤 이해득실을 따져 흉노에게 유리한 쪽으로만 일을 지시하는 바람에 한나라의 큰 우환이 되었다고 한다.

랬는데, 사방의 오랑캐가 우리를 본받고 따르는 지금 같은 시기야 말할 나위가 있겠습니까! 우리 편과 저편이 각자 대치하여 서로 찌르고 죽이는 일이야 변방에서는 일상적인 상황으로 만고이래 변함이 없었는데, 어찌 입에 올리기에 족한 문제이겠습니까!

부록: 매형상의 답신 附衡湘答書

"부처의 키가 한 자라면, 마귀의 키는 한 길이다."

옛 사람이 이 말씀을 하신 취지는 다만 사람들에게 부처가 있으면 마귀도 있음을 알게 하려는 데 있습니다. 마치 형상이 있으면 그림자가 있고 소리가 있으면 메아리가 뒤따르듯이 필연적으로 서로 떨어질 수 없는 관계란 것이지요. 그런 필연성을 알면 경솔하게 공포심을 유발하거나 후회하는 마음을 일으키지 않게 됩니다. 세상에는 불성(佛性)이 없는 마귀만 득실거릴 뿐, 마성(魔性)이 없는 부처는 아예 존재한 적이 없습니다. 그런데도 사람들은 부처가 못 되는 것만 걱정할 뿐 마귀에 대해서는 근심하지 않습니다. 불성이 없는 마귀야 의당 부처의 법력으로 녹여버려야 하고, 불성을 지닌 마귀라면 그의 불성이 더욱 잘 드러나게 해야 하겠지요. 부처님 좌우는 사천왕(四天王)과 여덟 명의 금강역사(金剛力士)가 제각기 칼과 보저(寶杵)를 든 채 호위하고 있습니다. 어느 놈이고 마귀가 아닌 녀석이 없으니, 결국은 능력에 한계가 있는 산귀(山鬼)나 대답 못할 일만 무궁하게 많은 늙은 중만도 못하다 하겠습니다. 자고이래 영웅호걸이 공 한 번 세우거나 지조 한 번을 지키는 데도 치욕을 무릅써야 그 일을 성취할 수 있었는데, 이런 큰 일을 완성하려는 경우야 말할 나위가 있겠습니까!

또 매형상의 답신 又

구장유(丘長孺, 丘坦)로부터 온 편지에 탁오 선생이 많이 늙었다는 구절이 보여 순간 망연자실했습니다. 저 매국정에게 있어 선생은 마음은 쏠리지만 아직 말씀 한 번을 나눠보지 못한 분인데, 어떻게 늙으실 수 있으십니까? 하인들에게 물어보니 사실은 전혀 그렇지 않다고 하더이다. 또 부채머리에 잘게 쓰신 글씨를 읽어보다가 선생의 기력이 되돌아와 다시 건강해지신 줄 알게 되었지요. 달포 동안 눈병이 나서 아직 완쾌된 상황은 아니었지만 황급히 『분서』를 찾아 읽고서는 웃으면서 사람들에게 말했습니다.

"이런 노인네와 만약 알력이 생기게 되면 그저 연화좌[99]에 받들어 모시고 아침저녁으로 대중을 이끌어 예배를 드림으로써 그의 복을 깎아 먹어야 마땅하니라. 함부로 제압하려 드는 짓은 옳지 않으니, 도리어 그 양반 성가만 높여주게 될 게야!"

마성 사람에게 회답하는 편지 復麻城人書

몸을 옳음(是)의 바깥에 두고 있다 여기는 것은 괜찮지만, 자신이 그름(非)의 바깥에 있다 생각하는 것은 옳지 않습니다. 사람은 누구나 다 자신에게 비난이 돌아올 듯한 기미라도 보이면 감히 덤벼들어 일하지 않기 때문입니다. 자신이 해악의 바깥에 있다고 생각하는 것이야 괜찮지만 이익의 밖에 있다고 여기는 것은 가당치 않으니, 원래 사람은 누구나 자신에게 이로움이 없을 듯하면 그 일을 하려 들지 않는 까닭입니다. 이 같은 말들은 바야흐로 정당하며 결코 허튼 소리가 아닙니다.

---

99) 연화좌(蓮花座): 불좌(佛座). 부처님이 앉는 자리는 연꽃 모양으로 만들기 때문에 붙은 이름이다. 연좌(蓮座)라고도 부른다.

요즈음 술 마시기 좋아하는 자들은 입만 뗐다 하면 매번 자신을 고양(高陽)의 술꾼 역이기¹⁰⁰⁾에 비유하곤 하는데, 공께서는 역이기가 왜 역이기인지 그 까닭을 아시는지요? 진정한 역이기 같으면 서하(西夏)의 반란군이 제멋대로 횡행하지 못하게 할 능력이 있고, 설사 반군들이 떨쳐 일어나더라도 일격에 박멸해서 백성들이 힘들게 동원되지 않고 병사와 군량미가 축날 필요도 없게 하여 병사들이 없는 땅이 없고 양식이 부족한 지역이 없도록 만들 것이기 때문입니다. 또한 모자라는 병사와 식량 때문에 다른 지방에서 병사를 모집하거나 양식을 빌려올 필요도 없게 만들겠지요. 이 정도는 되어야 진정한 의미에서의 고양 술꾼인 것입니다. 바야흐로 주아부¹⁰¹⁾가 오(吳)·초(楚)를 공격할 때의 일입니다. 병력이 낙양에 거의 이르렀을 때, 극맹¹⁰²⁾을 얻게 된 그는 몹시 기뻐하면서 말했습니다.

"오와 초가 거사를 하고서도 극맹을 끌어들이지 못했으니, 내 이제 그들이 무능한 놈들인 줄 알겠노라."

극맹 같은 일개 노름꾼이 무어 그리 대단하다고 한 나라의 대장군이 그를 두고 천군만마를 얻은 듯이 여긴단 말입니까? 하지만 주아부는 삼십만의 용맹한 장병을 얻는 것이 일개 극맹을 얻느니만 못하다고 하면

---

100) 역이기(酈食其) : 한대의 고양(高陽) 사람. 마을의 문지기 노릇을 하다가 고양에 온 패공(沛公, 한 고조 劉邦)을 만나 진류(陳留)를 공격하라는 계책을 올리고 광야군(廣野君)이 되었다. 역이기는 늘 제(齊)나라 공격을 주장하였다. 한신(韓信)이 이를 실천에 옮기자, 제왕(齊王)은 역이기가 자신을 팔았다 하여 그를 삶아 죽였다. 『사기』 권95와 『한서』 권41에 보인다.

101) 주아부(周亞夫) : 한대의 패(沛) 사람. 주발(周勃)의 아들로 조후(條侯)에 봉해졌다. 문제 때에는 둔전을 일구며 흉노를 방비했고, 경제 때에는 오·초 칠국의 난을 격파하고 승상에 제수되었다. 나중에 황제가 참언을 믿고 그를 정위(廷尉)로 강등시키자 닷새 동안 음식을 먹지 않다가 피를 토하고 죽었다. 『사기』 권57과 『한서』 권40에 보인다.

102) 극맹(劇孟) : 한대의 낙양(洛陽) 사람. 제후들 사이에 임협(任俠)으로 유명해 그의 어머니가 죽었을 때는 천 대의 수레가 문상을 왔지만, 정작 그가 죽었을 때는 집안에 십 금의 재물도 남아 있지 않았다고 한다. 『사기』 권124와 『전한서』 권92에 보인다.

서 오·초가 그를 잃었으니 그들의 패망은 손꼽아 헤아릴 만하다고 여겼습니다. 이 정도는 되어야 진정한 고양의 술꾼이라고 말할 수 있겠지요. 이런 까닭에 주아부는 극맹을 위해 기꺼이 술을 따르고 말고삐를 잡고자 원했던 것입니다. 한나라의 회음후(淮陰侯) 한신[103]은 천 금을 들여 이좌거[104]를 생포하려 들었습니다. 마침내 좌거를 잡게 되자, 한신은 그를 동쪽에 앉히고 자신은 서쪽에서 시중을 들며 그를 스승으로 모셨습니다. 이러한 사례들로 보건대 진짜 고양의 술꾼은 남들 밑에 있는 선비를 알아볼 능력이 있으니, 인재를 식별하고 현인을 존중함이 또 이처럼 대단하였습니다. 그래서 나는 진정한 고양의 술꾼은 존경할 만하다고 생각합니다. 그들은 원래 이런 인물들이 진정 천하의 보배임을 알아보았지요. 또 그들이 값을 매길 수 없는 천하의 보물인 줄 알았던 까닭에 그들을 진짜 보물처럼 아끼고 사랑하였습니다. 진정으로 이럴 수만 있다면 설사 입으로 술 한 방울 들이부을 줄 모른다 하더라도 그 역시 고양의 술꾼이라 지목하기에 마땅합니다.

일찍이 듣자하니 이형주(李邢州)가 허조주(許趙州)를 찾아가 술을 마시다 다음과 같은 시를 남겼다더군요.

---

103) 한신(韓信, ?~기원전 196): 진말(秦末)·한초(漢初)의 회음 사람. 처음에는 항우의 수하였지만 훗날 유방에게 투항하여 대장이 되었다. 초·한이 싸울 때 그는 유방에게 동진을 권유해 관중(關中)을 차지하도록 했고, 또 형양(滎陽)과 성고(成皐)에서 대치할 때는 따로 군사를 이끌고 항우의 후미를 공격해 황하 하류의 땅을 점령하였다. 이렇게 해서 항우를 완전히 포위하는 형세로 국면을 이끈 공으로 제왕(齊王)에 봉해졌다. 기원전 202년 그는 유방의 군사와 합류하여 해하(垓下)에서 항우를 격멸시켰다. 한나라가 건립된 뒤 초왕(楚王)에 봉해졌지만, 곧 모반죄에 걸려들어 회음후로 강등되었다. 몇 년 뒤 다시 진희(陳豨)와 더불어 반란을 꾀한다는 모함을 받고 여후(呂后)에게 살해당했다. 저술로 『병법』(兵法) 3편이 있지만 전하진 않는다.

104) 이좌거(李左車): 한인(漢人)이지만 처음에는 조(趙)나라를 섬겨 광무군(廣武君)에 봉해졌다. 한신과 장이(張耳)가 조나라에 쳐들어왔을 때, 좌거는 진여(陳餘)에게 배후를 쳐서 보급을 끊는 계책을 건의했지만 진여가 듣지 않는 바람에 결국 패하고 말았다. 나중에 한신의 포로가 된 뒤에는 그를 도와 연(燕)과 제(齊)의 성들을 연달아 격파시켰다. 『사기』 권92와 『한서』 권34에 보인다.

눈꼴사나운 이 풍진 세상 한 잔 술에 날려버리세
우리에겐 아직까지 이 시대를 굽어볼 기개 넘친다.
성안의 젊은이들 공연히 들떠 헛소리들이네
고양의 술꾼 말로만 사모할 뿐 제대로 알지도 못하거니.

  이 시를 두고 속물들은 잘 됐느니 못 됐느니 말이 많지만 저는 다 맞는 말로만 여겨지니, 그 정상이 참으로 서글픕니다. 붓 간 대로 여기까지 써내려오긴 했지만 그다지 한 말도 없는 듯하군요. 그러나 이는 또 공의 말씀을 듣고 떠오른 상념일 뿐, 공 때문에 하게 된 말은 아닙니다.

  당시 마성에서 위의 편지를 받은 사람은 교분도 오래되었고 서로 아끼는 사이였으나 그 후 이 년 동안 한 통의 편지도 보내오지 않았다. 한 번은 느닷없이 편지를 부쳐오더니, 자신을 고양의 술꾼이라 언급하면서 술잔에만 매달려 사느라 겨를이 나지 않아 오랫동안 소원하였노라는 변명을 늘어놓았다. 또 자신은 이해와 시비의 바깥에 몸을 두고 있는지라 이해와 시비에 얽혀 사는 나에게는 문안을 여쭙고 싶지 않았다고도 하였다. 그는 자신을 높이고 남은 깔보는 경향이 너무나 강하다. 아! 정말이지 그가 말한 대로만 같으면 그가 어찌 나의 좋은 벗이 아닐 것이랴! 하지만 그가 시비와 이해득실의 실상을 이처럼 두려워한다면, 그 얼마나 시비와 이해득실에 깊이 빠져 있는 꼴이란 말이냐! 그런데도 감히 허풍을 떨며 나를 속이려 드는 정상이라니. 때마침 영[105]과 하 지방에서 병란이 일어났다는 소문이 들려오기에 고양의 일에 대하여 울컥 치미는 듯한 느낌이 있어 급기야는 「견식의 중요성」(二十分識)과 「위의 글로 말미암아 지난 일을 기록해보다」(因記往事)라는 두 편의 글을 짓게 되었다. 매감군(梅監軍, 梅衡湘)의 명

---

105) 영(靈): 영주(靈州)를 지칭하는 듯하다. 지금의 영하성(寧夏省) 영무현(靈武縣)에 위치하였다. 아래의 하(夏) 땅은 영하(寧夏)를 가리킨다.

령이 떨어진 줄 진작에 알았더라면 이를 위안으로 삼아 그처럼 성내고 속을 끓이진 않았을 것을.

하남의 오중승에게 보내는 편지 與河南吳中丞書

저는 벼슬길에 들어선 이래 단 한 번도 법에서 금지한 죄를 저지른 적이 없고, 하급관리가 된 다음에는 단 하루도 상관에게 죄를 지은 적이 없었습니다. 비록 도처에서 수시로 상관과 의견충돌을 일으켰지만 어느 상관도 제가 윗사람을 거스른다고는 생각하지 않았으니, 그들은 제가 비록 관직은 낮지만 자기 주장을 펼 수 있음을 인정했던 것입니다. 참선의 이치를 알게 된 뒤부터는 감히 스승과 선배를 저촉한 적도 없고, 불혹의 나이에서 지금에 이르기까지 어느 하루 친구들을 거슬러 본 적도 없습니다. 수시로 그들과 더불어 쟁론하거나 강론을 늘어놓긴 했지만, 스승이나 친구들은 저를 미워하지 않았습니다. 그들은 저에게 논쟁을 벌일 뜻이 없는 줄 잘 알았고, 그래서 피차가 자신의 방식대로 깨달음을 구하면 그만이었습니다. 이 즈음에는 무창에 거주하며 유진로(劉晉老, 劉東星)의 도움을 많이 받았습니다. 작년 겨울 공께서 유진로에게 보내는 편지를 읽었더니, 제가 빨리 무창에서 떠나기를 바라고 계시더군요. 멀리서도 애틋하게 전해오신 그 마음에 그저 감사할 따름입니다. 이제 유진로가 공에게 들른다 하므로 이 참에 『분서』 네 권을 보내드리려 합니다. 이 네 권은 새로 찍은 책입니다. 사람들의 도심(道心)을 약간은 일으킬 수 있을 것 같은지라 첨부하여 가르침을 청하는 것이지요.

육사산에게 답함 答陸思山

가르침을 받고서야 겨우 서쪽의 일을 알게 되었습니다만, 왜구(倭寇)

란 해적들은 그다지 염려할 만한 놈들이 못 됩니다. 원래 이놈들은 배를 떠나서는 꼼짝도 못하는 녀석들인 까닭이지요. 다만 중원의 간교한 자가 여러 경로로 놈들을 끌어들이고 결탁하여 늑대 같은 탐욕을 드러내고 있으니, 실로 진정한 간웅은 아니라고 하겠습니다. 겨우 고려(高麗)를 놓고 군침이나 흘릴 따름이니까요. 여러 원로들은 평소 후한 봉록을 받고 포부도 원대하며 탁월한 성적으로 누차에 걸쳐 천거되는 영광까지 입으셨습니다. 물론 이 말벌이나 전갈처럼 악독한 놈들을 박멸할 능력이 있으시니, 굳이 놈들 때문에 심려할 필요는 없을 것 같습니다.

진로(晉老, 劉東星)는 이런 때에 일을 맡아 부임할 것을 생각하시더군요. 이 노친네는 가슴속에 대단히 기이한 포부를 지니셨습니다. 하지만 훌륭하고 능력 탁월하다는 선비가 그 흉중에 들어앉은 모습은 볼 수가 없으니, 또 녹을 먹는 요즘의 벼슬아치들과 비교하더라도 총명하고 충성스러우며 믿음직해서 그저 존경스러울 따름입니다. 그런 그가 공의 숙련된 소양을 내쳐 집에서 밥이나 먹으라고 방치하다니, 천하의 일을 누구에게 맡겨 요리하겠다는 것인지 저는 정말 알지 못하겠습니다! 사소한 변화에도 당황하고 어쩔 줄 몰라하는 꼬락서니가 예나 지금이나 대체로 똑같기만 하니, 요즘은 정말이지 장강릉(張江陵, 張居正)이 더더욱 그리워집니다. 열이 들끓어 몸에는 실오라기 하나 걸치지 못하는 까닭에 문밖 출입은 엄두도 못 내고 있지요.

주우산에게 與周友山

애당초 유진로(劉晉老)와 작별할 때는 서운함을 느끼지 않았는데, 헤어진 뒤부터는 정말이지 감당을 못하겠습니다. 편지를 보내 뭐라고 말씀은 하셨지만, 저는 아직까지 살면서 제게 살뜰한 정을 베푸는 사람을 만난 적이 없었습니다. 다만 내가 누군가를 저촉하는 허물이 드러나지 않아 그의 해묵은 노여움에서 벗어날 수만 있다면 다행으로 알았으니,

어떻게 끈끈한 정을 기대할 수 있었겠습니까! 유진로와는 어느 정도 그런 끈끈한 정이 느껴지는 듯한데, 이 모두는 또 반목에서 얻어낸 결과입니다. 반목하다가 친밀해지는 것도 괜찮기야 하지만, 그런 일이 두 번씩 있어서는 아니 되겠습니다.

우산에게 與友山

소(疏)에 나오는 '잠시 지기를 배신했다'(且負知己)는 네 글자는 대단히 오묘합니다.[106] 오직 지기를 저버리지 않으려는 까닭에 죽음도 불사하는 것인데, 훼예(毀譽)나 영욕, 득실 따위의 작은 문제야 말해 무엇하겠습니까! 장강릉(張江陵)은 형의 둘도 없는 벗인데, 어찌 그를 저버리고 자신의 명성만을 도모하셨단 말입니까? 강덕함[107]이 이헌길[108]을

---

106) 주사경(周思敬)은 1568년의 진사로 장강릉과 절친한 사이였다. 그러나 그는 이런 관계를 이용하여 한 번은 강릉의 뜻이라 속이고 집금오(執金吾)로 하여금 죽을 사람을 살려주게 한 적이 있었다. 강릉은 이 일을 염두에 두고 그 후 줄곧 주사경의 앞길을 가로막을 생각이었는데, 나중에 강릉이 권좌에서 물러나게 되자 추원표(鄒元標)라는 사람이 그가 강릉에게 빌붙지 않았음을 이유로 태복소경(太僕少卿)으로 발탁하자는 상소를 올렸다. 이에 주사경은 다시 소장을 올려 자신이 강릉의 기대를 저버렸던 전말을 소상히 밝히고 나섰다. 이 글에서 이지가 인용한 구절은 바로 주사경이 강릉과의 사이를 설명하기 위해 올렸던 소장에 나온 대목이다.

107) 강덕함(康德涵): 강해(康海). 명나라 무공(武功) 사람으로 자는 덕함, 호는 대산(對山) 혹은 반동해보(泮東海父)라 하였다. 홍치(弘治) 연간의 진사로 벼슬이 수찬(修撰)에 올랐으며, 당시 십 재자(十才子)의 한 명으로 일컬어졌다. 이몽양과의 창화(唱和)로 명성을 날렸고, 왕구사(王九思)와는 함께 악률(樂律)을 연구했으며, 사곡(詞曲)에도 능숙하였다. 정덕(正德) 초기에 유근(劉勤)의 당에 연루되어 면직당했다. 『명사』 권286 등에 사적이 보인다.

108) 이헌길(李獻吉): 이몽양(李夢陽). 경양(慶陽) 사람이지만 나중에 개봉(開封)으로 이사했다. 자는 헌길, 자호는 공동자(空同子). 홍치 연간의 진사로 무종(武宗) 때 강서제학부사(江西提學副使)를 지냈지만 나중에 삭탈관직당했다. 재사가 빼어났고 복고(復古)를 주장하여 "문장은 반드시 진·한, 시는 기필코 성당을

구한 이야기도 들어보지 못하셨습니까? 헌길을 감옥에서 빼낼 수만 있다면 한평생 입신하지 못하고 유근[109]의 무리에게 모함을 받더라도 후회하지 않을 결심이었으니, 바로 헌길을 지기로 여겼던 까닭이지요. 선비는 자신을 알아주는 이를 위해 죽는다 하였습니다. 그런 죽음은 차라리 달갑다 할 것이니, 거기 어디에 또 버려지는 서러움이 있겠습니까! 다만 이런 말은 죽은 강릉이나 산 온릉(溫陵)에게나 할 수 있을 뿐, 만약 조정의 사대부들에게 이를 들이민다면 저의 말이 황당하다고 비웃지 않을 자가 없을 것입니다. 이제 강릉 그 사람이 없는 까닭에 서하(西夏)의 반란군들은 아직까지 견고한 요새에 의지해 버티고 있습니다. 매공(梅公, 梅衡湘)께서 소를 올려 그들을 치자고 청한 것은 참으로 장한 일이니, 진(秦) 땅에 사람이 없다고는 말하지 마십시오! 생각건대 그대의 스승님은 그 아우님이 높은 자리로 승진해 집에 당도하고 또 극념(克念)이 성에서 돌아간 덕분에 크게 깨닫는 바가 있어 필경 더 이상은 나와 시비를 다투려 들지 않을 것입니다. 저는 초여드렛날 밤 꿈에서 동로(侗老, 耿定向)를 만났는데 안색에 희열이 만발했더군요. 저 또한 근자의 일들은 완전히 잊어버리고 처음 만났던 그때와 같은 감정으로 하루 종일 이야기를 나눴습니다. 이 꿈은 또 상념 끝에 꾼 것이 아니니, 만약 상념에서 나온 거라면 최근의 일들을 대략은 기억하고 있는 마당에 어찌 전혀 영향이 없었겠습니까! 내 생각이지만 분명 다시 회동할 날이 있을 것이고, 우리가 다시 만나게 되면 그간의 앙금은 자취조차 사라져 보이지 않을 것입니다. 그렇게만 될 수 있다면 이 늙은이의 홍복이고 크나큰 다행이니, 나는 응당 용호로 되돌아가 형과 함께 경천대(耿天臺)를 찾아가자고 약속하게 될 것이 틀림없겠지요. 만약 그 노인

본받는다"(文必秦漢, 詩必盛唐)는 주장을 내세우며 전칠자(前七子)의 주축이 되었다. 저서로 『공동자집』(空同子集)이 있고, 『명사』 권286 등에 사적이 보인다.

109) 유근(劉瑾): 명대의 환관. 어려서 거세당하고 궁에 들어갔다. 무종이 들어서자 사냥과 가무로 그의 환심을 산 뒤 사예감(司禮監)을 장악해 권세를 휘둘렀다. 바른 선비를 배척하고 상도에 벗어난 짓을 일삼다 나중에 저자에서 능지처참되고 가산은 몰수당했다. 『명사』 권304 등에 보인다.

네가 끝까지 고집을 부리면서 미망에서 벗어나지 못한다면, 저 또한 더는 상관하지 않고 그저 나의 도리나 다할 작정입니다. 속담에 이런 말이 있더이다.

"원수는 풀어야지 자꾸 맺으면 못 쓴다."

저이가 설사 맺힌 마음을 풀지 않더라도 나는 의당 혼자서라도 그것을 풀어버릴 것입니다. 유백륜[110]도 이런 말을 남겼지요.

"닭갈비처럼 말라깽이인 저는 당신의 존귀한 주먹을 감당할 수가 없습니다."

때리려던 사람도 결국은 웃으면서 주먹질을 멈췄다고 합니다. 저는 이 노인네가 종당에는 저 때문에 너털웃음 한 번 터뜨리고 사단을 그칠 거라는 걸 알고 있습니다. 이와 같은 세상사를 당신은 우려하는 듯도 합니다만, 오늘날이야말로 실로 가장 강성한 시대이자 중흥으로 나아가는 시절입니다. 그런데 두어 명의 반군들이 반기를 들고 대드는 데도 조정이나 지방의 관아에서는 끝끝내 원대한 계획이 없으니, 이야말로 심히 부끄럽게 여겨야 할 노릇입니다! 형은 어찌 편안히 앉아 바둑이나 두고 도조를 걷어 집이나 축성하는 것을 두고 스스로를 위한 장구한 계획이라 하시는지요?

서울의 친구[111]에게 부치는 편지 寄京友書

저는 올 가을에 이질을 호되게 앓는 바람에 거의 죽을 뻔하였습니다.

---

110) 유백륜(劉伯倫): 위(魏)·진(晉) 시대의 명사 유영(劉伶). 자가 백륜이었다. 유영이 한 속물과 이야기를 나누다 그의 비위를 거스르게 되었다. 때리려고 덤벼드는 사내에게 유영이 환한 얼굴로 위에 인용된 말을 하자, 그는 화를 풀고 자리를 떠났다고 한다. 출전은 『세설신어』「문학」편.

111) 내용의 일부가 『속분서』권1「원석포에게」(與袁石浦)와 겹치는 것으로 보아 이 글의 서울 친구는 원종도(袁宗道, 1560~1600)를 가리키는 듯하다. 원종도의 호는 석포, 자는 백수(伯修)이며, 원굉도와 원중도의 장형으로 호북성 공안(公

이리하여 몸뚱이가 있는 것 자체가 바로 괴로움인 줄 알게 되었지요. 부처나 상선[112]께서 그토록 열심히 도를 공부하신 것도 다 까닭이 있으니, 온갖 부귀영화를 다 누리고 심지어 전륜성왕[113]의 지위에까지 오른다 해도 끝내 눈길 한 번 돌릴 가치가 없다고 한 것은 우리의 분단신[114] 자체가 크나큰 우환이라 제아무리 전륜성왕이라도 거기서 벗어날 수는 없다고 여겼기 때문입니다. 그래서 온갖 괴로움과 극도의 수고를 다 무릅쓰면서까지 도를 추구했던 것입니다. 그렇지 않다면 부처는 바로 세상에서 가장 어리석고 못난 일개 사내에 지나지 않았을 것입니다. 그에게 주어진 부귀하고 좋은 세월을 향유하지 않고 십이 년 동안 설산(雪山)에 들어가 삼씨 한 개 보리 한 톨(一麻一麥)[115]만으로 견뎠는데, 오

安) 사람이다. 만력 14년(1586)에 치러진 회시(會試)의 장원으로 편수(編修)를 제수받았고, 태사(太史)와 동궁강관(東宮講官)을 거쳐 우서자(右庶子)로 재임하던 중 사망했다. 당대의 백낙천과 송대의 소동파를 좋아해 서재의 이름을 백소재(白蘇齋)라 지을 정도였다. 저서로 『백소재집』(白蘇齋集)이 전한다.

112) 상선(上仙): 천상의 신선. 혹은 도가에서 말하는 구선(九仙) 가운데 품계가 가장 높은 자를 말하기도 한다. 『운급칠첨』(雲笈七籤) 권7에 "태청경에 아홉 종류의 신선이 있다. ……첫 번째는 상선, 두 번째는 고선, 세 번째는 대선, 네 번째는 현선, 다섯째는 천선, 여섯째는 진선, 일곱째는 신선, 여덟째는 영선, 아홉째는 지선이라 한다"(太淸境有九仙. ……第一上仙, 二高仙, 三大仙, 四玄仙, 五天仙, 六眞仙, 七神仙, 八靈仙, 九至仙.)는 기록이 보인다.

113) 전륜성왕(轉輪聖王): 범어 Cakravarti-râja의 의역. 고대 인도의 신화에 나오는 국왕으로 전륜왕이라고도 부른다. 이 왕은 즉위할 때 하늘로부터 윤보(輪寶)를 얻어 굴림으로써 그 위세를 사방에 떨쳤다고 한다. 불교에서는 위의 고사를 빌려 세계가 어느 일정한 시점에 다다르면 금·은·동·철의 네 윤왕(輪王)이 연달아 출현해서 금륜왕은 사대부주(四大部洲), 은륜왕은 삼주(三洲), 동륜왕은 이주(二洲), 철륜왕은 일주(一洲)를 통치하는데, 각자 보물 바퀴를 굴리며 자신의 통치 영역을 순환한다는 전설을 만들어냈다. 일반적으로 위엄과 덕을 갖춘 왕을 가리키는 말로도 쓰인다.

114) 분단신(分段身): 불교용어. 육도를 윤회하는 속된 육신. 육도를 윤회하는 육체는 각자의 업과 인연에 따라 수명과 형체가 달라지기 때문에 '분단신'이라는 명칭이 붙었다.

115) 일마일맥(一麻一麥): 석가모니가 고행할 당시에 드셨던 음식물. 원래는 삼씨 한 개와 쌀 한 톨(一麻一米)이라고 하는데, 여기서는 이지가 쌀을 보리로 바꿔 말하고 있다.

랜 세월 앉아 있기만 해 정수리에는 까치가 둥지를 틀었다고 하지 않던 가요? 기필코 극치의 부귀를 누리고야 말겠다고 생각하면 이 세상의 어떤 사물에도 얽매이지 않게 되는 까닭에 이 한 생의 성명(性命)을 다 바쳐 그것을 도모하게 됩니다. 목전의 이익만 생각하는 세상 사람들이 그 일을 보면 지극히 어리석고 못난 것도 같지만, 부처는 어리석거나 못난 분이 아니지요.

오늘날의 도를 공부하는 자들은 말할 가치조차 없습니다. 개중에 가장 진지하고 성실하다고 일컬어지는 자들도 하루 종일 이익을 따지고 손해는 피하기에 급급하며, 진실은 물리치고 근본은 끊어버림으로써 이 우환덩어리 육신을 보물처럼 애지중지합니다. 이들이 그래도 도를 배우는 자들입니까?

『파선집』(坡仙集)은 내가 직접 교정을 보고 주석을 단 책입니다. 매번 열어볼 때마다 저절로 기분이 좋아지니, 나에게는 마음을 상쾌하게 하고 병을 물리쳐주는 종류의 책이라 하겠습니다. 지금은 이미 그 저본이 없어져버렸으니, 제발 심유(深有)에게 분부하여 그 책이 제게 돌아오도록 주선해주십시오! 대저 나의 저서는 모두가 자신의 즐거움을 추구하기 위해 쓰인 것으로, 남을 위해 짓지는 않았습니다.

초약후에게 보내는 편지 與焦弱侯書

어제는 한가하게 청량[116])으로 발길을 옮겨 일불(一拂) 정협[117]) 선생

---

116) 청량(淸涼): 강소성 강녕현(江寧縣) 서쪽에 위치한 청량문(淸涼門)의 안쪽을 가리킨다. 위쪽으로 청량사(淸涼寺)와 소엽루(掃葉樓), 취미정(翠微亭) 등의 경승이 있다.

117) 정협(鄭俠): 송대의 복청(福淸) 사람. 자는 개부(介夫)로 치평(治平) 연간에 진사가 되었다. 왕안석이 신법을 시행할 때 몇 번이나 상소를 올려 그 폐해를 지적했지만 결과가 없었다. 나중에 안상문(安上門)을 지키게 되었는데 마침 가뭄이 들자 유민들이 굶주리는 광경을 그림으로 묘사한 세칭 「유민도」(流民圖)를

의 사당을 참배하다가 그가 형의 고향 선배임을 알게 되었습니다. 일불은 젊어서부터 늙을 때까지 이 산의 절에서 공부했는데, 후세 사람들은 그분이 남긴 가르침을 사모하여 사당을 짓고 제사를 모셔왔지요. 지금은 형도 절간에서 글을 읽고 계시지만, 그분의 사당이라면 기왕에 폐쇄되었더라도 다시 복원시키는 것이 마땅하지 않겠습니까! 집으로 돌아와 『강녕초지』(江寧初志)를 읽다가 일불이 또 저랑 마찬가지로 조상은 광주(光州)의 고시(固始) 사람인데 당나라 말기에 왕심지[118]를 좇아 복건 땅으로 들어온 뒤 마침내 복건 사람이 되었다는 사실을 알게 되었습니다. 그렇다면 저와 선생은 두 지방에 걸친 동향이니, 이 분은 저의 고향 선배이기도 한 것입니다. 일불 선생이 유독 형만의 고향 선배가 아닌 판에 제가 또 형을 부러워할 필요는 없다고 하겠습니다. 사당에서 참배하고 내려오니 서늘한 바람이 불어오더이다. 비록 느슨하게 산책차 갔다고는 하지만 돌아올 때는 큰 보배를 싣고 왔으니, 어제의 행보를 두고 누가 한가한 걸음이라 말하겠습니까? 저는 여기에 있어 실로 뿌듯한 자부심을 느낍니다.

선생은 원래 왕반산(王半山, 王安石) 문하의 뛰어난 선비셨지요. 가장 인정받는 제자로서 그 역시 평소에 왕안석을 믿고 존경함이 무척이

올렸고, 그림을 본 신종(神宗)이 자신을 자책하면서 청묘법의 시행을 철폐하자 하늘에서 큰비가 내렸다는 일화가 전한다. 왕안석이 물러난 뒤 신법을 논하는 과정에서 여혜경(呂惠卿)을 거슬려 거의 죽을 뻔하다가 영주(英州)로 쫓겨났다. 휘종이 등극한 뒤 복직되었으나 오래지 않아 채경(蔡京)에게 다시 쫓겨나 향리로 돌아갔고 더는 출사하지 않았다. 마을 사람들은 그가 사는 동네에 '정공방'(鄭公坊)이라는 팻말을 내걸어 그를 기렸다고 한다. 저서로 『서당집』(西塘集)이 전하며, 『송사』 권321과 『송원학안』 권98에 사적이 보인다.

118) 왕심지(王審知): 오대(五代)의 복건 사람. 자는 신통(信通). 형인 왕조(王潮)를 따라 봉기하여 그 부장이 되었다가 형이 죽자 무위군 절도사(武威軍節度使) 겸 낭야왕(琅邪王)이 되었다. 당나라가 망한 뒤 양(梁) 태조는 그를 민왕(閩王)에 봉했다. 비록 도적 출신이지만 성품이 검약하고 예절을 알며 선비를 대우할 줄 알았다고 한다. 시호는 충의(忠懿). 나중에 그의 아들 인(鏻)이 황제를 칭하게 되면서 추존하여 태조로 모셨다. 『오대사』 권68과 『구오대사』(舊五代史) 권134에 보인다.

나 각별했으니, 원래 그들의 마음은 다같이 백성의 아픔을 염려하고 나라의 재정을 튼튼히 하려는 데 있었습니다. 하지만 왕안석은 자신감이 지나친 나머지 나라를 사랑하고 백성들을 걱정하던 마음과는 반대로 백성들을 해치고 나라를 망치는 엄청난 재앙을 초래하고 말았습니다. 선생은 그런 점을 절실히 목격하신 뒤 자신과 가문이 다 죽고 말살될지도 모를 환란은 돌아보지 않은 채 오월동주[119]의 본심을 이루려 하다가 결국은 방축되어 떠돌아다니게 되었지요. 그리고 팔순의 연세에 이르러서야 이 산 속의 절에서 노후를 보냈습니다. 이런 이유로 해서 저는 일불 선생이 정말로 존경할 만한 분이라고 생각합니다. 만약 그가 일불이라서 그러는 것이라면 이는 동향이란 이유로 추앙하고 받드는 것에 불과하니, 누가 이에 영향을 받아 선생을 흠모하려 들겠습니까? 지금의 천하는 오랫동안 태평을 구가해왔습니다. 중·하류의 선비들은 자신을 살찌우는 데만 정신이 팔려 일불이 대체 어떤 물건인지도 전혀 모르고 있으니, 거기에 대해선 따로 할 말이 없을 지경입니다. 각고하여 이름을 떨치는 중류 이상의 선비라 해도 법도의 테두리에서 조금도 벗어나지 못하다가 급기야는 소금과 매실(鹽梅)[120]이 되어 국가의 위난을 구제해야 할 대의(大義)조차 망각하고 말았으니, 그들이 선생을 쳐다본들 무엇을 어찌할 수 있겠습니까! 나는 일불 선생이 정말로 존경할 만한 분이라고 생각합니다. 제가 선배 제현을 우러러 받드는 것은 바로 이런 이유 때문입니다.

---

119) 오월동주(吳越同舟): 『손자』(孫子) 「구지」(九地)편에 나오는 고사. "오나라 사람과 월나라 사람은 서로를 미워하지만 한 배를 타고 강을 건너다가 풍랑을 만나게 되니, 서로를 구조함이 마치 좌우의 손 같았다"(夫吳人與越人相惡也, 當其同舟而濟, 遇風, 其相救也, 如左右手.) 여기서 유래하여 '오월동주'는 서로 묵은 원한이 있지만 함께 재난을 당해 이해가 일치할 때는 다같이 돕고 노력한다는 뜻으로 쓰이게 되었다.

120) 염매(鹽梅): 소금과 매실. 소금은 짜고 매실은 신맛을 내는데, 둘 다 음식 맛을 내는 데 없어서는 안 되는 조미료이다. 보통 국가에 유용한 인재나 위기를 타개하는 데 필요한 현명한 신하를 가리키는 말로 쓰인다.

이제 허물어진 선생의 사당을 다시 복원시킨다고 합니다. 저는 형처럼 선생을 존경하는 분은 반드시 그 일을 옳게 보실 거라 생각합니다. 결단코 그분이 일불이기 때문에 유난떠는 것이 아니란 말이지요. 우리 고향에 구아 선생[121]이라는 분이 계신데 선배 제현을 유달리 우러르는 데다 백성을 사랑하고 나라를 걱정하는 일념은 특히 더 절절하지요. 만약 그에게 일불 선생의 사당이 이곳 청량에 건립된다고 일러주면 분명 남다른 감회를 느낄뿐더러 반드시 옳다고 여길 테니, 그에게 이 일을 알려주지 못하는 것만이 안타까울 따름입니다. 듣자하니 인근의 나이 많은 촌로들 중에는 아직도 일불 선생의 사적을 말할 수 있는 자가 존재한다고 합니다. 그런데 옛날의 사당 터는 폐허가 되어버려 지금은 그 자리가 어딘지조차 알아낼 수 없는데, 이는 당시에 제반상황을 기록한 자가 없었기 때문이지요. 앞으로 그것을 기록할 사람이 있다면 바로 형이나 구아 선생 아니겠습니까? 선현(先賢)이란 후현(後賢)이 받들며 모범으로 삼는 바이고, 후현은 또 선현이 이름을 떨치는 데 있어 의지하는 바입니다. 비석을 세우고 그 왼편에 이름자를 큼지막하게 적는 일이야 형이나 구아 선생이 사양하실 수 없겠지요. 아아! 만세에 이름을 드리우게 될 일인데, 어찌 사양할 수 있겠습니까!

사룡[122]의 「두 어머니를 슬퍼하는 노래」에 부쳐 復士龍悲二母吟

양씨(楊氏)의 족손[123]이 요사이 형의 건의에 따라 양허유(楊虛遊) 선

121) 구아 선생(九我先生): 이정기(李廷機, 1542~1616). 자는 이장(爾張), 호는 구아이며, 복건성 진강(晉江) 사람이다. 순천부(順天府) 향시(鄕試)의 장원으로 합격한 바 있으며, 건륭 연간에 나온 『천주부지』(泉州府志) 권44 「명열전」(明列傳)에 전기가 보인다.

122) 사룡(士龍): 이등(李登, 1524~1609)의 자. 별호는 여진(如眞), 상원(上元) 사람이다. 약관에 제자원(弟子員)이 되어 경천대의 총애를 받았지만 시험에 여러 번 실패하였다. 나중에 추천으로 신야령(新野令)을 제수받았는데, 부임 일년 만

생 아들의 후사는 잇되 이한봉(李翰峰) 선생의 후사는 잇지 않기로 하였습니다. 한봉의 후예가 아니라면 어찌 한봉의 집에서 살 수 있겠습니까? 양씨의 후사를 이으면서 이씨의 집에 사는 것은 도리가 아닙니다. 양씨의 족손은 또 허유 선생 아들의 후사를 세우기로 한 근래의 논의는 정당하고 이한봉 선생네 수절과부 누이의 후사를 잇는 것은 옳지 못하다고 판정하였습니다. 한봉 선생 누이의 후사가 아닌데 또 어떻게 조석 끼니를 이씨의 집에서 해결하며 그것이 한봉의 수절과부 누이를 섬기기 때문이라고 둘러댈 수 있겠습니까? 양허유 선생 아들의 후사로 하여금 이한봉 선생의 수절 누이를 이씨 댁에서 봉양하란 말은 더더욱 도리가 아닐 것입니다. 비록 수절과부의 잉여 의복이나 양식을 넘보거나 억지로 빼앗지 않겠다고 해도 그것은 불가능한 일이지요. 시비장단이 저절로 일어나 한봉 선생 후손에게 불효죄의 오명이 잘못 덧씌워질 것임은 그 형세에 있어 또한 불가피합니다. 그로 하여금 분쟁에 휘말리게 한다면 그것은 우리의 죄이지 결코 양씨 족손의 죄가 아닙니다. 바라건대 공께서는 마음을 비워 이야기를 들으시고 한봉 선생을 염두에 두어주시길 바랍니다. 한봉이 살아계실 때 공과는 가장 절친한 사이였습니다. 저 같은 사람은 제삼자일 따름이지만 공이야말로 그를 최고로 위할 분임을 잘 알고 있지요. 한봉을 생각하면 반드시 그의 수절하는 처 고(顧)씨를 떠올리게 되고, 그의 수절과부 여동생인 이씨를 생각하게 되며, 또 그 후사를 떠올리는 데 있어 의문의 여지가 없습니다.

원래 한봉의 일족에는 그를 승계할 사람이 한 명도 없고 오직 그의 부인 고씨가 딸 하나를 낳았을 뿐입니다. 한봉 선생이 돌아가신 뒤 장씨(張氏) 성을 가진 사위를 맞아 집안의 데릴사위로 들이고 두 아들을 낳게 되었습니다. 그들이 장성하여 어른이 된 것은 모두 한봉의 부인

에 그의 치적을 칭송하는 소리가 드높았다 한다. 성격이 효성스러웠고, 『자학정와』(字學正譌) 6권을 위시한 여러 권의 저작을 남겼다. 이지와는 경천대 혹은 초횡의 소개로 알게 된 듯하다.

123) 족손(族孫): 같은 혈족 형제의 손자.

고씨와 여동생 이씨가 기르고 돌봐준 덕택이었습니다. 지금 그들은 장가를 들어 자식까지 낳았고 성을 이씨로 고친 뒤 한봉 선생의 제사를 받들고 있습니다. 그런데 사위와 딸이 불행히도 모두 일찍 세상을 떠났기 때문에 두 수절과부는 이 손자들이 조석으로 받드는 봉양을 위안으로 삼고 있으며, 손자들 역시 그들의 힘을 빌려 성장할 수 있었습니다. 초약후나 공 같은 분들이 이런 식으로 일을 처리했던 것은 원래가 한봉을 생각하는 일념 때문이었습니다. 이리하여 약후는 또 자신의 딸이 낳은 손녀를 한봉의 손자에게 시집보내기도 했지요. 근래에 듣자하니 이 손자가 글읽기를 싫어하는데다 두 큰어머니의 봉양에도 약간은 소홀한 구석이 있다고 합니다. 이는 두 과부가 평소 지나치게 응석을 받아주었기 때문인데, 이것이 급기야 공의 노여움까지 초래하게 되었더군요. 그러나 사실 두 큰어머니는 일찍이 손자에 대해 기꺼워하지 않은 적이 없었습니다. 저는 공께서 한봉 선생과의 오랜 교분을 정말로 염두에 두신다면 그저 적당한 스승을 골라 그를 가르치게 함과 아울러 수시로 점검하고 살펴주는 것이 온당한 처사라고 생각합니다. 만약 이 손자의 못된 성품을 탓하여 느닷없이 다른 곳으로 거처를 옮기게 한다면, 이는 절대 한봉을 추념하는 처사가 아닐 것입니다.

한봉의 누이는 시집가자마자 과부가 되어 친정으로 돌아온 사람입니다. 한봉이 살아 있을 때는 그녀를 남경에서든 북경에서든 올케인 고씨와 함께 살도록 조처하여 서로 헤어지는 일이 없었습니다. 한봉이 죽자 고씨도 과부가 되었고, 덕분에 그녀는 줄곧 이 올케와 더불어 살게 되었습니다. 헤아려보건대 이 두 수절과부는 벌써 사십여 년이나 동고동락한 사이입니다. 한봉의 누이는 또 그 절개의 표지로 정려문을 하사받아 온 백문[124] 일대에 칭송소리가 자자한 여인이지요. 근자에는 경중승이 또다시 '쌍절'(雙節)이란 현판을 써서 그 집에 내걸게 했다고 합니다. 두 수절과부가 서로 의지하며 살아온 날이 벌써 오래이니, 이 손자

---

124) 백문(白門): 남경의 별칭.

가 효도와 공경을 잃었다고 하여 양씨의 후사로 보내려 하는 것은 마땅한 처사가 아닙니다. 이 말은 한봉의 절개 있는 누이를 크게 모독하는 것이지요. 약간이라도 그 내막을 아는 자라면 결코 믿어서는 안 되는 소리이니, 공께서야 나위가 있겠습니까? 양씨의 족손은 대체로 몹시 가난합니다. 같이 산다거나 때때로 왕래하는 일이 생기면 한봉 누이의 비녀나 옷가지 따위에 군침을 흘리지 않을 수 없겠지요. 그러나 이 모두는 한봉 집안의 물건인데, 양씨가 어찌 그것을 소유할 수 있겠습니까? 게다가 열녀가 아직 멀쩡히 살아 있는 마당이니, 그녀에게 재물이 없어서도 아니 되지 않겠습니까? 만약 모두가 결탁해 그 손자를 양씨의 후사로 보내버리면, 한봉의 누이가 살아 있는 동안 또다시 누구에게 의지한단 말입니까? 갖가지 비방과 무고는 모두 이 같은 상황에서 발생하게 됩니다. 오직 양씨는 양씨가 되게 하고 이씨는 이씨에게 속하게 하여 서로 상관하지 않는 것만이 타당하다고 봅니다.

진천옹에게 회답하는 편지 復晉川翁書

왕래하여 지나치는 사람들의 칭송 소리가 그치질 않으니, 아마도 초약후가 그 일을 여러 번 이야기했겠지요. 이 세상에 일을 할 수 없는 시기란 존재하지 않습니다. 때문에 어르신께서 그 임무를 맡으시면 저절로 사대부와 백성들이 크게 기대고 세상이 의지하게 될 것입니다. 다만 평상시처럼 그 일에 대처하는 것이 중요하니, 뭐든지 다 안다는 식의 작태는 짓지 마십시오. 정말로 크나큰 역량이란 자연스럽고 조용한 가운데 일을 중재하여 사람들이 그 혜택을 입으면서도 그것이 어디서 오는지 알지 못하는 데 있습니다. 만약 아직 움직일 만하지 못하고 상황이 미덥지 않다면 모름지기 인내하며 때를 기다리십시오. 『역경』의 고괘(蠱卦)에 이런 말이 있더이다.

"어머니 때문에 실추된 가도(家道)를 바로잡으려 하지만 너무 엄정하면 좋지가 않다."

비록 잘못을 교정한다고 말하고는 있지만 정도(正道)를 쓰면 안 된다고 했으니, 이런 경우 정도를 쓰면 반드시 서로 어긋나는 일이 생겨 어머니 일을 잘 처리하고 싶어도 그렇게 되지 못한다는 뜻이지요. 또 이런 말도 있습니다.

"아버지 때문에 실추된 정도(政道)를 바로잡으려 하니, 그 덕분에 영예롭게 되는구나."

그런데 공자는 「상전」(象傳)에서 이를 다음과 같이 설명했습니다.

"아버지 때문에 실추된 정도를 바로잡으려 하니 영예롭다는 말은 중화의 덕으로 아버지의 덕을 이었음이다."

아버지의 행실이 모두 패가망신할 짓이라 아들이 바로잡으려 하지만 도리어 그 때문에 아버지가 영예롭게 칭송되고 도리어 아버지에게 덕이 있다 여겨지게 되니, 이는 흡사 『시경·패풍(邶風)』의 「개풍」(凱風) 시에서 "어머님은 예지 있는 훌륭한 분이지만, 우리 형제 중에는 착한 자가 없구나" 하고 노래한 것과 마찬가지입니다. 이렇게 처신하면 아버님이 기뻐하시며 저절로 그 아들의 효행과 공경 속으로 들어오게 될 것이므로 재앙을 바꿔 화목하게 만드는 데 어려움이 없어집니다. 만약 그 아버지가 끝끝내 착해지길 거부한다 해도 역시 그 중간에서 뜻에 순종하다가 기미를 보아 다시 권유해야 합니다. 대저 신하와 임금, 자식과 부모의 관계에도 마찬가지 이치가 적용됩니다. 천하의 재물은 모두 임금의 재물이니 웬만큼 많이 쓰더라도 무방한 노릇이며, 천하의 백성이 모두 그의 백성이니 상당한 학대와 부림은 그저 참고 견딜 수밖에 없습니다. 다만 큰 현인이 임금과 백성 사이에서 반드시 조정의 기술을 발휘해야 하고 지나치게 심한 결과에 도달하지만 않는다면 그것으로 충분합니다. 그런데 다만 아래에서 조정할 수 있을 뿐 결단코 윗사람을 거슬려서는 안 됩니다. 숙대[125]를 만나서 상주문의 초고를 한 번 낭송하

---

125) 숙대(叔臺): 경정력(耿定力). 경정향의 아우로 자는 자건(子健), 호가 숙대였다.

고 났더니 더없이 상쾌합니다! 날아갈 듯이 상쾌하더이다! 그러나 이번 한 번으로 족하니 더 이상은 일을 만들지 마십시오. 양명 선생이 양수암126)에게 보내는 편지는 대단히 읽을 만합니다. 부디 벽의 우측에 걸어 두고 보시지요!

진천옹의 장수를 기원하는 글 말미에 덧붙이다
書晉川翁壽卷後

이 두루마리는 제가 병신년(丙申年)에 평상(坪上)에서 썼던 글인데, 그로부터 사 년의 세월이 흐른 지금에서야 백하(白下)에서 다시 펼쳐보게 되었습니다. 물건을 보니 어진 이는 오래 산다(仁壽)127)는 말이 생각나기에 공의 무궁한 장수를 기원하는 뜻에서 이렇게 보내는 것입니다.

공께서 지금은 잠시 회수(淮水) 위쪽에 나가 계시지만, 그곳이 어찌 공을 번거롭게 하기에 족한 땅이겠습니까! 그렇지만 또 공이 아니면 끝내 조용해질 수 없는 땅이기도 합니다. 이 세상에 인재가 없었던 적은 없지만, 그렇다 해도 인재가 많은 것 또한 아니었습니다. 애오라지 인재가 적은 까닭에 인재를 보면 더욱 아끼고 사랑해야 마땅하니, 공으로

---

126) 양수암(楊邃菴): 양일청(楊一淸). 명대 안녕(安寧) 사람이지만 파릉(巴陵)으로 옮겨 살았다. 자는 응녕(應寧), 성화(成化) 연간의 진사이다. 섬서의 삼변총제 (三邊總制)로 오랫동안 근무하며 변방의 일을 면밀히 살폈고, 장영(張永)과 함께 유근을 죽이자고 모의하기도 하였다. 훗날 재상이 되었지만 장총(張璁) 등의 비난을 받고 물러난 뒤 등창으로 죽었다. 시호는 문양(文襄). 그는 박학하고 권변(權變)을 잘했으며 특히 변방 문제에 밝아 여기저기 편지를 보낸 적이 많았다. 하루 저녁에 열 장의 소를 보내기도 했는데 모두 시의에 적중하였으므로 당시 제일가는 재주라고 일컬어지면서 간혹 왕양명에 비교되기도 하였다. 『명사』 권198을 위시하여 여러 책에 사적이 보인다.

127) 출전은 『논어』 「옹야」(雍也)편. "지혜로운 사람은 활발하고, 어진 사람은 고요하며, 지혜로운 사람은 즐기고, 어진 사람은 오래 산다"(知者動, 仁者靜, 知者樂, 仁者壽.)

하여금 회수 이북에서 빈둥거리게 하는 것이 어찌 옳은 처사이리까! 공께서야 중앙과 외곽을 똑같은 시각으로 보신다지만, 그래도 수도에 거주하면서 변방을 제압하십시오. 어진 인재를 선택하여 그들을 적절한 자리에 배치시킴으로써 임금을 보좌하고 백성을 편안하게 하자면 중앙에 계시는 편이 낫다고 하겠습니다.

저는 공께서 입경하는 모습을 볼 것입니다. 수도에 들어가시면 이 두루마리를 세도가에게 가져가 가르침을 청하십시오. 지금 세상의 많은 일들이 다 이러한데, 장차 무엇으로 영명한 천자를 보좌하고 인재를 가려 태평성대를 도모하시렵니까? 권력을 손에 쥔 집정자들은 모두 공의 신실한 친구이니, 공께서 한 마디 말씀하시기가 어려운 처지는 결코 아닌 줄 압니다. 이는 또 제가 공의 장수를 기원하는 까닭이기도 하지요.

저는 지난 무술년(戊戌年) 초여름에 당도했는데 어느덧 또 한 해가 흘렀습니다. 세상일이란 바둑판과 같아 눈길 한 번 돌리면 보이는 것이 달라지니, 공께서도 응당 그 점에 유념하십시오.

모임 일자에 관한 쪽지 會期小啓

회합 날짜를 바꾸면 안 되는 사정은 한 번 내려진 명령은 되돌릴 수 없고 군령도 뒤바뀌어 다시 내려지면 안 되는 것과 같습니다. 그러므로 회의 날짜를 중시하는 것은 바로 도(道)를 중시하고 친구를 중시함이지요. 친구를 중시하는 까닭에 만남을 무겁게 여기게 되고, 만남을 중시하는 탓에 만날 날짜까지 중요해지는 것입니다. 제가 누차에 걸쳐 사양하고 참석하지 않으려 했던 까닭은 바로 그 모임에 도를 중시하고 친구를 중시하는 사람이 없었기 때문입니다. 만약 도를 중시하는 사람이라면 무슨 일이 도를 위한 모임보다 더 중요하겠습니까! 그러므로 일이 있다면 휴가를 내고 가지 않으면 그만이지요. 한 사람 때문에 여러 사람이 모이는 회합을 작폐함도 아니 될 노릇인데 느닷없이 모임 날짜를 바꾸겠다니, 이것이 될 소리입니까? 만약 종전대로 열엿새에 회합을 갖고자 한다면 다음과 같은 말이 나와서는 아니 될 것입니다.

"모든 사람이 다 회합을 중요하게 여기는 것은 아니라네. 날짜를 바꿔 모이더라도 나는 상관없어."

아아! 이것이 대체 무슨 일이란 말입니까! 모든 사람이 그러해도 저 한 사람은 감히 그럴 수 없으려니와, 또 저들 중에도 저와 비슷하게 친구를 중시하고 모임을 중요하게 여기는 자가 있기를 바랍니다. 이제 나까지 날짜 바꾸는 일에 찬성한다면 어떻게 뭇 사람들이 도를 중시하길 바랄 수 있겠습니까? 저는 실로 그렇게 여길 수가 없는 까닭에 가르침을 청하는 것입니다.

친구에게 보내는 편지 與友人書

옛 성인의 말씀을 요즘 사람들은 여러 가지로 잘못 이해하고 있습니다. 이리하여 사람이 사람을 다스리지 못하게 되니, '서'[128]가 펼쳐지지 않고 규범(絜矩)[129]도 없어지고 말았지요. 시험삼아 한두 가지 예를 들어 말씀드리겠습니다.

요(堯)임금께서는 아들인 주(朱)가 우둔하고 쓸데없는 말다툼이나 좋아하는 줄 너무나 잘 아셨기 때문에 제위를 물려주지 않으셨습니다. 그렇지만 내심 그 사실이 가슴 아팠던 까닭에 그에게 또 나라 하나를 떼어주고 제후로 삼으셨지요. 공자는 아들 리(鯉)가 어리석고 완고한

---

128) 서(恕): 자신과 타인을 똑같이 생각하며 인애(仁愛)로서 사물을 대하는 태도. 『논어』「위령공」편에 다음과 같은 해설이 보인다. "자공이 물었다. '한 마디로 한평생 행할 만한 가르침이 있는지요?' 공자가 대답하셨다. '서가 바로 그러하니라! 자신이 원하지 않는 것을 타인에게 요구하지 않는 것이지'"(子貢問曰: '有一言而可以終身行之者乎?' 子曰: '其恕乎! 己所不欲, 勿施於人.')

129) 혈구(絜矩): 혈은 도량(度量), 구는 직선을 그리는 도구로서, '법도'의 뜻이다. 유가에서는 도덕적 규범을 상징하는 말로 쓰인다.

줄 분명히 알았기에 도를 전하지는 않았습니다. 하지만 그를 애틋하게 여긴 까닭에 또 그에게도 『예기』와 『시경』을 가르치셨지요. 『시경』과 『예기』의 가르침이 그의 귀에 들어가지 않을 줄도 뻔히 아셨지만 그가 이해하지 못한다는 이유로 가르침을 철폐한다거나 억지로 강요하는 일은 끝내 없었습니다. 이렇게 해서 우리는 성인께서 참으로 아들을 사랑하셨음을 알게 됩니다. 이는 맹자가 순(舜)임금이 아우인 상(象)을 아낀 것은 거짓이 아니라고 말하는 빌미가 되었지만, 저는 실로 그렇게는 생각되지 않습니다. 순임금은 상이 자신을 죽이려 하는 줄 확실히 알고 있었습니다. 그렇지만 진심으로 상을 아껴주는 마음이 아니라면 그의 악독함을 해결할 길이 없었지요. 설사 상의 악독함을 끝내 해결할 수 없다고 해도 상을 좋아해주는 길말고는 달리 해결 방도가 없었던 것입니다. 그러므로 그가 상을 좋아했다는 말은 완전 거짓이지요. 그의 주된 의도는 상을 아껴줌으로써 기어이 상의 환심을 사려는 데 있었다는 이것이 진실입니다. 여기에는 거짓이 섞여 있지 않지요. 만약 맹자의 말대로라면 순임금은 상이 자기를 죽이려는 줄도 몰랐으니, 이는 지혜롭지 못한 것입니다. 자기를 죽이려는 줄 알면서도 그를 좋아했다면, 이는 살인을 기꺼워한 것으로 성실하지 못했다는 말이 됩니다. 이는 요임금이 주의 우둔하고 떠들기 좋아하는 성격을 모른 격이요 공자가 아들의 어리석고 고집스런 성질을 몰랐다는 것과 매한가지이니, 그러면 요임금이나 공자가 대단히 어리석었다는 말이 되지요. 그러므로 순임금이 거짓으로 상을 좋아했다는 저의 생각은 절대 지나친 말이 아닙니다. 그 당시의 정세로서는 좋아하는 척하고 싶지 않아도 그럴 수가 없었습니다. 바른 사람이 바르지 않은 자를 보살피고 뛰어난 재사가 재주 없는 자를 돌보는 방법도 응당 이와 같아야 합니다. 보살핌이란 그 몸뚱이를 돌봐주는 행위로서 먹이고 입히고 잠자는 집을 마련해주는 것일 뿐이지요. 요임금이 아들 주에게, 순임금이 동생인 상에게, 공자가 아들 백어(伯魚)에게 해준 것은 단지 기본적인 의식주의 해결에 불과합니다. 이는 성인께서 진정 그 아들을 사랑하고

아우를 아끼기 때문에 취하신 도리지요. 제가 하고 싶은 말의 첫 번째
는 바로 이것입니다.

다시 옛날의 미치광이(狂者)를 살펴보기로 하겠습니다. 맹자는 미
치광이란 뜻이 크고 말이 큰 자에 불과하다고 여겼습니다. 해설자는
그들을 두고 뜻이 크기 때문에 툭하면 자신을 고인(古人)에게 갖다대
고, 말이 큰 까닭에 행동과 말이 간혹 일치하지 않는다고 여겼습니다.
이 말이 맞다면 미치광이는 자신과 견줄 자가 세상천지 아무 데도 없
는 판인데 무에 귀할 것이 있다고 일부러 힘들게 심사숙고하겠습니
까? 원래 광자는 고인을 깔보고 자신은 높여 보게 마련이어서, 고인이
비록 위대하다지만 그 자취는 지나간 과거의 것이므로 반드시 그 행적
을 따라야 할 필요는 없다고 생각합니다. 뜻이 크다는 것은 바로 이를
두고 한 말이지요. 이런 까닭에 고담준론을 거침없이 늘어놓지만 그
모두는 자신이 실천할 수 없고 감히 손댈 수도 없는 바로서 그저 생각
나는 대로 지껄인 헛소리에 불과합니다. 말이 크다는 것은 바로 이런
의미이니, 그들의 행동과 말이 일치하지 않을 것임은 너무나 당연합니
다. 어째서 그럴까요? 그 정황과 그 형세가 서로를 덮어주는 방향으로
알아서 흘러가지는 않기 때문입니다. 사람이 천지간에 태어날 때 이미
다른 사람과 똑같이 생겨났는데 또 어떻게 혼자만 유별날 수 있겠습니
까! 이런 까닭에 가끔씩 늘어놓는 턱없는 궤변은 저 혼자 기분 좋기
위해서이고, 얼토당토않은 허풍은 잘난 체하기 위해서이며, 함부로 지
껄여대는 말들은 세상에 분노를 터뜨리는 것일 따름입니다. 그는 세상
의 극심한 질곡이며 혐오스러운 비열함을 목도하고는 더한층 허튼 소
리(狂言)를 늘어놓습니다. 관찰자는 그 미친 작태를 보고 마침내는 그
를 맹호나 독사 같은 자로 지목하는 동시에 서로 주의를 줌으로써 그
를 따돌려버리게 되지요. 광자는 자신의 광언에 반응이 있음을 보고는
더한층 행복감을 느끼게 되니, 그의 걱정은 다만 자신의 말이 미친 소
리로 받아들여지지 않으면 어쩌나 하는 것뿐입니다. 오로지 성인만이
그것을 보고도 모른 척하지요. 그래서 남들을 놀라게 하는 재미에 살

던 미치광이는 자신의 말을 듣고도 못 들은 척하는 사람이 나타나면 그 미친 작태가 저절로 사그라들게 됩니다. 그러므로 오직 성인만이 미치광이 병을 고칠 수가 있습니다. 공자가 자상[130]을 용납하고 원양[131]을 친구로 삼은 일화를 살펴봅시다. 그들은 상을 당했어도 노래를 불렀는데 비단 말뿐만 아니라 행동으로도 자신을 감추지 않았고, 성인은 이런 그들을 결코 이상하게 여기지 않으셨습니다. 이는 천고에 광자의 병을 고칠 의사로는 성인만한 이가 없다는 사실을 입증합니다. 그러므로 광자를 광자로 보지 않으면 그의 미친 짓도 저절로 수그러들게 되지요. 또 그의 미친 짓을 사랑하고 그 이유를 헤아려주며 그를 좋은 사람이라고 칭찬하고 행실이 법도에 합당하다고 추켜세우면, 그들의 광태는 조리가 서게 되고 심오한 경지에까지 들어설 수 있게 됩니다. 제가 말한바 공자께서 광자를 사랑하셨다는 것은 대략 이런 내용이지요. 원래 세상에서 으뜸가는 일류 미치광이라야 자신의 행동을 은폐하지 않을 수 있습니다. 은폐하지 않는다는 것은 사실을 감추지 않음으로써 저절로 가려지게 하는 방식이지요. 행동이 그 말을 다 덮어씌우지 못한다는 의미가 아닌 것입니다.

바르지도 않고 재주도 없는 아들이나 아우는 그저 보살펴야 할 뿐 내쳐서는 안 됩니다. 그 뜻에 따라야할 뿐 거슬려서도 안 되지요. 거스르면 서로 반목하게 되고, 뜻에 순종하면 서로 화목해집니다. 이는 천고이래 변치 않는 지극한 이치일 것입니다. 지금 사람들은 하나같이 성인의 마음을 모르고 있습니다. 그래서 가정과 나라와 천하를 다스리지 못하고, 그 결과 멸망과 파괴의 뻔한 이치들이나 배양하고 있지요.

---

130) 자상(子桑): 춘추시대 사람으로 『장자』 「대종사」(大宗師)편에 나오는 광인. 자상이 죽은 뒤 공자가 자공(子貢)을 시켜 문상을 가게 했더니, 그 친구인 맹자반(孟子反)과 자금장(子琴張)이 시체 앞에서 악기를 타며 노래를 부르고 있었다 한다.

131) 원양(原壤): 춘추시대 노나라 사람으로 공자의 친구였다. 그의 어머니가 죽자 공자는 관을 씻으며 일을 도왔는데, 정작 상주인 원양은 나무에 올라가 노래를 불렀다는 이야기가 『예기』 「단궁」(檀弓) 하편에 보인다.

고충암옹에게 회답하는 편지 復顧沖菴翁書

저는 사람간의 정리를 저버릴 사람이 아닙니다. 더군다나 공처럼 세상을 호령하는 호걸에게야 나위가 있겠습니까! 이 세상에서 사물을 바라보는 눈이 있고 걸어다닐 다리가 있으며 받들어 모실 수 있는 손이 있는 자라면 누군들 달려와 공을 모시고 싶어하지 않겠습니까! 공께서 건네는 눈길 한 번을 영광으로 여기며, 공에게 귀속되어 의지하면서 평생을 마치고 싶어하겠지요. 하물며 저처럼 불초한 자이겠습니까! 공은 이 점에 있어 저의 진심을 믿으셔도 좋습니다.

천중산[132]으로 들어가 은거한 이후 다시 용호를 거주지로 선택했지요. 사람들과의 왕래를 끊고 허정(虛靜)의 세계로 도피한 지도 어언 이십 년 가까운 세월이지만, 그것이 어찌 원하던 바이겠습니까! 스승을 구하고 벗을 방문하려는 생각에서 한시도 벗어난 적이 없었는데, 그 와중에서도 제 마음은 언제나 통해[133]로만 향하고 있었습니다. 다만 늙은 몸뚱이라 대문 밖 출입이 몹시 어렵다보니, 공께서 아직도 저를 간절히 생각하고 계실 줄 어찌 상상이나 했겠습니까! 마침 더위를 먹어 조용히 안정을 취하고 있던 중 어르신께서 보낸 서신을 대하니 벌떡 일어서게 되는군요.

다시 고충암에게 又書

예전에 조경진[134]은 나이 겨우 열네 살 때 수천 리를 멀다 않고 미친

---

132) 천중산(天中山): 일명 천태산(天台山). 하남의 여남현(汝南縣) 북쪽에 위치하였다.
133) 통해(通海): 원래는 운남성 하서현(河西縣)의 동남쪽에 위치한 현(縣)의 이름이지만, 여기서는 문맥상 고충암이 있는 통주(通州)를 지칭하는 듯하다. 통주는 하북성의 통현(通縣)을 가리킨다.

척 길을 떠나 산양(山陽)에서 혜강(嵇康)을 방문하였습니다. 그래도 조경진의 집에서는 끝까지 그가 간 곳을 몰랐는데, 세상 사람들은 지금까지도 그 이야기를 전하며 기이하다고들 생각합니다. 저는 어려서부터 그 이야기를 읽었지만 전혀 기이하게 여기지 않았습니다. 천지사방으로 친구를 찾아 떠나는 일이야 사나이의 일상사이니 무에 신기할 것이 있겠습니까? 그런데 이제 와서 그 일을 보면 신기하게 여기지 않을래야 도저히 그럴 수가 없는 형편입니다.

예전에 용호에서 살 때는 그래도 장강 일대의 땅 전체가 공과 저를 갈라놓는 장애물이었지만, 지금은 남경에 거주하고 있으니 그저 달랑 장강 하나만이 사이에 걸쳐 있을 뿐입니다. 이곳에 산 지도 벌써 열 달이 넘었는데 그 동안 한 번도 찾아갈 수가 없었습니다. 어떤 때는 하루에도 서너 번씩 생각이 나고, 때로는 한 달에 예닐곱 번씩이나 떠나고 싶어집니다. 생각하긴 쉬워도 막상 길을 뜨기란 대단히 어려우니, 조경진의 일화를 쉽게만 생각할 것이 아니더군요. 세상만사가 다 그러할진대 어찌 이 일뿐이겠습니까? 아니면 소싯적에는 그럭저럭 억지가 통했지만, 장년에 이르러선 때로 소싯적만 못하고, 늙어서는 또 결코 장년 시절만 못하기 때문일까요? 아니면 조경진이 지금 다시 태어나더라도 그 역시 결국은 불가능할 일이기 때문입니까? 따져보고 춘삼월이 다하기 전에 공을 찾아뵙도록 하겠습니다. 먼저 이렇게 소식을 전했으니 결코 식언으로 만들지는 못하겠지요.

---

134) 조경진(趙景眞): 진(晉)대의 조지(趙至). 대군(代郡) 사람으로 자가 경진이다. 낙양에 살게 되면서 이름을 준(浚), 자는 윤원(允元)이라고 고쳤다. 어려서부터 큰 효자로 알려졌고, 유주(幽州)에서 벼슬을 살며 치적을 남겼다. 『진서』(晉書) 권92에 보인다.

통주로 보내는 시 말미에 다시 덧붙이다 又書使通州詩後

제가 공과 이별한 지도 어언 이십 년이 가깝습니다. 헤어진 이래 다시는 서신을 보내 안부를 여쭙지도 못했는데, 공은 그래도 저를 옛날처럼 생각해주고 계셨군요. 먹던 밥상을 밀어주고 입은 옷을 벗어주는(推食解衣)[135] 보살핌이 지금까지도 여전하십니다그려. 그렇다면 저는 소인배이고 공은 대인군자인 줄 진작에 알아볼 노릇입니다. 제가 애뢰[136] 땅에서 기거할 때는 바야흐로 모든 교유를 끊어버리고 만 리 변방에서 홀로 지내며 아무 기쁨 없이 수심에 젖어 살았으니, 누가 이런 저를 헤아려주었겠습니까? 그 당시 저의 상관이란 작자들 중에 저를 미워하지 않은 이가 또 누구이겠습니까? 공이 아니었다면 저는 운남 사람이 되었을 것이고 다시는 밖으로 나오지 못했을 것입니다. 공께서는 만 리 밖 변방에서 저를 발탁하면서 자신이 상관인 줄도 잊어버리셨습니다. 덕분에 저 역시도 고관대작 반열에 높이 오른 공을 모시면서 제가 아랫사람이란 사실조차 잊어버리고 말았지요. 그렇다면 우리의 만남이 어찌 우연의 소치이겠습니까?

아아! 공은 하늘이 낸 분이건만 세상은 그것을 알지 못합니다. 공은 대인(大人)이신데 세상 사람들은 또 그 사실을 모르고 있습니다. 공은 하늘이 낸 분임을 세상이 모르더라도 피해될 것은 없지요. 하지만 공이 일세를 호령할 대인임을 세상 사람들이 알지 못한다면, 그들은 장차 누구에게 의지할 것입니까? 지금 왜구들이 부산(釜山)에 집결해 진을 치고 있는데, 그놈들은 십 년이나 합심하여 국력을 키우고 십 년 동안 병사들을 훈련시켰으므로 가만히 앉아서도 조선(朝鮮)을 제압할 수 있노라고 지껄인답니다. 오늘날 우리는 조선을 원조하느라 중원과 변방이

---

135) 추식해의(推食解衣): 먹던 밥상을 밀어주고 입은 옷을 벗어서 상대방에게 내준다는 뜻. 한신(韓信)이 유방에게서 받은 과분한 은총을 추억한 데서 비롯된 성어이다. 출전은 『사기』「회음후열전」(淮陰侯列傳).

136) 애뢰(哀牢): 운남성 보산현(保山縣) 동쪽에 위치한 현 이름.

모두 비어 있는 상태입니다. 바닷길과 육로를 모두 동원해 물자와 인원을 수송하지만 팔 년 전쟁은 아직도 끝나지 않았습니다. 공께서는 홀로 통해에서 유유자적 낚시질이나 하면서(鼇釣)[137] 그런 일은 향리의 사소한 일인 양 치부하고 한 번도 손을 뻗거나 나가보지 않으시니, 또 어떻게 그럴 수가 있으십니까! 그러나 이는 공이 잔인해서 그런 것이 아니라, 세상 사람들이 진작에 공을 내쳤기 때문이지요. 이는 그들이 공을 원수처럼 미워해서가 아니고 또 국가를 적대시해서가 아니라, 공이 대인임을 아직도 알아보지 못했기 때문입니다. 정녕코 공이 대인임을 알아본다면 설사 공을 내치고싶다손 그것이 또 어떻게 가능하겠습니까?

기왕에 시 네 수를 완성시켰는지라 급기야는 여기에 그 인사를 늘어놓았습니다. 또 그렇게 해서 저와 공은 원래 우연히 만난 사이가 아님을 밝혔습니다.

부록: 고양겸이 이온릉을 배웅하며 쓴 글附顧沖老送行序

고충로(顧沖老)는 「요안지부 이온릉 선생이 벼슬에서 물러나 운남을 떠날 때 증정한 글」(贈姚安守溫陵李先生致仕去滇序)에서 다음과 같이 말하고 있다.

이온릉 선생은 요안지부가 된 지 삼 년 만에 그 땅을 복지로 만들어 놓더니 벼슬을 그만두고 떠나게 해달라는 간청을 올렸다.

---

137) 오조(鼇釣): 신화에서 천제가 열다섯 마리의 거대한 자라로 하여금 오좌선산(五座仙山)을 번갈아 머리에 지게 했는데, 백룡국(白龍國)의 거인이 낚시질 한 번에 여섯 마리를 연달아 낚아버렸다. 보통 호매한 행동거지나 원대한 포부를 가리키는 뜻으로 사용된다. 출전은 『열자』 「탕문」(湯問)편.

당초 선생이 남경의 형부상서랑(刑部尚書郎)으로 왔다가 요안부를 다스리는 지부로 발탁되었을 때 만리타향으로 떠날 일이 난감해 가족들은 데려가지 않으려 했지만, 그의 부인은 강경한 태도로 남편을 따라나섰다. 선생은 원래 평소에도 떠도는 일이 일상사인데다 매번 마음에 드는 곳을 만나면 그대로 주저앉아 머무르면서 집으로는 돌아가지 않으려 하기가 일쑤였던 까닭에 부인은 걱정 끝에 억지로 우겨서 요안까지 동행한 것이었다. 오래지 않아 그녀는 돌아가고픈 마음이 불길처럼 일었지만 뜻을 이룰 길이 없자 마지못해 요안에 눌러앉았다. 그러나 선생은 요안을 다스리면서 매사를 간략하고도 쉽게 처리했고, 일은 자연스럽게 유도했으며, 덕으로 사람들을 교화하고, 세속의 유능하단 평가에는 신경 쓰지 않았다. 그의 사람됨은 한없이 깊고 넓어 그 정도를 측량할 길이 없었다. 사람들은 어디서 비롯되는지 근원은 알 수 없었지만 선생을 뵙기만 하면 말하지 않아도 속이 저절로 풀리는 것을 느끼곤 하였다. 막료나 백성들, 아전배나 이민족의 추장에 이르기까지 선생에게 동화되지 않는 자가 없었지만, 선생은 전혀 내색하지 않으셨다. 이야말로 애쓰지 않아도 하는 일마다 잘 처리되고, 아무 일도 않는 것 같지만 성사되지 않는 일이 없는 경우라 하겠다.

내가 이해[138]에서 할 일 없이 빈둥거릴 무렵이었다. 그 즈음은 선생이 요안을 다스린 지도 벌써 일 년이 넘었을 때였는데, 매번 선생과 담소를 나누면 그때마다 한밤중에도 차마 일어서지 못하는 경우가 다반사였다. 그래서 나는 선생이 다시는 떠난다는 말을 입에 올리지 않을 거라 여기고만 있었다. 만력 8년 경진년(庚辰年) 봄에 나는 조정에 하례를 올리기 위해 길을 떠나게 되었다. 이때는 선생이 관직에 보임되어 삼 년 만기가 거의 찼을 시기라 조금만 더 기다리면 상부에 그 치적이 보고되어 상을 받거나 승진할 수도 있는 계제였다. 그런데 시어(侍御) 유공(劉公, 劉維)이 초웅[139]을 순시하는 사이, 선생이 하루는 일체의

---

138) 이해(洱海): 호수 이름. 운남성 대리현(大理縣)의 동쪽에 위치하고 있다.

공문서를 사절하고 관청의 창고에 봉함을 한 뒤 식솔들을 이끌고 요안을 떠났다. 그리고 초웅으로 와서는 시어공에게 일언지하 벼슬을 그만두게 해달라고 통사정이었다.

"요안의 수령은 현인이다. 어진 사람을 그만두게 하다니, 나는 차마 그럴 수가 없구려. 나라를 위해 그러는 것도 아니고 무슨 바람이 들어서 그런다고 여길 수도 없는 마당이니, 내가 감히 뭐라고 말하기가 난처하오. 정녕 그만둬야겠다면 두 달도 안 돼서 상부로 업적이 올라갈 테고 그러면 영광스런 이름으로 퇴직할 수 있을 테니, 그러는 편이 당신에게도 좋지 않겠소?"

시어공의 만류에 선생은 이렇게 말씀하셨다.

"제가 맡을 자리가 아닌데 그냥 꿰차고 있으면 이는 관직을 비워놓는 것이나 마찬가지라, 저는 감히 그럴 수가 없습니다. 임기를 채움으로써 은총을 바라는 것은 영예를 탐하는 짓이니, 제가 할 일이 아니올시다. 명성이 조정에 알려진 다음 그만두는 것은 바로 명성을 낚겠다는 수작이니, 저는 그렇게 할 수가 없습니다. 떠나기로 했으면 떠날 뿐이니, 어찌 다른 것을 돌아보며 구질구질하게 굴겠습니까?"

그렇지만 양대[140]는 그의 사직을 도무지 허가하지 않았다. 이리하여 선생은 가솔들을 요안에 돌려보내고 자신은 대리현(大理縣)의 계족산(鷄足山)으로 들어가버렸다. 계족산은 운남 서쪽의 명산이다. 양대는 그의 결심이 이미 확고한 것을 알자 더 이상 만류할 수 없어 결국은 조정에 청원을 넣었고 그의 사직을 허락받았다.

명령이 하달되던 날 나는 막 도성을 출발하여 운남으로 되돌아오는

---

139) 초웅(楚雄): 운남성 소속의 부(府) 혹은 현(縣) 이름. 안찰사 관할이란 설명으로 보아 여기서는 부를 가리킨다고 보아야 한다. 세 개의 주(州)와 네 개의 현이 그 영역에 속했다.

140) 양대(兩臺): 원래는 좌우의 두 어사대(御史臺)를 말한다. 좌대(左臺)는 백관과 군대의 일을 감독하고, 우대(右臺)는 주현(州縣)과 성(省)의 풍속을 감찰하는 역할을 맡았다. 이 글에서는 시어공의 소속 관서를 말하므로 문맥상 시어 유유(劉維)를 가리킨다고 보아야 할 것이다.

중이었는데, 어쩌면 선생을 한 번 뵙지도 못하고 이별하게 될 판이었다. 이리하여 걸음을 재게 놀려 초[141]의 상주[142]와 무주[143]에 이르렀을 때부터는 멈추는 곳마다에서 그의 소식을 탐문하였다. 귀죽[144]에 도착해서야 선생이 아직 운남에 머무르며 산수를 유람하는 중임을 알게 되었다. 그는 아직 떠난다고 말하지 않았으며, 설령 떠나더라도 명년 봄이나 되어야 실행에 옮길 거라는 소식에 나는 기뻐하여 마지않았다. 어떤 사람에 나에게 물었다.

"요안지부가 애당초 사직을 청할 때는 하루라도 빨리 못 떠나 안달이더니, 막상 요즘에는 왜 또 시일을 질질 늦추는 걸까요? 이것이 대체 무슨 소리입니까!"

나의 대답은 다음과 같았다.

"이 선생이 떠난다고 한 것은 관직을 떠나겠다는 의미일 뿐이라네. 이제 벼슬을 그만두었으니 어느 땅도 그의 거처가 될 수 있는 판에 왜 그가 온릉으로 돌아가길 서둘러야 하겠는가? 게다가 온릉에는 또 선생의 집도 없지 않은가 말야."

운남에 도착했더니 선생은 과연 그곳이 편안해서 눌러앉을 듯한 기세였다. 하지만 부인이 밤낮으로 울면서 떠나기를 간청하므로 장차 초의 황안(黃安)으로 돌아가려는 참이었다. 원래 선생의 딸과 사위는 모두 황안의 경 선생 댁에 머무르고 있는 터였기 때문에 선생의 부인은 그저 황안으로 돌아가기만을 염원했다고 한다. 선생의 별호는 탁오거사(卓吾居士)이다. 탁오거사에게는 별도의 전기가 있으므로 달리 상세한 기록은 피하고 선생이 운남을 떠나게 된 경위만 이렇게 기록하는 것이다.

선생은 떠나면서 서촉(西蜀)을 경유하는 길을 택했다. 삼협(三峽)을

---

141) 초(楚): 장강 하류의 좌우 일대. 지금의 호남과 호북성의 통칭이다.
142) 상주(常州): 지금의 강소성 상주시(常州市).
143) 무주(武州): 지금의 호남성 상덕현(常德縣).
144) 귀죽(貴竹): 지금의 귀주성(貴州省) 귀양시(貴陽市).

통과하면서 구당(瞿塘)과 염여(灩澦)의 아름다운 경치를 유람하고 때때로 옛날부터 알고 지내던 친구들을 방문하기도 하였다. 하지만 그들은 선생이 더 이상 시간을 지체하지 말고 어서 부인을 황안으로 데리고 가 모녀가 서로 의지하며 살게 하기를 원했다. 본래의 소망이 이뤄지게 조처한 다음 동서남북 어디든 선생이 가고 싶은 대로 돌아다니는 것이 또 낫지 않겠는가 하는 생각이었던 것이다. 선생은 "그러지" 하고 말씀하신 뒤 마침내 황안을 향해 출발했다.

담연대사에게 보내는 답장 復澹然大士

『역경』을 맨 가죽끈이 아직은 세 번 끊어지지 않았지만, 지금부터는 역사를 연구해볼까 한다. 이삼 년 안에는 실마리가 쉽게 잡히지 않을 테니, 헤아리건대 내년 여름 사오월 정도나 되어야 웬만큼 진척이 있을 것 같구나. 혹독한 여름 더위를 넘기고 나면 바로 용호로 돌아갈 작정이니라. 용호로 돌아가면 오로지 서방정토만을 주장하고, 서방정토로 가는 공안[145]만을 연마하며, 앞으로 더 이상은 소학생처럼 묵은 종이뭉치나 뒤적이는 짓거리는 하지 않을 것이다. 참선이 큰 일이기는 하지만 근기[146]가 얕고 약한 자만 아니라면 능히 짊어질 수 있는 바이다. 요즘 사람들은 자질이 가장 높다는 자들조차 명성만을 최고로 치고, 진실로 생사고뇌의 두려움에서 벗어나 해탈하길 바라는 욕심이 없더라. 하루하루 넘기다보면 장년배는 노인이 되고, 젊은이는 장년이 되며, 노인은 또 곧 죽을 지경으로 접어들게 될 것이다.

밖으로 떠도는 사이 어느덧 사 년이란 세월이 흘렀구나. 다만 걱정인

---

145) 공안(公案): 원래는 관청에서 시비를 판결하는 안건을 뜻하지만, 불교의 선종에서는 이를 빌려 선배 조사(祖師)들의 언행범례(言行范例)를 가리키는 용어로 사용했다. 즉 시비(是非)와 미오(迷悟)를 판단하는 범례라는 의미로 쓰인다.

146) 근기(根器): 불교용어. 사람이 하늘로부터 품수받은 자질이나 기질을 가리킨다.

것은 어느 뚝 떨어진 변방에서 죽는 바람에 하인이 감히 내 시체를 태우지 못하고 관에 넣어 땅 속에 매장하면 어쩌나 하는 것뿐이니라. 지금은 요행 살아 있는 처지라지만 병고가 점점 심해지니 죽을 날도 머지 않음을 알게 되는구나. 그저 용호로 돌아가 탑옥(塔屋)에 안장될 수만 있다면 다행한 일일 것이다. 나에게 돌아오라 권유할 필요가 없으니, 내가 알아서 그곳에 갈 것이기 때문이지. 용호에 가서 죽게 되면 용호가 바로 나의 무덤터가 되고 자자손손 의지할 도량이 될 것이니, 용호가 협소한 땅이지만 서방의 극락정토가 아니라고 말할 수는 없을 것이다.

황안의 두 스님[147]을 위한 글 세 편 爲黃安二上人三首

첫 번째, 큰 효자

황안의 상인[148]은 과부 어머니가 아직 생존해 계십니다. 그는 어머니께 보답할 길이 없다는 데 생각이 미치자 살을 베어 피를 뽑은 뒤 그것으로 발원문을 쓰고 부처님 앞에서 스스로 맹세하였습니다. 원컨대 이번 생에서 득도하여 어머니의 자애로움에 보답하겠다고 말이지요. 겨울에 따뜻하고 여름에 시원하게 지내도록 보살펴드림도 효도겠지만 결국은 작은 효도일 뿐 자신의 어머니께 보답하기에는 부족하다고 생각했던 것입니다. 설사 열심히 학문을 닦아 공명을 성취함으로써 가문을 드날린다 해도 그 또한 다른 사람의 이목에나 영화로울 뿐, 우리 어

---

147) 이 글에서 언급하는 황안의 두 승려는 약무(若無)와 그의 사제(師弟)를 가리킨다. 약무의 성은 왕씨(王氏), 속명은 세본(世本)이며, 황안 사람이다. 본디 부모에 대한 효성이 지극하여 경정향이 「효절전」(孝節傳)을 지어 칭찬하기도 하였다. 약관에 출가하자 경정향은 그를 이지에게 보냈는데, 이지의 그의 대한 사랑은 남다른 바 있어 「고결설」(高潔說), 「황안의 두 승려 수책에 쓰다」(書黃安二上人手冊)와 이 글 등을 지어 가르침을 폈다. 약무의 사제에 대해 혹자는 이 글이 씌어지기 몇 년 전에 머리를 깎고 출가한 증계천(曾繼泉)이라고 추측하기도 한다.
148) 상인(上人): 승려에 대한 존칭. 곧 스님.

머니를 고해(苦海)에서 구해드릴 길은 없는 것입니다. 오로지 정진에 힘써 부처님의 도를 이루고 거기에 힘입어 보답할 수 있기만 바랄 따름이었지요. 우리 학맥의 태두이신 공자께서 부모님께 보답한 일을 보면, 비록 무왕(武王)과 주공(周公)처럼 선대의 업적을 계승한 큰 효도일지라도 너무나 미미하다고 느끼지 않을 수 없습니다. 이제 우리 공부자의 부모님을 보면 지금에 이르기까지 빛나는 영광을 누리고 계시니, 사소한 공명은 우리 어머니의 수고에 대한 보답으로 정녕 부족하다 하겠습니다. 상인이 피를 뽑아 발원문을 쓴 취지는 원래 위와 같았던 까닭에 감히 먹물로 글을 쓰지 못했으니, 그의 뜻이 또 정말로 서글픕니다! 그래서 내가 대신 그의 의도를 적어 여러 동료들에게 알리려고 합니다.

내가 처음 상인을 보았을 때, 그는 아직 과거 공부하는 학생이었습니다. 맨 처음부터도 그는 내게 삭발하고 출가하는 일을 상의해왔지만, 나는 그 말을 시덥잖게만 취급했었지요. 그런데 금년에 이곳을 지나다 보니, 그는 어느새 까까머리 중으로 변신해 있었습니다. 나는 그를 보고 경악을 금치 못했지만 그의 진지한 뜻 또한 이해할 수 있었습니다. 그래서 감히 드러내놓고 말은 못했지만 이야기하는 사이사이 내 의사를 넌지시 비추곤 했는데, 상인의 뜻과 마음이 얼마나 단단하던지 말로는 끝내 설복시킬 수가 없었습니다. 지금도 여전히 똑같은 그대로이니 진짜로 출가한 사람이라, 다른 사람 누구를 그에게 갖다댈 수 있겠습니까! 이리하여 고인께서 도를 배우는 것은 걸출한 대장부라야 한다고 말씀하시더니, 상인이야말로 걸출한 사나이가 아닌가 하는 탄식이 흘러나왔던 것입니다. 양명 선생 당시에는 온 천하에 문하생이 퍼져 있었지만 그 중에서도 왕심재(王心齋, 王艮)가 유독 출중하였습니다. 심재는 본래가 일개 소금구이라 낫 놓고 기억자도 모르는 무식꾼이었지만 남들이 책 읽는 소리를 듣고 스스로 깨우치는 바가 있자 곧바로 강서(江西)의 왕도당[149]에게 달려가 자신이 깨달은 바를 설명하고 그에게서 확인을 구하려 하였습니다. 그런데 이때는 심재가 양명을 아직 친구로 생각하고 찾아갔지만 나중에 자신이 그만 못하다는 것을 알게 되자 드디어는 그를 좇아 학업을 완성하게 되었지요. 덕분에 심재 또한 성인의 도를 깨닫게 되었으니, 이 얼마나 대단한 기개일까요! 심재의 다음에는 서파석¹⁵⁰⁾과 안산농(顔山農, 顔鈞)이 있습니다. 산농은 무명의 선비로서 학문을 강론하며 한 세상을 압도하다가 모함을 당했고, 파석은 포정사(布政使)로서 병력을 요청해 싸움을 독려하다 광남¹⁵¹⁾에서 죽었습니다. 구름과 바람이 용과 호랑이(雲龍風虎)¹⁵²⁾를 따르듯 그들은 각자 그렇게 자신과 같은 부류를 찾아갔던 것입니다. 심재가 진짜 영웅이었던 까닭에 그를 따른 제자들 또한 영웅이었습니다. 파석 다음으로는 조대주(趙大洲, 趙貞吉)가 있고, 대주 다음에는 등활거(鄧豁渠)가 나옵니다. 산농의 후예로는 나근계¹⁵³⁾와 하심은(何心隱)이 있고, 심은 다음에는 전회소¹⁵⁴⁾와 정후대¹⁵⁵⁾가 나오는데, 대를 거듭할수록 경지가 높아졌지요. 이른바 큰 바다는 죽은 고기가 머물 곳이 아니고 이마에 흠집이

---

149) 왕도당(王都堂): 왕양명(王陽明). 도당은 도어사(都御史) 등의 관직에 있는 사람을 지칭하는 용어인데, 양명이 도찰원좌첨도어사(都察院左僉都御史)란 관직을 지냈기 때문에 붙게 된 호칭이다.

150) 서파석(徐波石): 서월(徐樾). 자는 자직(子直), 파석은 호이며, 강서성 귀계(貴溪) 사람이다. 왕간의 제자로 진사 출신이며, 운남에서 좌포정사(左布政使)를 역임했다. 원강(元江)에서 이민족 추장이 반란을 일으키고 거짓으로 항복했을 때, 그는 이를 잘못 믿고 성을 나갔다가 죽었다. 광록사경(光祿寺卿)에 추증되었으며, 『명유학안』 권32에 보인다.

151) 광남(廣南): 지금의 운남성 광남현(廣南縣)을 말한다. 전에는 광남부(廣南府)에 속했는데, 예로부터 이민족의 거주 지역이었다.

152) 운룡풍호(雲龍風虎): 『주역』 「건」(乾)괘의 "구름은 용을 따르고, 바람은 호랑이를 따른다"(雲從龍, 風從虎)는 「문언전」(文言傳) 해설에서 유래한 성어. 주로 군신을 비유하거나 영웅호걸을 가리키는 말로 쓰인다.

153) 나근계(羅近谿): 나여방(羅汝芳, 1515~88). 자는 유덕(維德), 호는 근계(近溪)이며, 남성(南城) 사람이다. 가정(嘉靖) 32년(1553)의 진사로 태호지현(太湖知縣)부터 시작해 형부주사(刑部主事)와 운남참정(雲南參政) 등을 지내다 탄핵을 받아 귀향하였다. 안균(顔鈞)의 제자이며, 학풍이 불교에 가까웠다. 저서로 『효경종지』(孝經宗旨)·『명통보의』(明通實義)·『광통보의』(廣通實義)·『근계자명도록』(近溪子明道錄)·『근계자문집』(近溪子文集) 등이 있으며, 『명사』 권283과 『명유학안』 권34 등에 보인다.

난 고기는 용문(龍門)에 오르지 못한다는 고사를 어떻게 믿지 않을 수가 있겠습니까! 하심은은 포의지사로 거리에 나가 도를 전파하다가 비명횡사했고, 나근계는 비록 죽음은 면했다지만 그 또한 요행일 뿐이요 끝까지 일개 관리로서 장태악(張太岳, 張居正)의 인정을 받지 못했습니다. 영웅호걸이란 원래 세상으로부터 인정을 받으면서 한편으로 도를 성취한다는 것이 불가능합니다. 이제 상인이 똑같은 방식으로 도에 나아가니 또 누가 그를 앞지를 수 있을까요? 이런 연유로 그를 두고 큰 효자라 칭찬하는 것입니다.

두 번째, 참 스승

황안의 두 상인이 이곳에 오더니 수시로 스승과 친구의 중요성을 언급하고 있습니다. 회림[156]이 그러더군요.

"스님이 평소 말씀하시던 스승과 친구의 정의에 비춰볼 때, 말이 완전히 똑같다고 느껴집니다."

내가 말하는 스승과 친구란 원래가 하나이니, 어떻게 두 가지 다른

---

154) 전회소(錢懷蘇): 전동문(錢同文). 자가 회소이며, 흥화부(興化府, 지금의 복건성 莆田市) 사람이다. 기문현(祁門縣)의 지현과 형부주사(刑部主事)를 지냈고 나중에는 군수가 되었다. 하심은과 가까운 사이였으며, 『명유학안』 권32에 보인다.

155) 정후대(程後臺): 정학안(程學顏). 자는 이포(二蒲), 호는 후대. 호북의 효감(孝感) 사람이다. 벼슬이 태복사승(太僕寺丞)에 이르렀다. 학문에 진척이 없으면 땅을 등지고 통곡할 정도로 뜻이 독실하였다. 하심은이 죽은 뒤 그의 아우 학박(學博)은 "양 선생(梁汝元, 즉 하심은)은 친구를 목숨처럼 여겼다. 그의 벗들 가운데 학문에 투철하기로는 전동문을 제외하면 우리 형님뿐이다. 양 선생의 혼백이 우리 형님 근처에서 떠나지 못하고 계시겠지"(梁先生以友爲命, 友中透於學者, 錢同文外, 獨吾兄耳. 先生魂魄應不去吾兄左右.)라고 말하며 후대의 무덤을 열고 그와 합장시켰다. 『명유학안』 권32에 보인다.

156) 회림(懷林): 지불원(芝佛院)의 승려들 가운데 이지가 가장 총애하던 제자였다. 『분서』 권4의 「한등소화」(寒燈小話)는 이지와 회림의 대화 내용으로, 어쩌면 회림의 손에서 나온 것일 수도 있다고 한다. 이지는 또 「예약」(豫約)에서 절에 손님이 오면 오직 상융(商融)과 회림만이 모실 것을 분부할 정도로 그에 대한 믿음이 컸다. 회림이 젊어서 요절하자 마침 대동(大同)을 유람 중이던 이지는 「회림을 곡함」(哭懷林)이란 시 4수를 지어 그를 애도하였다.

의미가 존재하겠습니까? 하지만 세상 사람들은 친구가 바로 스승인 줄은 알지 못하니, 이리하여 네 번 절한 뒤 수업을 전해 듣는 사람만을 스승이라 이야기하지요. 또 스승이 바로 친구인 줄은 모르고 그저 친교를 맺으며 가까이 지내는 자만을 친구라고 일컫습니다. 친구라지만 사배(四拜)하고 수업을 받을 수 없다면 그런 자와는 절대로 친구하면 안 되고, 스승이라지만 마음속의 비밀을 털어놓을 수 없다면 그를 또 스승으로 섬겨서도 안 됩니다. 고인은 친구가 연계하는 바의 중요성을 아셨기 때문에 특별히 스승 '사'(師)를 벗 '우'(友) 앞에 놓으시어 친구라면 스승이 아닐 수 없음을 보이셨으니, 만약에 스승이 될 수 없다면 친구도 될 수 없는 것입니다. 대체적으로 말해 결론은 '우'(友) 한 글자에 불과할 뿐이지요. 그래서 친구를 말하면 스승은 저절로 그 안에 포함되게 마련입니다. 이 두 상인 같은 경우는 서로가 친구이자 스승이 됩니다. 사형(師兄)은 사제(師弟)가 세속의 정에 이끌려 속박에서 벗어나지 못할까봐 늘 염려하는 탓에 그를 데리고 멀리 나가 그의 도심(道心)을 견고히 다져줍니다. 사제 또한 사형이 진심으로 자기를 사랑하는 줄 알기에 마침내는 그를 따라 먼 지방까지 나와서는 부처님 앞에 크나큰 발원을 올렸습니다. 이 경우 그는 사형이자 친구이고 또한 사형인 동시에 스승이니, 어찌 친구이면서 스승인 경우가 아니겠습니까? 사제는 사형이 그저 서방(西方)에 귀의하는 것만 알고 서방의 본래 의미는 깨달을 줄 모를까봐 언제나 사형의 면전에서 자신의 스승이 등활거(鄧豁渠)를 칭찬하던 말들을 늘어놓곤 합니다. 사형 또한 사제가 완곡하게 빗대어 전하는 뜻을 이해하며, 또한 염불이 바로 참선이어서 한갓 염불에만 매달려선 안 된다는 요량을 믿습니다. 이는 사제인 동시에 친구이고 또한 사제이면서 스승이 되는 경우이니, 어찌 또 친구이자 스승이 아니겠습니까? 그래서 나는 두 상인이야말로 진정한 스승이자 친구 사이로 말할 수 있다고 생각합니다. 쓸데없이 몰려다니는 군중들이야 무슨 득이 될 것이며, 그들이 어찌 스승과 벗의 소중함을 알겠습니까!

그래서 나는 같은 이유로 수시로 등활거를 논급하며 또 그 스승과 벗의 연원을 두루 설명하였습니다. 두 상인은 몹시 기뻐하면서 자신들이 외람되이 활거의 후예를 자칭하지만 활거의 사상이 어디서 비롯되었는지 전혀 알 길이 없었는데 이제 선생의 말씀을 듣고 나니 흡사 활거 사조(師祖)를 곁에서 모신 것처럼 확실해졌다고 하더군요. 또 덕분에 양명 선생과 심재 선생의 도가 어떻게 전해졌는지도 알게 되었으니, 그 상쾌한 느낌은 무엇에도 비길 수가 없다는 감탄이었습니다. 그리고 이제는 오직 선생의 스승과 친구가 어디 계신지 그 일만 듣지 못했다는 말도 덧붙였습니다. 나는 배움에는 일정한 스승이 없다고 말하였지요. "공자님이 언제 배우지 않은 적이 있는가?"[157]라는 자공(子貢)의 말은 오늘날 한낱 상투어로 전락했지만 아직도 그 내용은 엄연한 진실입니다. 나는 일찍이 누군가에게 네 번 절하고 수업을 받으며 스승으로 섬긴 적이 없거니와, 어느 한 사람에게 사배를 받고 도를 전하며 그를 친구라고 여긴 적도 없습니다. 그러니 수시로 사배하거나 사배를 받는 세상 사람들에 비할 때, 진정 그들과 동일 선상에서 논해질(同日而語)[158] 수야 없는 노릇이지요. 남에게 사배를 받는 사람에게 내가 이유를 물었더니, 그는 귀머거리 아니면 벙어리처럼 나에게 설명을 하지 못했습니다. 내가 또 남들에게 왜 사배를 하느냐고 물었더니, 그들 역시 귀머거리 아니면 벙어리라도 된 듯 나에게 그 까닭을 설명할 줄 몰랐습니다.

---

157) 출전은 『논어』 「자장」(子張)편. 전문은 다음과 같다. "위나라의 대부 공손조가 자공에게 물었다. '중니의 학문은 어디서 왔습니까?' 자공이 말했다. '문왕과 무왕이 남기신 도가 아직 완전히 사라지지 않아 지금 사람들 중에는 그것을 기억하는 사람이 있지. 현인은 그 중에 큰 것을 기억하고 현명하지 못한 이는 자질구레한 것을 기억하여 문왕과 무왕의 도가 보존되지 않은 것이 없다네. 우리 선생님이 언제 공부를 하지 않으시던가? 또 언제 한 선생님만을 모시고 공부하시던가?'" (衛公孫朝問於子貢曰: '仲尼焉學?' 子貢曰: '文武之道, 未墜於地, 在人. 賢者識其大者, 不賢者識其小者, 莫有文武之道焉. 夫子言不學, 而亦何常師之有?')

158) 동일이어(同日而語): 나란히 놓고 같이 논한다는 의미. 동일이도(同日而道)·동일이언(同日而言)·동일이론(同日而論)·동일어(同日語) 등 여러 가지 표현으로 쓰인다.

그렇다면 스승이란 존재는 사배라는 형식에 있지 않음이 분명합니다. 그러나 내 마음속에는 수시로 사배하고 백배(百拜)하는 이가 손가락으로 다 꼽을 수 없을 정도이고 모래알로도 그 숫자를 비유할 수 없는 줄을 누가 알겠습니까? 내가 무슨 수로 두 상인의 면전에서 나의 스승과 벗을 설명할 수 있겠습니까!

세 번째, 말실수

나는 당초 두 상인을 만났을 때 그들의 염불하고 정진하는 모습을 보고는 내 한평생 고아하고 깨끗함을 좋아했다는 말을 늘어놓으면서 그들에게 가르침을 청했습니다. 이제 같이 지낸 날짜가 오래다 보니 두 상인의 고결함은 나보다 백 배 천 배라, 내가 그들에게 고결을 논한다는 것 자체가 말도 안 되는 소리였습니다. 원래 고결에 관해서 논했던 취지야 세상의 얼빠지고 혼탁한 자들의 병세에 맞춰 구급약을 처방한다는 의도였지요. 내가 보건대 세상 사람들은 언제나 진지한 의지가 결여되었거나, 그렇지 않으면 맥빠지고 혼탁한 가운데 떨어져 허우적대기나 할 뿐입니다. 그래서 겉 다르고 속 다르며 말은 깨끗해도 행실이 더러워 고결함의 실질은 전혀 찾아볼 수가 없지요. 하지만 그들은 도리어 나를 두고 고결병에 걸렸다 탓을 하니, 이 어찌 절통하고도 깊이 우려할 노릇이 아니겠습니까! 두 상인 같기만 하다면야 어떻게 고결이란 단어를 그 앞에 들이밀 수 있겠습니까? 고결한 사람 앞에서 고결을 말하는 것은 물 끓는 것을 멈추게 하자고 장작을 더 집어넣는 격인데, 본인보다 열 배는 더 고결한 사람들이야 나위가 있겠습니까! 내가 그들에게 고결을 말한 것 자체가 어리석음입니다. "지나침은 모자람과 마찬가지니라."[159] 공자의 이 말씀은 참으로 자상합니다. 얼빠지고 혼탁해서 고결이 들어먹히지 않는 사람은 모자란 자요, 너무나 고결을 좋아해서

---

159) 출전은 『논어』 「선진」(先進)편. 전문은 다음과 같다. "자공이 '자장과 자한 중에 누가 뛰어납니까?' 하고 묻자, 공자가 대답하셨다. '자장은 지나치고, 자하는 또 모자란다.' '그렇다면 자장이 낫습니까?' 하는 자공의 질문에 공자는 이렇게

멈출 줄 모른다면 지나치게 넘치는 자이니, 두 경우 모두 도를 이루기에는 역부족이지요. 두 상인은 그저 지금처럼만 지내면 됩니다. 지금처럼 염불하고, 지금처럼 수행하며, 지금처럼 계를 지키면 그만이지요. 지금처럼만 하면 오래 지탱할 수 있고, 지금처럼만 하면 훨씬 커질 수있으며, 지금처럼만 하면 자연스레 연화대에 올라 진승[160]을 증명하고불과[161]를 이루게 될 테니, 더 이상의 쓸데없는 일은 할 필요가 없습니다. 염불할 때는 그저 염불만 하고, 자애로운 어머님을 뵙고 싶으면 찾아가 만나면 그만입니다. 감정을 왜곡하거나 성정을 거스를 필요가 없고 양심을 속이거나 뜻을 굽힐 필요도 없이 그저 마음가는 대로 움직이는 것, 이것이야말로 진짜 불성(佛性)이지요. 그러므로 염불도 좋지만너무 고결해지지는 말아야 하겠습니다.

이점로[162]에게 답하는 편지 復李漸老書

수천 리 밖 산천의 아무 호소할 곳 없는 노인을 어르신께서 거두어수시로 먹이고 입혀주시니, 어르신의 복록이 어찌 친족에게 은혜를 베

대답하셨다. '넘침과 모자람은 똑같이 이치에서 멀다'"(子貢問: '師與商也孰賢?' 子曰: '師也過, 商也不及.' 曰: '然則師愈與?' 子曰: '過猶不及.')

160) 진승(眞乘): 불가에서 말하는 진실된 가르침.

161) 불과(佛果): 불교에서는 성불이 오랜 수행의 결과로 얻어지는 성과라고 인식하는데, 이를 '불과'라고 부른다.

162) 이점로(李漸老): 이세달(李世達, 1534~1600). 자는 자성(子成), 호는 점암 혹은 곽암(廓菴), 시호는 민숙(敏肅). 관중(關中)의 경양(涇陽) 사람이다. 1556년 진사가 되어 호부상서와 형부상서 등 여러 벼슬을 거친 뒤 1592년 태자소보(太子少保)가 되었다가 이듬해 사임하고 귀향하였다. 향년 67세. 『주의』(奏議) 8권이 전한다. 그는 역임한 관직마다 백성을 우선하는 정책을 펴 명성이 높았다. 이부에서 일할 때는 해서(海瑞)와 의기투합해 국사를 전담했고, 대사구(大司寇)를 지낼 때는 내각대신들이 감히 입을 열지 못했던 내시들의 비리를 밝혀내기도 하였다. 이지와는 그가 이부에 봉직하던 1567년경에 알게 된 것으로 보인다. 그는 이지를 몹시 존중했고 때때로 의식을 도와주기도 하였다.

풀고 친구를 보살피는 정도에 그치겠습니까! 덕행에 사뭇 감격하면서도 아직까지 갚지를 못했으니, 어찌해야 좋을는지요! 번뇌하는 마음에 대해 가르침을 입고도 초야에 묻혀 있어 고독하기 때문인지 그 번뇌가 또 수시로 찾아옵니다. 바로 이렇게 옷과 음식을 내려주시는 것만도 깊은 즐거움을 느끼게 되니, 옷과 밥이 없는 번뇌야 말하지 않아도 알 수가 있겠습니다. 자신의 한 몸뚱이는 그래도 쉬운 경우로서, 등급 따라 번뇌의 무게가 상승합니다. 나라가 있으면 한 나라를 통째로 번뇌해야 하고, 가정이 있으면 온 집안을 걱정해야 합니다. 가정이 없다면 한 몸만 걱정하면 그만이니, 맡은 바가 가벼울수록 번뇌도 줄어드는 것입니다. 그렇다면 번뇌가 늘고 주는 것은 오직 책임진 바의 경중에 달렸을 뿐입니다. 번뇌가 없다는 사람은 세상에 들어본 적이 없으니, 오직 이 육신이 없어야만 거기서 해방되는 때문이지요. 노자께서는 이렇게 말씀하셨습니다.

"만일 나에게 육신이 없다면 더 이상 무엇을 걱정하리오?"[163]

육신이 없으면 저절로 근심이 없어지고, 근심이 없으면 번뇌도 저절로 사라집니다. 아! 어찌하면 세속을 벗어나는 취지를 깨달아 이 다음에 있게 될 육신의 고통에서 벗어날 수 있겠습니까! 바라건대 어르신께서 그것을 좀 가르쳐주십시오! 이는 또 초야에 묻혀 사는 삐쩍 마른 늙은이가 만년에 시달리는 첫 번째 번뇌랍니다.

---

[163] 출전은 『노자』 제13장. 정확한 원문의 내용은 다음과 같다. "총애와 굴욕을 받으면 놀란 듯이 굴고, 큰 걱정거리는 내 몸처럼 귀하게 받아들인다. 총애와 굴욕을 놀란 듯이 대한다는 것은 무슨 말인가? 총애를 입으면 위가 되고 굴욕을 당하면 아래가 되니, 얻어도 놀란 듯하고 잃어도 놀란 듯이 군다는 말이다. 무엇을 일컬어 큰 걱정을 내 몸처럼 아낀다고 하는가? 내가 큰 걱정을 갖게 되는 까닭은 나에게 몸이 있기 때문이다. 내게 몸이 없다면 무슨 걱정거리가 있겠는가? 그러므로 자기 몸을 귀히 여기는 것처럼 천하를 다스리는 사람에게는 정녕 천하를 맡길 수 있으며, 자기 몸을 사랑하듯 천하를 사랑하는 사람에게는 천하를 넘겨줄 수가 있다"(寵辱若驚, 貴大患若身. 何謂寵辱若驚? 寵爲上, 辱爲下, 得之若驚, 失之若驚, 是謂寵辱若驚. 何謂貴大患若身? 吾所以有對患者, 爲吾有身, 及吾無身, 吾有何患? 故貴以身爲天下, 若可寄天下; 愛以身爲天下, 若可託天下.)

잡술雜述

군자의 정치는 자신에 근본을 두지만, 지인의 정치는 다른 사람들로부터 비롯됩니다.
근본을 자신에게 두는 자는 반드시 본인으로부터 원칙을 취하지만,
남들로부터 정치를 시작하는 자는 항시 백성들에게 순종하니,
그 다스림의 효과도 정녕 다를 수밖에 없습니다.

탁오론 대략 卓吾論略 – 운남에서 지은 글滇中作

다음은 공약곡[1])의 말이다.

나는 그래도 탁오거사를 뵌 적이 있으니 그 생평을 대략이나마 논할 수 있을 것이다.

거사의 별호는 한둘이 아니니, 탁오는 단지 그 중의 하나일 뿐이다. '탁'(卓)이란 글자 또한 줄곧 일관된 것은 아니어서 거사가 자칭할 때는 '탁'을 쓰지만 관리 명부에는 '독'(篤)으로 올라 있기도 하다. 그와 동향인들도 어떤 이는 '독'을 쓰고 또 어떤 이는 '탁'이라 불러 완전히 일치하지는 않았다. 거사가 이에 대해 변명하신 말씀이다.

"탁과 독은 우리 지방에서는 같은 음으로 발음한다. 그래서 고향 사람들이 둘을 분간하지 못하고 같이 불러버린 것이지."

"이거야 간단하죠. 명주실 오천 꾸러미만 인쇄 골목 기술자에게 갖다 주면 금방 고쳐줄 것입니다."

나의 응수에 거사는 웃으면서 말씀하셨다.

"그런 방법이 있던가? 그대는 내가 쓸모 있는 것을 쓸모 없는 것과 바꾸라는 것인가? 탁이라 해도 나를 말하고, 독이라 불러도 나를 가리

---

1) 공약곡(孔若谷): 이지가 내세운 가상의 인물. 이 글은 탁오 자신의 자전이지만 제 삼자를 내세워 증언하는 형식을 빌림으로써 보다 객관적인 서술방식을 취하고 있다.

키는 것이라네. 날더러 탁월(卓)하다 말해도 감당을 못하고, 독실(篤)하다 칭찬해도 감당 못하는 것은 마찬가지일세. 내 어찌 감당하지 못할 이름으로 역시 감당하지 못할 호칭과 맞바꾸겠나?'

이렇게 해서 탁과 독은 지금껏 같이 쓰이는 이름이 되었다.

거사는 명나라 가정(嘉靖)의 정해년(丁亥年, 1527)에 태어났는데, 때가 마침 시월이라 완전수를 얻은 셈이었다. 태어나자마자 어머니 서씨(徐氏)가 세상을 떠나 어려서 고아가 되니, 키워야 할 일이 막막했다 한다. 일곱 살이 되자 아버지 백재공(白齋公)을 좇아 시와 글을 배우고 예와 문장을 익혔다. 열두 살 때 시험삼아 「노농노포론」2)이란 글을 짓기도 했는데, 거사는 당시의 일을 이렇게 회고하였다.

"나는 그때 이미 번지(樊遲)의 마음이 삼태기를 메거나 지팡이를 짚고 가는 은자에게 기울었기 때문에 그런 질문을 했다는 걸 알아차렸다. 그러나 공자(丘乙己)3)라는 높은 어르신(上大人)은 차마 용납할 수 없었기 때문에 '번지는 소인이다' 하고 몰아세운 줄 이해할 수 있었다."

글이 완성되자 동학들의 칭찬이 자자했고, 사람들은 '백재공이 아들을 잘 두었다'고 입을 모아 야단이었다. 여기에 대한 거사의 해설이다.

"그 당시 내 나이가 비록 어리기는 했지만 이 따위 터무니없는 소리는 우리 아버지가 아들 잘 됐다는 축하로 알기에는 부족하며, 또한 저

---

2) 「노농노포론」(老農老圃論): 『논어』 「자로」편에 나오는 공자와 번지의 대화를 주제로 하여 지은 글. 『논어』의 내용은 다음과 같다. '번지가 농사짓는 법을 배우고 싶다 청하니, 공자가 말씀하셨다. "나는 경험 많은 농부만 못하니라." 번지가 다시 원예를 배우고 싶다 청하니, 공자가 말씀하셨다. "나는 경험 많은 원예사만 못하느니라." 번지가 물러가자, 공자는 이렇게 한탄하셨다 "번지는 소인이구나!"'(樊遲請學稼, 子曰: '吾不如老農' 請學爲圃, 曰: '吾不如老圃'. 樊遲出, 子曰: '小人哉, 樊須也.')

3) 구을기(丘乙己): '구'는 공자의 이름이고 '을기'는 '자(子)'의 파자(破字)이니, 결국 공자를 가리킨다. 공자를 존칭으로 부르지 않고 이처럼 우스꽝스런 명목으로 호칭함으로써 그에 대한 조롱과 경멸의 의미를 나타낸 것이다. 뒤에 나오는 '상대인' 역시 같은 의도에서 사용된 호칭이다.

들의 축하하는 의도 역시 너무나 비루하고 천박해 이치에 닿지 않는 것도 알 수 있었다. 그들은 나의 말재간이 뛰어나니 자라서 어른이 되면 혹시 글도 잘 짓게 되어 세상의 부귀를 손아귀에 움켜쥐고 자신들을 빈천에서 구제해줄지도 모른다고 생각했던 것이다. 그러나 그들은 우리 아버지가 그런 데는 관심조차 없는 분인 줄 알지 못했다. 우리 아버지가 어떤 분이셨던가? 키가 일곱 자나 되고 구차한 경우에는 눈길조차 주지 않는 분이셨다. 집안은 가난했지만 수시로 나의 계모 동씨(董氏)의 비녀나 귀고리 등을 빼다가 혼사를 앞두고 마음이 조급한 친구를 도와주곤 했는데, 우리 어머니 또한 이를 막은 적이 없었다. 이 어찌 세속의 속물들이 그들의 잣대로 헤아려 미리 축하할 노릇이었으랴!"

어느 정도 성장하자 다시 바보가 되었는지 경전의 주석을 읽어도 뜻이 들어오지 않아 주자(朱子)의 깊은 마음을 도무지 헤아리지 못하게 되었다. 그리하여 자신을 탓하면서 아예 학업을 내팽개치고 더는 돌아보지 않을 작정까지도 하게 되었다. 그러나 무료함이 넘치는데다 달리 소일거리조차 없자, 그는 이렇게 탄식했다.

"이거야 한갓 장난일 뿐이다. 다만 여기저기 표절해서 시험관의 눈에 들기만 하면 그만인 것이지. 시험관이 무슨 수로 성인 공자의 깊은 뜻을 일일이 다 깨치고 있겠는가!"

이리하여 당시 유행하던 과거글 중에서 가장 새롭고 즐길 만한 문장을 택해 날마다 몇 편씩 암송했는데, 과장에 들어가기까지 오백 편의 글을 외울 수 있었다. 글 제목이 하달되자마자 탁오는 흡사 필경사처럼 빠른 속도로 글을 지어 우수한 성적으로 합격하였다. 거사의 말씀이다.

"내게 이만한 요행은 다시 찾아오지 않을 것이다. 게다가 아버님은 연로하시고 아우와 누이들은 제각기 시집장가 갈 때가 닥친 판이니."

마침내 그는 벼슬길로 나아가 아버지를 모셔와 봉양하고 동생들의 혼사를 챙겨 모두 성가시켰다. 역시 거사의 말씀이다.

"내가 애당초 벼슬길에 나아갈 때는 강남의 편한 땅에서 살고 싶었지만 뜻밖에도 만 리나 떨어진 공성(共城)으로 발령이 나 아버님께 되레 걱정만 끼쳐드리고 말았다. 사정은 딱하지만 공성은 송나라 때 이지재[4]가 벼슬을 살던 땅이고 소요부(邵堯夫)의 안락와[5]가 있던 곳이기도 하지. 소요부는 낙양에 살던 중 불원천리하고 이지재를 찾아와 도(道)에 관해 물었으니, 우리 부자가 이곳에서 도에 관해 들을 수 있다면 만리 타향인들 무슨 상관 있으랴! 게다가 듣자하니 소요부는 각고의 결심으로 참학[6]에 나섰다고 한다. 만년이 되어서야 깨달음을 얻게 되었고 그제서야 낙양에 돌아와 혼인했는데, 당시 나이가 벌써 사십이었다. 만약 도를 이루지 못했다면 그는 죽을 때까지도 장가들지 않았을 것이다. 내 나이 스물아홉에 큰아들을 잃었는데, 그 슬픔은 뭐라고 형용할 수 없을 정도였다. 도의 모색에는 신경 쓰지 않고 한갓 정에만 쏠린 꼴이라니, 소강절을 보고 어찌 부끄럽지 않으랴!"

안락와는 소문산의 백천(百泉)에 있다. 거사는 천주(泉州)에서 출생했는데, 그곳은 온릉 선사[7]가 거주하던 절의 소재지이기도 하다. 거사의 말씀이다.

"나는 온릉 사람이니 응당 온릉거사(溫陵居士)라는 호를 써야 되겠지."

그 당시 거사는 백천을 둘러보고 나더니 이렇게도 말했다.

"나는 천주에서 태어나고 또 백천에서 벼슬을 사네. '천'(泉) 자는 나

---

4) 이지재(李之才): 송대의 청사(靑社) 사람. 자는 정지(挺之). 천성(天聖) 연간의 진사로 성격이 솔직하고 고문에 능했으며 말과 행동이 곧았다. 하남(河南)의 목수(穆修)에게 『역경』을 전수받아 소옹(邵雍)에게 전했다. 일찍이 택주첨서판관(澤州僉署判官)을 지내며 유희수(劉羲叟)로부터 역법을 전수받았는데, 세칭 희수역법(羲叟曆法)은 멀리 고인에게서 나왔지만 사실은 이지재가 전한 것이다. 벼슬이 전중승(殿中丞)에 이르렀고, 『송사』 권431과 『송원학안』 권9에 보인다.

5) 안락와(安樂窩): 소옹(邵雍)은 자호가 안락 선생(安樂先生)인데, 소문산(蘇門山)에 은거한 뒤 자신의 거처를 '안락와'라고 불렀다. 나중에는 조용하고 편안한 거처를 통칭하는 말이 되었다.

6) 참학(參學): 불교용어. 유학(游學)과 같은 뜻으로 대덕(大德)을 찾아 떠돌며 수학하는 것을 가리킨다.

7) 온릉선사(溫陵禪師): 송대 온릉 개원련사(開元蓮寺)의 사문 계환(戒環). 휘종의 선화(宣和) 연간에 『묘법연화경해』(妙法蓮華經解) 20권을 저술했다.

와 전생의 인연이 있는가 보구나!"

이리하여 그는 자신을 백천 사람이라 생각하며 또다시 백천거사(百泉居士)라는 호를 지었다. 그런데 백천에 오 년 동안 살았지만 외롭기만 할 뿐 끝내 도를 들을 수가 없었으므로 결국은 남옹[8]으로 옮겨가고 말았다.

몇 달이 지나 부친인 백재공의 사망소식이 들려오자 거상을 하기 위해 동쪽으로 돌아가게 되었다. 당시는 왜구들이 슬그머니 발호하여 해안 지방에서는 병란이 잦았던 터였다. 거사는 밤에는 길을 가고 낮에는 숨는 식으로 어렵사리 여행하여 여섯 달이 넘어서야 겨우 고향에 도착했다. 집에 닿자마자 그는 또 상주 노릇할 겨를도 없이 검은 상복을 입고 아우와 조카들을 거느린 채 밤낮으로 성곽에 오르고 딱딱이를 치며 야경을 돌고 성을 수비하는 일에 매달려야만 하였다. 성 아래에서는 화살과 돌이 난무했고, 만 냥을 주더라도 쌀 한 섬 구입할 곳을 찾을 수가 없었다. 거사의 식솔은 삼십 명을 헤아렸지만 스스로 먹고 살 수 있는 자는 거의 없는 형편이었다. 삼 년의 복상기간이 끝나자 그는 온 가족을 이끌고 서울로 들어갔는데, 당시의 어려운 처지에서 벗어나고픈 바람에서였다.

서울에 거처한 지 열 달이 지나서도 관직에 결원은 생기지 않았다. 주머니가 거의 비자 선생은 집을 빌려 학생을 받아들였다. 서당을 열고 다시 열 달 넘게 지나서야 겨우 결원이 생겼고 국자선생(國子先生)에 보임되어 예전처럼 관리 노릇을 시작하였다. 그런데 얼마 지나지 않아 조부인 죽헌(竹軒) 선생의 부음이 또다시 당도하였다. 이날 거사의 차남 또한 서울의 집에서 병을 앓다가 사망했다. 나는 그 소식을 듣자 이렇게 탄식하지 않을 수 없었다.

"아아! 인생살이 어찌 괴롭지 아니하랴만, 누가 벼슬살이의 즐거움을

---

8) 남옹(南雍): 남경의 국자감. 남옹(南廱)이라고도 쓴다. 옹은 벽옹(辟雍)으로 고대의 대학을 일컫는다.

말할 것인가? 벼슬살이 거사만 같다면 어찌 더욱 괴롭지 않겠나!"

나는 조문을 위해 그의 집에 찾아갔다. 대문 안에 들어서니 평소와 전혀 다름이 없는 거사의 모습이 보였다. 거사가 말했다.

"자네하고 한 가지 상의할 말이 있네. 우리 증조부모님이 돌아가신 지 벌써 오십 년도 더 지났지만 아직 흙 속에 안장시키지 못한 것은 집이 가난해 장지를 구할 수 없었기 때문일세. 조상의 영구를 방치한 채 놔두는 식으로 세간의 풍속을 거듭해 어긴다면 불효라는 비난을 모면할 길이 없겠지. 사람의 자손으로서 부모님을 편안히 모시는 것은 물론 효도일 테지. 하지만 명당자리를 구해 자신을 보호하고 효성을 세상에 드러내는 것이 효도란 말은 아직까지 들어본 적이 없네. 천지신명께서도 좋은 땅은 불효자에게 넘겨주실 리 만무하니, 나의 불효죄는 씻을 길이 없네그려. 이번에 고향에 돌아가면 반드시 조상 삼 대의 봉분을 만들어드릴 참일세. 가족은 잠시 하내[9]에 남겨둔 채 조의금 가운데 절반을 떼어 자급하여 먹고 살도록 밭을 사주고, 내가 나머지 절반을 갖고 돌아가면 될 듯하이. 다만 집사람이 내 말에 따르지 않을까 그것만이 걱정이라네. 내가 들어가 타일러도 알아듣지 못하면 그 다음은 자네가 계속해서 설득해주길 바라네."

거사는 방 안으로 들어가 되풀이해서 부인과 이야기를 나눴다. 다음은 황씨 부인의 말이다.

"그 방법이 나쁘지는 않아요. 다만 저의 친정어머님은 과부가 되어 저 하나만 바라보고 키우셨는데, 저는 지금 뚝 떨어진 이곳에 와 있습니다. 그분은 여전히 아침저녁 울면서 저만을 생각하시다 두 눈이 다 멀었다고 해요. 만약 제가 돌아오지 않은 것을 보면 실망한 나머지 반드시 돌아가실 것입니다."

황씨 부인은 말이 채 끝나기도 전에 눈물을 비 오듯 흘렸다. 거사가

---

9) 하내(河內): 황하 이북 지역. 때로는 하남성의 황하 이북 지역만을 가리키기도 한다.

얼굴빛이 굳어지며 거들떠보지도 않자, 부인도 결국은 그의 말을 거스를 수 없음을 알고 눈물을 거두며 안색을 고쳐 사죄했다.

"좋습니다! 다만 저희 어머님을 뵙거든 제가 탈 없이 잘 지내고 있으니 너무 걱정하지 말라고 전해주세요. 언젠가 꼭 만날 날이 있을 거라는 말도 함께 말이죠. 당신은 장례일에나 전념하시지요. 제가 이번에 따라가진 못하지만 감히 원망할 처지는 아니니까요."

거사는 마침내 행장을 수습하고 당초의 염원대로 부인에게는 밭을 사서 농사를 지으라고 일렀다.

당시에 어떤 힘있는 탐관오리가 부자들을 협박해 재물을 빼앗으려다 뜻을 이루지 못하자 수로를 정비한다는 명목으로 모든 샘의 물줄기를 막아버려 봇도랑 사이에는 한 방울의 물도 흘러들지 못하는 사건이 발생했다. 이 무렵에 거사는 그 관리를 만나 농민들 대신 간곡하게 사정했지만, 그는 허락하지 않았다. 그러나 헤아리건대 거사 자신의 몇 마지기쯤이야 부탁만 한다면 반드시 허락할 것이었다. 거사가 말했다.

"아아, 하늘이시여! 내 어찌 온 고을의 만 정보 땅을 다 모른 체하고 내 땅 몇 마지기에만 물을 대 풍성한 수확을 거두겠습니까! 내게만 물을 대주겠다 제의해도 기필코 거절할 것이거늘, 어찌 그에게 부탁할 수 있겠습니까!"

거사는 결국 그대로 고향에 돌아가고 말았다. 그 해는 과연 작황이 나빠 거사의 전답에서는 겨우 피 몇 말만을 수확하는 데 그쳤다. 큰딸은 힘든 세월이 계속되자 마치 쌀밥 먹듯이 피밥을 넘겨야 했다. 둘째와 셋째 딸은 피를 제대로 삼킬 수가 없었기 때문에 병이 들어 차례로 요절하고 말았다. 할멈 하나가 부인에게 이런 말을 전했다.

"사람들이 모두 굶어죽을 지경이라 관청에서 곡식을 배급하려고 한답니다. 듣자하니 그 일로 온 사람은 바로 추관[10]인 등석양(鄧石陽)이라는데, 그 양반은 거사와 평소에 면식이 있으니 한 번 부탁드려 보시지요."

---

10) 추관(推官): 고대의 형옥(刑獄)을 담당하는 관리.

거사의 부인이 말씀하셨다.

"아녀자가 바깥일에 관여하다니, 그건 안 될 말이지요. 그리고 등석양 그분이 평소 우리 주인 양반과 교분이 있다면 어찌 부탁할 때까지 기다리고만 있겠습니까?"

등석양은 과연 자신의 봉급에서 2성[11]을 갈라내고 아울러 동료에게 편지를 써 제각기 두 냥씩을 각출토록 한 다음 두 번에 걸쳐 그것을 보내왔다. 황씨 부인은 돈을 둘로 나눠 반은 곡식을 사고 나머지 반으로는 무명실을 사서 옷감을 짰다. 삼 년 동안 의식을 걱정하지 않아도 된 것은 등석양의 원조 덕분이었다. 거사의 말씀이다.

"내가 그때 고향에 가 장례일을 마침으로써 삼 대에 걸친 숙연을 정리하고 나니 더 이상 벼슬할 뜻이 없어졌다. 고개를 돌려 저 먼 하늘을 바라보노라니 만리타향에 떨어져 있는 처자식 생각이 간절하여 드디어는 공성으로 되돌아오게 되었다. 대문 안에 들어서 식구들을 바라보니 그 한량없는 기쁨이란 뭐라 표현할 길이 없었다. 두 딸에 대해 물었더니 벌써 몇 달 전에 세상을 버렸다는 소식이었다."

이때 황씨 부인은 속눈썹 너머 눈물을 가득 머금고 있었지만 거사의 안색이 달라지는 것을 보자 절을 올리고 장례일과 아울러 자기 어머니의 안부를 물었다. 거사가 말했다.

"그날 저녁 나와 아내가 촛불을 사이에 두고 마주 앉으니 흡사 꿈을 꾸는 것만 같았다. 이리하여 나는 막다른 상황에 몰린 여인네라도 사랑은 진실할 수 있음을 알게 되었다. 나는 일부러 감정을 감추며 그녀를 진정시켰는데, 이런 지경에 이르러서야 나막신 굽이 부러져나가는 기쁨(屐齒之折)[12]이 어떠한 것인지 깨달을 수 있었다!"

---

11) 성(星): 금과 은에 쓰이던 고대의 중량 단위. 원래 은자 일 전(錢)은 일 성, 한 냥(兩)은 일 금(金)으로 쳤지만, 여기서는 그보다 많은 양으로 추측된다.

12) 극치지절(屐齒之折): 형용할 수 없는 기쁨. 사안이 반가운 소식을 듣고 문지방을 넘다가 너무나 기쁜 나머지 나막신의 굽이 부러진 줄도 몰랐다는 고사에서 유래하였다. 출전은 『진서』(晉書) 「사안전」(謝安傳).

서울에 도착한 거사는 예부사무(禮部司務)에 보임되었다. 사람들은 간혹 거사에게 이런 말을 지껄였다.

"사무의 빈궁함은 국자선생 시절보다 훨씬 심합니다. 당신은 잘 참고 견딜지 몰라도 '어딜 간들 이보다 더 가난하고 천할까?'라는 말도 들어보지 못하셨습니까?"

이 말은 원래 거사가 벼슬을 그만둘 줄 모른다고 비꼬아서 한 말이었다. 여기에 대한 거사의 대답이다.

"내가 생각하는 곤궁은 세간에서 말하는 가난함이 아니라오. 곤궁함 중에서는 도를 듣지 못하는 것보다 더한 가난이 없고, 즐거움이라면 자신이 처한 상황을 편안히 여기는 것보다 더한 것이 없소이다. 내가 십년 동안 남북으로 바쁘게 뛰어다닌 것은 오로지 가족 때문이라, 그 동안 온릉과 백천에서는 안락하고픈 생각조차 완전히 잊어버리고 지냈지요. 듣자하니 서울은 온갖 인사가 다 모여든다 하니 장차 그들을 찾아가 공부나 하겠습니다."

그 사람이 말했다.

"그대는 속이 너무 좁아서 언제나 자신의 단점을 발견할 뿐 아니라 타인의 결점까지도 수시로 지적하곤 하니, 만약 도를 듣고 싶다면 먼저 자신의 도량부터 넓혀야 할 것입니다."

"그렇습니다. 나는 정말 폭이 좁아요."

거사는 급기야 자신을 굉보(宏父)라고 부르기 시작하더니 굉보거사라는 호까지 붙였다.

거사는 오 년 동안 춘관[13]을 지내면서 도의 오묘한 이치에 마음을 기울였지만 구천에 계신 백재공을 일으켜 세울 수 없는 것이 유감이었다. 이리하여 백재공에 대한 그리움이 갈수록 깊어져 또다시 사재거사(思齋居士)라는 자호를 붙였다. 하루는 거사가 내게 이런 말씀을 하셨다.

---

13) 춘관(春官): 당나라 광택(光宅) 연간 예부를 춘관으로 개명한 적이 있는데, 이후 춘관은 예부의 별칭이 되었다.

"자네가 나를 안 지도 오래되었으니 내가 죽거들랑 묘지명을 부탁하겠네. 그렇지만 내가 만약 어느 친구의 품안에서 죽는다면 그 사람이 하자는 대로 일임토록 하게나. 만약 여행 중에 객사한다면 반드시 수장(水葬)이나 화장(火葬)을 시켜 내 유골이 다른 지방에서 떠도는 일은 없도록 해주게. 그럴 경우 묘지명은 쓸 수가 없을 테니 행장을 지어도 괜찮을 테지."

나는 이렇게 응수했다.

"제가 어찌 거사를 제대로 안다고 자부할 수 있겠습니까! 나중에 고호두[14]처럼 거사에 대해 잘 아는 자가 나타나겠지요."

이렇게 해서 나는 글을 지어 거사의 대략적인 행적을 논하게 되었다. 훗날 나는 사방을 떠도느라 오랫동안 거사를 뵙지 못한 까닭에 금릉(金陵, 지금의 南京) 시절 이후에 대해서는 서술할 수가 없다. 어떤 이는 '거사가 백하(白下)에서 죽었다'고 말하기도 하고, 또 어떤 이는 '운남에 아직 살아 계신다'고 말하기도 한다.

논정편 論政篇 – 나요주[15]를 위하여 짓다 爲羅姚州作

이전에 양동기(楊東淇)가 군(郡)을 다스리고 있을 무렵, 남충(南充)의 진군실(陳君實)은 우리 주(州)를 다스리며 별가(別駕)인 장마평(張馬平), 박사(博士) 진명산(陳名山) 등과 더불어 일세를 풍미했으니, 참으로 좋은 시절이었다고 말할 수 있겠습니다. 그로부터 삼십여 년이 흘

---

14) 고호두(顧虎頭): 호두는 본래 동진(東晉)의 화가 고개지(顧愷之)의 자(字)를 일컫지만, 여기서는 고양겸(顧養謙)을 가리킨다.

15) 나요주(羅姚州): 나기(羅琪). 사천(四川) 출신의 거인(擧人)인데 요주령(姚州令)을 지내며 선정을 폈다고 『요안현지』(姚安縣志) 권25 「인물지 · 관사」에 기록되어 있다. 요주는 운남성 요안현 북쪽에 위치한 지명으로 명대에는 요안부(姚安府) 관할이었다.

러 그대가 천(川) 지방의 수령이 되니, 나와 주군(周君)·장군(張君)이 앞서거니 뒤서거니 나란히 이곳에 오게 되었습니다. 여러 부형들 중에는 곁에서 보고 남몰래 탄식하는 사람도 있었다지요.

"지금이 어떻게 예전과 비슷하단 말인가? 어찌 사람이 많다는 이유 하나로 더욱 성황이라 하겠나!"

얼마 후 당공(唐公)이 새로 부임하여 또 같은 질문을 하기에 나는 누차에 걸쳐 그 일을 강조하며 아뢰었습니다.

"이곳의 관료들은 모두 수십 년에 한두 번 나올까말까한 걸출한 인재들입니다. 원컨대 공께선 그들을 윗전에 발탁하는 일에만 힘쓰시고 자질에 대해서는 의심하지 않는 것이 좋겠습니다. 오직 요안지부(姚安知府) 저 한 사람만 그들에 못 미칠 따름입니다. 현실은 그렇다지만 상인(上人)이라 불러도 좋을 많은 현인들이 저를 곁에서 보좌하고 있으니, 제가 비록 처지기는 하나 어찌 정사를 그르칠 리 있겠습니까!"

당공은 제 말을 듣고 기특하게 여기셨나봅니다. 이 해 봄에 양대[16]가 윗전에 보고하고 나서 그대와 제군은 모두 예우를 입었습니다. 제가 비록 덜 떨어진 편이긴 하지만 저도 약간은 은혜를 입었으니, 전년에 했던 말과 상황이 거의 맞아떨어진 것입니다. 나는 정녕 그때 했던 말들을 모아 엮음으로써 그대와 제군을 위한 축하선물로 드리려 합니다. 그리고 나만의 독특한 언사들을 늘어놓음으로써 그대에게 검증을 받으려 합니다. 왜냐하면 나는 일찍이 득도한 분에게서 배운 적이 있고 '성질에 따라 백성을 인도한다'(因性牖民)는 말에 깊이 매혹되어 있기 때문입니다.

도(道)라는 것은 사람이 다니는 길이지만, 그저 하나의 도정에 그치는 것이 아닙니다. 성(性)은 마음에서 생겨나는 바이니, 역시 한 종류

---

16) 양대(兩臺): 좌우어사대(左右御史臺)를 말한다. 『소학감주』(小學紺珠) 「직관류」(職官類)를 보면, 좌대는 백관과 군대를 감독하고 우대는 주현(州縣)과 풍속을 살핀다고 하였다. 당나라 때 측천무후가 어사대를 개칭하여 숙정대(肅政臺)라고 부르면서 이를 좌우로 나누었다.

에 그치지는 않는다고 하겠습니다. 한 지방에서 벼슬을 사는 일은 바로 자신이 지나온 길을 남들도 함께 가길 원하는 것이고, 자신이 씨를 뿌리면 남도 함께 거기에 물을 주길 바라는 행위입니다. 이리하여 방도와 한계가 명백한 정치(有方之治)로서 지향이 없는 백성들(無方之民)을 제어하려 드니, 이 어찌 이치에 몽매한 것이 아니겠습니까! 게다가 군자의 정치는 자신에 근본을 두지만, 지인(至人)의 정치는 다른 사람들로부터 비롯됩니다. 근본을 자신에게 두는 자는 반드시 본인으로부터 원칙을 취하지만, 남들로부터 정치를 시작하는 자는 항시 백성들에게 순종하니, 그 다스림의 효과도 정녕 다를 수밖에 없습니다. 다스림의 기준을 남에게 두는 것과 자신에게 두는 것은 서로 같을 수가 없습니다. 자신에게 두면 남들도 자신과 똑같기를 바라게 되지만, 자신에게 두지 않으면 남도 자신과 같기를 바라는 마음이 없어지게 됩니다. 이는 그 마음이 너그럽지 않은 경우가 없기 때문이지요. 하지만 이는 한 사람에게나 통하는 것일 뿐, 천하를 다스리는 데까지 연결되는 경우는 아닙니다. 그런데도 모든 것을 자신에게 기준을 둔 법으로 재단하여 가지런하게 만들려고 한다면, 그것은 미혹이지요. 이리하여 번거로운 법령과 시행세칙이 만들어지고 형벌과 법이 시행되니, 백성들은 나날이 일만 번거로워지게 되었습니다. 개중에 지혜롭고 현명한 사람들은 서로를 이끌어 우리의 가르침에 귀의하지만, 어리석고 못난 자들은 갈수록 멀어지기만 합니다. 이렇게 해서 맑고 간특한 명령이 분명히 구별되고, 군자와 소인이 이로부터 나뉘게 되었지요. 이 어찌 분별이 너무 지나친 바람에 백성들을 분쟁으로 유도한 것이 아니겠습니까? 지인이라면 그렇게 하지 않습니다. 자신이 다스린다고 해서 그곳의 풍속을 바꾸지 않고, 백성들의 기질에 따르면서 그들의 능력을 거스르지 않습니다. 견문이 무르익었으므로 눈과 귀에 새롭다고 해서 굳이 알려고 들지 않는데, 백성들이 잠에서 미처 깨기도 전에 놀라기부터 할까봐 걱정하기 때문이지요. 행동거지가 편안해서 백성들을 압박하여 질곡에 몰아넣지 않으려 하니, 그들이 거기에 매여 엎어지고 넘어질까 걱정하기 때문입니다.

지금 제가 고을을 다스리는 데 있어 착한 일은 대단히 너그럽게 넘어가지만, 악한 일에 대해서는 지나칠 정도로 엄격하게 처리합니다. 선을 너그럽게 대하는 것이야 계승해야지요. 하지만 다른 이의 악행을 미워할 때, 자신에게 그런 사악함이 없는 줄은 어찌 알겠습니까? 자신을 돌아보고 반성하는 정치도 아직 행하지 못하거늘, 백성들을 그 성질에 따라 계도하는 정치를 어떻게 바랄 수 있겠습니까? 나는 그래서 나의 모자람을 더욱 두려워하면서 간절한 심정으로 그대에게 의지하게 됩니다. 들자하니 그대는 검문[17]에서 성장했고, 성년이 되어 관로에 들어선 다음에는 태화산[18]를 경유했으며, 홀로 형악[19]의 꼭대기에서 사방을 조망하며 호연지기를 키운 적도 있다면서요. 그대가 위의 명승들을 거치는 동안 지인을 만나 가르침을 받은 적이 어찌 없었겠습니까! 그대도 말씀 중에 이를 언급하셨었지요? 그렇지 않다면 어떻게 두 번씩이나 피폐한 고을의 수령을 맡아 재건시키고, 형주(衡州)에서의 한 차례 판결이 지금까지도 백성들 사이에 회자되고 있겠습니까! 생각건대 그대가 만약 지인을 만났다면 내 말은 군더더기 췌언이 되겠지요. 상황이 만약 그렇지 못하다면 내가 도를 깨친 사람에게서 들은 바가 상세하니, 그 중 그대 마음에 마땅한 바가 과연 하나도 없겠습니까? 그대에게 흡족한 바가 있다면 내가 비록 모자란 놈이라지만 어찌 기분을 상하게 해드릴 리 있겠습니까!

---

17) 검문(劍門): 사천성 검각현(劍閣縣) 북쪽에 있는 산 이름. 일명 대검산(大劍山). 양산(梁山) 혹은 고량산(高梁山)이라고도 부른다. 산세가 험준하여 역대로 중요한 요새가 되었다.

18) 태화산(太華山): 중국에는 태화산이란 산이 섬서, 사천, 운남의 세 곳에 있는데, 보통은 섬서성 화음현(華陰縣) 남쪽에 위치한 서악(西嶽) 화산(華山)을 가리킨다. 산의 서남쪽에 소화산(小華山)이 있는 까닭에 태화(太華) 혹은 태화(泰華)라고 불렸다.

19) 형악(衡嶽): 호남성 형산현(衡山縣)에 있는 산으로 오악(五嶽) 중에서 남악(南嶽)에 해당한다. 형산(衡山) 혹은 형악(衡岳)이라고도 부른다.

하심은론 何心隱論

하심은[20]은 바로 양여원(梁汝元)이다. 나는 하심은이란 사람을 알지 못하니, 또 어떻게 양여원을 안다고 하겠는가! 그래서 일단은 심은이란 이름으로 그에 대해 논평하려 한다.

세상에서 심은을 논평하는 자들 중에는 그를 높여 보는 이가 세 부류이고, 그에게 불만을 가진 자가 또한 세 부류 있다. 심은을 높여 보는 자는 이렇게 말한다.

"무릇 세상 사람이란 누구나 다 자신의 삶을 윤택하게 만들려고 하는데, 공만은 유독 삶을 돌보려 하지 않았습니다. 공은 가세가 넉넉한 분이었습니다. 공만은 홀로 그 모든 것을 내팽개치고 돌보지 않으면서 그저 다만 한 시대의 성현들과 더불어 천지간에 같이 살기만을 원했습니다. 공은 이처럼 세상과는 다른 방법으로 자신의 삶을 윤택하게 했던 것입니다. 죽음을 두려워하지 않는 사람은 없으련만, 공만은 이를 두려워하지 않았지요. 그리고 한 번의 죽음으로 이름을 완성시키려고 하였습니다. 그는 이렇게 생각했지요.

'사람은 모두 죽는다. 백 가지 근심으로 마음이 슬프고, 만 가지 일로 몸이 피곤하며, 오장이 찢기는 고통 때문에 죽고 싶어도 죽지 못하는 경우가 비일비재하다. 사람이 죽이거나 귀신이 죽이거나 무슨 차이가 있으리오? 또 머리가 잘려도 죽고 내장이 끊어져도 죽게 되는데, 둘 중 어느 방법이 더 빠른 것일까? 백 가지 약으로 서서히 죽이는 것도 독살이고 한 가지 독으로 단번에 약을 써도 독살이니, 무엇이 진짜 독살이란 말인가? 정의를 위한 장렬한 죽음도 죽음이고 소리 없이 조용히 죽는 것도 죽음이니, 어느 죽음이 더 영광스럽다 할 것인가?

공은 진실로 이런 이치를 꿰뚫었으니, 그가 죽음을 두려워하지 않는

---

20) 하심은(何心隱, 1517~79):『분서』권1「등명부에게 답함」(答鄧明府)의 역주 참조.

것 또한 당연합니다."

그를 높이는 자는 또 이렇게도 말한다.

"공은 공자(孔子)를 찬양하고 받드는 분이었습니다. 공자를 받드는 세상 사람들은 공자의 쉬운 구석만 본받고 흉내낼 따름입니다. 공자의 도에서 어려운 점이라면 천하를 자신의 집으로 알면서 자기 가정은 챙기지 않고, 여러 현인들과의 사귐을 자신의 목숨처럼 알면서 전답이나 집 따위는 소명으로 삼지 않은 데 있습니다. 그리했기 때문에 발군의 뛰어난 인재가 될 수 있었고, 만물 중에서 가장 으뜸인 사람이 되었으며, 노(魯)나라의 첫째 가는 유자(儒者)가 되고, 천하에서 첫 번째 유자가 되었으며, 만고이래 첫째 가는 유자가 될 수 있었습니다. 공은 그런 공자의 어려운 점을 홀로 실천한 분이었으니, 그가 사람들 가운데 가장 두드러지는 인물이 된 것도 이 때문이요, 남들의 노여움을 맨 먼저 타게 된 것도 역시 이 때문입니다. 이런 판에 공이 어떻게 죽음을 모면할 수 있었겠습니까! 여기저기 떠돌다가(削跡伐木)[21] 진(陳)나라에서 양식이 떨어지고[22] 광(匡)에서는 죽을 고비를 넘기셨으니,[23] 성인 공자께서도 거의 죽을 뻔한 적이 또한 여러 번입니다. 그가 죽지 않은 것은 순전히 요행입니다. 요행으로 죽지 않은 것을 두고도 사람들은 기

---

21) 삭적벌목(削跡伐木): 『장자』 「양왕」(讓王)편에 "공자는 노나라에서 두 번이나 쫓겨났고, 위나라에서는 수레바퀴 자국을 지웠으며, 송나라에서는 나무가 뽑혔다"(夫子再逐於魯, 削迹於衛, 伐樹於宋.)는 대목이 나온다. 『사기』에 의하면, 공자 나이 35세 때와 50세 때 노나라를 떠났으며, 송나라에서는 환퇴(桓魋)라는 사마가 공자를 죽이려고 나무를 뽑았다는 기록이 나온다. 이 글에서의 '삭적벌목'은 벼슬에 임용되지 못하고 여기저기 떠돌아다닌다는 뜻이다.

22) 초나라에서 공자를 초빙하려고 하자 인접한 진나라가 위협을 느끼고 들판에서 공자 일행을 포위하여 양식이 떨어졌고, 이 바람에 따르는 사람들이 병들어 일어나지 못했다는 기록이 『사기』 「공자세가」에 보인다. 당시 공자는 자공(子貢)을 시켜 초나라에 도움을 청했고, 초의 소왕(昭王)은 군사를 일으켜 공자를 맞이하였다.

23) 공자가 진(陳)나라에 가려고 광(匡)을 지나치는데, 광 사람들이 공자를 폭도인 양호(陽虎)로 오인하여 그들 일행을 닷새 동안이나 가로막은 적이 있었다. 역시 『사기』에 보인다.

필코 정도를 얻은 다음에야 죽으려 했다(得正而斃)[24]고 생각합니다. 불행히도 그가 중도에 죽었더라면 '어진 사람, 뜻 있는 선비가 살신성인했도다'[25] 하고 말하는 자가 어찌 없었겠습니까? 자신이 죽을 만한 자리에서 죽는 것이라면 공이 왜 또 사양을 하겠습니까! 그렇다면 공은 죽음을 두려워하지 않았을까요? 그는 죽음을 무서워하지 않은 게 아니라, 도를 위해 죽는 것을 자신의 소임으로 알았을 뿐입니다. 게다가 공은 줄곧 천하를 집으로 알고 뭇 현인을 자신의 목숨처럼 알고 살아왔으니, 죽음 또한 어떻게 그러하지 않을 수 있었겠습니까? 공이 죽음으로 이름을 날리고자 하였다는 저들의 말은 옳지가 않습니다. 죽으면 죽는 것이지 여기에 무슨 이름낼 일이 있다고 공이 일부러 죽음을 원했겠습니까?"

그를 높이는 자는 또 이렇게도 말한다.

"공은 남들과는 다르게 독자적인 인생을 살면서 자기 앞에 같은 전철을 밟은 자는 없다고 여겼습니다. 그래서 중니(仲尼)가 비록 성인이라도 그를 본받는다면 못생긴 여자가 서시의 눈썹 찡그리는 모습을 흉내내는 추태(效矉)[26]이고, 철부지 젊은이들이 남을 모방하다가 제 걸음걸이조차 잊어버린(邯鄲學步)[27] 천박한 꼴이 될 것이므로 공은 그리하지

---

24) 득정이폐(得正而斃): 『예기』「단궁」(檀弓) 상편에 다음과 같은 말이 나온다. "내가 무엇을 구하리오? 내가 정도를 얻고 죽는다면, 그것으로 그만이다"(吾何求哉? 吾得正而斃焉, 斯已矣.)

25) 출전은 『논어』「위령공」편. 전문은 다음과 같다. "지사와 어진 사람은 삶을 위해 인을 해치지 않고 자신을 죽여 인을 완성시킨다"(志士仁人, 無求生以害仁, 有殺身以成仁.)

26) 효빈(效矉): 못생긴 동시(東施)가 아름다운 서시의 눈썹 찡그리는 모습을 보고 그녀의 미색은 바로 거기서 비롯된다고 여겨 날마다 찡그리고 다녔다는 데서 비롯된 성어로, 출전은 『장자』「천운」(天運)편. 여기서는 하심은이 공자의 언행을 형식적으로 모방하길 원하지 않았다는 뜻으로 쓰였다.

27) 한단학보(邯鄲學步): 옛날 조(趙)나라 사람들의 걸음새가 아주 보기 좋았다고 한다. 이를 부러워한 연(燕)나라 젊은이들이 조나라의 수도 한단으로 배우러 갔다가 종당에는 자신의 걸음새를 잊어버리고 기어서 돌아왔다는 고사에서 유래하였다. 출전은 『장자』「추수」(秋水)편.

않았습니다. 공은 이렇게 생각했지요.

'세상 사람들이 나의 행위를 듣고 나면 무슨 엄청난 잘못이라도 저지른 것처럼 탓하며 일어서서 나를 죽이고 싶어하지 않는 자가 없다. 하지만 그들은 공자가 나보다 먼저 그리한 줄은 알지 못한다. 내가 일부러 공자를 끌어다 내 언행의 규범으로 삼은 것은 누군가 나의 논점을 갖고 나를 공박하는 일(入室操戈)[28]을 피할 수 있기 때문이다.'

그런데도 현명한 자는 공을 의심하고, 어리석은 자는 해치려고 했으며, 뜻을 같이하는 자는 끝까지 드물었습니다. 그래서 공은 결국 불행히도 도를 위해 죽게 되었습니다. 무릇 충효와 절의(節義)는 세상 사람들이 죽는 이유인데, 그것은 이름을 남길 수 있기 때문입니다. 이른바 태산보다 무거운 죽음이 있다는 말이 바로 그런 경우겠지요. 하지만 도(道)를 위해 죽었다는 사람은 아직까지 들어본 적이 없습니다. 도란 본래 이름조차 없는데, 어떻게 그것을 위해 죽는단 말입니까? 공은 벌써 불귀의 객이 되었으니, 나는 그 한 번의 죽음이 인멸되어 아무도 모르게 될까봐 그것이 걱정입니다. 지금 공이 생존하던 당시의 무창(武昌) 일대를 살펴보면 인구가 거의 수만 명인데, 공과는 일면식조차 없어도 공의 억울함을 모르는 사람이 없습니다. 바야흐로 사방으로 뚫린 큰길에 방을 내붙여 공의 죄상을 열거하자 모여서 구경하던 사람들은 하나같이 그의 무고함을 지적했고 심지어 탄식하거나 노여움에 소리지르며 외면하는 사람까지 있었으니, 그때의 인심이 어떠했는지를 알 수가 있습니다. 기문[29]에서 강서성(江西省)에 이르기까지, 또 강서에서 남안[30]을 거

---

28) 입실조과(入室操戈): 동한(東漢) 때의 하휴(何休)가 공양학을 좋아해 『공양묵수』(公羊墨守)·『좌씨고황』(左氏膏肓)·『곡량폐질』(谷梁廢疾)을 짓자, 정현(鄭玄)은 그의 이론에 근거하여 이 책들을 조목조목 반박하고 나섰다. 하휴는 그가 지은 글을 보더니 "강성(康成, 정현의 字)이 내 집에 들어와 내 창으로 나를 찌르는 것이냐?"(康成入吾室, 操吾矛以伐我乎?) 하고 탄식하였다. 출전은 『후한서』「정현전」.

29) 기문(祁門): 현 이름. 안휘성 남부의 산간지대에 위치했으며 강서성과 인접하였다.

30) 남안(南安): 남안부(南安府). 강서성의 서남단에 위치했다.

쳐 호광[31]에 이르기까지는 삼천 리가 넘는 길인데, 공의 얼굴을 전혀 모르면서도 공의 마음을 헤아리는 자가 연도에 넘쳐났던 것입니다. 비단 재상 장거정(張居正)에게 죄를 얻어 그에게 유감이 있었던 자들뿐만 아니라 장거정을 깊이 신뢰하고 그가 사직에 큰 공을 세웠다고 믿는 사람조차도 이번 일은 잘못이라고 여기며, 다들 공을 죽여 장거정에게 아부하려던 놈은 인간도 아니라고 말했습니다. 바로 사람들의 마음에 있어서 이 같은 도는 정말로 해나 달, 별 같은 것이라 덮어버릴 수가 없었습니다. 비록 공의 죽음에 드러내놓고 칭찬할 만한 명예는 없었지만 사람들의 마음이 이와 같았으니, 이 도가 빛나고 커지는 것을 누가 막을 수 있겠습니까! 그러나 공이 어찌 정녕 죽음을 두려워하지 않는 사람이겠습니까! 당시에는 장자방이 없으니, 누가 항백을 살린단 말입니까?[32] 그때에는 노주가가 없었으니, 누가 계포를 구해주겠습니까?[33] 나는 또 이 일로 말미암아 도를 외치는 자들의 허구성을 더욱 확신하게 되었습니다. 지금 와서 살펴보면 그 일 때문에 화를 내고 억울함을 느낀 사람들은 모두 얼굴조차 본 적이 없는 평범한 사람들이요, 공의 죽음을 좌시하고 심지어 돌팔매질까지 마다 않은 자들은 죄다 무리를 모아 학문을 강론하는 사람들이었습니다. 그렇다면 필부는 가식이 없는 까닭에 자기 본심을 숨기지 못한 것이고, 도학자들은 진실함이 없는 까닭에 자기와 같은 당파가 아니면 깎아치려 했음을 또다시 알 수가 있습

---

31) 호광(湖廣): 옛날 행성(行省, 지방의 최고 최대 행정구역)의 하나. 호북·호남·광서·광동 및 귀주 일대에 해당한다.

32) 장자방(張子房)은 한 고조의 참모 장량(張良), 항백(項伯)은 이름이 전(纏)이며 항우의 계부(季父)이다. 『사기』「유후세가」(留侯世家)에 따르면, 장량은 살인죄를 범한 항백을 구해준 적이 있었다. 항백은 나중에 홍문(鴻門)의 연회에서 항우에게 살해당할 위기에 놓인 유방을 구해줌으로써 장량에게 은혜를 갚았다.

33) 계포(季布)는 원래 항우 휘하의 명장으로 유방을 여러 차례 곤경에 빠뜨렸다. 항우가 죽은 뒤 고조는 천 금의 상금으로 계포를 찾으면서 숨겨주는 자까지도 삼족을 멸한다는 엄포를 놓았다. 그러나 노주가(魯朱家)는 계포를 숨겨주었을 뿐 아니라 고조를 설득하여 그를 사면하고 낭중(郎中)에 임명토록 하였다. 『사기』「계포난포열전」(季布欒布列傳)에 보이는 사실이다.

니다. 진실하게 도를 말하는 자가 세상에 없다는 이유 하나 때문에 공이 죽었고, 공자의 이상이 담긴 학문도 세상에서 사라지게 되었습니다. 공의 죽음이 어찌 무섭지 않겠습니까! 이 어찌 태산에다 비할 일이겠습니까!"

이상의 세 가지 견해는 필부와 마찬가지로 여전히 자신의 진실성을 견지할 수 있던 세상의 현인과 군자들이 심은을 높이 평가한 까닭이다.

심은을 탓하는 사람들은 말한다.

"인륜에는 다섯 가지가 있는데, 공은 그 중에 네 가지를 버렸습니다.[34] 그리고 유독 자신을 스승과 친구 · 현인과 성인들 사이에 두었으니, 그런 불균형을 교훈으로 삼아서는 안 되겠지요.

윗사람에게는 공손하고 아랫사람에게 부드러운 것은 순응의 도리입니다. 공은 유독 꼿꼿한 말과 거침없는 행동으로 스스로 허물을 자초했으니, 그토록 명철한 사람이면서도 보신(保身)은 할 수가 없었습니다.

게다가 도라는 것은 인성에 근본을 두었고, 배움은 쉽게 풀이해주는 것을 귀하게 칩니다. 지나치게 어려운 바로 사람을 제어하려 들면 반발하는 자가 틀림없이 많아지고, 길에서 사람을 책망하면 집 안에 있는 자까지 불안해지며, 재물로써 사람을 모으면 탐욕스런 자가 다투어 나타나게 됩니다. 그의 죽음은 정녕 스스로 불러들인 것이지요."

위의 세 가지 견해는 또 세상의 학자들이 심은의 병폐라고 지적하는 것들이다.

나는 이런 말들은 논하기에 족하지 않다고 생각한다. 이런 따위는 세상의 용렬한 속물들이 의복과 먹을거리를 탐내고 제 몸과 목구멍에 다급해서 뱉어낸 말에 불과한 것이다. 도가 무엇인지 배움이 무슨 일인지 전혀 알지도 못하면서 망령스럽고 방자하게 감히 비방이나 뇌까려대니, 또 어떻게 입에 올리기에 족하겠는가! 다만 심은을 높이는 말들은

---

34) 여기서는 하심은이 오륜 중에서 부자 · 군신 · 부부 · 장유는 돌보지 않고 오로지 사우(師友) 관계만 챙긴 것을 가리킨다.

그의 사람됨에 근접한 것처럼 보이면서도 틀린 데가 아주 없는 것은 아니다. 하지만 나는 일찍이 심은의 풍채를 보거나 그가 풀어놓는 말을 듣거나 그 학문의 상세함을 엿본 적조차 없으니, 멋대로 후려쳐 틀렸다고 여기는 것 또한 옳지가 않다. 게다가 나는 추측으로만 공을 논했으니, 세상의 만에 하나 공을 제대로 아는 사람을 기다려야 옳지 않을까? 나는 공이 '물 속에 잠겨 있지 않고 드러난 용'(見龍)[35]으로 자부하던 사람이라고 생각한다. 하루종일 드러나 있고 물 속에 잠길 줄은 모르니, 그 기세는 반드시 내려올 수 없는 높은 곳에 이르게 되어 그가 재앙을 입는 것은 너무나 당연한 일이었다. 그러나 높이 올라가 내려올 수 없더라도 용은 또 용이니, 다른 사물과 비교할 바는 아닌 것이다. 용이면서 높은 곳으로 오르지 않으면 상구[36]가 빈 자리가 된다. 그 자리는 비워둘 수 없으니, 용은 불가불 올라가지 않으면 안 되었다. 공은 유독이 상구의 효에 합당한 사람이니, 공을 두고 상구의 큰 인물(大人)이라고 말해도 괜찮을 것이다. 이는 또 내가 심은을 논한 까닭이기도 하다.

부부론夫婦論 - 생육에 대한 감상 因畜有感

부부는 인간의 시작이다. 부부가 있은 다음이라야 부자(父子)가 있고, 부자가 있은 다음이라야 형제가 있으며, 형제가 있은 다음이라야 위아래가 있다. 부부가 바르게 된 다음이라야 온갖 일이 모두 바르게

---

35) 『주역』「건괘」(乾卦)의 아래에서 첫 번째 효(爻)인 초구(初九)와 두 번째인 구이(九二)의 효사(爻辭)에 각각 '잠룡'(潛龍)과 '현룡'(見龍)이란 어휘가 보인다.

36) 상구(上九): 『주역』「건괘」의 가장 위쪽 효의 명칭. 그 효사(爻辭)는 "용이 너무 올라가 내려오지 못하니 후회가 있다"(亢龍, 有悔.)라는 내용인데, 여기서의 용은 물론 하심은을 가리킨다. 그를 너무 높이 올라가 아래로 내려오지 못하는 용으로 비유함으로써 그가 인품이 정직한 군자임을 말하고자 하였다. 하심은은 공자가 민간에 도를 전파하면서도 군왕이 되지 못한 상황이 바로 '잠룡'이라고 여겼는데, 그 자신의 강학이나 교우활동 역시 '잠'에 해당한다고 여겼다.

시작된다. 부부는 이와 같이 만물의 시초이다.

궁극적으로 말해 천지는 한 쌍의 부부이다. 그러므로 천지가 있은 다음이라야 만물이 있게 된다. 그렇다면 세상만물은 모두 둘 사이에 생겨나고 어느 한쪽에서 생겨나지 않음이 명백하다. 그런데 또 일(一)은 이(二)를 낳고 이(理)는 기(氣)를 낳으며 태극은 하늘과 땅이라는 양의(兩儀)를 낳을 수 있다고들 하는데, 이는 대체 무슨 뜻인가? 원래 인간이 처음 생겼을 때는 오직 음양의 두 기운과 남녀 두 생명뿐이었다. 태초에는 일(一)이나 이(理)라는 말이 없었으니, 어디에 태극이 있었겠는가! 오늘날의 관점으로 보았을 때 일(一)은 어떤 사물이며, 이(理)는 도대체 어디에 있고, 태극이란 과연 무엇을 지칭한단 말인가? 만약 이(二)가 일(一)에서 태어났다고 말한다면, 일은 또 어디서 생겨났단 말인가? 일(一)과 이(二)는 둘이고, 이(理)와 기(氣)도 둘이며, 음양과 태극이 둘이고, 태극과 무극[37]도 둘이 된다. 반복해서 따지고 들면 둘이 아닌 것이 없는데, 이른바 일(一)을 어디서 보았기에 그렇듯 망언을 지껄인단 말인가! 이리하여 나는 사물의 시작을 연구하다가 부부가 바로 그 실마리임을 알게 되었다. 그런 까닭에 단지 부부는 둘이라고만 말하면서 덧붙여 일(一)을 말하지 않았고 또 이(理)를 말한 적도 없었다. 일도 아직 말하지 않았는데 하물며 무(無)를 말했겠으며, 무도 아직 말하지 않았는데 더군다나 '무조차 없는'(無無)[38] 상태를 말했겠는가? 그 까닭이 무엇이겠나? 천하가 거기에 미혹될까 걱정스럽기 때문이었다. 말이 많고 자주 궁구하면 도리어 사람들에게 의혹만 더하게 되니, 차라리 말없는 가운데 서로를 잊는 편이 낫다. 그리하여 다만 천지의 인물

---

37) 무극(無極): 중국 고대철학에서 우주만물을 형성하는 근원으로 인식되었다. 형상(形象) · 성색(聲色) · 시종(始終)이 없고 지칭할 만한 이름도 없어 '무극'이라 불렀다고 한다. 노자는 만물이 무극으로 복귀한다고 보았고, 주돈이(周敦頤)는 『태극도설』(太極圖說)에서 태극의 근본이 무극이라고 말한 바 있다.

38) 무무(無無): 공허함조차 없는 상태. 도가에서는 천지만물이 형성되기 이전의 공적(空寂)한 상태라고 인식하지만, 나중에는 허무(虛無)나 오유(烏有)를 가리키는 말이 되었다.

들과 더불어 다함께 부부 사이에서 만들어져 그로부터 먹고 숨쉬며 말하고 살아갈 따름인 것이다. 『주역』에 다음과 같은 구절이 있다.

"크구나 건원[39]이여, 만물의 시작이로다. 넓구나 곤원(坤元)이여, 만물이 여기에 기대 자라는구나. 그 힘을 빌려 시작이 생기고, 그 힘에 기대어 변화가 무궁하도다. 태화[40]를 보존하고 조화롭게 합하니, 만물이 제각기 성명(性命)을 바로잡는구나."[41]

무릇 성명은 태화로부터 바로잡아진 것이고, 태화의 조화로운 합일은 건곤으로부터 비롯된 것이다. 하늘은 남편이며, 땅은 부인이다. 그래서 성명이 각자 바르게 되면 바르지 않은 것이 저절로 없어지게 된다. 그렇다면 부부란 도대체 어떤 관계이기에 이럴 수 있는 것일까! 이럴 수 있는 것일까!

귀신론 鬼神論

『시경』「생민」(生民)편에 다음과 같은 시가 보인다.

태초에 백성을 낳은 분은 바로 강원[42]이시네.

---

39) 건원(乾元): 건(乾)은 하늘의 작용. 원(元)은 문왕(文王)의 괘사(卦辭)에서는 '크다' 혹은 '위대하다'로 풀이하지만 '시작'이란 의미도 지니고 있다. 그러므로 건원은 하늘의 작용의 위대한 시작으로 풀이할 수 있겠다.

40) 태화(太和): 음양(陰陽)의 두 기운이 서로 모순되면서도 통일되어 있는 상태.

41) 전문이 다 『주역』에 보이는 것은 아니고 몇 구절을 합성해서 엮었다. 「건괘」(乾卦)에 "大哉乾元, 萬物資始", "保合太化, 各正性命"이 나오고, 「곤괘」(坤卦)에는 "至哉坤元, 萬物資生"이 보인다. "變化無窮"은 『효경주소』(孝經注疏) 권2의 「경대부장」(卿大夫章)에서 인용하였다.

42) 강원(姜嫄): 강원(姜原)이라고도 한다. 주나라의 시조인 후직의 어머니이고 제곡(帝嚳)의 부인이다. 『사기』「주본기」(周本紀)에 다음과 같은 기록이 있다. "주나라 후직은 이름을 기라고 한다. 그 어머니는 유태씨의 딸인데 이름을 강원이라 불렀다. 강원은 제곡의 정실부인이다. 들판에 나갔던 강원이 거인의 발자국을 보

백성을 어떻게 낳으셨나?

정결히 제사를 지내시어 자식 없는 나쁜 징조 몰아내셨지.

하느님의 엄지발가락 발자국 밟자 마음 기뻐져서

거기서 쉬고 머무르셨네.

곧 아기 배고 신중히 굴다 아기 낳아 기르시니

이 분이 바로 후직(后稷)이라.

열 달이 차자 첫아기를 새끼양 낳듯 쉽게 낳으셨는데,

째지지도 터지지도 않고 재난이나 위험도 없으셨네.

그 영험함 혁혁하니, 하느님께서 크게 편안히 하신 걸세.

정결한 제사에 크게 즐거워하사 의연히 아들 낳게 하신 거로구나.

아기를 좁은 골목에 버렸으나 소와 양도 감싸주고 조심했으며,

넓은 숲 속에 버렸으나 때마침 숲의 나무 다 베어내게 되고,

찬 얼음 위에 버렸으나 새들이 날개로 덮어주고 깔아주었네.

새가 날아간 뒤 후직이 울음을 터뜨리니,

소리가 길고 우렁차서 큰길에까지 들렸다네.

다음은 주자(朱子)의 해설이다.

"강원이 교외에 나가 제사를 지내다가 거인의 발자국을 보고 그 엄지발가락 자리를 밟았더니 마음이 기뻐지며 누군가 자신을 붙잡고 인도하는 듯한 느낌이 들었다. 이렇게 해서 임신을 하니, 바로 주나라 사람이 처음 생겨나게 된 유래이다. 주공이 제사의 전례를 제정할 때, 후직을 존숭하여 하늘과 나란히 제사를 드렸다. 그리고 이 시를 지어 주나라 씨족의 상서로운 시작을 탐구하였다."

이런 측면에서 살펴보면, 후직은 귀신의 아들이고 주공(周公) 이전의 사람은 귀신의 자손이 된다. 주공은 그 사실을 감추지 않았을 뿐 아니

___

자 마음이 들뜨며 그것을 밟고싶어졌다. 밟는 순간 몸에 아이를 밴 듯한 느낌이 왔다"(周后稷, 名弃. 其母有邰氏女, 曰姜嫄. 姜嫄爲帝嚳元妃. 姜嫄出野, 見巨人跡, 心忻然說, 欲踐之, 踐之而身動如孕者.)

라 도리어 지극히 상서로운 징조라고 여겨 하늘과 나란히 찬양하고 제사를 드리면서 스스로를 제왕의 자손이라고 생각하였다. 사정이 이러할진대 후세에 이르러 유독 귀신 말하기를 꺼리게 된 이유가 대체 무엇일까? 사실은 꺼린 것이 아니라 이승과 저승의 사정을 꿰뚫지 못하고 귀신의 실상에 대해 잘 알지 못한 때문이었다.

공자는 이렇게 말씀하셨다.

"귀신의 영험한 덕이 참으로 성대하구나! 천하의 사람들로 하여금 경건히 재계하고 예복을 차려입은 뒤 제사를 받들게 하면 충만한 기운이 그 위에 있는 듯도 하고 그 좌우에 있는 듯도 하다."[43]

"내가 제사에 참여하지 않으면 제사를 지내지 않은 것과 같다."[44]

"조상께 제사드릴 때는 마치 조상이 곁에 계신 듯이 지내고, 신에게 제사를 지낼 때는 신이 계신 듯이 지낸다."[45]

공자께서는 귀신을 공경함이 이와 같으셨다. 만약 공자가 귀신의 존재를 믿지 않았다고 곡해한다면 장차 어떤 소리든 나오지 못할 말이 없을 것이다. 소인이 귀신을 기피하거나 삼가지 않는 것은 모두 귀신을 공경하지 않는 데서 연유한다. 이리하여 백성으로서 힘써야 할 도리를 다해 제사를 열심히 받드는 결과를 이뤄내지 못하게 되니, 마치 여자를 대하듯이 신령의 가호를 기원하는 제사나 드리게 된다. 그래서 또다시 다음과 같은 경계의 말씀이 나왔다.

"사람으로서 응당 할 도리에 힘쓰고, 귀신을 공경하면서도 멀리한다."[46]

---

43) 출전은 『예기』「중용」 제16장.
44) 『논어』「팔일」(八佾)편. 전문은 다음과 같다. "조상 제사를 지낼 때는 조상이 굽어보듯이 하고, 신에게 제사지낼 때는 신이 굽어보듯이 한다. 공자가 말씀하셨다. '직접 제사에 참석하지 못하면 누가 대신 지냈더라도 제사를 지내지 않은 것과 같다'"(祭如在, 祭神如神在. 子曰: '吾不與祭, 與不祭.')
45) 위와 같음.
46) 『논어』「옹야」(雍也)편. 전문은 다음과 같다. "번지가 지혜에 대해 묻자, 공자가 말씀하셨다. '사람으로서 할 도리에 힘쓰고, 귀신을 존경하면서도 멀리하여 미혹

대저 귀신이 먼저 있은 다음에 사람이 생겨났으니, 귀신은 공경하지 않을 수 없다. 사람을 섬기는 것은 바로 귀신을 섬긴다는 뜻이므로 사람의 도리에 힘쓰지 않을 수가 없다. 그렇다면 질책하면서 모독하고 뭔가를 추구해서 아첨하는 것은 모두 귀신을 공경하는 도리가 아닌 것이다. 무릇 귀신의 도는 멀리 떨어져 있고, 사람의 도리는 가까이 있게 마련이다. 멀리 있는 것을 공경하면서 거리를 두는 이유는 그 먼 것이 가까워질 수 있음을 알기 때문이니, 이런 까닭에 백성들은 의당 지켜야 할 도리에 힘쓰면서 감히 멀리서 뭔가를 구하지 않게 된다. 가까운 것을 친근하게 여기면서 거기에 힘쓰는 까닭은 그것이 가깝지만 또 멀어질 수 있음을 알기 때문이다. 이리하여 아첨하거나 모욕하지 아니하고 오직 조심스럽게 공경을 다하는 일에만 힘쓰게 된다. 그런데 오늘의 현실은 귀신을 공경하지 않는 자들만 사방에 우글거릴 뿐, 귀신을 경원할 수 있는 자는 한 명도 보이지 않는다. 어째서 그러할까? 시초(蓍草)를 뽑아 괘를 벌리고, 길지를 점쳐 명당을 가려내며, 택일하여 좋은 때를 기원하고, 깜깜한 가운데 뭔가를 찾고자 힘씀으로써 끝없이 이어질 복을 구해 누군지 알지도 못할 후손에게 물려주려 한다면, 그것은 귀신에 대한 아부와 모욕이 너무 지나친 것이다. 그런데도 이런 자는 도리어 큰소리를 치면서 사람들에게 거짓말을 지껄인다.

"부처와 노자는 이단이며, 귀신을 섬기는 것은 법도에 어긋나는 제사를 지냄과 마찬가지다."

이들은 오만하고 귀신을 무시하며 믿지 않는 것이 마치 후회할 일이란 없는 듯이 군다. 그러나 일단 위급한 일이 발생하면 당황하여 어쩔 줄 모르면서 여기저기 제사를 지내고 빌기에 바쁘니, 이들이 앞장서서 분주히 나도는 꼬락서니란 평민들이 귀신을 공경하는 경우보다 정도가

되지 않는다면, 지혜롭다고 말할 수 있다.' 인에 대해 묻자 이렇게 대답하셨다. '어진 사람은 남보다 먼저 어려움에 처하고 나중에 보상을 받지. 이런 사람은 어질다고 말할 수 있다'"(樊遲問知. 子曰: '務民之義, 敬鬼神而遠之, 可謂知矣.' 問仁. 曰: '仁者先難而後獲, 可謂仁矣.')

훨씬 심각하다. 이 얼마나 괴이한 일이란 말인가! 그렇다면 귀신을 멀리할 줄 모르는 자는 하나같이 귀신을 공경할 줄 모르는 자들인 것이다. 귀신은 응당 공경해야 하는 줄 번연히 알고도 백성의 도리에 힘쓰지 못하는 자는 원래 드문 법이다.

주자는 '하늘이 곧 이치'(天卽理)이며, 또 '귀신이란 두 기운(二氣)으로 형성된 진정한 능력'이라고 말씀하셨다. 대저 하늘이 이(理)가 된다는 말은 성립할 수 있겠지만, 하늘에 올리는 제사가 바로 이(理)에게 지내는 제사와 마찬가진 말이야 어찌 성립할 수 있겠는가? 귀신이란 두 기운으로 형성된 뛰어난 능력이란 말은 가능할지 몰라도, 귀신에게 지내는 제사가 뛰어난 능력에 제사지내는 것과 같다는 말이 도대체 가능하겠는가? 게다가 이(理)라 하는 것은 사람마다 모두 지니고 있는 바이다. 반드시 천자가 된 다음이라야 하늘에 제사지낼 수 있다고 한다면, 이는 반드시 천자라야만 이(理)에 제사지낼 수 있다는 말이 된다. 그리되면 모든 신하와 백성들이 이(理)에 지내는 제사에 참여할 수 없게 되니, 또 어떻게 가당할 것인가? 그렇다면 이(理)를 이(理)로 대접하는 일 또한 백성들의 재산에 많은 손실을 끼치고 그들을 피곤하게나 만드니, 그럴 바엔 차라리 이가 없는 편이 낫다 할 것이다. 원구[47]나 방택[48]과 같은 시설물을 쌓고 희생·폐백·관작 따위를 진설하는 대규모의 제사는 너무나 이치에 맞지 않고, 바쁘게 뛰어다니며 제기를 정돈하는 짓 또한 너무나 의미가 없다. 나라의 큰일이 제사에 있다고 하며 이렇게까지 제사를 보살피지만 그것이 또 어떻게 나라의 대사가 되겠는가? "받들어 올리며 제사지내니, 양도 잡고 소도 바치네"[49]라는 『시경』의 노래는 얼마나 애석한 일이 될 것인가? "종소리 북소리 덩덩 울리고, 경쇠소리 피리소리 우렁차게 울린다"[50]라며 노래하고, 또 어떻게

---

47) 원구(圓丘): 옛날 하늘에 제사지내기 위해 쌓은 원형의 높은 단.
48) 방택(方澤): 방구(方丘). 하지(夏至)에 땅을 제사지낼 때 쓰던 네모난 단. 연못 속에 제단을 설치했기 때문에 이런 이름이 붙었다.
49) 출전은 『시경』 「주송·청묘지십·아장」(周頌·淸廟之什·我將)편.

"넘치도록 복 내려주시고, 여러 신들 달래어 황하와 높은 산에 오르나니"[51] 하는 정경을 볼 수가 있겠는가?

「주송」에 "할아버님 생각하오니 마치 뜰에 오락가락하시는 듯하네"[52]라는 대목이 있다. 만약 입은 차림새가 신령스럽지 않다면, 조상님이 오락가락하실 때 누가 그에게 겹옷을 전해(授衣)[53]주겠는가? 제사를 모실 때는 조심스러워야 하니, 조상이 머리 위에 강림해 계신 듯 엄숙히 구는 자는 응당 발가벗은 형체라도 쫓아가 모실 것이다. 문왕의 자손들이 또 어떤 방식으로 천지신명에게 제사를 드리던가? 「상서」에 이르기를, "내가 선왕들에게 크게 제사를 지냈을 때, 그대들의 조상도 따라와 함께 제향(祭享)을 받으시도다"[54]라고 하였다. 주공(周公)은 태왕(太王)·왕계(王季)·문왕에게 아뢰기를, "당신들의 장손은 저 단(旦)처럼 재주와 기예가 많지 않으며 신령님들을 잘 받들지 못합니다"[55]라고 하였다. 만약 조상의 혼령이 그대에게 혁혁히 임하지 않으면 그대와 나의 조상에게 지내는 제사는 흡사 어린아이 장난이나 마찬가지가 되고, 「금등」(金縢)의 책축[56]은 신(新)나라 왕실의 운명에 완전히 부합할 것이다. 이는 위로는 무왕을 속이고 아래로는 소공(召公)과 필공[57]을 속이는 처사이며, 가까이는 원손(元孫)을 속이고 멀리는 태왕·왕계·

---

50) 같은 책, 「집경」(執競)편.

51) 같은 책, 「시매」(時邁)편.

52) 『시경』 「주송·민여소자(閔予小子)」편.

53) 수의(授衣): 겨울옷을 준비해 입히는 것. 고대에는 음력 구월이 바로 그런 때라 이 시기를 가리키는 말로도 쓰였다. 여기서는 정성을 다해 조상의 제사를 모신다는 의미로 풀이된다. 출전은 『시경』 「빈풍·칠월」(豳風·七月). "칠월에는 화성이 서쪽으로 내려오고, 구월에는 겹옷을 준비한다네"(七月流火, 九月授衣.)

54) 『상서』(尙書) 「상서·반경」(商書·盤庚) 상편.

55) 『상서』 「주서·금등」(周書·金縢)편.

56) 책축(策祝): 옛날 제사를 지내거나 신에게 빌 때 축수하거나 아뢰기 위해 지은 간책(簡冊)의 글.

57) 필공(畢公): 주나라 문공(文公)의 열다섯 번째 아들. 이름은 고(高). 무왕은 그를 은(殷)에 봉했다. 강왕(康王) 때에 성주(成周)의 백성을 감독하라는 명령이 필공에게 내려졌는데, 그 경위가 『서경』 「필명」(畢命)편에 실려 있다.

문왕을 속이는 짓이니, '다재다능'이란 말은 정녕 주공의 명의를 빌린 거짓에 불과하게 된다!

「현조」편에 다음과 같은 노래가 나온다.

> 하늘이 제비에게 명하시어 내려와 상나라 조상을 낳게 하시고,
> 넓디넓은 은나라 땅을 다스리게 하셨네.
> 옛날에 하느님이 용맹하신 탕임금에게 명하시어
> 온 세상 땅을 바로잡게 하셨네.[58]

또 이런 구절도 있다.

> 예지 있고 명철한 상나라 임금에게 오래도록 상서로움이 나타났다네.[59]

그런데 주자는 이 구절을 다음과 같이 해설하셨다.

"춘분에 제비가 내려왔다. 유융씨(有戎氏)의 딸 간적(簡狄)은 고신씨(高辛氏)의 부인이었다. 그녀가 교외에서 제사를 올리며 기원하는데, 제비가 알을 떨어뜨렸다. 간적은 그 알을 삼킨 뒤 계(契)를 낳았고, 계의 후예는 마침내 유상씨(有商氏)가 되어 천하를 얻었다."

오호라! 주나라가 천하를 얻어 팔백여 년을 유지하면서 천하에 두터운 은택과 어진 정사를 베풀었는데, 이는 모두 귀신 후예들의 행적으로구나. 상나라가 천하를 얻어 육백여 년을 유지하고 어질고 현명한 임금이 예닐곱 명이나 연달아 왕위를 계승했는데, 그들도 제비의 후예에 다름 아니다. 한쪽은 제비를 조상으로 섬기고 한쪽은 엄지발가락 자국을 조상으로 섬기니, 후세의 군자들은 귀신을 공경해야 마땅하리라.

---

58) 『시경』「상송 · 현조」(商頌 · 玄鳥)편.
59) 『시경』「상송 · 장발」(商頌 · 長發)편.

전국론 戰國論

나는 『전국책』[60]을 읽고 나서 유자정[61]의 고루함을 알게 되었다. 춘추시대가 지나면 전국[62]시대가 도래한다. 이미 전국시대가 도래했다면 그에 걸맞은 전국시대의 책략이 존재하게 마련이니, 원래 세상이 변하면 도(道) 역시 따라서 변하기 때문이다. 사정이 그러하다면 춘추시대의 치술(治術)로 전국시대를 다스릴 수 없음은 명백하다 하겠다. 더군다나 삼왕[63]시대의 치술이야 여부가 있을꼬!

---

60) 『전국책』(戰國策): 줄여서 『국책』(國策)이라 부르며 『단장서』(短長書)라는 명칭도 있다. 한대의 유향이 선진(先秦) 각국의 자료들을 모아 동주(東周)·서주(西周)·진(秦)·초(楚)·연(燕)·제(齊)·삼진(三晉)·송(宋)·위(衛)·중산(中山) 등 열두 나라로 분류해 서술한 역사서. 사마천이 『사기』를 지을 때도 이 책에 의지한 바 크다. 한대의 고유주(高誘注) 33권이 지금의 통행본이고, 송의 포표(鮑彪)와 원의 오사도(吳師道) 역시 주석본을 남겼다.

61) 유자정(劉子政): 유향(劉向, 기원전 77?~기원전 6): 본명은 갱생(更生), 자는 자정이고, 서한의 패현(沛縣) 사람이다. 초(楚) 원왕(元王)의 4대손이며 유덕(劉德)의 아들이다. 유학을 좋아하고 시부를 잘 지었다. 선제(宣帝) 때 처음으로 낭(郎)이 되었고, 이어 간대부(諫大夫)로 승진한 뒤 『춘추곡량전』(春秋穀梁傳)을 연구했으며, 석거각(石渠閣)에서 오경을 강론하였다. 원제(元帝) 때에는 종정(宗正)이 되었는데, 일찍이 음양멸이(陰陽滅異)의 상황을 들어 시정의 득실을 운위하고 외척과 환관의 전횡을 탄핵하는 바람에 서민으로 강등되기도 하였다. 그러나 성제(成帝)가 즉위하여 석현(石顯) 등이 피살된 뒤에는 다시 복권되었다. 일찍이 군서(群書)를 교열하고 『별록』(別錄)을 지어 중국 목록학의 비조가 되었다. 그밖에도 『신서』(新序)·『설원』(說苑)·『열녀전』(列女傳)·『열선전』(列仙傳)·『홍범오행전』(洪範五行傳) 등이 남아 있고, 기타 『오경통의』(五經通義)와 많은 사부 작품들은 망일되었다. 『한서』 권36에 사적이 보인다.

62) 전국(戰國): 주(周)나라 위열왕(威烈王) 23년(기원전 403), 즉 진(晉)나라가 한(韓)·위(魏)·조(趙)의 세 제후국으로 나뉜 때를 시발로 진시황이 6국을 통일한 시점(기원전 221)까지를 일컫는다. 요즘은 주로 주(周) 원왕(元王) 원년((기원전 475)부터 진시황 26년((기원전 221)까지를 말한다.

63) 삼왕(三王): 삼왕에 관해서는 여러 가지 학설이 있는데, 일반적으로는 하(夏)의 우왕(禹王), 상(商)의 탕왕(湯王), 주(周)의 무왕(武王)을 가리킨다. 하우(夏禹), 상탕(商湯), 주의 문왕(文王)을 가리키는 경우도 있고, 상탕과 주의 문왕, 무왕을 가리키기도 한다. 때로는 주나라의 태왕(太王), 왕계(王季), 문왕을 지칭하기도 한다.

오패(五覇)의 등장은 춘추시대의 일이다. 오패는 무슨 수로 유독 춘추시대에 흥성했을까? 원래 이때는 주나라 왕실이 진작에 쇠약해진 바람에 천자가 예악과 정벌의 권리를 장악하여 제후를 호령할 수 없었던 시기였다. 그리하여 제후들 중에 명령에 따르지 않는 자는 방백과 연수[64]가 다른 제후들을 거느리고 토벌하였고, 더불어 천자를 존중하고 서로 동맹을 맺어 협력한 다음에야 천하의 형세가 다시 하나로 합쳐질 수 있었다. 이는 흡사 부모가 병들어 일을 할 수 없고 여러 자식들의 다툼을 막지 못하게 되자, 그 중에 현명한 아들이 나서서 집안 일을 감독하다 마침내는 떨쳐 일어나 부모의 역할을 대신하는 것과 같은 형국이다. 이 경우 명칭은 형이나 아우라지만 실제로는 부모가 되는 것이다. 비록 부모의 권능을 침해한다 하더라도 기실 부모는 그 덕에 편안하고 형제들은 그 덕에 화합하며 좌우의 하인배와 다른 사람들은 그 덕에 생존하게 되니, 그가 가문에 끼친 공로는 참으로 지대하다 하겠다. 관중(管仲)은 환공(桓公)을 보필하면서 이른바 최초의 패자가 되도록 이끌었다. 이로부터 오패가 번갈아 일어나 돌아가며 수장의 역할을 담당하고 왕실을 보위함으로써 주나라의 울타리가 되었다. 백 개의 발을 가진 벌레가 지지부진 이백사십여 년이나 끌 수 있었던 것은 모두 관중의 공이고 오패의 역량 덕택이었다. 제후들 중에서 또 오패의 일을 맡지 못한 자들은 결국 주나라를 집어삼키고 중원을 통일하려는 마음을 먹었으니, 제나라의 선왕(宣王) 같은 이가 바로 그런 욕심을 품은 사람이었다. 진(晉)나라가 셋으로 갈라지고 제나라의 주인이 여씨(呂氏)에서 전씨(田氏)로 바뀌어도 제후들은 그것을 바로잡을 수 없었다. 그랬던 시절이 바로 전국시대인데 어찌 천 리 밖에서부터 꾀 많은 신하와 책사들을 불러들이지 않을 수 있었으랴! 그 형세는 천하가 통일되지 않고서는 정녕 저

---

64) 방백(方伯)·연수(連帥): 제후의 수장. 당나라 유종원(柳宗元)의 「봉건론」(封建論)에 다음과 같은 구절이 있다. "제후가 있은 다음에 방백·연수가 있고, 방백·연수가 있은 다음에 천자가 있다"(有諸侯, 而後有方伯連帥; 有方伯連帥, 而後有天子.)

지할 도리가 없었다.

유향은 서한 말기에 살며 왕실이 장차 무너질 줄 감지했으면서도 그저 삼왕시대의 융성함을 부러워하기나 했을 뿐 전국시대의 도래가 당연한 줄은 알지 못하였으니, 그의 견해는 정말로 한쪽에 치우친 것이었다. 저 포표[65]와 오사도[66]는 각기 송(宋)과 원(元)의 말기에 태어나 견문이 옹색하고 머릿속에 든 것이 인의(仁義)밖에 없었으니, 그들의 구질구질한 포폄의 언사가 어찌 언급할 가치나 있으랴! 그런데 증자고[67]는 본래 자부심이 적지 않은 사람이었다. 자신의 문장은 육경(六經)에 근본을 둔다고 말하면서 유향은 자신에 대한 믿음이 독실하지 못하고 삿된 소리를 정설인 양 믿는다고 비판했는데, 그 또한 육경이 무엇인지 알지 못한 사람이었다. 단지 포폄의 잣대만을 빌려와 세상을 재려고 들었으니, 그가 보기에 포표나 오사도 역시 별 차이가 없는 인물(魯衛之人)[68]들이었던 것이다.

---

65) 포표(鮑彪): 송나라의 진운(縉雲) 사람. 자는 문호(文虎)이고 상서랑(尙書郎)을 지냈다. 그가 지은 『포씨전국책주』(鮑氏戰國策注)가 『사고제요』(四庫提要) 권51에 보인다.

66) 오사도(吳師道): 원대의 난계(蘭谿) 사람. 자는 정전(正傳), 호는 난음산인(蘭陰山人). 허겸(許謙)과 더불어 김이상(金履祥)을 사사하였다. 지치(至治) 연간에는 진사, 연우(延祐) 연간에는 국자박사가 되었다. 그의 가르침은 줄곧 허형(許衡)의 성법(成法)을 존숭하는 것이었다. 예부낭중을 끝으로 벼슬을 그만두고 집에서 목숨을 마쳤다. 저서로 『역시서잡설』(易詩書雜說)·『전국책교주』(戰國策校注)·『경향록』(敬鄕錄) 등이 있고, 『원사』 권190과 『송원학안』 권82에 사적이 보인다.

67) 증자고(曾子固): 송대의 증공(曾鞏, 1019~83). 자는 자고, 건창(建昌)의 남풍(南豐) 사람이다. 어려서부터 총명했으며, 열두 살 때 「육국론」(六國論)을 지어 명성을 떨쳤다. 가우(嘉祐) 연간 구양수(歐陽修)의 발탁으로 진사가 되었고 실록검토관(實錄檢討官)으로서 『오조국사』(五朝國史)를 편수하였다. 그 뒤 창주(滄州) 등 여러 곳의 지주(知州)를 지냈는데, 가는 데마다 치적을 쌓아 중서사인(中書舍人)에 배수되었다. 성품이 효성스럽고 우애가 깊었으며, 문장은 육경(六經)에 근본을 두고 사마천과 한유(韓愈)를 참작하여 당시 그를 능가하는 자가 없다는 평가를 받았다. 시호는 문정(文定). 세칭 남풍 선생(南豐先生)이라고도 불렀다. 저서로 『원풍유고』(元豐類稿)와 『융평집』(隆平集) 등이 있고, 『송사』 권319와 『송원학안』 권4에 보인다.

68) 노위지인(魯衛之人): 『논어』 「자로」(子路)편에 "노나라와 위나라의 정치는 형제

병식론 兵食論

인류가 처음으로 세상에 등장했을 때는 짐승과 다름이 없었다. 동굴 속에 살고 들판에서 기거하며, 초목의 열매를 주워 먹이로 삼았다. 게다가 또 다른 짐승들처럼 먹이를 후려치거나 물어뜯을 발톱이나 이가 없고 몸을 가려줄 깃털이나 털도 없어서 딴 짐승에게 잡아먹히지 않는 경우가 드물었다. 대저 하늘이 인간을 내신 것은 만물 중에서 가장 귀하게 여겨서일 텐데, 다른 짐승에게 도리어 잡아먹힐 형편이라면 차라리 내지 않느니만 못했던 것이다. 인간은 형세에 있어 스스로 다른 것의 힘을 빌려 사용해야 했으니, 활과 화살, 길고 짧은 창, 갑옷과 투구, 칼과 방패 따위의 설비를 갖추지 않으면 안 되었다. 원래 생명이 주어지면 그 생명을 먹여 살릴 바가 반드시 있어야 하니, 그것이 바로 식량이다. 또 육체가 주어지면 반드시 그 몸을 지킬 도구가 필요하니, 무기가 바로 그러하다. 식량은 다급히 해결해야 할 문제인 까닭에 정전제(井田制) 같은 제도가 등장했고, 몸을 지키는 문제 역시 시급한 탓에 활과 화살, 갑옷과 투구가 만들어지게 되었다. 이러한 갑옷과 투구, 활과 화살은 바로 짐승의 발톱과 이, 털과 깃털을 대신하는 것으로, 이런 도구를 사용하여 호랑이나 표범, 코뿔소와 코끼리 등을 멀리 쫓아버릴 수 있었다. 인간이 사는 데 있어 편안함을 얻게 된 것은 이런 것들 덕분이 아니겠는가!

공자께서 말씀하셨다.

"식량이 충분하고 군사력이 충분하면 백성들이 믿고 따르게 된다."[69]

간이다"(魯衛之人, 兄弟也.)라고 해설하는 대목이 나온다. 노는 주나라 주공(周公)의 봉토이고 위는 그 아우인 강숙(康叔)의 봉토인데, 두 나라의 정치적 상황이 형제처럼 흡사한 데서 같거나 비슷함을 비유하는 말이 되었다.

69) 정치에 대해 묻는 자공(子貢)에게 공자가 대답하신 말씀이다. 그 다음으로 아래와 같은 문답이 이어진다. "자공이 '부득이한 상황에서 뭔가 한 가지를 버려야 한다면 무엇이 우선이겠습니까?' 하고 묻자, 공자는 '군사를 버려라' 하고 대답하

무릇 윗사람이 되어 백성들이 배불리 먹고 안전하게 살 수 있도록 지켜주기만 한다면야 백성들도 그를 믿고 떠받들 것임은 의심의 여지가 없다. 그들은 부득이한 상황에 이르러서도 차라리 죽을지언정 떠나가지 않을 것이니, 이는 평소 윗사람이 그들의 안전과 식량을 충분히 제공해주었기 때문이다. 공자께서 '식량을 버리'고 '군사를 버리라'고 한 말씀은 실제로 버리게 하려는 의도가 아니었으니, 이는 어쩔 수 없는 상황을 전제로 한다. 어쩔 수 없는 상황에서 비롯된 거라면 백성들도 그 부득이한 상황을 감내하면서 윗사람을 불신하는 지경까지는 이르지 않는다. 그런데 유자(儒者)들은 반대로 믿음이 무기나 식량보다 더 중요하다고들 지껄이고 있으니, 이는 또 성인이 하신 말씀의 참뜻을 제대로 파악하지 못한 소치이다. 그렇다면 군사력과 식량은 과연 별개의 문제인가? 나는 군사력이 지켜주지 않으면 식량도 절대 확보될 수 없다고 생각한다. 그런데 무기란 사지에서 쓰이는 것이라 그 명칭조차 나쁘게만 들린다. 하지만 이것이 아니면 자신을 지켜낼 수 없으니, 그 실질은 아름다운 것이다. 미덕이란 잘 드러나지 않을뿐더러 악덕은 그들이 듣고 싶어 하는 바가 아니다. 아랫사람들이 듣기 싫어하는 까닭에 윗사람 또한 이 문제를 거론하려 들지 않으니, 더구나 세 번씩이나 영을 내리고 다섯 번씩이나 해설을 할 리가 있겠는가! 이런 까닭에 천하가 편안할 때 백성들에게 무술을 가르치면, 그들은 아무 문제 없는 태평시절에 어찌하여 일을 벌여 우리를 괴롭히느냐고 불평하게 된다. 그러나 백성들을 편안케 하는 도(道)로서 그들을 부린다면 아무리 힘들어도 누가 원망의 말을 내뱉으리오? 만약 유사시에 병정들을 조련하면 시절이 어지러운데 왜 나를 죽을 길로 내모느냐는 말이 나오게 마련이다. 하지만

셨다. 자공이 또 '부득이한 상황에서 두 가지 중 하나를 버려야 한다면 무엇이 먼저입니까?' 하고 묻자, 공자는 '식량을 버려야 한다. 예로부터 죽지 않는 사람은 없느니라. 백성에게 신뢰받지 못하면 나라가 존립하지 못한다' 하고 대답하셨다" (子貢曰: 必不得已去, 於斯三者, 何先? 曰: 去兵. 子貢曰: 必不得已去, 於斯二者, 何先? 曰: 去食. 自古皆有死, 民無信不立.) 출전은 『논어』「안연」(顔淵)편.

온 백성들을 살리는 길로 자기 한 몸 희생하게 한다면 누가 자신의 죽음을 두고 원망의 말을 내뱉을 것이랴? 그런데 이 모든 것은 거짓과 기만이고 왕도(王道)를 수식하는 언사에 불과할 뿐이다. 왕이 도를 갖고 백성을 교화할 줄 모르는 판에 어떻게 또 도를 어겨 백성들의 칭송을 얻어낼 수 있을꼬? 요컨대 신명을 모셔 도를 밝히고 백성들로 하여금 그것이 옳다고 여기게 하면, 상을 주지 않아도 알아서들 애쓰고 굳이 도모하지 않아도 한곳으로 쏠리게 된다. 말없는 가운데 일들이 이루어지는데, 어떻게 해서 그리되었는지 알지도 못한다. 이가 바로 성인께서 정성스럽고 공손하게 세상을 위해 일하면서도 자신은 드러내지 않는 지극한 미덕이다.

대저 삼왕의 다스림은 오제에 근본을 두었는데, 헌원씨[70]가 그 중에서도 가장 오래된 분이다. 헌원씨는 왕 노릇을 하면서 칠십 차례의 전쟁을 거친 다음에야 천하를 얻었다. 치우[71]를 탁록(涿鹿)의 벌판에서 죽이고 염제[72]와는 판천(阪泉)의 평원에서 전투를 벌였는데, 또 생명을 지키는 일의 어려움에 깊이 고뇌하면서 전심전력을 다해 그들을 보호하셨다. 그는 백성들을 다룰 때 지극히 어리석은 자는 이득으로 유인해야 하고, 지극히 신명한 자라 하더라도 모든 것을 다 알려주면 안 된다고 여겼다. 이리하여 토지를 우물 정(井) 형태로 그어 여덟 가구에 나누어주시면서 백성들로 하여금 천자가 우리를 키워주신다는 사실을 알게

---

70) 헌원씨(軒轅氏): 오제의 첫 번째 제왕인 황제(黃帝)의 이름. 성은 공손(公孫)이지만 전설의 산인 헌원지구(軒轅之丘)에 거주했기 때문에 그런 이름이 붙었다. 염제와 치우를 물리친 뒤 제후들에 의해 천자로 추대되었다. 중화민족의 시조로 인식된다.

71) 치우(蚩尤): 전설에 나오는 고대 구려족(九黎族)의 족장. 금으로 무기를 만들어 황제(黃帝)와 싸우다가 실패해 피살되었다. 옛 문헌에는 치우에 대한 설명이 각기 다른데, 염제나 황제의 신하라는 설로부터 서인(庶人), 구려의 임금, 천자였다는 설까지 다양하게 존재한다. 훗날에는 악인의 대명사처럼 쓰이게 되었다.

72) 염제(炎帝): 고대 강씨(姜氏) 성의 부족 족장. 전설에 의하면, 소전(少典)이 유교씨(有蟜氏)에게 장가들어 낳았다고 한다. 원래는 강수 유역에 살았으나 훗날 동쪽으로 진출하여 중원에 이르렀다. 일설에는 신농씨(神農氏)라고도 한다.

하였다. 그러나 수렵의 예법에 대해선 거론하지 않았으니, 어쩌면 백성들의 농작물을 상하게 될까봐 걱정했기 때문이 아닐까? 하지만 사냥을 하지 않으면 무엇으로 전조[73]에게 제사를 지내 풍년이 든 것을 아뢸 수 있겠는가? 이런 까닭에 사시사철 농사를 지으면 철마다 제사를 지내야 했고, 철마다 제사를 지내려면 그때마다 사냥을 나가야만 했다. 이러한 사냥은 농사 때문에 행해지는지라 그 이름도 전렵(田獵)이라고 명명하였다. 이 덕분에 나라에서는 병정 양성하는 비용을 따로 들이지 않아도 집집마다 사냥한 짐승을 거두는 공이 생겼고, 정치가가 병사를 기른다는 명목을 굳이 내세우지 않아도 백성들마다 사냥에 참가(三驅)[74]하는 인원으로 선발되었다. 예리한 창과 견고한 갑옷을 굳이 윗사람이 마련해줄 필요가 없게 된 것이다. 활쏘기에서 얼마나 멀리 나가는지, 손발을 얼마나 가볍게 놀리는지 윗사람이 굳이 시험할 필요도 없었다. 공격하여 찌르고 죽이는 것을 어려서부터 익히게 되고 흰머리가 나도 서로 교대하지 않으니, 위정자가 별도로 조련할 필요가 없었다. 그들은 맹수잡기를 들판에서의 토끼몰이처럼 보았으니, 오랑캐와 전쟁을 하더라도 또 무슨 어려움이 있었겠는가? 이리하여 정전제의 여덟 가구는 안에서는 친구가 되고 밖으로는 서로 불러 살펴주며 병들면 돌봐주고 어려운 일이 생기면 제각기 도와주니, 위정자가 굳이 인륜을 가르칠 필요가 없었다. 일마다 똑바르고 규범에 맞았으며 쉬고 일하고 나아가고 물러섬이 뜻대로 되지 않는 경우가 없었으니, 위정자가 굳이 예절을 가르칠 필요도 없었다. 먹고 마시며 즐기는 와중에도 서로를 격려하기에 게으르지 않으니, 깃발로 표시하고 징과 북으로 알려 포로나 적의 머리통을 바친 다음에야 기뻐하는 마음이 생겨나는 것이 아니었다. 농사를 지을 때면 여덟 가구가 되고, 진을 치면 팔진[75]이 되었다. 가운데는 중군(中

---

73) 전조(田祖): 처음으로 농사를 시작한 전설적인 인물. 신농씨를 가리킨다.
74) 삼구(三驅): 고대 제왕의 수렵제도. 사냥할 때는 한 면을 열어두고 세 방향에서 짐승몰이를 하여 호생(好生)의 덕을 드러냈다. 혹은 일년에 세 번 사냥을 법도로 삼았기 때문이란 설도 있다.

軍)이며 여덟 머리와 여덟 꼬리가 힘을 합쳐 상응하니, 육서(六書)를 보
이거나 산법(算法)을 가르치지 않아도 저절로 분수76)에 밝아졌다. 이 모
두는 육예(六藝)의 기술인데, 위정자는 이를 백성들의 생명을 보호하는
방도로 사용했던 것이다. 하지만 성인께서 처음부터 이 육예를 백성들
에게 가르친 것은 아니었다. 문덕(文德)을 펴고 무장을 갖추는 일이 한
꺼번에 완비되었으니, 맹자가 말한 것처럼 상서77)를 설치하여 효제(孝
悌)를 가르칠 필요가 또 무에 있었으랴? 그의 주장은 실로 화사첨족78)
이라 하겠다. 정전제의 가족들은 십오 세 이전에 벌써 모두들 위와 같
은 기예에 능숙한데도 한가할 때마다 연습을 하였다. 그렇지만 그들은

---

75) 팔진(八陣): 고대 전쟁의 진법(陣法). 은작산(銀雀山)의 한대 무덤에서 출토된
   죽간『손빈병법』(孫臏兵法)「팔진」(八陣)에서는 "팔진을 이용해 전쟁을 하는 자
   는 지세의 유리함에 따라 그때그때 적당한 여덟 가지 진용을 벌인다"(用八陳戰
   者, 因地之利, 用八陳之宜.)라고 적고 있다. 팔진의 명칭은 논자에 따라 달라서
   여러 종류가 존재한다.

76) 분수(分數): 인원수를 규정하여 각기 직무를 분담시키는 것. 곧 군대의 조직과
   편제를 가리킨다.『손자』(孫子)「세편」(勢篇)에 "다수를 소수처럼 다스리는 것이
   분수이다"(凡治衆如治寡, 分數是也.)라는 대목이 보인다. 이지는『손자참동』(孫
   子參同)「병세」(兵勢)편에서 이에 대해 "편장(偏將)·비장(裨將)·졸오(卒伍, 군
   대의 편제로서 다섯 명은 伍, 백 명은 卒이라 한다)로 나누는 것이 '분'이고,
   십·백·천·만의 숫자를 제각기 통제하고 대장이 그 강령을 총괄함을 일러 '수'
   라고 한다"(分, 謂偏裨卒伍之分; 數, 謂十百千萬之數各有統制, 而大將總其綱領.)
   라고 해설한 바 있다.

77) 상서(庠序): 고대의 지방 학교.『한서』「동중서전」(董仲舒傳)에 "대학을 세워 나
   라 안에 가르침을 펴고, 상서를 설립하여 한 고을을 교화한다"(立大學以敎於國,
   設庠序以化於邑.)라는 대목이 보인다. 나중에는 학교 전체를 가리키는 말이 되
   었다.

78) 화사첨족(畫蛇添足):『전국책』「제책」(齊策) 권2에 다음과 같은 이야기가 실려
   있다. "초나라에서 제사를 지내고 그 수고한 사람들에게 술 한 병을 내렸다. 사람
   들은 '몇 사람이 마시기엔 부족하고 한 사람이 마시기엔 넉넉하니 땅바닥에 뱀을
   그려 먼저 완성시킨 사람이 독차지하기로 하자'고 의논하였다. 한 사람이 맨 먼
   저 뱀을 그리고 술병을 당겨 마셨다. 왼손으론 술병을 잡고 오른손으로는 여전히
   그림을 그리면서 '나는 다리까지 그릴 수 있다'고 자랑하였다. 얼마 뒤 다른 한
   사람이 뱀 그림을 완성시키더니 술병을 빼앗으며 '뱀은 원래 다리가 없네. 자네
   는 어찌하여 뱀 다리를 그릴 수 있단 말인가?' 하면서 드디어는 술을 다 마셔버
   렸다. 뱀 다리를 그린 사람은 결국 그 술을 빼앗겼다"(楚有祠者, 賜其舍人卮酒. 舍

천자가 그렇게 하도록 이끈 줄은 알지 못하고 다만 '천자가 우리를 길러주시는구나' 하고만 생각하였다. 여덟 가구가 자발적으로 전쟁에 나가고, 그 구성원이 스스로 병정이 되며, 예악이 밝아지고 인륜이 흥성해졌는데도 지금까지의 몇천 년 동안 사람들은 그 사실을 눈치조차 채지 못하였구나! 하물며 당시의 백성들이야 말할 나위 있을까!

오묘하구나! 성인께서 만백성을 고무하여 부리신 방법이라니! 사실 정전제 같은 제도를 실행해서 백성들이 자연스럽게 따르게 할 수는 있으나, 육예의 정수나 효제충신(孝悌忠信)의 행사 등은 그들로 하여금 일일이 알게 해서는 안 된다. 유자들은 이 점을 살피지 아니하고 성인들께서는 하나같이 농한기에 백성들에게 무예를 가르쳤다고 생각한다. 봄 여름 가을 겨울까지 철마다 사냥해야 하고 사철 농사일에 바쁜 사람들이 언제 농한기를 알았으리오? 게다가 알아서 농사일에 매달리다 보면 언제 무예를 닦는다 들먹이고 언제 무예를 가르친다 달려들 겨를이 났겠는가? 범중엄[79]은 '유자 자신에겐 명교(名教)가 있으니 언제 군사일에 매달리겠는가' 하는 말을 남겼는데, 이는 실로 군사력의 시급함을 모르는 소치이다. 장자후[80]는 또 밭 한 뙈기를 사들여 스스로 정전(井田)이라는 이름을 붙였는데, 이는 또 정전의 의미가 뭔지도 모르면서 그저 옛날 그리운 마음에 붙인 이름이라 더더욱 창피스러울 뿐이다. 상군[81]은 정전제의 이로움을 알고 분연히 시행을 주청하였다. 오로지 전

人相謂曰: '數人飲之不足, 一人飲之有餘, 請畫地爲爲蛇, 先成者飲酒.' 一人蛇先成, 引酒且飲之, 乃左手持巵, 右手畫蛇曰: '吾能爲之足.' 未成, 一人之蛇成, 奪其巵曰: '蛇固無足, 子安能爲之足?' 遂飲其酒. 爲蛇足者, 終亡其酒.) 훗날에는 쓸데없는 일을 벌여 손해를 자초하는 상황을 비유하는 말이 되었다.

79) 범중엄(范仲淹): 송(宋)의 오현(吳縣) 사람으로 자가 희문(希文)이다. 어려서 고아가 되었고 가난했지만 학문에 힘써 문명을 날리는 한편 정치에 있어서도 치적을 쌓았다. 재주가 높고 뜻이 원대해 천하를 자신의 소임으로 알았고, 귀하게 된 다음에도 베풀기를 즐겨 친족들을 돕기 위한 의전(義田)을 창시하기도 했다. 시호는 문정(文正)이고,『송사』권314와『송원학안』권3에 보인다.

80) 장자후(張子厚): 북송의 장재(張載). 호가 횡거(橫渠), 자후는 그의 자이다. 관학(關學)의 창시자로 기론(氣論)을 중심으로 한 성리학의 기초를 다졌다.

쟁준비에 힘쓰면서 신상필벌을 확실히 하여 짧은 시간 안에 진나라를 강국으로 만들어낸 공이 없지 않은데도 그가 거열[82]의 혹형을 당하자 진나라의 백성들은 아무도 슬퍼하는 이가 없었다. 원래 이치를 알면 안 되는 자들에게 그것을 알려주려다 보니 그리된 것인데, 이는 절대 그러면 아니 되는 일이었다. 그래서 "성인의 도는 백성들을 현명하게 만드는데 있지 않고 그들을 우매하게 만드는데 있다. 물고기는 연못을 벗어나선 안 되며, 나라의 보물은 사람들에게 함부로 내보이면 안 된다"는 말이 생겨나게 되었다. 이 얼마나 지극하고 심원한 말일까! 역대로 이 말은 보석처럼 여겨져 태공망(太公望)은 시행하고, 관이오(管夷吾)는 준수했으며, 주하사[83]는 이 말의 뜻을 확실히 밝혔다. 희공[84]이 돌아가신

---

81) 상군(商君): 전국시대 위(衛)나라 사람인 위앙(衛鞅). 어려서부터 형명지학(刑名之學)을 좋아해 위나라의 재상 공손좌(公孫痤)를 섬기다 그의 아들이 되어 공손앙이란 이름을 얻었다. 공손좌가 죽자 진(秦)으로 들어가 효공(孝公)을 만난 뒤 좌서장(左庶長)이 되어 변법(變法)을 시행했다. 정전제를 철폐하여 천맥(阡陌)을 넓히고 조세법을 개혁하니, 십 년 뒤에는 진의 백성들이 길에 물건이 떨어져 있어도 줍지 않을 정도가 되었다고 한다. 상(商)의 열다섯 고을에 봉해져 상군 혹은 상앙(商鞅)이라 부르기도 한다. 나중에 혜왕(惠王)에 의해 거열의 죽음을 당했다. 『사기』 권68 참조.

82) 거열(車裂): 고대의 혹형으로 속칭은 오마분시(五馬分屍). 원래는 죽은 사람의 머리와 사지를 각기 다섯 대의 수레 위에 묶은 뒤 말들을 한꺼번에 달리게 해서 찢는 벌인데, 산 사람을 죽일 때 쓰이기도 하였다. 『사기』 「진본기」(秦本紀)에 "효공이 죽고 태자가 들어선 뒤 종실들 중에는 상앙을 원망하는 자가 많았다. 상앙이 도망을 가자 그가 배반했다고 여겨 급기야는 진을 위해 죽게 하였다"(及孝公卒, 太子立, 宗室多怨鞅, 鞅亡, 因以爲反, 而卒車裂以徇秦國.) 하는 기록이 보인다.

83) 주하사(柱下史): 노자(老子). 주나라 왕실의 도서관 격인 수장실(守藏室)의 책임자 명칭이 주하사인데, 노자는 이 벼슬을 지냈다. 『사기』 「노장신한열전」(老莊申韓列傳) 참조.

84) 희공(姬公): 주공(周公). 서주 초기의 정치가. 성은 희(姬), 이름은 단(旦)으로 숙단(叔旦)이라 부르기도 한다. 문왕의 아들이자 무왕의 아우이고 성왕에게는 숙부가 된다. 무왕을 도와 상나라를 멸망시켰고, 무왕이 죽은 뒤에는 어린 성왕을 위해 섭정했다. 동으로 무경(武庚)·관숙(管叔)·채숙(蔡叔)의 반란을 평정했고, 이어 전장제도를 정비했으며, 다시 낙읍(洛邑)을 동도(東都)로 삼아 중원 통치의 중심으로 만들어 천하를 안정시켰다. 훗날에 이르러 성현의 전범으로 인식되었다. 『사기』 「노주공세가」(魯周公世家) 참조.

뒤 그 말이 유자들의 손에 떨어지면서 쓸데없는 군소리만 분분하게 되었다. 백성을 밝힌다는 명목하에 요란하고 번잡스럽기만 한 신서[85]들이 사방에 유통되니, 헌원씨의 정치는 마침내 쇠퇴하고 말았다.

잡설 雜說

『배월』[86]과 『서상기』[87]는 천지의 조화가 자연스레 빚어낸(化工)[88] 신의 작품이요, 『비파기』[89]는 더할 수 없는 기교로 만든(畵工)[90] 인간의 작품이다. 이른바 화공(畵工)이란 것이 천지가 빚어낸 화공(化工)을 능가할 수도 있을 것이다. 그러나 천지의 조화에는 본래 기교가 없음을

---

85) 신서(信誓): 성(誠)과 신(信)을 나타내는 맹세의 말.

86) 『배월』: 『배월정』(拜月亭). 남희(南戱)의 극본으로 원대 시혜(施惠, 자는 君美)의 작품이다. 관한경(關漢卿)의 잡극(雜劇) 『규원가인배월정』(閨怨佳人拜月亭, 曲詞와 일부분의 科白만이 현존한다)을 개편한 작품으로 추정된다. 서생 장세륭(蔣世隆)과 아름다운 소녀 왕서란(王瑞蘭)의 이합(離合)에 얽힌 희비애환이 주된 내용이다.

87) 『서상기』(西廂記): 원대 왕실보(王實甫)가 지은 잡극 극본. 원명은 『최앵앵대월서상기』(崔鶯鶯待月西廂記). 시녀인 홍낭(紅娘)의 도움으로 장생과 앵앵이 봉건의 굴레를 타파하고 사랑을 이룬다는 내용이다.

88) 화공(化工): 천공(天工)과 같은 말로 자연이 빚은 걸작이란 뜻. 가의(賈誼)의 「복조부」(鵩鳥賦)에 "하늘과 땅이 화로가 되어 빚어내니 공교하도다"(天地爲爐兮, 造化爲工.)란 구절이 보인다. 여기서는 두 극본의 예술성이 진실하고 자연스러워 하늘이 빚어낸 듯하다는 의미로 쓰였다.

89) 『비파기』(琵琶記): 원대 말기 고명(高明, 자는 則誠)이 창작한 남희의 극본. 민간전설에서 소재를 따왔는데, 조오랑(趙五娘)이 장원급제한 뒤 재상의 사위가 된 남편 채백개(蔡伯喈)를 수도로 찾아가는 고사를 그리고 있다. 지금도 『조오랑』이란 이름으로 개작되어 연극 무대에서 상연되는 작품이다.

90) 화공(畵工): 원래의 의미는 직업화가들이 스승의 작품을 모사하는 것을 가리킨다. 이들의 작품은 세밀한 묘사가 위주가 되기 때문에 외형상의 형사(形似)에 주력하게 되므로 진실하거나 자연스러운 신운미(神韻美)에는 신경쓰지 않는 것이 특징이다. 이지는 여기서 『비파기』는 화공(畵工)의 작품이라 형식적인 조탁에만 치중하고 진실성과 자연미에 대해서는 소홀하다고 지적한 것이다.

누가 알았으리오? 이제 하늘이 내시고 땅이 키워서 온갖 꽃들이 자라나 니 사람들은 그것을 보고 사랑하게 되지만 그 안에 내재된 조화의 기교만큼은 절대 찾아낼 수가 없는데, 그 어찌 인간의 지혜로 정녕코 얻을 수 있는 것이랴! 대자연의 꾸미지 않는 솜씨를 알아야만 한다. 제아무리 신이고 성인일지라도 화공(化工)이 어디서 생겨나는지 알 수가 없는데, 도대체 누가 그것을 찾을 수 있단 말인가? 이런 관점에서 보건대 화공(畵工)의 솜씨가 비록 교묘하긴 해도 이미 이류(二義)[91]로 떨어진 것이다. 문장을 짓는 일에 천고의 세월을 쏟아 온 마음을 쥐어짜는 일이 어찌 슬프지 않으랴!

게다가 나는 이런 말을 들었다. 바람을 추월하고 번개를 뒤쫓는 천리마는 결코 암수나 털 색깔 따위의 외관에 있지 아니하고, 소리가 상응하고 같은 기운끼리 짝하게 만드는(聲應氣求)[92] 작품을 내는 작가는 절대로 문자나 형식에만 얽매이는 답답한 인간들 사이에 있지 아니하며, 바람이 물 위를 스쳐 퍼지게 하는 물무늬와 같은 아름다움은 절대로 한 글자 한 구절의 기특함 속에 있지 아니하다고 말이다. 엄밀한 결구나 적절한 대우, 이치나 법도에 합당한가의 여부, 수미가 상응하고

---

91) 이의(二義): 제이의(第二義). 불교의 제일의(第一義)와 상대적인 의미로 쓰였다. 엄우(嚴羽)의 『창랑시화』(滄浪詩話)에 "한·위·진과 성당의 시는 제일의고, 대력 이후의 시는 소승선으로서 이미 제이의로 떨어져 있다"(漢魏晉與盛唐之詩, 則第一義也. 大曆以還之詩, 則小乘禪也, 已落第二義矣.) 하는 구절이 보인다. '제이의' 란 그 다음 등급을 말하는데, 여기서는 상승(上乘)의 작품이 아니란 뜻으로 쓰였다.

92) 성응기구(聲應氣求): 『주역』 「건괘」의 「문언전」 구오(九五)에 다음과 같은 대목이 나온다. "공자가 말씀하셨다. 같은 소리는 서로 응하고 같은 기운은 서로 짝한다. 물은 축축한 곳으로 흐르고, 불은 마른 곳으로 번진다. 구름은 용을 좇고, 바람은 범을 뒤따른다. 성인이 나면 만물이 우러러본다. 하늘에 근본을 둔 자는 위를 가까이하고, 땅에 근본을 둔 자는 아래를 친애한다. 즉 같은 종류끼리 서로 따른다"(子曰: 同聲相應, 同氣相求. 水流濕, 火就燥, 雲從龍, 風從虎, 聖人作而萬物都. 本乎天者親上, 本乎地者親下, 則各從其類也.) 이지는 처음 두 구절을 조합하여 '성응기구' 라는 어휘를 만들어내고 있다. 여기서 '소리'(聲)란 문학작품을 말하고, '기운'(氣)은 내면에서 우러나오는 자연스런 정성(情性)을 뜻한다.

허실이 번갈아 일어나게 하는 등등의 갖가지 병폐는 모두 글 짓는 방법으로 논의되지만 천하의 으뜸가는 문장에는 해당되지 않는 말이다. 잡극원본[93]은 유희 중에서도 최고봉의 작품이다. 『서상기』나 『배월정』의 어디에 이런 기교로만 엮은 인공미가 발휘되고 있던가! 기교로만 따지면 『비파기』를 따라잡을 작품이 없을 것이다. 저 고명(高明)이란 사내는 정녕 자신의 온 힘을 다해 작품을 다듬었고 거기에 모든 재주를 다 소진시켰다. 작가가 오직 기교만을 추구하면서 여력을 남기지 않는 바람에 작품이 끝나자 뜻 또한 다해버렸고, 문사가 고갈되면서 맛 또한 따라서 사그라들어 무미건조해졌다. 나는 일찍이 『비파기』를 붙잡고 거기에 나오는 작품을 연주해본 적이 있었다.[94] 한 번을 연주하자 탄식이 흘러나왔고, 두 번을 연주하니 원망이 솟구치더니, 세 번째를 연주할 때는 아까의 원망과 탄식이 다 어디로 갔는지 더는 존재하지 않았다. 그 까닭이 무엇이겠는가? 어찌 진실한 듯하면서도 작품이 진실하지 않아 사람의 심금을 울리며 파고드는 맛이 깊지 않은 때문이 아니겠는가! 기교는 비록 최상급이지만 그 기력이 제한된 탓에 감동이 겨우 피부와 핏줄까지만 도달한 것이니, 그 감동을 두고 겨우 요 정도에 불과하다고 어찌 탓할 일이랴! 『서상기』와 『배월정』은 이와 다르다. 생각건대 우주 안에 본래부터 『서상기』나 『배월정』의 주인공들처럼 사랑스런 인물이 존재하는 것은 마치 만물에 화공(化工)이 내재함과 같으니, 그 공교함이란 절로 불가사의할 따름이다.

세상의 정말 글 잘하는 사람은 모두가 처음부터 문학에 뜻을 둔 것은 아니었다. 그 가슴속에 차마 말로 형용하기 어려운 괴이한 일들이 무수

---

93) 잡극원본(雜劇院本): 원 잡극의 극본. '원본'이란 명칭은 금(金)에서 시작되어 금과 원대에 널리 쓰였다. 당시 잡극 종사자들의 거처 및 그 본인을 부르는 호칭이 모두 항원(行院)이었던 까닭에 그들의 극본을 원본이라고 부른 것이다.

94) 원문에서는 '연주하다'(彈)는 동사를 쓰고 있지만 기실은 읽고 감상했다는 의미로 받아들여야 할 것이다. 이지가 취미 삼아 악기를 연주했다는 기록은 어디에서도 찾아볼 수 없다.

히 고여 있고, 그의 목구멍에는 말하고 싶지만 감히 토해낼 수 없는 말들이 걸려 있으며, 그 입가에는 또 꺼내놓고 싶지만 무슨 말로 형용해야 좋을지 알 수 없는 것이 허다한데, 그런 말들이 오랜 세월 축적되면 더 이상 막을 수 없는 형세가 된다. 그랬을 때 일단 그럴싸한 풍경을 보면 감정이 솟구치고, 눈길 닿는 사물마다에 탄식이 흘러나온다. 그리하여 다른 사람의 술잔을 빼앗아 자신의 쌓인 우수에 들이붓게 되고, 마음속의 울분을 하소연하거나 천고의 기박한 운명에 대해 한탄하게 되는 것이다. 이렇게 해서 쏟아져 나온 옥구슬 같은 어휘들은 은하수에 빛나며 회전하는 별들처럼 하늘에 찬란한 무늬를 수놓게 된다. 결국 자신도 거기에 뿌듯함을 느껴 발광하고 울부짖게 되며 눈물 흘리며 통곡하는 일을 스스로도 멈추지 못할 지경이 된다. 차라리 독자나 청취자로 하여금 이를 빠득빠득 갈면서 작자를 죽이고 싶다고 원망하게 만들지언정 자신의 작품을 명산에 감춰두고 후세의 식자를 기다리거나 물불 속에 던져버리진 못하게 되는 것이다. 나는『서상기』나『배월정』을 읽으면서 정말로 그 작자들을 만나고 싶었다. 이 글을 지은 사람들은 틀림없이 군신(君臣)과 친구들 사이에서 뜻을 펴지 못한 까닭에 부부가 헤어지고 만나는 인연을 빌려 자신의 감정을 펼쳐냈을 것이기 때문이다. 이리하여 손에 넣기 어려운 가인과의 만남을 기뻐하고, 장생(張生)의 기이한 해후를 선망하며, 구름과 비처럼 변화무쌍한 인심에 비유하여 요즘 사람들이 의리를 흙덩이처럼 내팽개치는 현실을 탄식하곤 하였다.[95] 거기서 특히 웃기는 일이 있다면 소소한 풍류지사를 두고 장욱·장전[96]이니 왕희지[97]·왕헌지[98]니 하고 비유한 것인데, 이는 좀

---

95) 두보(杜甫)의 「빈교행」(貧交行) 시에서 인용한 구절. "손바닥 뒤집어 구름을 만들고 비도 뿌리네. 수많은 경박한 짓거리 어찌 일일이 헤일 수 있으랴! 그대는 보지 못했는가, 관중과 포숙아의 가난하던 시절 사귐을. 지금 사람들 우정을 흙덩이처럼 팽개치는구나!"(翻手作雲覆手雨, 紛紛輕薄何須數! 君不見管鮑貧時交, 此道今人棄如土!)

96) 장욱(張旭)과 장전(張顚)은 실은 동일인이다. 당대(唐代) 사람으로 자가 백고(伯高)인데 초서에 능해 당시 사람들이 초성(草聖)이라고 불렀다. 술을 좋아해 언제

346

지나친 감이 없지 않다. 소요부[99]는 이렇게 노래하였다.

요임금과 순임금은 왕위 양보하기를 석 잔 술 권하듯 하였고,
탕왕과 무왕은 나라 정벌을 한 판 바둑처럼 보셨다.[100]

무릇 정벌과 제위 선양이 도대체 어떤 종류의 일이던가! 그런데 이런 큰일을 술 한 잔 바둑 한 판으로 보다니, 그 얼마나 미세한 표현이란 말인가!

오호라! 고금의 호걸들은 대체로 다들 이러하셨다. 작은 것 속에서 큰 것을 보고, 큰 것 안에서 작은 것을 보셨다. 터럭 끝에다 부처의 도량을 세울 수도 있었고, 미세한 먼지 속에 앉아서 엄청나게 큰 법륜[101]

나 취한 다음에 큰 소리를 지르고 미친 듯이 나댄 다음에야 붓을 들었다. 전하는 말에 의하면, 때때로 머리통을 먹물에 담갔다가 질풍처럼 글씨를 썼다고 하여 '장전'이란 호칭이 생겨났다고 한다.

97) 왕희지(王羲之): 동진(東晉) 사람으로 자가 일소(逸少)이다. 벼슬이 우군장군(右軍將軍)에 이르러 세칭 왕우군(王右君)으로 부르기도 한다. 서법에 능했는데 특히 해서와 행서를 잘 써 후세에 지대한 영향을 끼쳤다. 권5 「왕희지의 경세제민」(逸少經濟) 역주 참조.

98) 왕헌지(王獻之): 자는 자경(子敬)으로 왕희지의 일곱째 아들이다. 역시 서도에 능했는데 행서와 초서로 유명했다. 아버지와 더불어 이왕(二王)으로 병칭된다.

99) 소요부(邵堯夫): 북송의 철학자 소옹(邵雍, 1011∼1115). 자는 요부(堯夫), 호는 안락 선생(安樂先生), 시호는 강절(康節)이다. 이지재(李之才)에게 「하도」(河圖)와 「낙서」(洛書)를 배우고, 낙양으로 옮긴 뒤에는 부필(富弼)·사마광(司馬光)·여공저(呂公著) 등과 교유하였다. 가우(嘉祐) 연간 여러 번 부름을 받았으나 고사했고, 희녕(熙寧) 연간에는 왕안석의 신법을 반대했다. 역리(易理)에 정통했으며, 저서로 『황극경세』(皇極經世)·『관물내외편』(觀物內外篇)·『이천격양집』(伊川擊壤集) 등을 남겼다.

100) 소옹의 「수미음」(首尾吟) 135수 중에서 116번째 시. 출전은 『이천격양집』(伊川擊壤集) 권20이다. 요는 순에게 선양하고, 순은 또 우(禹)에게 임금자릴 양보하였다. 상나라 탕왕은 하나라의 걸(桀)을 정벌했고, 주의 무왕은 은의 주왕(紂王)을 토벌하여 천자의 자리에 올랐다.

101) 법륜(法輪): 불법(佛法)을 비유한 말. 중생의 번뇌와 사악함을 물리칠 수 있는 불법은 마치 전륜성왕(轉輪聖王)의 윤보(輪寶)와 같다고 하여 붙여진 이름이다. 부처의 말씀이 마치 수레바퀴처럼 끊임없이 구르는 것을 비유하기도 한다.

을 굴리기도 하셨다. 이는 물론 지당한 이치이며 장난삼아 지껄인 농담이 아니다. 만약 그 말이 믿기지 않으면 뜨락에 달빛 쏟아지고 가을 하늘로 낙엽 흩날리는데 적막한 서재에 홀로 무료히 앉았거들랑 시험삼아 『금심』[102]을 한두 번 연주해볼 노릇이다. 그 무진장한 불가사의에서 공교함이란 과연 무엇인지 생각해볼 수 있을 것이다. 오호라! 그 책의 작자들을 내가 어찌해야 만나볼 수 있을 거나!

동심설 童心說

용동(龍洞)의 안산농[103]은 『서상기』의 말미에 자신의 감회를 이렇게 술회했다.

"자기가 누군지 아는 사람이라면 자신에게 아직 동심이 남아 있다고 말하지 않는 것이 좋겠다."

대저 동심이란 진실한 마음이다. 만약 동심으로 돌아갈 수 없다면, 이는 진실한 마음을 가질 수 없다는 말이 된다. 무릇 동심이란 거짓을 끊어버린 순진함으로 사람이 태어나서 가장 처음 갖게 되는 본심을 말

---

102) 『금심』(琴心): 『서상기』 제2본 「최앵앵이 한밤중에 거문고로 연주하는 잡극을 듣다」(崔鶯鶯夜聽琴雜劇)의 네 번째 절(折)을 가리킨다. '금심'은 원래 거문고 가락으로 애모의 심정을 전달한다는 뜻인데, 『서상기』에서는 장생이 사마상여의 「봉새가 짝을 찾는다」(鳳求凰) 곡에 빗대어 앵앵에 대한 자신의 사랑을 전달하는 데 쓰였다.

103) 안산농(顔山農): 안균(顔鈞). 자는 산농. 왕간(王艮)에게 배운 적이 있고, 하심은(何心隱)의 스승이다. 태주학파의 대표 중 한 사람으로 하층민들을 위해 강학하다 권력자의 미움을 사 감옥에 갇히기도 하였다. "성정에 따라 내키는 대로 행동하고 자연 그대로 놓아두라"(率性所行, 純任自然)는 주장을 폈고, "사람의 마음은 만물 중에서도 오묘해 측량할 수 없다"(人心妙萬物而不測者也)라고 하면서, "무릇 유지가 먼저 견문을 쌓거나 도리와 격식에 매이는 것은 도를 깨닫는 데 장애가 되기에 충분하다"(凡儒先見聞, 道理格式, 皆足以障道.)고 인식했다. 일설에는 '용동산농'(龍洞山農)이 초횡(焦竑)의 별호라는 말도 있다.

한다. 동심을 잃게 되면 진심이 없어지게 되고, 진심이 없어지면 진실한 인간성도 잃어버리게 된다. 사람이라도 진실하지 않으면 최초의 본마음을 다시는 회복할 수 없는 것이다.

 어린아이는 사람의 처음 모습이요, 동심은 마음의 처음 모습이다. 대저 최초의 마음이 어찌하여 없어질 수 있는 것이랴! 그러나 동심은 왜 느닷없이 사라지고 마는 것일까? 원래 그 시초는 듣고 보는 것(聞見)이 귀와 눈으로부터 들어와 안에서 사람을 주재하게 되면 동심이 없어지는 데서 발단한다. 자라서 도리(道理)가 견문으로부터 들어와 사람의 내면을 주재하게 되면 어느덧 동심도 사라지고 마는 것이다. 시간이 흘러감에 따라 도리와 견문이 나날이 쌓이고 아는 바와 느끼는 바가 나날이 넓어지게 되면 또 미명(美名)이 좋은 줄 알고 이름을 드날리려고 애쓰다가 동심을 잃어버리게 되고, 좋지 못한 평판이 추한 줄을 알게 되면 그것을 가리려고 애쓰다 동심을 잃게 된다. 무릇 도리와 견문은 모두가 많은 책을 읽어 의리[104]가 무엇인지 아는 데서 나오는 것이다. 옛날의 성인이야 어찌 글을 읽지 않은 적이 있으셨을까! 하지만 공부하지 않아도 동심은 여전히 그대로였고, 설사 많은 책을 읽고 난 다음이라 해도 이 동심을 보호하여 그것이 없어지지 않도록 하셨으니, 보통 공부하는 자들이 많은 책을 읽고 의리를 깨우침으로써 도리어 동심을 가리는 경우와는 매우 다르셨던 것이다. 공부하는 자들이 많은 독서로 의리를 깨우치다 자신의 동심을 가리게 되었다면, 성인들은 또 어째서 많은 책을 지으시고 말씀을 남기셔서 배우는 자들로 하여금 동심을 가리게 하였을까? 동심이 가려지고 나서 말을 하면 그 말은 가슴속에서 우러나온 말이 아니게 되고, 천거를 받아 정치를 하게 되면 정사에 기초가 없어지며, 저술한답시고 문장을 지으면 뜻이 제대로 전달되지 못하게 된다. 문장의 외적인 아름다움에 비해 내용이 칠칠하지 못하고 내포된 바

___

104) 의리(義理): 경전의 의미를 탐구하고 그 명칭과 이치를 따지는 학문. 송대 이후에는 도학(道學), 곧 정주이학(程朱理學)을 가리키는 말로 쓰였다.

가 독실해 빛이 발휘되는 것도 아니니, 한 구절 덕스러운 말이나마 구하려 해도 끝내 얻어지지 않게 될 것이다. 그 이유가 무엇일까? 동심이 가리어진 마당이라 외부로부터 들어온 견문과 도리가 마음 자리를 다 차지해버렸기 때문이다.

견문과 도리가 마음이 되고 나면 말하는 바는 모두 견문과 도리의 말이요 동심에서 우러나온 말이 아니게 된다. 언사가 비록 아름다워도 나에게 의미가 없는 것은 어찌 거짓말쟁이가 거짓말을 내뱉으며 거짓 일을 꾸미고 거짓 문장을 지어낸 때문이 아니겠는가? 원래 그 사람이 거짓되면 거짓스럽지 않은 바가 없게 마련이다. 이렇게 해서 거짓말을 거짓된 사람에게 말해주니 거짓된 사람이 기뻐하고, 거짓된 일을 거짓된 사람에게 알려주니 거짓된 사람이 기뻐하며, 거짓된 문장을 거짓된 사람과 토론하니 거짓된 사람이 기뻐하게 된다. 거짓되지 않은 것이 없으니 기뻐하지 않을 바도 없는 것이다. 온 장내가 거짓이니 구경하던 난쟁이가 무슨 말을 재잘거릴 것인가?[105] 그렇다면 이 세상에 비록 최고로 잘된 문장이 있었다 하더라도 거짓된 사람에 의해 인멸되어 후세에는 볼 수 없게 된 글들이 또 어찌 적다 하리오! 어찌하여 그럴까? 천하의 명문은 동심에서 나오지 않은 것이 없기 때문이다. 만약 동심을 항상 지닐 수만 있다면 도리가 행해지지 않고, 견문은 행세하지 못하며, 언제 지어도 훌륭한 글이 되고, 어떤 사람이 지어도 좋은 글이 되며, 어떤 체재의 글을 지어도 빼어난 글이 아닌 경우가 없게 된다. 시는 왜 꼭 고시에서 뽑아야(古選)[106] 하고, 문장은 왜 꼭 선진(先秦)의 것이라야

---

105) 사회가 온통 허위로 충만해 있으니 견식이 좁은 사람이 어떻게 사물의 진위를 분간할 수 있겠는가 하는 의미. 주자는 이런 현상을 "난쟁이가 연극을 보는 것과 비슷해 남들이 잘한다고 말하는 걸 보면 자신도 따라서 좋다고 떠든다"(如矮子看戲相似, 見人道好他道好.)라는 비유로 설명하였다. 출전은『주자어류』(朱子語類).

106) 고선(古選): 양대(梁代)의 소통(蕭統)이 편찬한『문선』(文選)을 가리킨다. 양한(兩漢)과 위진(魏晉)의 시가를 선별하여 엮은 책으로 중국 시가사상 최초의 시선집이다.『문선』의 시와 선진의 산문은 명대의 의고파, 즉 전후칠자(前後七子)가 중시하던 고전의 전범이다. 따라서 이지는 여기서 그들을 비판하고 있는 것이다.

한단 말인가? 후세로 내려와 육조[107]시대가 되자 시는 바뀌어 근체[108]가 되었다. 또 변해서 전기[109]가 되고, 원본[110]이 되고 잡극이 되었으며, 『서상곡』·『수호전』이 되기도 하고, 오늘날의 과거문장(擧子業)[111]이 되기도 하였다. 이 모두는 죄다 고금의 명문으로 시세의 선후만 갖고는 논할 수 없는 글들이다. 이렇듯 위와 같은 이유 때문에 나는 동심에서 우러나온 명문들에 감격하고 말았으니, 거기에 무슨 『육경』을 말할 것이 있으며 『논어』·『맹자』를 말할 것이 있겠는가?

무릇 『육경』이나 『논어』·『맹자』는 사관들이 지나치게 추켜세워 숭상한 말이 아니면, 그 신하와 자식들이 극도로 찬양하고 미화시킨 언어일 뿐이다. 또 그런 것이 아니라면 세상물정 어두운 문도와 멍청한 제자들이 스승의 말씀을 기억해낼 때 앞뒤는 잘라먹거나 빠뜨린 채 제멋대로 자신의 견해를 책에다 기록한 것에 불과하다. 후학들은 이를 자세히 살피지도 않고 성인의 입에서 나온 말씀이라고 지껄이며 경전으로 지목해버렸는데, 그 대부분은 성인의 말씀이 아닌 줄 누가 알리오? 설사 성인께서 하신 말씀일지라도 요컨대 목적이 있으셨으니, 병세에 따라 그때그때 적당한 약을 처방하여 이들 멍청한 제자와 물정 어두운 문도들을 일깨우려 하셨을 따름인 것이다. 거짓된 병을 치료하는 데 드는 처방은 고정불변인 것이 되기 어려우니, 이것들이 어떻게 만세의 지론이 될 수 있단 말인가? 그렇다면 『육경』과 『논어』·『맹자』 따위는 도학자가 내세우는 구실[112]이고 거짓된 무리들의 소굴(淵藪)[113]일 뿐이니,

---

107) 육조(六朝): 진(晉)·송(宋)·제(齊)·량(梁)·진(陳)·수(隋)의 여섯 왕조를 가리킨다. 이 시대의 문체는 변려문을 숭상하고 성운(聲韻)을 중시하여 한(漢)·위(魏)의 문장과는 매우 달랐다.

108) 근체(近體): 당대(唐代)에 형성된 격률시와 절구. 비교적 자유로운 고체시(古體詩)와 구별짓기 위한 명칭으로 금체시(今體詩)라 부르기도 한다.

109) 전기(傳奇): 당·송 시대의 문언단편소설.

110) 원본(院本): 송대에서 원대 잡극이 성숙하기 이전까지 유행했던 희곡 작품.

111) 거자업(擧子業): 과거에 응시할 때 쓰던 문체. 명대에는 팔고문(八股文)을 가리킨다. 줄여서 거업(擧業)이라 부르기도 하였다.

그것들이 결코 동심에서 나온 말이 아님은 너무나 자명해진다. 오호라!
나는 또 어찌해야 동심을 잃지 않은 진정 위대한 성인을 만나 그와 한
마디 말과 글이나마 나눠볼 수 있을 거나!

『심경』의 대강 心·經提綱

『심경』[114]이란 책은 부처님께서 마음에 대해 설파하신 요체이다. 마
음이란 본래 존재가 없는데, 세상 사람들은 망령되이 그것이 있다고 여
긴다. 또 '무'(無) 자체가 없는 것인데도 공부하는 자들은 '무'를 인식
하는 것에 고집스레 매달린다. 유무가 나뉘면 능·소[115]가 세워진다.
이는 스스로 장애를 만드는 격이요 스스로 공포를 불러들이며 스스로
착란을 일으키는 꼴이니, 어찌 자유자재를 얻을 수 있으랴! 그대들은
관자재보살[116]의 경우를 보지 못하였는가? 그분은 지혜와 깊이 있는
행실로 이미 자유자재한 피안에 도달하셨다. 이때는 저절로 색·수·
상·행·식의 오온[117]이 모두 공(空)이 되는지라, 본래 얻을 수 있던
생사(生死)조차 없어지는 까닭에 생사의 고해에서 빠져나오고 일체의
고액(苦厄)에서 벗어날 수 있게 된다. 이것이 바로 『심경』이란 책의 전

---

112) 구실(口實): 입으로만 표방하거나 자신을 내세우기 위해 지어내는 말.
113) 연수(淵藪): 본래는 물고기와 짐승들이 모여 사는 장소를 가리키지만, 일반적으
　　로 사람이나 사물이 모여 있는 곳을 비유하는 말로 쓰인다. 여기서는 유자의 경
　　전이 거짓된 사람과 그들이 판매하는 도학의 소굴이 되는 상황을 가리킨다.
114) 『심경』(心經): 『반야바라밀다심경』(般若波羅蜜多心經)의 약칭. 보통 『반야심경』
　　이라 부르는데, '반야'는 지혜(智慧)를 의미한다. 대반야(大般若)의 요체는 제
　　법개공(諸法皆空)의 이치임을 설파하는 경전이다.
115) 능(能)·소(所): 두 가지 법(法)이 대치 상황일 때 스스로 움직이는 법을 '능',
　　움직이지 않는 법을 '소'라고 한다. 예컨대 세간에서의 원고(原告)를 능고(能
　　告), 피고는 소고(所告)라고 부르는 식이다. 『금강경』(金剛經)의 신주(新注)에
　　"반야의 오묘한 이치에는 능동과 수동이 없고, 둘이 대치하는 상황이 단절된다"
　　(般若妙理亡能所, 絶對待.)라는 구절이 보인다.
116) 관자재보살(觀自在菩薩): 관세음(觀世音)의 다른 이름.

체적인 대강이다.

그 아래 문장에서 거듭 설파하신 내용도 모두 이 점을 밝히고 있으니, 이리하여 마침내는 제자를 불러 다음과 같이 말씀하셨다.

"사리자[118]야, 내 말이 공(空)이라고 말하지 말라. 공이라고 말하면 곧바로 그 공에 얽매이게 되느니라! 내가 색(色)에 대해 이야기하더라도 공을 말함과 하등 다를 바가 없으며, 공에 대해 말하는 것도 색을 말함과 다를 것이 없구나. 그러나 다르지 않다고만 말하는 것은 두 사물이 서로 대립한다는 것과 같은 뜻이니, 비록 둘을 합쳐 하나로 만들더라도 그 하나는 여전히 존재하는구나. 기실 내가 말하는 색은 바로 공이니, 색의 바깥쪽에 공이 따로 있는 것은 아니다. 내가 말하는 공이란 사실은 색이니, 공의 바깥에 색이 따로 있을 수 없느니라. 색이 없을 뿐 아니라 공 또한 없는 상태, 이것이 바로 진공(眞空)이니라."

이리하여 또다시 제자를 호출하여 다음과 같이 일깨우셨다.

"사리자야, 이 모든 법은 공상[119]이니라."

이름 붙일 만한 공이 없는데 어디에 또 삶과 죽음(生滅), 더럽고 깨끗함(垢淨), 더하고 뺀다는(增減) 이름이 있을 수 있으랴? 그러므로 색은 본래 생겨난 적이 없고, 공 또한 사라진 적이 없다. 색을 말함이 더러운 것이 아니요 공을 말함이 깨끗한 것도 아니니, 색에는 더해지는 것이

---

117) 오온(五蘊): 불교용어. 색(色, 形相)·수(受, 情欲)·상(想, 意念)·행(行, 行爲)·식(識, 心靈)의 다섯 가지가 가합(假合)하여 이루어진 몸과 마음. 이 중에 색은 물질적 현상이고, 나머지 네 가지는 심리적 현상이다. 불교에서는 영혼이 실제 형체를 지녔다고 보지 않기 때문에 심신이 비록 오온을 통해 이루어졌다 하더라도 번뇌나 윤회는 면할 수가 없다고 여긴다. 오음(五陰) 혹은 오중(五衆)이라고도 한다.

118) 사리자(舍利子): 부처의 제자. 사리불(舍利弗)·사리불라(舍利弗羅) 등 여러 이름으로 부르는데, 그 모친의 이름이 사리(舍利)였기 때문에 이런 이름이 붙었다. 지혜가 남달리 뛰어나 대지(大智)로도 일컬어진다.

119) 공상(空相): 제법(諸法)이 모두 비어 있는 상태. 인연이 만들어내는 법은 자성(自性)이 없는데, 이를 공(空)의 형태라고 한다. 『지도론』(智度論) 권6에 다음과 같은 구절이 보인다. "인연이 만드는 법은 공상이라 하는데 또 가명이라 이름짓기도 하고 중도라고 말하기도 한다"(因緣生法, 是名空相, 亦名假名, 亦說中道.)

없고 공이라 해도 덜어지는 것이 없다. 이는 억측해서 한 말이 아니니, 공의 속에는 원래부터 이러한 것들이 있지를 않았다. 그러므로 오온은 모두 공이어서 형상·정욕·의념·행위·심령 따위가 없는 것이다. 육근[120]은 모두 공이니, 눈·귀·코·혀·몸·의식이 존재하지 않는다. 육진[121]이 모두 공이니, 형체·소리·향기·맛·촉감·사물의 현상이 있지를 않다. 십팔계[122]가 모두 공이니, 안계(眼界)가 없으면 자연 의식계(意識界)도 없어지게 된다. 때문에 생로병사, 명(明)과 무명(無明), 사체[123]와 지증[124] 등등 모든 것이 생겨나지 않게 된다. 이는 관자재보살이 지혜로 관조하여 아무 것도 생기지 않는 저 피안에 도달하는 방법이다. 이처럼 얻는 바가 없으면 자연스럽게 장애물이나 공포, 착란과 몽상 따위가 없어져 생사를 있는 그대로 직시하다가 궁극적으로는 열반에 들게 된다. 비단 보살뿐만 아니라 과거 현재 미래 같은 삼세(三世)의 모든 부처들까지도 이러한 지혜로 피안에 도달하며 다함께 최상의 정등정각[125]을 이

---

120) 육근(六根): 육적(六賊)이라고도 부른다. 즉 눈(眼)·귀(耳)·코(鼻)·혀(舌)·몸(身)·생각(意). 근(根)은 '낳을 수 있다'(能生)는 뜻으로서 눈은 시근(視根), 귀는 청근(聽根), 코는 후근(嗅根), 혀는 미근(味根), 몸은 촉근(觸根), 생각은 염려(念慮)의 뿌리가 된다.

121) 육진(六塵): 불교용어. 즉 색(色)·성(聲)·향(香)·미(味)·촉(觸)·법(法). 육근과 서로 접촉한 뒤 청정한 마음을 오염시켜 번뇌에 이르게 한다.

122) 십팔계(十八界): 사람의 인식을 중심으로 하여 세계의 모든 현상을 분류하면 전부 열여덟 종류가 된다고 한다. 혹은 사람의 일신이 이 십팔계를 모두 갖추고 있다고 말한다. 인식 기능을 발생시킬 수 있는 육근(眼界·耳界·鼻界·舌界·身界·意界), 대상을 인식하게 만드는 육경(六境, 色界·聲界·香界·味界·觸界·法界)과 이로부터 생겨나는 육식(六識, 眼識界·耳識界·鼻識界·舌識界·身識界·意識界)을 일컫는다.

123) 사체(四諦): 사성체(四聖諦) 혹은 사진체(四眞諦)라고 부른다. 성자(聖者)가 본 진리로서 고체(苦諦)·집체(集諦)·멸체(滅諦)·도체(道諦)를 말한다.

124) 지증(智證): 지혜로써 열반을 증명하는 행위.

125) 정등정각(正等正覺): 삼막삼보리(三藐三菩提). 『심경』의 구역(舊譯)이 아닌 신역(新譯)에서 '정등정각'으로 표현하기 시작했다. 『법화』(法華)「현찬」(玄贊) 권2에 "삼은 바름이고, 막은 대등함이다. 또 삼은 바름을 말하고, 보리는 깨달음을 말한다"(三云正, 藐云等 ; 又三云正, 菩提云覺.)라는 구절이 보인다.

룰 따름이라면, 온 대지 위의 중생 가운데 불성을 지니지 않은 자가 없음이 확실한 것이다. 이리하여 진공의 이 오묘한 지혜를 깨닫게 되면 그것이 바로 대신주[126]이고 대명주[127]이며 최상의 경전(無上呪)이고 무등등주[128]이니, 생사의 고해를 떠나 일체의 고액에서 벗어나는 일이 허황스럽지 않고 진실해진다. 그렇다면 공을 말하기 어려운 것도 벌써 오래된 일이다. 색에 집착하는 자는 색에 빠져들게 되고, 공을 말하는 자는 공에 얽매이게 된다. 이 양자에 의지하지 않는다면 또 일체의 고액에서 벗어나 인과에서 빠져나갈 수 있게 된다. 『심경』에서 분명히 공이 곧 색이라고 찬탄한 것을 믿지 못하는데, 어떻게 또 공이 있겠는가? 색이 곧 공이라고 하였으니, 어디에 다시 색이 있단 말인가! 공이 없고 색이 없는데 어디에 또 유무(有無)가 있으랴? 나에게 장애가 되어 자유롭지 못하게 함이 어디 있으랴? 그렇다면 이 『심경』을 읽는 자들이 다만 자신의 지혜로서 항상 관조한다면 피안은 저절로 당도하게 될 것이다. 보살이 어찌 특출한 사람이리오! 다만 관조 한 가지에 능할 따름이니라. 사람들은 저마다 보살의 품성을 지니고 있으면서도 스스로는 그것을 발견하지 못한다. 그러므로 보살을 말하면 사람이 다 똑같아져서 성스럽거나 어리석은 구별이 없어지게 된다. 삼세의 모든 부처를 말하면 고금이 동일해져 시간적인 선후의 차이가 없어진다. 그러나 어찌하랴? 부릴 수는 있어도 알려줄 수는 없는 존재가 바로 중생인 것을! 그 연유를 알게 할 수 있다면 보살이 될 것이다. 알게 할 수가 없는 까닭에 평범한 인간이 되고 금수가 되며 목석이 되다가 마침내는 적요 속으로 흔적 없이 사라져버리고 마는구나!

---

126) 대신주(大神呪): 불교경전 중에서도 엄청난 신력(神力)을 지닌 다라니(陀羅尼).
127) 대명주(大明呪): 크나큰 광명을 발해 중생의 어리석음을 깨우쳐주는 다라니.
128) 무등등주(無等等呪): 홀로 우뚝하여 짝이 될 만한 경전이 없는 다라니.

사물설[129] 四勿說

　사람들이 더불어 함께 하는 것은 예(禮)라고 이르며, 나 홀로 간직하는 바는 기(己)라고 말한다. 공부하는 자들은 흔히 자기만의 견해에 집착하는 경우가 많아 세속과 잘 동화하지 못하는 까닭에 비례(非禮)에 빠지게 된다. 예의가 아닌 예는 대인(大人)이 행하지 아니하니, 진정한 기(己)란 자신의 존재 자체를 잊어버림과 아울러 개인적 편견이 생겨나더라도 그것을 극복하는 것에 있다. 이것이 바로 안자(顏子)가 말한 '네 가지 하지 않는 바'(四勿)의 의미이니, 여기서의 '사물'(四勿)은 바로 '네 가지를 끊는'(四絶) 것이요 '네 가지를 없애는'(四無) 것이며 '네 가지를 범하지 않는'(四不)다는 뜻이다.

　'사절'(四絶)이란 바로 의도와 확신, 고집, 자아를 끊어내는 행위를 말한다. '사무'(四無)는 적당과 부적당, 가능과 불가능이 없는 상태를 뜻한다. '사불'(四不)이란 『중용』의 마지막 장에 나오는, 이른바 보지 않고 움직이지 않으며 말하지 않고 드러내지 않음을 말한다.[130] 안자는 이러한 경지를 터득하여 노여움을 다른 이에게 옮기지 않았고 같은 잘

---

129) 『논어』 「안연」편에 다음과 같은 대목이 보인다. "공자께서 '예가 아니면 보지 말고, 듣지 말며, 말하지 말고, 움직이지도 말라' 고 말씀하시자, 안연이 다음과 같이 응수했다. '제가 비록 불민하지만 삼가 이 말씀을 받들어 섬기고자 합니다'" (子曰: 非禮勿視, 非禮勿聽, 非禮勿言, 非禮勿動. 淵曰: 回雖不敏請事斯語矣.) 바로 공자가 제시하고 안회가 실천하였던 네 가지 덕목을 일컬어 '사물' 이라 한다.
130) 『중용』 33장은 『시경』의 시들을 인용하여 『중용』의 전체적인 대의를 설명하고 있다. 위에서 인용된 대목들은 다음과 같다. "『시경』에 이르기를, '비록 잠겨 있지만 또 몹시 뚜렷하다' 고 하였다. 그러므로 군자는 내면을 반성해도 부끄러움이 없고, 자신의 뜻에 대해서는 짜증내는 일이 없다. 보통 사람이 군자를 따라잡지 못하는 까닭은 바로 남들이 보지 않는 곳에서도 스스로 근신하기 때문인 것이다. 『시경』에 '혼자 방 안에 있을 때를 살핀다. 그런데 골방에서도 마음에 부끄러움이 없다' 고 하였다. 그러므로 군자는 굳이 거동하지 않아도 사람들이 존경하고, 말하지 않아도 사람들이 믿는다. ……『시경』에 '천자의 덕이 어찌 드러나지 않겠는가? 모든 제후가 그를 본받는다' 고 하였다. 이런 까닭에 군자는 알아서 독실하고 공손하게 처신하며 천하는 저절로 태평해진다" (詩云: 潛雖伏

못을 두 번씩 저지르는 경우가 없었으니, '외부적으로 그러지 말아야 함'(勿)을 알자 '스스로 하지 않는 경지'(不)로 나아갔고, 그런 과정을 거쳐 보지 않고 듣지 않았으니 '스스로 하지 말아야겠다'(不)는 결심에서 '행동으로 그렇게 하지 않는'(勿) 경지로까지 나아가게 되었다. 이처럼 천고의 빼어난 학문적 경지는 오직 안자만이 감당할 능력이 있었다. 안자가 죽고 나서 그 학문의 경지에는 아무도 도달하지 못한 까닭에 공자는 "안회가 죽은 뒤에는 그처럼 학문을 좋아하는 자가 있다는 말을 들어보지 못했다"[131]고 말씀하셨다. 증자(曾子)나 맹자 같은 분들도 이 반열에는 들지 못했는데, 주렴계(周濂溪, 周敦頤)나 이정(二程, 程顥·程頤 형제) 선생 같은 이들이야 말할 나위 있을까! 그들은 위와 같은 경지에 도달하지도 못한 채 함부로 사물설에 대해 입을 놀렸으니, 그들이 얼마나 자기 주제를 헤아리지 못했는지 다분히 알 노릇이다. 우선은 경전에 대한 주석이나 해박하게 달아서 여러 현자들의 질정부터 받는 것이 옳지 않았을까?

원래 속마음에서 우러나 바깥으로 표현되면 그것을 '예'라 이르고, 외부로부터 안으로 들어온 것이라면 '비례'라고 불렀다. 하늘로부터 내려왔다면 예라고 부르지만, 사람으로부터 얻은 것이라면 비례라고 하였다. 일부러 배우고 염려하고 사색하고 애쓰지 않고도 부지불식간 내게 이르는 것은 예라 이르지만, 눈이나 귀로 보고 듣거나 마음으로 측량하면서 앞사람의 언행을 추수해 스스로 닮고 빗대어 도달하는 것이

矣: 亦孔之昭.' 故君子內省不疚, 無惡於志. 君子所不可及者, 其唯人之所不見乎! 詩云: '相在爾室, 尚不愧于屋漏.' 故君子不動而敬, 不言而信. ……詩曰: '不顯惟德, 百辟其刑之.' 是故君子篤恭而天下平.)

131) 출전은 『논어』 「옹야」(雍也)편. 전문은 다음과 같다. "노나라 애공이 물었다. '제자 중에 누가 가장 열심히 공부합니까?' 공자가 대답하셨다. '안회라는 자가 가장 호학하였습니다. 화를 내도 남에게 옮기지 않고, 같은 잘못은 두 번 다시 되풀이하지 않는데, 아깝게도 단명하고 말았습니다! 지금은 호학한다는 자를 찾아볼 수 없지요"(哀公問: '弟子孰爲好學?' 孔子對曰: '有顏回者好學, 不遷怒, 不貳過, 不幸短命死矣! 今也則亡, 未聞好學者也.')

라면 비례라고 한다. 언어로 설명할 길이 끊기고, 마음으로 행할 길도 끊어졌으며, 더듬어갈 만한 지름길이 없고, 따라갈 만한 바퀴자국도 없으며, 굳건히 지켜야 할 울타리가 없고, 한정지을 경계나 정량이 없으며, 열 수 있는 창문이나 자물쇠가 없어지면, 사물은 말하지 않아도 저절로 깨우쳐지게 된다. 이 경계에 다다르지도 못한 주제에 함부로 사물에 대해 지껄이기 때문에 성인은 그들을 두고 '학문을 좋아하지 않는다'고 질책하신 것이다.

허실설 虛實說

도(道)를 배울 때는 허(虛)함을 귀하게 치지만, 중임을 맡게 될 사람은 실(實)을 귀하게 여겨야 한다. 허하면 선(善)을 받아들이지만, 실해야만 굳건히 견지하는 바가 생긴다. 허하지 않으면 선택이 정밀하지 않고, 실하지 않으면 붙드는 바가 견고하지 못하게 된다. 허하면서 실하고 실하면서 허한 것이야말로 진정 허하면서도 진짜로 실한 것이고, 진짜 실하면서도 정녕코 허한 것이 된다. 이는 오직 진인(眞人)만이 다다를 수 있는 경지이니, 진인이 못 되는 자는 그런 경지에 이를 수가 없다. 진인이 아니더라도 물론 허실은 있을 수 있다. 다만 진인의 허실에 빗대어 말해선 아니 될 뿐이다. 그래서 허한 듯하지만 그 속이 진정 허하지 않은 자도 있고, 허하지 않은 듯해도 속이 완전히 텅 빈 사람도 있는 것이다. 처음에는 허하다가도 종당에 가서 실한 사람이 있고, 처음에는 실하다가도 막판에 허해지는 사람도 있을 수 있다. 또 뭇 사람 모두가 극도로 허하다고 믿는 판에 어떤 군자가 유독 혼자서만 그것이 허하지 않다고 말한다면, 이는 그가 허함을 겁내는 허겁병(虛怯病)에 걸렸기 때문이다. 사람들마다 실하다고 믿는데 군자란 자가 홀로 실하지 않다고 여긴다면, 이는 그가 겉모습만 갖고 판단하는 색취증(色取症)에 걸렸기 때문일 것이다. 참과 거짓은 같지 않고 허와

실은 다르게 쓰이니, 허실의 발단을 어찌 다 말로 표현할 수 있으랴! 그래도 한 번 말이나 해보자.

　무엇을 두고 처음은 허하지만 끝은 실하다고 이르는 것일까? 이는 마치 대양 한가운데 빠진 사람이 누군가 자신을 구원해주기를 바라는 상황과도 흡사하다. 뱃사공이 그를 가엾게 여기고 지혜의 밝은 눈으로 거칠 것 없는 재주를 발휘하여 단번에 그를 건져내면 그야말로 다행이라 말할 수 있겠다. 하지만 그 사람은 살아난 기쁨과 다행스러움이 아무리 깊다 해도 혼백은 아직 온전한 상태로 돌아와 있지 못하다. 눈을 감고 입을 다물면서 끝끝내 한 마디 말도 감히 내뱉지 못한 채 날을 보내고 달을 넘길 때까지도 오로지 뱃사공의 말에만 귀를 기울이니, 그 얼마나 허한 경지이런가! 그러다 마침내 해안에 닿게 되면 옷자락을 휘날리며 앞장서 육지에 뛰어오르니, 그때는 죽음에서 완전히 벗어난 상태가 된다. 설사 뱃사공이 그에게 다음과 같은 거짓말을 늘어놓더라도 말이다.

　"여기는 아직도 큰 바다 한가운데라오. 어서 배에 올라타십시오. 당신을 실어 다른 해안으로 데려다줄 테니 그때 가서 배를 떠나도록 하시오."

　나는 안다. 이런 상황에서는 그 사람도 고개를 가로 흔들고 손을 휘저으며 곧장 앞으로 나아갈 뿐 뱃사공이 옳다고 해서 그 말을 들어주진 않을 것을 말이다. 여기서 어떻게 더 실할 수 있을 것인가! 이른바 처음은 허했지만 나중에 실한 자들은 이렇게 행동한다. 아! 천고의 현인과 성인, 진불(眞佛)과 진선(眞仙)은 대체로 이와 같다고 하겠다.

　무엇을 두고 처음은 실하지만 끝은 허하다고 일컬을까? 이는 장횡거(張橫渠, 張載)가 관중(關中) 땅에서 일찍부터 선생님 노릇을 하면서 선각자로서의 막중한 소임을 짊어지고 있던 경우와 같다고 아니할 수 없다. 하지만 그는 일단 이정(二程)이 『역경』을 논하는 말씀을 듣게 되자 강단에 깔았던 호랑이 가죽을 영원히 걷어버리고 다시는 그 자리에 앉지 않았다. 협산화상[132]은 일찍부터 강단에 올라 설법을 했으니, 이는 실로 법사의 임무를 받아들임에 다름 아니었다. 하지만 도

오[133])가 박장대소하는 장면을 목도하자 마침내는 군중을 해산시킨 뒤 길을 떠났고 선자[134])화상을 찾아 별도로 설법을 청하게 되었다. 이 두 가지 경우는 비록 처음에는 실하려 했다는 실수를 모면할 길 없으나 결국에 가서는 허함으로 끝나는 이득을 얻을 수 있었으니, 천고이래 크나큰 역량을 발휘한 사람들이 득도하지 못했다는 말 따위를 나는 믿지 않는다.

무엇이 사람들마다 모두 실하다고 믿는데도 군자란 이만 유독 실하지 않다고 여기는 것일까? 그런 이는 정녕 스스로를 믿지 못하는 탓에 우선은 남의 말에 의지해 그것으로 근거를 삼고 나서야 자신을 믿으려 한다. 그런 사람은 배움에 있어서도 일찍이 수시로 익히며 즐거워하는 경지에 도달한 적이 없으니, 다만 그렇게 말하는 것이 쉬운 까닭에 드디어는 기뻐하는 그 마음을 가졌다고 무작정 사칭해버린 것이다. 이런 연고로 사람마다 모두 좋아하는 것이라면 자신도 마냥 그것이 옳다고 여겨버리게 된다. 이는 옳음에 대한 자신의 신념을 남들이 모두 좋아한다는 이유에서 취한 경우이다. 한 나라에서 명예를 얻게 되면 거기에 안주하며 자신을 의심하지 않게 된다[135])고 했는데, 이렇게 그가 자신을

---

132) 협산 화상(夾山和尙): 당대의 승려 선회(善會, 805~881) 화상. 광주(廣州) 사람으로 속성은 요씨(廖氏)이다. 아홉 살에 담주(潭州)의 용아산(龍牙山)에서 출가했다. 수계를 받고 경론 공부에 열중하던 중 화정으로 가서 선자화상 덕성을 만난 뒤 현기(玄機)를 깨닫고 그의 도법을 전수받았다. 보따리를 안고 산으로 돌아온 뒤 크게 명성을 떨쳤다. 함통(咸通) 연간 풍주(澧州)의 협산 영천(靈泉)으로 옮겼다. 시호는 전명 대사(傳明大師). 『경덕전등록』(景德傳燈錄) 권15와 『오등회원』(五燈會元) 권5 등에 보인다.

133) 도오(道吾): 당대의 승려. 관남(關南)의 도상(道常)을 참배하고 불법을 전수받은 뒤 다시 덕산(德山)의 문하에 들어가 수도하였다. 『오등회원』 권4와 『경덕전등록』 권11 등에 보인다.

134) 선자(船子): 수주(秀州) 화정현(華定縣)의 선자화상(船子和尙). 이름은 덕성(德誠)이고 수녕부(遂寧府) 사람이다. 약산(藥山)에서 득도하고 화정에 이르러 조각배를 띄운 뒤 물결 따라 나날을 보냈기 때문에 '선자화상'이란 별명이 붙었다. 훗날 협산 화상이 자신의 가르침을 잘 이해하자 배를 엎고 물 속에 빠져 죽었다. 『전등록』(傳燈錄) 권14에 보인다.

의심하지 않는 까닭은 그의 명성이 제후국과 경대부 가문에 드높기 때문이다. 만약 명성을 떨치지 못하게 된다면 그가 자신에 대해 의심하지 않으려 해도 그것은 불가능한 일이다. 이와 같은 사람에게 어찌 실함이 있다고 하겠는가? 그야말로 가소로운 이야기이다.

무엇을 두고 사람마다 모두 지극히 허하다 여기는데 군자라는 이만 홀로 허하지 않다고 여기는가? 어떤 사람은 단 하루도 남들에게 선을 베풀지 않는 날이 없기 때문에 사람들은 모두 그를 두고 순(舜)임금처럼 어질다고 여기지만, 그가 과연 자신을 버리고 남들을 따를 수 있을지는 사실 알 수 없는 것이다. 단 하루도 옳은 말을 숭배하지 않은 적이 없기 때문에 사람들은 그가 우(禹)임금 같다고들 말하지만, 그가 과연 자기 집 대문 앞을 지나면서 엉엉 우는 아들을 쳐다보지 않을지는 또 알 수가 없다. 왜냐하면 처음에야 허함을 미덕으로 알고 그렇게 행동하는 것에 불과했지만, 종당에 습관이 쌓여 고질이 되면 또 자기만 전전긍긍 살얼음판을 디디듯 조심스럽게 처신한다고 혼자 착각할 수도 있기 때문이다. 그러나 사실은 그가 겁쟁이고 나약해서 스스로는 일어날 수 없는 자인 줄 어찌 알겠는가!

그러므로 허와 실의 단초는 쉽사리 말할 수가 없는 것이다. 허와 실

---

135) 『논어』「안연」편의 다음 문장을 응용하고 있다. "자장이 '선비가 어찌해야 통달했다고 말할 수 있겠습니까?' 하고 묻자, 공자가 반문하셨다. '네가 생각하는 통달이란 무엇이냐?' 자장이 '제후국에 있어서 반드시 명성을 떨치고, 경대부의 가문에도 명예가 있는 것입니다' 하고 대답하자, 공자가 말씀하셨다. '그것은 명성이지 통달이 아니다. 통달한 사람은 성정이 곧고 의를 좋아하며 남의 말을 살피고 남의 안색을 관찰하는지라 언제나 물러나 남들의 아래에 처할 것을 생각한다. 이렇게 하여 그는 제후국에서도 반드시 통달하고 경대부 가문에서도 반드시 통달하는 경지에 오르게 된다. 이른바 명성을 추구하는 사람은 외양은 인으로 포장하지만 행위는 항상 이치에 어긋난다. 그 자신은 이것이 옳다고 여기면서 추호의 의심도 없기 때문에 제후국에서 명성이 있고 경대부에게서도 명예를 얻는 것이다"(子張問: '士何如斯可謂之達矣?' 子曰: '何哉? 爾所謂達者!' 子張對曰: '在邦必聞, 在家必聞' 子曰: '是聞也, 非達也. 夫達也者: 質直而好義, 察言而觀色, 慮以下人, 在邦必達, 在家必達. 夫聞也者: 色取仁而行違, 居之不疑, 在邦必聞, 在家必聞.')

이 말하기 어려워서가 아니라 진허(眞虛)와 진실(眞實)을 알기가 어렵기 때문이다. 그래서 공자는 『논어』 「학이」편에서 "사람들이 알아주지 않아도 화내지 않는다"고 말씀하셨다. 여기서 말하는 사람들이란 바로 대중을 뜻한다. 대중이 몰라주기 때문에 그를 군자라고 말할 수 있는 것이다. 만약 대중이 알아준다면 그 또한 대중의 한 사람일 따름이니, 어찌 군자로 여기기에 충분한 인물이겠는가? 대중이 알아주지 않기 때문에 그저 맡은 바 소임을 다하면서 화를 내지 않을 뿐인 것이다. 만약 군자가 알아주지 않는다면 어떻게 또 그 상황에 대해 화를 내지 않을 수 있으랴? 이는 너무나 가공할 상황이라 화내지 않으려 해도 그것이 어떻게 가능한 일이겠는가? 세상에 군자는 적고 소인은 많으니, 나를 알아주는 이는 적고 몰라주는 이는 많기만 하다. 온 세상을 통틀어 이 도리를 아는 자가 하나도 없다가 안자(顔子) 한 사람만 그것을 깨우쳤으니, 이른바 "세상으로부터 숨어 알려지지 않더라도 후회하지 않는다"[136]는 말씀이 그래서 나왔다. 애오라지 세상을 피해 살며 남에게 알려지지 않는다면, 비록 허와 실을 논한 학설이 있다 한들 누가 그것을 들어줄 것인가!

정림암기 定林庵記

내가 산에서 벗어나지 않은 지도 오래되었다. 만력 연간의 무술년(戊戌年, 1598)에 초약후(焦弱侯)를 따라 백하(白下, 지금의 남경)에 갔다가 정림암(定林庵)에 이르렀다. 그런데 암자가 옛날 그대로 아무 탈이 없는 것은 정림이 살아 있던 당시부터도 약후의 신임과 사랑을 익히 받았기 때문이다. 정림은 제자를 받지 않았었다. 지금 새로 온 주지는 정

---

136) 『중용』 제11장의 다음 구절에서 인용하였다. "군자는 중용에 의지한다. 세상으로부터 숨어 알려지지 않을지라도 후회하지 않는데, 오직 성인만이 그러실 수 있다"(君子依乎中庸, 遯世不見知而不悔, 唯聖者能之.)

림암을 지키도록 약후가 고른 승려로서 정림이 어떤 사람인지도 전혀 모르는 작자이다. 그렇다면 정림이 이 암자를 창건했다는 사실만 따져 정림암이라 부르는 것은 좀 맹랑한 일 아닐까? 정림은 낙성식이 끝나자마자 즉시 암자를 떠나 우수산(牛首山)으로 가더니 다시 대화엄각(大華嚴閣)을 창건했으니, 약후가 쓴 묘비명에는 이 사실이 분명히 기재되어 있다. 대화엄각이 완성되자 그는 또다시 그곳을 떠나 호북으로 왔고 천중산(天中山)에 있던 나를 예방하였다. 그리고 마침내 천중산에서 입적하여 그 산에 부도가 세워졌다. 마백시[137]는 이 산에 은거할 때 특별히 산사 한 채를 짓고 승려 한 명을 선별하여 정림의 부도를 전담해서 지키게 하였다. 이제 정림이 죽은 지도 어언 십이 년의 세월이 흘렀다. 내가 아직까지 죽지 않고 살아서 다시 이곳에 왔더니 또 한 번 정림암이 눈에 들어오는구나. 금릉(金陵)에는 유명한 사찰이 많으니, 초라하기 짝이 없는 정림암 따위가 어찌 그 절들에 견줄 수 있을 것인가! 그런데 서까래가 묵고 기왓장이 내려앉아도 사람들은 차마 절을 헐지 못하니, 그것은 이 절이 비록 작아도 정림이 오랫동안 거처했던 까닭일 터이다. 이름하여 정림암이라 부르는 것이 어찌 헛소리일꼬!

정림은 백하 사람이다. 어려서부터 향내나는 채소와 고기를 먹지 않았고 결혼도 하지 않았다. 날마다 자기 주인인 주생(周生)을 따라 강의를 들었는데, 당시 주안(周安)이라 불리던 그 사람이 바로 정림이었다. 나는 주생과 일면식도 없으나 양도남(楊道南) 군을 따라서 서울에 온 주안은 만난 적이 있었다. 그 당시 서울에 계시던 이한봉[138] 선생은 내게 이런 말을 한 적이 있다.

"주안은 배움이 무엇인지 아는 사람이야. 자네가 학문을 하려거든 행

---

137) 마백시(馬伯時): 마봉양(馬逢暘). 자는 백시, 금릉 사람이며, 약관에 제생(諸生)이 되었다. 석림서원(石林書院) 18재자의 한 사람으로 경정향의 추천으로 초약후 밑에서 공부했는데, 나중에 처의 죽음과 관련하여 처가에게 소송을 당하자 속세의 미련을 버리고 불교와 노장의 서적에만 탐닉하였다. 이지와는 만력 18년(1582) 무렵 천중산(天中山)에서 알게 된 것으로 보인다. 『속분서』 권1에 그에게 보내는 편지 두 통이 실려 있다.

여라도 주안을 깔보지 말게나!"

원래 주안은 주생을 따라다니며 수건이나 신발 시중을 들던 하인이 었다. 주생은 열심히 공부하지 않았지만 주안은 차나 식사 시중을 들면서도 수시로 강의 내용을 귀담아들었다. 때로는 처마 밑에 홀로 서서, 때로는 문설주 곁에 몸을 웅크린 채, 어디에 쏠리거나 기대지도 않고 물러서거나 게으름도 피우지 않더니 마침내는 우리의 도에 뜻을 두게되었다. 또 그에 관해서는 이런 말도 들었다.

"주안이 섬기던 주생이 병으로 세상을 떠났다. 당시 도남은 동남 지역의 명사였지만 한 해가 저물도록 다 낡은 절에서 공부하고 있었다. 그래서 주안은 다시 도남을 섬기게 되었다."

한낱 주안 따위가 도남을 섬겼던 것이다. 게다가 이한봉 선생의 감탄과 흠모를 받았을 뿐 아니라 약후의 믿음과 사랑까지 입었으니, 주안이 어떤 인물인지 알 수가 있겠다. 그 뒤 이 년이 지나서 내가 금릉에 왔을 때, 주안은 만날 수가 있었지만 도남은 또 불행히도 요절한 다음이었다. 이 일로 말미암아 주안은 약후에게 다음과 같이 아뢰었다.

"저는 중이 되고 싶습니다. 저는 한 해가 넘게 산사에서 지냈고 단지 머리카락 몇 가닥만 남겨놓았을 뿐입니다. 깎지 않으면 무엇에 쓰겠습니까?"

약후는 대답이 없다가 마침내는 나와 관동명[139] 같은 여러 공들 앞에

---

138) 이한봉(李翰峰): 이봉양(李逢陽, 1533~72). 자가 유명(維明), 별호를 한봉이라 하며, 남경 사람이다. 융경(隆慶) 2년(1568)에 진사에 합격해 호부주사(戶部主事)를 제수받았고, 예부랑중(禮部郎中)를 지내던 중에 사망했다. 사람됨이 독실해 공담(空談)을 하지 않았고 효성이 지극했다. 이지와는 예부에서 벼슬을 할 때 혹은 그보다 좀 전에 알게 된 것으로 보이며 평생 돈독한 우의를 주고받았다. 당시 서용검(徐用檢)과 함께 왕용계와 왕양명의 말과 글을 이지에게 소개한 인물이다.

139) 관동명(管東溟): 관지도(管志道, 1536~1608). 자는 등지(登之), 호가 동명이며, 태창(太倉) 사람이다. 경정향에게서 수업을 받았고 수십만 자의 저서를 남겼다. 그는 유가만이 독존되는 국면을 타파하고 불가의 지위를 제고시키는 데 온 힘을 다했다. 공자를 융통성 있게 해석하여 그를 백이(伯夷)나 유하혜(柳下惠)

서 약속하고 주안을 운송선사(雲松禪師)에게 보낸 뒤 삭발하고 제자가 되게 하였다. 주안은 이름을 고쳐 정림이란 법명을 갖게 되었으니, 이것이 바로 정림이란 이름이 생겨난 유래이다. 약후는 또 건물 곁에 별도로 암자를 지었고, 나는 다시 '정림암'이란 세 글자를 써서 편액으로 달게 하였다. 이것이 또 정림암이란 이름이 생겨난 유래이다.

약후가 말했다.

"암자는 그대로인데 사람은 가고 없구려. 암자를 보니 마치 그 사람을 눈앞에 보는 듯하오. 그 사람은 죽고 없지만 암자는 아직 남았으니, 암자가 여전하다면 사람도 그대로겠지. 사실이 그렇더라도 사람이 이제 죽고 없으니 암자 또한 어떻게 저 혼자 보존될 수 있을꼬. 기록을 남겨 오래도록 무사하길 기원할 수밖에."

나는 암자 따위는 문장을 짓기에 부족하다고 여겼지만 정림의 암자만큼은 기록으로 남기지 않을 수 없었다. 지금 기록해놓지 않으면 훗날 내가 죽은 뒤 태어날 자들이 어떻게 정림을 알며 이 암자가 무슨 건물인지 어떻게 알겠는가 말이다!

예부터 뜻과 품행이 남달랐던 승려가 많기도 했으니, 어찌 정림만이 유별나겠는가! 내가 유독 그를 귀여워했던 것은 그가 비천한 신분임에도 불구하고 성현의 대도(大道)에 뜻을 두었기 때문이다. 그래서 나는 "비천함 중에서도 도를 알지 못하는 것보다 더 비천한 것은 없다"고 말한다. 정림은 자신이 어떠해야 하는가를 스스로 직시한 사람이었다. 그래서 뭇 사람이 그를 낮춰 보며 천하게 여겼어도 정림 자신은 그 사실을 전혀 알지 못했다. 오늘날 천하에서 으뜸간다는 선비들이 엄숙한 태도로 강단에 올라 입으로는 인의(仁義)를 설파하고 손으로는 주

로 간주하기도 했고, 황로(黃老)로 여기기도 했으며, 때론 환공(桓公)과 문후(文侯) 같은 제후로 보기도 하였다. 도덕과 형명(刑名), 권모술수를 두루 포용하면서 때에 따라 적절히 운용하라고 가르쳐 사상의 일대 해방을 가져왔다. 광선파의 이론적 대강은 그에게서 완비되었다고 할 수 있다. 그의 학문은 청대 말기 강유위나 담사동 같은 금문학자들의 계몽운동에까지 영향을 미쳤다.

미[140])를 휘두르고 있으니, 참으로 높고도 귀하다고 말할 수 있을 것이다. 하지만 그들 중에 스스로 존귀해질 줄 아는 자가 그 누구일꼬! 하물며 강단의 말석이나 쫓아다니는 자들이야 말할 나위 있을까! 더욱이 노복의 천한 신분으로 말채찍이나 잡는 무리라면 자신이 너무 고생한다고 생각하든지, 그게 아니면 주머니를 채우고 배를 불리는 데 아무 도움이 안 된다고나 여길 터이다. 그들은 주변에서 자신과 다른 자를 만나면 당장 떼를 지어 몰려와 옷소매를 걷어붙이고 화를 내거나 속으로 비웃음이나 날릴 것이다. 기꺼이 고개 숙여 마음을 쏟고, 궁벽한 선비에게 예를 다하며, 날마다 처마나 기둥에 기대고서도 즐거운 나머지 자신의 비천함조차 잊어버리는 사람은 반드시 성인(聖人)의 경지에 오른 연후라야 공부를 그만둘 사람이겠지! 예전에도 정림과 같은 사람은 있지를 않았다. 이는 마땅히 기록해두어야 하겠기에 드디어는 정림을 위한 문장을 짓게 되었다. 암자를 기록한 글이 아니라, 전적으로 정림암이란 이름을 가진 암자의 유래를 밝힌 문장인 것이다. 오호라! 도는 헛되이 떠들지 않고 배움은 실제 효용에 힘쓰는 것이니, 이 정림암은 진실로 허하지 않을 곳이로구나!

고결설 高潔說

나는 천성이 고아한 것을 좋아한다. 고아한 것을 좋아하다 보니 거만해서 남들에게 굽힐 줄을 모른다. 하지만 이 말은 권세에 의지하고 재물에 기대려는 인간들에게 굽힐 줄 모른다는 것이지, 조금이라도 장점과 선한 면모를 지녔다 하면 비록 그가 노예일지라도 절하지 않은 적이

---

140) 주미(塵尾): 옛사람들이 한담을 나눌 때 벌레를 쫓거나 먼지를 떨기 위한 용도로 사용하던 도구. 사슴들이 이동할 때 앞 사슴의 꼬리가 방향을 나타내는 표지가 된다는 데서 착안하였다. 청담(淸談)을 나눌 때 명류(名流)들이 몸에 지니던 아기(雅器)였다.

없었다. 나는 성품이 깨끗한 것을 좋아한다. 청결함을 사랑하다 보니 속이 좁고 성급해서 남들을 잘 포용하지 못한다. 하지만 이 말 역시 권세를 좇고 재물에 아첨하는 그런 부류를 받아들이지 못한다는 것이지, 조금이라도 장점과 착함을 지녔다면 설사 왕공(王公)의 높은 신분일지라도 어울리지 않은 적이 없었다.

남에게 굽힐 수 있는 까닭에 그 마음이 비워지고, 그 마음을 비울 수 있는 까닭에 취하는 바가 넓어지며, 취하는 바가 넓은 까닭에 그 사람됨은 갈수록 고아해진다. 그렇다면 세상에서 남들에게 굽힐 수 있는 사람이란 사실은 세상에서 고아함을 가장 좋아하는 자일 것이다. 내가 고아함을 좋아하는 것 또한 마땅하지 않은가! 널리 사람을 취할 수 있으므로 빠뜨리는 사람이 없어지고, 사람을 빠뜨리지 아니하니 용납하지 못할 사람이 없으며, 용납하지 못하는 자가 없으므로 깨끗하지 못한 행동은 있을 수 없다. 그렇다면 이 세상에서 남을 잘 용납하는 사람이란 바로 깨끗한 것을 지극히 좋아하는 자라고 말해야 한다. 내가 깨끗함을 좋아하는 것 또한 너무나 당연하지 아니한가!

요즘 세상의 비열한 인간들은 모두들 내가 성급하고 폭이 좁아 남을 용납할 줄 모르며 거만해서 남에게 굽힐 줄도 모른다고 생각한다. 나는 황안(黃安)에 당도한 이래 하루 종일 문을 걸어 잠그고 있었다. 그런데도 방단산(方丹山) 같은 이로부터는 사방으로 친구나 찾아다닌다는 비난을 감수해야만 하였다. 용호(龍湖)에 거주하게 되면서부터는 비록 문은 걸어 잠그지 않았으나 찾아오는 자를 접견하지 않았고, 간혹 만나더라도 예의를 갖춰 대하지 않았다. 설사 한두 명 예절을 갖춰 만나는 자가 있더라도 오래지 않아 염증을 느끼며 내쳐버리곤 하였다. 세속의 사람들이 나에 관해 논하는 말들은 대체로 이러하다. 하지만 그들은 전혀 알지 못한다. 내가 종일토록 문을 걸어 잠그고 지내지만 그 하루가 사실은 나보다 뛰어난 사람을 만나고 싶은 마음으로 꽉 찬 하루란 것을. 일 년 내내 고독하게 앉아 있지만 그 일 년이 사실은 지기를 만나지 못한 회한으로 꽉 찬 세월임을 그들이 어찌 알 수 있으랴! 내 어찌 이런 마음을 너희들에게 일일이 토로할 수 있을까! 제법 말발 깨나 세운다는 자들은 또 내가 안목이 없어 사람을 알아볼 줄 모르기 때문에 결국에 가선 사람들에게 기만이나 당할 뿐이라고 말한다. 또 사람을 편애하여 공정하지 못하기 때문에 마지막에는 아무와도 시종여일한 관계를 유지하지 못한다고들 지껄인다. 그들은 자신의 말이 터럭을 헤치면 가죽이 드러나고 그 터럭을 날려버리면 모공이 드러나는 것처럼 확실한 논단이라고 자부한다. 그러나 그들도 사실은 세상의 비열한 인간들과 별반 다를 바가 없으니, 어찌 입에 올리기에 족할 것이랴!

텅 빈 골짜기에 발자국 소리가 들리거나(空谷足音)[141] 사람 비슷한 물체만 보여도 기뻐지는 형편이거늘 날더러 사람 만나길 꺼려 한다고 지껄여대니, 그것이 이치에 닿기나 한 소리인가? 다만 확인될 때까지는 사람이 아닐지도 모른다는 걱정이 앞서더라도 만약 나타난 존재가 대략이라도 사람의 꼴을 갖추고 있다면, 그가 아무리 천한 이라도 당장 아래로 내려와 절을 하였고, 혹은 아무리 귀한 신분이라도 그의 곁에 달려가곤 하였다. 이런 까닭에 누군가의 장점을 보게 되면 왕왕 그 사람의 단점을 잊어버리고 말았던 것이다. 비단 그 사람의 단점을 잊었을 뿐 아니라 융숭하게 예의를 갖춰 그를 스승으로 모셨는데, 그런 내가 어찌하여 편애한단 말을 들어야 하겠는가! 어찌하여 이런 말이 나오는 것인지? 좋은 벗은 만나기 어려운 법이다. 예의와 공경을 다해 그를 스승으로 모시는 정성이 내게 없다면, 저 총명하고 재주 넘치는 인사가 어찌 나하고 친구가 되려 하겠는가? 누군가와 친구가 되고 싶다면 내가 먼저 융숭하게 예의를 차리지 않으면 안 되는 것이다. 하지만 이 세상에는 진정한 재사, 진정으로 총명한 이가 실로 드물기만 하다. 내가 아무리 지극 정성을 다해 모시더라도 저들 총명하고 재주 있는 자들이 막판에 가서 진국이 아니라고 판명나면, 그 형세상 관계가 소원해지지 않

---

141) 공곡족음(空谷足音): 대단히 듣기 어려운 소식이나 말씀. 『장자』 「서무귀」(徐無鬼)의 고사에서 유래하였다. "인적 없는 먼 곳으로 도망친 자는… 사람의 발자국 소리만 들어도 절로 기분이 좋아진다"(夫逃虛空者… 聞人足音跫然而喜矣.).

으려 해도 그럴 수가 없게 된다. 그런데 진국이 아닐 뿐만 아니라 한 술 더 떠 간사하기까지 하다면, 그들과는 또 날로날로 멀어지지 않을 수 없는 것이다. 이런 이유들 때문에 사람들은 모두 나를 두고 안목이 없다고들 생각해버린다. 그런데 내가 만약 정말로 안목이 없다면 그런 이들과 평생 멀리 지낼 수는 없는 노릇이고, 내가 과연 편애로 인해 공정하지 못하다면 반드시 특정인의 허물을 옹호하면서까지 평생을 같이하는 자가 있어야 한다. 그러므로 내가 편애를 한다거나 안목이 없다고 비판하는 말들은 언뜻 보기에는 옳은 듯하지만 사실은 터무니없는 엉터리 논단인 것이다.

근자에 황안의 두 승려가 이곳으로 옮겨오자 사람들은 또다시 내가 그들을 편애할 거라고들 수군거린다. 두 승려가 나와 더불어 시종일관 같이 정진하는 데 힘써 내가 안목 없다는 말이나 듣지 않게 해준다면 그것으로 족하긴 하겠지. 그러나 저들 두 승려는 내 괴로운 마음을 제대로 헤아리는데, 내가 외롭고 고단하지만 하소연할 데조차 없는 형편이라는 것까지 잘 알고, 남들이 나를 찾는 것보다 사실은 내가 더 간절하게 사람을 그리워한다는 사정까지 너무나 잘 알고 있다. 나는 또 두 승려의 재주를 높이 사지 않으니, 사실은 그들의 덕을 높이 보기 때문이다. 총명하다고 생각하진 않지만 그 독실함만은 진정코 깊이 인정하는 바이다. 덕이 있는 자는 반드시 독실하고 독실한 자는 또 기필코 덕이 있게 마련이니, 내가 이 두 승려에 대해 무슨 걱정을 하겠는가? 두 승려는 이수암(李壽庵)을 사사했고, 이수암은 등활거[142]를 사사하였다. 등활거는 의지가 금강석처럼 굳고, 담력이 하늘처럼 컸으며, 마음으로부터 학문을 깨달아 지혜가 그 스승을 능가하였다. 이리하여 그가 받아들인 제자도 스승과 같은 그릇이었고, 그 제자의 제자 역시 스승과 똑같이 큰 인물이었다. 이를 근거로 헤아려 보건대, 저 두 승려가 나를 위해 가슴속을 시원하게 뚫어줄 것임은 전혀 의심할 바 없구나. 이렇게

---

142) 등활거(鄧豁渠): 권1 「다시 석양태수에게 답함」(又答石陽太守)의 역주 참조.

해서 고아함과 깨끗함을 좋아한다는 취지의 글을 지어 그들에게 보내
게 되었노라.

벌레 세 마리 三蠹記

유익(劉翼)이란 사람은 성품이 올곧아 남의 욕을 잘했다. 이백약[143]
은 남들에게 이렇게 말한 적이 있다.

"유 아무개가 아무리 욕설을 퍼붓더라도 욕먹은 당사자 또한 그를 미
워하진 않았다."

오호라! 이백약 같은 이는 진정으로 유익을 알아준 지기(知己)라고
말할 만하다.

나 또한 성품이 남 욕하기를 좋아하지만 욕먹은 사람 역시 나를 미워
한 적은 없다. 그 이유가 무엇일까? 내가 입은 험하게 놀려도 본심은 착
한 줄 알기 때문이며, 말은 험악해도 그 의도만큼은 선하다고 생각하기
때문일 것이다. 마음이 착하다는 것은 남들이 빠른 시일 내에 장족의
발전이 있기를 바란다는 말이고, 의도가 선량하단 말은 또 남들이 자신
의 발전을 서두르려 하지 않을까봐 걱정한다는 뜻이다. 그래서 나를 이
해하고 원망하지 않는 것이다. 그러나 세상의 보통 사람들은 비록 원망
까지는 가지 않더라도 나와는 끝끝내 친해지지도 않는다.

나를 원망하지 않고 또 친해질 수 있는 자는 오직 양정견(楊定見) 한
사람뿐이다. 그가 나를 원망하지 않고 나와 더욱 친해진 이유는 무엇일
까? 나는 부귀를 사랑하는 까닭에 타인이 부귀를 추구하는 것까지도 사
랑한다. 귀한 신분이 되고 싶다면 반드시 독서를 해야 되는데 양정견은

---

143) 이백약(李百藥): 당나라 안평(安平) 사람. 자는 중규(重規). 처음에는 수(隋)나
　　라를 섬기다가 당에 귀순해 여러 벼슬을 거쳤다. 문장에 침울(沈鬱)한 기세가
　　있었으며, 특히 시를 잘 지었고,『북제서』(北齊書)를 편찬하였다.『구당서』권72
　　와『신당서』권102에 보인다.

도무지 글을 읽으려 들지 않으니, 그래서 욕설을 퍼붓게 되는 것이다. 부자가 되고 싶다면 당연히 치산을 해야 할 것이나 양정견은 살림에도 관심이 없는 까닭에 내게서 또 욕을 먹는다. 부귀를 추구하지 않는다는 죄목으로 욕을 먹는 것이니, 내게 무슨 원망이 생겨나겠는가? 그러나 양정견은 정말로 욕을 먹어도 싼 사람이다. 바야흐로 내가 악성[144]에서 곤경에 빠져 있을 때 양정견은 폭양과 눈발을 무릅쓰고 일년에 서너 차례나 나를 찾아왔으니, 그 기골만큼은 과연 남들보다 뛰어난 사람이었다. 나는 그가 크나큰 성취를 이룰 자질이 있는 줄 아는지라 수시로 욕하기를 그칠 수가 없었다. 하지만 아무리 닦달을 해도 그는 끝내 변화하는 모습을 보여주지 않으니, 이를 어찌할 것인가? 과거공부도 안 하고, 학문에도 힘쓰지 아니하며, 살아가는 데 필요한 재산을 모으려 들지도 않고, 출세를 도모하지도 않는다. 이는 기골은 있으되 원대한 뜻이 없기 때문이니, 그는 한낱 어리석은 사람일 뿐이고 거론할 가치도 없는 자이다.

심유(深有)는 비록 도를 추구하는 의지가 약간은 있지만 곧장 위쪽을 향해 나아가진 못하는 사람이다. 왕왕 죽은 언어에 매달림으로써 일상의 어려움과 노고는 족쇄로나 여기고 부귀의 향유는 지극히 안락한 가운데 번뇌에서 벗어날 수 있는 방법으로나 치부하니, 남들을 오도하고 스스로를 망칠 작자임에 틀림없다. 양정견은 기골은 있으나 영리하지 못하고, 심유는 어느 정도 영리하지만 기골이 빠졌으니, 똑같이 산 속의 한 마리 굼실거리는 벌레가 아니냐!

저 벌레들과 이미 한패가 되었으니 억지로라도 그들에 끌려가며 내 남은 여생을 보낼 수밖에. 그래도 그들에 대한 책망을 그만두지 못하고 있으니, 양정견은 한 마리 벌레요 심유가 한 마리 벌레이며 나 또한 한 마리 벌레에 불과하구나. 어찌 세 마리 벌레라 아니할 수 있으랴? 이에 「벌레 세 마리」라는 문장을 짓노라.

---

144) 악성(鄂城): 호북의 무창(武昌) 동남쪽에 있는 현(縣) 이름.

세 배반자 이야기[145] 三叛記

때는 중복의 무더위라 한낮의 태양은 괴로울 정도로 뜨겁지만 밤이
되자 공기가 자못 서늘해진다. 호수의 물은 갑자기 불어나고 보름달도
막 떠올랐는데 산들바람이 얼굴 위로 불어오고 손님이 찾아와 벗해주
니, 이때는 바로 이 늙은이의 컴컴한 눈을 부끄러워하는 때로다. 양 뚱
보(楊胖)는 평소 졸기도 잘하더니, 어찌된 일인지 이날 밤은 눈을 말똥
말똥 뜬 채로 자신의 본업을 팽개치고 있다. 그는 흐뭇하게 웃으면서 나
비의 꿈에 장주(莊周)가 나타난 데 놀라기도 하고, 쇠몽둥이가 이광[146]
을 박살낸 일을 탓하기도 하였다. 화상(和尚)은 자신도 모르게 화들짝
놀라며 눈을 번쩍 뜨고 묻는다.

"자네, 왜 웃는가?"

"제가 웃은 것은 이 시각에 존재하는 세 배반자에 대한 전기를 짓고
싶었지만 아직 그러지 못했기 때문입니다."

나는 세 배반자가 누구이며 그대가 전기를 짓겠다는 말은 또 무슨 소
리냐고 물었다. 양 뚱보가 말했다.

"양도(楊道)는 어려서부터 저를 따라다녔는데, 올해로 나이가 스물

---

145) 이 글은 이지가 자신과 주변 인물들의 행태를 반어적인 문장으로 풍자한 것이
다. 본문에 나오는 양도·회희·심 등의 인물은 이지의 애제자인 양정견(楊定
見)과 회림(懷林)·심유(深有)를 빗대었고, 늙은 화상이나 이로(李老) 등은 물
론 이지 본인을 지칭한다. 또 아래에 나오는 어목자와 동방생·묘유객 등은 문
장을 대화체로 이끌기 위해 빚어낸 가상의 인물들이다.

146) 이광(李廣, ?~기원전 119): 서한의 농서(隴西) 사람. 집안에 내려오는 비법을
익혀 활을 잘 쏘았다. 문제 때 흉노를 격퇴하여 낭(郎)이 되었고, 경제 때에는
오(吳)·초(楚)의 반란을 평정했으며, 수 차례에 걸쳐 흉노와 싸웠다. 무제가
즉위한 뒤 위위(衛尉)에 임명되었고 나중에는 북평태수(北平太守)로 용맹을 떨
쳤는데, 흉노들은 그를 '비장군'(飛將軍)이라 부르면서 몇 년 동안이나 침공하
지 못했다. 원수(元狩) 4년(기원전 119) 대장군 위청(衛青)을 따라 흉노 공격에
나섰다가 사막 북쪽에서 길을 잃는 바람에 질책을 받고 자살했다. 사람됨이 충
직하고 과묵했으며 부하를 사랑하였으므로 그가 죽던 날은 노소를 막론하여 모
두가 울었다고 한다. 『사기』 권109와 『전한서』 권54에 보인다.

다섯입니다. 제가 아직 공명을 이루지 못한데다 나이마저 많은 것을 보고는 아무 이유도 없이 도망쳤으니, 이것이 첫 번째 배반입니다. 회희(懷喜)는 본래 양도와 같은 종류의 사람이지만 요행 용호의 승려가 그의 머리를 깎아준지라 드디어는 그를 사부(師父)로 모시고 출가한 다음 심(深)을 사부의 사부, 즉 사조(師祖)로 섬기게 되었습니다. 이렇게 해서 심에게는 저절로 회희라는 도손(徒孫)이 생기게 되었지요. 심은 동서로 떠돌아다니면서 항상 회희와 동행하였고 먹고 입는 모든 것을 회희와 똑같이 하였습니다. 지금은 회희도 하루아침에 심을 버리고 달아나더니 현성(縣城)으로 들어가 문을 닫아걸고 불경을 외운다는 핑계를 대고 있습니다. 현성 안은 원래가 시끄럽고 번잡하니, 어찌 대문을 닫아걸 땅이겠습니까? 명백히 사조를 배신한 것인데도 되려 적반하장으로 사조는 이로(李老)를 배신하고 황백(黃柏)으로 가도 되고 자기는 사조를 배신하고 성안에 들어와 문을 닫아걸지 말란 법이 어디 있느냐는 소문을 퍼뜨리고 다닌답니다. 사조가 눈물 콧물로 온 얼굴을 적시면서 몇 번이고 떠나지 말라고 만류했는데도 전혀 돌아보지 않았으니, 이것이 세 번째 배반입니다."

나는 또 양도와 회희, 심이란 세 배반자가 누구냐고 물었다. 그는 대답하지 않고 웃기만 했는데, 아마도 사조를 지목했기 때문일 것이다.

그때 어목자(魚目子), 동방생(東方生), 묘유객(卯酉客)이 마침 한 자리에 모여 있었다. 어목자가 먼저 입을 열어 물었다.

"셋 다 배반자이긴 하지만, 사안에 따라 무게의 경중이 다르지 않겠는가?"

그 말에 동방생은 이렇게 응수하였다.

"세 놈은 모두 죽여야 마땅한데 거기에 무슨 경중이 있어! 천하의 배은망덕한 놈은 오랑캐나 금수와도 비겨서는 절대 안 되는데, 오랑캐나 금수는 그래도 의리를 알고 은혜를 갚을 줄 알기 때문이지. 기왕에 배반자란 딱지가 붙었으면 경중을 가릴 것 없이 모두 죽여야 할 것일세!"

어목자가 다시 말했다.

"심의 죄는 다시 따지거나 논란할 필요도 없을 것이네. 하지만 회회 같은 자는 오랫동안 사조가 돌보아준 은혜를 입었는데, 어찌 양도와 같다고 할 수 있겠는가? 만약 양 뚱보가 심의 만분의 일만큼이라도 양도를 대접해줬더라면, 양도 역시 죽음으로써 의리를 지키면서 양 뚱보를 배반하고 떠나려 들지는 않았을 것이네. 두 사람의 인물됨이 같다고는 하지만 평소 정리의 두텁고 얇음에는 차이가 있었단 말일세. 하물며 양도는 영리해서 부릴 만했던 것이 오히려 회회보다 나았단 말이야! 그런 까닭에 인품을 논한다면 양도가 가장 윗길이고 회회가 중간이며 심은 가장 아래라고 하겠네. 법대로 처단할 것을 논하자면 사조가 가장 무거운 형을 받아야 하고 회회는 그 다음이며 양도가 또 그 다음일 걸세. 이러한 논단은 결코 바꿀 수 없을 것이야."

동방생이 그 말에 끝까지 동의하지 않았기 때문에 어목자는 그와 실랑이하길 그치지 않았다. 동방생이 다시 입을 열었다.

"사조가 회회를 아껴준 것이 어찌 회회가 총명해서 도를 말할 줄 알기 때문이겠는가? 아마도 회회의 뜻과 기상이 정녕 평범한 뭇 승려들과는 달라서 귀여워하지 않았을까? 그게 아니라면 또 인품과 기골이 진정 현 단계에서의 대사(大事)를 계승하기에 충분한 자질이 있어서였단 말인가? 양도와 같은 부류에 드는 사람이라지만 특별히 그가 자기에게 음식을 공양하고 잠자리에서도 겨울은 따뜻하고 여름은 서늘한 쾌감을 누릴 수 있도록 돌보아주었기 때문일 거야. 사조는 자기에게 유리한 점이 있었기 때문에 총애한 것이고, 회회는 사조에게 도움을 줄 수 있는 까닭에 그의 총애를 받아들인 것이지. 받는 자나 베푸는 자가 즉시로 모든 것을 청산하면서 조금도 나머지가 없게 만드는 꼴이 마치 요즘의 고용살이 인부나 마찬가지로구먼. 어찌 그들을 양도와 같은 과에 속한다고 보지 않을 수 있겠나?"

두 사람의 논쟁이 결판나지 않은 상황에서도 양 뚱보는 여전히 침묵을 지키면서 아무 말이 없었다. 그때 곁에서 관전만 하던 묘유객이 칼을 쥐고 벌떡 일어서면서 소리쳤다.

"세 놈 모두 죽일 것까지는 없지만 늙은 화상만은 죽여도 괜찮겠네. 어서 빨리 이 늙은이를 없애버려 천하의 태평을 도모하는 편이 낫겠어! 본래가 한낱 늙은이로서 뜻과 기상이라곤 전혀 없는 작자야. 그런데도 잘 봐주고 사랑해주다 보니 그가 분양[147]이나 포대[148]에까지 비교될 지경에 이르고 말았네. 큰 뜻이 있는 데도 몰라보면 눈깔이 없는 자이지. 큰 뜻이 없는데도 큰 뜻을 사랑하는 마음으로 그를 감싸준다면 그것도 눈깔이 없는 경우겠지. 이런 놈은 죽여도 싸다네. 다른 사람의 뜻과 기상을 키워준답시고 자신의 위풍을 없애다니, 그런 자를 죽이지 않고 또 무엇에 쓰겠나!"

묘유객은 칼을 꼬나들고 곧장 화상을 향해 달려들었다. 화상은 무릎을 꿇고 애원하여 마지않았다.

"참으로 맞는 말씀이십니다. 정말 맞는 말씀이에요. 그저 저의 대가리에 관용을 베푸사 머리통 없는 귀신만은 면하게 해주십시오!"

오호라! 예전부터도 눈깔은 없었지만 이제는 또 대가리마저 달아날 판이로구나. 사람들이 말하는 '재앙은 저 혼자 찾아오지 않는다'(禍不單行)는 속담이 정녕 맞는 말이로구나!

『충의수호전』서문 忠義水滸傳序

태사공은 다음과 같이 말했다.

---

147) 분양(汾陽): 당대 곽자의(郭子儀)의 별칭.

148) 포대(布袋): 포대화상(布袋和尙). 세간에서는 미륵보살의 화신이라고 전한다. 오대(五代)의 양(梁)나라 때 명주(明州) 봉화현(奉化縣)에 살면서 자칭 계차(契此)라고 하였다. 항상 지팡이에 자루를 짊어지고 다니다가 물건만 보면 구걸을 했기 때문에 '포대화상'이란 별명이 붙었다.

149) 출전은 『사기』 「태사공자서」(太史公自序)인데, 원문은 위의 문장과 약간 다르다. "한비자는 진나라의 감옥에 갇히자 「세난」과 「고분」을 지었고, 『시경』 삼백 편은 대체로 성현께서 억울함을 토로하기 위해 지은 작품들이다"(韓非囚秦, 「說難」·「孤憤」; 『詩』三百篇, 大抵賢聖發憤之所爲作也.)

"「세난」과 「고분」은 성현께서 자신의 억울한 심정을 토로하기 위해 지으신 작품이다."[149]

이런 관점에서 보자면, 옛날의 성현들은 가슴속에 억울하고 답답한 사정이 없으면 글을 짓지 않으셨다. 억울함이 없는데도 글을 짓는 행위는 비유컨대 춥지도 않은데 일부러 몸을 떨고 아프지도 않은데 신음하는 것과 같으니, 비록 작품을 낸다 한들 무에 볼 만한 구석이 있겠는가? 『수호전』은 바로 답답하고 억울한 심정을 토해내기 위해 지어진 작품이다. 원래 송나라 왕실이 쇠퇴하기 시작하면서 모자와 신발이 서로 뒤바뀌어 걸쳐지듯 어진 사람은 낮은 데로 밀려나고 어리석은 자들은 높은 지위를 차지하게 되었다. 오랑캐들이 점차 윗자리를 차지하고 중원은 아래로 밀려나는 판인데도[150] 당시의 임금과 재상은 위기가 곧 닥칠 줄도 모르고 처마 밑에 둥지를 튼 제비(處堂燕鵲)[151]처럼 폐백을 바치고 신하로 자칭하면서 저들 개나 양과 다름없는 오랑캐에게 기꺼이 무릎을 꿇었던 것이다. 시내암과 나관중[152] 두 분은 몸은 원나라에 살았지만 마음만은 항상 송나라에 가 있었고, 원의 치세에 태어났으면서도 사실은 송나라의 일에 격분하던 참이었다. 이러한 까닭에 두 황제가 북쪽으로 잡혀간 일[153]을 분하게 여겨 요나라를 대파함으로써 그 원한을 설욕했고,[154] 남쪽으로 밀려온 송나라가 소강상태에 구차히 안주함을 분

---

150) 금나라와 원나라가 역사와 문화가 유구한 한족을 통치한 상황을 빗대었다.

151) 처당연작(處堂燕鵲): 『예문유취』(藝文類聚) 권92에 나오는 고사. "제비가 어느 집 처마 밑에 둥지를 틀었다. 어미새가 새끼에게 먹이를 먹여주고 시끄럽게 재잘대며 즐겁게 사는 꼴이 자신들은 안전하다고 생각하는 것 같았다. 어느 날 부뚜막이 갑자기 터져 불길이 치솟아올랐고 들보와 지붕이 타들어갈 지경이 되었다. 그런데도 제비는 안색이 변하지 않았고 당장 재앙이 들이닥치는 것도 알지 못했다"(燕雀處一屋之下, 子母相哺, 煦煦然其相樂也, 自以爲安矣. 竈突決, 火上, 棟宇將焚, 燕雀顔色不變, 不知禍將及也.) 일반적으로 순간적인 안일에 취해 위기를 망각하는 사람을 비유하는 경우에 많이 쓰이는 성어이다.

152) 시내암(施耐庵) · 나관중(羅貫中): 두 사람 다 원말(元末) · 명초(明初)의 소설가이다. 『수호전』은 시내암이 짓고 나관중이 엮었다는 설과 본래 나관중 한 사람의 작품이라는 설이 같이 전해진다. 나관중에게는 또 『삼국지통속연의』(三國志通俗演義)와 『삼수평요전』(三遂平妖傳) 등의 작품이 있다.

하게 여긴 탓에 방랍을 격멸함으로써 그 분노를 씻었던 것이다. 감히 묻건대 그 분노를 씻어낸 자는 누구인가? 바로 그 전날 수호에 운집하여 강도가 되었던 호한들이니, 그들을 두고 아무리 충성스럽고 의롭지 않다고 말하려 한들 그것은 불가능하다. 이런 까닭에 시내암과 나관중 두 분은 『수호전』을 지으면서 다시 '충의'라는 단어를 제목 앞에 더해야 했던 것이다.

충성스럽고 의로운 자들이 어찌하여 수호에 몰려들었던가? 그 이유를 알 것도 같다. 수호에 모인 호한들은 어찌하여 낱낱이 다 충성스럽고 의로운 인물들이었을까? 그들이 수호로 몰려든 원인을 보면 알 수가 있다. 작은 덕이 큰 덕을 지닌 자를 섬기고, 조금 총명한 자가 대단히 총명한 사람에게 부림을 당하는 것은 자연스런 이치이다. 만약 조금 똑똑한 자가 사람들을 부리고 대단히 현명한 자가 남에게 부림을 당한다면, 그가 어찌 마음으로부터 기꺼이 그 부림에 승복하면서 부끄러움을 떨쳐버릴 수 있겠는가? 이는 마치 기운이 그다지 세지 못한 자가 사람을 포박하고 천하장사는 남들에게 결박당한 꼴이니, 그가 어찌 속수무책으로 포박을 받아들이며 당하고만 있을 것인가? 그 형세를 보면 기어코 천하의 장사와 큰 현인들을 내몰아 모조리 수호에 들어가게 하는 판국이었다. 그러므로 수호의 호한들은 천하장사이면서 큰 현인이고 또 충성과 의리를 겸비한 인물들이라고 말할 수 있다. 그러나 송공명(宋公明)처럼 충성스럽고 의로운 자는 그 안에도 다시 없었다. 지금 백팔 명의 호한을 보면 공적과 허물이 동일하고 동고동락하면서 생사를 함께 했으니, 그들의 충성스럽고 의로운 마음은 송공명과 다를 바가 없구나. 그런데 저 송공명이란 사람은 유독 몸은 수호의 산채에 두고도 마음은

---

153) 송의 휘종(徽宗)과 흠종(欽宗)이 금나라의 포로가 되어 북방으로 끌려간 사건, 즉 정강지변(靖康之變)을 가리킨다.

154) 백회본(百回本) 『수호전』의 제83회에서 89회까지는 요(遼)나라 정벌에 관한 내용이다. 요나라는 북송과 대치하면서 중국의 북쪽을 통치하던 왕조로 916년에서 1125년까지 아홉 황제가 재위했다. 나중에 금에 의해 멸망당했다.

항상 조정에 가 있어 한뜻으로 초안(招安)을 바라고 오로지 진충보국만
을 도모하더니 결국에 가선 엄청난 위험을 무릅쓰고 큰 공을 이루게 되
었다. 그러고 나서 독약을 마시고 스스로 목을 매어 죽는 것[155]도 마다
하지 않았으니, 이 얼마나 매서운 충성이며 의로움일까! 진실로 백팔 호
한을 승복시킬 만한 도량이었던 까닭에 양산박에서 결의형제를 주도하
여 그들의 맹주가 될 수 있었던 것이다. 최후에는 남쪽에 가서 방랍[156]을
정벌하니, 전투 중에 죽은 자가 양산박 형제의 절반을 넘었다. 또 노지
심은 육화사에서 입적하고,[157] 연청은 눈물을 흘리면서 그 주인과 이별
하며,[158] 이동은 혼강의 계책에 따랐다.[159] 송공명은 이들의 저의를 모
르지 않았으나 기미를 보고 명철보신을 꾀하는 것은 졸장부가 자기만
살아남자고 벌이는 수작에 불과하며 결단코 임금에게 충성하고 벗에게
의리를 지키는 자들이 연연해할 바가 아니라고 여겼다. 이가 바로 송공
명이란 사람이다. 이렇게 해서 그는 충성과 의리로 일컬어지게 되었으
니, 어찌 그에 관한 전기를 짓지 않을 수 있으랴! 어떻게 그의 전기를
읽지 않을 수 있겠는가 말이다!

　그러므로 나라를 다스리는 자는 반드시 『수호전』을 읽어야 하니, 한
번 이 책을 읽으면 충성과 의로움이 수호에 있지 않고 모두 임금 곁에

---

155) 백회본 『수호전』의 제100회에서 송강과 이규(李逵)는 채경(蔡京) 등의 간신이
　　꾸민 모략에 빠져 황제가 보낸 독주를 마시게 되고, 오용(吳用)과 화영(花榮)은
　　송강의 무덤 앞에서 목을 매어 자살한다.
156) 방랍(方臘): 북송 말기 절강성에서 농민 반란을 일으켰던 인물.
157) 백회본의 제99회에서 노지심(魯智深)은 항주성 교외의 육화사(六和寺)에서 전
　　당강(錢塘江)의 조수 소리를 들으며 입적한다.
158) 방랍을 평정한 뒤 연청(燕靑)은 자신의 주인이던 노준의(盧俊義)에게 벼슬을 그
　　만두고 함께 은거하자고 간청하는데, 노준의가 그 말에 따르지 않자 혼자서 떠
　　나버린다. 역시 99회에 보이는 이야기이다.
159) 이동(二童)은 동위(童威)와 동맹(童猛), 혼강은 혼강룡(混江龍) 이준(李俊)을
　　가리킨다. 방랍을 평정한 뒤 이준은 중풍을 사칭하며 자리에 드러누웠고, 이동
　　은 그의 간병을 핑계로 조정에 나아가는 송강의 군대를 따르지 않는다. 그리고
　　먼저 약속했던 비보(費保) 등 네 사람과 더불어 외국에 나가 섬라국(暹羅國)의
　　군왕과 신하가 된다. 94회와 99회에 보인다.

모이게 된다. 현명한 재상은 이 책을 읽지 않으면 안 되니, 이 책을 일
독하면 충성과 의로움이 수호에 있는 것이 아니라 죄다 조정으로 모여
들게 된다. 병부(兵部)에서 나라의 군권을 장악한 중추적 인물이나 도
독부[160]에서 변방을 지키는 중요 임무를 담당한 장수들 역시 이 책을
읽지 않으면 안 될 것이니, 하루라도 이 책을 읽으면 충성과 의로움이
수호에 있지를 않고 그 전부가 구국의 간성이 될 인물과 군사적으로 중
요한 요충지를 선발하는 데 쓰이게 된다. 사정이 그렇지 못해 조정에
있지 않고 임금 곁에도 없으며 요새를 지키는 군관들 곁에도 있지 않다
면, 그것은 어디로 갈까? 바로 수호로 모여들게 된다. 이 책은 가슴속의
분노를 터뜨리기 위해 지어진 것이다. 만약 할 일 없는 호사가들이 이
책을 단순한 이야깃거리로나 알고 병사를 부리는 자가 계략을 짜내기
위한 학습서 정도로만 여기면서 각자 자신에게 필요한 장점만을 취하
려 든다면 이른바 충성과 의리란 것은 어디서 읽어야 할까나!

소자유[161]의 『노자해』 서문 子由解老序

먹어서 배부른 것이야 누구나 마찬가지이다. 남쪽 사람들은 쌀을 먹
을 때 달게 여기고 북방 사람들은 기장을 먹고 맛있게 여기니, 이들 남
과 북의 사람들은 애당초 서로를 부러워한 적이 없다. 그러나 둘로 하
여금 지역을 바꾸고 각기 다른 음식을 먹게 하더라도 밥을 내버리는 일

---

160) 도독부(都督府): 명대에는 오군도독부(五軍都督府)를 설치했는데, 군정의 최고
기관이었다.
161) 소자유(蘇子由): 소철(蘇轍, 1039~1112). 송대의 미산(眉山) 사람. 소순(蘇洵)
의 아들이자 소식(蘇軾)의 아우로, 자가 자유이다. 부친·형과 더불어 삼부자가
당송팔대가로 꼽힐 만큼 문명이 높았다. 시호는 문정(文定). 『시전』(詩傳)·『논
어습유』(論語拾遺)·『맹자해』(孟子解)·『용천지략』(龍川志略)·『노자해』(老子
解)·『난성문집』(欒城文集) 등의 저작을 남겼고, 『송사』 권339와 『송원학안』 권
99에 전기가 보인다.

은 없을 것이다. 공자와 노자의 도(道) 역시 남과 북에 있어서의 쌀이나 기장과 다를 바 없다. 어느 한 가지에 배부르면 다른 음식을 부러워할 것도 없지만, 그렇다고 해서 어찌 밥을 내버리겠는가! 어찌하여 그럴까? 배부른 자는 각자 만족하면 그만이되, 정말로 배고픈 사람은 이거고 저거고 가릴 게 없기 때문이다.

일찍이 북방에서 학문을 닦을 때 주인집에서 밥을 얻어먹은 적이 있었다. 날씨는 춥고 폭설이 사흘 동안이나 쏟아지는데 양식 떨어진 지도 이레나 되자 추위와 배고픔에 거의 쓰러질 지경이 된 나는 주인집에 한 가닥 희망을 걸고 찾아가게 되었다. 주인은 나를 가엾게 여기고 기장을 삶아 대접해주었다. 입 벌리는 대로 숟가락 떠넣기가 바빴던 나는 먹고 있는 음식이 무엇인지 분간할 겨를도 없었다. 밥상을 물리고 난 다음 나는 주인에게 치사했다.

"참으로 좋은 쌀입니다! 어쩌면 이리도 맛있을까요?"

그 말에 주인이 웃으면서 대꾸했다.

"이것은 기장인데 쌀과 비슷한 곡식이지요. 또 방금 드신 기장은 지난번에 드신 곡식과 전혀 다르지 않습니다. 다만 너무 굶주린 나머지 맛이 더 좋아졌을 따름이지요. 더 맛있기 때문에 배도 더한층 부른 거구요. 당신은 이제부터 쌀은 쌀이라 여기지 말고 기장은 기장이라 생각하지 마십시오."

나는 그 말을 듣자 긴 한숨과 함께 탄식이 흘러나왔다. 나에게 있어 도(道)라는 것은 오늘 먹은 밥과 같으니, 공자와 노자를 가릴 겨를이 어디 있겠나 싶었던 것이다. 이때부터 전력을 다해『노자』를 연구하기 시작했는데, 마침 소자유의『노자해』(老子解)가 손에 들어와 그 책을 읽게 되었다.『노자』를 해설한 사람이야 부지기수지만 그 중에서도 자유가 가장 뛰어나다고 일컬어진다. 자유는『중용』첫 장의 다음과 같은 구절을 인용하여 말했다.

"희로애락이 아직 발현되지 않은 상태를 일러 중(中)이라 한다."

아직 발현되지 않은 '중'은 만물의 오묘함이 간직된 상태이다. 송대의 유자들은 정명도[162] 선생 이래로 번갈아 그 이치를 전수하면서 매번 문하의 제자들로 하여금 그 자취가 어떻게 드러나는지 살피게 하였다. 이렇게 해서 자유는 뜯기고 떨어져나간 책장으로부터 홀로 이 미언(微言)을 찾아냈으니, 그가 『노자』의 심오한 의미를 제대로 밝힌 것도 지극히 당연한 노릇이었다. 오천여 자에 불과한 『노자』의 의미를 찬란한 해가 비추듯 확실히 밝혀놓았으니, 공부하는 자라면 하루라도 이 책을 손에서 떼면 아니 될 것이다. 『노자해』가 완성된 뒤 도전[163]에게 보여주니 그의 뜻에 마땅했고, 형인 소자첨(蘇子瞻, 蘇軾)에게 보냈더니 그 또한 흡족해하였다. 자유가 죽은 지도 오백여 년이나 지난 오늘날 뜻밖에도 이 걸작을 다시 보게 되었구나. 아아! 역시 진실로 굶주린 연후라야 필요한 바를 얻을 수 있는 것이로구나!

고동지[164]를 격려하는 글 高同知獎勸序 −

고씨는 토관[165]인데 그 조상이 반역을 일으켰었다 高係土官, 父祖作逆

---

162) 정명도(程明道): 정호(程顥, 1032∼85). 자는 백순(伯淳). 하남의 낙양 사람으로 주돈이(周敦頤)에게 배웠다. 동생 정이(程頤)와 더불어 북송 성리학의 기반을 닦았지만 아우와는 달리 성격이 호탕해서 맹자를 추존하며 인(仁)을 생의(生意)로 받들었다. 이(理)를 만물의 본원, 궁리(窮理)는 바로 사회적 이치를 탐구하는 것으로 인식하여 '격물치지'(格物致知)의 이론을 내세웠다. 사람들이 치지하여 지지(知止)에 이르고 성의(誠意)하여 평천하(平天下)에 도달하길 요구했으며, "도가 행해지지 않으면 백 대 동안 좋은 정치가 이뤄지지 않고, 학문이 전해지지 않으면 천 년 동안 진실한 학자가 나오지 않는다"(道不行, 百世無善治; 學不傳, 千載無眞儒.)고 말했다. 동생 정이의 말과 저작을 합쳐 후인들이 『이정전서』(二程全書)를 편집해 펴냈다. 시호는 순공(純公).

163) 도전(道全): 송·금시대 기산(沂山)에 살았던 도사 양도전(楊道全)으로 추정된다. 『금사』(金史) 권34에 이름이 보이기는 하나 자세한 생평은 미상이다.

164) 고동지(高同知): 고금신(高金宸). 자는 천구(天衢)이며, 토부동지(土府同知)로 요안부에서 근무했다고 『요안현지』(姚安縣志) 권25 「인물지·관사(官師)」에 소개되어 있다. 이지가 요안지부를 지낼 때 알게 된 이민족 출신의 토관으로 만력 7년에 부친 흠(欽)의 직위를 세습하였다. 동지(同知)는 부직(副職)에 해당한다.

나는 일찍이 고동지에게 이렇게 말한 적이 있다.

"우리 나라가 온 세계를 통일하니 은택이 중원에 흐르고 위엄은 천하를 제압하였소. 영토를 넓히려 일부러 애쓰지도 않았는데 땅이 저절로 넓어지니, 진시황이 신하로 삼을 수 없었고 한 무제가 굴복시키지 못한 자들까지도 전부 우리의 판도 안에 들어왔소. 간우[166]의 우아하고 씩씩한 격조가 동으로 서로 점점 퍼져나가고 남과 북으로도 세력이 미쳤소이다. 지금 시대에 비춰 그 일을 보게 되면 어찌 백 번 천 번에 그칠 것이겠소! 그러나 이는 사람마다 말할 수 있는 바라오. 내가 장차 '관직을 마련하고 직분을 나누어 백성들이 지켜야 할 기준을 만든 일'[167]에 대해 말함으로써 그대의 사기를 진작시켜도 되겠소이까?"

"운남성에서 서쪽 변방에 이르기까지는 유관과 토관이 나란히 봉해지니, 문교(文敎)가 널리 퍼진 지도 벌써 이백여 년이나 되는구려. 원래 위로는 선왕의 성대했던 봉건제(封建制)를 채택하고, 아래로는 선왕을 이은 후왕이 실시한 군현제(郡縣制)의 아름다운 규범을 잃지 않았소이다. 앞서 실시하던 봉건제는 덕만큼은 훌륭했으나 제도가 미비하였고, 나중에 나온 군현제는 제도는 아름다워도 덕이 아직 도탑지 아니하였소. 오직 우리 왕조만이 고금을 통틀어 아우르고 육왕[168]을 본받았으며 사해를 포괄하고 인륜과 제도를 겸비하여 공덕이 융성하니, 진정 인류

---

165) 토관(土官): 한족(漢族)이 아닌 이민족 출신의 벼슬아치. 보통은 원주민의 추장을 가리키는 말로 쓰였다. 이와 반대로 묘족(苗族)이나 요족(瑤族) 등의 소수민족이 모여 사는 지역에 임명된 한족 출신 관리는 유관(流官)이라고 불렀다.

166) 간우(干羽): 무관의 춤(武舞)과 문관의 춤(文舞). 문무는 새 깃털을, 무무는 방패를 들고 춤춘 데서 생겨난 말이다. 『서경』「대우모」(大禹謨)에 "임금이 문덕을 널리 펴시니, 두 계단에서 춤을 추었다"(帝乃誕敷文德, 舞干羽于兩階.)는 대목이 나오는데, 이로부터 문덕의 교화를 일컫는 말이 되었다.

167) 출전은 『주례』(周禮)「천관·서관」(天官·序官)편. "왕께서 나라를 세우실 때 방위를 분별하여 위치를 바로잡으시고, 국도를 분할하여 전답을 측량하셨으며, 관직을 두어 자리를 나누심으로써 백성들이 지켜야 할 표준을 만드셨다"(惟王建國, 辨方正位, 體國經野, 設官分職, 以爲民極.)

168) 육왕(六王): 하(夏)나라의 계(啓), 은(殷)나라의 탕(湯), 주(周)나라의 무왕(武王)·성왕(成王)·강왕(康王)·목왕(穆王)을 가리킨다.

가 생긴 이래 성인도 미처 누려보지 못한 경지에 들었지요. 그래서 나는 우리 왕조가 얼마나 오래 지속될 것인가 점까지 쳐보았소이다. 어찌하나라처럼 크고 은나라처럼 바뀌지 않으며 주나라처럼 도(道)가 살아 있는 장점만 겸비할 뿐이겠소? 아래로 내려와 한과 당과 송나라의 끝없는 역사를 이었으니, 아무리 수많은 세월이 흘러도 우리 왕조의 역사는 멈추지 않을 것이오. 이 어찌 하찮은 벼슬아치의 사사로운 축원이리까! 그 뿌리가 무성하니 가지와 잎사귀가 다함 없이 번창할 것임은 너무나 당연한 이치라오."

"나는 당신네 고씨의 조상에 대해서는 상세히 알지 못한다오. 다만 우리 나라의 신하가 된 이래 우리 고조 황제께서는 그들의 귀순을 어여삐 여기사 차마 다른 곳으로 옮겨가지 못하게 하셨으니, 그들은 자신들이 살던 땅에서 생업에 종사하게 되었소이다. 그들이 순종하고 협조적으로 굴자 차마 왕래를 끊지 못하시고 대대로 은전을 베풀어주셨소. 또 그 조상들이 일찍이 우리 백성에게 공덕을 쌓고 우리 병사들의 칼에 애초부터 피를 묻히지 않았음을 생각하시어 대부(大夫)의 품계를 내리셨으니, 그 자손들은 작위가 이어져 일족이 번성할 수 있게 되었소. 당초 그들과 우리가 하나로 통합되어 걱정근심이 말끔히 일소되던 날, 고목의 썩은 가지 부러지듯 모든 일이 손쉽게 이뤄지는 계제에도 꾀 많은 신하와 용맹한 장수들은 구름처럼 몰려들었다오. 만약 한나라와 당나라가 뒤처리하던 경우를 고수하여 귀순해온 자에게 죽음만 겨우 면할 정도로 대우해줬더라면 그대들은 어찌할 뻔하였겠소? 혹은 귀순자들이 고분고분하고 순종적이라 하여 더 안쪽의 땅으로 옮기게 한 다음 고향 땅에서 나는 곡식을 먹지 못하게 했더라면 어찌되었겠소? 아무리 조상이 공덕을 쌓은 경우라 해도 평생토록 논공행상이 거론되지 않았을 경우에는 또 어땠을 것 같소? 그렇기 때문에 나는 우리 조상님이 베푼 은덕이 지극히 두텁다고 생각한다오."

"게다가 지금 이 땅에 들어와 군수(郡守)며 주정(州正)이며 현령 따위 벼슬을 하는 자들은 그 경위가 어찌 수월하였겠소! 저들은 일찍이

만 권의 책을 독파하고 가슴속에 수십만의 군대를 부릴 지략을 갖추려 부단히 노력해왔소이다. 만분의 일의 가능성으로 선발되었다 하더라도 각 부서를 십여 년씩이나 돌아다니고, 산 넘고 물 건너 만여 리씩 고생 하며 떠돌아야만 하였소. 그대의 관작과 비교해 더 높은 벼슬을 하는 것도 아니면서 친척과 조상의 무덤은 멀어지기만 했던 것이오. 그런데 도 날마다 긴장한 채로 직무를 제대로 수행하지 못한다는 평가를 들을 까 두려워해야 하고, 어쩌다 작은 과실이라도 한 번 범할라치면 당장 논책이 뒤따르면서 일반 평민으로 강등당하는 신세인 것이오. 여기까 지 오는 길은 멀었지만 쫓겨나가는 것은 그야말로 순식간이지요. 벼슬 을 얻기는 대단히 어려웠지만 잃기는 너무나도 쉽다고 하겠소. 이런 상 황에서 그대가 팔자걸음으로 활개치며 걷거나 말 타고 달리는 상황을 한 번 돌이켜 보도록 합시다. 그대는 대청 아래 계단을 밟는 일조차 없 는데도 죽을 때까지 즐겁고 편안하며 부귀영화가 대대손손 그치지를 않는구려. 조정의 뜨락에 이마를 대고 절한 적이 없는데도 자손들이 누 리는 관작은 유관과 비등하오. 이 어찌 그리된 까닭을 모르고 넘길 수 있겠소이까?"

"또 전쟁터에서 공을 세운 공신들의 경우, 그들의 남다른 공훈과 굉 장한 정벌에 대한 기록은 맹부[169]에 보관되어 받들어지지요. 그런데 그 후손들은 조상을 닮지 않아 혹자는 교만과 사치에 빠져 퇴폐적으로 살 고 있으니, 아무리 팔의[170]가 있다지만 그것을 빌려 관용을 애걸할 일 이 적지 않구려. 외곽의 위소[171]에서 그 선조들이 성을 무너뜨리고 진

---

169) 맹부(盟府): 맹약의 문서를 넣어두는 창고.
170) 팔의(八議): 주나라의 제도로서 범법자를 심의하여 죄를 감면하는 여덟 가지(議 親, 議故, 議賢, 議能, 議功, 議貴, 議勤, 議賓) 조건. 팔벽(八辟)이라고도 부른다.
171) 위소(衛所): 명대는 무력으로 천하를 평정한 다음 원나라의 제도를 혁파하고 서 울에서 군현(郡縣)에 이르기까지 위소를 설립했다. 몇 개의 부(府)가 하나의 방 어지역으로 설정되어 위소를 두고, 그 아래로는 천호소(千戶所)와 백호소(百戶 所)를 설치하였다. 위소는 각 성의 도지휘사(都指揮使) 소속인데, 중앙의 오군 도독부(五軍都督府)가 분담하여 관할했다.

지를 함락한 공훈을 세우지 않았더라면 천호(千戶)의 상도 어림없었을 텐데, 만호(萬戶)의 상이야 나위가 있겠소이까! 이제 그들 중에 생존한 사람은 거의 없는 판이오. 요행히 살아 있다 하더라도 활쏘기를 잘하거나 기운이 호랑이를 때려잡을 정도가 아니라면 기존의 대우를 뛰어넘는 파격은 불가능하오. 그들이 평소 공경과 예의를 다해 군자를 대하고 군인을 사랑하며 긍휼히 여기지 않았더라면 오래 평안하기란 불가능했을 뿐더러 또 신세가 위험했을 것이오. 오로지 토관만이 그렇지 않구려. 사소한 잘못이 있더라도 매번 감싸주고, 하찮은 공로가 있다면 언제나 보고할 시기를 놓칠까 그것만 걱정하였소. 군수가 감사(監司)에게 말하고 감사가 대원[172]에게 보고하면 곧바로 상훈에 규정된 보수의 내용이 내려오곤 했지요."

"똑같은 신하이고 똑같은 세관(世官)인데 오늘날의 군수와 비교할 수 없고, 위소의 세관에도 비할 수 없으며, 공신의 자손과도 비길 수 없는 까닭이 무엇이겠소? 원래 공신의 자손은 조상의 공을 믿고 교만해질 수가 있으므로 제압하기 어려운 법이오. 때문에 그들을 다스리는 법은 부득불 상세하지 않을 수 없으니, 일부러 그들을 박대해서 그런 것은 아니지요. 군수 같은 자가 이들을 누르고 제압하기란 대단한 현인이 아닌 경우 불가능하오이다. 위소의 세관이라도 이들을 보호하려면 강력한 힘을 갖고 예의를 알지 않으면 또한 불가능하지요. 그러므로 마땅히 그들을 질책하여 빈틈이 없도록 해야 할 따름이라오. 그들을 감싸줌으로써 덩굴이 뻗는 것을 방지하고, 단속하고 제압함으로써 처음부터 싹을 두절시킨다면 아무 일도 생겨나지 않을 것이오. 이러한 덕분에 그대는 편안히 뜻을 펼치면서도 대대로 관작을 받는 영예를 누리게 되었으니, 이 어찌 은혜를 모를 수 있는 일이겠소? 은혜를 알면 보답할 줄 알아야 하고, 보답하려면 삼가 예를 지킬 줄 알면서 범법행위는 엄중히

---

172) 대원(臺院): 관청 이름. 당나라 때 어사대(御史臺) 소속의 삼원(三院, 즉 臺院·殿院·察院) 중 하나였다.

다뤄야 할 것이오. 그래서 장차 우리 나라와 더불어 시종일관 함께하며 다할 날이 없다면 그 얼마나 다행한 노릇이겠소!"

나는 고동지와 더불어 수시로 이런 말들을 나누곤 하였다. 금년 봄 순안어사[173] 유공(劉公)이 직지[174]의 일을 보면서 여러 관리들을 두루 위무하실 때, 고동지 역시 유공에게 상을 받게 되었다. 이것만 보더라도 고동지가 어찌 또 어진 사람이 아닐 것이랴! 고동지는 나이는 비록 어리지만 바탕이 아름다우며 속이 깊고도 지혜롭다. 사람됨이 똑바른 데다 단아하고 엄정하여 유생의 풍모까지 갖췄으니, 그가 집안의 대를 잇고 앞사람의 허물을 극복하고자 힘쓴다면 더더욱 가상하겠구나! 오호라! 나는 진작에 격려의 글을 써서 고동지의 대문간에 내걸게 함으로써 그의 영광이 더욱 빛나기를 바랐다. 마침 동료 관리의 부탁이 있기에 다시 앞의 말을 거듭 반복하며 그를 축하하노라. 그 역시 은혜를 알고 보은을 알아 내 말을 흘려듣지 말고 우리 나라를 등지지 않았으면 좋겠구나!

대요를 떠나는 정현령을 전송하며 送鄭大姚序

예전에 조참[175]은 석 자짜리 칼로 한 고조를 도와 천하를 평정하였다. 그리고 제(齊) 땅의 재상이 되었는데, 구 년 만에 제나라가 안정되

173) 순안어사(巡按御使): 각지를 순시하는 감찰어사. 직권이 막중해 관리들의 고과 성적을 매기고 큰 사건을 심리하였다. 지부(知府) 이하의 관리들은 모두 그의 명을 받들었다. 줄여서 '순안'이라고도 부른다.

174) 직지(直指): 한 무제 때 조정이 설치한 관직으로 각지를 순시하면서 정사를 전담해 처리하였다. 위의 순안어사와 같은 명칭이다.

175) 조참(曹參): 한대의 패(沛) 사람. 소하(蕭何)와 더불어 고조의 거병을 도와 건성후(建成侯)에 봉해졌고, 천하가 평정된 다음에는 평양후(平陽侯)로 책봉되어 제(齊)의 재상이 되었다. 소하가 죽은 뒤 한의 재상이 되었는데, 매사 소하가 만들어둔 규약에 따랐기 때문에 세칭 소규조수(蕭規曹隨) 혹은 소조(蕭曹)로 병칭되었다. 시호는 의(懿). 『사기』 권54와 『전한서』 권39에 보인다.

고 평화로워졌다. 엄조[176]는 급장유[177]가 관직을 맡아 그 임무를 처리하는데 있어 남보다 나은 바가 없다고 평가했지만, 그가 동해로 방출되고 나자 그 땅은 참으로 잘 다스려졌다. 이제 그들이 제를 다스리고 동해를 다스렸던 정상을 살펴보면 실제로는 그 말들과 크게 다른 듯하다. 사서에서는 급장유가 어리석고 성격이 오만불손했다고 적고 있다. 당초 형양(滎陽)의 현령으로 임명되자 받아들이길 거부하며 그 일을 부끄러워하더니, 나중에 동해로 발령이 나자 병을 빙자하여 안채에 틀어박힌 채 한 해가 넘도록 두문불출했다고 한다. 조참은 낮이나 밤이나 독한 술을 퍼마시며 업무를 처리하지 않았다고 기록되어 있다. 아전들의 숙소에서 대낮에 술 마시고 노래부르는 소리가 들려오자, 조참도 술을 날라오게 한 다음 퍼질러앉아 마시고 노래하며 그들에게 화답하였다. 여기에 무슨 따라야 할 규범이나 경로가 있더란 말인가! 대체 그가 어떻게 했기에 고을과 나라가 제대로 다스려질 수 있었던 것일까?

『논어』에 이런 말씀이 실려 있다.

"자기 자신이 바르면 굳이 명령하지 않아도 법이 시행된다."[178]

"엄숙하게 대하기만 할 뿐 예에 맞게 행동하지 않으면 착한 것이 아

---

176) 엄조(嚴助): 한대의 오(吳) 사람. 엄기(嚴忌) 혹은 그 일족의 아들이라고 한다. 무제 때 현량(賢良)으로 뽑혀 중대부(中大夫)로 발탁된 뒤 회계(會稽) 태수가 되었다. 당시에는 사마상여·동방삭·매고(枚皐) 등이 황제 주변에 포진해 있었지만, 오직 엄조와 오구수왕(吾丘壽王)만이 임용되었다. 회남왕 유안(劉安)이 반란을 일으키자 그 일에 연좌되어 기시(棄市)당했다. 『한서』 권64에 보인다.

177) 급장유(汲長孺): 급암(汲黯, ?~기원전 112). 한대의 복양(濮陽) 사람으로 자가 장유이다. 성격이 거만하여 예의를 갖출 줄 몰랐고 유협(遊俠)과 기절(氣節)을 숭상했다. 경제 때 태자세마(太子洗馬)를 지냈지만 엄하다고 지탄을 받기도 하였다. 무제가 즉위한 뒤 알자(謁者)가 되어 하내(河內)의 화재 현장을 순시하다가 자의적으로 곡식을 풀어 난민을 구휼한 탓에 동해(東海)태수로 방출되었다. 깨끗한 정치로 동해가 잘 다스려지자 다시 소환되어 주작도위(主爵都尉)가 되었는데, 직간을 자주 올리는 바람에 오래 그 자리를 지키지는 못했다. 훗날 한 양태수가 되었다가 10년 만에 죽었다. 『사기』 권120과 『한서』 권50에 보인다.

178) 출전은 『논어』 「자로」편. "공자가 말씀하셨다. '윗사람의 몸가짐이 바르면 명령하지 않아도 백성들이 따라 행한다. 몸가짐이 바르지 않으면 명령하더라도 따르지 않는다.'"(子曰: '其身正, 不令而行; 其身不正, 雖令不從.')

니다."[179]

　나의 소견에 비춰보면, 조참과 급장유 두 사람은 그 몸가짐을 바르게 갖지 못했고 백성들 위에서 함부로 굴었다는 혐의에서 벗어나지 못할 성싶다. 또 엄숙하거나 공정하지 못했으니, 명교에도 엄청난 죄를 지었다. 그럼에도 그들은 결국 한나라의 명재상이 되었고 사직을 지키는 신하로 인정받았으니, 이는 도대체 무슨 곡절일까? 설마하니 그들은 백성을 다스림에 있어 자신만의 방도가 있는 탓에 모든 겉치레 장식 따위는 경멸했기 때문이었을까? 그것이 아니고 백성만 잘 다스릴 수 있다면 그 무엇도 따지지 않아서란 말인가? 그도 아니라면 백성들이 정말 자치를 잘해 별도로 그들을 다스릴 방책이 필요 없었다는 말일까? 이러한 이유들 덕분에 조용한 가운데 희희낙락했고 느긋하게 유람하는 와중에서도 백성들이 저절로 잘 다스려졌단 말인가? 황제(黃帝)는 아득히 먼 시대의 인물이다. 그리고 노자(老子)의 학문일지라도 그들은 들어본 적이 없었을 것이다. 어쩌면 이 두 사람은 따로 황제와 노자의 학술을 익혔는데 그것이 우리 유교의 가르침에 어긋나지 않아 이를 거부하지 않았던 것은 아니었을까? 내가 듣기에 지극한 이치는 인위적인 행동이 없고, 최상의 다스림은 소리가 나지 않으며, 지극한 가르침은 말이 필요 없다고 한다. 자공(子貢)은 비록 공자께서 '성과 천도에 대하여 이야기하는 것을 들을 수가 없었다'[180]고 말하고 있지만, 그가 어찌 실제로 그

---

179) 출전은 『논어』 「위령공」편. 전문은 다음과 같다. "공자께서 말씀하셨다. '지혜가 나라를 다스릴 만하지만 어진 마음을 지켜낼 수 없다면, 비록 지위를 얻더라도 반드시 잃어버릴 것이다. 지혜가 국사를 감당할 만하고 인도 지킬 수 있지만 장중한 태도로 백성들에게 임하지 않는다면, 백성들도 존경하지 않을 것이다. 지혜롭고 어질며 장중하게 위엄을 지키더라도 행동거지가 예에 맞지 않는다면 아직 완벽하다고 할 수 없다'"(子曰: '知及之, 仁不能守之, 雖得之, 必失之. 知及之, 仁能守之, 不莊以涖之, 則民不敬. 知及之, 仁能守之, 莊以涖之, 動之不以禮, 未善也.')

180) 『논어』 「공야장」편. "자공이 말했다. '선생님이 말씀하시는 시·서·예·악은 얻어들을 수 있었지만, 선생님이 성과 천도를 말씀하시는 것은 들을 수가 없었다'"(子貢曰: '夫子之文章, 可得而聞也. 夫子之言性與天道, 不可得而聞也.')

런 말을 듣지 못했고 법도의 바깥에서 이를 추구할 줄 몰랐겠는가? 나는 이런 점들이 몹시 의심스러웠지만 감히 다른 사람에게 이야기한 적은 없었다. 때마침 정군이 대요의 현령을 지내고 있어 내가 평소 품고 있던 의문을 그에게 질정해보았다.

대요현은 운남에 속한 고을로 땅이 외지고 협소한데다 가난하기까지 합니다. 나는 그대가 오랫동안 그 직분을 받아들이지 않은 줄 알고 있지요. 그대를 관찰하면 용모가 헌칠하고 기상이 충만해 있으며 마음에 성벽을 쌓지 않는 화통한 기질의 소유자입니다. 상대부(上大夫)와 더불어 이야기할 때도 하급아전들을 대하듯 하며 조회를 위해 대궐에 들어갈 때도 사적인 연회석에서 즐기는 듯하니, 평소의 오만하고 자신감 넘치는 태도는 급장유와 비슷하고 질펀하게 취하는 호탕한 모습은 조참과도 같습니다. 이 어찌 유자들의 눈과 귀에 일찍이 보이고 기억된 바이겠습니까! 그대는 유독 태연자약한 표정과 기색으로 술 마시고 먹기를 그치지 않으며, 귓불이 붉어지게 얼근히 취하면 때로 시를 읊고 거침없이 붓을 휘둘러 즐겼고, 도도하게 취흥이 오르면 고을의 일 따위는 전혀 개의치 않는 듯이 굴더군요. 그런데도 고을 안에는 또 별다른 사건이 일어나지 않았지요. 아아! 그대가 어찌 황제와 노자를 공부하여 깨달음을 얻은 사람이겠습니까! 어쩌면 천부적으로 타고난 자질이 은연중 도에 합치되어 자신도 모르게 그런 경지에 도달한 것 아니겠습니까! 그것이 아니라면 장차 유자들이 속으로 몰래 비웃고 손가락질할 것이 두려워 차라리 그렇게 행동하는 편이 낫겠다는 심보였단 말입니까!
내가 그대와 어울린 지도 이 년이 넘는 세월이니, 그대의 사람됨을 알 만큼은 알겠지요. 지금 그대는 벼슬을 그만두고 귀향한다는데, 거기에 무슨 안 될 일이 있겠습니까? 도연명(陶淵明)이 팽택령(彭澤令)을 사임하며 「귀거래사」를 읊은 뒤 동쪽 울타리 아래에서 국화를 따는 광경이 참으로 의미심장합니다. 진(晉)의 자사(刺史) 왕홍(王弘)은 일거에 이만 금이나 되는 거액을 쾌척하여 술집에 맡겼으니, 세상에 이만큼이나 도연명을 알아준 현인이 어디 있겠습니까? 완적[181]은 성품이 광달하여 벼슬에 나가지 않았으나 보병교위[182]의 주방에 술이 있다는 말을 듣자 자진해서 그 일을 맡았지요. 그대는 이미 현령 노릇 하는 것을 부끄럽게 생각하고 있습니다. 설사 완적의 광달함이 있다 한들 그것을 토로할 만한 사람조차 없는데, 그대를 알아주고 크게 기용할 사람이 있기를 바랄 수나 있겠습니까? 그저 벼슬을 그만두고 귀향이나 하는 수밖에요. 봇짐은 쓸쓸하고 따르는 동복의 얼굴에는 기쁜 빛이 없는 곤궁한 형색일 뿐이라, 어찌 서글픔이 없을 수 있겠습니까? 그러나 그대처럼 활달한 성격이라면 무슨 걱정도 할 필요가 없을 것입니다. 그대는 다만 출발하십시오. 내가 손가락을 꼽아 헤아려보았더니, 계산상으로는 그대가 우리 집을 지나쳐갈 날짜가 마침 국화꽃 피어나는 계절이더군요. 술은 마시고 싶은데 자금이 없을 때, 반드시 현명한 자사 왕홍처럼 '하인을 시켜 술 보내는'(白衣送酒)[183] 자가 있어서 그대를 취하게 할 수

---

181) 완적(阮籍, 210~263): 삼국시대 위(魏)나라 사람으로, 자는 사종(嗣宗)이며, 진류(陳留)의 울지(蔚氏) 출신이다. 노장(老莊)을 좋아했으며, 거문고와 바둑·시문을 잘했다. 성격이 거침없어 예속에 구애받지 않았으며, 혜강(嵇康)과 더불어 죽림칠현의 한 사람으로 이름을 날렸다. 조씨의 위나라에서 참군을 지냈고, 진에서는 사마의(司馬懿) 부자를 좇아 중랑(中郎)과 보병도위 등의 벼슬을 지냈다. 술과 현담(玄談)으로 많은 일화를 남겼으며, 정사에 참여하지 않고 사람을 품평하지 않는 것으로 보신했다. 「호걸시」(豪傑詩)·「영회시」(詠懷詩)·「달장론」(達莊論)·「대인선생전」(大人先生傳) 등의 저술을 남겼으며, 『삼국지』권21과 『진서』권49에 전기가 보인다.

182) 보병교위(步兵校尉): 한대에 설치된 벼슬로 원래는 상림원(上林苑)의 둔병을 관리하던 직책이다. 동한시대에는 위병(衛兵)을 관장하는 이천 석 벼슬이었으며, 사마(司馬) 한 명과 영원리(令員吏) 73명, 병사 700명을 수하로 거느렸다.

183) 백의송주(白衣送酒): "왕홍이 강주자사를 지낼 때인데, 도잠이 구월 구일 마실 술이 없었다. 그는 집 가장자리 동쪽 울타리 아래 국화밭에서 손아귀가 차도록 국화꽃잎만 뜯으면서 하릴없이 앉아 있었다. 얼마 지나지 않아 멀리서 흰옷 입은 하인 하나가 나타났는데 바로 자사 왕홍이 보낸 술심부름꾼이었다. 그는 도잠이 취하도록 마신 다음에야 돌아갔다"(王弘爲江州刺史, 陶潛九月九日無酒, 於宅邊東籬下菊叢中摘盈把, 坐其側. 未幾, 望見一白衣人至, 乃刺史王弘送酒也. 卽便就酌而後歸.) 출전은 남조 송나라의 단도란(檀道鸞)이 지은 『속진양추』(續晉陽秋)「공제」(恭帝)편.

있을 것입니다.

이중승[184]의 『주의[185]집』 서문 李中丞奏議序

전하는 말에 "시무[186]를 아는 자는 준걸 가운데 있다"고 하였다. 대저 시무는 알기도 쉬운 법인데 어째서 준걸만이 시무를 알아본다고 했을까? 게다가 준걸은 세상에 늘 태어나는 것이 아니지만, 당장 처리해야 할 시급한 일은 발생하지 않을 때가 한시도 없다. 만약 준걸이 나타난 연후라야 시무를 알게 된다면, 세상에서 말하는 시무는 모두 시무가 아니란 말인가? 아니면 준걸이 알아보는 것들은 반드시 준걸이라야 알 수 있고, 그래서 준걸이 아니면 끝내 그 일을 알 수 없어서일까? 나는 이렇게 해서 시무가 대단한 것임을 알게 되었다.

주의라는 문체는 한 시대의 할 일을 의론하여 조정에 아뢰는 문장인데, 온 나라에 시행하는 것이기 때문에 한 시각도 늦춰져선 안 되는 것이다. 예로부터 주의의 문장은 많았지만, 당대(唐代)에는 유독 육지[187]

---

184) 이중승(李中丞): 이세달(李世達). 호는 점암(漸庵). 일찍이 부도어사(副道御使)를 지내며 절강 지역을 순무(巡撫)했기 때문에 '이중승'으로 호칭하였다.

185) 주의(奏議): 신하가 제왕에게 아뢰는 각종 문장의 통칭. 표(表)·주(奏)·소(疏)·의(議)·상서(上書)·봉사(奉事) 등을 모두 망라한다.

186) 시무(時務): 시무의 뜻은 여러 가지가 있다. 시절에 맞춰 해야 할 일 즉 농사를 지칭하기도 하고, 당대의 대사·시세(時勢)·시세(時世), 혹은 시절을 가리키기도 한다. 이 글에서는 응당 당대의 큰 일을 뜻한다고 보아야 할 것이다. 『삼국지』「촉지(蜀志)·제갈량전(諸葛亮傳)」에 시무에 관한 언급이 보인다. "유비가 사마덕조를 방문하여 세상사를 논했다. 덕조가 말했다. '유생이나 속물 선비가 어떻게 시무를 알겠습니까? 시무를 아는 사람은 준걸 가운데 있지요. 이 땅에는 복룡과 봉추가 있습니다'"(劉備訪世事於司馬德操. 德操曰: '儒生俗士, 豈識時務? 識時務者在乎俊傑. 此間自有伏龍·鳳雛.')

187) 육지(陸贄): 당의 가흥(嘉興) 사람. 자는 경여(敬輿). 성격이 충직했고 유학을 좋아해 열여덟 살에 진사에 급제했다. 덕종(德宗)이 즉위한 뒤 한림학사로 깊은 신임을 받으면서 조정 내 대부분의 중대사를 처결했기 때문에 '내상'(內相)이

의 글을 꼽는다. 그는 학문에 근본이 있고 인정과 사물의 이치에 두루 통달한데다 언사는 부드럽고도 화평하여 임금에게 상주하는 문체의 이치를 깊이 체득한 사람이다. 사람들이 그의 주의를 읽게 되면 마음이 열리고 눈이 밝아져 다만 글이 너무 빨리 끝날까봐 그것만을 걱정하게 된다. 그러므로 주의 중에서도 모범답안이라 말할 수 있지만, 육지의 글은 또 덕종(德宗) 황제 당시의 시무를 역설한 것에 불과하다. 원래 덕종 때는 어려운 일이 많았을 뿐더러 남을 두고 시기하면 되려 총명하기 때문이라고 두둔하기도 잘하던 시절이었다. 그러므로 육지는 할 말이 있으면 완곡히 에둘러 언급했고, 길이와 속도를 적절히 조절하면서, 관건에 적중시킴으로써 병의 근원에 도달하고자 힘썼으니, 곧장 그 병이 생겨난 지점과 병폐가 생겨난 원인을 도려내려 했던 것이다. 때문에 황제가 그의 글을 읽게 되면 자신도 모르게 육지의 의견에 깊이 빠져들면서 화가 나지 않았으니, 육지의 주의는 이런 종류의 글 중에서도 최고 수준일 것이다. 그러나 그의 글은 덕종 때가 아니라면 또 무슨 소용이 닿으랴?

한나라 때는 조조[188]와 가의[189]가 유명한데, 조조는 논(論)이 있고

라는 호칭이 있었다. 건중(建中) 연간 주차(朱泚)가 반란을 일으키자 하루 사이에 조서 수백 장을 작성하기도 했는데, 모두가 이치에 들어맞는 글이었다. 난이 평정된 뒤 중서시랑 겸 평장사(平章事)가 되었다가 훗날 참소를 당해 충주(忠州) 별가(別駕)로 폄적되어 죽었다. 시호는 선(宣). 저서로 『육선공한원집』(陸宣公翰苑集)이 있으며, 『당서』 권57과 『신당서』 권139에 보인다.

188) 조조(鼂錯, 기원전 200~154): 서한의 영천(穎川) 사람. 성씨를 조(晁)로 표기하기도 한다. 성격이 꼿꼿하고 각박했으며 젊어서 신도(愼到)와 상앙(商鞅)의 형명지술(刑名之術)을 공부하였다. 문제(文帝) 때 태상장고(太常掌故)가 되어 명을 받고 복생(伏生)으로부터 상서(尙書)를 전수받았고, 태자가령(太子家令)을 지낼 때는 뛰어난 언변으로 '꾀주머니'(智囊)란 별명을 얻기도 하였다. 경제(景帝)가 즉위한 뒤 어사대부(御史大夫)가 되어 중농억말(重農抑末)과 납속수작(納粟受爵)의 정책을 주장했다. 흉노와 귀족의 공략을 적극적으로 방어하고 백성들을 변방으로 이주시키며 제후들의 봉토를 깎음으로써 중앙집권을 강화하자고 건의했고, 경제는 이를 모두 받아들였다. 오래지 않아 오(吳)와 초(楚) 등 칠 국이 조조를 제거하겠다는 명분으로 반란을 일으키자, 황제는 원앙(爰盎) 등의

가의에게는 책(策)이 전한다. 이제 가의의 글을 읽어보면 정삭[190]을 고치고 의복 색깔을 바꾸고 일찍 태자를 세워 보필하며 교육시키자는 등의 내용을 담고 있는데, 모두 『주관』[191]에 의거하고 본받아 이야기하였다. 이런 따위야 속된 유자들에게나 늘어놓을 소리지 어찌 효문제처럼 신성한 군주를 향해 아뢸 말이겠는가? 그러나 오이삼표[192] 정책이라든가 제후들에게 은혜를 베풀고 자제들에게도 분봉시키자는 정책을 내

말을 받아들여 그를 동시(東市)에서 참수하였다. 정론문 중에 「논수변비새소」(論守邊備塞疏)와 「논귀속소」(論貴粟疏) 등이 유명하고, 『사기』 권101과 『한서』 권49에 보인다.

189) 가의(賈誼, 기원전 200~168): 한대의 낙양 사람. 『시경』과 『서경』에 밝았고 글을 잘 지었다. 이사(李斯)의 학문을 전수받은 오공(吳公)에게서 공부했는데, 어려서부터 자질이 뛰어나 스무 살에 황제의 부름으로 박사가 되었다. 초고속 승진으로 태중대부(太中大夫)가 된 뒤 정삭을 고치고 복색을 바꾸며 법도를 제정하고 예악을 발흥시킬 것을 주청했다. 황제는 그를 공경(公卿)으로 삼으려 했지만 다른 신하들의 시기로 말미암아 장사왕(長沙王)의 태부(太傅)로 좌천되었다. 이때 상수(湘水)를 건너며 굴원을 애도하는 부를 지어 자신의 처지를 빗대기도 하였다. 곧이어 양(梁) 회왕(懷王)의 태부가 되었고 정사에 관한 의견을 개진하여 다스림의 요체를 얻었다는 평가를 받았다. 그러나 회왕이 낙마 사고로 세상을 떠나자 이를 슬퍼하다가 서른셋의 나이로 요절하고 말았다. 세칭 가장사(賈長沙)·가태부(賈太傅) 혹은 가생(賈生)이라고도 부르며, 정론문 중에는 「진정사소」(陳政事疏, 일명 治安策)가 유명하다. 『사기』 권84와 『한서』 권48에 보인다.

190) 정삭(正朔): 제왕이 새로 반포한 역법. 고대의 제왕은 역성(易姓)하여 천명을 받으면 반드시 정삭을 바꿨기 때문에 하·은·주·진 및 한대 초기의 정삭이 모두 다르다. 한 무제부터 현재까지는 모두 하(夏)의 제도를 사용해 인월(寅月)을 한 해의 시작으로 삼고 있다. 정(正)은 연시(年始), 삭(朔)은 월초(月初)의 뜻이다.

191) 『주관』(周官): 『주례』(周禮). 모두 6편으로 360종류의 관직을 말하는데, 천관(天官)·지관(地官)·춘관(春官)·하관(夏官)·추관(秋官)·동관(冬官)의 육관(六官)으로 구성된 까닭에 『육전』(六典)이라 부르기도 한다. 저자는 주공 단(周公旦)이라고 전해진다. 혹자는 주공의 예제(禮制)에 부회(附會)한 책이라고도 말한다.

192) 오이삼표(五餌三表): 가의가 말한 흉노의 회유책. 이른바 '오이'란 포상을 후하게 하여 흉노의 눈·귀·입·뱃속·마음을 끌어들이는 정책을 말하며, '삼표'란 그들의 모습을 사랑하고 그들의 기능을 좋아하며 그들의 심지를 편안하게 해준다는 뜻이다.

니, 양(梁)나라는 제(齊)·조(趙)·오(吳)·초(楚)나라와 더불어 접경을 이루게 되었다. 또 회남(淮南)의 여러 나라를 갈라 일부는 양나라에 떼어주고 회남국왕의 아들에게도 땅을 나눠주도록 하였다. 이리하여 양나라는 이천여 리가 넘는 땅을 소유하게 되니, 결국에 가선 칠국(七國)의 반란을 평정할 때 양왕의 절대적인 도움을 입게 되었다. 누가 알았으랴? 낙양 출신의 일개 젊은이가 이처럼 국가의 요체에 통달하고 시무를 꿰뚫는 혜안을 갖췄을 줄을! 지금에 이르기까지도 그의 글을 읽게 되면 그 사람을 직접 만나고픈 생각이 여전히 간절해지니, 아무리 그를 천고의 준걸이라 부르지 않으려 해도 그것은 불가능하다. 조조가 군대에 관해 논한 일을 살펴보기로 하자. 당시 백성들을 모집하여 변경으로 이주시키고 변방에 둔전을 실시하며 칠국의 땅을 깎고 평정했던 일 등등은 한결같이 급박한 시무였으며 천 년에 걸쳐 시행해야 할 큰 계획이었던지라, 그 성패만 갖고 사람을 논하거나 함부로 포폄하면 아니 될 것이다. 원래 시(時)라는 단어는 사나운 새매처럼 그때그때 구체적인 형세에 적응하려 노력한다는 뜻이요, 무(務)는 춘궁기에 자식을 바꿔먹는 부모처럼 스스로 해결할 수 없는 임무는 교환해서라도 실행한다는 의미를 지닌다. 약간이라도 시간이 지체되거나 본연의 임무에 대해 알지 못하면 위태한 지경에 빠지게 되니, 누가 시무를 가벼이 말할 수 있으랴? 그 형세가 이러하므로 천하의 준걸이 아니라면 결코 시무를 알아볼 수 없다.

송대 사람이 지은 의론문[193]은 너무나 많아 주의의 글이라곤 도무지 찾아볼 수 없을 지경이다. 그러나 소문충공(蘇文忠公, 蘇軾)만큼은 육지 주의문의 요체를 분명히 확충시켰다. 이제 그가 황제에게 올린 여러 편지글과 기타 주의문을 읽어보면 진정한 충의가 간담에서 우러나와 저절로 통곡하고 눈물이 흐르게 되니, 통곡과 눈물이 난다고 스스로 말

---

193) 의론문(議論文): 사물의 본질이나 규율을 분석하고 평가함으로써 독자의 이성적 인식을 제고시키기 위한 문장.

할 필요조차 없게 된다. 하지만 소동파의 글 또한 당시의 급박한 시무를 논했을 뿐이니, 이때가 지나 휘종(徽宗)과 흠종(欽宗)의 시기가 되면서부터는 아무 소용도 닿지 않는 문장들이 되었다. 이는 또 가의와 조조의 말이 문제·경제·무제의 세 황제를 향해 발해진 것과 마찬가지라. 그 시대가 지나고 나면 때도 맞지 않고 임무 또한 바뀌어서 쓰임에 적중하지 않게 되는 것이다.

내가 선현들의 주의를 읽고 시대를 거슬러 추론한 정상은 대략 이상과 같다. 이제 이중승이 지은 주의문이 손에 들어와 그것을 읽었더니, 조조와 가의에 비해서는 어떨지 몰라도 육지와 소식의 글 정도는 그보다 낫다고 평할 수가 없었다. 그래서 예전에 했던 말을 적어 이중승 공에게 가르침을 청하게 되었는데, 공께서는 정녕 그 말을 망령되다 하지는 않으실는지? 만약 망령된 것이 아니라 생각하신다면, 원컨대 주의집의 말미에 실리기를 바라나이다.

『선행록』 서문 先行錄序 — 대신 지은 글 代作

말은 일치해야 한다. 말에는 행동이 먼저 앞서야 할 말이 있고, 시행해야 좋은 말이 있으며, 또 마땅히 실행해야 할 말도 있다. 나는 일찍이 이 세 가지 말로 군자의 시비(是非)를 결정한 적이 있는데, 그 덕분에 입언(立言)의 어려움을 더욱 잘 알게 되었다.

무엇을 일컬어 먼저 행한 다음 말한다고 하는가? 공자가 제자인 자공에게 이르신 바로 그대로이다.[194] 말하기에 앞서 행동에 먼저 옮긴다면 어찌 말이 행동을 앞지르는 실수를 범하겠는가?

무엇을 일컬어 시행해야 좋은 말이라고 할까? 바로『역경』이니『중

---

194) 출전은『논어』「위정」편. "자공이 어떻게 해야 군자가 되는지 묻자, 공자는 이렇게 대답하셨다. '말하기 전에 먼저 행하고, 행한 다음에 말한다'"(子貢問君子. 子曰: '先行其言, 而後從之.')

용』이니 하는 책들에 담긴 말들이 모두 그러하다.

『역경』「계사전」 상편에서 "『주역』의 도라면 아무리 먼 것을 이야기해도 모든 이치를 망라하므로 일정한 경계 내에 한정시킬 수 없다"고 말하는데, 이는 원대한 말이라면 모두 시행할 수 있다는 뜻이다.

또 "『주역』의 도에 의거하면 가까운 것을 말하더라도 조용한 가운데 이치가 바르게 된다"는 구절은 일상적인 비근한 말이라면 모두 실행할 수 있다는 뜻일 것이다.

"천지간의 일을 이야기하자면 그 이치가 모두『역』안에 갖춰져 있다"고 했는데, 이는 천지간에 행해지는 세상만사 만물의 이치가『역경』속에 빠짐없이 갖추어져 있으니 모두 실행해도 된다는 말이다.

『중용』에 이런 말이 나온다.

"멍청한 필부필부(匹夫匹婦)라도 실행할 수 있다."[195]

평범하기 그지없는 사내와 계집이 행할 수 있는데도, 어리석고 못난 자는 스스로 미치지 못한다고 여기고 현명하고 지혜로운 자라면 스스로 넘친다고 넘겨짚어 모두들 행하지 않는다. 그렇다면 이 어찌 시행해도 좋은 말이겠는가? 기왕에 행해도 좋은 말이라고 인정했으면 백 대 천 대 전에 나온 말이라도 과거의 지나간 말로 생각하면 안 되고, 백 대 천 대 뒤에 행해진다 하더라도 나중의 일로 치부할 수 없는 법이다. 그

---

195) 출전은『중용』제12장. 전문은 다음과 같다. "군자의 도는 쓰임이 크면서도 본체가 미묘하다. 비록 필부필부라도 알 수가 있지만, 그 지극한 부분에 이르러선 성인도 알지 못하는 바가 있다. 어리석고 평범한 부부라도 행할 수 있지만, 그 가장 오묘한 부분에 이르면 성인일지라도 행하지 못할 바가 존재한다. 천지처럼 큰 대상에 대해서도 사람은 원망을 품는다. 그러므로 군자의 말이 크면 천하도 그것을 실을 수가 없고, 말이 작으면 천하도 그것을 깨뜨릴 수 없는 법이다.『시경』에 이르기를, '솔개는 날아 하늘에 닿고, 물고기는 연못에서 뛰어오른다'고 했는데, 이는 위아래로 비추는 도를 설명한다. 군자의 도는 부부에서 시작되지만, 그 극치에 다다르면 온 천지를 비춘다"(君子之道, 費而隱. 夫婦之愚, 可以與知焉; 及其至也, 雖聖人亦有所不知焉. 夫婦之不肖, 可以能行焉; 及其至也, 雖聖人亦有所不能焉. 天地之大也, 人猶有所憾. 故君子語大, 天下莫能載焉; 語小, 天下莫能破焉. 詩云: '鳶飛戾天, 魚躍于淵.' 言其上下察也. 君子之道, 造端乎夫婦, 及其至也, 察乎天地.)

렇게 해서 언행이 일치하고 과거와 미래를 나란히 아우르게 된다면 아무리 성인일지라도 그 사이에 시간의 선후를 매길 까닭이 없어진다.

마땅히 시행해야 할 말에 대해 논의해보자. 비록 오늘 그 말을 내뱉었더라도 내일이 되면 시행하기 마땅치 않은 말도 있는데, 하물며 백 대 천 대나 앞서고 뒤처진 말이야 나위가 있을까! 비단 이뿐만이 아니다. 한 사람을 거론해 말하더라도 자로에게는 응당 행해야 할 일이 염구에게는 행하면 안 되는 일일 수도 있다.[196] 원래 때와 형세가 다르면 말도 따라서 변하게 마련이기 때문이다. 그러므로 행동이 일 따라 옮겨간다면 말은 사람에 따라 달라지게 마련이니, 어찌 과거의 행동으로 전범을 삼고 옛말을 고수함으로써 미생[197]의 전철을 답습하려는 것인가? 이는 또 마땅히 행해야 할 말이라도 어느 한 가지에만 매달리거나 집착하면 안 된다는 뜻이다.

무릇 시행해야 마땅한 일을 행하고 나서 말한다는 것은 도에 통달한 이가 아니면 불가능한 일이다. 행해도 좋은 일을 시행한 다음 말하는 것도 학문이 깊은 사람이 아니면 역시 불가능하다. 이중승(李中丞) 같은 이는 도에 통달하고 학문이 깊은 분이기 때문에 스스로는 결백하면

---

196) 『논어』「선진」편의 다음 대목을 응용한 구절이다. "자로가 '옳은 말을 들으면 시행할까요?' 하고 묻자, 공자는 '부형이 계신데 어찌 들은 대로 행하겠느냐!' 하고 대답하셨다. 염유가 똑같은 질문을 하자, 이번에는 '옳은 말을 들었으면 그대로 행해야지!' 하고 대답하셨다. 의아하게 여긴 공서화가 공자에게 물었다. '자로가 물으니「부형이 계시다」고 대답하시고 염구가 물을 때는「들은 대로 행해야지」하고 대답하시니, 궁금증이 생겨 감히 그 까닭을 묻고자 하옵니다.' 공자의 대답은 다음과 같았다. '염구는 소극적인 성격이라 북돋아 나아가게 하였고, 자로는 용맹이 넘치는 까닭에 억눌러 물러서게 한 것이니라'"(子路問: '聞斯行諸?' 子曰: '有父兄在, 如之何其聞斯行之!' 冉有問: '聞斯行諸?' 子曰: '聞斯行之!' 公西華曰: '由也問,「聞斯行諸」, 子曰:「有父兄在」. 求也問,「聞斯行諸?」子曰:「聞斯行之.」赤也惑, 敢問?' 子曰: '求也退, 故進之. 由也兼人, 故退之.')

197) 미생(尾生): 춘추시대 노나라 사람. 일설에는 미생고(微生高)라고 한다. 『사기』·『한서』·『장자』 등에 두루 보이는 이름으로 '미생지신'(尾生之信)이란 전고의 주인공이다. 어떤 여자와 다리 밑에서 만나기로 약속을 했지만 여자는 오지 않고 물이 차오르자 교각을 껴안고 죽었다는 인물이다.

서도 남에게 너그럽고 공정과 관용을 아우를 수 있으니, 그가 하는 말
이 어찌 마땅히 행해야 하고 행해도 좋은 것들이 아니겠는가! 이제 또
요행으로 그가 지은『종정집』(從政集)을 얻어보게 되었는데, 그가 조정
과 지방, 향촌과 집안에서 행해온 과거의 행적이 모두 한결같이 이와
같았다. 이른바 먼저 행하고 나서 입으로 토해낸 말씀들이었던 것이다.
덕분에 나는 공의 학문이 진실한 학문이고 공의 정치는 진실한 정치임
을 알 수가 있었다. 이 책을 두고『선행록』이라 부름이 또한 마땅한 처
사가 아닐까! 그러나 이미 말에 앞서 실천하고 계셨으니, 그 안에 또 어
떻게 의당 행하면 안 되는 말이 들었겠는가? 또 행할 수 없는 말들이 어
떻게 들어 있겠는가?

『시문집』 후서 時文後序 – 代作

시문[198]이란 오늘날 선비들의 선발에 쓰이는 문장으로 옛날의 글이
아니다. 하지만 지금의 관점에서 옛날을 보면 과거는 결코 지금이 될
수 없거니와, 미래의 관점에서 오늘날을 살펴보면 오늘은 언젠가 다시
과거가 될 것이다. 그러므로 문장은 시대에 따라 올라가기도 하고 내려
가기도 한다. 여기서 올라가거나 내려간다는 의미는 바로 평가의 차원
에서 말한 것이다. 평가는 일시적으로 정해지는 것이지만 그 광채는 길
이 후세에 전해지니, 어찌 함부로 대할 일이겠는가! 천고이래 동일한
기준이 적용되었다면 그 천 년 만 년의 문장 또한 동일한 것이며, 다른
바가 있다면 일시적으로 시행되는 제도일 뿐이다. 그러므로 오언시(五
言詩)가 흥성하자 사언시(四言詩)는 과거의 유물이 되고, 당대(唐代)
에 율시가 흥성하니 오언시는 또 옛날 양식이 되었다. 지금의 근체시는

---

198) 시문(時文): 현재 유행하고 있는 문장. 이전에는 주로 과거에 응시할 때 쓰는 문
　　체를 가리켰다. 당·송시대에는 율부(律賦), 명·청시대에는 팔고문(八股文)이
　　시문이라고 호칭되었는데, 여기서는 물론 팔고문을 지칭한다.

또 당시를 옛것으로 간주하고 있으니, 앞으로 만 세가 지나면 우리 시대의 근체시가 또 지금의 당시처럼 옛것이 될 것임은 의심의 여지가 없는 사실이다. 하물며 선비를 선발하는 시문이야 따로 말할 나위가 있으랴? 사람들은 시문이 과거용 문장이라 후세에까지 전해질 만한 글은 아니라고 말하지만, 이는 문장이 뭔지 모를 뿐만 아니라 시대에 대해서도 무지한 소리이다. 후세에 전해질 수 없는 수준의 글을 쓴 자가 인재로서 선발된 적은 과거부터 있지를 않았다. 국가의 명신들이 배출되어 도덕과 업적, 문장과 절조가 지금에 이르기까지 찬란한데, 이 모두가 시문을 통해 선비들을 선발했기 때문이 아니라면 대체 무슨 덕분이겠는가? 그러므로 과거 시험장에서 사흘 동안 지어내는 문장이란 결국 그 사람의 일생에 걸친 정론(定論)이 된다. 만약 문장이 후세에까지 전해지지 않는다면 분명 그 문장에 문채가 없음이니, 이런 글은 뽑으면 안 될 것이다. 그런즉 대중승(大中丞) 이공(李公)이 선별한 시문들은 요컨대 후세에 길이 전해지길 기원할 뿐이다. 나는 이 『시문집』을 여러 선비들이 모쪼록 신경 써서 읽어보길 기원한다.

장횡거의 『역설』 서문 張橫渠易說序 - 代作

횡거 장재(張載) 선생은 오랫동안 학생들에게 『역경』을 강론하셨다. 훗날 그는 정호(程顥)와 정이[199] 두 선생이 이 책을 강론하는 것을 들

---

199) 정이(程頤, 1033~1107): 자는 정숙(正叔), 세칭 이천(伊川) 선생이며, 정호의 아우이다. 원적지는 중산(中山, 지금의 강소성 溧水)이지만 낙양으로 옮겨 형과 함께 주돈이(周敦頤)에게 배웠다. 18세에 태학(太學)에 들어가 「안자호학론」(顔子好學論)을 지었는데, 이를 기이하게 여긴 호원(胡瑗)의 발탁으로 학직(學職)이 되었다. 철종 초기 사마광의 추천으로 비서성교서랑(秘書省校書郎)이 되어 숭정전(崇政殿)의 설서(說書)를 맡았지만, 얼마 뒤 모함을 받고 서경(西京)의 국자감(國子監)으로 방출되었으며 이후 삭직과 복직을 여러 차례 되풀이하였다. 학문이 깊고 넓은데다 가르치는 데 힘써 많은 제자를 길러냈다. 그의 학

고 나자 제자들에게 이렇게 선언했다.

"두 분 정 선생께서는 『역경』의 도를 깊고도 확실하게 밝히는데, 나는 그분들만 못하구나."

그는 과감히 고비[200]를 걷어버리고 자신의 입장을 바꿔 두 정씨의 견해에 따랐으니, 그의 용기는 이와 같았다. 나는 선생께서 이렇게 하신 것은 바로 『역경』의 이치에 따랐기 때문이라고 생각한다. 진(晉)나라 사람이 논한 『역경』은 늘 세 마디로 개괄되었다.[201] 쉽고 간단하게 천하의 이치를 망라했다고 말했는데, 이 '쉽고 간단하다'(易簡)는 말이 『역』의 한 이치가 된다. 이 세상이 다하도록 변치 않는다고도 말했는데, 이렇게 '바뀌지 않는'(不易) 것이 『역』의 또 한 가지 이치이다. 또 한곳에 머물지 않은 채 변하고 움직여 육허[202]를 주유하니, 언제나 변치 않는 준칙으로 삼을 수가 없어 가는 곳마다 변한다고도 말했다. 이렇게 '변하고 바뀌는'(變易) 것이 『역』의 또 한 가지 이치가 된다. 지극히 간단

문은 성(誠)에 근본을 두었고, 『대학』·『논어』·『맹자』·『중용』을 표제로 내걸고 육경에 도달했으며, 행동거지(動止語默)는 성인으로 사표를 삼았다. 시호는 정공(正公). 저서로 『역춘추전』(易春秋傳)·『어록』·『문집』 등이 있고, 『송사』 권427과 『송원학안』 권15와 16에 보인다.

200) 고비(皐比): 원래는 호피(虎皮)의 뜻. 옛날에는 호피에 앉아 강학을 했기 때문에 강석(講席)을 가리키는 말이 되었다.

201) 본문에서 말하는 진나라 사람은 위(魏)의 왕필(王弼, 226~249)과 진(晉)의 한강백(韓康伯)을 가리키는 듯하다. 왕필은 『역경』 및 각 괘(卦)·효(爻) 아래의 「단전」(彖傳)과 「상전」(象傳)에만 주를 달았기 때문에 나머지 부분에 대한 한강백의 주를 합쳐 「주역주」(周易注)가 완성되었다. 훗날 이 책에 공영달(孔穎達)이 소(疏)를 붙인 『주역정의』(周易正義)는 『역경』의 가장 유명한 판본이다. 하지만 『역경』의 삼의(三義, 즉 易簡·不易·變易)는 한대 정현(鄭玄)의 『역찬』(易贊) 및 『역론』(易論)에서 처음 설명된 개념이다. 왕필의 저작은 한대 상수학(象數學)을 반대하고 노장의 현학(玄學)을 바탕으로 의리(義理)를 설명한 것이기 때문에 삼의에 대한 이지의 발언에는 약간의 착각이 개재되었을 수도 있다. 면밀한 고증이 필요한 부분이라 하겠다.

202) 육허(六虛): 『역경』 64괘에서 매 괘 제6효의 위치. 효는 음양으로 나뉘는데, 매 괘에 있어 효의 변동이 일정하지 않기 때문에 효의 위치가 '비었다'(虛)고 말한 것이다.

하기 때문에 쉬운 것이고, 바뀌지 않기 때문에 깊이가 있으며, 변하고 바뀌는 까닭에 신묘해진다. 비록 말은 세 가지로 나눠 하고 있지만 기실 이치인즉슨 하나인 것이다. 깊이가 있으므로 신묘하지 않은 바가 없고, 신묘하기 때문에 변하지 않는 바가 없게 된다. 횡거 선생의 변하고 바뀌는 속도가 마치 손바닥을 뒤집듯이 빨랐으니, 그 얼마나 신묘한 경지란 말인가! 그래서 나는 선생께서 그러하신 자체가 바로 『역』의 이치를 설명하고 있다고 생각한다. 이에 『역설』의 서문을 짓게 되었다.

『용계선생문록초』 서문 龍谿先生文錄抄序

『용계왕선생집』(龍谿王先生集)은 모두 스무 권인데, 그 가운데 학문을 말하지 않은 책은 한 권도 없다. 또 매 권마다 실린 수십 편에서 배움을 논하지 않은 글 역시 한 편도 없다. 학문의 길이란 한 마디로 요약할 수도 있으니, 스무 권이나 모여 있고 각 권마다 수십 편씩 쌓인 글 중에 어떻게 췌언이 없을 수 있으랴? 그러나 이 책을 읽을 때면 권태를 잊게 된다. 각 권이 다 독창적이어서 책을 읽는 자는 글이 빨리 끝날까 봐 우려할 정도이니, 대체 무슨 까닭일까? 원래 선생의 학문은 각 방면의 지식이나 이치를 하나로 융합해 전면적인 이해로 나아가면서도 옛 것에 기반하여 새것을 아는 온고지신의 기풍이 있으시다. 마치 창주[203] 의 큰 바다처럼 마음에 뿌리를 내리고 말로 표현해내니, 저절로 때맞춰 흘러나오면서 막힘이 없고, 자연스러워 싫증나지 않으면서도 문장에는 또 이치가 갖춰져 있다. 그러니 누가 그의 말에 췌언을 달 수 있으랴! 그래서 나는 일찍이 선생의 이 책은 예전에도 없었고 지금도 나올 수가

---

203) 창주(滄洲): 물이 가까운 장소란 뜻으로 원래는 은사(隱士)들의 거처를 비유한다. 하지만 아래 문장에 창주에서 하태녕을 만났다는 대목이 있는 것으로 보아 여기서는 구체적인 지명, 즉 창주(滄州)의 오기로 여겨진다. 창주는 하북성 창현(滄縣) 동남방에 소재한 주(州) 이름이다.

없으며 나중의 학자들도 다시 이런 저술은 할 수 없다고 말한 바 있다. 왜냐하면 이보다 더 조리가 명확하고 문체가 유려한 책은 결코 있을 수 없기 때문이다. 그런데 이 책의 각판(刻板)은 소흥(紹興)의 관아에 보관되어 있어 찍어낸 수량이 많지 않고, 따라서 책을 읽은 자도 드문 형편이다. 또 선생은 젊어서부터 늙을 때까지 그저 온화하고 부드러우셨으며, 대동²⁰⁴⁾을 지향하여 사사로운 이기심이 없으셨고, 기이하다거나 남들의 환심을 살 만한 행동은 하지 않으셨다. 그래서 속된 선비들은 선생의 사람됨을 그다지 좋아하지 않았으니, 그들이 또 선생의 책을 읽으려 들었겠는가? 학문에 진실한 의지가 없으면 피상적이고 교만해져 결국 스스로만 망칠 뿐이니, 선생의 천 마디 만 마디 말씀이 또 무슨 소용일까 말이다!

금년 봄에 나는 초약후와 함께 배를 타고 남방을 순행하다가 창주에 들러 하태녕²⁰⁵⁾을 만났다. 하태녕은 용계가 향선생²⁰⁶⁾ 노릇을 하는 것을 직접 목도한 사람이다. 평소부터 선생의 가르침을 흠뻑 섭취하며 깊은 영향을 받았고, 선생의 책을 숙독한 지도 벌써 오랜 세월이었다. 그는 선생의 책을 다시 간행하여 산동과 하북의 수십 고을 인사들에게 은혜를 베풀고 싶었으므로 초약후의 거처에서 선생의 전집을 찾았다. 그러나 초약후는 두 척의 배에 가득 채울 만한 분량의 책을 소장하고 있던 터라 그 당장은 『용계전집』을 찾아낼 수가 없었다. 이에 하태녕은 가을에 다시 사람을 보내 책을 가져가겠다고 약조하였고, 나에게는 선생의 글 중에서 특히 뛰어나고 핵심적인 작품을 골라 권점(圈點)을 찍어

---

204) 대동(大同): 전국 말기에서 한대 초기에 이르기까지 유가의 학파가 내세운 일종의 이상 사회.

205) 하태녕(何泰寧): 하계고(何繼高). 명대 절강성 산음(山陰) 사람으로 자는 여등(汝登). 만력 연간의 진사로 벼슬이 강서포정사참정(江西布政使參政)에 이르렀다. 풍학이(馮學易)·민원경(閔遠慶)과 더불어 『장로염법지』(長蘆鹽法志)를 편찬했으며, 『사고제요』(四庫提要) 권84에 보인다.

206) 향선생(鄕先生): 벼슬을 그만두고 시골로 낙향했거나 향리에서 교육에 종사하는 노인에 대한 존칭.

달라고 부탁하며 이렇게 말했다.

"저는 선생의 글 가운데 뛰어난 작품을 먼저 판각함으로써 사람들이 그 책을 읽도록 유도한 다음 다시 전집을 찍어 천하와 후세에 전하려고 합니다. 선생의 글은 한 글자도 함부로 내버릴 수 없으니, 전체를 다 판각하지 않으면 망망대해에서 진주를 캐지 못한(滄海遺珠)[207] 아쉬움이 생길 것이 분명합니다. 하지만 책의 분량이 너무 방대한지라 장차 공부하는 자들은 읽기도 전에 싫증부터 낼 것이고, 그러면 또 책을 묶어 다락에 처넣고 읽지 않는 폐단을 면할 수 없게 됩니다. 그러므로 반드시 두 번에 걸쳐 출판하면서 소요되는 비용을 아끼지 않고 나서야 선생의 가르침이 널리 행해지게 될 것입니다. 원래 선생의 학문은 죄다 이 책에 구비되어 있는 까닭이지요. 만약 그 대의를 얻기만 하면 한 마디로 정리할 수 있으니, 스무 권의 책이 무슨 소용이겠습니까? 또 선생의 책 읽기가 기껍지 않으면 문장 한 편도 마치기가 어려운 판에 스무 권을 고집할 이유가 무에 있겠습니까? 다만 우리의 후손들에게 이리 해주지도 않고 읽기를 바랄 수야 없는 노릇이지요. 이렇게 해줘야만 한 편이라도 끝까지 읽을 것이며, 또 그래야만 일언지하에 요체를 깨닫게 될 것입니다."

하태녕의 말이 위와 같으니, 그의 마음쏨쏨이가 얼마나 섬세한가? 그 해 가을 구월에 창주에서 하태녕의 서찰을 지닌 사자가 과연 백하(白下)에 와서 선생의 책을 찾았다. 때마침 나와 초약후는 같은 집에 머무르고 있었다. 약후는 결국 심부름꾼에게 책을 넘겨주었고, 내게는 또 하태녕이 『용계전집』을 출간하려는 당초 취지를 몇 마디 적어 그에게 넘겨주라고 명하였다. 헤아리건대 명년 봄 이삼월경이면 새로 찍은 전집을 볼 수 있을 듯하다. 앞으로 하태녕의 학문이 나날이 발전하여 멈추지 않는 것을 보게 된다면, 그것은 필시 이번 일 때문이겠지. 반드시

---

207) 창해유주(滄海遺珠): 조개잡이가 바닷속의 진주를 빠뜨리고 캐지 못했다는 뜻. 알려지지 않고 매몰된 인재나 사람들에게 홀시당하는 진품에 대한 비유로 쓰인다.

『용계전집』의 출판 덕분일 것이다.

관제께 아뢰는 글 關王告文

오직 관우신(關羽神)의 충성과 의리만이 쇠나 돌을 꿰뚫을 수 있으며, 용기와 절개는 고금에 으뜸입니다. 바야흐로 그분이 형주(荊州)를 진압하고 양양(襄陽)으로 내려가 당당한 위용으로 중원을 노려보실 때, 늙은 조조(曹操)는 정신과 혼백이 다 달아났고 손권(孫權)의 오나라는 궁지에 몰린 쥐새끼 같았습니다. 각지에 할거한 영웅들을 경시하는 그의 안중에 위나라나 오나라는 벌써 오래 전에 결딴났던 것입니다. 관공께서 돌아가지 않았더라면 오와 위는 진작에 합병되었을 테니, 어찌 위나라가 수도를 옮길 뻔한 정도에 그쳤겠습니까! 공이 불행히도 통일의 위업을 달성하지 못하고 유씨(劉氏)의 사직을 회복하지 못한 것은 하늘이 정한 운수였습니다. 그러나 공은 비록 돌아가셨더라도 여몽[208] 같은 추악한 소인배 또한 피를 토하면서 죽어갔습니다. 공의 광명정대한 기상은 음험한 수단으로 사람을 홀리는 소인배를 제압하시니, 비록 놈의 사기술은 미리 예측하지 못했지만 바람을 부르고 벼락을 치는 능력은 간신의 무리를 타파하기에 충분했던 것입니다. 또 안개를 타고 천둥을 때리는 신통력은 여전히 아첨배의 간을 찢어놓기에 족했다고 하겠습니다. 진정 천추만대에 걸쳐 제사를 받들기에 마땅한 분이니, 나라 안팎으로 관공의 발길이 닿았든 닿지 않았든 어느 곳에서나 공의 강직함을 우러르지 않는 자가 없습니다. 오늘날에 이르러서도 남녀노소, 유식 무식을 떠나 공의 초상에 절하지 않거나 공의 영령 앞에 두려워하지 않는

---

208) 여몽(呂蒙): 삼국시대 오나라의 부피(富陂) 사람. 자는 자명(子明). 여러 번 기책(奇策)을 헌상하여 오나라의 승리를 이끌어냈으므로 손권은 그를 주유 다음가는 인재로 생각했다. 훗날 형주에서 계교로 관우를 사로잡은 뒤 남군(南軍)태수 겸 잔릉후(屏陵侯)에 봉해졌지만 병으로 곧 죽었다. 『삼국지』 권54에 보인다.

자가 없습니다. 그리하여 공의 바르고 강직한 기개가 온 우주에 엄숙하면서도 확실하게 펼쳐진 줄 알게 되었지요. 저희들이 와서 이 땅을 지키며 공을 산 사람처럼 흠모하는 것은 군신으로 하여금 충성을 권면하고 친구들끼리는 의리를 본받게 하기 위해서입니다. 진정 이런 이유 때문에 공의 영령을 마주 대하고 다시금 반복하여 저희의 뜻을 아뢰는 것이지요. 저 무지한 자들은 새벽까지 촛불을 밝히는 것이야말로 공의 절의를 크게 위하는 행위라고 생각합니다. 아아! 이는 다만 소견 좁은 졸장부라도 쉽게 행할 바인데, 이런 따위로 공을 찬양하다니요? 공께서 어떻게 저들의 제사를 흠향하실 수 있겠습니까?

이중계[209] 선생 영전에 바치는 글 李中谿先生告文

공은 어려서부터 학문을 즐기셨고 나이 들어서도 게으르지 않으셨습니다. 아무리 미천해도 거두지 않은 사람이 없고, 황당한 말도 수용하지 않는 경우가 없었습니다. 엉터리 말은 믿지 않으시니, 공의 뜻은 갈수록 돈독해지기만 하였습니다. 원래 뭇 하천은 합쳐져 흘러야 큰 바다를 이룰 수 있고, 흙과 돌은 아울러 쌓아야만 그 기초가 단단해질 수 있습니다. 이런 까닭에 큰 지혜는 마치 어리석은 것처럼 보입니다. 도를 향한 공의 독실함은 바로 이와 같으셨습니다. 일평생 받은 녹봉은 모두 사찰에 기증하셨고, 교제하는 와중에 받은 선물들은 모조리 가난한 거지에게 나눠주었습니다. 육도[210]에서 말하는 보시며 인욕, 정진 따위를

---

209) 이중계(李中谿): 이원양(李元陽). 운남의 태화(太和) 사람으로 자는 인보(仁甫), 호가 중계이다. 가정(嘉靖) 연간의 진사로 강음현(江陰縣)의 지부를 지내며 치적을 쌓은 뒤 강서도어사(江西道御史)로 발탁되었다. 직언을 잘하는 성격 탓에 형주지부(荊州知府)를 마지막으로 집에서만 사십여 년을 기거하다 죽었다. 『중계만고』(中溪漫稿)·『염설대고』(艶雪台稿) 등의 저술이 전한다.
210) 육도(六度): 불교용어. 육바라밀(六波羅密), 즉 보시(布施)·지계(持戒)·인욕(忍辱)·정진(精進)·선정(禪定)·지혜(智慧)를 뜻한다.

공께서는 모두 갖추고 계셨던 것입니다.

저 이지는 말합니다. 공의 큰 뜻과 비상한 기개는 정녕 보통 사람이 아니었습니다. 저는 그 사람됨을 보았고 또 그 말씀을 듣기도 하였습니다. 고조 황제의 묘로 참배를 가는 어가가 승천부[211]에 행차했을 때, 공께서는 형주(荊州)에서 지부의 일을 보고 계셨습니다. 그런데 당시 일을 맡았던 관리가 뜻을 어질게 펼치지 못한 바람에 운하에서 배를 끌던 인부들은 지치고 기갈이 난 나머지 역병에 걸려 죽는 자가 부지기수였지요. 공은 우선 시장에서 약재를 산 다음 인삼과 시초[212]를 달여 물가에 놓아두고, 병에 걸리지 않은 자들만 골라 일을 시켰습니다. 훗날 장강에 제방을 쌓게 되었을 때 공에게 감격했던 사람들이 다투어 힘을 보태니, 우리는 지금까지도 그 덕을 보고 있습니다. 그가 지불했던 약값은 사오백 금에 불과할 뿐이지만 덕분에 살아난 사람은 만 명을 헤아렸고, 그들이 또 제방을 쌓는 데 힘을 보태니 형주 사람들은 대대로 그 덕을 보게 되었지요. 공의 어진 마음은 대체로 이와 같으셨습니다.

공은 처음에 등과했을 때 한림의 신분에서 막바로 현령에 임명되더니, 또 시어사(侍御史)에서 다시금 군수가 되셨습니다. 사람됨이 자상하면서도 사근사근하여 그를 사랑하지 않는 사람은 없었습니다. 그러나 꼿꼿하면서도 정직한 기상은 법이 아니면 끝내 굴복시킬 수가 없었지요. 그 때문에 나이 사십도 되기 전에 관직을 그만두셨고, 덕분에 또 여생을 학문에 정진할 수가 있었습니다. 용맹하고 뜻이 굳으셨으며 나아갈 뿐 결코 물러서지 않는 기상으로 온 나라 현인과 호걸들의 선구가 되셨음은 사람들이 익히 아는 바입니다.

---

211) 승천부(承天府): 지금의 호북성 종상현(鐘祥縣) 경내. 두 개의 주와 다섯 개의 현을 관할했다. 명나라 때 흥헌왕(興獻王)의 봉지인 안륙(安陸)이 바로 그 땅인데, 아들 세종(世宗)이 대통을 이었기 때문에 승천부로 개명되었다.
212) 시초(蓍草): 다년생 초본식물. 한 뿌리에 많은 줄기가 자라고 약으로 쓰기도 한다. 중국에서는 시초의 줄기를 점치는 데 많이 사용했다.

우리는 때로 그 행적을 보아서 알았고 혹은 말로 듣고 흠모하기도 했습니다. 이제 그분이 돌아가셨다니, 우리는 누구에게 의지한단 말입니까! 길은 험하고 관직에 매여 있는 처지라, 부의는 어떻게 전달해야 할는지요? 신위를 마련하여 영전에 고하나니, 혼백이 있으면 들어보소서. 우리는 공과 더불어 같은 길을 가는 벗이었으니, 살았을 때야 구태여 얼굴을 익힐 필요가 없었습니다. 하지만 기질이 같아 상응하니(同氣相應)[213] 공이 오실 때는 그 기운이 시방세계[214] 전체에 저절로 펼쳐지겠지요. 다만 바라건대 우리 공께서는 법회에 임하시고 여기 화산(華山)에 강림하시어 종과 북이 일제히 울리면 엄숙하게 그 자리를 지켜만 주십시오. 부귀와 영광된 이름은 즐겁다 말할 것이 못 됩니다. 이는 다만 손님을 초대해서 벌이는 한바탕의 잔치에 불과할 뿐이라, 저녁 어스름이 깔리면 흩어져 돌아가야 합니다. 살아서 백 살을 채우지 못했으니 장수했다고는 할 수 없지만, 지금 시점에 옛날을 돌아보니 정말로 숨한 번 들이쉬는 짧은 순간이었습니다. 평소 지어둔 문장이 모두 보통을 뛰어넘는다고 말할 만하지만, 그래도 모를 일이지요. 어리석은 자가 그것을 읽으면 한갓 구업(口業)만 더하게 되고, 지혜로운 자에게는 좋은 음악이 귓가를 스쳐 지나감에 비유되며, 달관한 사람은 원대하게 관찰하여 이를 찌꺼기나 두엄더미로 볼지 어떻게 알겠습니까? 속담에 "아들이 있으면 만사가 흡족하다"는 말이 있습니다. 양웅의『법언』(法言)이나 백낙천의『장경집』(長慶集) 같은 책은 사람들이 지금까지 전하는 작품이 아니던가요? 후사가 있은 연후라야 글이 전해진다고 한다면 고

---

213) 동기상응(同氣相應):『역경』「문언전」에 "같은 소리는 서로 응하고, 같은 기질끼리는 서로를 찾는다"(同聲相應, 同氣相求)는 말이 보인다. 공영달(孔穎達)은 소에서 "같은 기질끼리 서로를 구한다는 말은 비가 당장이라도 내릴 듯할 때 주춧돌기둥에 윤기가 서리는 것과 마찬가지 이치이다. 천지간에 서로가 감응하니 각자가 같은 종류를 찾는다"고 설명하고 있다. 나중에는 뜻이 같거나 기질이 비슷한 이들이 서로 끌리고 취합하는 경우를 비유하는 말이 되었다.

214) 시방세계(十方世界): 불교에서는 동서남북 및 네 모서리·위아래를 가리켜 '시방'이라 한다. 흔히 광대무변한 세계를 일컫는다.

금을 통틀어 아들을 둔 사람이 어찌 한둘에 그치겠습니까! 모름지기 공자는 공리(孔鯉) 덕분에 이름이 전해지지 않았고, 석가는 라후(羅睺) 덕분에 전해진 것이 아니며, 노담(老耼)은 아들인 종(宗) 덕분에 전해진 것이 아님을 알아야 합니다. 그렇다면 공께서는 손뼉을 치면서 껄껄 웃음을 터뜨려도 무방하겠지요. 도가의 법력이 선가(禪家)보다 낫다고 말해서는 안 되니, 도가는 진정 도를 떠나서는 법을 시행할 수 없기 때문입니다. 단약(丹藥)의 복용으로 불로장생을 기대할 수 있다고 말하면 아니 되니, 공은 정녕코 죽지 않으셨는데 불로장생을 말할 필요가 무에 있겠습니까? 관정[215]으로 영혼을 끌어낼 수 있다고 말하지 말지니, 공의 정신은 정녕코 하늘에 계신데 또 무엇 때문에 혼백을 피곤하게 하면서 나오라고 요구하겠습니까? 공은 그저 곧이곧대로 본심을 믿으실 뿐, 스스로를 연민하여 뒤돌아보진 말아야 합니다. 그러면 도력(道力)이 진정 자유자재로 뻗치게 되고, 법력(法力)이 정녕 자재롭게 되며, 신력(神力) 또한 자유자재로 펼쳐지게 될 것입니다.

다시금 우리 공께 아뢰옵니다. 저를 위해 이유명(李維明)에게 한 마디만 전해주시옵소서. 이유명은 백하 사람이고, 이름은 봉양(逢陽), 별호는 한봉(翰峰)이라 하며, 벼슬은 예부랑(禮部郎)을 지냈습니다. 저와는 같은 부서에 근무했던 동료이고 방항(方沆)과는 같은 해에 과거 급제한 친구 사이인데, 서로 같은 길을 걸으면서 평소 사랑하고 흠모했던 사이입니다. 그래서 신위를 나란히 설치하고 그가 공을 만날 기회를 마련해주는 것입니다.

---

215) 관정(灌頂): 범어 abhiṣeka의 의역. 원래는 고대 인도의 제왕이 즉위식에서 거행하는 의식이었으나 불교의 밀종(密宗)이 이를 모방하여 제자가 처음 입문하거나 아도리(阿闍梨, 阿闍黎라고도 한다. 高僧에 대한 경칭)가 지위를 계승할 때도 같은 행사가 이루어졌다. 본사(本師)가 물이나 제호(醍醐)를 정수리에 뿌리고 씻어내는데, 관(灌)은 여러 부처의 자비를 뜻하고 정(頂)은 불행(佛行)의 숭고함을 나타낸다.

왕용계[216] 선생 영전에 바치는 글 王龍谿先生告文

당대 유학의 종사이시고, 인간세와 하늘의 법안[217]이시며, 백옥이라면 흠집 하나 없는 완전무결한 분이고, 백 번 단련한 황금 같은 분이시여! 이제 그분이 돌아가셨으니, 이후로는 장차 누구를 우러러야 합니까! 듣자하니 선생께서는 젊었을 때 왕양명 선생의 문하에서 공부하시더니 얼마 뒤부터는 줄곧 심오하고도 탈속한 경지에 드셨다고 합니다. 중년에는 서하[218]의 큰 선생님 자리에 올라 마침내는 돌아가실 때까지 그 위치가 변하지 않았습니다. 요컨대 선생께서는 벗이 찾아오는 것을 즐거움으로 여기셨고, 남이 알아주지 않는다 하여 성내지 않으셨으며, 남에게 화를 전가하거나 같은 실수를 두 번 되풀이하지 않는 경지에 도달하셨습니다. 남들이 자신을 이해하고 믿어주기를 바랐으나 아직 신임을 받지 못했다 하여 게으름을 피우지도 않았으니, 배움에 싫증내지 않고 가르침에 나태하지 않는다는 요체에 정확히 부합되는 분입니다. 거의 구십 년 동안 자신을 수양하고 도를 행하셨으며, 가는 곳마다에서 설법하신 지도 어언 육십 년이란 긴 세월입니다. 이런 까닭에 사방 경계 내에서 머리가 허옇게 센 늙은이들까지 손에 책을 들고 찾아와 수업

---

216) 왕용계(王龍谿): 왕기(王畿, 1498~1583). 자는 여중(汝中), 세칭 용계 선생이며, 산음(山陰, 지금의 절강성 紹興) 사람이다. 가정 5년(1526) 진사가 되었지만 정시(廷試)에는 참석하지 않고 귀향하여 왕양명의 제자가 되었다. 문하생이 많아지자 전덕홍(錢德洪)과 함께 양명 대신 강론했고, 양명 사후에는 3년 동안 복상하였다. 1532년 비로소 정시에 나아가 남경의 병부주사(兵部主事)를 제수받았는데, 낭중(郎中)이 된 다음에 병으로 사퇴하고 귀향하였다. 이후로는 강학에만 힘써 족적이 미치지 않은 곳이 없었고, 나이 팔십에도 전국을 주유하기에 조금도 게으르지 않았다. 『용계전집』(龍谿全集)이 전하고, 『명유학안』 권12 등에 사적이 보인다.

217) 법안(法眼): 불교용어. 오안(五眼, 肉眼·天眼·慧眼·法眼·佛眼)의 하나로 보살이 중생을 구원하기 위해 일체의 법문을 비춰 보는 눈이다.

218) 서하(西河): 춘추시대 위(衛)나라의 땅. 위의 서쪽 경계가 황하 연안이라 그런 이름이 붙었다. 지금의 하남성 준현(浚縣)·활현(滑縣) 및 그 이남과 이북 일대를 지칭한다.

을 받았고, 오릉[219] 사이의 많은 젊은 자제가 세대를 이어 학업을 전수받았습니다. 그렇게 해서 마침내는 깊숙이 감춰졌던 양지(良知)가 해나 달처럼 높이 내걸려 하늘 한가운데를 흐르게 되었고, 급기야는 수수와 사수(洙泗)[220]의 연원으로 하여금 장강과 황하에 흘러넘치고 사방 바다에 도달하게 하였습니다. 비단 사문[221]이 아직 죽지 않았을 뿐 아니라 실로 우리의 도가 크고 밝다는 걸 보여주신 것이지요. 선생의 공적은 여기서 더 위대한 것이 되었습니다!

회남[222]의 자손들이 온 세상에 퍼졌던 지난날을 떠올려보면, 그 성대함이란 누구도 추월할 수가 없었습니다. 그런데 현재를 살펴보면 선생의 깊은 물줄기는 더욱 길게 뻗고 있으니, 그 유구함이야 누가 감당할 수 있겠습니까! 기이하게도 도를 공부한다는 자들의 병폐는 자신만을 아끼고 도는 아낄 줄 모르는 데 있습니다. 이런 연고로 그들은 선인들의 막중한 부탁도 잊어버린 채 한갓 개인적인 이익만 도모할 따름입니다. 명예만을 높이 치고 자기 자신은 존중할 줄 모르는 병폐에 빠졌기 때문에 자손들에게 닥칠 괴로움은 염두에도 없고 그저 혐의와 비방에서 벗어나려는 생각뿐입니다. 쯧쯧! 이런 식으로 마음을 쓴다면 이는

---

219) 오릉(五陵): 본래는 서한의 다섯 황제(高祖·惠帝·景帝·武帝·昭帝)의 능묘를 말하지만, 여기서는 오릉연소(五陵年少)의 뜻으로 쓰였다. 한나라 원제(元帝) 이전에는 황제의 묘역을 조성할 때마다 사방의 부호와 외척들을 이곳에 이주시켜 원릉을 받들게 한 까닭에 '오릉연소'는 서울 부호의 젊은 자제를 가리키는 말이 되었다.

220) 수사(洙泗): 수수(洙水)와 사수(泗水). 이 두 강은 산동의 사수현(泗水縣) 북방에서 합해져 곡부(曲阜)의 북쪽에 이른 뒤 다시 갈라지는데, 수수는 북쪽에 있고 사수는 남쪽에 있다. 춘추시대 노나라의 땅에 속한다. 공자가 두 강의 사이에서 무리를 모아 강학했기 때문에 나중에는 공자와 유가를 지칭하는 말이 되었다.

221) 사문(斯文): 유교의 예악과 교화, 전장제도를 가리킨다. 『논어』 「자한」(子罕)편의 공자 말씀에서 유래하였다. "하늘이 이 문화를 없애려 하셨다면, 나중에 죽을 내가 이 문화에 간여하진 못했을 것이다"(天之將喪斯文也, 後死者不得與於斯文也.)

222) 회남(淮南): 회남왕 유안(劉安). 문학을 즐기고 신선의 방술을 좋아해 많은 전설을 남긴 인물이다. 여기서 그의 자손이란 응당 방술을 연구하는 자를 가리킨다.

도를 망치는 것이니, 도가 전해질 수 없게 됩니다. 이는 자기 자신을 잃어버리는 짓이지 완성시키는 행위가 아닙니다. 선생께서 어찌 그런 상황을 참아낼 수 있었겠습니까? 아, 우리 선생님이시여! 오직 세상 사람들이 귀머거리 장님이 될까봐 걱정하신 까닭에 장차 이 도로 나아갈 수만 있다면 남들의 조롱쯤에 대해서는 변명조차 않으셨습니다. 오직 자손들이 잘못된 길로 빠질까봐 우려하신 까닭에 한 배에 타고 바람을 맞으셨으니, 오월동주의 원수라도 반드시 구제하시며 자신이 위험에 빠지고 목숨을 잃는다는 사실은 의식조차 못하셨습니다. 이는 절대 마멸될 수 없는 선생의 무거운 부탁입니다. 이는 또 나 같은 사람이 선생을 한 번 뵙자마자 그가 보통 사람이 아님을 믿게 된 까닭이기도 합니다. 비록 시기적으로 늦게 태어나고 가까이에 살지도 않았지만 그 행한 바에 정신을 바짝 차려 집중하고 온 마음을 기울여 긴장한 채 그 말씀을 들었던 이는 오직 선생 당신뿐이었습니다. 그런 선생께서 이제는 돌아가셨다니, 저는 장차 누구를 우러러보아야 합니까?

아아! "말없는 가운데 조용히 실천하는 것은 그 사람됨에 달려 있고, 말없이 이치를 믿고 실천하는 것은 그 사람의 덕행 여하에 달려 있다"[223]고 하였습니다. 선생께서 말씀으로 천하에 가르침을 펴시니, 배우는 자들은 매번 선생의 말씀을 송독하며 선생의 오묘함이 이와 같다고 칭송하였습니다. 하지만 그들은 말이 도의 찌꺼기에 불과하여 선생께서는 귀하게 치지 않았다는 사실을 알지 못합니다. 선생께서는 행동으로 천하에 모범을 보이셨지만, 배우는 자들은 매번 그 소행에 놀라고 의아해하며 선생의 오묘하지 못함이 이와 같다고만 여겼습니다. 하지만 그들은 그것이 바로 도의 정화이자 신묘함이라 선생께서 소중히 여기시는 바인 줄을 몰랐습니다. 나는 선생처럼 위대한 분은 여태껏 존재한 적이 없다고 생각합니다. 그래서 선생의 부음을 듣게 되자 다만 반복해서 저의 뜻을 아뢰게 되는군요. 선생의 정신은 팔극[224]을 주유하시고 도는

---

223) 출전은 『주역』 「계사전」 상편.

만고의 으뜸이십니다. 요절과 장수는 서로 다르지 않고, 삶과 죽음도 결국은 하나일 것입니다. 나는 선생께서 돌아가셨지만 아직도 우리 곁에 계신 줄을 압니다. 선생께서는 필시 제가 선생의 말씀을 제대로 이해했다고 여겨주시겠지요! 선생께서는 틀림없이 제가 선생을 알아준 이라고 생각하실 것입니다!

나근계 선생 영전에 아뢰는 글 羅近谿先生告文

무자년[225] 동짓달 스무나흘에 남성(南城) 땅 나근계 선생의 부고가 당도했습니다. 그런데 선생께서 돌아가신 날짜는 사실은 구월 초이렛 날입니다. 남성과는 강물 하나를 사이에 두었을 뿐이므로 보통 도착하는데 열흘을 넘기지 않는데 선생의 부고는 팔십여 일이 지난 뒤에야 전해졌으니, 왜 그렇게 늦어졌단 말입니까! 용호(龍湖)가 외진 곳이라 왕래하는 사람이 드물기 때문일까요? 아니면 왕래하는 자는 적지 않지만 선생을 아는 자가 별로 없었기 때문입니까? 그러나 듣자하니 선생의 문하생은 공자와 비기더라도 오히려 많은 숫자라 하니, 마치 노나라를 양분한(中分魯)[226] 형세와도 같았던 것입니다. 그들 중에는 선생을 아는 자가 아마도 적지 않겠지요. 그렇다면 학문을 좋아하는 자가 실로 아직까지 존재하지 않는 탓에 문하생조차도 선생께서 천하와 만세 후대에까지 연계되는 대단한 분인 줄 몰랐기 때문이 아니겠습니까? 오직 그들이 선생을 심드렁하게 보았던 탓에 선생의 부고를 듣는 일도 저절로 늦어지지 않을 수 없었던 것입니다. 나는 이리하여 선생의 죽음에 통한이

---

224) 팔극(八極): 팔방의 끝으로 지극히 먼 땅.
225) 무자년(戊子年)은 서기 1588년, 명나라 신종의 만력 16년에 해당한다.
226) 중분노(中分魯): 출전은 『장자』 「덕충부」(德充符)편. "왕태는 죄를 지어 다리가 잘려나간 자였지만 그를 따라 배우는 자가 공자의 제자 수와 비슷했다"(王駘, 兀者也, 從之遊者, 與夫子中分魯.)

맺히면서도 선생께서 아직은 돌아가시면 안 된다는 것을 더욱 확신하게 되었습니다.

어떤 사람이 제게 알려주더군요.

"선생은 구월 초하루에 이 세상을 하직하고 싶으셨기 때문에 석별의 말씀을 지어 많은 선비들에게 보이셨습니다. 선비들이 한사코 선생과 헤어지려 들지 않았으므로 선생께서는 억지로 하루를 더 머물며 그들과 담소를 나누셨고 말씀이 다 끝나고 나서야 세상을 떠나셨습니다. 이제 선생의 죽음이 어쩔 수 없는 일이 되고 나니, 많은 선비들은 비로소 눈물을 훔치고 슬픔을 머금은 채 다함께 선생이 떠나시며 남긴 유언을 판각하여 사방의 선비들에게 고했습니다. 만약 정도(正道)를 얻고 돌아가신 일로 치자면 우리 스승님은 증자에게도 욕되지 않으며,[227] 지팡이에 의지하여 천하를 소요하신 것 역시 우리 스승님은 공자에게 부끄럽지 않습니다. 어찌 선생의 죽음이 애석하지 않겠습니까? 그분의 죽음은 또 우리들을 착하게 만드는 죽음이었으니, 우리 스승님은 여기에 이르러 진정 얻은 바가 있다고 하겠습니다. 그런 스승님 때문에 너무나 기쁜지라 그분이 남긴 말씀을 판각하여 후세에 전하려는 것입니다."

아아! 선생의 수명은 칠십하고도 사 년을 더했으니, 공자와 비교하더라도 오래 살기는 하셨습니다. 대저 인생 칠십은 옛날부터 드물다고 하였습니다. 수명이 고희에 이르렀다면 보통 사람이라도 죽음을 애석해하지 않을 터인데, 선생께서 죽음을 아쉬워했겠습니까? 하지만 어떻게 애석하지 않은 죽음이라 여기며 선생을 위해 그 죽음을 기뻐할 수 있겠습니까? 시정의 소인배가 평생토록 고생하여 몇 꿰미 돈을 모은 정도야 지극히 미미한 일입니다. 하지만 그가 임종할 때 죽었다가도 되살아나고 눈을 감았다가 다시 뜨는 이유는 그때까지도 돈 맡길 데를 찾지 못해서이겠지요. 맡길 곳이 있다면 그도 안심하고 벌써 눈을 감았을 것

---

227) 『예기』 「단궁」(檀弓) 상편의 고사를 인용했다. "(증자가 말하기를) 내가 무엇을 구하겠느냐? 정도를 얻고 죽게 되면, 그것으로 그만이니라"(吾何求哉? 吾得正而斃焉, 斯已矣.)

입니다. 선생의 한평생이 어떠했습니까? 몇 대씩 전해 내려온 의발을 돌이켜본다면 그분이 이를 어느 땅에 두어야 할지 어찌 생각하지 않았겠습니까? 그분이 억지로 하루를 더 머문 까닭이 무엇이겠습니까? 어쩌면 그때까지도 의발(衣鉢) 맡길 곳을 찾지 못해서일 것입니다. 만약 맡길 곳을 찾았다면 비록 좋은 죽음이 아니더라도 선생은 그 죽음을 찬미하셨겠지요. 만약 맡길 곳을 찾지 못했다면 아무리 호상이라 해도 선생은 달가워하지 않았을 것이니, 어떻게 또 선생께서 좋은 죽음을 맞았다고 말할 수 있겠습니까? 내 생각으로 선생은 막 숨이 끊어지려던 찰나, 슬퍼하고 싶지만 감히 슬퍼할 수도 없는 그때에 죽음을 참고 선비들을 한 번 더 만나려 하셨지만 의발을 전수할 자를 끝내 발견하지 못했던 것입니다. 이 이야기는 천 년이 지난 뒤에도 듣는 이의 애간장이 끊어지게 만들고, 그를 우러르는 자로 하여금 눈물을 뚝뚝 흘리게 만들 것입니다. 이는 물론 너무나 아파서 차마 견딜 수가 없는 일이지요. 그런데도 선생께서 죽음을 참았고 애석하게 여기지도 않았다고 말해도 되는 것입니까? 죽음을 아쉬워함에 있어 선생보다 더한 사람은 없었습니다. 나는 많은 제자들보다 선생께서 자신의 죽음을 더 애석하게 여겼을 거라고 생각합니다. 어찌하여 그럴까요? 하늘이 나를 버리시니 나도 하늘을 버린다는 심정이었을 것입니다. 아버지가 안 계시면 고아 자식을 바라봐야 하는데, 그 아들이 없으니 대를 이을 희망이 없어지는 까닭이지요. 그런 상황에서야 슬프고 아프기가 모두 마찬가지일 것입니다. 만약 말한 바대로 같으면, 수많은 성인께서 전하신 의발이 한낱 범부의 돈 한 꿰미만도 못해지는 격이지요. 시정의 소인배도 돈 맡길 데가 없으면 차마 죽지를 못하는데, 선생이 그 상황을 참아낼 수 있다면 또 어찌 선생이라 하겠습니까!

바야흐로 부음을 들었을 때 무념(無念)이라 일컬어지는 승려 심유(深有)가 곁에 있다가 끼여들어 말했습니다.

"마땅히 신위를 설치하여 선생의 영령께 고유제를 올려야 합니다."

저는 그때 입을 꾹 다문 채 대꾸하지 않았습니다. 이윽고 섣달이 되어 한 해가 또 저물어갔고 해가 바뀌어 다시 만력 연간의 기축년(己丑年)이 되었습니다. 그리고 정월 또 이월 봄도 거의 절반이나 지났을 때, 심유가 말했습니다.

"제가 공을 따라 공부한 지도 어언 구 년이나 되었습니다. 그런데 공의 말씀을 들으면 언제나 맨 첫머리에 왕 선생과 나근계 선생을 언급하시곤 했지요. 계미년(癸未年) 겨울 왕 선생의 부음이 당도하자 공은 즉시 글을 지어 고유제를 지내고 한 치의 소홀함도 없이 예절을 갖추시면서 미처 아뢸 겨를을 기다리지 않으셨습니다. 그때 공께서 제게 하셨던 말씀이 생각납니다. '나는 남도(南都, 남경)에서 왕 선생을 두 번 뵈었고 나 선생은 한 번 뵈었지. 운남성에 들어갔을 때 용리(龍里)에서 다시 나 선생을 두 번 뵈올 수 있었다네.' 하지만 이는 정축년 이전의 일입니다. 그 뒤로는 두 선생의 책을 읽지 않은 해가 없고, 두 선생의 심중을 말하지 않는 경우가 없었지요. 제가 그 말씀을 들었을 때 느끼기로는 친근하면서도 흥미진진했고, 상세하여 명쾌하면서도 싫증나지가 않았습니다. 그래서 글씨 잘 쓰는 사람을 시켜 붓을 들고 곁에서 모시고 있다가 말씀 떨어지기가 무섭게 받아 적곤 하였지요. 말씀을 빠르게 하실 때면 손목이 떨어져나가는 줄 알았고, 종이는 열 장이나 백 장 정도가 아니라 천 장을 헤아리고도 남을 정도였습니다. 그런데 이번에는 왜 이렇게 침묵을 지키시는지요? 게다가 병술년(丙戌年) 봄에 제가 남쪽으로 여행을 떠나려 할 때, 공은 또 이렇게 말씀하셨습니다. '서둘러 우강(旴江)으로 올라가 나 선생을 뵈어야 할 것이네.' 그때 왕용계(王龍谿) 선생이 돌아가셨습니다. 무자년(戊子年) 여름 저는 다시 남도에서 떠나와 나 선생께서 남도에 오시고자 한다는 편지가 왔음을 전해드리며 말했습니다. '이번 가을 향시가 열리는 것을 계기로 사방의 선비들이 대단히 많이 모여들 것입니다. 일단 말릉성(秣陵城)으로 들어가셔서 사람들을 만나고 친구도 사귈 계획을 세우시지요.' 그러자 공은 즉시 초약후가 계신 곳으로 편지를 띄워 이렇게 말씀하셨습니다. '나 선생께서 이번에 말릉에 오신다고 하니 절대로 만날 기회를 놓쳐서는 안 될 것이

네! 이 노인네는 연로하시니 훗날 다시 만나기를 기대하기 어려울 걸세.' 그러고 나서 공은 또 우강에서 오는 자들을 수시로 물색하고 나섰는데, 그들은 차츰 나 선생의 병환을 말하기 시작했습니다. 병환이 들었다는 말이 나오고 그 이야기가 또 점차로 장황하게 부풀려지자, 공은 저에게 이르셨지요. '선생께서 병이 드셨다니 남쪽으로 내려오시면 안 되겠지. 하지만 선생의 병환은 대단치 않을 거야. 내가 뵙기에 선생은 골격이 강인하고 성품이 온화하신데다 완전한 정신과 굳건한 의지는 왕 선생보다 낫더란 말일세. 왕 선생께서는 여든여섯 살까지 수를 누리셨으니, 선생은 백 살은 못 채워도 구십 살까지는 너끈히 사실 거야. 절대로 돌아가실 리가 없지.' 그러나 제가 공의 심기를 엿보았더니, 나 선생의 병환이 죽을 병은 아닐까 의심하는 눈치셨습니다. 그러나 입을 꽉 다문 채 나 선생의 죽음에 대해선 절대 언급하지 않으시더군요. 누차에 걸쳐 여쭤봤지만 한결같이 '선생은 죽지 않아, 결코 돌아가실 리가 없어!' 하고만 말씀하실 뿐이었습니다. 이제 나 선생께서 실제로 돌아가셨는데 더한층 침묵하시는 까닭은 무엇입니까?'

아아! 내가 침묵하며 응답하지 않았던 것은 어떻게 응답해야 할지 몰랐기 때문입니다. 나는 선생의 부고를 들은 다음부터 꿈을 꾸듯 몽롱한 상태에서 나날을 보낼 뿐이었습니다. 이리하여 진정한 슬픔은 슬프지 않고 진짜 울음은 눈물이 나지 않는다는 속담이 빈 말이 아님을 알게 되었지요. 내 지금의 아픔은 정녕 그리움의 아픔이지만, 지난 일을 회상하니 또 너무나 가소롭게만 느껴집니다. 내가 선생을 그리워하지 않는다고 말하다니요? 나는 정말 선생을 그리워합니다. 내가 선생을 알지 못한다고 말하다니요? 그러나 나는 정말로 선생을 깊이 이해하고 있습니다. 내가 선생에 대해 말할 수 없다고 말하다니요? 하지만 선생에 대해 나만큼 잘 말할 수 있는 사람은 실로 없을 것입니다. 그런데도 입술을 꾹 닫은 채 마음속으로 생각도 하지 않고 붓조차 휘두를 수 없었던 것은 그런 저라 하더라도 무슨 말을 해야 할지 몰랐기 때문입니다. 이 어찌 이른바 하늘이 나를 버리시니 나도 하늘을 여의고, 아버지가 돌아가시니 기댈 곳 없는 아들이 외로워지는 형국이 아니겠습니까?

이제는 저도 많이 늙었습니다. 비록 선생의 문하에서 직접 배운 적은 없다지만, 선생이 계신 곁에 땅을 사고 집을 지어 유해를 눕히고 싶다는 바람만큼은 무시로 갖고 있었습니다. 그런데 어쩌자고 선생이 돌아가셨다는 부고를 듣게 된단 말입니까! 하지만 선생의 문하에서 배운 적이 없기 때문에 선생 문하의 선비들을 두루 사귀지 못해 누가 선생의 수제자인지 알 길이 없군요. 생각하면 어찌 그런 사람이 없으랴마는, 아직 그 사람을 만나보지 못한 것이 한스러울 따름입니다. 선생께서 머리를 묶고 스승을 좇기 시작한 이래 도를 위해 온 몸을 바친 것을 생각해보았습니다. 일단 예부(禮部)에 들어서자 선생의 명성은 온 과거장을 진동시켰지요. 하지만 세속을 벗어나려는 염원이 진정으로 가슴에 맺혀 있었던지라, 도를 향한 마음은 아마도 스승과 벗을 등지게 했을 것입니다. 이리하여 천지 사방으로 탐문하기에 발길 닿지 않은 곳이 없었으니, 궁금한 것을 다 알아본 다음에야 비로소 걸음이 멈춰졌지요. 강물을 마시고 사는 청빈한 생활에 자족하시니,[228] 예물을 챙기지 않은 빈손으로 고향에 돌아오셨습니다. 그렇게 또 십 년을 훌쩍 뛰어넘어 계축년(癸丑年)이 되어서야 조정에 들어가 평복을 벗고 정사에 종사하셨습니다. 공은 소송 문건을 처리할 때도 여유롭게 즐기는 적이 많았고, 권유와 타협으로 형벌을 대신했으며, 마음을 논함에 있어서도 조심하는 법이 없었습니다. 관아의 아전과 서리한테도 모두가 한 집안식구처럼 격의가 없으셨습니다. 관로에 나가서도 학문을 닦으니 벼슬 때문에 공부를 그만두지 않았고, 학문하는 와중에도 벼슬로 명성이 높았으니 관리 노릇을 잘할 필요가 무에 있었겠습니까? 조정에 계실 때도 이와 같았으니, 재야에 머물 때야 짐작하고도 남을 일이지요. 공께서 기왕에 그러하시니 집안식구들이야 어떠했겠습니까? 마루에서 북을 치면 마

---

228) 출전은 왕적(王勣)의 「유북산부」(遊北山賦). "강물을 마시고 사는 데 만족하며, 수풀 속의 둥지 같은 집에서도 편안하다"(飮河知足, 巢林必安.)

당에선 노래를 불렀고, 젊은이와 늙은이가 서로 어울려 아무 데서나 싸리를 깔고 뒤섞여 앉았습니다. 이는 선생의 일흔넷 평생 동안 매일같이 벌어지던 광경이었습니다.

대저 양자강의 남쪽에서 환수[229] 이북에 있는 모든 사찰과 큰 호수, 이름난 명승지를 정답게 손을 잡고 함께 노니시니, 선생이 가는 곳이라면 어디서든지 사람들이 몰려들었습니다. 백월[230]과 동구,[231] 나시[232]와 귀국,[233] 남월과 민월, 전월[234]과 등월[235] 같은 궁벽진 오랑캐 땅, 인적이 드문 곳까지도 선생의 가르침은 흠뻑 뿌려져 모든 향촌을 두루 적셨던 것입니다. 목동과 나무꾼 소년, 낚시꾼 노인이며 고기 잡는 늙은이, 저자 거리의 젊은이며 관청의 건장한 장령들, 떠돌이 행상과 상점 주인들, 베 짜는 아낙네와 밭가는 농부, 나막신 신은 이름난 유생, 의관을 갖춰 입은 대도(大盜)에 이르기까지 마음만 맞으면 받아들였고 그 출신을 묻지 않았습니다. 그러니 포의에 가죽띠를 맨 선비나 물가나 동

---

229) 환수(皖水): 일명 장하(長河), 혹은 후하(後河)라고도 부른다. 잠산현(潛山縣) 천당산(天堂山)에서 발원하여 동남쪽으로 잠수(潛水)와 합쳐지고 태호현(太湖縣) 동쪽을 경유해 회녕현(懷寧縣) 서쪽에 다다른 뒤 안휘성 초입에서 장강으로 흘러든다.

230) 백월(百粵): 백월(百越)이라고도 한다. 고대에는 강절(江浙)과 민월(閩越)이 월족(越族)의 주거지였는데, 이 땅에 그들이 세운 소국이 많아 '백월'이란 지명이 생겨났다. 오월(於越)은 절강, 민월은 복건, 양월(揚越)은 강서, 남월(南越)은 광동, 낙월(駱越)은 안남(安南)에 있었다.

231) 동구(東甌): 성 이름. 복건성 건구현(建甌縣)의 동남방, 혹은 절강성 영가현(永嘉縣)의 서남방을 가리키기도 한다.

232) 나시(羅施): 나찰(羅刹)의 오기인 듯하다. 파리국(婆利國)의 동쪽에 위치했다고 전해지는 나라 이름. 나찰은 또 아라사(俄羅斯)나 전당강(錢塘江)의 줄인 말로도 쓰이기 때문에 지금의 러시아를 가리킬 수도 있다.

233) 귀국(鬼國): 신화 속에 나오는 고대의 나라 이름. 이부지시(貳負之尸)의 북쪽에 위치했는데, 그곳 사람의 얼굴에는 눈이 하나뿐이라고 한다. 출전은『산해경』 「해내북경」(海內北經).

234) 전월(滇越): 한나라 때 서역에 있었던 나라 이름. 운남성의 옛 운남부(雲南府)에 위치했던 것으로 보인다.

235) 등월(騰越): 지명. 운남성 등충현(騰衝縣) 일대를 말한다.

굴에서 은거하는 처사, 백면서생, 푸른 옷의 공부하는 학동, 누런 모자에 흰 깃옷 걸친 도사, 먹물장삼의 승려, 진신(縉紳) 선생, 상아홀 쥐고붉은 신발 신은 벼슬아치들이야 말할 나위 있었겠습니까! 그래서 수레가 당도하면 바삐 달려가 맞아들이니, 선생은 그들 사이에 앉아 손뼉을치며 흔쾌히 담소를 즐기셨습니다. 사람들은 선생의 풍채를 우러렀고,선비들은 선생의 간단하고 쉬운 말씀에 즐거워했습니다. 허리띠를 풀고 옷깃을 풀어헤치면 팔방의 바람이 일시에 불어오는 듯했지요. 선생은 유하혜[236]처럼 너그럽고 온화하면서도 공손하지 못한 경우는 볼 수가 없었고, 석가모니처럼 자비로웠지만 그가 사리에 어긋나게 굴었다는 말은 들어보지 못했습니다. 세속에 따라 부침하셨지만 지향이 높고일에 대범했으며, 문채가 찬란하여 문장이 볼 만하였습니다. 훌륭한 상인이 물건을 안 보이게 숨기듯이[237] 덕을 감추셨지만, 어려운 식견도쉽게 드러나게 만드는 재주가 있으셨습니다. 부드러운 가운데 남의 아랫자리에 처하셨지만 향원[238]은 아니었습니다. 대중을 두루 사랑하고용납하셨으니, 그것은 진정한 평등이었습니다. 힘이 있으면서도 지극하셨고 교묘한 가운데 적중하였으니, 그야말로 다다르기 어려운 경지였습니다. 위대하면서도 남들과 융합하셨고 성스러우면서도 신묘하시니, 누가 이런 경지를 알겠습니까! 원래 선생은 이러한 경지에서 자신을 헤아리셨을 뿐 아니라, 또 이런 식으로 남들을 헤아리셨습니다. 칠십 평생에 동서남북 어디에도 한가한 땅이 없었고, 눈 내리는 밤이며꽃 피는 아침 언제라도 허튼 날이 없었으며, 현명하고 어리석고 늙고

---

236) 유하혜(柳下惠): 춘추시대 노나라의 대부 전획(展獲). 절조 있는 남자의 대명사로 꼽힌다. 권1 「이온릉전」(李溫陵傳)의 역주 참조.

237) 출전은 『사기』 「노자한비열전」(老子韓非列傳). "훌륭한 상인은 마치 빈 것처럼물건을 간직하고, 군자의 성덕과 용모는 어리석은 듯이 보인다"(良賈深藏若虛,君子盛德容貌若愚.)

238) 향원(鄕愿): 향리 안에서 근실하고 후덕한 듯이 굴지만 실상은 세속에 영합하여더럽게 구는 위선자를 가리키는 말. 출전은 『논어』 「양화」(陽貨)편. "시골의 근후한 척하는 자는 덕을 망치는 자이다"(鄕愿, 德之賊也.)

젊고 가난하고 병들고 귀하고 부유한 누구에게라도 허투루 대하지 않으셨습니다. 사정이 이러하니 그 문하에서 오래도록 집중하여 배운 이라면 어떻게 선생이 전하는 도를 얻지 못할 수가 있겠습니까? 나는 믿지 않습니다.

선생이시여, 바라건대 스스로 뜻을 편안히 하십시오! 저는 비록 늙었지만 그래도 아직은 말을 달릴 수 있으니, 선생의 문하생들 가운데 누가 진실로 조예가 깊은 자인지 알아보기 위해서라면 제 아무리 힘든 여정도 마다하지 않을 것입니다. 그런 사람을 찾게 되면 향을 살라 선생의 영혼을 위로하며 이렇게 고하겠습니다.

"제가 아뢰는 이 순간부터 선생께서는 마음놓고 돌아가십시오. 정말이지 죽음을 애석해하지 않으셔도 됩니다. 정녕 스스로 여한 없는 죽음을 맞이했다고 뻐기는 자들에 비길 바가 아니시지요."

그러고 나면 선생의 죽음에 대한 저의 통한 맺힌 마음도 벗어던질 수 있겠지요. 공자님 같은 분은 노나라 애공(哀公)에게 이렇게 말했다지요.

"안회가 죽고 지금은 없는데, 그 뒤로 배움을 좋아하는 자가 있다는 말을 아직 들어본 적이 없습니다."[239]

이는 안회에게 아들이 없어 학통이 끊긴 것을 보고 아쉬워한 말씀인데, 선생은 이와 같지는 않으십니다.

제사 못 받는 귀신들을 위하여 祭無祀文 - 代作

사람으로 태어나 의지할 곳을 얻지 못한다면 춥고 굶주리며 질병에 시달림을 면할 수 없게 된다. 이런 까닭에 성스럽고 밝으신 제왕께서는 그 사정을 알아 무겁게 여기셨고, 어진 사람과 군자는 그 정경을 보고

239) 출전은 『논어』 「옹야」(雍也)편.

불쌍히 여기곤 하였다. 이리하여 양제원[240]을 설치하시고 의사[241]를 위한 의창[242]을 건립하심으로써 이런 미풍양속이 향리에까지 미쳐 서로를 구휼하며 수레나 말, 가벼운 가죽옷까지도 나누어 쓰기에 이르렀다. 이 모두는 성스럽고 밝으신 제왕께서 이른바 외로운 이들을 애닮게 여기고, 어진 이와 군자가 두루 베풀기를 서두른 덕분이다. 그러고 나서야 천하는 비로소 원망하여 울부짖는 사람들이 없어졌으니, 위와 같은 수고가 어찌 헛된 일이겠는가! 죽어서 귀신이 되었는데 의탁할 바를 얻지 못했다면, 누구라도 제사음식을 얻어먹기 위해 돌림병을 일으키게 된다.[243] 이런 까닭으로 성스럽고 밝으신 제왕께서는 애틋한 심정으로 중생을 제도하시고, 어진 이와 군자는 애련한 마음에 제사를 마련하게 되었다. 이리하여 상원절[244]에 반드시 제사를 지내고, 중원절[245]에 반드시 제사를 지내며, 청명절이나 상강(霜降)날 저녁에도 제사를 빼놓은 적이 없게 되었다. 원래가 우리 태조이신 고조 황제께서 지극한 정성으로 주관하신 바라 역대 어느 황제도 감히 바꾸지 못하셨으니, 또한 옛 성왕(聖王)의 제도를 준수하는 데 그치는 것만은 아니라고 하겠다. 그러고 나서야 천하에는 비로소 시름 젖은 귀신이 없어지게 되었으니, 이런 행사에 어찌 의의가 없다 할 것이랴! 어찌하여 그럴까? 성스럽고 총명한 제왕과 어진 군자는 하나같이 신과 인간을 주재하신다. 주관하는 자가 없으면 장차 어디다 대고 원통함을 호소할 것인가? 또 어떻게

---

240) 양제원(養濟院): 옛날 환과고독(鰥寡孤獨) 중에서 가난한 사람들을 수용해 부양하던 장소.

241) 의사(義社): 갈 곳 없는 혼백을 받들기 위해 세워진 제단. 송나라 홍매(洪邁)는 『용재수필』(容齋隨筆) 「인물이의위명」(人物以義爲名)에서 '의'에 대해 이렇게 설명하였다. "대중과 더불어 함께 하는 것을 '의'라고 한다. 의창·의사·의전·의학·의역·의정 같은 것들이 바로 그런 부류이다"(與衆共之曰義, 義倉·義社·義田·義學·義役·義井之類是也.)

242) 의창(義倉): 수(隋)나라 이후 구황에 대비하기 위해 각지에 설치된 양식 창고.

243) 고대에는 유행성 전염병의 발생을 여귀(癘鬼)의 장난이라고 생각했다.

244) 상원절(上元節): 음력 정월 대보름.

245) 중원절(中元節): 칠월 보름, 즉 백중날.

신·사람과 어울려 하느님께 협력하고, 저승 이승과 통하면서 하늘의 보우를 받으리오? 산 사람으로서 의탁할 데가 없는 이가 또 얼마나 많은가? 문왕(文王) 같은 분이 일컬으신 바 사민[246]이 바로 그 대강이다. 죽어서 의지할 곳 없는 자들은 또 얼마나 많던가? 우리 태조고 황제께서 장부에 올리신 사망자 목록에 지극히 상세히 적혀 있다. 이런 연고로 수도에서는 상경(上卿)이 제사를 지내고, 군(郡) 단위에서는 대부(大夫)가 제사를 지내며, 읍(邑)에서는 사방 백 리의 영토를 지닌 제후가 제사를 지낸다. 향제(鄕祭)·이제(里祭)·촌제(村祭)·사제[247]뿐만 아니라, 열 가구만 사는 동네까지도 모두 제사를 지낸다. 그런데 유독 관에서 올리는 제사(官祭)만큼은 반드시 성황신을 주재자로 모시고 있다. 제사지내기 하루 전날 본관(本官)은 먼저 고유문을 지어 올려야 하며, 때가 되면 제단에 나아가 몸소 부탁 말씀을 드려야 하고, 제사가 끝나 신을 전송하고 돌아온 다음이라야 쉴 수가 있다. 이 어찌 아무 의의가 없는데도 성인께서 행하신 일이겠는가! 이 어찌 제사 못 받는 귀신에게 떠는 아첨이고, 쓸데없이 희생과 폐백을 낭비하는 짓거리일 것이며, 태조고 황제께서 기꺼이 행하신 일이겠는가 말이다!

지금은 만력 정유년[248]의 청명절이다. 오늘 저녁에는 수도며 대도시로부터 궁벽한 시골 마을에 이르기까지 황제가 정하신 아름다운 전례에 따라 서로를 이끌고 제단으로 나아가 제사를 지내는데, 어떤 경우는 위패를 모시고 제사를 지내기도 한다. 우리 심수[249] 물가의 평상(坪上) 지역처럼 어진 이와 군자들이 집집마다 넘치도록 많은 땅이야 산 사람도 의탁할 데가 없으면 먹을 것 입을 것을 의지하는 곳이거늘, 만약 대가 끊긴 귀신이라면 어찌 제사를 바라지 않을 수 있으랴? 안타깝게도

---

246) 사민(四民): 사(士)·농(農)·공(工)·상(商)을 말한다.
247) 사제(社祭): 토지신에게 지내는 제사.
248) 만력 정유년(丁酉年)은 신종 25년, 서기 1597년에 해당한다.
249) 심수(沁水): 강 이름. 산동성 심원현(沁源縣)의 금산(錦山)에서 발원하여 남쪽으로 흐른 뒤 하남의 무척현(武陟縣)에서 황하로 흘러든다.

벼슬 한 자리에 매인데다 고향까지 거듭 저버린 터에 마침 여기서 『예기』의 먼저 시묘살이를 한다는 대목을 읽게 되었다. 제수음식의 훈김이 위로 올라가는 광경이 슬프다(焄蒿悽愴)[250]는 부분을 읊조리다 부모님이며 친지들이 그리워져 성곽 북쪽에 신위를 차리고 승려를 청해 독경하게 되었는데, 바로 오늘 저녁부터가 시작이다. 모든 주인 없는 귀신들은 한 끼니 식사일망정 배부르게 먹고 후사가 없는 아픔일랑 느끼지 말거라. 있는 돈은 나누어줄 테니 너와 나를 따지는 다툼일랑은 벌이지 않았으면 좋겠구나. 이는 나의 소원이다.

그런데 나는 또 덧붙일 말이 있구나. 사람이라면 누구나 고해에서 벗어날 것을 생각하고, 괴로움 속에서도 더한층 즐거움을 추구하게 마련이다. 귀신이라면 필시 아귀도(餓鬼道)에 떨어질까봐 근심하며, 아귀도에 들었다면 더욱 간절히 사람으로 태어나길 바라야 마땅한 것이다. 만약 배부른 데 만족하고 용돈이나 얻는 데 좋아라 한다면 재물과 포식에만 뜻이 있을 뿐이니, 언제라야 이 고해에서 벗어나게 되겠는가? 취하고 배부른 것은 다 한때지만 근심걱정은 영원히 가는 것이라, 나는 뭇 귀신들을 위해 이를 몹시 염려한다. 듣자하니 『아미타경』이나 『금강경』, 여러 부처님의 진언(眞言) 등속을 여러 승려들이 너희들을 위해 큰 소리로 몇 번이고 되풀이해 읽는다는데, 이 모두는 너희들을 귀신세계에서 제도하려 함이니라. 인도·천도[251]에 태어나는 일이든 불승[252]

---

250) 훈호처창(焄蒿悽愴): 출전은 『예기』 「제의」(祭義)편. "모든 생물은 반드시 죽고 죽으면 흙으로 돌아가는데, 이를 두고 귀신의 뼈와 살이 지하에서 썩어 흙으로 변한다고 말한다. 그들의 숨결은 위로 올라가 빛이 되는데, 제수음식의 훈김처럼 가물가물 올라가는 그 모습은 사람 마음을 슬프게 한다. 이는 모든 생물의 정기인 동시에 신령의 드러남이다"(衆生必死, 死必歸土, 此之謂鬼骨肉斃于下, 陰爲野土. 其氣發揚于上爲昭明, 焄蒿悽愴, 此百物之精也, 神之著也.)

251) 인도(人道)·천도(天道): 불교용어. 중생이 각자의 선악업력(善惡業力)에 따라 윤회하게 되는 육도(六道, 즉 天道·人道·阿修羅道·畜生道·餓鬼道·地獄道)의 일부이다.

252) 불승(佛乘): 중생을 가르치고 인도하여 성불하게 만드는 법. 때론 불교경전을 가리키기도 한다.

을 받드는 일이든 서방세계에 귀의하는 일이든 진정 원하는 대로 다 들어줄 것이니, 비단 너희들이 한 끼 배부른 데 그치게 하지는 않을 것이다. 또 듣자하니 지장왕보살[253]께서는 지옥에 떨어진 모든 중생들의 고통을 대신하겠다는 발원을 하셨다니, 오늘 밤 부처님이 인연 따라 교화를 펴는 모임에서는 무슨 말씀이든지 다 귀담아듣도록 하여라. 또 듣자하니 면연대사[254]께서는 삼천대천(三千大千)의 신과 귀신들을 통솔해 영도하시면서 너희들과 서로 의지하신 지도 오래라 하니, 너희 모두를 구원하고 싶지 않으실 리가 만무하다. 다만 너희들 스스로 어떻게 해보려는 의지가 없으면 그 또한 어쩔 도리가 없겠지. 이제 너희들은 밤낮으로 면연대사 곁을 지키며 지장보살을 우러러 바라보게 되었으니, 안주할 곳을 제대로 찾았다고 말할 수도 있겠구나. 요행히 때를 가리지 않고 수시로 그 가르침을 들으면서 끝끝내 미혹에 빠지지 않는다면, 나의 이 제단은 여러 귀신들이 성인과 현인이 되어 인간에 태어나고 하늘에 태어나는 자리가 될 것이다. 이는 절대 우연이 아니니라. 이렇게만 된다면 우리 평상과 사방 경계 내의 제사 못 받는 귀신들이 가는 곳마다에서 경건한 자세로 귀기울일 뿐만 아니라, 나의 종친이나 안팎의 친인척들, 제사를 받드는 모든 사람들까지도 당연히 내 말을 듣고 믿으면서 하루라도 빨리 고해에서 벗어나길 추구하게 될 것이다. 비록 제사를 받고 못 받고의 차이가 있고 후사가 있고 없고의 차이가 있지만, 후사가 끊긴 자는 무사지귀(無嗣之鬼)로 부르고 후사가 있는 자는 또 유사지귀(有嗣之鬼)라고 호칭할 뿐 귀신의 영역에서 끝내 벗어나지 못함은 마찬가지라 하겠다. 결국 모두가 귀신인 것이니, 이번 한 번은 내 말을 들어주길 바란다. 만약 내 말이 근거 없는 헛소리라면 면연대사가 반드

---

253) 지장왕보살(地藏王菩薩): 석가모니의 부탁을 받고 미륵이 출생하기 전 육도(六道)의 중생을 모두 구원한 다음에야 성불하고 싶다는 서원을 세웠다는 보살 이름. 언제나 지옥 한가운데서 고난을 구제하는 모습으로 현신한다.
254) 면연대사(面然大師): 불경에서 고난을 구제하는 관세음보살의 화신을 일컫는 호칭이다.

시 나를 벌하실 것이고, 지장보살께서도 틀림없이 내게 벌을 내리실 것
이다. 여러 부처님 여러 큰 성인들도 나를 벌하실 것이고, 고대의 성군
과 현명한 재상, 어진 이와 군자들도 반드시 나를 처벌할 것이다. 아울
러 우리 태조고황제와 성조문황제[255] 및 열성조 모두가 당연히 나를 처
벌하실 것이다. 그러므로 감히 그럴만한 담력도 없으려니와, 여기에는
어떤 거짓도 있을 수 없구나. 삼가 아뢰노라.

황산비문簹山碑文 - 代作

황산암(簹山庵)은 강서성 요주(饒州)의 덕흥현(德興縣) 경계에 위치
한 수많은 산들 가운데 있는데, 그 유래는 오래되었지만 사람들이 알지
를 못한다. 산에는 신령스런 기운이 서려 있다. 당나라 원화(元和) 연간
장암손(張庵孫)이란 사람이 이곳에서 수행하고 득도하였다. 우리가 물
리친 원나라의 지원(至元) 연간에 이르러 향리 사람 호일진(胡一眞)이
또 이 산에서 수행한 뒤 득도하여 떠나갔다. 덕분에 지금에 이르기까지
산에는 두 분의 진인(眞人)이 계시다는 말이 전해 내려오게 되었다. 그
뒤로 산사에는 주지가 없어 암자와 건물은 거의 폐허가 되다시피 하였
다. 지금 시기를 놓쳐 수리하지 않으면 장차 기왓장과 자갈이 나뒹구는
폐허를 면할 길이 없을 것이다. 한 번 흥성한 뒤 폐허로 변하기는 이치
상 당연한 일이라지만, 일단 망했다가 다시 일으켜졌다면 그 사이에 어
찌 의지한 바가 없을 것이랴! 이는 승려 진공(眞空)이 해낸 일이다.

진공은 어려서부터 계율을 닦았는데 서울로 공부를 하러 왔다가 흥
성선사(興聖禪師)의 설계[256]를 들었다. 그리고 나서 고향에 돌아갔는
데 부두에 닿자마자 홀연 이상한 꿈을 꾸게 되었다. 마치 관음보살님이

---

255) 성조문황제(成祖文皇帝): 명나라의 세 번째 황제인 영락제(永樂帝) 주체(朱棣).
　　1403년부터 1424년까지 재위했다.

황산에 들어가 수행하는 자를 손가락으로 가리키는 광경을 본 듯했던 것이다. 고향땅에 돌아와 사람들에게 탐문했지만 누구도 그 연유를 안다는 이가 없었다. 진공은 급기야 이 한평생을 바쳐 기필코 보살님을 뵙고야 말겠다는 발원을 세우기에 이르렀다. 풀섶을 헤치며 끝까지 추적한 결과 마침내 그 땅에 당도하니 과연 허물어진 사원 한가운데 보살님의 엄숙한 자태가 보였다. 진공은 자신도 모르게 앞으로 나아가 예를 갖춰 절한 뒤 땅바닥에 엎드려 통곡하고 말았다. 이리하여 다시 하늘에 대고 맹세하길, 이 한평생 있는 힘을 다해 낡은 사찰을 수리해서 옛 경관을 완전히 복원시키겠다고 다짐하였다. 그는 고행으로 잡념을 물리치고 더욱 각고하여 계율을 지켰다. 지역의 주민과 장로들은 그의 지극한 정성에 감복하여 의연금을 모으고 협찬하게 되었는데, 작게는 돌과 나무를 보내오고 크게는 양식을 제공하기도 하였다. 몇 년이 채 지나지 않아 암자는 완전히 새로운 모습으로 탈바꿈하였다. 불상은 금빛으로 찬란히 빛났고, 아침에는 종소리 저녁에는 북소리가 울려퍼졌으며, 등불이 휘황하게 밝혀졌다. 관음보살의 출현으로 승려들만 귀의할 곳이 생긴 것이 아니라, 산모롱이의 이름 없는 늙은이나 낭떠러지 끝에서 일하는 나무꾼까지도 함께 부처님께 의지하고 크나큰 광명을 얻게 되었던 것이다. 지난날 갈 곳 몰라 우두망찰하던 사람들도 이제는 다같이 도량에 올라 극락정토에서 함께 노닐 수 있게 되었다. 과거에 진공이 평소 몸가짐을 엄격히 하지 않았더라면 보살님이 현몽하여 그를 불렀을 리가 만무하다. 또 크나큰 발원과 아울러 정성스레 예배하지 않았더라면, 주민들도 어찌 자신의 살을 베어내는 헌금으로 이 큰 역사를 완성하려 들었겠는가? 승려가 계율을 잘 지키는 것이 얼마나 중요한지 알 수 있는 예라 하겠다.

부처님께서는 육바라밀을 말씀하시며 보시를 첫 번째에 두고 지계

---

256) 설계(說戒): 불교용어. 매월 중간과 월말에 승려 대중을 집합시켜 계율을 강의하는 시간을 갖는데, 이를 '설계'라 부른다. 잘못을 저지른 자는 이 시간을 통해 참회하기도 한다.

(持戒)는 두 번째로 삼으셨다. 진공이 수행에 정진할 수 있었던 것은 계율 덕택이고, 뭇 거사들이 보시를 한 까닭은 그가 능히 계율을 지켰기 때문이다. 진공은 두 번째를 지킴으로써 첫 번째를 얻을 수 있었고, 뭇 거사들은 첫 번째를 내놓음으로써 두 번째를 이루게 되었다. 계율을 지킨다는 것은 정말 중요하지만 보시는 더더욱 중요함을 알 수 있는 대목이다. 보시는 지계보다 한층 중요하니, 이른바 쪽빛이 남색에서 나왔지만 그보다 더 푸른 것에 비유할 수 있겠다. 뭇 거사들은 춤추고 찬탄하며 다함께 극락세계로 오를 수 있게 되었으니, 앞으로의 천만 겁 세월 동안은 어찌 이런 촌구석의 범부로 다시 태어날 리 있으랴! 지계가 순서로는 두 번째지만 세상 사람들로 하여금 첫 번째 보시바라밀의 극락도량에 들게 하니, 이야말로 쪽물이 남빛에서 나온 격인 것이다. 승려 진공은 비록 대중의 뒷자리에 있는 것처럼 보이지만 사실은 그들의 앞쪽에 자리하였다. 원래 사람을 인도하여 서방세계에 귀의시키면 그 공덕이 더욱 비길 데 없어지니, 나는 그래서 진공을 위해 더한층 기뻐하게 된다. 지난날의 두 진인께서는 벌써 떠나갔지만 지금 계진인(戒眞人)께서 다시 그 뒤를 이으셨으니, 천여 년 세월 동안 세 분 진인이 만들어진 것이다. 그러나 계진인께서는 염불에 부지런하고 귀의의 염원이 간절하니, 그가 서방세계에 태어날 것은 의심의 여지가 없다고 하겠다. 훗날 지난날의 두 진인을 만나 요행히 그들의 부름을 받고 그 자신 사도(邪道)에 미혹되는 일만 없게 한다면, 계진인의 공덕은 더욱 한량없이 넓어질 것이다.

위와 같은 연유로 그는 불원천리하고 서울에 와 비석에 새길 글을 애걸하였고, 나는 이 덕분에 서방세계와 인연을 맺게 되었다. 계진인이 이 마당에 나를 떠올려주었는데, 내 어찌 글 짓는 일을 마다 하리오? 그 가운데 희사한 재물의 많고 적음, 나눠진 몫에 따라 기울인 힘의 정도, 착공 날짜며 준공 일자, 웅장한 전각, 고요하고 아늑한 승방, 재실과 주방과 우물과 부뚜막의 배치, 가장 협조를 잘한 승려로부터 가장 힘을 많이 쏟은 시주 같은 항목들은 제각기 깨알 같은 글씨로 비석의 뒷면에 이름을 적어놓았다.

이생의 열 가지 사귐 李生十交文

어떤 사람이 내게 물었습니다.

"그대는 친구를 좋아한다고 하였소. 그런데 여기서 거주한 지 이 년이나 되도록 누구 한 사람 사귀는 것을 여태까지 보지 못했으니, 도대체 어찌된 일이오?"

나는 그 말에 이렇게 대답하였지요.

"이는 당신이 모르는 소리요. 나의 사귐은 대단히 넓어 온 세상 사람을 죄다 통틀어도 나만큼 널리 친구를 사귀는 이는 없을 것입니다. 나의 사귐에는 열 가지가 있지요. 열 가지 사귐이란 천하의 모든 사귐을 망라한 것입니다."

"무엇이 열 가지 사귐일까요? 그 중에서 가장 친밀한 사귐은 함께 먹고 마시는 친구일 것이고, 그 다음은 시정에서의 사귐입니다. 만약 화씨(和氏)가 매우 공평한 마음으로 장사를 하고 민씨(閔氏)네 기름값이 항상 일정하다면 당신도 그 사람에게서 물건을 사고 나 또한 그 사람에게서 물건을 사게 되는데, 그런 일이 오래 지속되어 일상사가 되면 당신은 거기에 대해 의식조차 못하게 됩니다. 세 번째는 함께 놀러 다니는 친구이고, 그 다음은 오랫동안 앉아서 이야기를 나눌 수 있는 친구입니다. 함께 여행을 다니는 친구란 멀리 있으면 배를 빌려서라도 찾아가고, 가까이 있으면 함께 웃고 떠들면서 농담을 하더라도 노여워하지 않고, 어떤 일을 예측함에 있어 신기하게도 딱 맞아떨어지는 경우가 많은 사람이지요. 그 사람이 꼭 어떠해서가 아니라 함께 있으면 즐거워 돌아갈 것을 잊어버리고 헤어지면 보고 싶은 그런 사람입니다. 기예가 뛰어나서 좋은 사람이란 거문고 선생이나 활 잘 쏘는 무사, 바둑의 고수나 화가 같은 이들을 말합니다. 술수에 능해서 어울리는 이로는 천문·지리·역법·점복 같은 것들을 볼 줄 아는 이들을 말하지요. 그들 중에 통달한 고수야 당장은 만날 수 없더라도 그런 기예에 뛰어난 사람들은 그 기세도 으뜸이니, 결단코 어디에 속박되거나 악착스럽기만 한 옹졸한 무리들이 도달할 수 있는 바가 아닙니다. 잠시 그런 사람과 함께 놀아보면 심신이 모두 상쾌해지니, 책을 뒤져 옛것을 찾거나 도덕을 이야기하고 인의를 설파하는 것보다 훨씬 유익하지 않던가요? 글로 사귀는 친구나 혈육 같은 친구, 마음을 다 드러낼 수 있는 친구와 생사를 같이하는 친구에 이르기까지 사귀는 바가 단 한 사람인 경우에서 만족하진 않았습니다. 당신은 도대체 무슨 근거로 내가 사람을 사귀지 않는다고 말하는지요? 또 무엇 때문에 달랑 한 사람만을 들어 나의 사귐을 알아보려 하는 것입니까?"

친구로 사귀면서 진정으로 생사를 맡길 만한 사람은 내가 천하를 이십 년이 넘게 돌아다녔지만 아직까지 만나지 못했습니다. 속을 모두 내보이며 믿을 만한 이로는 생각건대 고정(古亭)의 주자례(周子禮, 周思敬)뿐인가 합니다! 친 혈육이나 다름없이 가깝고 격의 없는 지내던 이를 들라면, 내게는 죽은 친구 이유명(李維明, 李逢陽)이 거의 그러한 사람이었습니다. 시에는 이백(李白)이 있고 글씨에는 문징명[257]이 있다지만, 왜 또 그렇게 꼭 높은 경지에 올라야만 하겠습니까! 그저 종이와 먹에 마음을 쏟아 문장의 동산에서 이름을 날릴 수 있고, 종횡무진 재능을 발휘하여 샛길로 빠지지 않을 사람이라면 또한 어울려 놀면서

---

257) 문징명(文徵明, 1470~1559): 명대의 장주(長洲) 사람. 문림(文林)의 아들로 아명은 벽(璧), 자는 징중(徵仲)이며, 별호는 형산(衡山)이라 불렸다. 서정경(徐禎卿) 등과 더불어 오중사재자(吳中四才子)의 한 명으로 꼽혔으며, 정덕(正德) 말년 처음 벼슬에 나아가 세종 때 『무종실록』(武宗實錄)을 찬수했고 경연(經筵)을 모시다 귀향한 뒤 나이 구십에 죽었다. 오관(吳寬)에게 글을 배웠고, 이응정(李應禎)에게 글씨를, 심주(沈周)에게서는 그림을 배워 이 모두에 능했는데, 특히 서화에 빼어나 세칭 조맹부(趙孟頫)·예찬(倪瓚)·황공망(黃公望)의 장점을 두루 망라했다고 일컬어졌다. 사시(私諡)는 정헌(貞獻) 선생. 저서로 『보전집』(甫田集)이 있고, 『명사』 권287 등에 보인다.

같이 늙어가도 좋을 것입니다. 오직 먹고 마시는 것만이 목적인 친구라면, 있으면 찾아가고 없으면 발길을 끊고 찾지 않으면 그만입니다. 하지만 그런 이라 해도 반드시 어진 이를 사랑하고 손님을 좋아하며 가난해도 단정하고 부자라도 고결한 사람이라야 찾아갈 따름입니다. 손님을 사랑하는 것이 으뜸의 덕목이고, 어진 이를 좋아하는 것은 그 다음이며, 단정하면서도 고결한 것은 또 그 다음입니다. 그러나 술과 음식이란 일상적인 것 중에서도 제일의[258]이지요. 나는 오직 술과 음식이 필요할 뿐 요리를 잘 차려 연회를 즐기는 것은 피곤하기만 하니, 함께 먹는 사람도 음식을 매개로나 알고 기타의 일은 논하지 않는 것이 좋겠습니다. 그리되어야만 손님을 좋아하는 일이 가능해지고, 어진 이를 좋아할 수 있게 되며, 단정하고 청결할 수 있게 됩니다. 용납되지 않는 바가 없으니 친구로 삼으면 안 되는 이도 없어지지요. 하물며 첫 만남부터 대화로 즐거움을 나누는 사이, 물만 마셔도 배가 부른 사이, 굳이 매개물을 쓸 필요가 없는 친구야 두말할 나위가 있겠습니까! 아, 집어치우십시다! 바로 그렇기 때문에 지금은 그저 먹고 마시는 일이나 늘어놓음으로써 나의 교유에서 가장 절실한 것이 무엇인지 표시나 하겠습니다. 먹고 마시기나 하는 사람이라면 남들이야 그를 천시하겠지만, 나는 그런 당신과 술친구로 사귀고 싶습니다. 바라건대 내치지나 말아주십시오.

자찬 自贊

그의 성격은 편협하고 조급하며 자존심이 대단히 세다. 그의 언사는 비속하고, 마음씀은 난폭하면서도 어리석다. 행동은 제멋대로이고, 사

---

258) 제일의(第一義): 불교용어. 가장 높고 지극히 심오한 이치를 말하며, 가장 중요한 도리를 가리키기도 한다. 제일의체(第一義諦)·진체(眞諦)·승의체(勝義諦)라고도 부르며, 세체(世諦)·속체(俗諦)·세속체(世俗諦)와는 대칭되는 말이다.

귀는 사람은 많지 않지만 얼굴을 마주 대해서는 매우 살갑게 군다. 평소 다른 사람과 어울릴 때는 그들의 잘못을 밝혀내길 좋아하고 남의 장점에 기뻐하지 않는다. 한 번 사람을 미워하게 되면 그와의 관계를 끊어버릴 뿐 아니라 평생 그 사람에게 해코지를 하려고 든다. 따뜻하고 배부르고 싶으면서도 스스로를 백이나 숙제[259]처럼 생각하고, 본성은 제나라 사람[260]처럼 비열하고 가식적이면서도 스스로를 도덕군자라고 지칭한다. 분명히 지푸라기 한 개도 남에게 주지 않을 것이면서 유신[261]을 내세우는 구실로 삼고, 분명 터럭 한 오라기도 뽑히지 않을 것이면서 양주[262]가 인(仁)을 망쳤다고 비난한다. 행동은 매사 어긋나기만 하고, 말은 마음과 정반대로만 나온다. 그 사람됨이 이러하므로 마을 사람들은 모두 그를 미워한다. 예전에 자공이 공자에게 물었다.

"마을 사람들이 모두 미워하는 사람은 어떤 사람입니까?"

공자의 답변은 다음과 같았다.

---

259) 백이(伯夷) · 숙제(叔齊): 상(商)나라 말기 고죽군(孤竹君)의 장자와 셋째 아들. 서로 왕위를 양보하다 함께 주나라로 망명해버렸다. 훗날 무왕이 상나라를 정벌하는 것에 반대하다 수양산(首陽山)에 들어가 굶어 죽음으로써 지조의 상징이 되었다.

260) 『맹자』 「이루」(離婁) 하편의 "제나라 사람의 일처일첩"(齊人有一妻一妾) 고사에 나오는 위선적인 사내를 가리킨다.

261) 유신(有莘): 신(莘)은 원래 나라 이름이지만 여기서는 상나라의 명재상 이윤(伊尹)을 가리킨다. 『맹자』 「만장」(萬章) 상편을 보면, "이윤은 유신의 들판에서 밭을 갈면서도 요 · 순의 도를 즐거워하였다. ……의가 아니고 도가 아니라고 판단되면 지푸라기 하나도 남에게 주지 않았고 또 받지도 않았다"(伊尹耕于有莘之野, 而樂堯舜之道焉. ……非其義也, 非其道也, 一介不以與人, 一介不以取諸人.) 하는 대목이 보인다.

262) 양주(楊朱): 전국시대 초기의 철학자. 묵자의 겸애설과 유가의 윤리사상을 반대하면서 귀생(貴生)과 중기(重己)를 주장했다. 『열자』 「양주」편에서는 그가 "터럭 한 오리를 뽑아 천하가 이롭게 되더라도 주지 않을 것이요, 온 천하가 자신을 받들어도 그것을 갖지 않는다. 사람마다 털 한 오라기도 손해보지 않고 천하를 이롭게 하지도 않으면 천하는 제대로 다스려질 것이다"(損一毫利天下, 不與也. 悉天下奉一身, 不取也. 人人不損一毫, 人人不利天下, 天下治矣.)라는 이론을 폈다고 설명하였다. 이지는 태주학파의 한 사람으로서 안신입본(安身立本)을 주장하며 개인의 이익을 옹호했기 때문에 위와 같은 언급이 나온 것이다.

"옳지 않은 사람이다."[263]

거사[264] 같은 이가 어찌 용납될 수 있겠는가!

유해[265] 예찬 贊劉諧

어느 도학자가 굽 높은 나막신을 신고 길다란 도포에 너비가 널찍한 띠를 둘렀다. 삼강오상[266]이라는 관을 쓰고, 인륜(人倫)이라는 옷을 걸쳤으며, 경전의 한두 마디 문장을 주워 듣고 공맹의 서너 마디 말씀을 절취하여 자칭 중니(仲尼)의 진정한 사도라고 뽐내며 돌아다녔다. 마침 그때 우연히 유해를 만났다. 유해는 총명한 선비로서 그를 보자마자 입가에 미소를 띠며 말했다.

"이 사람이 아직도 우리 중니 형님을 모르는구나."

그 사람은 발끈 성을 내며 얼굴색이 변해서 소리쳤다.

---

263) 출전은 『논어』「자로」편. 그 전문은 다음과 같다. "자공이 '마을 사람들이 모두 좋아하면 어떤 사람일까요?' 하고 묻자, 공자는 '아직 부족하다' 고 대답하였다. '마을 사람들이 전부 미워하면 어떻겠습니까?' 하고 물으니, 공자는 '그것만으론 아직 부족하다. 마을의 선한 사람들이 좋아하고 마을의 악한 사람들이 미워하는 것만 못하니라' 하고 대답하셨다"(子貢問曰: '鄕人皆好之, 何如?' 子曰: '未可也.' '鄕人皆惡之, 何如?' 子曰: '未可也, 不如鄕人之善者好之, 其不善者惡之.')

264) 거사(居士): 처사(處士)와 같은 말로 재덕(才德)을 갖추었지만 은거하여 출사하지 않은 사람. 여기서는 이지 자신을 가리킨다. 이 글은 전체적으로 부정적인 어조를 구사하며 세속의 속물적인 경향과 단절하려는 작자의 신념을 밝히고 있다. 혹은 이지 스스로 자신의 모순적인 사상이나 개성에 대해 내린 평가나 분석이라고 볼 수도 있다.

265) 유해(劉諧): 호는 굉원(宏源)이고, 호광(湖廣)의 마성(麻城) 사람이다. 명대 융경(隆慶) 연간의 진사로서 여간(餘干) 등지의 지현(知縣)을 역임한 인물이다.

266) 삼강오상(三綱五常): 삼강은 군위신강(君爲臣綱)·부위자강(父爲子綱)·부위부강(夫爲婦綱). 강(綱)은 본래 그물을 통괄하는 벼리로서 여기서는 지배자를 말한다. 오상은 인의예지신(仁義禮智信). 삼강오상은 서한의 동중서(董仲舒)가 공맹의 도에서 추출해낸 이래 봉건적 질서를 유지하기 위한 도덕적 교조가 되었다.

"하늘이 중니를 낳지 않았더라면 만고이래 온 세상이 캄캄한 암흑과 같았을 것이다. 당신은 어떤 작자기에 감히 중니를 형님이라고 부르는가?"

유해가 응수하였다.

"당신의 말이 옳다면 복희씨나 그 이전의 성인들께서는 날마다 종이를 사르거나 촛불을 밝혀 들고 돌아다니셨겠소이다!"

그 사람은 입을 다물고 더 이상 말이 없었다. 그러나 그가 유해의 언사에 담긴 깊은 뜻을 어떻게 알 수 있을꼬!

이생[267]이 그 말을 듣더니 옳다고 여겨 한 마디 덧붙였다.

"그 말 참 간명하고도 지당하도다. 간략하면서도 여운이 있으니 의심의 그물을 찢어 밝은 하늘을 드러낼 수 있겠구나. 언사가 이와 같으니, 그 사람됨을 알 수가 있으렷다. 비록 한 순간 농담처럼 내뱉은 말이지만, 그 지극한 이치는 백 세가 지나도 바뀌지 않을 것이다."

방죽도 족자에 적은 글 方竹圖卷文

옛날에 대나무를 사랑한 자가 있었는데, 얼마나 아꼈던지 대나무를 두고 '그대'(君)라고 부르기까지 하였다. 대나무가 문채 찬란한 군자와 비슷하기 때문에 그렇게 부른 것이 아니었다. 답답하고 억울한 심정을 누구에게도 호소할 수 없던 차에 자신과 더불 수 있는 것이라곤 오직 대나무뿐이라고 여긴 까닭이었다. 그래서 별 생각 없이 그러겠다 정하고 내키는 대로 불렀던 것인데, 호칭한 사람 자신도 정도가 여기에 이를 줄은 미처 알지 못하였다. 어떤 사람이 다음과 같이 말했다.

"왕자교[268]는 대나무를 이 양반(此君)이라고 여겼으니, 대나무는 왕

---

267) 이생(李生): 이지의 자칭(自稱).
268) 왕자교(王子喬): 전설에 나오는 신선의 이름. 한대 유향(劉向)의 『열선전』(列仙

자교를 필시 저 양반(彼君)이라 여겼을 것이다. 이 양반에게는 각진 것과 둥근 것이 있고, 저 양반에게도 모난 구석과 둥근 구석이 존재한다. 둥근 것은 언제나 있지만 각진 것이 항상 존재하는 것은 아니다. 늘 있거나 있지 않은 점은 서로가 다르지만 피차가 '그대'라고 호칭하니, 그들은 동일한 부류이다. 동일하면 곧 가까운 것이다."

사실이 그렇다면 왕자교가 대나무를 사랑한 것이 아니라, 대나무 스스로가 왕자교를 사랑했을 뿐이다. 무릇 왕자교라는 이로 말하자면 산과 강, 흙이며 돌멩이까지도 한 번 눈길만 주면 저절로 생기가 감도는 판이었는데, 대나무야 이 양반이라고까지 불러주었으니 오죽 좋았겠는가!

하늘과 땅 사이의 모든 만물은 저마다 신기(神氣)를 지니고 있다. 하물며 이 대나무는 가운데가 텅 비고 똑바로 위를 향해 솟았으니, 어찌 신기가 유별나지 않으랴! 속담에 이르길 "선비는 자신을 알아주는 이를 위해 몸바치고, 여자는 자기를 사랑하는 사람을 위해 화장한다"고 했는데, 이 대나무 또한 그랬던 것이다. 그 대나무는 왕자교를 한 번 만나자마자 성근 마디의 기이한 기상이 저절로 왕자교의 정신을 닮게 되었다. 한평생 위쪽으로 꼿꼿이 솟아 서리를 이겨낸 지조는 모조리 아름다운 음악이 되어 난새 봉새의 울음으로 표현되었다. 그러고도 자기를 어여삐 여기는 이를 위해 단장하고자 힘썼으니, 그가 어찌 또 고독하게 홀로 서서 한평생 쓸쓸한 울음이나 내뿜으며 영원히 지기를 만나지 못할 안타까움이나 껴안은 채 지내겠는가? 이로부터 유추하건대 훨훨 창공을 비상하는 학은 왕자교 때문이었고, 무성하게 우거진 자줏빛 영지는 사호[269]의 굶주림을 덜어주기 위해서였다. 어찌 이뿐이겠는가? 용마는

傳)「왕자교」에서 존재가 확인된다. 원래는 주나라 영왕(靈王)의 태자 진(晉)으로 생황을 불어 봉황의 소리를 내는 재주꾼이었다. 숭고산(嵩高山)에서 도사 부구공(浮丘公)을 만나 출가했으며, 삼십 년 뒤 학을 타고 구씨산(緱氏山) 고갯마루에 나타났다고 한다.

269) 사호(四皓): 진대(秦代) 말기 상산(商山)에 은거했던 동원공(東園公) · 녹리 선생

하도를 지고 나왔고(龍馬負圖),[270] 낙수의 거북이(洛龜)[271]는 낙서를
바쳤으며, 순임금 때는 봉황이 날아와 춤을 추었고,[272] 닭도 문왕을 위
해 울었으며,[273] 노수[274]를 위해서는 기린이 생포되었다.[275] 사물이 사
람을 사랑함은 자고이래 변치 않는 철칙이지만, 그 어느 것이 이 대나
무를 당해낼 수 있으리오?

　요즘의 대나무 애호가들에 대해서 나는 의구심을 품고 있다. 그들은
왕자교와는 닮지 않았다. 그들의 오만불손하고 건방진 태도는 지극히
위악적이지만, 대나무를 사랑한다는 단 한 가지 이유 때문에 자신들과
왕자교가 서로 닮았다고 주장한다. 사정이 그렇다면 그들이 아무리 대
나무를 사랑한다 해도, 대나무는 결코 그들을 사랑하지 않을 것이다.

（甪里先生）·기리계(綺里季)·하황공(夏黃公) 등 네 사람. 이들은 수염과 눈썹
이 모두 하얗다고 해서 '상산사호'라고 호칭되었다. 고조(高祖)가 불렀지만 응
하지 않았다. 훗날 고조가 태자를 폐하려 하자 여후(呂后)는 장량(張良)의 계책
에 따라 사호를 맞아들여 태자를 보필시켰다. 고조는 태자의 날개가 이미 완성
된 줄 알자 폐위시키려던 뜻을 철회하였다. 『사기』「유후세가」(留侯世家)와 『한
서』「장량전」에 보이는 사실이다.

270) 용마부도(龍馬負圖):『서경』「고명」(顧命)의 공안국전(孔安國傳)에 "복희씨가
　　천하를 다스릴 때 용마가 황하에 출현하니 드디어는 그 문양을 본떠 팔괘를 그
　　리고 '하도'라 일컬었다"(伏羲王天下, 龍馬出河. 遂則其文, 畵八卦, 謂之河圖.)
　　하는 기록이 보인다. 하도는 팔괘를 말하고, 용마는 용머리에 말의 몸통을 한
　　전설상의 짐승이다.

271) 낙귀(洛龜): 우(禹)가 황하의 홍수를 다스릴 때 낙수(洛水)에서 등에 낙서(洛
　　書)를 짊어지고 나타났다는 신기한 거북이. 낙서는 '홍범구주'(洪範九疇)의 원
　　형이 되었다는 도식이다.

272) 출전은『상서』「익직」(益稷)편. "소소라는 순임금의 음악을 아홉 번 연주하니,
　　봉황이 날아와 의식에 따라 춤을 추었다"(簫韶九成, 鳳凰來儀.)

273) 출전은『예기』「문왕세자」(文王世子)편. "문왕이 세자일 때 부친 왕계에게 하루
　　에 세 번씩 문안을 드렸다. 첫닭이 울면 일어나 의복을 입고 침실 문밖에 이르
　　러 숙직하는 신하에게 물었다. '부왕의 오늘 안부는 어떠하신가?'"(文王之爲世
　　子, 朝於王季日三. 鷄初鳴而衣服, 至於寢門外, 問內豎之御者曰, '今日安否何
　　如?')

274) 노수(魯叟): 노나라의 늙은이, 즉 공자를 가리킨다.

275) 춘추시대 노나라 애공(哀公) 14년 기린(麒麟)을 잡았는데, 공자는『춘추』를 저
　　술하던 중 이 대목에 이르러 붓을 꺾었다고 한다.

대나무로부터 사랑도 못 받는 인간이라면, 그가 또 어떻게 대나무를 사랑한다고 내세울 수 있겠는가? 이런 까닭에 나는 대나무를 사랑한다는 작자는 절대로 사랑하지 않는다. 이유를 말하자면 그는 사이비일 뿐 왕자교와 같은 부류는 아니기 때문이다. 바로 그렇기 때문에 등석양(鄧石陽)이 대나무를 사랑하는 것은 왕자교와 동류로 치부해야 한다. 이 사람은 저 양반(彼君, 즉 대나무)을 사랑하는 사람이다. 석양이 여산(廬山)에서 도를 닦을 때, 그 산에는 방죽이 자라고 있었다. 석양은 이 방죽을 사랑해 특별히 그림으로 묘사해 두었는데, 방죽이란 세상에 흔히 나뒹구는 물건이 아닌 까닭이었다. 석양은 곧 고향으로 돌아가게 된다. 그는 나와의 이별을 안타까워하다가 이 그림을 가져와 내게 보여주었다. 그가 왜 그리했겠는가? 나는 그에게 '그대의 이 양반(此君, 이지 자신을 지칭)은 벌써 촉(蜀) 땅까지 따라 들어갔으니 언제 이별한 적이 있겠는가' 하고 말해주었다.

황안의 두 승려 수책[276]에 쓰다 書黃安二上人手冊

출가한 사람은 끝까지 가정을 돌아보지 말아야 한다. 만약 출가하고서도 다시금 가정에 연연해한다면 애당초 출가할 필요가 없는 것이다. 출가란 무엇 때문에 하는가? 세속을 벗어나기 위해서이다. 세속을 벗어나면 세상과 격리되는 까닭에 출세(出世)를 이룰 수 있게 된다. 출가하면 가족과 단절되는 까닭에 비로소 진정한 출가자라고 일컬어지기도 한다. 이제 석가모니 부처님을 관찰해보자. 이분은 정반왕(淨飯王)의 아들이란 신분이었지만 인생의 방향을 선회한 뒤 전륜성왕(轉輪聖王)의 지위에 오른 것이 보이지 않는가? 부귀한 사람 중에 어느 누가 그와

---

276) 수책(手冊): 훑어보거나 점검하기에 편리하도록 필요한 일을 적은 소책자. 여기서 말하는 황안의 두 승려는 약무(若無)와 그의 사제(師弟)를 가리킨다.

비견될 수 있으랴? 안으로 야수녀(耶輸女)라는 현숙한 부인이 있고 또 라후라(羅睺羅)라는 총명한 아들도 있었지만 일단 모든 것을 버리고 깊은 산 속으로 들어가 굶주림과 추위를 견디셨는데, 무엇 때문에 스스로 사서 그 고생을 하셨단 말인가? 오로지 출세의 큰 일을 이루기 위해서였다. 세속을 벗어나야만 바야흐로 세상을 제도할 수 있는 것이다. 이 세상 사람이면 모두 구원하여 성불시키려 했거늘, 가장 가까운 부모 처자식이야 말할 나위 있으랴! 그리하여 석가는 도를 이루고 모든 사람이 다같이 그 오묘한 즐거움을 깨닫게 하였으니, 그분이 한 가정을 지키겠다고 안주하는 사람을 과연 어떻게 보실 거냐?

사람들은 부처가 탐욕을 경계했다고 생각하지만, 나는 부처야말로 진정 큰 욕심꾸러기라고 생각한다. 욕심이 컸던 까닭에 일도양단 결정을 내리자 더 이상 인간세상의 즐거움에 탐닉하거나 연연해하지 않을 수 있었다. 비단 석가뿐만 아니라 공자 역시 그러하셨다. 공자는 아들인 공리(孔鯉)가 죽고 오랜 세월이 지나도록 새로 자식을 보려 하지 않으셨는데, 이는 공자가 아들에 매인 적이 없었음을 반증한다. 공리가 아직 죽지 않고 그의 모친이 진작에 세상을 떠났던 때에도 공자는 새로 아내를 얻어 빈자리를 채우려고 한 적이 없었다. 삼환[277]이 그를 천거했지만 공자는 벼슬에 나아가지 않았다. 사람들이 공자를 등용하지 않은 것이 아니라 바로 공자 자신이 등용되길 원치 않았던 것이다. 부귀영화를 뜬구름처럼 보면서 다만 삼천칠십 명의 제자와 더불어 천지 사방을 떠돌아다녔으니, 서쪽으로 진(晉)에 이르렀고 남으론 초(楚) 땅까지 발자취를 남기면서 밤낮으로 출세(出世)와 지기(知己)를 추구함에 여념이 없으셨다. 이는 비록 명의상 출가는 하지 않았더라도 사실은 종신토록 출가한 것과 다름이 없다. 그래서 석가불은 집을 떠나 출가한 사람이고 공자는 몸은 집에 있어도 기실은 출가한 사람이라 치부하는

---

277) 삼환(三桓): 노나라의 대부 맹손씨(孟孫氏)·숙손씨(叔孫氏)·계손씨(季孫氏)를 가리킨다.

나의 생각은 황당하지 않다.

이제 나 자신을 스스로 돌아보건대 총명함과 역량은 두 성인에 훨씬 못 미치면서 부처님의 큰 사업을 입증하려는 마음만은 간절하니, 그 얼마나 주제 모르는 얼간이일까? 이런 나를 두고 두 승려는 또 무엇하러 먼 길을 왔단 말인가? 다행히도 양친께서는 진작에 흙으로 돌아가셨고 아내인 의인(宜人) 황씨도 벌써 세상을 떴다. 딸 하나가 있어 장순부(莊純夫)에게 시집을 갔다지만, 사위 역시 앞날을 위해 기꺼이 노력하는 사람이다. 지금 황안의 두 승려가 이곳에 찾아와 출가라는 큰 일에 관해 듣고자 하지만, 내가 무슨 말을 일러줄 수 있겠는가? 다만 석가의 사적을 적어줄 수밖에. 또 내가 어려서부터 유학(儒學)에 종사해왔던 까닭에 공자의 생평을 덧붙여 기록함으로써 비유로 삼았다. 지난날을 알고 다가올 미래에 힘쓰려거든 처음의 이러한 뜻을 저버리지 않으면 그만일 뿐이다.

격률시에 대한 얄팍한 설명 讀律膚說

내용이 평담하면 씹는 맛이 없고, 사상이나 감정이 너무 직설적으로 드러나면 사람을 감동시키지 못한다. 조탁이 지나쳐 화려하기만 할 뿐 내용이 없는 것도 결단코 좋지 않다. 깊이 가라앉아 사색적이면 골머리가 아플 수도 있으니, 침착함은 쉽게 드러나는 대신 양강(陽剛)의 기세가 모자라게 된다. 쉽게 지으려 해도 안 되고, 어렵게 지으려 해서도 안 된다.

격률에 구속되면 격률의 제약을 받게 되니, 이는 시의 노예라 하겠다. 이 경우 시가 비천해지면서 오음[278]이 자연스럽게 못하게 된다. 격

---

278) 오음(五音): 언어학 용어. 순(脣)·설(舌)·치(齒)·아(牙)·후(喉) 등 다섯 종류의 음을 말한다. 오음에 대한 가장 최초의 분류는 『옥편』(玉篇)에 보인다.

률의 구속을 받지 않아 운율이 파괴되면, 이는 시율의 파괴자이다. 이런 시는 감정이 문채를 넘어서게 되며 오음 또한 계통을 잃어버리는 결점이 발생하게 된다. 음율이 자연스럽지 못하면 문채가 없고, 부조화하면 운율의 맛을 느낄 수 없는 법이다.

원래 운율과 문채는 사람의 성정에서 우러나오고 자연스러움에서 비롯되니, 이 어찌 견강부회로 얻어질 수 있는 것이겠는가? 그러므로 성정에서 자연스럽게 흘러나오면 예의에도 저절로 합당해지니,[279] 본성의 바깥에 따로 적당한 예의가 존재하는 것은 아니다. 억지로 견강부회하면 본성을 잃어버리게 되는 까닭에 자연스러움만이 참된 아름다움이 되니, 본성의 바깥에 또다시 자연스러운 무언가가 별도로 존재하는 것은 아니라고 하겠다. 이런 까닭에 성정이 맑은 사람의 음조는 당연히 시원스럽고, 느긋한 사람의 음조는 완만하다. 광달한 사람은 호탕한 소리를 내고, 기상이 넓은 사람은 물론 장렬하며, 침울한 사람은 슬프고 애처로운 한편 괴팍한 사람은 기묘하게 된다. 그 사람의 격조가 그런 음조를 만들어내는 것이니, 이는 모두 성정의 자연스러운 발로라고 하겠다. 사람마다 감정이 없을 수 없고 또 개성이 없을 수 없을진대 어떻게 일괄적이기를 구할 것인가! 그렇다면 이른바 자연스러움이란 일부러 그러자고 해서 결국 그렇게 되는 것은 아니라 하겠다. 만약 고의로 자연스럽게 만들려 한다면 그것이 견강부회와 무엇이 다르겠는가! 그러므로 자연지도(自然之道)는 쉽게 말할 수 있는 성질의 것이 아니다.

---

279) 『시경』 「모시서」(毛詩序)의 "변풍은 정에서 나오고 예의에서 멈춘다. 정에서 비롯됨은 백성의 성질이요, 예의에서 멈춤은 선왕의 은택 덕분이다"(變風發乎情, 止乎禮義. 發乎情, 民之性也; 止乎禮義, 先王之澤也.)라는 구절을 인용하고 있다. 이지는 여기서 예의와 자연적인 성정의 일치성을 강조하며 작위를 배격하는 자신의 이론을 밝히고 있다.

焚書 I

自序

自有書四種: 一曰『藏書』, 上下數千年是非, 未易肉眼視也, 故欲藏之, 言當藏於山中以待後世子雲也. 一曰『焚書』, 則答知己書問, 所言頗切近世學者膏肓, 旣中其痼疾, 則必欲殺我矣, 故欲焚之, 言當焚而棄之, 不可留也. 『焚書』之後又有別錄, 名爲『老苦』, 雖同是『焚書』, 而另爲卷目, 則欲焚者焚此矣. 獨『說書』四十四篇, 眞爲可喜, 發聖言之精蘊, 闡日用之平常, 可使讀者一過目便知入聖之無難, 出世之非假也. 信如傳註, 則是欲入而閉之門, 非以誘人, 實以絶人矣, 烏乎可! 其爲說, 原於看朋友作時文, 故『說書』亦佑時文, 然不佑者故多也.

今旣刻『說書』, 故再『焚書』亦刻, 再『藏書』中一二論著亦刻, 焚者不復焚, 藏者不復藏矣. 或曰: "誠如是, 不宜復名『焚書』也, 不幾於名之不可言, 言之不顧行乎?" 噫噫! 余安能知, 子又安能知. 夫欲焚者, 謂其逆人之耳也; 欲刻者, 謂其入人之心也. 逆耳者必殺, 是可懼也. 然余年六十四矣, 倘一入人之心, 則知我者或庶幾乎! 余幸其庶幾也, 故刻之.

卓吾老子題湖上之聚佛樓

李氏焚書序

李宏甫自集其與夷游書札, 並答問論議諸文, 而名曰『焚書』, 自謂其書可焚也. 宏甫快口直腸, 目空一世, 憤激過甚, 不顧人有忤者. 然猶慮人必忤而託言於焚, 亦可悲矣! 乃卒以筆舌殺身, 誅求者竟以其所著付之烈焰, 抑何虐也, 豈遂成其讖乎! 宋元豐間, 禁長公之筆墨, 家藏墨妙, 抄割殆盡, 見者若祟. 不踰時而徵求鼎沸, 斷管殘瀋, 等於吉光片羽. 焚不焚, 何關於宏甫, 且宏甫又何嘗利人之不焚以爲重者? 今焚後而宏甫之傳乃愈廣. 然則此書之焚, 其布之有火浣哉! 宏甫曾以是刻商之於余, 其語具載此中. 余幸而後死, 目擊廢興, 故識此於其端云. 澹園竑.

※원문 밑의 선은 인명이나 지명을 뜻한다.

李溫陵傳

袁中道

李溫陵者，名載贄．少舉孝廉，以道遠，不再上公車，爲校官，徘徊郎署間．後爲姚安太守．公爲人中燠外冷，丰骨稜稜．性甚卞急，好面折人過，士非參其神契者不與言．強力任性，不強其意之所不欲．初未知學，有道學先生語之曰：“公怖死否？”公曰：“死矣，安得不怖．”曰：“公既怖死，何不學道？學道所以免生死也．”公曰：“有是哉！”遂潛心道妙．久之自有所契，超於語言文字之表，諸執筌蹄者了不能及．爲守，法令清簡，不言而治．每至伽藍，判了公事，坐堂皇上，或賓名僧其間，簿書有隙，卽與參論虛玄．人皆怪之，公亦不顧．祿俸之外，了無長物，陸積鬱林之石，任昉桃花之米，無以過也．久之，厭圭組，遂入鷄足山閱龍藏不出．御史劉維奇其節，疏令致仕以歸．

初與楚黃安耿子庸善，罷郡遂不歸．曰：“我老矣，得一二勝友，終日晤言以遣餘日，卽爲至快，何必故鄉也．”遂攜妻女客黃安．中年得數男，皆不育．體素羸，澹於聲色，又癖潔，惡近婦人，故雖無子，不置妾婢．後妻女欲歸，趣歸之．自稱‘流寓客子’．既無家累，又斷俗緣，參求乘理，極其超悟，剔膚見骨，迥絕理路．出爲議論，皆爲刀劍上事，獅子逬乳，香象絕流，發詠孤高，少有酬其機者．

子庸死，子庸之兄天臺公惜其超脫，恐子姪效之，有遺棄之病，數至箴切．公遂至麻城龍潭湖上，與僧無念・周友山・丘坦之・楊定見聚，閉門下鍵，日以讀書爲事．性愛掃地，數人縛帚不給．衿裙浣洗，極其鮮潔，拭面拂身，有同水淫．不喜俗客，客不獲辭而至，但一交手，卽令之遠坐，嫌其臭穢．其忻賞者，鎮日言笑，意所不契，寂無一語．滑稽排調，衝口而發，既能解頤，亦可刺骨．所讀書皆鈔寫爲善本，東國之祕語，西方之靈文，「離騷」・馬・班之篇，陶・謝・柳・杜之詩，下至稗官小說之奇，宋元名人之曲，雪藤丹筆，逐字讎校，肌襞理分，時出新意．其爲文不阡不陌，攄其胸中之獨見，精光凜凜，不可迫視．詩不多作，大有神境．亦喜作書，每研墨伸楮，則解衣大叫，作冤起鶻落之狀．其得意者亦甚可愛，瘦勁險絕，鐵腕萬鈞，骨稜稜紙上．一日惡頭癢，倦於梳櫛，遂去其髮，獨存鬢鬢．公氣既激昂，行復詭異，斥異端者日益側目．與耿公往復辯論，每一札，累累萬言，發道學之隱情，風雨江波，讀之者高其識，欽

444

其才，畏其筆，始有以幻語聞當事，當事者逐之．

於時左轄劉公東星迎公武昌，舍蓋公之堂．自後屢歸屢游：劉公迎之沁水，梅中丞迎之雲中，而焦公弱侯迎之秣陵．無何，復歸麻城．時又有以幻語聞當事，當事者又誤信而逐之，火其蘭若，而馬御史經綸遂躬迎之於北通州．又會當事者欲刊異端以正文體，疏論之．遣金吾緹騎逮公．

初公病，病中復定所作『易因』，其名曰『九正易因』．常曰：“我得『九正易因』成，死快矣．”『易因』成，病轉甚．至是逮者至，邸舍忽忽，公以問馬公．馬公曰：“衛士至．”公力疾起，行數步，大聲曰：“是爲我也．爲我取門片來！”遂臥其上，疾呼曰：“速行！我罪人也，不宜留．”馬公願從．公曰：“逐臣不入城，制也．且君有老父在．”馬公曰：“朝廷以先生爲妖人，我藏妖人者也．死則俱死耳．終不令先生往而已獨留．”馬公卒同行．至通州城外，都門之廥尼馬公行者紛至，其僕數十人，奉其父命，泣留之．馬公不聽，竟與公偕．明日，大金吾實訊，侍者掖而入，臥於榻上．金吾曰：“若何以妄著書？”公曰：“罪人著書甚多，具在，於聖教有益無損．”大金吾笑其倔強，獄竟無所實詞，大略止回籍耳．久之旨不下，公於獄舍中作詩讀書自如．一日，呼侍者薙髮．侍者去，遂持刀自割其喉，氣不絶者兩日．侍者問：“和尚痛否？”以指書其手曰：“不痛．”又問曰：“和尚何自割？”書曰：“七十老翁何所求！”遂絶．時馬公以事緩，歸覲其父，至是聞而傷之，曰：“吾護持不謹，以致於斯也．傷哉！”乃歸其骸於通，爲之大治冢墓，營佛利云．

公素不愛著書．初與耿公辯論之語，多爲掌記者所錄，遂衷之爲『焚書』．後以時義詮聖賢深旨，爲『說書』．最後理其先所詮次之史，焦公等刻之於南京，是爲『藏書』．蓋公於誦讀之暇，尤愛讀史，於古人作用之妙，大有所窺．以爲世道安危治亂之機，捷於呼吸，微於縷黍．世之小人既僥倖喪人之國，而世之君子理障太多，名心太重，護惜太甚，爲格套局面所拘，不知古人清淨無爲・行所無事之旨，與藏身忍垢・委曲周旋之用．使君子不能以用小人，而小人得以制君子．故往往明而不晦，激而不平，以至於亂．而世儒觀古人之跡，又概繩以一切之法，不能虛心平氣，求短於長，見瑕於瑜，好不知惡，惡不知美．至於今，接響傳聲，其觀場逐隊之見，已入人之骨髓而不可破．於是上下數千年之間，別出手眼，凡古所稱爲大君子者，有時攻其所短；而所稱爲小人不足齒者，有時不沒其所長．其意大抵在於黜虛文，求實用；舍皮毛，見神骨；去浮理，揣人情．卽矯枉之過，不無偏有重輕，而舍其批駁謔笑之語，細心讀之，其破的中窾之處，大有補於世道人心．而人遂以爲得罪於名教，比之毀聖叛道，則已過矣．

昔<u>馬遷</u>・<u>班固</u>各以意見爲史：<u>馬遷</u>先黃・老後『六經』，退處士進游俠，當時非之；而<u>班固</u>亦排守節，鄙正直．後世鑑二史之弊，汰其意見，一一歸之醇正，然二家之書若揭日月，而<u>唐</u>・宋之史讀不終篇，而已兀然作欠伸狀，何也？ 豈非以獨見之處，卽其精光之不可磨滅者歟！ 且夫今之言汪洋自恣，莫如『莊』，然未有因讀『莊子』而汪洋自恣者也，卽汪洋自恣之人，又未必讀『莊子』也．今之言天性刻薄，莫如『韓子』，然未有因讀『韓子』而天性刻薄者也，卽天性刻薄之人，亦未必讀『韓子』也．自有此二書以來，讀『莊子』者撮其勝韻，超然名利之外者，代不乏人，讀<u>申</u>・<u>韓</u>之書，得其信賞必罰者，亦足以强主而尊朝廷．卽醇正如<u>諸葛</u>，亦手寫之以進<u>後主</u>，何嘗以意見少駁，遂盡廢之哉！

夫『六經』<u>洙泗</u>之書，粱肉也．世之食粱肉太多者，亦能留滯而成痞，故治者以大黃蜀豆瀉其積穢，然後脾胃復而無病．九賓之筵，鷄豚羊魚相繼而進．至於海錯，若江瑤柱之屬，弊吻裂舌，而人思一快朶頤．則謂公之書爲消穢導滯之書可； 謂世間一種珍奇， 不可無一不可有二之書亦可．特其出之也太早，故觀者之成心不化，而指摘生焉．

然而窮公之所以罹禍，又不自書中來也．大都公之爲人，眞有不可知者： 本絕意仕進人也，而專談用世之略，謂天下事決非好名小儒之所能爲．本狷潔自厲，操若冰霜人也，而深惡枯淡自矜，刻薄瑣細者，謂其害必在子孫．本屛絕聲色，視情慾如糞土人也，而愛憐光景，於花月兒女之情狀亦極其賞玩，若借以文其寂寞．本多怪少可，與物不和人也，而於士之有一長一能者，傾注愛慕，自以爲不如．本息機忘世，槁木死灰人也，而於古之忠臣義士・俠兒劍客，存亡雅誼，生死交情，讀其遺事，爲之咋指砍案，投袂而起，泣淚橫流，痛哭滂沱而不自禁．若夫骨堅金石，氣薄雲天；言有觸而必吐，意無往而不伸；排擠勝己，跌宕王公．<u>孔文擧</u>調<u>魏武</u>若稚子，<u>嵇叔夜</u>視<u>鍾會</u>如奴隸．鳥巢可覆，不改其鳳味；鸞翮可鍛，不馴其龍性．斯所由焚芝鋤蕙，銜刀若盧者也．嗟乎！ 才太高，氣太豪，不能埋照溷俗，卒就囹圄，慚<u>柳下</u>而愧<u>孫登</u>，可惜也夫！ 可戒也夫！

公晚年讀『易』，著書曰『九正易因』．意者公於『易』大有得，舍亢入謙，而今遂老矣逝矣！ 公所表章之書，若『陽明先生年譜』，及『龍谿語錄』，其類多不可悉記云．

446

或問袁中道曰："公之於溫陵也學之否？"　予曰："雖好之，不學之也．其人不能學者有五，不願學者有三．公爲士居官，清節凜凜，而吾輩隨來輒受，操同中人，一不能學也．公不入季女之室，不登冶童之牀，而吾輩不斷情慾，未絕嬖寵，二不能學也．公深入至道，見其大者，而吾輩株守文字，不得玄旨，三不能學也．公自少至老，惟知讀書，而吾輩汩沒塵緣，不親韋編，四不能學也．公直氣勁節，不爲人屈，而吾輩膽力怯弱，隨人俯仰，五不能學也．若好剛使氣，快意恩讎，意所不可，動筆之書，不願學者一矣．既已離仕而隱，卽宜遁迹入山，而乃徘徊人世，禍逐名起，不願學者二矣．急乘緩戒，細行不修，任情適口，鸞刀狼藉，不願學者三矣．夫其所不能學者，將終身不能學；而其所不願學者，斷斷乎其不學之矣．故曰雖好之，不學之也．若夫幻人之談，謂其既已髡髮，仍冠進賢，八十之年，不忘欲想者，有是哉！所謂蟾蜍擲糞，自其口出者也．"

卷一 書答

答周西巖

天下無一人不生知, 無一物不生知, 亦無一刻不生知者, 但自不知耳, 然又未嘗不可使之知也. 惟是土木瓦石不可使知者, 以其無情, 難告語也; 賢智愚不肖不可使知者, 以其有情, 難告語也. 除是二種, 則雖牛馬驢駝等, 當其深愁痛苦之時, 無不可告以生知, 語以佛乘也.

據渠見處, 恰似有人生知, 又有人不生知. 生知者便是佛, 非生知者未便是佛. 我不識渠半生以前所作所爲, 皆是誰主張乎? 不幾於日用而不知乎? 不知尚可, 更自謂目前不敢冒認作佛. 既目前無佛, 他日又安得有佛也? 若他日作佛時, 佛方眞有, 則今日不作佛時, 佛又何處去也? 或有或無, 自是識心分別, 妄爲有無, 非汝佛有有無也明矣.

且既自謂不能成佛矣, 亦可自謂此生不能成人乎? 吾不知何以自立於天地之間也. 既無以自立, 則無以自安. 無以自安, 則在家無以安家, 在鄉無以安鄉, 在朝廷無以安朝廷. 吾又不知何以度日, 何以面於人也. 吾恐縱謙讓, 決不肯自謂我不成人也審矣.

既成人矣, 又何佛不成, 而更等待他日乎? 天下寧有人外之佛, 佛外之人乎? 若必待仕宦婚嫁事畢然後學佛, 則是成佛必待無事, 是事有礙於佛也; 有事未得作佛, 是佛無益於事也. 佛無益於事, 成佛何爲乎? 事有礙於佛, 佛亦不中用矣, 豈不深可笑哉? 纔等待, 便千萬億劫, 可畏也夫!

答周若莊

明德本也, 親民末也. 故曰"物有本末", 又曰"自天子以至於庶人, 壹是皆以修身爲本." 苟不明德以修其身, 是本亂而求末之治, 胡可得也. 人之至厚者莫如身, 苟不能明德以修身, 則所厚者薄, 無所不薄, 而謂所薄者厚，無是理也．故曰"未之有也"．今之談者，乃舍明德而直言親民，何哉？不幾於舍本而圖末，薄所厚而欲厚所薄乎！意者親民即明德事耶！吾之德既明，然後推其所有者以明明德於天下，此大人成己・成物之道所當如是，非謂親民然後可以明吾之明德之謂也！

且明德者吾之所本有，明明德於天下者，亦非强人之所本無．故又示之曰"在止於至善"而已．無善無惡，是謂至善，於此而知所止，則明明德之能事畢矣．由是而推其餘者以及於人，於以親民，不亦易易乎！故終篇更不言民如何親，而但曰明德；更不言德如何明，而但曰止至善；不曰善如何止，而但曰知止；不曰止如何知，而直曰格物以致其知而已．所格者何物？所致者何知？蓋格物則自無物，無物則自無知．故既知所止，則所知亦止；苟所知未止，亦未爲知止也．故知止其所不知，斯致矣．予觀『大學』如此詳悉開示，無非以德未易明，止未易知，故又贊之曰："人能知止，則常寂而常定也，至靜而無欲也，安安而不遷也，百慮而一致也."今之談者，切己自反，果能常寂而常定乎？至靜而無欲乎？安固而不搖乎？百慮而致之一乎？是未可知耳．奈之何遽以知止自許，明德自任，而欲上同於大人親民之學也！然則顏子終身以好學稱，曾子終身以守約名，而竟不敢言及親民事者，果皆非耶，果皆偏而不全之學耶！

世固有終其身覓良師友，親近善知識，而卒不得收寧止之功者，亦多有之，況未嘗一日親近善知識而遽以善知識自任，可乎！

與焦弱侯

人猶水也，豪傑猶巨魚也．欲求巨魚，必須異水；欲求豪傑，必須異人．此的然之理也．今夫井，非不清潔也，味非不甘美也，日用飲食非不切切於人，若不可缺以旦夕也．然持任公之釣者，則未嘗井焉之之矣．何也？以井不生魚也．欲求三寸之魚，亦了不可得矣．

今夫海，未嘗清潔也，未嘗甘旨也．然非萬斛之舟不可入，非生長於海者不可以履於海．蓋能活人，亦能殺人，能富人，亦能貧人．其不可恃之以爲安，倚之以爲常也明矣．然而鷗鵬化焉，蛟龍藏焉，萬寶之都，而吞舟之魚所樂而遊遨也．彼但一開口，而百丈風帆並流以入，曾無所於礙，則其腹中固已江・漢若矣．此其爲物，豈豫且之所能制，網罟之所能牽耶！自生自死，自去自來，水族千億，惟有驚怪長太息而已，而況人未之見乎！

余家泉海，海邊人謂余言："有大魚入港，潮去不得去．呼集數十百人，持刀斧，直上魚背，恣意砍割，連數十百石，是魚猶恬然如故也．俄而潮至，復乘之而去矣．"然此猶其小者也．乘潮入港，港可容身，則茲魚亦苦不大也．余有友莫姓者，住雷海之濱，同官滇中，親爲我言："有大魚如山，初視，猶以爲雲若霧也．中午霧盡收，果見一山在海中，連亘若太行，自東徙西，直至半月日乃休．"則是魚也，其長又奚啻三千餘里者哉！

嗟乎！豪傑之士，亦若此焉爾矣．今若索豪士於鄉人皆好之中，是猶釣魚於井也，胡可得也！則其人可謂智者歟！何也？豪傑之士決非鄉人之所好，而鄉人之中亦決不生豪傑．古今賢聖皆豪傑爲之，非豪傑而能爲聖賢者，自古無之矣．今日夜汲汲，欲與天下之豪傑共爲賢聖，而乃索豪傑於鄉人，則非但失却豪傑，亦且失却賢聖之路矣．所謂北轅而南其轍，亦又安可得也！吾見其人決非豪傑，亦決非有爲聖賢之眞志者．何也？若是眞豪傑，決無有不識豪傑之人；若是眞志要爲聖賢，決無有不知賢聖之路者．尙安有坐井釣魚之理也！

答鄧石陽

穿衣吃飯，卽是人倫物理；除却穿衣吃飯，無倫物矣．世間種種皆衣與飯類耳，故舉衣與飯而世間種種自然在其中，非衣飯之外更有所謂種種絕與百姓不相同者也．學者只宜於倫物上識眞空，不當於倫物上辨倫物．故曰："明於庶物，察於人倫．"於倫物上加明察，則可以達本而識眞源；否則只在倫物上計較忖度，終無自得之日矣．支離·易簡之辨，正在於此．明察得眞空，則爲由仁義行；不明察，則爲行仁義，入於支離而不自覺矣．可不愼乎！

昨者復書'眞空'十六字，已說得無滲漏矣，今復爲註解以請正何如？所謂'空不用空'者，謂是太虛空之性，本非人之所能空也．若人能空之，則不得謂之太虛空矣，有何奇妙，而欲學者專以見性爲極則也耶！所謂'終不能空'者，謂若容得一毫人力，便是塞了一分眞空，塞了一分眞空，便是染了一點塵垢．此一點塵垢便是千劫繫驢之橛，永不能出離矣，可不畏乎! 世間蕩平大路, 千人共由, 萬人共履, 我在此, 兄亦在此, 合邑上下俱在此. 若自生分別, 則反不如百姓日用矣. 幸裁之!

弟老矣, 作筆草草, 甚非其意. 兄倘有志易簡之理, 不願虛生此一番, 則弟雖吐肝膽之血以相究證, 亦所甚願; 如依舊橫此見解, 不復以生死爲念, 千萬勿勞賜教也!

又答石陽太守

兄所教者正朱夫子之學, 非虞廷精一之學也. 精則一, 一則不二, 不二則平; 一則精, 精則不疏, 不疏則實. 如渠老所見甚的確, 非虛也, 正眞實地位也; 所造甚平易, 非高也, 正平等境界也. 蓋親得趙老之傳者. 雖其東西南北, 終身馳逐於外, 不免遺棄之病, 亦其迹耳, 獨不有所以迹者乎? 迹則人人殊, 有如面然. 面則千萬其人, 亦千萬其面矣. 人果有千萬者乎? 渠惟知其人之無千萬也, 是以謂之知本也, 是以謂之一也; 又知其面之不容不千萬而一聽其自千自萬也, 是以謂之至一也, 是以謂之大同也.

如其迹, 則渠老之不同於大老, 亦猶大老之不同於心老, 心老之不同於陽明老也. 若其人, 則安有數老之別哉! 知數老之不容分別, 此數老之學所以能繼千聖之絶, 而同歸於'一以貫之'之旨也. 若概其面之不同而遂疑其人之有異, 因疑其人之有異而遂疑其學之不同, 則過矣! 渠正充然滿腹也, 而我以畫餅不充疑之; 渠正安穩在彼岸也, 而我以虛浮無歸宿病之. 是急人之急而不自急其急, 故弟亦願兄之加三思也.

使兄之學眞以朱子者爲是, 而以精一之傳爲非是, 則弟更何說乎? 若猶有疑於朱子, 而尙未究於精一之宗, 則兄於此當有不容以已者. 今據我二人論之: 兄精切於人倫物理之間, 一步不肯放過; 我則從容於禮法之外, 務以老而自佚. 其不同者如此. 兄試靜聽而細觀之: 我二人同乎, 不同乎? 一乎, 不一乎? 若以不同看我, 以不一看我, 誤矣.

但得一, 萬事畢, 更無有許多物事及虛實高下等見解也. 到此則誠意爲眞誠意, 致知爲眞致知, 格物爲眞格物. 說誠意亦可, 說致知亦可, 說格物亦可. 何如? 何如? 我二人老矣, 彼此同心, 務共證盟千萬古事業, 勿徒爲泛泛會聚也!

答李見羅先生

昔在京師時，多承諸公接引，而承先生接引尤勤．發蒙啓蔽，時或未省，而退實沉思．旣久，稍通解耳．師友深恩，永矢不忘，非敢佞也．年來衰老非故矣，每念才弱質單，獨力難就，恐遂爲門下鄙棄，故往往極意參尋，多方選勝，冀或有以贊我者，而詎意學者之病又盡與某相類耶！但知爲人，不知爲己；惟務好名，不肯務實．夫某旣如此矣，又復與此人處，是相隨而入於陷穽也．

"無名，天地之始"，誰其能念之！以故閉戶却掃，怡然獨坐．或時飽後，散步涼天，箕踞行遊，出從二三年少，聽彼俚歌，聆此笑語，謔弄片時，亦足供醒脾之用，可以省却枳木丸子矣．及其飽悶已過，情景適可，則仍舊如前鎖門獨坐而讀我書也．其縱跡如此，豈誠避人哉！若樂於避人，則山林而已矣，不城郭而居也，故土而可矣，不以他鄉遊也．公其以我爲誠然否？然則此道也，非果有夕死之大懼，朝聞之眞志，聰明蓋世，剛健篤生，卓然不爲千聖所搖奪者，未可遽以與我共學此也．蓋必其人至聰至明，至剛至健，而又逼之以夕死，急之以朝聞，乃能退就實地，不驚不震，安穩而踞坐之耳．區區世名，且視爲浼己也，肯耽之乎？

向時尚有賤累，今皆發回原籍，獨身在耳．太和之遊，未便卜期．年老力艱，非大得所不敢出門戶．且山水以人爲重，未有人而千里尋山水者也．閒適之餘，著述頗有，嘗自謂當藏名山，以俟後世子雲．今者有公，則不啻玄晏先生也．計卽呈覽，未便以覆酒甕，其如無力繕寫何！

飄然一身，獨往何難．從此東西南北，信無不可，但不肯入公府耳．此一點名心，終難脫卻，然亦不須脫却也．世間人以此謂爲學者不少矣．由此觀之，求一眞好名者，舉世亦無，則某之閉戶又宜矣．

答焦漪園

承諭，『李氏藏書』，謹抄錄一通，專人呈覽．年來有書三種，惟此一種繫千百年是非，人更八百，簡帙亦繁，計不止二千葉矣．更有一種，專與朋輩往來談佛乘者，名曰『李氏焚書』，大抵多因緣語，忿激語，不比尋常套語．恐覽者或生怪憾，故名曰『焚書』，言其當焚而棄之也．見在者百有餘紙，陸續則不可知，今姑未暇錄上．又一種則因學士等不明題中大旨，乘便寫數句貽之，積久成帙，名曰『李氏說書』，中間亦甚可觀．如得數年未死，將『語』·『孟』逐節發明，亦快人也．惟『藏書』宜閉祕之，而喜其論著稍可，亦欲與知音者一談，是以呈去也．其中人數既多，不盡妥當，則『晉書』·『唐書』·『宋史』之罪，非余責也．

竊以魏·晉諸人標致殊甚，一經穢筆，反不標致．眞英雄子，畫作疲頓漢矣；眞風流名世者，畫作俗士；眞唫名不濟事客，畫作褒衣大冠，以堂堂巍巍自負．豈不眞可笑！因知范曄尙爲人傑，『後漢』尙有可觀．今不敢謂此書諸傳皆已妥當，但以其是非堪爲前人出氣而已，斷斷然不宜使俗士見之．望兄細閱一過，如以爲無害，則題數句於前，發出編次本意可矣，不願他人作半句文字於其間也．何也？今世想未有知卓吾子者也．然此亦惟兄斟酌行之．弟既處遠，勢難遙度，但不至取怒於人，又不至汚辱此書，卽爲愛我．中間差譌甚多，須細細一番乃可．若論著則不可改易，此吾精神心術所繫，法家傳爰之書，未易言也．

本欲與上人偕往，面承指教，聞白下荒甚，恐途次有警，稍待麥熟，或可買舟來矣．生平慕西湖佳勝，便於舟航，且去白下密邇．又今世俗子與一切假道學，共以異端目我，我謂不如逕爲異端，免彼等以虛名加我，何如？夫我既已出家矣，特餘此種種耳，又何惜此種種而不以成此名耶！或一會兄而往，或不及會，皆不可知，早晚有人往白下報曰，"西湖上有一白鬚老而無髮者"，必我也夫！必我也夫！從此未涅槃之日，皆以閱藏爲事，不復以儒書爲意也．

前書所云鄧和尙者果何似？第一機卽是第二機，月泉和尙以婢爲夫人也．第一機不是第二機，豁渠和尙以爲眞有第二月在天上也．此二老宿，果致虛極而守靜篤者乎？何也？蓋惟其知實之爲虛，是以虛不極；惟其知動之卽靜，是以靜不篤．此是何等境界，而可以推測擬議之哉！故曰"億則屢中"，非不屢中也，而億焉則其害深矣．夫惟聖人不億，不億故不中，不中則幾焉．何時聚首合幷，共證斯事．

潘雪松聞已行取，『三經解』刻在金華，當必有相遺．遺者多，則分我一二部．我於『南華』已無稿矣，當時特爲要刪太繁，故於隆寒病中不四五日塗抹之．『老子解』亦以九日成，蓋爲蘇註未愜，故就原本添改數行．『心經提綱』則爲友人寫『心經』畢，尙餘一幅，遂續墨而塡之，以還其人．皆草草了事，欲以自娛，不意遂成木災也！若『藏書』則眞實可喜．潘新安何如人乎? 既已行取, 便當居言路作諍臣矣, 不肖何以受知此老也. 其信我如是, 豈眞心以我爲可信乎, 抑亦從兄口頭, 便相隨順信我也? 若不待取給他人口頭便能自着眼睛, 索我於牝牡驪黃之外, 知卓吾子之爲世外人也, 則當今人才, 必不能逃於潘氏藻鑑之外, 可以稱其眼矣.

復丘若泰

丘書云:"僕謂丹陽實病." 柳塘云:"何有於病? 且要反身默識. 識默耶, 識病耶? 此時若纖念不起, 方寸皆空, 當是丹陽, 但不得及此境界耳."

苦海有八, 病其一也. 既有此身, 卽有此海; 既有此病, 卽有此苦. 丹陽安得而與人異耶! 人知病之苦, 不知樂之苦——樂者苦之因, 樂極則苦生矣. 人知病之苦, 不知病之樂——苦者樂之因, 苦極則樂至矣. 苦樂相乘, 是輪迴種; 因苦得樂, 是因緣法. 丹陽雖上仙, 安能棄輪迴, 舍因緣, 自脫於人世苦海之外耶? 但未嘗不與人同之中, 而自然不與人同者, 以行糧素具, 路頭素明也. 此時正在病, 只一心護病, 豈容更有別念乎? 豈容一毫默識工夫參於其間乎? 是乃眞第一念也, 是乃眞無二念也; 是乃眞空也, 是乃眞纖念不起, 方寸皆空之實境也. 非謂必如何空之而後可至丹陽境界也. 若要如何, 便非實際, 便不空矣.

復鄧石陽

昨承敎言, 對使裁謝, 尙有未盡, 謹復錄而上之. 蓋老丈專爲上上人說, 恐其過高, 或有遺棄之病; 弟則眞爲下下人說, 恐其沉溺而不能出, 如今之所謂出家兒者, 祇知有持鉢餬口事耳. 然世間惟下下人最多, 所謂滔滔者天下皆是也. 若夫上上人, 則擧世絕少, 非直少也, 蓋絕無之矣. 如弟者, 滔滔皆是人也. 彼其絕無者, 擧世既無之矣, 又何說焉.

年來每深嘆憾, 光陰去矣, 而一官三十餘年, 未嘗分毫爲國出力, 徒竊俸餘以自潤. 既幸雙親歸土, 弟妹七人婚嫁各畢. 各幸而不缺衣食, 各生兒孫．獨余連生四男三女，惟留一女在耳．而年逼耳順，體素羸弱，以爲弟姪已滿目，可以無歉矣，遂自安慰焉．蓋所謂欲之而不能，非能之而自不欲也．惟此一件人生大事未能明了，心下時時煩懣，故遂棄官入楚，事善知識以求少得．蓋皆陷溺之久，老而始覺，絕未曾自棄於人倫之外者．

　平生師友散在四方，不下十百，盡是仕宦忠烈丈夫，如兄輩等耳．弟初不敢以彼等爲徇人，彼等亦不以我爲絕世，各務以自得而已矣．故相期甚遠，而形迹頓遺．願作聖者師聖，願爲佛者宗佛．不問在家出家，人知與否，隨其資性，一任進道，故得相與共爲學耳．然則所取於渠者，豈取其棄人倫哉，取其志道也．中間大略不過曰："其爲人倔强難化如此．始焉不肯低頭，而終也遂爾稟服師事．"因其難化，故料其必能得道，又因其得道，而復喜其不負倔强初志．如此而已．然天下之倔强而不得道者多矣，若其不得道，則雖倔强何益，雖出家何用．雖至于斷臂燃身，亦祇爲喪身失命之夫耳，竟何補也！故苟有志於道，則在家可也，孔·孟不在家乎？出家可也，釋伽佛不出家乎？今之學佛者，非學其棄淨飯王之位而苦行於雪山之中也，學其能成佛之道而已．今之學孔子者，非學其能在家也，學其能成孔子之道而已．若以在家者爲是，則今之在家學聖者多矣，而成聖者其誰耶？若以出家爲非，則今之非釋氏者亦不少矣，而終不敢謂其非佛，又何也？然則學佛者，要於成佛爾矣．渠既學佛矣，又何說乎？

　承示云，趙老與胡氏書，極詆渠之非曰："雲水瓢笠之中，作此乞墦登壟之態．"覽敎至此，不覺泫然！斯言毒害，實刺我心，我與彼得無盡墮其中而不自知乎？當時胡氏必以致仕爲高品，輕功名富貴爲善學者，故此老痛責渠之非以曉之，所謂言不怒，則聽者不入是也．今夫人人盡知求富貴利達者之爲乞墦矣，而孰知雲水瓢笠之衆，皆乞墦耶！使胡氏思之，得無知斯道之大，而不專在於輕功名富貴之間乎？然使趙老而別與溺於富貴功名之人言之，則又不如此矣．所謂因病發藥，因時治病，不得一槪，此道之所以爲大也．吾謂趙老眞聖人也．渠當終身依歸，而奈何其遽舍之而遠去耶！然要之各從所好，不可以我之意而必渠之同此意也．獨念乞墦之辱，心實恥之，而卒不得免者何居？意者或借聞見以爲聰明，或藉耳目以爲心腹歟！或憑冊籍以爲斷案，或依孔·佛以爲泰山歟！有一於此，我乃齊人，又安能笑彼渠也．此弟之所痛而苦也．兄其何以敎之？

　承諭欲弟便毀此文，此實無不可，但不必耳．何也？人各有心，不能皆合．喜者自喜，不喜者自然不喜；欲覽者覽，欲毀者毀，各不相礙，此學之所以爲妙也．若以喜者爲是，而必欲兄丈之同喜；兄又以毀者爲是，而復責弟之不毀．則是各見其是，各私其學，學斯僻矣．抑豈以此言爲有累於趙老乎？夫趙老何人也，巍巍泰山，學貫千古，乃一和尚能累之，則亦無貴於趙老矣．夫惟陳相倍師，而後陳良之學始顯；惟西河之人疑子夏於夫子，而後夫子之道益尊．然則趙老固非人之所能累．若曰吾爲渠，惜其以倍師之故，頓爲後世咲耳，則渠已絕棄人世，逃儒歸佛，陷於大戮而不自愛惜矣，吾又何愛惜之有焉？吾以爲渠之學若果非，則當以此暴其惡於天下後世，而與天下後世共改之；若果是，則當以此顯其敎於天下後世，而與天下後世共爲之．此仁人君子之用心，所以爲大同也．且觀世之人，孰能不避名色而讀異端之書者乎？堂堂天朝行頒『四書』•『五經』於天下，欲其幼而學，壯而行，以博高爵重祿，顯榮家世，不然者，有黜有罰如此其詳明也，然猶有束書而不肯讀者，況佛敎乎？佛敎且然，況鄧和尚之語乎？況居士數句文字乎？吾恐雖欲拱手以奉之，彼卽置而棄之矣，而何必代之毀與棄．弟謂兄聖人之資也，且又聖人之徒也．弟異端者流也，本無足道者也．自朱夫子以至今日，以老•佛爲異端，相襲而排擯之者，不知其幾百年矣．弟非不知，而敢以直犯衆怒者，不得已也，老而怕死也．且國家以『六經』取士，而有『三藏』之收；以六藝敎人，而又有戒壇之設：則亦未嘗以出家爲禁矣．則如渠者，固國家之所不棄，而兄乃以爲棄耶？

屢承接引之勤，苟非木石，能不動念．然謂弟欲使天下之人皆棄功名妻子而後從事於學，果若是，是爲大蠹，弟不如是之愚也．然斯言也，吾謂兄亦太早計矣，非但未卵而求時夜者也．夫渠生長於內江矣，今觀內江之人，更有一人效渠之爲者乎？吾謂卽使朝廷出令，前鼎鑊而後白刃，驅而之出家，彼寧有守其妻孥以死者耳，必不願也．而謂一鄧和尚能變易天下之人乎？一無緊要居士，能以幾句閒言語，能使天下人盡棄妻子功名，以從事於佛學乎？蓋千古絕無之事，千萬勿煩杞慮也．吾謂眞正能接趙老之脈者，意者或有待於兄耳．異日者，必有端的同門，能共推尊老丈，以爲師門顏•閔．區區異端之徒，自救不暇，安能並驅爭先也？則此鄙陋之語，勿毀之亦可．

然我又嘗推念之矣．夫黃面老瞿曇，少而出家者也，李耳厭薄衰周，亦遂西遊不返，老而後出家者也，獨孔子老在家耳．然終身周流，不暇暖席,則在家時亦無幾矣. 妻既卒矣, 獨一子耳, 更不聞其再娶誰女也, 又更不聞其復有幾房妾媵也, 則於室家之情, 亦太微矣. 當時列國之主, 盡知禮遇夫子, 然而夫子不仕也, 最久者三月而已, 不曰"接淅而行", 則曰"明日遂行", 則於功名之念, 亦太輕矣. 居常不知叔梁紇葬處, 乃葬其母於五父之衢, 然後得合葬於防焉, 則於掃墓之禮, 亦太簡矣. 豈三聖人於此, 顧為輕於功名妻子哉? 恐亦未免遺棄之病哉! 然則遏上人之罪過, 亦未能遽定也.

然以余斷之, 上人之罪不在於後日之不歸家, 而在於其初之輕於出家也. 何也? 一出家即棄父母矣. 所貴於有子者, 謂其臨老得力耳. 蓋人既老, 便自有許多疾病. 苟有子, 則老來得力, 病困時得力, 臥床難移動時得力, 奉侍湯藥時得力, 五內分割・痛苦難忍時得力, 臨終嗚咽・分付訣別・聲氣垂絕時得力. 若此時不得力, 則與無子等矣, 又何在於奔喪守禮, 以為他人之觀乎? 往往見今世學道聖人, 先覺士大夫, 或父母八十有餘, 猶聞拜疾趨, 全不念風中之燭, 滅在俄頃. 無他, 急功名而忘其親也. 此之不責, 而反責彼出家兒, 是為大惑, 足稱顛倒見矣.

吁吁! 二十餘年傾蓋之友, 六七十歲皓皤之夫, 萬里相逢, 聚首他縣, 誓吐肝膽, 盡脫皮膚. 苟一毫衷赤不盡, 尚有纖芥為名作誑之語, 青霄白日, 照耀我心. 便當永墮無間, 萬劫為驢, 與兄騎乘. 此今日所以報答百泉上知己之感也. 縱兄有憾, 我終不敢有怨.

復周南士

公壯年雄才, 抱璞未試者也. 如僕本無才可用, 故自不宜於用, 豈誠與雲與鶴相類者哉? 感媿甚矣! 夫世間惟才不易得, 故曰"才難". 若無其才而虛有其名, 如殷中軍以竹馬之好, 欲與大司馬抗衡, 以自附於王・謝, 是為不自忖度, 則僕無是矣. 僕惟早自揣量, 故毅然告退. 又性剛不能委蛇, 性疏稍好靜僻, 以此日就鹿豕, 羣無賴, 蓋適所宜. 如公大才, 際明世, 正宜藏蓄待時, 為時出力也.

古有之矣: 有大才而不見用於世者. 世既不能用, 而亦不求用, 退而與無才者等, 不使無才者疑, 有才者忌. 所謂容貌若愚, 深藏若虛, 老聃是也. 今觀渭濱之叟, 年八十矣, 猶把釣持竿不顧也. 使八十而死, 或不死而不遇<u>西伯</u>獵於<u>渭</u>, 縱遇<u>西伯</u>而<u>西伯</u>不尊以爲師, 敬養之以爲老, 有子若<u>發</u>不武, 不能善承父志, <u>太公</u>雖百萬韜略, 不用也. 此皆所謂善藏其用者也.

若夫<u>嚴子陵</u>‧<u>陳希夷</u>, 汲汲欲用之矣, 而有必用之心, 無必用之形, 故被裘墮驢, 終名隱士. 雖不遯心, 而能遯迹; 雖不見用才, 亦見隱才矣. <u>黃</u>‧<u>老</u>而下, 可多見耶! 又若有大用之才, 而能委曲以求其必用, 時不必明良, 道不論泰否, 與世浮沉, 因時升降, 而用常在我, 卒亦舍我不用而不可得, 則<u>管夷吾</u>輩是也. 此其最高矣乎!

若乃切切焉以求用, 又不能委曲以濟其用, 操一己之繩墨, 持前王之規矩, 以方柄欲入圓鑿, 此豈用世才哉! 徒負却切切欲用本心矣. 吾儒是也. 幸而見幾明決, 不俟終日, 得勇退之道焉. 然削迹伐木, 餓<u>陳</u>畏<u>匡</u>, 其得免者亦幸耳, 非勝算也. 公今親遭明時, 抱<u>和</u>璧, 如前數子, 皆所熟厭, 當必有契詣者, 僕特崖略之以俟擇耳. 不然, 欲用而不能委曲以濟其用, 此儒之所以卒爲天下後世非笑也.

答鄧明府

<u>何公</u>死, 不關<u>江陵</u>事. <u>江陵</u>爲司業時, <u>何公</u>只與朋輩同往一會言耳. 言雖不中, 而殺之之心無有也. 及<u>何公</u>出而獨向朋輩道"此人有欲飛不得"之云, 蓋直不滿之耳. <u>何公</u>聞之, 遂有"此人必當國, 當國必殺我"等語. 則以<u>何公</u>平生自許太過, 不意精神反爲<u>江陵</u>所攝, 於是憮然便有懼色, 蓋皆英雄莫肯相下之實, 所謂兩雄不並立於世者, 此等心腸是也. 自後<u>江陵</u>亦記不得<u>何公</u>, 而<u>何公</u>終日有<u>江陵</u>在念.

偶攻<u>江陵</u>者, 首<u>吉安</u>人, <u>江陵</u>遂怨<u>吉安</u>, 日與<u>吉安</u>縉紳爲仇. 然亦未嘗仇<u>何公</u>者, 以<u>何公</u>不足仇也, 特<u>何公</u>自爲仇耳. 何也? 以<u>何公</u>"必爲首相, 必殺我"之語, 已傳播於<u>吉安</u>及四方久矣. 至是欲承奉<u>江陵</u>者, 憾無有緣, 聞是, 誰不甘心<u>何公</u>者乎? 殺一布衣, 本無難事, 而可以取快<u>江陵</u>之胸腹, 則又何憚而不敢爲也? 故巡撫緝訪之於前, 而繼者踵其步. 方其緝解至<u>湖廣</u>也, <u>湖廣</u>密進揭帖於<u>江陵</u>. <u>江陵</u>曰: "此事何須來問, 輕則決罰, 重則發遣已矣." 及差人出閣門, <u>應城李義河</u>遂授以意曰: "此<u>江陵</u>本意也, 特不欲自發之耳." 吁吁! <u>江陵</u>何人也, 膽如天大, 而肯姑息此哉! <u>應城</u>之情狀可知矣. <u>應城</u>於<u>何公</u>, 素有論學之忤, 其殺之之心自有. 又其

時勢焰薰灼，人之事應城者如事江陵，則何公雖欲不死，又安可得耶!

江陵此事甚錯，其原起於憾吉安人，而必欲殺吉安人爲尤錯．今日俱爲談往事矣! 然何公布衣之傑也，故有殺身之禍，江陵宰相之傑也，故有身後之辱．不論其敗而論其成，不追其跡而原其心，不責其過而賞其功，則二老者皆吾師也．非與世之局瑣取容，埋頭顧影，竊取聖人之名以自蓋其貪位固寵之私者比也．是以復並論之，以裁正於大方焉．所論甚見中蘊，可爲何公出氣，恐猶未察江陵初心，故爾贅及．

答耿中丞

昨承教言，深中狂愚之病．夫以率性之眞，推而擴之，與天下爲公，乃謂之道．旣欲與斯世斯民共由之，則其範圍曲成之功大矣．“學其可無術歟”，此公至言也，此公所得於孔子而深信之以爲家法者也．僕又何言之哉! 然此乃孔氏之言也，非我也．夫天生一人，自有一人之用，不待取給於孔子而後足也．若必待取足於孔子，則千古以前無孔子，終不得爲人乎? 故爲願學孔子之說者，乃孟子之所以止於孟子，僕方痛憾其非夫，而公謂我願之歟?

且孔子未嘗教人之學孔子也．使孔子而教人以學孔子，何以顔淵門人，而曰“爲仁由己”而不由人也歟哉! 何以曰“古之學者爲己”，又曰“君子求諸己”也歟哉! 惟其由己，故諸子自不必問仁於孔子；惟其爲己，故孔子自無學術以授門人．是無人無己之學也．無己，故學莫先於克己；無人，故教惟在於因人．試擧一二言之．如仲弓，居敬行簡人也，而問仁焉，夫子直指之曰敬恕而已．雍也聰明，故悟焉而請事．司馬生遭兄弟之難，常懷憂懼，是謹言愼行人也，而問仁焉，夫子亦直指之曰“其言也訒”而已．生也不聰，故疑焉而反以爲未足．由此觀之，孔子亦何嘗教人之學孔子也哉! 夫孔子未嘗教人之學孔子，而學孔子者務舍己而必以孔子爲學，雖公亦必以爲眞可笑矣．

夫惟孔子未嘗以孔子教人學，故其得志也，必不以身爲教於天下．是故聖人在上，萬物得所，有由然也．夫天下之人得所也久矣，所以不得所者，貪暴者擾之，而‘仁者’害之也．‘仁者’以天下之失所也而憂之，而汲汲焉欲貽之以得所之域．於是有德禮以格其心，有政刑以縶其四體，而人始大失所矣.

夫天下之民物衆矣, 若必欲其皆如吾之條理, 則天地亦且不能. 是故寒能折膠, 而不能折朝市之人; 熱能伏金, 而不能伏競奔之子. 何也? 富貴利達所以厚吾天生之五官, 其勢然也. 是故聖人順之, 順之則安之矣. 是故貪財者與之以祿, 趨勢者與之以爵, 强有力者與之以權, 能者稱事而官, 懦者夾持而使. 有德者隆之虛位, 但取其瞻; 高才者處以重任, 不問出入. 各從所好, 各騁所長, 無一人之不中用. 何其事之易也? 雖欲飾詐以投其好, 我自無好之可投; 雖欲揜醜以著其美, 我自無醜之可揜. 何其說之難也? 是非眞能明明德於天下, 而坐致太平者歟! 是非眞能不見一絲作爲之迹, 而自享心逸日休之效者歟! 然則孔氏之學術亦妙矣, 則雖謂孔子有學有術以敎人亦可也. 然則無學無術者, 其茲孔子之學術歟!

公旣深信而篤行之, 則雖謂公自己之學術亦可也, 但不必人人皆如公耳. 故凡公之所爲自善, 所用自廣, 所學自當, 僕自敬公, 不必僕之似公也. 公自當愛僕, 不必公之賢於僕也. 則公此行, 人人有彈冠之慶矣; 否則同者少而異者多, 賢者少而愚不肖者多, 天下果何時而太平乎哉!

又答耿中丞

心之所欲爲者, 耳更不必聞於人之言, 非不欲聞, 自不聞也. 若欲不聞, 孰若不爲. 此兩者從公決之而已. 且世間好事甚多, 又安能一一盡爲之耶?

且夫吾身之所繫於天下者大也. 古之君子, 平居暇日, 非但不能過人, 亦且無以及人. 一旦有大故, 平居暇日表表焉欲以自見者, 擧千億莫敢當前, 獨此君子焉, 稍出其緒餘者以整頓之, 功成而衆不知, 則其過於人也遠矣. 譬之龍泉·太阿, 非斬蛟斷犀, 不輕試也. 蓋小試則無味, 小用則無餘, 他日所就, 皆可知矣.

阿世之語, 市井之談耳, 何足復道之哉! 然渠之所以知公者, 其責望亦自頗厚. 渠以人之相知, 貴於知心, 苟四海之內有知我者, 則一鍾子足矣, 不在多也. 以今觀公, 實未足爲渠之知己. 夫渠欲與公相從於形骸之外, 而公乃索之於形骸之內, 曉曉焉欲以口舌辯說渠之是非, 以爲足以厚相知, 而答責望於我者之深意, 則大謬矣!

夫世人之是非，其不足爲渠之輕重也審矣．且渠初未嘗以世人之是非
爲一己之是非也．若以是非爲是非，渠之行事，斷必不如此矣．此尤其至
易明焉者也．蓋渠之學主乎出世，故每每直行而無諱；今公之學既主於
用世，則尤宜韜藏固閉而深居．迹相反而意相成，以此厚之，不亦可乎？
因公言之，故爾及之．然是亦曉曉者，知其無益也．

與楊定見

此事大不可．世間是非紛然，人在是非場中，安能免也．於是非上加起
買好遠怨等事，此亦細人常態，不足怪也．古人以眞情與人，卒至自陷
者，不知多少，祇有一笑爲無事耳．

今彼講是非，而我又與之講是非，講之不已，至於爭辯．人之聽者，反
不以其初之講是非者爲可厭，而反厭彼爭辯是非者矣．此事昭然，但迷在
其中而不覺耳．既惡人講是非矣，吾又自講是非．講之不已，至於爭，爭
不已，至於失聲，失聲不已，至於爲讎．失聲則損氣，多講則損身，爲讎
則失親，其不便宜甚矣．人生世間，一點便宜亦自不知求，豈得爲智乎？

且我以信義與人交，已是不智矣，而又責人之背信背義，是不智上更
加不智，愚上加愚，雖稱知愛身者不爲，而我可爲之乎？雖稱知便宜者
必笑，而可坐令人笑我乎？此等去處，我素犯之，但能時時自反而克之，
不肯讓便宜以與人也．千萬一笑，則當下安妥，精神復完，胸次復舊開
爽．且不論讀書作學業事，只一場安穩睡覺，便屬自己受用矣．此大可嘆
事，大可恥事，彼所爭與誣者，反不見可嘆可恥也

復京中友朋

來敎云："無求飽，無求安．此心無所繫著，即便是學."註云："心有
在而不暇及，若別有學在，非也．就有道則精神相感，此心自正．若謂別
出所知見相正，淺矣."又云："'苟志於仁矣，無惡也.'惡當作去聲，即
侯明撻記，第欲並生，讒說殄行，猶不憤疾於頑．可見自古聖賢，原無惡
也．曰'擧直錯諸枉'，錯非舍棄之，蓋錯置之錯也．即諸枉者亦要錯置之，

使之得所，未忍終棄也．又曰'大學之道，在明明德，在親民．'只此一親字，便是孔門學脈．能親便是生機．些子意思，人人俱有，但知體取，就是保任之擴充之耳．"來示如此，敢以實對．

夫曰安飽不求，非其性與人殊也．人生世間，惟有學問一事，故時敏以求之，自不知安飽耳，非有心於不求也．若無時敏之學，而徒用心於安飽之間，則僞矣．旣時敏於學，則自不得不愼於言．何也？吾之學未曾到手，則何敢言，亦非有意愼密其間，而故謹言以要譽於人也．今之敢爲大言，便偃然高坐其上，必欲爲人之師者，皆不敏事之故耳．

夫惟眞實敏事之人，豈但言不敢出，食不知飽，居不知安而已，自然奔走四方，求有道以就正．有道者，好學而自有得，大事到手之人也．此事雖大，而路徑萬千，有頓入者，有漸入者．漸者雖迂遠費力，猶可望以深造；若北行而南其轍，入海而上太行，則何益矣！此事猶可，但無益耳，未有害也．苟一入邪途，豈非求益反損，所謂"非徒無益而又害之"者乎？是以不敢不就正也．如此就正，方謂好學，方能得道，方是大事到手，方謂不負時敏之勤矣．

如此，則我能明明德．旣能明德，則自然親民．如向日四方有道，爲我所就正者，我旣眞切向道，彼決無有厭惡之理，決無不相親愛之事，決無不吐肝露膽與我共證明之意．何者？明明德者，自然之用固如是也．非認此爲題目，爲學脈，而作意以爲之也．今無明明德之功，而遽曰親民，是未立而欲行，未走而欲飛，且使聖人'明明德'喫緊一言，全爲虛說矣．故苟志於仁，則自無厭惡．何者？天下之人，本與仁者一般，聖人不曾高，衆人不曾低，自不容有惡耳．所以有惡者，惡鄉愿之亂德，惡久假之不歸，名爲好學而實不好學者耳．若世間之人，聖人與仁者胡爲而惡之哉！蓋已至於仁，則自然無厭惡；已能明德，則自能親民．皆自然而然，不容思勉，此聖學之所以爲妙也．故曰"學不厭，知也，教不倦，仁也"，"性之德也，合內外之道也，故時措之宜也"．何等自然，何等不容已．今人把'不厭''不倦'做題目，在手裏做，安能做得成，安能眞不厭不倦也！

聖人只教人爲學耳，實能好學，則自然到此．若不肯學，而但言'不厭''不倦'，則孔門諸子，當盡能學之矣，何以獨稱顏子爲好學也耶？旣稱顏子爲好學不厭，而不曾說顏子爲教不倦者，可知明德親民，教立而道行，獨有孔子能任之，雖顏子不敢當乎此矣．今人未明德而便親民，未能不厭而先學不倦，未能愼言以敏於事，而自謂得道，肆口妄言之不恥，未能一日就有道以求正，而便以有道自居，欲以引正於人人. 吾誠不知其何說也.

故未明德者，便不可說親民；未能至仁者，便不可說無厭惡. 故曰“毋友不如己者”. 以此慎交，猶恐有便辟之友，善柔之友，故曰“賜也日損”，以其悅與不若己者友耳. 如之何其可以妄親而自處於不聞過之地也乎？ 故欲敏事而自明己德，須如顏子終身以孔子為依歸，庶無失身之悔，而得好學之實. 若其他弟子，則不免學夫子之不厭而已，學夫子之不倦而已，畢竟不知夫子之所學為何物，自己之所當有事者為何事. 雖同師聖人，而卒無得焉者，豈非以此之故歟！ 吁，當夫子時，而其及門之徒，已如此矣. 何怪於今！ 何怪於今！ 吁！ 是亦余之過望也，深可惡也.

又答京友

善與惡對，猶陰與陽對，柔與剛對，男與女對. 蓋有兩則有對. 既有兩矣，其勢不得不立虛假之名以分別之，如張三·李四之類是也. 若謂張三是人，而李四非人，可歟？

不但是也，均此一人也，初生則有乳名，稍長則有正名，既冠而字，又有別號，是一人而三四名稱之矣. 然稱其名則以為犯諱，故長者咸諱其名而稱字，同輩則以字為嫌而稱號，是以號為非名也. 若以為非名，則不特號為非名，字亦非名，諱亦非名. 自此人初生，未嘗有名字夾帶將來矣，胡為乎而有許多名？ 又胡為乎而有可名與不可名之別也？ 若直曰名而已，則諱固名也，字亦名也，號亦名也，與此人原不相干也，又胡為而諱，胡為而不諱也乎？

甚矣，世人之迷也. 然猶可委曰號之稱美，而名或不美焉耳. 然朱晦翁之號不美矣，朱熹之名美矣. 熹者光明之稱，而晦者晦昧不明之象，朱子自謙之號也. 今者稱晦菴則學者皆喜，若稱之曰朱熹，則必甚怒而按劍矣. 是稱其至美者則以為諱，而舉其不美者反以為喜. 是不欲朱子美而欲朱子不美也，豈不亦顛倒之甚歟！

近世又且以號為諱，而直稱曰翁曰老矣. 夫使翁而可以尊人，則曰爺曰爹，亦可以尊人也. 若以為爺者奴隸之稱，則今之子稱爹，孫稱爺者，非奴隸也. 爺之極為翁，爹之極為老，稱翁稱老者，非奴隸事，獨非兒孫事乎？ 又胡為而舉世皆與我為兒孫也耶？ 近世稍知反古者，至或同儕相與呼字，以爲不俗．吁！若眞不俗，稱字固不俗，稱號亦未嘗俗也，蓋直曰名之而已，又何爲乎獨不可同於俗也？吾以謂稱爹與爺亦無不可也．

由是觀之，則所謂善與惡之名，率若此矣．蓋惟志於仁者，然後無惡之可名，此蓋自善惡未分之前言之耳．此時善且無有，何有於惡也耶！噫！非苟志於仁者，其孰能知之？苟者誠也，仁者生之理也．學者欲知無惡乎？其如志仁之學，吾未之見也歟哉！

復宋太守

千聖同心，至言無二．紙上陳語皆千聖苦心苦口，爲後賢後人．但隨機說法，有大小二乘，以待上下二根．苟是上士，則當究明聖人上語；若甘爲下士，只作世間完人，則不但孔聖以及上古經籍爲當服膺不失，雖近世有識名士一言一句，皆有切於身心，皆不可以陳語目之也．且無徵不信久矣，苟不取陳語以相證，恐聽者益以駭愕，故凡論說，必據經引傳，亦不得已焉耳．今據經則以爲陳語，漫出胸臆則以爲無當，則言者亦難矣．凡言者，言乎其不得不言者也．爲自己本分上事未見親切，故取陳語以自考驗，庶幾合符，非有閒心事‧閒工夫，欲替古人擔憂也．古人往矣，自無憂可擔，所以有憂者，謂於古人上乘之談，未見有契合處，是以日夜焦心，見朋友則共討論．若只作一世完人，則千古格言盡足受用，半字無得說矣．所以但相見便相訂證者，以心志頗大，不甘爲一世人士也．兄若恕其罪而取其心，則弟猶得免於罪責；如以爲大言不慚，貢高矜己，則終將緘默，亦容易耳．

答耿中丞論淡

世人白晝寐語，公獨於寐中作白晝語，可謂常惺惺矣．"周子禮於此淨業，亦見得分數明，但不知淘磨刷滌"之云，果何所指也．

夫古之聖人，蓋嘗用淘刷之功矣．但所謂淘磨者，乃淘磨其意識；所謂刷滌者，乃刷滌其聞見．若當下意識不行，聞見不立，則此皆爲寐語，但有纖毫，便不是淡，非常惺惺法也．蓋必不厭，然後可以語淡．故曰"君子之道，淡而不厭". 若苟有所忻羨，則必有所厭舍，非淡也. 又惟淡則自然不厭，故曰"我學不厭". 若以不厭爲學的，而務學之以至於不厭，則終不免有厭時矣，非淡也，非虞廷精一之旨也. 蓋精則一，一則純；不精則不一，不一則雜，雜則不淡矣.

由此觀之，淡豈可以易言乎？ 是以古之聖人，終其身於問學之場焉，講習討論，心解力行，以至於寢食俱廢者，爲淡也. 淡又非可以智力求，淡又非可以有心得，而其所以不得者有故矣. 蓋世之君子，厭常者必喜新，而惡異者則又不樂語怪. 不知人能放開眼目，固無尋常而不奇怪，亦無奇怪而不尋常也. 經世之外，寧別有出世之方乎？ 出世之旨，豈復有外於經世之事乎？ 故達人宏識，一見虞廷揖讓，便與三盃酒齊觀；巍巍堯・舜事業，便與太虛空浮雲並壽. 無他故也，其見大也. 見大故心泰，心泰故無不足. 既無不足矣，而又何羨耶？ 若祇以平日之所飫聞習見者爲平常，而以其罕聞驟見者爲怪異，則怪異平常便是兩事，經世出世便是兩心. 勳・華之盛，揖遜之隆，比之三家村裏甕牖酒人，眞不啻幾千萬里矣. 雖欲淡，得歟？ 雖欲"無然歆羨"，又將能歟？ 此無他，其見小也.

願公更不必論湔磨刷滌之功，而惟直言問學開大之益； 更不必慮虛見積習之深，而惟切究師友淵源之自. 則康節所謂"玄酒味方淡，大音聲正希"者，當自得之，不期淡而自淡矣，不亦庶乎契公作人之微旨，而不謬爲"常惺惺"語也耶！

答劉憲長

自孔子後，學孔子者便以師道自任，未曾一日爲人弟子，便去終身爲人之師，以爲此乃孔子家法，不如是不成孔子也. 不知一爲人師，便只有我敎人，無人肯來敎我矣. 且孔子而前，豈無聖人，要皆遭際明時，得位行志. 其不遇者，如太公八十已前，博說版築之先，使不遇文王・高宗，終身渭濱老叟，巖穴胥靡之徒而已，夫誰知之. 彼蓋亦不求人知也. 直至孔子而始有師生之名，非孔子樂爲人之師也，亦以逼迫不過. 如關令尹之遇老子，攔住當關，不肯放出，不得已而後授以五千言文字耳. 但老子畢竟西遊，不知去向. 惟孔子隨順世間，周遊既廣，及門漸多，又得天生聰明顏子與之辯論. 東西遨遊既無好興，有賢弟子亦足暢懷，遂成師弟名目，亦偶然也。然顏子沒而好學遂亡，則雖有弟子之名，亦無有弟子之實矣。

弟每笑此等輩，是以情願終身爲人弟子，不肯一日爲人師父。茲承遠使童子前來出家，弟謂剃髮未易，且令觀政數時，果發願心，然後落髮未晚。縱不落髮，亦自不妨，在彼在此，可以任意，不必立定跟腳也。蓋生死事大，非辦鐵石心腸，未易輕造。如果眞怕生死，在家出家等，無有異。且今巍冠博帶，多少肉身菩薩在於世上，何有棄家去髮，然後成佛事乎？如弟不才，資質魯鈍，又性僻嬾，倦於應酬，故托此以逃，非爲眞實究竟當如是也。如丈樸實英發，非再來菩薩而何？若果必待功成名遂，乃去整頓手腳，晚矣。今不必論他人，即今友山見在西川，他何曾以做官做佛爲兩事哉？得則頓同諸佛，不理會則當面錯過，但不宜以空談爲事耳。

答周友山

所諭豈不是，第各人各自有過活物件。以酒爲樂者，以酒爲生，如某是也。以色爲樂者，以色爲命，如某是也。至如種種，或以博弈，或以妻子，或以功業，或以文章，或以富貴，隨其一件，皆可度日。獨余不知何說，專以良友爲生。故有之則樂，舍之則憂，甚者馳神於數千里之外。明知不可必得，而神思奔逸，不可得而制也。此豈非天之所獨苦耶！

無念已往南京，庵中甚清氣，楚侗回，雖不曾相會，然覺有動移處，所憾不得細細商榷一番。彼此俱老矣，縣中一月間報赴閻王之召者遂至四五人，年皆未滿五十，令我驚憂，又不免重爲楚侗老子憂也。蓋今之道學，亦未有勝似楚侗老者。叔臺想必過家，過家必到舊縣，則得相聚也。

答周柳塘

伏中微洩，秋候自當清泰。弟苦不小洩，是以火盛，無之奈何。樓下僅容喘息，念上天降虐，祇爲大地人作惡，故重譴之，若不勉受酷責，是愈重上帝之怒。有飯喫而受熱，比空腹受熱者何如？以此思之，故雖熱不覺熱也。且天災時行，人亦難逃，人人亦自有過活良法。所謂君子用智，小人用力，强者有搬運之能，弱者有就食之策，自然生出許多計智．最下者無力無策，又自有身任父母之憂者大爲設法區處，非我輩並生並育之民所能與謀也．蓋自有受命治水之<u>禹</u>，承命教稼之<u>稷</u>，自然當任己饑己溺之事，救焚拯溺之憂，我輩安能代大匠斲哉！我輩惟是各親其親，各友其友．各自有親友，各自相告訴，各各盡心量力相救助．若非吾親友，非吾所能謀，亦非吾所宜謀也．何也？願外之思，出位之誚也．

與耿司寇告別

<u>新邑</u>明睿，唯公家二三子姪，可以語上．可與言而不與之言，失人，此則不肖之罪也．其餘諸年少或聰明未啓，或志向未專，所謂不可與言而與之言則爲失言，此則僕無是矣．雖然，寧可失言，不可失人．失言猶可，失人豈可乎哉！蓋人才自古爲難也．夫以人才難得如此，苟幸一得焉，而又失之，豈不憾哉！

嗟夫！<u>顏子</u>沒而未聞好學，在夫子時，固已苦於人之難得矣，況今日乎！是以求之七十子之中而不得，乃求之於三千之衆；求之三千而不得，乃不得已焉周流四方以求之．既而求之上下四方而卒無得也，於是動歸予之嘆曰："歸歟歸歟！吾黨小子，亦有可裁者．"其切切焉唯恐失人如此，以是知中行眞不可以必得也．狂者不蹈故襲，不踐往跡，見識高矣，所謂如鳳凰翔於千仞之上，誰能當之，而不信凡鳥之平常，與己均同於物類．是以見雖高而不實，不實則不中行矣．狷者行一不義，殺一不辜而得天下不爲，如<u>夷</u>·<u>齊</u>之倫，其守定矣，所謂虎豹在山，百獸震恐，誰敢犯之，而不信凡走之皆獸．是以守雖定而不虛，不虛則不中行矣．是故<u>曾點</u>終於狂而不實，而<u>曾參</u>信道之後，遂能以中虛而不易終身之定守者，則夫子來歸而後得斯人也．不然，豈不以失此人爲憾乎哉！

若夫賊德之鄉愿，則雖過門而不欲其入室，蓋拒絕之深矣，而肯遽以人類視之哉！而今事不得已，亦且與鄉愿爲侶，方且盡忠告之誠，欲以納之於道，其爲所儡疾，無足怪也，失言故耳．雖然，失言亦何害乎，所患惟恐失人耳．苟萬分一有失人之悔，則終身抱痛，死且不瞑目矣．蓋論好人極好相處，則鄉愿爲第一；論載道而承千聖絕學，則舍狂狷將何之乎？

公今宦遊半天下矣，兩京又人物之淵，左顧右盼，招提接引，亦曾得斯人乎? 抑求之而未得也, 抑亦未嘗求之者歟? 抑求而得者皆非狂狷之士, 縱有狂者, 終以不實見棄; 而清如伯夷, 反以行之似廉潔者當之也? 審如此, 則公終不免有失人之悔矣.

夫夷·齊就養於西伯, 而不忍幸生於武王. 父爲西伯, 則千里就食, 而甘爲門下之客, 以其能服事殷也. 子爲周王, 則寧餓死而不肯一食其土之薇, 爲其以暴易暴也. 曾元之告曾子曰: "夫子之病亟矣, 幸而至於旦, 更易之!" 曾子曰: "君子之愛人以德, 世人之愛人也以姑息. 吾何求哉! 吾得正而斃焉, 斯已矣." 元起易簣, 反席未安而沒. 此與伯夷餓死何異, 而可遂以鄕愿之廉潔當之也? 故學道而非此輩, 終不可以得道; 傳道而非此輩, 終不可以語道. 有狂狷而不聞道者有之, 未有非狂狷而能聞道者也.

僕今將告別矣, 復致意于狂狷與失人·失言之輕重者, 亦謂惟此可以少答萬一爾. 賤眷思歸, 不得不遣; 僕則行遊四方, 效古人之求友. 蓋孔子求友之勝己者, 欲以傳道, 所謂智過於師, 方堪傳授是也. 吾輩求友之勝己者, 欲以證道, 所謂三上洞山, 九到投子是也.

答耿司寇

此來一番承教, 方可稱眞講學, 方可稱眞朋友. 公不知何故而必欲敎我, 我亦不知何故而必欲求敎於公, 方可稱是不容已眞機, 自有莫知其然而然者矣.

嗟夫! 朋友道絕久矣. 余嘗謬謂千古有君臣, 無朋友, 豈過論歟! 夫君猶龍也, 下有逆鱗, 犯者必死, 然而以死諫者相踵也. 何也? 死而博死諫之名, 則志士亦願爲之, 況未必死而遂有巨福耶? 避害之心不足以勝其名利之心, 以故犯害而不顧, 況無其害而且有大利乎! 若夫朋友則不然: 幸而入, 則分毫無我益; 不幸而不相入, 則小者必爭, 大者爲仇. 何心老至以此殺身, 身殺而名又不成, 此其昭昭可鑑也. 故余謂千古無朋友者, 謂無利也. 是以犯顔敢諫之士, 恆見於君臣之際, 而絕不聞之朋友之間. 今者何幸而見僕之於公耶! 是可貴也. 又何幸而得公之敎僕耶! 眞可羨也. 快哉怡哉! 居然復見偲偲切切景象矣. 然則豈惟公愛依傚孔子, 僕亦未嘗不願依傚之也.

惟公之所不容已者，在於汎愛人，而不欲其擇人；我之所不容已者，在於爲吾道得人，而不欲輕以與人：微覺不同耳．公之所不容已者，乃人生十五歲以前『弟子職』諸篇入孝出弟等事，我之所不容已者，乃十五成人以後爲大人明『大學』，欲去明明德於天下等事．公之所不容已者博，而惟在於痛癢之末；我之所不容已者專，而惟直收吾開眼之功．公之所不容已者，多雨露之滋潤，是故不請而自至，如村學訓蒙師然，以故取效寡而用力艱；我之所不容已者，多霜雪之凛冽，是故必待價而後沽，又如大將用兵，直先擒王，以故用力少而奏功大．雖各各手段不同，然其爲不容已之本心一也．心苟一矣，則公不容已之論，固可以相忘於無言矣．若謂公之不容已者爲是，我之不容已者爲非；公之不容已者是聖學，我之不容已者是異學：則吾不能知之矣．公之不容已者是知其不可以已，而必欲其不已者，爲眞不容已；我之不容已者是不知其不容已，而自然不容已者，非孔聖人之不容已：則吾又不能知之矣．恐公於此，尚有執己自是之病在．恐未可遽以人皆悦之，而遂自以爲是，而遽非人之不是也．恐未可遽以在邦必聞，而遂居之不疑，而遂以人盡異學，通非孔・孟之正脈笑之也．我謂公之不容已處若果是，則世人之不容已處總皆是；若世人之不容已處誠未是，則公之不容已處亦未必是也．此又我之眞不容已處耳．未知是否，幸一教焉！

試觀公之行事，殊無甚異於人者．人盡如此，我亦如此，公亦如此．自朝至暮，自有知識以至今日，均之耕田而求食，買地而求種，架屋而求安，讀書而求科第，居官而求尊顯，博求風水以求福蔭子孫．種種日用，皆爲自己身家計慮，無一毫爲人謀者．及乎開口談學，便說爾爲自己，我爲他人；爾爲自私，我欲利他；我憐東家之饑矣，又思西家之寒難可忍也；某等肯上門敎人矣，是孔・孟之志也，某等不肯會人，是自私自利之徒也；某行雖不謹，而肯與人爲善，某等行雖端謹，而好以佛法害人．以此而觀，所講者未必公之所行，所行者又公之所不講，其與言顧行・行顧言何異乎？以是謂爲孔聖之訓可乎？翻思此等，反不如市井小夫，身履是事，口便說是事，作生意者但說生意，力田作者但說力田．鑿鑿有味，眞有德之言，令人聽之忘厭倦矣．

夫孔子所云言顧行者，何也？彼自謂於子臣弟友之道有未能，蓋眞未之能，非假謙也．人生世間，惟是此四者終身用之，安有盡期．若謂我能，則自止而不復有進矣．聖人知此最難盡，故自謂未能．己實未能，則說我不能，是言顧其行也．說我未能，實是不能，是行顧其言也．故爲慥慥，故爲有恆，故爲主忠信，故爲毋自欺，故爲眞聖人耳．不似今人全不知己之未能，而務以此四者責人敎人．所求於人者重，而所自任者輕，人其肯信之乎？

聖人不責人之必能，是以人人皆可以爲聖．故陽明先生曰："滿街皆聖人."佛氏亦曰："卽心卽佛，人人是佛."夫惟人人之皆聖人也，是以聖人無別不容已道理可以示人也，故曰："予欲無言."夫惟人人之皆佛也，是以佛未嘗度衆生也．無衆生相，安有人相；無道理相，安有我相．無我相，故能舍己；無人相，故能從人．非强之也，以親見人人之皆佛而善與人同故也．善既與人同，何獨於我而有善乎？人與我既同此善，何有一人之善而不可取乎？故曰"自耕稼陶漁以至爲帝，無非取諸人者"．後人推而誦之曰：卽此取人爲善，便自與人爲善矣．舜初未嘗有欲與人爲善之心也，使舜先存與善之心以取人，則其取善也必不誠．人心至神，亦遂不之與，舜亦必不能以與之矣．舜惟終身知善之在人，吾惟取之而已．耕稼陶漁之人既無不可取，則千聖萬賢之善，獨不可取乎？又何必專學孔子而後爲正脈也．

夫人既無不可取之善，則我自無善可與，無道可言矣．然則子禮不許講學之談，亦太苦心矣，安在其爲挫抑柳老而必欲爲柳老伸屈，爲柳老遮護至此乎？又安見其爲子禮之口過，而又欲爲子禮掩蓋之耶？公之用心，亦太瑣細矣！既已長篇大篇書行世間，又令別人勿傳，是何背戾也？反覆詳玩，公之用心，亦太不直矣！且子禮未嘗自認以爲己過，縱有過，渠亦不自蓋覆，而公乃反爲之覆，此誠何心也？古之君子，其過也如日月之食，人皆見而又皆仰；今之君子，豈徒順之，而又爲之辭．公其以爲何如乎？柳老平生正坐冥然寂然，不以介懷，故不長進，公獨以爲柳老諦，又何也？豈公有所憾於柳老而不欲其長進耶？然則子禮之愛柳老者心髓，公之愛柳老者皮膚，又不言可知矣．柳老於子禮爲兄，渠之兄弟尚多也，而獨注意於柳老；柳老又不在仕途，又不與之鄰舍與田，無可爭者．其不爲毀柳老以成其私，又可知矣．既無半點私意，則所云者純是一片赤心，公固聰明，何獨昧此乎？縱子禮之言不是，則當爲子禮惜，而不當爲柳老憂．若子禮之言是，則當爲柳老惜，固宜將此平日自負孔聖正脈，不容已眞機，直爲柳老委曲開導．柳老惟知敬信公者也，所言未必不入也．今若此，則何益於柳老，柳老又何貴於與公相知哉！然則子禮口過之稱，亦爲無可奈何，姑爲是言以道責耳．設使柳老之所造已深，未易窺見，則公當大爲柳老喜，而又不必患其介意矣．何也？遯世不見知而不悔，此學的也．衆人不知我之學，則吾爲賢人矣，此可喜也．賢人不知我之學，則我爲聖人矣，又不愈可喜乎？聖人不知我之學，則吾爲神人矣，尤不愈可喜乎？當時知孔子者唯顏子，雖子貢之徒亦不之知，此眞所以爲孔子耳，又安在乎必於子禮之知之也？又安見其爲挫抑柳老，使劉金吾諸公輩輕視我等也耶？我謂不患人之輕視我等，我等正自輕視耳．區區護名，何時遮蓋得完耶？

且吾聞金吾亦人傑也，公切切焉欲其講學，是何主意？豈以公之行履，有加於金吾耶？若有加，幸一一示我，我亦看得見也．若不能有加，而欲彼就我講此無益之虛談，是又何說也？吾恐不足以誑三尺之童子，而可以誑豪傑之士哉！然則孔子之講學非歟？孔子直謂聖愚一律，不容加損，所謂麒麟與凡獸並走，凡鳥與鳳凰齊飛，皆同類也．所謂萬物皆吾同體是也．而獨有出類之學，唯孔子知之，故孟子言之有味耳．然究其所以出類者，則在於巧中焉，巧處又不可容力．今不於不可用力處參究，而唯欲於致力處着脚，則已失孔・孟不傳之祕矣．此爲何等事，而又可輕以與人談耶？

公聞此言，必以爲異端人只宜以訓蒙爲事，而但借‘明明德’以爲題目可矣，何必說此虛無寂滅之敎，以眩惑人耶？夫所謂仙佛與儒，皆其名耳．孔子知人之好名也，故以名敎誘之；大雄氏知人之怕死，故以死懼之；老氏知人之貪生也，故以長生引之：皆不得已權立名色以化誘後人，非眞實也．唯顏子知之，故曰夫子善誘．今某之行事，有一不與公同者乎？亦好做官，亦好富貴，亦有妻孥，亦有廬舍，亦有朋友，亦會賓客，公豈能勝我乎？何爲乎公獨有學可講，獨有許多不容已處也？我旣與公一同，則一切棄人倫・離妻室・削髮披緇等語，公亦可以相忘於無言矣．何也？僕未嘗有一件不與公同也，但公爲大官耳．學問豈因大官長乎？學問如因大官長，則孔・孟當不敢開口矣．

且東廓先生，非公所得而擬也．東廓先生專發揮陽明先生‘良知’之旨，以繼往開來爲己任，其妙處全在不避惡名以救同類之急，公其能此乎？我知公詳矣，公其再勿說謊也！須如東廓先生，方可說是眞不容已．近時唯龍谿先生足以繼之，近谿先生稍能繼之．公繼東廓先生，終不得也．何也？名心太重也，回護太多也．實多惡也，而專談志仁無惡；實偏私所好也，而專談汎愛博愛；實執定己見也，而專談不可自是．公看近谿有此

472

乎? 龍谿有此乎? 況東廓哉! 此非强爲爾也, 諸老皆實實見得善與人同, 不容分別故耳. 既無分別, 又何惡乎? 公今種種分別如此, 舉世道學無有當公心者, 雖以心齋先生亦在雜種不入公彀率矣, 況其他乎! 其同時所喜者, 僅僅胡盧山耳. 麻城周柳塘·新邑吳少虞, 只此二公爲特出, 則公之取善亦太狹矣, 何以能明明德於天下也?

我非不知敬順公之爲美也, 以"齊人莫如我敬王"也. 亦非不知順公則公必愛我, 公既愛我則合縣士民俱禮敬我, 吳少虞亦必敬我, 官吏師生人等俱來敬我, 何等好過日子, 何等快活. 但以衆人俱來敬我, 終不如公一人獨知敬我; 公一人敬我, 終不如公之自敬也.

吁! 公果能自敬, 則余何說乎! 自敬伊何? 戒謹不覩, 恐懼不聞, 毋自欺, 求自慊, 愼其獨. 孔聖人之自敬者蓋如此. 若不能自敬, 而能敬人, 未之有也. 所謂本亂而求末之治, 無是理也. 故曰"壹是皆以修身爲本". 此正脈也, 此至易至簡之學, 守約施博之道, 故曰"君子之守, 修其身而天下平", 又曰"人人親其親·長其長而天下平", 又曰"上老老而民興孝", 更不言如何去平天下, 但只道修身二字而已. 孔門之教, 如此而已, 吾不知何處更有不容已之說也.

公勿以修身爲易, 明明德爲不難, 恐人便不肯用工夫也. 實實欲明明德者, 工夫正好艱難, 在埋頭二三十年, 尚未得到手, 如何可說無工夫也? 龍谿先生年至九十, 自二十歲爲學, 又得明師, 所探討者盡天下書, 所求正者盡四方人, 到末年方得實詣, 可謂無工夫乎? 公但用自己工夫, 勿愁人無工夫用也. 有志者自然來共學, 無志者雖與之談何益. 近谿先生從幼聞道, 一第十年乃官, 至今七十二歲, 猶歷涉江湖各處訪人, 豈專爲傳法計歟! 蓋亦有不容已者. 彼其一生好名, 近來稍知藏名之法, 歷江右·兩浙·姑蘇以至秣陵, 無一道學不去參訪, 雖弟子之求師, 未有若彼之切者, 可謂致了良知, 更無工夫乎? 然則公第用起工夫耳, 儒家書儘足參詳, 不必別觀釋典也. 解釋文字, 終難契入; 執定己見, 終難空空; 耘人之田, 終荒家穡. 願公無以窮堯陶漁之見而棄忽之也. 古人甚好察此言耳.

名乃錮身之鎖, 聞近老一路無一人相知信者. 柳塘初在家時, 讀其書便十分相信, 到南昌則七分, 至建昌又減二分, 則得五分耳. 及乎到南京, 雖求一分相信, 亦無有矣. 柳塘之徒曾子, 雖有一二分相信, 大概亦多驚訝. 焦弱侯自謂聰明特達, 方子及亦以豪傑自負, 皆棄置大法師不理會之矣. 乃知眞具隻眼者, 擧世絶少, 而坐令近老受遯世不見知之妙用也. 至矣, 近老之善藏其用也. 曾子回, 對我言曰：“近老無知者, 唯先生一人知之.”吁！我若不知近老, 則近老有何用乎！惟我一人知之足矣, 何用多知乎！多知卽不中用, 猶是近名之累, 曷足貴歟！故曰“知我者希, 則我貴矣”. 吾不甘近老之太尊貴也. 近老於生, 豈同調乎, 正爾似公擧動耳. 乃生深信之, 何也？五臺與生稍相似, 公又謂五臺公心熱, 僕心太冷. 吁！何其相馬於牝牡驪黃之間也！

展轉千百言, 略不識忌諱, 又家貧無代書者, 執筆草草, 絶不成句；又不敢縱筆作大字, 恐重取怒於公. 書完, 遂封上. 極知當重病數十日矣, 蓋賤體尙未甚平, 此勞逐難當. 但得公一二相信, 卽刻死塡溝壑, 亦甚甘願. 公思僕此等何心也？僕佛學也, 豈欲與公爭名乎, 抑爭官乎？皆無之矣. 公儻不信僕, 試以僕此意質之五臺, 以爲何如？以五臺公所信也. 若以五臺亦佛學, 試以問之近谿老何如？

公又云“前者「二鳥賦」原爲子禮而發, 不爲公也”. 夫「二鳥賦」若專爲子禮而發, 是何待子禮之厚, 而視不肖之薄也！生非護惜人也, 但能攻發吾之過惡, 便是吾之師. 吾求公施大鑪錘久矣. 物不經鍛鍊, 終難成器；人不得切琢, 終不成人. 吾來求友, 非求名也；吾來求道, 非求聲稱也. 公其勿重爲我蓋覆可焉！我不喜吾之無過而喜吾過之在人, 我不患吾之有過而患吾過之不顯. 此佛說也, 非魔說也；此確論也, 非戲論也. 公試虛其心以觀之, 何如？

每思公之所以執迷不返者, 其病在多欲. 古人無他巧妙, 直以寡欲爲養心之功, 誠有味也. 公今旣宗孔子矣, 又欲兼通諸聖之長：又欲淸, 又欲任, 又欲和. 旣于聖人之所以繼往開來者, 無日夜而不發揮, 又于世人之所以光前裕後者, 無時刻而不繫念. 又以世人之念爲俗念, 又欲時時蓋覆, 只單顯出繼往開來不容已本心以示于人. 分明貪高位厚祿之足以尊顯也, 三品二品之足以襃寵父祖二親也, 此公之眞不容已處也, 是正念也. 却回護之曰：“我爲堯・舜君民而出也, 吾以先知先覺自任而出也.” 是又欲蓋覆此欲也, 非公不容已之眞本心也. 且此又是伊尹志也, 非孔子志也. 孔・孟之志, 公豈不聞之乎！孔・孟之志曰：“故將大有爲之君, 必有所不召之臣, 欲有謀焉則就之, 其尊德樂道不如是, 不足與有爲也.” 是以魯穆公無人乎子思之側, 則不能安子思. 孔・孟之家法, 其自重如此, 其重道也又如此. 公法仲尼者, 何獨于此而不法, 而必以法伊尹爲也！豈以此非孔聖人之眞不容已處乎？吾謂孔·孟當此時若徒隨行逐隊，旅進旅退，以戀崇階，則寧終身空室陋巷窮餓而不悔矣．此顏子之善學孔子處也．

不特是也．分明憾克明好超脫不肯注意生孫，却回護之曰："吾家子姪好超脫，不以嗣續爲念．"乃又錯怪李卓老曰："因他超脫，不以嗣續爲重，故兒效之耳．"吁吁！生子生孫何事也，乃亦效人乎！且超脫又不當生子乎！卽兒好超脫，故未有孫，而公不超脫者也，何故不見多男子乎？我連生四子俱不育，老來無力，故以命自安，實未嘗超脫也．公何誣我之甚乎！

又不特是也．分明憾克明好超脫，不肯注意舉子業，却回護之曰："吾家子姪好超脫，不肯著實盡平常分內事．"乃又錯怪李卓老曰："因他超脫，不以功名爲重，故害我家兒子．"吁吁！卓吾自二十九歲做官以至五十三歲乃休，何曾有半點超脫也！克明年年去北京進場，功名何曾輕乎！時運未至，渠亦未嘗不堅忍以俟．而翁性急，乃歸咎於舉業之不工，是而翁欲心太急也．世間工此者何限，必皆一一中選，一一早中，則李·杜文章不當見遺，而我與公亦不可以僥倖目之矣．

夫所謂超脫者，如淵明之徒，官既懶做，家事又懶治，乃可耳．今公自謂不超脫者固能理家；而克明之超脫者亦未嘗棄家不理也，又何可以超脫憾之也！卽能超脫足追陶公，我能爲公致賀，不必憾也．此皆多欲之故，故致背戾，故致錯亂，故致昏蔽如此耳．且克明何如人也，筋骨如鐵，而肯效響學步從人脚跟走乎！卽依人便是優人，亦不得謂之克明矣．故使克明卽不中舉，卽不中進士，卽不作大官，亦當爲天地間有數奇品，超類絶倫，而可以公眼前蹊徑限之歟？

吳少虞曾對我言曰："楚侹放肆無忌憚，皆爾教之．"我曰："安得此無天理之談乎？"吳曰："雖然，非爾亦由爾，故放肆方穩妥也．"吁吁！楚侹何曾放肆乎？且彼乃吾師，吾惟知師之而已．渠眼空四海，而又肯隨人脚跟走乎？苟如此，亦不得謂之楚侹矣．大抵吳之一言一動，皆自公來，若出自公意，公亦太乖張矣．縱不具隻眼，獨可無眼乎！吾謂公且虛心以聽賤子一言，勿蹉跎誤了一生也．如欲專爲光前裕後事，吾知公必不甘，吾知公決棄爲繼往開來之事者也．一身而二任，雖孔聖必不能．故鯉死則死矣，顏死則慟焉，妻出更不復再娶，鯉死更不聞再買妾以求復生子．無他，爲重道也；爲道既重，則其他自不入念矣．公于此亦可遽以超脫病之乎！

　　然吾觀公，實未嘗有傳道之意，實未嘗有重道之念．自公倡道以來，誰是接公道柄者乎？他處我不知，新邑是誰繼公之眞脈者乎？面從而背違，身教自相與遵守，言教則半句不曾奉行之矣．以故，我絕不欲與此間人相接，他亦自不與我接．何者？我無可趨之勢故耳．吁吁！爲師者忘其奔走承奉而來也，乃直任之而不辭曰，“吾道德之所感召也”；爲弟子者亦忘其爲趨勢附熱而至也，乃久假而不歸曰，“吾師道也，吾友德也”．吁！以此爲學道，卽稍稍有志向者，亦不願與之交，況如僕哉！其杜門不出，非簡亢也，非絕人逃世也；若欲逃世，則入山之深矣．麻城去公稍遠，人又頗多，公之言教亦頗未及，故其中亦自有眞人稍可相與處耳．雖上智之資未可卽得，然箇箇與語，自然不俗．黃陂祝先生舊曾屢會之于白下，生初謂此人質實可與共學，特氣骨太弱耳．近會方知其能不昧自心，雖非肝膽盡露者，亦可謂能吐肝膽者矣．使其稍加健猛，亦足承載此事，願公加意培植之也．

　　聞麻城新選邑侯初到，柳塘因之欲議立會，請父母爲會主．余謂父母愛民，自有本分事，日夜不得閒空，何必另標門戶，使合縣分黨也？與會者爲賢，則不與會者爲不肖矣．使人人有不肖之嫌，是我輩起之也．且父母在，誰不願入會乎？旣願入會，則入會者必多不肖；旣多不肖，則賢者必不肯來：是此會專爲會不肖也．豈爲會之初意則然哉，其勢不得不至此耳．況爲會何益于父母，徒使小人乘此紛擾縣公．縣公賢則處置自妙，然猶未免費精神，使之不得專理民事；設使聰明未必過人，則此會卽爲斷性命之刀斧矣，有仁心者肯爲此乎！蓋縣公若果以性命爲重，則能自求師尋友，不必我代之勞苦矣．何也？我思我學道時，正是高閣老・楊吏部・高禮部諸公禁忌之時，此時絕無有會，亦絕無有開口說此件者．我時欲此件切，自然尋得朋友，自能會了許多不言之師，安在必立會而後爲學乎！此事易曉，乃柳塘亦不知，何也？若謂柳塘之道，舉縣門生無有一個接得者，今欲趁此傳與縣公，則宜自將此道指點縣公，亦不宜將此不得悟入者盡數招集以亂聰聽也．若謂縣公得道，柳塘欲聞，則柳塘自與之商證可矣．且縣公有道，縣公自不容已，自能取人會人，亦不必我代之主赤幟也．反覆思惟，總是名心牽引，不得不顚倒耳．

476

答鄧明府

某偶爾遊方之外，略示形骸虛幻於人世如此，且因以逃名避謗於一時所謂賢聖大人者．茲承過辱，勤懇慰諭，雖眞肉骨不啻矣，何能謝，第日者奉敎，尚有未盡請益者，謹略陳之．

夫舜之好察邇言者，余以爲非至聖則不能察，非不自聖則亦不能察也．已至於聖，則自能知衆言之非邇，無一邇言而非眞聖人之言者．無一邇言而非眞聖人之言，則天下無一人而不是眞聖人之人明矣．非強爲也，彼蓋曾實用知人之功，而眞見本來面目無人故也；實從事爲我之學，而親見本來面目無我故也．本來無我，故本來無聖，本來無聖，又安得見己之爲聖人，而天下之人之非聖人耶？本來無人，則本來無邇，本來無邇，又安見邇言之不可察，而更有聖人之言之可以察也耶？故曰"自耕稼陶漁，無非取諸人者"．居深山之中，木石居而鹿豕遊，而所聞皆善言，所見皆善行也．此豈強爲，法如是故．今試就生一人論之．

生猥陋人也，所相與處，至無幾也．間或見一二同參從入無門，不免生菩提心，就此百姓日用處提撕一番．如好貨，如好色，如勤學，如進取，如多積金寶，如多買田宅爲子孫謀，博求風水爲兒孫福蔭，凡世間一切治生產業等事，皆其所共好而共習，共知而共言者，是眞邇言也．於此果能反而求之，頓得此心，頓見一切賢聖佛祖大機大用，識得本來面目，則無始曠劫未明大事，當下了畢．此余之實證實得處也，而皆自於好察邇言得之．故不識諱忌，時時提唱此語．而令師反以我爲害人，誑誘他後生小子，深痛惡我．不知他之所謂後生小子，卽我之後生小子也，我又安忍害之．但我之所好察者，百姓日用之邇言也．則我亦與百姓同其邇言者，而奈何令師之不好察也？

生言及此，非自當於大舜也，亦以不自見聖，而能見人人之皆聖人者與舜同也；不知其言之爲邇，而能好察此邇言者與舜同也．今試就正於門下：門下果以與舜同其好察者是乎，不與舜同其好察者是乎？自然好察者是乎，強以爲邇言之中必有至理，然後從而加意以察之者爲是乎？愚以爲強而好察者，或可強於一時，必不免敗缺於終身；可勉強於衆人之前，必不免敗露於余一人之後也．此豈余好求勝而務欲令師之必余察也哉！蓋此正舜・跖之分，利與善之間，至甚可畏而至甚不可以不察也．既繫友朋性命，眞切甚於肉骨，容能自已而一任其不知察乎？俗人不知，謬謂生於令師有所言說，非公聰明，孰能遽信余之衷亦也哉！

然此好察邇言，原是要緊之事，亦原是最難之事. 何者？能好察則得本心，然非實得本心者決必不能好察. 故愚每每大言曰："如今海內無人." 正謂此也. 所以無人者，以世之學者但知欲做無我無人工夫，而不知原來無我無人，自不容做也. 若有做作，卽有安排，便不能久，不免流入欺己欺人不能誠意之病. 欲其自得，終無日矣. 然愚雖以此好察日望於令師，亦豈敢遂以此好察邇言取必於令師也哉！但念令師於此，未可遽以爲害人，使人反笑令師耳. 何也？若以爲害人，則<u>孔子</u>"仁者人也"之說，<u>孟氏</u>"仁人心也"之說，<u>達磨</u>西來單傳直指諸說，皆爲欺世誣人，作誑語以惑亂天下後世矣. 尚安得有<u>周・程</u>，尚安得有<u>陽明・心齋・大洲</u>諸先生及<u>六祖・馬祖・臨濟</u>諸佛祖事耶？是以不得不爲法辨耳. 千語萬語，只是一語；千辯萬辯，不出一辯. 恐令師或未能察，故因此附發於大智之前，冀有方便或爲我轉致之耳.

且愚之所好察者，邇言也. 而吾身之所履者，則不貪財也，不好色也，不居權勢也，不患失得也，不遺居積於後人也，不求風水以圖福蔭也. 言雖邇而所爲復不邇者何居？愚以爲此特世之人不知學問者以爲不邇耳，自大道觀之，則皆邇也；未嘗問學者以爲邇耳，自大道視之，則皆不邇也. 然則人人各自有一種方便法門，旣不俟取法於余矣；況萬物並育，原不相害者，而謂余能害之可歟？

吾且以邇言證之：凡今之人，自生至老，自一家以至萬家，自一國以至天下，凡邇言中事，孰待敎而後行乎？趨利避害，人人同心. 是謂天成，是謂衆巧，邇言之所以爲妙也. <u>大舜</u>之所以好察而爲古今之大智也. 今令師之所以自爲者，未嘗有一釐自背於邇言；而所以詔學者，則必曰專志道德，無求功名，不可貪位慕祿也，不可患得患失也，不可貪貨貪色，多買寵妾田宅爲子孫業也. 視一切邇言，皆如毒藥利刃，非但不好察之矣. 審如是，其誰聽之？若曰："我亦知世之人惟邇言是耽，必不我聽也；但爲人宗師，不得不如此立論以敎人耳." 果如此自不妨，古昔皆然，皆以此敎導愚人，免使法堂草加深三尺耳矣，但不應昧却此心，便說我害人也. 世間未有以<u>大舜</u>望人，而乃以爲害人者也；以<u>大舜</u>事令師，而乃以爲慢令師者也. 此皆至邇至淺至易曉之言，想令師必然聽察，第此時作惡已深，未便翻然若江河決耳. 故敢直望門下，惟門下大力，自能握此旋轉機權也. 若曰："居士向日儒服而強談佛，今居佛國矣，又強談儒." 則於令師當絶望矣.

復周柳塘

弟早知兄不敢以此忠告進耿老也. 弟向自通箚, 此直試兄耳. 乃知平生聚友講學之舉, 遷善去惡之訓, 亦太欺人矣. 欺人卽自欺, 更何說乎! 夫彼專談無善無惡之學, 我則以無善無惡待之; 若於彼前而又談遷善去惡事, 則我爲無眼人矣. 彼專談遷善去惡之學者, 我則以遷善去惡望之; 若於彼前而不責以遷善去惡事, 則我亦爲無眼人矣. 世間學者原有此二種, 弟安得不以此二種應之也耶! 惟是一等無緊要人, 一言之失不過自失, 一行之差不過自差, 於世無與, 可勿論也. 若特地出來, 要扶綱常, 立人極, 繼往古, 開羣蒙, 有如許擔荷, 則一言之失, 乃四海之所觀聽, 一行之謬, 乃後生小子輩之所效尤, 豈易放過乎?

如弟豈特於世上爲無要緊人, 息焉游焉, 直與草木同腐, 故自視其身亦逐爲朽敗不堪復用之器, 任狂恣意, 誠不足責也. 若如二老, 自負何如, 關繫何如, 而可輕耶! 弟是以效孔門之忠告, 竊前賢之善道, 卑善柔之賤態, 附直諒之後列, 直欲以完名全節付二老, 故逐不自知其犯於不可則止之科耳. 雖然, 二老何如人耶, 夫以我一無要緊之人, 我二老猶時時以遷善改過望之, 況如耿老, 而猶不可以遷善去惡之說進乎? 而安敢以不可則止之戒事二老也.

偶有匡廬之興, 且小樓不堪熱毒, 亦可因以避暑. 秋涼歸來, 與兄當大講, 務欲成就世間要緊漢矣.

寄答耿大中丞

觀二公論學, 一者說得好聽, 而未必皆其所能行; 一者說得未見好聽, 而皆其所能行. 非但己能行, 亦衆人之所能行也. 己能行而後言, 是謂先行其言; 己未能行而先言, 則謂言不顧行. 吾從其能行者而已, 吾從衆人之所能行者而已.

夫知己之可能, 又知人之皆可能, 是己之善與人同也, 是無己而非人也，而何己之不能舍？ 既知人之可能，又知己之皆可能，是人之善與己同也，是無人而非己也，而何人之不可從？ 此無人無己之學，參贊位育之實，扶世立教之原，蓋眞有見於善與人同之極故也. 今不知善與人同之學，而徒慕舍己從人之名，是有意於舍己也. 有意舍己，卽是有己；有意從人，卽是有人. 況未能舍己而徒言舍己以教人乎？ 若眞能舍己，則二公皆當舍矣. 今皆不能舍己以相從，又何日夜切切以舍己言也？ 教人以舍己，而自不能舍，則所云舍己從人者妄也，非大舜舍己從人之謂也. 言舍己者，可以反而思矣.

眞舍己者，不見有己. 不見有己，則無己可舍. 無己可舍，故曰舍己. 所以然者，學先知己故也. 眞從人者，不見有人. 不見有人，則無人可從. 無人可從，故曰從人. 所以然者，學先知人故也. 今不知己而但言舍己，不知人而但言從人，毋怪其執吝不舍，堅拒不從，而又日夜言舍己從人以欺人也. 人其可欺乎？ 徒自欺耳. 毋他，扶世立教之念爲之祟也. 扶世立教之念，先知先覺之任爲之先也. 先知先覺之任，好臣所教之心爲之驅也. 以故終日言扶世，而未嘗扶得一時，其與未嘗以扶世爲己任者等耳. 終日言立教，未嘗教得一人，其與未嘗以立教爲己任者均焉. 此可恥之大者，所謂"恥其言而過其行"者非耶！ 所謂"不恥不若人何若人有"者又非耶！

吾謂欲得扶世，須如海剛峯之憫世，方可稱眞扶世人矣. 欲得立教，須如嚴寅所之宅身，方可稱眞立教人矣. 然二老有扶世立教之實，而絕口不道扶世立教之言； 雖絕口不道扶世立教之言，人亦未嘗不以扶世立教之實歸之. 今無其實，而自高其名，可乎？

且所謂扶世立教，參贊位育者，雖聾瞽侏跛亦能之，則仲子之言，既已契於心矣，縱能扶得世教，成得參贊位育，亦不過能侏跛聾瞽之所共能者，有何奇巧而必欲以爲天下之重而任之耶！ 若不信侏跛聾瞽之能參贊位育，而別求所謂參贊位育以勝之，以爲今之學道者皆自私自利而不知此，則亦不得謂之參贊位育矣. 是一己之位育參贊也，聖人不如是也.

480

卷二 書答

與莊純夫

旦在到，知葬事畢，可喜可喜！人生一世，如此而已．相聚四十餘年，情境甚熟，亦猶作客并州既多時，自同故鄉，難遽離割也．夫婦之際，恩情尤甚，非但枕席之私，亦以辛勤拮据，有內助之益．若平日有如賓之敬，齊眉之誠，孝友忠信，損己利人，勝似今世稱學道者，徒有名而無實，則臨別尤難割捨也．何也？情愛之中兼有婦行婦功婦言婦德，更令人思念耳，爾岳母黃宜人是矣．獨有講學一事不信人言，稍稍可憾，餘則皆今人所未有也．我雖鐵石作肝，能不慨然！況臨老各天，不及永訣耶！已矣！已矣！

自聞訃後，無一夜不入夢，但俱不知是死．豈眞到此乎？抑吾念之，魂自相招也？想他平生謹愼，必不輕履僧堂．然僧堂一到亦有何妨．要之皆未脫灑耳．既單有魂靈，何男何女，何遠何近，何拘何礙！若猶如舊日抱礙不通，則終無出頭之期矣．卽此魂靈猶在，便知此身不死，自然無所抱礙，而更自作抱礙，可乎？卽此無拘無礙，便是西方淨土，極樂世界，更無別有西方世界也．

純夫可以此書焚告爾岳母之靈，俾知此意．勿貪托生之樂，一處胎中，便有隔陰之昏；勿貪人天之供，一生天上，便受供養，頓忘卻前生自由自在夙念．報盡業現，還來六趣，無有窮時矣．

爾岳母平日爲人如此，決生天上無疑．須記吾語，莫忘卻，雖在天上，時時不忘記取，等我壽終之時，一來迎接，則轉轉相依，可以無錯矣．或暫寄念佛場中，尤妙．或見我平生交遊，我平日所敬愛者，與相歸依，以待我至亦可．幸勿貪受胎，再托生也．純夫千萬焚香化紙錢，苦讀三五遍，對靈叮囑，明白誦說，則宜人自能知之．

復焦弱侯

沖菴方履南京任，南北中外，尙未知稅駕之處，而約我於明月樓．舍穩便，就跋涉，株守空山，爲侍郎守院，則亦安用李卓老爲哉！計且住此，與無念・鳳里・近城數公朝夕龍湖之上，所望兄長盡心供職．

弟嘗謂世間有三等人，致使世間不得太平，皆由兩頭照管．第一等，怕居官束縛，而心中又舍不得官．既苦其外，又苦其内．此其人頗高，而其心最苦，直至舍了官方得自在，弟等是也．又有一等，本爲富貴，而外矯詞以爲不願，實欲托此以爲榮身之梯，又兼採道德仁義之事以自蓋．此其人身心俱勞，無足言者．獨有一等，怕作官便舍官，喜作官便作官；喜講學便講學，不喜講學便不肯講學．此一等人心身俱泰，手足輕安，既無兩頭照顧之患，又無掩蓋表揚之醜，故可稱也．趙文肅先生云："我這箇嘴，張子這箇臉，也做了閣老，始信萬事有前定．只得心閒一日，便是便宜一日．"世間功名富貴，與夫道德性命，何曾束縛人，人自束縛耳．

有「出門如見大賓篇」『說書』，附往請敎．大抵聖言切實有用，不是空頭，若如說者，則安用聖言爲耶！世間講學諸書，明快透髓，自古至今未有如龍谿先生者．弟舊收得頗全，今俱爲人取去．諸朋友中讀經既難，讀大慧『法語』又難，惟讀龍谿先生書無不喜者．以此知先生之功在天下後世不淺矣．楊復所「心如穀種論」，及「惠迪從逆」作，是大作家，論首三五翻，透徹明甚，可惜末後作道理不稱耳．然今人要未能作此．今之學者，官重於名，名重於學，以學起名，以名起官，循環相生，而卒歸重於官．使學不足以起名，名不足以起官，則視棄名如敝箒矣．無怪乎有志者多不肯學，多以我輩爲眞光棍也．於此有恥，則羞惡之心自在．今於言不顧行處不知羞惡，而惡人作要，所謂不能三年喪而小功是察是也．悲夫！

近有「不患人之不己知患不知人」『說書』一篇．世間人誰不說我能知人，然夫子獨以爲患，而帝堯獨以爲難，則世間自說能知人者，皆妄也．於問學上親切，則能知人，能知人則能自知．是知人爲自知之要務，故曰"我知言"，又曰"不知言，無以知人"也．於用世上親切不虛，則自能知人，能知人則由於能自知．是自知爲知人之要務，故曰"知人則哲，能官人。"堯・舜之知而不徧物，急先務也．先務者，親賢之謂也．親賢者，知賢之謂也．自古明君賢相，孰不欲得賢而親之，而卒所親者皆不賢，則以不知其人之爲不賢而妄以爲賢而親之也．故又曰"不知其人可乎"．知人則不失人，不失人則天下安矣．此堯之所難，夫子大聖人之所深患者，而世人乃易視之．嗚呼！亦何其猖狂不思之甚也！況乎以一時之喜怒，一人之愛憎，而欲視天下高蹈遠引之士，混俗和光之徒，皮毛臭穢之夫，如周丘其人者哉！故得位非難，立位最難．若但取一概順己之侶，尊己之輩，則天下之士不來矣．今誦詩讀書者有矣，果知人論世否也！平日視孟軻若不足心腹，及至臨時，恐未能如彼‘尚論’切實可用也．極知世之學者以我此言爲妄誕逆耳，然逆耳不受，將未免復蹈同心商證故轍矣，則亦安用此大官以誑朝廷，欺天下士爲哉！毒藥利病，刮骨刺血，非大勇如關雲長者不能受也，不可以自負孔子・孟軻者而顧不如一關義勇武安王者也．

蘇長公何如人，故其文章自然驚天動地．世人不知，祇以文章稱之，不知文章直彼餘事耳，世未有其人不能卓立而能文章垂不朽者．弟於全刻抄出作四冊，俱世人所未取．世人所取者，世人所知耳，亦長公俯就世人而作也．至其眞洪鐘大呂，大扣大鳴，小扣小應，俱繫精神髓骨所在，弟今盡數錄出，時一披閱，心事宛然，如對長公披襟面語．憾不得再寫一部，呈去請敎爾．倘印出，令學生子置在案頭，初場二場三場畢其矣．

龍谿先生全刻，千萬記心遺我！若近谿先生刻，不足觀也．蓋『近谿語錄』須領悟者乃能觀於言語之外，不然，未免反加繩束，非如王先生字字皆解脫門，既得者讀之足以印心，未得者讀之足以證入也．

又與焦弱侯

鄭子玄者，丘長孺父子之文會友也．文雖不如其父子，而質實有恥，不肯講學，亦可喜，故喜之．蓋彼全不曾親見顏・曾・思・孟，又不曾親見周・程・張・朱，但見今之講周・程・張・朱者，以爲周・程・張・朱實實如是爾也，故恥而不肯講．不講雖是過，然使學者恥而不講，以爲周・程・張・朱卒如是而止，則今之講周・程・張・朱者可誅也．彼以爲周・程・張・朱者皆口談道德而心存高官，志在巨富；既已得高官巨富矣，仍講道德，說仁義自若也；又從而曉曉然語人曰：“我欲厲俗而風世．”彼謂敗俗傷世者，莫甚於講周・程・張・朱者也，是以益不信．不信故不講．然則不講亦未爲過矣．

黃生過此，聞其自京師往長蘆抽豐，復跟長蘆長官別赴新任，至九江，遇一顯者，乃舍舊從新，隨轉而北，衝風冒寒，不顧年老生死．既到麻城，見我言曰："我欲遊嵩·少，彼顯者亦欲遊嵩·少，拉我同行，是以至此．然顯者俟我於城中，勢不能一宿．回日當復道此，道此則多聚三五日而別，茲卒卒誠難割捨云."其言如此，其情何如？我揣其中實爲林汝寧好一口食難割捨耳．然林汝寧向者三任，彼無一任不往，往必滿載而歸，茲尚未厭足，如餓狗思想隔日屎，乃敢欺我以爲遊嵩·少．夫以遊嵩·少藏林汝寧之抽豐來嗛我；又恐林汝寧之疑其爲再尋己也，復以捨不得李卓老，當再來訪李卓老，以嗛林汝寧：名利兩得，身行俱全．我與林汝寧幾皆在其術中而不悟矣，可不謂巧乎！今之道學，何以異此！

由此觀之，今之所謂聖人者，其與今之所謂山人者一也，特有幸不幸之異耳．幸而能詩，則自稱曰山人；不幸而不能詩，則辭卻山人而以聖人名．幸而能講良知，則自稱曰聖人；不幸而不能講良知，則謝卻聖人而以山人稱．展轉反覆，以欺世獲利，名爲山人而心同商賈，口談道德而志在穿窬．夫名山人而心商賈，既已可鄙矣，乃反掩抽豐而顯嵩·少，謂人可得而欺焉，尤可鄙也！今之講道德性命者，皆遊嵩·少者也；今之患得患失，志於高官重祿，好田宅，美風水，以爲子孫蔭者，皆其託名於林汝寧，以爲舍不得李卓老者也．然則鄭子玄之不肯講學，信乎其不足怪矣．

且商賈亦何可鄙之有？挾數萬之貲，經風濤之險，受辱於關吏，忍詬於市易，辛勤萬狀，所挾者重，所得者末．然必交結於卿大夫之門，然後可以收其利而遠其害，安能傲然而坐於公卿大夫之上哉！今山人者，名之爲商賈，則其實不持一文；稱之爲山人，則非公卿之門不履，故可賤耳．雖然，我寧無有是乎？然安知我無商賈之行之心，而釋迦其衣以欺世而盜名也耶？有則幸爲我加誅，我不護痛也．雖然，若其患得而又患失，買田宅，求風水等事，決知免矣．

復鄧鼎石

杜甫非耒陽之賢，則不免於大水之厄；相如非臨邛，則程鄭·卓王孫輩當以糞壤視之矣．勢到逼迫時，一粒一金一青目，便高增十倍價，理勢然也，第此時此際大難爲區處耳．謹謝！謹謝！

焦心勞思，雖知情不容已，然亦無可如何，祇得盡吾力之所能爲者．聞長沙·衡·永間大熟，襄·漢亦好．但得官爲糴本，付託得人，不拘上流下流，或麥或米，領慣糴上戶各齎銀兩，前去出産地面糴買，流水不絕，運到水次．官復定爲平價，貧民來糴者，不拘銀數多少，少者雖至二錢三錢亦與方便．但有銀到，卽流水收銀給票，令其自赴水次搬取．出糴者有利則樂於趨事，而糴本自然不失；貧民來轉糴者旣有糧有米，有穀有麥，亦自然不慌矣．至於給票發穀之間，簡便周至，使人不阻不滯，則自有仁慈父母在．且當此際，便一分，實受一分賜，其感戴父母，又自不同也．

僕謂在今日，其所當爲，與所得爲，所急急爲者，不過如此．若曰“救荒無奇策”，此則俗儒之妄談，何可聽哉！世間何事不可處，何時不可救乎？堯無九年水，以有救水之奇策也．湯無七年旱，以有救旱之奇策也．彼謂蓄積多而備先其者，特言其豫備之一事耳，非臨時救之之策也．惟是世人無才無術，或有才術矣，又恐利害及身，百般趨避，故亦逡因循不理，安坐待斃．然雖自謂不能，而未敢遽謂人皆不能也．獨有一等俗儒，己所不能爲者，便謂人決不能爲，而又敢倡爲大言曰：“救荒無奇策．”嗚呼！斯言出而阻天下之救荒者，必此人也．然則俗儒之爲天下虐，其毒豈不甚哉！

寄答京友

“才難，不其然乎！”今人盡知才難，盡能言才難，然竟不知才之難，才到面前竟不知愛，幸而知愛，竟不見有若己有者，不啻若自其己出者．嗚呼！無望之矣！

舉春秋之天下，無有一人能惜聖人之才者，故聖人特發此嘆，而深羨於唐·虞之隆也．然則才固難矣，猶時時有之；而惜才者則千古未見其人焉．孔子惜才矣，又知人之才矣，而不當其位．入齊而知晏平仲，居鄭而知鄭子產，聞吳有季子，直往觀其葬，其惜才也如此，使其得志，肯使之湮滅而不見哉！然則孔子之嘆才難，非直嘆才難也，直嘆惜才者之難也；以爲生才甚難，甚不可不愛惜也．

夫才有巨細．有巨才矣，而不得一第，則無憑，雖惜才，其如之何！幸而登上第，有憑據，可藉手以薦之矣，而年已過時，則雖才如張襄陽，亦安知聽者不以過時而遂棄，其受薦者又安知其不以旣老而自懈乎！

夫凡有大才者，其可以小知處必寡，其瑕疵處必多，非眞具眼者與之言必不信．當此數者，則雖大才又安所施乎？故非自己德望過人，才學冠世，爲當事者所倚信，未易使人信而用之也．

與曾中野

昨見公，令我兩箇月心事頓然永消凍解也．乃知向之勸我者，祇爲我添油熾薪耳．而公絶無一語，勤渠之意愈覺有加，故我不覺心醉矣．已矣已矣，自今以往，不復與柳老爲怨矣．

夫世間是與不是，亦何常之有，乃羣公勸我者不曾於是非之外有所發明，而欲我藏其宿怒，以外爲好合，是以險側小人事我也．苟得面交，卽口蜜腹劍，皆不顧之矣，以故，所是愈堅而愈不可解耳．善乎朱仲晦之言曰："隱者多是帶性負氣之人."僕隱者也，負氣人也．路見不平，尙欲拔刀相助，況親當其事哉！然其實乃癡人也，皆爲鬼所迷者也，苟不遇良朋勝友，其迷何時返乎？以此思勝己之友一日不可離也．

嗟乎！楚倥既逝，而切骨之談罔聞；友山日疎，而苦口之言不至．僕之迷久矣，何特今日也耶．自今已矣，不復與柳老爲怨矣．且兩人皆六十四歲矣，縱多壽考，決不復有六十四年在人世上明矣．如僕者，非但月化，亦且日衰，其能久乎！死期已逼，而豪氣尙在，可笑也已！

與曾繼泉

聞公欲薙髮，此甚不可．公有妻妾田宅，且未有子．未有子，則妻妾田宅何所寄託；有妻妾田宅，則無故割棄，非但不仁，亦甚不義也．果生死道念眞切，在家方便，尤勝出家萬倍．今試問公果能持鉢沿門丐食乎？果能窮餓數日，不求一餐於人乎？若皆不能，而猶靠田作過活，則在家修行，不更方便乎？

我當初學道，非但有妻室，亦且爲宰官，奔走四方，往來數萬里，但覺學問日日得力耳．後因寓楚，欲親就良師友，而賤眷苦不肯留，故令小壻小女送之歸．然有親女外甥等朝夕伏侍，居官俸餘又以盡數交與，只留我一身在外，則我黃宜人雖然回歸，我實不用牽掛，以故我得安心寓此，與朋友嬉遊也。其所以落髮者，則因家中閒雜人等時時望我歸去，又時時不遠千里來迫我，以俗事強我，故我剃髮以示不歸，俗事亦決然不肯與理也。又此間無見識人多以異端目我，故我遂為異端以成彼豎子之名。兼此數者，陡然去髮，非其心也。實則以年紀老大，不多時居人世故耳。

如公壯年，正好生子，正好做人，正好向上。且田地不多，家業不大，又正好過日子，不似大富貴人，家計滿目，無半點閒空也。何必落髮出家，然後學道乎？我非落髮出家始學道也。千萬記取！

答劉方伯書

此事如饑渴然：饑定思食，渴定思飲。夫天下曷嘗有不思食飲之人哉！其所以不思食飲者有故矣：病在雜食也。今觀大地眾生，誰不犯是雜食病者。雜食謂何？見小而欲速也，所見在形骸之內，而形骸之外則不見也，所欲在數十世之久，而萬億世數則不欲也。

夫功名富貴，大地眾生所以奉此七尺之身者也，是形骸以內物也，其急宜也。是故終其身役役焉勞此心以奉此身，直至百歲而後止。是百歲之食飲也，凡在百歲之內者所共饑渴而求也。而不知止者猶笑之曰："是奚足哉！男兒須為子孫立不拔之基，安可以身死而遂止乎？"於是卜宅而求諸陽，卜地而求諸陰，務圖吉地以覆蔭後人，是又數十世之食飲也。凡貪此數十世之食飲者所共饑渴而求也。故或積德於冥冥，或施報於昭昭，其用心至繁至密，其為類至蹟至眾。然皆貪此一口無窮茶飯以貽後人耳。而賢者又笑之曰："此安能久！此又安足云！且夫形骸外矣。勞其心以事形骸，智者不為也，況復勞其形骸，以為兒孫作牛馬乎？男兒生世，要當立不朽之名。"是啖名者也。名既其所食啖之物，則饑渴以求之，亦自無所不至矣。不知名雖長久，要與天壤相敝者也，天地有盡，則此名亦盡，安得久乎？而達者又笑之曰："名與身孰親？夫役此心以奉此身，已謂之愚矣，況役此心以求身外之名乎？"然則名不親於身審矣，而乃謂"疾沒世而名不稱"者，又何說也？蓋眾人之病病在好利，賢者之病病在好名，苟不以名誘之，則其言不入。夫惟漸次導之，使令歸實，歸實之後，名亦無有，故曰"夫子善誘"。然顏氏沒而能知夫子之善誘者亡矣，故顏子沒而夫子善誘之術逢窮.

吁! 大地衆生惟其見小而欲速, 故其所食飲者盡若此止矣, 而達者其誰乎? 而欲其思孔・顏之食飲者, 不亦難乎? 故愚謂千載而下, 雖有孔子出而善誘之, 亦必不能易其所饑渴, 以就吾之食飲也. 計惟有自飽自歌, 自飲自舞而已. 況如生者, 方外托身, 離羣逃世, 而敢呶呶嘵嘵, 不知自止, 以犯非徒無益而且有禍之戒乎! 然則今之自以爲孔子而欲誘人使從我者, 可笑也. 何也? 孔子已不能得之於顏子之外也, 其誰與饑渴之懷, 以與我共食飲乎此是耶! 縱滿盤堆積, 極山海之羞, 盡龍鳳之髓, 跪而獻納, 必遭怒遣而訶斥矣. 縱或假相承奉, 聊一擧筋, 卽吐嘔隨之矣. 何者? 原非其所食之物, 自不宜招呼而求以與之共也. 然則生孔子之後者, 講學終無益矣, 雖欲不落髮出家, 求方外之友以爲伴侶, 又可得耶! 然則生乎今之世, 果終莫與共食飲也歟? 誠終莫與共食飲也已!

答莊純夫書

學問須時時拈掇, 乃時時受用, 縱無人講, 亦須去尋人講. 蓋日講則日新, 非爲人也, 乃專專爲己也. 龍谿・近谿二大老可以觀矣. 渠豈不知此事無巧法耶! 佛祖眞仙, 大率沒身於此不衰也. 今人不知, 皆以好度人目之, 卽差却題目矣.

與周友山書

不肖株守黃・麻一十二年矣, 近日方得一覽黃鶴之勝, 尙未眺晴川, 遊九峯也, 卽蒙憂世者有左道惑衆之逐. 弟反覆思之, 平生實未曾會得一人, 不知所惑何人也. 然左道之稱, 弟實不能逃焉. 何也? 孤居日久, 善言罔聞, 兼以衰朽, 怖死念深, 或恐犯此耳. 不意憂世者乃肯垂大慈悲敎我如此也!

卽日加冠畜髮, 復完本來面目, 二三侍者, 人與圓帽一頂, 全不見有僧相矣. 如此服善從敎, 不知可逭左道之誅否? 想仲尼不爲已甚, 諸公遵守孔門家法, 決知從寬發落, 許其改過自新無疑. 然事勢難料, 情理不常，若守其禁約，不肯輕恕，務欲窮之於其所往，則大地皆其禁域，又安所逃死乎！弟於此進退維谷，將欲"明日遂行"，則故舊難捨；將遂"微服過宋"，則司城貞子未生。兄高明為我商之如何？

然弟之改過實出本心，蓋一向以貪佛之故，不自知其陷於左道，非明知故犯者比也。既係誤犯，則情理可恕；既肯速改，則更宜加獎，供其饋食，又不但直赦其過誤已也。倘肯如此，弟當托兄先容，納拜大宗師門下，從頭指示孔門'親民'學術，庶幾行年六十有五，猶知六十四歲之非乎！

又與周友山書

承教塔事甚是，但念我既無眷屬之樂，又無朋友之樂，熒然孤獨，無與晤語，只有一塔墓室可以厝骸，可以娛老，幸隨我意，勿見阻也！至于轉身之後，或遂為登臨之會，或遂為讀書之所，或遂為瓦礫之場，則非智者所能逆為之圖矣。

古人所見至高，只是合下見得甚近，不能為子子孫孫萬年圖謀也。汾陽之宅為寺，馬燧之第為園，可遂謂二老無見識乎？以禹之神智如此，八年勤勞如此，功德在民如此，而不能料其孫太康遂為羿所篡而失天下，則雖智之大且神者，亦只如此已矣。

元世祖初平江南，問劉秉忠曰："自古無不敗之家，無不亡之國。朕之天下後當何人得之？"秉忠對曰："西方之人得之。"及後定都燕京，築城掘地，得一石匣，開視，乃一匣紅頭蟲，復詔問秉忠。秉忠對曰："異日得陛下天下者，即此物也。"

由此觀之，世祖方得天下，而即問失天下之日；秉忠亦不以失天下為不祥，侃然致對。視亡若存，真英雄豪傑，誠不同於時哉！秉忠自幼為僧，世祖至大都見之，乃以釋服相從軍旅問，末年始就冠服，為元朝開國元老，非偶然也。

我塔事無經營之苦，又無抄化之勞，聽其自至，任其同力，只依我規制耳。想兄聞此，必無疑矣。

與焦漪園

弟今又居武昌矣. 江漢之上, 獨自遨遊, 道之難行, 已可知也;"歸歟"之歎, 豈得已耶! 然老人無歸, 以朋友爲歸, 不知今者當歸何所歟! 漢陽城中尚有論說到此者, 若武昌則往來絕跡, 而況譚學! 寫至此, 一字一淚, 不知當向何人道, 當與何人讀, 想當照舊薙髮歸山去矣!

昨約其人來接, 其人竟不來, 是以不敢獨自闖入衙門, 恐人疑我無因自至, 必有所干與也. 今日暇否? 暇則當堂遣人迎我, 使衙門中人, 盡知彼我相求, 只有性命一事可矣. 緣我平生素履未能取信於人, 不得不謹防其謗我者, 非尊貴相也.

與友朋書

顧虎頭雖不通問學, 而具隻眼, 是以可嘉; 周公瑾既通學問, 又具隻眼, 是以尤可嘉也. 二公皆盛有識見, 有才料, 有膽氣, 智仁勇三事皆備. 周善藏, 非萬全不發, 故人但見其巧於善刀, 而不見其能於遊刃. 顧善發, 然發而人不見, 故人但見其能於遊刃, 而不見其巧於善刀. 周收斂之意多, 平生唯知爲己, 以故相知少而其情似寡, 然一相知而膠漆難並矣. 顧發揚意多, 平生惟不私己, 以故相愛甚博而其情似不專. 然情之所專, 愛固不能分也. 何也? 以皆具集眼也. 吾謂二公者, 皆能知人而不爲知所眩, 能愛人而不爲愛所蔽, 能用人而不爲人所用者也. 周裝聾作啞, 得老子之體, 是故與之語清淨寧一之化, 無爲自然之用, 如以石投水, 不相逆也. 所謂不動聲色而措天下于泰山之安者, 此等是也, 最上一乘之人也, 何可得也! 顧託孤寄命, 有君子之風, 是故半夜叩門, 必不肯以親爲解, 而況肩鉅任大, 扶危持顛, 肯相辜負哉! 是國家大可倚仗人也, 抑又何可得也! 顧通州人, 周麻城人.

答劉晉川書

弟年近古稀矣, 單身行遊, 只爲死期日逼, 閻君鐵棒難支, 且生世之苦

490

日擊又已如此，使我學道之念轉轉急迫也．既學道不得不資先覺，資先覺不得不遊四方，遊四方不得不獨自而受孤苦．何者？眷屬徒有家鄉之念，童僕俱有妻兒之思，與我不同志也．志不同則難留，是以盡遣之歸，非我不願有親隨，樂于獨自孤苦也．爲道日急，雖孤苦亦自甘之，蓋孤苦日短而極樂世界日長矣．久已欲往南北二都爲有道之就，二都朋友亦日望我．近聞二都朋友又勝矣．承示吳中丞札，知其愛我甚．然顧通州雖愛我，人品亦我所師，但通州實未嘗以生死爲念也．此間又有友山，又有公家父子，則舍此何之乎？今須友山北上，公別轉，乃往南都一遊．七十之年，有友我者，便當安心度日，以與之友，似又不必奔馳而自投苦海矣．吳中丞雖好意，弟謂不如分我俸資，使我蓋得一所禪室於武昌城下．草草奉笑，可卽以此轉致之．

別劉肖川書

‘大’字，公要藥也．不大則自身不能庇，而能庇人乎？且未有丈夫漢不能庇人而終身受庇於人者也．大人者，庇人者也；小人者，庇於人者也．凡大人見識力量與衆不同者，皆從庇人而生，日充日長，日長日昌．若徒蔭於人，則終其身無有見識力量之日矣．今之人皆受庇於人者也，初不知有庇人事也．居家則庇蔭於父母，居官則庇蔭於官長，立朝則求庇蔭於宰臣，爲邊帥則求庇蔭於中官，爲聖賢則求庇蔭於孔・孟，爲文章則求庇蔭於班・馬，種種自視，莫不皆自以爲男兒，而其實則皆孩子而不知也．豪傑凡民之分，只從庇人與庇於人處識取．

答友人書

或曰：“李卓吾謂暴怒是學，不亦異乎！”有友答曰：“卓老斷不說暴怒是學，當說暴怒是性也．”或曰：“發而皆中節方是性，豈有暴怒是性之理！”曰：“怒亦是未發中有的．”

吁吁！夫謂暴怒是性，是誣性也；謂暴怒是學，是誣學也．既不是學，又不是性，吾眞不知從何處而來也，或待因緣而來乎？每見世人欺天罔

人之徒, 便欲手刃直取其首, 豈特暴哉! 縱遭反噬, 亦所甘心, 雖死不悔,
暴何足云! 然使其復見光明正大之夫, 言行相顧之士, 怒又不知向何處
去, 喜又不知從何處來矣. 則雖謂吾暴怒可也, 謂吾不遷怒亦可也.

答以女人學道爲見短書

昨聞大敎, 謂婦人見短, 不堪學道. 誠然哉! 誠然哉! 夫婦人不出閨
域, 而男子則桑弧蓬矢以射四方, 見有長短, 不待言也. 但所謂短見者,
謂所見不出閨閣之間; 而遠見者則深察乎昭曠之原也. 短見者只見得百
年之內, 或近而子孫, 又近而一身而已; 遠見則超於形骸之外, 出乎死生
之表, 極於百千萬億劫不可算數譬喻之域是已. 短見者祗聽得街談巷議,
市井小兒之語; 而遠見則能深畏乎大人, 不敢侮於聖言, 更不惑於流俗
憎愛之口也. 余竊謂欲論見之長短者當如此, 不可止以婦人之見爲見短
也. 故謂人有男女則可, 謂見有男女豈可乎? 謂見有長短則可, 謂男子
之見盡長, 女人之見盡短, 又豈可乎? 設使女人其身而男子其見, 樂聞
正論而知俗語之不足聽, 樂學出世而知浮世之不足戀, 則恐當世男子視
之, 皆當羞愧流汗, 不敢出聲矣. 此蓋孔聖人所以周流天下, 欲庶幾一遇
而不可得者, 今反視之爲短見之人, 不亦寃乎! 寃不寃與此人何與, 但恐
傍觀者醜耳.

自今觀之: 邑姜以一婦人而足九人之數, 不妨其與周・召・太公之流
並列爲十亂; 文母以一聖女而正『二南』之風, 不嫌其與散宜生・太顚之
輩並稱爲四友. 彼區區者特世間法, 一時太平之業耳, 猶然不敢以男女分
別, 短長異視, 而況學出世道, 欲爲釋迦老佛・孔聖人朝聞夕死之人乎?
此等若使閭巷小人聞之, 盡當責以闚觀之見, 索以利女之貞, 而以文母・
邑姜爲罪人矣, 豈不寃甚也哉! 故凡自負遠見之士, 須不爲大人君子所
笑, 而莫汲汲欲爲市井小兒所喜可也. 若欲爲市井小兒所喜, 則亦市井小
兒而已矣. 其爲遠見乎, 短見乎, 當自辨也. 余謂此等遠見女子, 正人家
吉祥善瑞, 非數百年積德未易生也.

夫薛濤蜀産也, 元微之聞之, 故求出使西川, 與之相見. 濤因走筆作
「四友贊」以答其意, 微之果大服. 夫微之, 貞元傑匠也, 豈易服人者哉!
吁! 一文才如濤者, 猶能使人傾千里慕之, 況持黃面老子之道以行遊斯

世，苟得出世之人，有不心服者乎？未之有也．不聞龐公之事乎？龐公，爾楚之衡陽人也，與其婦龐婆・女靈照同師馬祖，求出世道，卒致先後化去，作出世人，爲今古快事．願公師其遠見可也．若曰"待吾與市井小兒輩商之"，則吾不能知矣．

復耿侗老書

世人厭平常而喜新奇，不知言天下之至新奇，莫過於平常也．日月常而千古常新，布帛菽粟常而寒能煖，饑能飽，又何其奇也！是新奇正在於平常，世人不察，反於平常之外覓新奇，是豈得謂之新奇乎？蜀之仙姑是已．衆人咸謂其能知未來過去事，爭神怪之．夫過去則余已知之矣，何待他說；未來則不必知，又何用他說耶！故曰"智者不惑"．不惑於新奇，以其不憂於未來之禍害也．故又曰"仁者不憂"．不憂禍於未來，則自不求先知於幻說而爲新奇所惑矣．此非眞能見利不趨，見害不避，如夫子所云"志士不忘在溝壑，勇士不忘喪其元，志士仁人無求生以害仁，有殺身以成仁"，孰能當之．故又曰"勇者不懼"．夫合智仁勇三德而後能不厭於平常，不惑於新奇，則世人之欲知未來，而以蜀仙爲奇且新，又何足怪也．何也？不智故也．不智故不仁，故無勇，而智實爲之先矣．

與李惟淸

昨領敎，深覺有益，因知公之所造已到聲聞佛矣．青州夫子之鄕，居常未曾聞有佛號，陡然劇談至此，眞令人歡悅無量．

蒙勸諭同皈西方，甚善．但僕以西方是阿彌陀佛道場，是他一佛世界，若願生彼世界者，卽是他家兒孫．旣是他家兒孫，卽得暫免輪廻，不爲一切天堂地獄諸趣所攝是的．彼上上品化生者，便是他家至親兒孫，得近佛光，得聞佛語，至美矣．若上品之中，離佛稍遠，上品之下，見面亦難，況中品與下品乎．是以雖生彼，亦有退墮者，以佛又難見，世間俗念又易起，一起世間念卽墮矣．是以不患不生彼，正患生彼而不肯住彼耳．此又欲生西方者之所當知也．若僕則到處爲客，不願爲主，隨處生發，無定生處. 旣爲客, 卽無常住之理, 是以但可行遊西方, 而以西方佛爲暫時主人足矣, 非若公等發願生彼, 甘爲彼家兒孫之比也.

且佛之世界亦甚多. 但有世界, 卽便有佛; 但有佛, 卽便是我行遊之處, 爲客之場. 佛常爲主, 而我常爲客, 此又吾因果之最著者也. 故欲知僕千萬億劫之果者, 觀僕今日之因卽可知也. 是故或時與西方佛坐談, 或時與十方佛共語, 或客維摩淨土, 或客祇洹精舍, 或遊方丈·蓬萊, 或到龍宮海藏. 天堂有佛, 卽赴天堂; 地獄有佛, 卽赴地獄. 何必拘拘如白樂天之專往兜率內院, 天台智者永明壽禪師之專一求生西方乎? 此不肖之志也. 非薄西方而不生也, 以西方特可以當吾今日之大同耳. 若公自當生彼, 何必相拘.

所諭禁殺生事, 卽當如命戒殺. 又謂僕性氣重者, 此則僕膏肓之疾, 從今聞敎, 卽有瘳矣. 第亦未可全戒, 未可全瘳. 若全戒全瘳, 卽不得入阿修羅之域, 與毒龍魔王等爲侶矣.

與明因

世上人總無甚差別, 唯學出世法, 非出格丈夫不能. 今我等旣爲出格丈夫之事, 而欲世人知我信我, 不亦惑乎! 旣不知我, 不信我, 又與之辯, 其爲惑益甚. 若我則直爲無可奈何, 只爲汝等欲學出世法者或爲魔所撓亂, 不得自在, 故不得不出頭作魔王以驅逐之, 若汝等何足與辯耶! 況此等皆非同住同食飲之輩, 我爲出世人, 光彩不到他頭上, 我不爲出世人, 羞辱不到他頭上, 如何敢來與我理論! 對面唾出, 亦自不妨, 願始終堅心此件大事. 釋迦佛出家時, 淨飯王是其親爺, 亦自不理, 況他人哉! 成佛是何事, 作佛是何等人, 而可以世間情量爲之.

與焦弱侯

兄所見者向年之卓吾耳, 不知今日之卓吾固天淵之懸也. 兄所喜者亦向日之卓吾耳, 不知向日之卓吾甚是卑弱, 若果以向日之卓吾爲可喜, 則必以今日之卓吾爲可悲矣. 夫向之卓吾且如彼, 今日之卓吾又何以卒能如此也，此其故可知矣．人但知<u>古亭</u>之人時時憎我，而不知實時時成我．古人比之美疢藥石，弟今實親領之矣．

聞有欲殺我者，得兄分剖乃止．此自感德，然弟則以爲生在中國而不得中國半箇知我之人，反不如出塞行行，死爲胡地之白骨也．兄胡必勸我復反<u>龍湖</u>乎？<u>龍湖</u>未是我死所，有勝我之友，又眞能知我者，乃我死所也．嗟嗟！以<u>鄧豁渠</u>八十之老，尚能忍死於<u>保定</u>慵夫之手，而不肯一食<u>趙大洲</u>之禾，況<u>卓吾子</u>哉！與其不得朋友而死，則牢獄之死，戰場之死，固甘如飴也，何何必救我也？死猶聞俠骨之香，死猶有烈士之名，豈<u>龍湖</u>之死所可比耶！大抵不肯死於妻孥之手者，必其決志欲死於朋友之手者也，此情理之易見者也．唯世無朋友，是以雖易見而卒不見耳．我豈貪風水之人耶！我豈坐枯禪，圖寂滅，專一爲守屍鬼之人耶！何必<u>龍湖</u>而後可死，認定<u>龍湖</u>以爲塚舍也！

更可笑者：一生學<u>孔子</u>，不知<u>孔夫子</u>道德之重自然足以庇蔭後人，乃謂<u>孔林</u>風水之好足以庇蔭<u>孔子</u>，則是<u>孔子</u>反不如<u>孔林</u>矣．不知<u>孔子</u>教澤之遠自然遍及三千七十，以至萬萬世之同守斯文一脈者，乃學其講道學，聚徒衆，收門生，以博名高，圖富貴，不知<u>孔子</u>何嘗爲求富貴而聚徒黨乎？貧賤如此，患難如此，至不得已又欲浮海，又欲居九夷，而弟子歡然從之，不但餓<u>陳</u>·<u>蔡</u>，被<u>匡</u>圍，乃見相隨不捨也．若如今人，一日無官則弟子離矣，一日無財則弟子散矣，心悅誠服其誰乎？非無心悅誠服之人也，無可以使人心悅誠服之師也．若果有之，我願爲之死，莫勸我回<u>龍湖</u>也！

與弱侯

<u>客生</u>曾對我言："我與公大略相同，但我事過便過，公則認眞耳．"余時甚愧其言，以謂"世間戲場耳，戲文演得好和歹，一時總散，何必太認眞乎．然性氣帶得來是箇不知討便宜的人，可奈何！時時得近左右，時時得聞此言，庶可漸消此不自愛重之積習也．"余時之答<u>客生</u>者如此．今兄之認眞，未免與僕同病，故敢遂以此說進．

<u>蘇長公</u>云："世俗俚語亦有可取之處：處貧賤易，處富貴難；安勞苦易，安閒散難；忍痛易，忍癢難．"余又見乩筆亦有甚說得好者："樂中有憂，

憂中有樂." 夫當樂時, 衆人方以爲樂, 而至人獨以爲憂; 正當憂時, 衆人皆以爲憂, 而至人乃以爲樂. 此非反人情之常也, 蓋禍福常相倚伏, 惟至人眞見倚伏之機, 故寧處憂而不肯處樂. 人見以爲愚, 而不知至人得此微權, 是以終身常樂而不憂耳, 所謂落便宜處得便宜是也. 又乩筆云: "樂時方樂, 憂時方憂." 此世間一切庸俗人態耳, 非大賢事也. 僕以謂 "樂時方樂, 憂時方憂", 此八簡字, 說透世人心髓矣. 世人所以敢相侮者, 以我正樂此樂也, 若知我正憂此樂, 則彼亦悔矣. 此自古至人所以獨操上人之柄, 不使權柄落在他人手者, 兄倘以爲然否?

僕何如人, 敢吐舌於兄之傍乎? 聊有一管之窺, 是以不覺潦倒如許.

與方伯雨柬

去年詹孝廉過湖, 接公手教, 乃知公大孝人也. 以先公之故, 猶能記憶老朽於龍湖之上, 感念! 汪本鈳道公講學, 又道公好學. 然好學可也, 好講學則不可也, 好講之於口尤不可也. 知公非口講者, 是以敢張言之. 本鈳與公同經, 欲得公爲之講習, 此講卽有益後學, 不妨講矣. 呵凍草草.

與楊定見

世人之我愛者, 非愛我爲官也, 非愛我爲和尙也, 愛我也. 世人之欲我殺者, 非敢殺官也, 非敢殺和尙也, 殺我也. 我無可愛, 則我直爲無可愛之人耳, 彼愛我者何妨乎! 我不可殺, 則我自當受天不殺之祐, 殺我者不亦勞乎! 然則我之加冠, 非慮人之殺和尙而冠之也. 侗老原是長者, 但未免偏聽. 故一切飲食耿氏之門者, 不欲侗老與我如初, 猶朝夕在武昌倡爲無根言語, 本欲甚我之過, 而不知反以彰我之名. 恐此老不知, 終始爲此輩敗壞, 須速達此意於古愚兄弟. 不然或生他變, 而令侗老坐受主使之名, 爲耿氏累甚不少也. 小人之流不可密邇, 自古若是, 特恨此老不覺, 恐至覺時, 噬臍又無及. 此書覽訖, 卽封寄友山, 仍書一紙專寄古愚兄弟.

與楊鳳里

醫生不必來，爾亦不必來，我已分付取行李先歸矣．我痢尚未止，其勢必至十月初間方敢出門．到此時，可令道來取箇的信．塔屋既當時胡亂做，如今獨不可胡亂居乎？世間人有家小・田宅・祿位・名壽・子孫・牛馬・豬羊・雞犬等，性命非一，自宜十分穩當．我僧家清高出塵之士，不見山寺盡在絕頂白雲層乎？我只有一副老骨，不怕朽也，可依我規制速爲之！

又與楊鳳里

行李已至湖上，一途無雨，可謂順利矣．我湖上屋低處就低處做，高處就高處做，可省十分氣力，亦又方便．低處作佛殿等屋，以塑佛聚僧，我塔屋獨獨一座，高出雲表，又像西方妙喜世界矣．我回，只主張衆人念佛，專修西方，不許一個閒說嘴．曾繼泉可移住大樓下，懷捷令上大樓歇宿．

與梅衡湘答書二首附

承示繫單于之頸，僕謂今日之頸不在夷狄而在中國．中國有作梗者，朝廷之上自有公等諸賢聖在，卽日可繫也．若外夷，則外之耳．外之爲言，非繫之也．惟漢時冒頓最盛强，與漢結怨最深．白登之辱，嫚書之辱，中行說之辱，嫁以公主，納之歲幣，與宋之獻納何殊也！故賈誼慨然任之，然文帝猶以爲生事擾民，不聽賈生之策，況今日四夷效順如此哉！若我邊彼邊各相戕伐，則邊境常態，萬古如一，何足掛齒牙耶！

附衡湘答書

"佛高一尺，魔高一丈"．昔人此言，只要人知有佛卽有魔，如形之有影，聲之有響，必然不相離者．知其必然，便不因而生恐怖心，生退悔心矣．

世但有魔而不佛者，未有佛而不魔者．人患不佛耳，毋患魔也．不佛而魔，宜佛以消之；佛而魔，愈見其佛也．佛左右有四天王八金剛，各執刀劍寶杵擁護，無非爲魔，終不若山鬼伎倆有限，老僧不答無窮也．自古英雄豪傑欲建一功，立一節，尙且屈恥忍辱以就其事，況欲成此一段大事耶！

又

丘長孺書來，云翁有老態，令人茫然．植之於翁，雖心向之而未交一言，何可老也．及問家人，殊不爾．又讀翁扇頭細書，乃知復轉精健耳．目病一月，未大愈，急索『焚書』讀之，笑語人曰：“如此老者，若與之有隙，只宜捧之蓮花座上，朝夕率大衆禮拜以消折其福；不宜妄意挫抑，反增其聲價也！

復麻城人書

謂身在是之外則可，謂身在非之外卽不可，蓋皆是見得恐有非於我，而後不敢爲耳．謂身在害之外則可，謂身在利之外卽不可，蓋皆是見得無所利於我，而後不肯爲耳．如此說話，方爲正當，非漫語矣．

今之好飲者，動以高陽酒徒自擬，公知高陽之所以爲高陽乎？若是眞正高陽，能使西夏叛卒不敢逞，能使叛卒一起卽撲滅，不至勞民動衆，不必損兵費糧，無地無兵，無處無糧，亦不必以兵寡糧少爲憂，必待募兵於他方，借糧於外境也．此爲眞正高陽酒徒矣．方亞夫之擊吳·楚也，將兵至洛陽，得劇孟，大喜曰：“吳·楚擧大事而不得劇孟，吾知其無能爲矣．”一箇博徒有何烜赫，能使眞將軍得之如得數千萬雄兵猛將然？然得三十萬猛將強兵，終不如得一劇孟，而吳·楚失之，其亡便可計日．是謂眞正高陽酒徒矣．是以周侯情願爲之執盃而控馬首也．漢淮陰費千金覓生左車，得卽東嚮坐，西嚮侍，師事之．以此見眞正高陽酒徒之能知人下士，識才尊賢又如此，故吾以爲眞正高陽酒徒可敬也．彼蓋眞知此輩之爲天下寶，又知此輩之爲天下無價寶也，是以深寶惜之．縱然涓滴不入口，亦當以高陽酒徒目之矣．

曾聞<u>李邢州</u>之飮<u>許趙州</u>云：「白眼風塵一酒卮，吾徒猶足傲當時．城中年少空相慕，說着<u>高陽</u>總不知．」此詩俗子輩視之便有褒貶，吾以爲皆實語也，情可哀也．漫書到此，似太無謂，然亦因公言發起耳，非爲公也．

時有<u>麻城</u>人舊最相愛，後兩年不寄一書，偶寄書便自謂<u>高陽</u>酒徒，貪盃無暇，是以久曠．又自謂置身于利害是非之外，故不欲問我于利害是非之內．其尊己卑人甚矣．吁！果若所云，豈不爲余之良朋勝友哉！然其怕利害是非之實如此，則其沈溺利害是非爲何如者，乃敢大言欺余．時聞<u>靈</u>・<u>夏</u>兵變，因發憤感歎于<u>高陽</u>，遂有「二十分識」與「因記往事」之説．設早聞有<u>梅監軍</u>之命，亦慰喜而不發憤矣．

與河南吳中丞書

僕自祿仕以來，未嘗一日獲罪於法禁；自爲下僚以來，未嘗一日獲罪於上官．雖到處時與上官迕，然上官終不以我爲迕己者，念我職雖卑而能自立也．自知參禪以來，不敢一日觸犯于師長；自四十歲以至今日，不敢一日觸犯于友朋．雖時時與師友有諍有講，然師友總不以我爲嫌者，知我無諍心也，彼此各求以自得也．邇居<u>武昌</u>，甚得<u>劉晉老</u>之力．昨冬獲讀與<u>晉老</u>書，欲僕速離<u>武昌</u>，甚感遠地惓惓至意．玆因<u>晉老</u>經過之便，謹付『焚書』四冊，蓋新刻也．稍能發人道心，故附請敎．

答陸思山

承敎方知西事，然<u>倭</u>奴水寇，不足爲慮，蓋此輩舍舟無能爲也．特中原有奸者，多引結之以肆其狼貪之欲，實非眞奸雄也，特爲<u>高麗</u>垂涎耳．諸老素食厚祿，抱負不少，卓異屢薦，自必能博此蜂蠆，似不必代爲之慮矣．<u>晉老</u>此時想當抵任．此老胸中甚有奇抱，然亦不見有半箇奇偉卓絶之士在其肺腑之間，則亦比今之食祿者聰明忠信，可敬而已．舍公練熟素養，置之家食，吾不知天下事誠付何人料理之也！些小變態，便倉惶失措，大抵今古一局耳，今日眞令人益思<u>張江陵</u>也．熱甚，寸絲不掛，故不敢出門.

與周友山

晉老初別，尚未覺別，別後眞不堪矣．來示云云，然弟生平未嘗見有與我綢繆者，但不見我觸犯之過，免其積怒，卽爲幸事，安得綢繆也! 劉晉老似稍綢繆矣，然皆以觸犯致之．以觸犯致綢繆，此亦可也，然不可有二也．

與友山

疏中"且負知己"四字，甚妙．惟不負知己，故生殺不計，況毀譽榮辱得喪之小者哉! 江陵，兄知己也，何忍負之以自取名耶? 不聞康德涵之救李獻吉乎: 但得脫獻吉於獄，卽終身廢棄，受劉瑾黨誣而不悔，則以獻吉知己也．士爲知己死，死且甘焉，又何有于廢棄歟! 但此語只可對死江陵與活溫陵道耳，持以語朝士，未有不笑我說謊者．今惟無江陵其人，故西夏叛卒至今負固，壯哉梅公之疏請也，莫謂秦遂無人也! 令師想必因其弟高遷抵家，又因克念自省回去，大有醒悟，不復與我計較矣．我於初八夜，夢見與侗老聚，顏甚歡悅．我亦全然忘記近事，只覺如初時一般，談說終日．此夢又不是思憶，若出思憶，卽當略記近事，安得全無影響也．我想日月定有復圓之日，圓日卽不見有蝕時迹矣．果如此，卽老漢有福，大是幸事，自當復回龍湖，約兄同至天臺無疑也．若此老終始執拗，未能脫然，我亦不管，我只有盡我道理而已．諺曰: "冤讎可解不可結." 渠縱不解，我當自有以解之．劉伯倫有言: "雞肋不足以當尊拳"，其人遂笑而止．吾知此老終當爲我一笑而止也．世事如此，若似可慮，然在今日實爲極盛之時，向中之日，而二三叛卒爲梗，廟堂專闊竟無石畫，是則深可愧者! 兄可安坐圍碁，收租築室，自爲長計耶?

寄京友書

弟今秋苦痢，一疾幾廢矣．乃知有身是苦，佛祖上仙所以孜孜學道，雖百般富貴，至於上登<u>轉輪聖王</u>之位，終不足以易其一盼者，以爲此分段之身禍患甚大，雖<u>轉輪聖王</u>不能自解免也．故窮苦極勞以求之．不然，佛乃是世間一箇極拙極癡人矣，舍此富貴好日子不會受用，而乃十二年<u>雪山</u>，一麻一麥，坐令鳥鵲巢其頂乎？想必有至富至貴，世間無一物可比尙者，故竭盡此生性命以圖之．在世間顧目前者視之，似極癡拙，佛不癡拙也．今之學者不必言矣．中有最號眞切者，猶終日皇皇計利避害，離實絕根，以寶重此大患之身，　是尙得爲學道人乎？『坡仙集』我有披削旁註在內，每開看便自歡喜，是我一件快心却疾之書，今已無底本矣，千萬交付<u>深有</u>來還我！大凡我書皆爲求以快樂自己，非爲人也．

與焦弱侯書

昨閒步<u>清凉</u>，瞻拜<u>一搫鄭先生</u>之祠，知<u>一搫</u>，兄之鄉先哲前賢也．<u>一搫</u>自少至老讀書此山寺，後之人思慕遺風，祠而祀之．今兄亦讀書寺中，祠既廢而復立，不亦宜乎！歸來讀『<u>江寧初志</u>』，又知<u>一搫</u>於余，其先同爲<u>光州固始</u>人氏，<u>唐末隨王審知入閩</u>，遂爲閩人，則余於先生爲兩地同鄉，是亦余之鄉先哲前賢也．且不獨爲兄有，而亦不必爲兄羨矣．一拜祠下，便有淸風，雖曰閒步以往，反使余載璧而還，誰謂昨日之步竟是閒步乎？余實於此有榮耀焉！

夫先生<u>王坐山</u>門下高士也，受知最深，其平日敬信<u>坐山</u>亦實切至，蓋其心俱以民瘼爲急，國儲爲念．但<u>坐山</u>過於自信，反以憂民愛國之實心，翻成毒民誤國之大害．先生切於日擊，乃不顧死亡誅滅之大禍，必欲成吾<u>吳</u>・<u>越</u>同舟之本心，卒以流離竄逐，年至八十，然後老此山寺．故余以爲<u>一搫</u>先生可敬也．若但以其<u>一搫</u>而已，此不過鄉黨自好者之所歆羨，誰其肯以是而羨先生乎？今天下之平久矣，中下之士肥甘是急，全不知<u>一搫</u>爲何物，無可言者．其中上士砥礪名行，一毫不敢自離於繩墨，而遂忘却鹽梅相濟之大義，則其視先生爲何如哉！余以爲<u>一搫</u>先生眞可敬也．余之景行先哲，其以是哉！

今先生之祠既廢而復立，吾知兄之敬先生者亦必以是矣，斷然不專專為一挑故也。吾鄉有九我先生者，其於先哲尤切景仰，其於愛民憂國一念尤獨惓惓，使其知有一挑先生祠堂在此清涼間，慨然感懷，亦必以是，惜其未有以告之耳。聞之鄰近故老，猶能道一挑先生事，而舊祠故址廢莫能考，則以當時無有記之者，記之者非兄與九我先生歟？先賢者，後賢之所資以模範；後賢者，先賢之所賴以表章。立碑于左，大書姓字，吾知兄與九老不能讓矣。吁！名垂萬世，可讓也哉！

復士龍悲二母吟

楊氏族孫，乃近從兄議，繼嗣楊虛遊先生之子之後，非繼嗣李翰峰先生之後也。非翰峰之後，安得住翰峰之宅？繼楊姓而住李宅，非其義矣。楊氏族孫又是近議立為虛遊先生之子之後，亦非是立為李翰峰先生守節之妹之後也。非翰峰之妹之後，又安得朝夕李氏之宅，而以服事翰峰先生守節之妹為辭也？繼楊虛遊先生之子之後，而使服事李翰峰先生守節之妹于李氏之門，尤非義矣。雖欲不窺竊強取節妹衣食之餘，不可得矣。交搆是非，誣加翰峰先生嗣孫以不孝罪逆惡名，又其勢之所必至矣。是使之爭也，我輩之罪也，亦非楊氏族孫之罪也。幸公虛心以聽，務以翰峰先生為念，翰峰在日，與公第一相愛，如僕旁人耳，僕知公必念之極矣。念翰峰則必念及其守節之妻顧氏，念及其守節之妹李氏，又念及其嗣孫無疑矣。

夫翰峰合族無一人可承繼者，僅有安人顧氏生一女爾。翰峰先生沒而後招壻姓張者，入贅其家，生兩兒，長養成全，皆安人顧氏與其妹李氏鞠育提抱之力也。見今娶妻生子，改姓李，以奉翰峰先生香火矣。而壻與女又皆不幸早世，故兩節婦咸以此孫朝夕奉養為安，而此孫亦藉以成立。弱侯與公等所處如此，蓋不過為翰峰先生念，故弱侯又以其女所生女妻之也。近聞此孫不愛讀書，稍失色養于二大母，此則雙節平日姑息太過，以致公之不說，而二大母實未嘗不說之也。僕以公果念翰峰舊雅，只宜擇師教之，時時勤加省察，乃為正當。若遽為此兒孫病而別有區處，皆不是真能念翰峰矣。

夫翰峰之妹，一嫁即寡，仍歸李家。翰峰在日，使與其嫂顧氏同居南北兩京，相隨不離；翰峰沒後，顧氏亦寡，以故仍與寡嫂同居。計二老母前後同居已四十餘年, <u>李氏</u>妹又旌表著節, 翕然稱聲於<u>白門</u>之下矣. 近<u>耿中丞</u>又以'雙節'懸其廬, 二母相安, 爲日已久, 當不以此孫失孝敬而遂欲從<u>楊氏</u>族孫以去也. 此言大爲<u>李節婦</u>誣矣, 稍有知者決不宜信, 而況於公. 大抵<u>楊氏</u>族孫貧甚, 或同居, 或時來往, 未免垂涎<u>李節婦</u>衣簪之餘, 不知此皆<u>李翰峰</u>先生家物, <u>楊</u>家安得有也. 且節婦尚在, 尚可缺乎? 若皆爲此族孫取去, <u>李節婦</u>一日在世, 又復靠誰乎? 種種誣謗, 盡從此生. 唯<u>楊</u>歸<u>楊</u>, <u>李</u>歸<u>李</u>, 絕不相干, 乃爲妥當.

復晉川翁書

往來經過者頌聲不輟, <u>焦弱侯</u>蓋屢談之矣. 天下無不可爲之時, 以翁當其任, 自然大爲士民倚重, 世道恃賴, 但貴如常處之, 勿作些見識也. 果有大力量, 自然默默幹旋, 人受其賜而不知. 若未可動, 未可信, 決須忍耐以須時. 『易』之「蠱」曰: "幹母之蠱, 不可貞." 言雖幹蠱, 而不可用正道, 用正道必致相忤, 雖欲幹辦母事而不可得也. 又曰: "幹父用譽." 而夫子傳之曰: "幹父用譽, 承以德也." 言父所爲皆破家亡身之事, 而子欲幹之, 反稱譽其父, 反以父爲有德, 如所云"母氏聖善, 我無令人"者. 如是則父親喜悅, 自然入其子孝敬之中, 變蠱成治無難矣. 倘其父終不肯變, 亦只得隨順其間, 相幾而動. 夫臣子之於君親, 一理也. 天下之財皆其財, 多用些亦不妨; 天下民皆其民, 多虐用些亦只得忍受. 但有大賢在其間, 必有調停之術, 不至已甚足矣. 只可調停於下, 斷不可拂逆於上. <u>叔臺</u>相見, 一誦疏稿, 大快人! 大快人! 只此足矣, 再不可多事也. <u>陽明先生</u>與<u>楊邃菴</u>書極可玩, 幸置座右!

書晉川翁壽卷後

此余丙申中坿上筆也, 今又四載矣, 復見此於<u>白下</u>. 覽物思仁壽, 意與之爲無窮. 公今暫出至<u>淮上</u>, <u>淮上</u>何足煩公耶! 然非公亦竟不可. 夫世固未嘗無才也, 然亦不多才. 唯不多才, 故見才尤宜愛惜, 而可令公臥理<u>淮上</u>耶! 在公雖視中外如一, 但居中制外, 選賢擇才, 使布列有位, 以輔主安民，則居中爲便．吾見公之入矣，入卽持此卷以請敎當道．今天下多事如此，將何以輔佐聖主，擇才圖治？當事者皆公信友，吾知公決不難於一言也，是又余之所以爲公壽也．余以昨戊戌初夏至，今又一載矣．時事如棋，轉眼不同，公當繫念．

會期小啓

會期之不可改，猶號令之不可反，軍令之不可二也．故重會期，是重道也，是重友也．重友以故重會，重會以故重會期．僕所以屢推辭而不欲會者，正謂其無重道重友之人耳．若重道，則何事更重於道會也耶！故有事則請假不往可也，不可因一人而遂廢衆會也，況可遽改會期乎？若欲會照舊是十六，莫曰"衆人皆未必以會爲重，雖改以就我亦無妨"．噫！此何事也！衆人皆然，我獨不敢，亦望庶幾有以友朋爲重，以會爲重者．今我亦如此，何以望衆人之重道乎？我實不敢以爲然，故以請敎．

與友人書

古聖之言，今人多錯會，是以不能以人治人，非恕也，非絜矩也．試擧一二言之．

夫堯明知朱之嚚訟也，故不傳以位；而心實痛之，故又未嘗不封之以國．夫子明知鯉之癡頑也，故不傳以道；而心實痛之，故又未嘗不敎以『禮』與『詩』．又明知『詩』『禮』之言終不可入，然終不以不入而遽已，亦終不以不入而遽强．以此知聖人之眞能愛子矣．乃孟氏謂舜之喜象非僞喜，則僕實未敢以謂然．夫舜明知象之欲己殺也，然非眞心喜象則不可以解象之毒，縱象之毒終不可解，然舍喜象無別解之法也．故其喜象是僞也；其主意必欲喜象以得象之喜是眞也，非僞也．若如輕言，則是舜不知象之殺己，是不智也；知其欲殺己而喜之，是喜殺也，是不誠也．是堯不知朱之嚚訟，孔不知鯉之癡頑也，不明甚矣．故僕謂舜爲僞喜，非過也．以其情其勢，雖欲不僞喜而不可得也，以中者養不中，才者養不才，其道當如是也．養者，養其體膚，飮食衣服宮室之而已也．如堯之於朱，舜之於象，

504

孔之於伯魚，但使之得所養而已也．此聖人所以爲眞能愛子與悌弟也．此其一也．

又觀古之狂者，孟氏以爲是其爲人志大言大而已．解者以爲志大故動以古人自期，言大故行與言或不相掩．如此，則狂者當無比數於天下矣，有何足貴而故思念之甚乎？蓋狂者下視古人，高視一身，以爲古人雖高，其跡往矣，何必踐彼跡爲也．是謂志大．以故放言高論，凡其身之所不能爲，與其所不敢爲者，亦率意妄言之．是謂大言．固宜其行之不掩耳．何也？其情其勢自不能以相掩故也．夫人生在天地間，既與人同生，又安能與人獨異．是以往往徒能言之以自快耳，大言之以貢高耳，亂言之以憤世耳．渠見世之桎梏已甚，卑鄙可厭，益以肆其狂言．觀者見其狂，遂指以爲猛虎毒蛇，相率而遠去之．渠見其狂言之得行也，則益以自幸，而唯恐其言之不狂矣．唯聖人視之若無有也，故彼以其狂言嚇人而吾聽之若不聞，則其狂將自歇矣．故唯聖人能醫狂病．觀其可子桑，友原壤，雖臨喪而歌，非但言之，且行之而自不掩，聖人絶不以爲異也．是千古能醫狂病者，莫聖人若也．故不見其狂，則狂病自息．又愛其狂，思其狂，稱之爲善人，望之以中行，則其狂可以成章，可以入室．僕之所謂夫子之愛狂者此也．蓋唯世間一等狂漢，乃能不掩於行．不掩者，不遮掩以自蓋也，非行不掩其言之謂也．

若夫不中不才子弟，只可養，不可棄，只可順，不可逆．逆則相反，順則相成．是爲千古要言．今人皆未知聖人之心者，是以不可齊家治國平天下，以成栽培傾覆之常理．

復顧沖菴翁書

某非負心人也，況公蓋世人豪；四海之內，凡有目能視，有足能行，有手能供奉，無不願奔走追陪，藉一顧以爲重，歸依以終老也，況於不肖某哉！公於此可以信其心矣．自隱天中山以來，再卜龍湖，絶類逃虛近二十載，豈所願哉！求師訪友，未嘗置懷，而第一念實在通海，但老人出門大難，詎謂公猶惓惓念之耶！適病署，侵侵晏寂，一接翰海，頓起矣．

又書

昔趙景眞年十四, 不遠數千里佯狂出走, 訪叔夜於山陽, 而其家竟不知去向, 天下至今傳以爲奇. 某自幼讀之, 絶不以爲奇也. 以爲四海求友, 男兒常事, 何奇之有. 乃今視之, 雖欲不謂之奇不得矣. 向在龍湖, 尚有長江一帶爲我限隔, 今居白下, 只隔江耳. 住來十餘月矣, 而竟不能至, 或一日而三四度發心, 或一月而六七度欲發. 可知發心容易, 親到實難, 山陽之事未易當也. 豈凡百盡然, 不特此耶? 抑少時或可勉强, 乃至壯或不如少, 老又決不如壯耶; 抑景眞若至今在, 亦竟不能也? 計不出春三月矣. 先此報言, 決不敢食.

又書使通州詩後

某奉別公近二十年矣, 別後不復一致書問, 而公念某猶昔也. 推食解衣, 至今猶然. 然則某爲小人, 公爲君子, 已可知矣. 方某之居哀牢也, 盡棄交遊, 獨身萬里, 戚戚無歡, 誰是諒我者? 其並時諸上官, 又誰是不惡我者? 非公則某爲滇中人, 終不復出矣. 夫公提我於萬里之外, 而自忘其身之爲上, 故某亦因以獲事公於青雲之上, 而自忘其身之爲下也. 則豈偶然之故哉!

嗟嗟! 公天人也, 而世莫知; 公大人也, 而世亦莫知. 夫公爲天人而世莫知. 猶未害也; 公爲一世大人, 而世人不知, 世人又將何賴耶? 目今倭奴屯結釜山, 自謂十年生聚, 十年訓練, 可以安坐而制朝鮮矣. 今者援之, 中·邊皆空, 海陸並運, 八年未已, 公獨鼇釣通海, 視等鄉鄰, 不一引手投足, 又何其忍耶! 非公能忍, 世人固已忍舍公也. 此非仇公, 亦非仇國, 未知公之爲大人耳. 誠知公之爲大人也, 卽欲舍公, 其又奚肯?

旣已爲詩四章, 遂并述其語於此, 亦以見某與公原非偶者.

附顧沖老送行序(顧養謙)

顧沖老「贈姚安守溫陵李先生致仕去滇序」云:

溫陵李先生爲姚安府且三年，大治，懇乞致其仕去．

初先生以南京刑部尚書郎來守姚安，難萬里，不欲攜其家，其室人強從之．蓋先生居常遊，每適意輒留，不肯歸，故其室人患之，而強與偕行至姚安，無何卽欲去，不得遂，乃強留．然先生爲姚安，一切持簡易，任自然，務以德化人，不賈世俗能聲．其爲人汪洋停蓄，深博無涯涘，人莫得其端倪，而其見先生也不言而意自消．自僚屬・士民・胥隸・夷酋，無不化先生者，而先生無有也．此所謂無事而事事，無爲而無不爲者耶．

謙之備員洱海也，先生守姚安已年餘，每與先生談，輒夜分不忍別去，而自是先生不復言去矣．萬曆八年庚辰之春，謙以入賀當行．是時，先生歷官且三年滿矣，少需之，得上其績，且加恩或上遷．而侍御劉公方按楚雄，先生一日謝簿書，封府庫，攜其家，去姚安而來楚雄，乞侍御公一言以去．侍御公曰：“姚安守，賢者也．賢者而去之，吾不忍——非所以爲國，不可以爲風，吾不敢以爲言．卽欲去，不兩月所爲上其績而以榮名終也，不其無恨於李君乎？”先生曰：“非其任而居之，是曠官也．贄不敢也．需滿以倖恩，是貪榮也，贄不爲也．名聲聞於朝矣而去之，是釣名也，贄不能也．去卽去耳，何能顧其他？”而兩臺皆勿許．於是先生還其家姚安，而走大理之雞足．雞足者，滇西名山也．兩臺知其意之決，不可留，乃爲請於朝，得致其仕．

命下之日，謙方出都門還趨滇，恐不及一晤先生而別也，乃至楚之賞・武而程程物色之．至賁竹而知先生尚留滇中遨遊山水間，未言歸，歸當以明年春，則甚喜．或謂謙曰：“李姚安始求去時，唯恐不一日去，今又何遲遲也？何謂哉！”謙曰：“李先生之去，去其官耳．去其官矣，何地而非家，又何迫迫於溫陵者爲？且溫陵又無先生之家．”及至滇，而先生果欲便家滇中，則以其室人晝夜涕泣請，將歸楚之黃安．蓋先生女若壻皆在黃安依耿先生以居，故其室人第願得歸黃安云．先生別號曰卓吾居士．卓吾居士別有傳，不具述，述其所以去滇者如此．

先生之行，取道西蜀，將穿三峽，覽瞿塘・灩澦之勝，而時時過訪其相知故人，則願先生無復留，攜其家人一意達黃安，使其母子得相共，終初念，而後東西南北，唯吾所適，不亦可乎？先生曰：“諾．”遂行．

復澹然大士

『易經』未三絕，今史方伊始，非三冬二夏未易就緒，計必至明夏四五月乃可．過暑毒，卽回<u>龍湖</u>矣．回湖唯有主張淨土，督課西方公案，更不作小學生鑽故紙事也．參禪事大，量非根器淺弱者所能擔．今時人最高者唯有好名，無眞實爲生死苦惱怕欲求出脫也．日過一日，壯者老，少者壯，而老者又欲死矣．出來不覺就是四年，祗是怕死在方上，侍者不敢棄我屍，必欲裝棺材赴土中埋爾．今幸未死，然病苦亦漸多，當知去死亦不遠，但得回湖上葬於塔屋，卽是幸事，不須勸我，我自然來也．來湖上化，則湖上卽我歸成之地，子子孫孫道場是依，未可謂<u>龍湖</u>蕞爾之地非西方極樂淨土矣．

爲黃安二上人三首

大孝一首

<u>黃安</u>上人爲有慈母嫠居在堂，念無以報母，乃割肉出血，書寫願文，對佛自誓，欲以此生成道，報答母慈．以爲溫凊雖孝，終是小孝，未足以報答吾母也．卽使勉强勤學，成就功名以致褒崇，亦是榮耀他人耳目，未可以拔吾慈母於苦海也．唯有勤精進，成佛道，庶可藉此以報答耳．若以吾家<u>孔夫子</u>報父報母之事觀之，則雖<u>武周</u>繼述之大孝，不覺眇乎小矣．今觀吾夫子之父母，至於今有耿光，則些小功名眞不足以成吾報母之業也．上人刺血書願，其志蓋如此而不敢筆之於文，則其志亦可悲矣！故余代書其意，以告諸同事云．

余初見上人時，上人尙攻擧子業，初亦曾以落髮出家事告余，余甚不然之．今年過此，乃禿然一無髮之僧，余一見之，不免驚訝，然亦知其有眞志矣．是以不敢顯言，但時時略示微意於語言之間，而上人心實志堅，終不可以說辭諍也．今復如此，則眞出家兒矣，他人可得比耶！因嘆古人稱學道全要英靈漢子，如上人非眞英靈漢子乎？當時<u>陽明先生</u>門徒遍天下，獨有<u>心齋</u>爲最英靈．心齋本一灶丁也，目不識一丁，聞人讀書，便自悟性，徑往<u>江西</u>見<u>王都堂</u>，欲與之辯質所悟．此尙以朋友往也，後自知其不如，乃從而卒業焉．故<u>心齋</u>亦得聞聖人之道，此其氣骨爲何如者！<u>心齋</u>

之後爲徐波石, 爲顏山農. 山農以布衣講學, 雄視一世而遭誣陷; 波石以布政使請兵督戰而死廣南. 雲龍風虎, 各從其類, 然哉! 蓋心齋眞英雄, 故其徒亦英雄也. 波石之後爲趙大洲, 大洲之後爲鄧豁渠; 山農之後爲羅近谿, 爲何心隱, 心隱之後爲錢懷蘇, 爲程後臺: 一代高似一代. 所謂大海不宿死屍, 龍門不點破額, 豈不信乎! 心隱以布衣出頭倡道而遭橫死; 近谿雖得免於難, 然亦幸耳, 卒以一官不見容於張太岳. 蓋英雄之士, 不可免於世而可以進於道. 今上人以此進道, 又誰能先之乎? 故稱之曰大孝.

眞師二首

黃安二上人到此, 時時言及師友之重. 懷林曰: "據和尚平日所言師友, 覺又是一樣者." 余謂師友原是一樣, 有兩樣耶? 但世人不知友之卽師, 乃以四拜受業者謂之師; 又不知師之卽友, 徒以結交親密者謂之友. 夫使友而不可以四拜受業也, 則必不可以與之友矣; 師而不可以心腹告語也, 則亦不可以事之爲師矣. 古人知朋友所係之重, 故特加師字於友之上, 以見所友無不可師者, 若不可師, 卽不可友. 大概言之, 總不過友之一字而已, 故言友則師在其中矣. 若此二上人, 是友而卽師者也. 其師兄常恐師弟之牽於情而不能擺脫也, 則攜之遠出以堅固其道心; 其師弟亦知師兄之眞愛己也, 遂同之遠出而對佛以發其弘願. 此以師兄爲友, 亦以師兄爲師者也, 非友而師者乎? 其師弟恐師兄徒知皈依西方而不知自性西方也, 故常述其師稱讚鄧豁渠之語於師兄之前; 其師兄亦知師弟之託意婉也, 亦信念佛卽參禪, 而不可以徒爲念佛之計. 此以師弟爲友, 亦以師弟爲師者也, 又非友而師者乎? 故吾謂二上人方可稱眞師友矣. 若泛泛然羣聚, 何益耶, 寧知師友之爲重耶!

故吾因此時時論及鄧豁渠, 又推豁渠師友之所自. 二上人喜甚, 以爲我雖忝爲豁渠之孫, 而竟不知豁渠之所自, 今得先生開示, 宛然如在豁渠師祖之旁, 又因以得聞陽明・心齋先生之所以授受, 其快活無量何如也! 今但不聞先生師友所在耳. 余謂學無常師, "夫子焉不學", 雖在今日不免爲套語, 其實亦是實語. 吾雖不曾四拜受業一箇人以爲師, 亦不曾以四拜傳受一箇人以爲友, 然比世人之時時四拜人, 與時時受人四拜者, 眞不可同日而語也. 我問此受四拜人, 此受四拜人非聾卽啞, 莫我告也. 我又遍問此四拜於人者, 此四拜於人者亦非聾卽啞, 不知所以我告也. 然則師之不在四拜明矣。然孰知吾心中時時四拜百拜，屈指不能舉其多，沙數不能喻其眾乎？吾何以言吾師友於二上人之前哉！

失言三首

余初會二上人時，見其念佛精勤，遂敘吾生平好高好潔之說以請教之。今相處日久，二上人之高潔比余當十百千倍，則高潔之說爲不當矣。蓋高潔之說，以對世之委靡渾濁者則爲應病之藥。余觀世人恒無眞志，要不過落在委靡渾濁之中，是故口是心非，言清行濁，了不見有好高好潔之實，而又反以高潔爲余病，是以痛切而深念之。若二上人者，豈宜以高潔之說進乎？對高潔人談高潔，已爲止沸益薪，況高潔十倍哉！是余蠢也。"過猶不及"，<u>孔夫子</u>言之詳矣。委靡渾濁而不進者，不及者也；好爲高潔而不止者，大過者也：皆道之所不載也。二上人只宜如是而已矣。如是念佛，如是修行，如是持戒。如是可久，如是可大，如是自然登蓮臺而證眞乘，成佛果，不可再多事也。念佛時但去念佛，欲見慈母時但去見慈母，不必矯情，不必逆性，不必昧心，不必抑志，直心而動，是爲眞佛。故念佛亦可，莫太高潔可矣。

復李漸老書

數千里外山澤無告之老，翁皆得而時時衣食之，則翁之祿，豈但仁九族，惠親友已哉！感德多矣，報施未也，可如何！承諭煩惱心，山野雖孤獨，亦時時有之。卽此衣食之賜，既深以爲喜，則缺衣少食之煩惱不言可知已。身猶其易者，等而上之，有國則煩惱一國，有家則煩惱一家，無家則煩惱一身，所任愈輕，則煩惱愈減。然則煩惱之增減，唯隨所任之重輕耳，世固未聞有少煩惱之人也，唯無身乃可免矣。『老子』云："若吾無身，更有何患？"無身則自無患，無患則自無惱。吁！安得聞出世之旨，以免此後有之身哉！翁幸有以教之！此又山澤癯老晚年之第一煩惱處也。

卷三 雜述

卓吾論略滇中作

孔若谷曰: 吾猶及見卓吾居士, 能論其大略云.

居士別號非一, 卓吾特其一號耳. 卓又不一, 居士自稱曰卓, 載在仕籍者曰篤, 雖其鄉之人, 亦或言篤, 或言卓, 不一也. 居士曰:"卓與篤, 吾土音一也, 故鄉人不辨而兩稱之."余曰:"此易矣, 但得五千絲付鐵匠衝衝梓人, 改正矣."居士笑曰:"有是乎? 子欲吾以有用易無用乎? 且夫卓固我也, 篤亦我也. 稱我以'卓', 我未能也; 稱我以'篤', 亦未能也. 余安在以未能易未能乎?"故至於今並稱卓·篤焉.

居士生大明嘉靖丁亥之歲, 時維陽月, 得全數焉. 生而母太宜人徐氏沒, 幼而孤, 莫知所長. 長七歲, 隨父白齋公讀書歌詩, 習禮文. 年十二, 試「老農老圃論」, 居士曰:"吾時已知樊遲之問, 在荷蓧丈人間. 然而上大人丘乙己不忍也. 故曰'小人哉, 樊須也'. 則可知矣."論成, 遂爲同學所稱. 衆謂"白齋公有子矣". 居士曰:"吾時雖幼, 早已知如此臆說未足爲吾大人有子賀, 且彼賀意亦太鄙淺不合於理. 彼謂吾利口能言, 至長大或能作文詞, 博奪人間富若貴, 以救賤貧耳, 不知吾大人不爲也. 吾大人何如人哉? 身長七尺, 目不苟視, 雖至貧, 輒時時脫吾董母太宜人簪珥以急朋友之婚, 吾董母不禁也. 此豈可以世俗胸腹窺測而預賀之哉!"

稍長, 復憒憒, 讀傳註不省, 不能契朱夫子深心. 因自怪, 欲棄置不事. 而閑甚, 無以消歲日, 乃嘆曰:"此直戲耳. 但剽竊得濫目足矣, 主司豈一一能通孔聖精蘊者耶!"因取時文尖新可愛玩者, 日誦數篇, 臨場得五百. 題旨下, 但作繕寫謄錄生, 卽高中矣. 居士曰:"吾此倖不可再僥也. 且吾父老, 弟妹婚嫁各及時."遂就祿, 迎養其父, 婚嫁弟妹各畢. 居士曰:"吾初意乞一官, 得江南便地, 不意走共城萬里, 反遺父憂. 雖然, 共城, 宋李之才宦遊地也, 有邵堯夫安樂窩在焉. 堯夫居洛, 不遠千里就之才問道. 吾父子儻亦聞道於此, 雖萬里可也. 且聞邵氏苦志參學，晚而有得，乃歸洛，始婚娶，亦既四十矣．使其不聞道，則終身不娶也．余年二十九而喪長子，且甚戚．夫不戚戚於道之謀，而惟情是念，視康節不益愧乎！”安樂窩在蘇門山百泉之上．居士生於泉，泉爲溫陵禪師福地．居士謂“吾溫陵人，當號溫陵居士”．至是日遊遨百泉之上，曰：“吾泉而生，又泉而官：泉於吾有夙緣哉！”故自謂百泉人，又號百泉居士云．在百泉五載，落落竟不聞道，卒遷南雍以去．

數月，聞白齋公沒，守制東歸．時倭夷竊肆，海上所在兵燹．居士間關夜行晝伏，餘六月方抵家．抵家又不暇試孝子事，墨衰率其弟若姪，晝夜登陴擊柝爲城守備．城下矢石交，米斗斛十千無糴處．居士家口零三十，幾無以自活．三年服闋，盡室入京，蓋庶幾欲以免難云．

居京邸十閱月，不得缺，囊垂盡，乃假館受徒．館復十餘月，乃得缺，稱國子先生，如舊官．未幾，竹軒大父訃又至．是日也，居士次男亦以病卒於京邸．余聞之，嘆曰：“嗟嗟！人生豈不苦，誰謂仕宦樂．仕宦若居士，不乃更苦耶！”弔之．入門，見居士無異也．居士曰：“吾有一言，與子商之：吾先曾大父大母歿五十多年矣，所以未歸土者，爲貧不能求葬地；又重違俗，恐取不孝譏．夫爲人子孫者，以安親爲孝，未聞以卜吉自衛暴露爲孝也．天道神明，吾恐決不肯留吉地以與不孝之人，吾不孝罪莫贖矣．此歸，必令三世依土．權置家室於河內，分賻金一半買田耕作自食，余以半歸，即可得也．第恐室人不從耳．我入不聽，請子繼之！”居士入，反覆與語．黃宜人曰：“此非不是，但吾母老，孀居守我，我今幸在此，猶朝夕泣憶我，雙眼盲矣．若見我不歸，必死．”語未終，淚下如雨．居士正色不顧，宜人亦知終不能迕也，收淚改容謝曰：“好好！第見吾母，道尋常無恙，莫太愁憶，他日自見吾也．勉行襄事，我不歸，亦不敢怨．”遂收拾行李托室買田種作如其願．

時有權墨吏嚇富人財不遂，假借漕河名色，盡徹泉源入漕，不許留半滴溝洫間．居士時相見，雖竭情代請，不許．計自以數畝請，必可許也．居士曰：“嗟哉，天乎！吾安忍坐視全邑萬頃，而令余數畝灌溉豐收哉！縱與必不受，肯求之！”遂歸．歲果大荒，居士所置田僅收數斛稗．長女隨艱難日久，食稗如食粟．二女三女遂不能下咽，因病相繼夭死．老嫗有告者曰：“人盡饑，官欲發粟．聞其來者爲鄧石陽推官，與居士舊，可一請．”宜人曰：“婦人無外事，不可．且彼若有舊，又何待請耶！”鄧君果撥己俸二星，幷馳書與僚長各二兩者二至，宜人以半糴粟．半買花紡爲布．三年衣食無缺，鄧君之力也．居士曰："吾時過家葬畢，幸了三世業緣，無宦意矣．回首天涯，不勝萬里妻孥之想，乃復抵共城．入門見室家，歡甚．問二女，又知歸未數月俱不育矣."　此時黃宜人淚相隨在目睫間，見居士色變，乃作禮，問葬事，及其母安樂．居士曰："是夕也，吾與室人秉燭相對，眞如夢寐矣．乃知婦人勢逼情眞，吾故矯情鎭之，到此方覺展齒之折也！"

至京，補禮部司務．人或謂居士曰："司務之窮，窮於國子，雖子能堪忍，獨不聞'焉往而不得貧賤'語乎？"蓋譏其不知止也．居士曰："吾所謂窮，非世窮也．窮莫窮於不聞道，樂莫樂於安汝止．吾十年餘奔走南北，祇爲家事，全忘却溫陵・百泉安樂之想矣．吾聞京師人士所都，蓋將訪而學焉."人曰："子性太窄，常自見過，亦時時見他人過，苟聞道，當自宏闊."居士曰："然，余實窄."遂以宏父自命，故又爲宏父居士焉．

居士五載春官，潛心道妙，憾不得起白齋公於九原，故其思白齋公也益甚，又自號思齋居士．一日告我曰："子知我久，我死請以誌囑．雖然，余若死於朋友之手，一聽朋友所爲；若死於道路，必以水火葬，決不以我骨貼累他方也．墓誌可不作，作傳其可."余應曰："余何足以知居士哉！他年有顧虎頭知居士矣."遂著論論其大略．後余遊四方，不見居士者久之，故自金陵已後，皆不撰述．或曰："居士死於白下."或曰："尚在滇南未死也."

論政篇 爲羅姚州作

先是楊東淇爲郡，南充陳君實守是州，與別駕張馬平・博士陳名山皆卓然一時，可謂盛矣．今三十餘年，而君來爲川守，余與周君・張君各以次先後並至．諸父老有從旁竊嘆者曰："此豈有似於曩時也乎？何其濟濟尤盛也！"未幾，唐公下車，復爾相問，余乃驟張之曰："此間官僚皆數十年而一再見者也，願公加意培植於上，勿生疑貳足矣．惟余知府一人不類．雖然，有多賢足以上人，爲余夾輔，雖不類，庸何傷！"唐公聞余言而壯之．是春，兩臺復命，君與諸君俱蒙禮待，雖余不類，亦竊濫及，前年之言殆合矣．余固因彙次其語以爲君與諸君賀，而獨言余之不類者以質於君焉．蓋余嘗聞於有道者而深有惑於'因性牖民'之說焉．

夫道者, 路也, 不止一途; 性者, 心所生也, 亦非止一種已也. 有仕於土者, 乃以身之所經歷者而欲人之同往, 以己之所種藝者而欲人之同灌溉. 是以有方之治而馭無方之民也, 不亦昧於理歟! 且夫君子之治, 本諸身者也; 至人之治, 因乎人者也. 本諸身者取必於己, 因乎人者恆順於民, 其治效固已異矣. 夫人之與己不相若也. 有諸己矣, 而望人之同有; 無諸己矣, 而望人之同無. 此其心非不恕也, 然此乃一身之有無也, 而非通於天下之有無也, 而欲爲一切有無之法以整齊之, 惑也. 於是有條教之繁, 有刑法之施, 而民日以多事矣. 其智而賢者, 相率而歸吾之敎, 而愚不肖則遠矣. 於是有旌別淑慝之令, 而君子小人從此分矣. 豈非別白太甚, 而導之使爭乎? 至人則不然: 因其政不易其俗, 順其性不拂其能. 聞見熟矣, 不欲求知新於耳目, 恐其未窹而驚也. 動止安矣, 不欲重之以桎梏, 恐其縶而顛且仆也.

今余之治郡也, 取善太恕, 而疾惡也過嚴. 夫取善太恕, 似矣, 而疾人之惡, 安知己之無惡乎? 其於反身之治且未之能也, 況望其能因性以牖民乎? 余是以益懼不類, 而切倚仗於君也. 吾聞君生長劍門, 旣壯而仕, 經太華, 而獨觀昭曠於衡嶽之巔, 其中豈無至人可遇而不可求者歟! 君談說及此乎? 不然, 何以兩宰疲邑, 一判衡州, 而民誦之至今也. 意者君其或有所遇焉, 則余言爲贅; 如其不然, 則余之所聞于有道者詳矣, 君其果有當于心乎? 否也? 夫君而果有當于心也, 則余雖不類, 庸何傷乎!

何心隱論

何心隱, 卽梁汝元也. 余不識何心隱, 又何以知梁汝元哉! 故以心隱論之.

世之論心隱者, 高之者有三, 其不滿之者亦有三. 高心隱者曰: "凡世之人靡不自厚其生, 公獨不肯治生. 公家世饒財者也, 公獨棄置不事, 而直欲與一世賢聖共生於天地之間. 是公之所以厚其生者與世異也. 人莫不畏死, 公獨不畏, 而直欲博一死以成名. 以爲人盡死也, 百憂愴心, 萬事瘁形, 以至五內分裂, 求死不得者皆是也. 人殺鬼殺, 寧差別乎. 且斷頭則死, 斷腸則死, 孰快; 百藥成毒, 一毒而藥, 孰毒; 烈烈亦死, 泯泯亦死, 孰烈. 公固審之熟矣, 宜公之不畏死也."

其又高之者曰：“公誦法孔子者也．世之法孔子者，法孔子之易法者耳．孔子之道，其難在以天下為家而不有其家，以羣賢為命而不以田宅為命．故能為出類拔萃之人，為首出庶物之人，為魯國之儒一人，天下之儒一人，萬世之儒一人也．公既獨為其難者，則其首出於人者以是，其首見怒於人者亦以是矣．公烏得免死哉！削迹伐木，絶陳畏匡，孔聖之幾死者亦屢，其不死者幸也．幸而不死，人必以為得正而斃矣；不幸而死，獨不曰‘仁人志士，有殺身以成仁’者乎？死得其死，公又何辭也！然則公非畏死也？非不畏死也，任之而已矣．且夫公既如是而生矣，又安得不如是而死乎？彼謂公欲求死以成名者非也，死則死矣，此有何名而公欲死之歟？”

其又高之者曰：“公獨來獨往，自我無前者也．然則仲尼雖聖，效之則為顰，學之則為步醜婦之賤態，公不爾為也．公以為世人聞吾之為，則反以為大怪，無不欲起而殺我者，而不知孔子已先為之矣．吾故援孔子以為法，則可免入室而操戈．然而賢者疑之，不賢者害之，同志終鮮，而公亦竟不幸為道以死也．夫忠孝節義，世之所以死也，以有其名也，所謂死有重於泰山者是也，未聞有為道而死者．道本無名，何以死為？公今已死矣，吾恐一死而遂湮滅無聞也．今觀其時武昌上下，人幾數萬，無一人識公者，無不知公之為寃．方其揭榜通衢，列公罪狀，聚而觀者咸指其誣，至有嘘呼叱咤不欲觀焉者，則當日之人心可知矣．由祁門而江西，又由江西而南安而湖廣，沿途三千餘里，其不識公之面而知公之心者，三千餘里皆然也．非惟得罪於張相者有所憾於張相而云然，雖其深相信以為大有功於社稷者，亦猶然以此舉為非是，而咸謂殺公以媚張相者之為非人也．則斯道之在人心，真如日月星辰，不可以蓋覆矣．雖公之死無名可名，而人心如是，則斯道之為也，孰能遏之！然公豈誠不畏死者！時無張子房，誰為活項伯？時無魯朱家，誰為脫季布？吾又因是而益信談道者之假也．由今而觀，彼其含怒稱寃者，皆其未嘗識面之夫；其坐視公之死，反從而下石者，則盡其聚徒講學之人．然則匹夫無假，故不能掩其本心；談道無真，故必欲剗其出類：又可知矣．夫惟世無真談道者，故公死而斯文遂喪．公之死顧不重耶！而豈直泰山氏之比哉！”此三者，皆世之賢人君子，猶能與匹夫同其真者之所以高心隱也．

其病心隱者曰：“人倫有五，公舍其四，而獨置身于師友賢聖之間，則偏枯不可以為訓．與上闒闒，與下侃侃，委蛇之道也，公獨危言危行，自貽厥咎，則明哲不可以保身．且夫道本人性，學貴平易．繩人以太難，則畔者必衆; 責人於道路, 則居者不安; 聚人以貨財, 則貪者競起: 亡固其自取矣." 此三者, 又世之學者之所以爲心隱病也.

吾以爲此無足論矣. 此不過世之庸夫俗子, 衣食是耽, 身口是急, 全不知道爲何物, 學爲何事者, 而敢妄肆譏詆, 則又安足置之齒煩間耶! 獨所謂高心隱者, 似亦近之, 而尙不能無過焉. 然余未嘗親覩其儀容, 面聽其緒論, 而窺所學之詳, 而遽以爲過, 抑亦未可. 吾且以意論之, 以俟世之萬一有知公者可乎? 吾謂公以'見龍'自居者, 終日見而不知潛, 則其勢必至于亢矣, 其及也宜也. 然亢亦龍也, 非他物比也. 龍而不亢, 則上九爲虛位; 位不可虛, 則龍不容於不亢. 公宜獨當此一爻者, 則謂公爲上九之大人可也. 是又余之所以論心隱也.

夫婦論 因畜有感

夫婦, 人之始也. 有夫婦然後有父子, 有父子然後有兄弟, 有兄弟然後有上下. 夫婦正, 然後萬事無不出於正. 夫婦之爲物始也如此. 極而言之, 天地一夫婦也, 是故有天地然後有萬物. 然則天下萬物皆生於兩, 不生於一, 明矣. 而又謂一能生二, 理能生氣, 太極能生兩儀, 何歟? 夫厥初生人, 惟是陰陽二氣, 男女二命, 初無所謂一與理也, 而何太極之有. 以今觀之, 所謂一者果何物, 所謂理者果何在, 所謂太極者果何所指也? 若謂二生于一, 一又安從生也? 一與二爲二, 理與氣爲二, 陰陽與太極爲二, 太極與無極爲二. 反覆窮詰, 無不是二, 又烏覩所謂一者, 而遽爾妄言之哉! 故吾究物始, 而見夫婦之爲造端. 是故但言夫婦二者而已, 更不言一, 亦不言理. 一尙不言, 而況言無; 無尙不言, 而況言無無. 何也? 恐天下惑也. 夫惟多言數窮, 而反以滋人之惑, 則不如相忘於無言, 而但與天地人物共造端于夫婦之間, 于焉食息, 于焉語語已矣. 『易』曰: "大哉乾元, 萬物資始. 至哉坤元, 萬物資生. 資始資生, 變化無窮. 保合太和, 各正性命." 夫性命之正, 正于太和; 太和之合, 合于乾坤. 乾爲夫, 坤爲婦. 故性命各正, 自無有不正者. 然則夫婦之所係爲何如, 而可以如此也! 可以如此也夫!

鬼神論

「生民」之什云：“厥初生民，時維姜嫄. 生民如何？克禋克祀，以祓無子. 履帝武敏歆，攸介攸止，載震載夙，載生載育，時維后稷. 誕彌厥月，首生如達，不坼不副，無菑無害. 以赫厥靈，上帝不寧，不康禋祀，居然生子. 誕寘之隘巷，牛羊腓字之；誕寘之平林，會伐平林；誕寘之寒冰，鳥覆翼之. 鳥乃去矣，后稷呱矣，實覃實訏，厥聲載路.” 朱子曰：“姜嫄出祀郊禖，見大人跡而履其拇，遂欣欣然如有人道之感，於是有娠，乃周人所由以生之始也. 周公制祀典，尊后稷以配天，故作此詩以推本其始生之祥.” 由此觀之，后稷，鬼子也；周公而上，鬼孫也. 周公非但不諱，且以爲至祥極瑞，歌詠於郊禘以享祀之，而自謂文子文孫焉. 乃後世獨諱言鬼；何哉？非諱之也，未嘗通於幽明之故而知鬼神之情狀也.

子曰：“鬼神之爲德，其盛矣乎！使天下之人齋明盛服以承祭祀，洋洋乎如在其上，如在其左右.”“吾不與祭，如不祭.”“祭如在，祭神如神在.” 夫子之敬鬼神如此. 使其誣之以爲無，則將何所不至耶？小人之無忌憚，皆由於不敬鬼神，是以不能務民義以致昭事之勤，如臨女以祈陟降之饗. 故又戒之曰：“務民之義，敬鬼神而遠之.” 夫有鬼神而後有人，故鬼神不可以不敬；事人卽所以事鬼，故人道不可以不務. 則凡數而瀆，求而媚，皆非敬之之道也. 夫神道遠，人道邇. 遠者敬而疎之，知其遠之近也，是故惟務民義而不敢求之於遠. 近者親而務之，知其邇之可遠也，是故不事謟瀆，而惟致吾小心之翼翼. 今之不敬鬼神者皆是也，而未見有一人之能遠鬼神者，何哉？揲蓍布卦，卜地選勝，擇日請時，務索之冥冥之中，以徼未涯之福，欲以遺所不知何人，其謟瀆甚矣. 而猶故爲大言以誑人曰：“佛‧老爲異端，鬼神乃淫祀.” 慢侮不信，若靡有悔. 一旦緩急，手腳忙亂，禱祀祈禳，則此等實先奔走，反甚於細民之敬鬼者，是可怪也！然則其不能遠鬼神者，乃皆其不能敬鬼神者也. 若誠知鬼神之當敬，則其不能務民之事者鮮矣.

朱子曰：“天卽理也.” 又曰：“鬼神者，二氣之良能.” 夫以天爲理可也，而謂祭天所以祭理，可歟？ 以鬼神爲良能可也，而謂祭鬼神是祭良能，可歟？且夫理，人人同具，若必天子而後祭天地，則是必天子而後可以祭理也，凡爲臣庶人者，獨不得與於有理之祭，又豈可歟？然則理之爲理，亦大傷民財，勞民力，不若無理之爲愈矣. 圓丘方澤之設，牲幣爵號之陳，大祀之典，亦太不經；駿奔執豆者，亦太無義矣．國之大事在祀，審如此，又安在其爲國之大事也？"我將我享，維羊維牛"，不太可惜乎？"鐘鼓喤喤，磬筦將將"，又安見其能"降福穰穰，懷柔百神，及河喬嶽"也？

『周頌』曰："念茲皇祖，陟降庭止."若衣服不神，則皇祖陟降，誰授之衣？昭事小心，儼然如在其上者，當從裸祖之形，文子文孫又安用對越爲也？『商書』曰："茲予大享於先王，爾祖其從予享之."周公之告太王·王季·文王曰："乃元孫不若旦多才多藝，能事鬼神."若非祖考之靈，赫然臨女，則爾祖我祖，眞同兒戲；「金縢」策祝，同符新室．上誑武王，下誑召·畢，近誑元孫，遠誑太王·王季·文王，'多材多藝'之云，眞矯誣也哉！

「玄鳥」之頌曰："天命玄鳥，降而生商，宅殷土芒芒．古帝命武湯，正域彼四方."又曰："濬哲維商，長發其祥."而朱子又解曰："春分玄鳥降，有娀氏女簡狄，高辛氏之妃也，祈于郊禖，吞遺卵，簡狄吞之而生契，其後遂爲有商氏而有天下."嗚呼！周有天下，歷年八百，厚澤深仁，鬼之嗣也．商有天下，享祀六百，賢聖之王六七繼作，鳥之遺也．一則祖吞，一則祖敏，後之君子，敬鬼可矣．

戰國論

余讀『戰國策』而知劉子政之陋也．夫春秋之後爲戰國．旣爲戰國之時，則自有戰國之策．蓋與世推移，其道必爾．如此者非可以春秋之治治之也明矣，況三王之世歟！

五霸者，春秋之事也．夫五霸何以獨盛于春秋也？蓋是時周室旣衰，天子不能操禮樂征伐之權以號令諸侯，故諸侯有不令者，方伯·連帥率諸侯以討之，相與尊天子而協同盟，然後天下之勢復合于一．此如父母臥病不能事事，羣小搆爭，莫可禁阻，中有賢子自爲家督，遂起而身父母之任焉．是以名爲兄弟，而其實則父母也．雖若侵父母之權，而實父母賴之以安，兄弟賴之以和，左右童僕諸人賴之以立，則有勞於厥家大矣．管仲相桓，所謂首任其事者也．從此五霸迭興，更相雄長，夾輔王室，以藩屏周．百足之蟲，遲遲復至二百四十餘年者，皆管仲之功，五霸之力也．諸侯又不能爲五霸之事者, 於是有志在吞周, 心圖混一, 如齊宣之所欲爲者焉. 晉氏爲三, 呂氏爲田, 諸侯亦莫之正也. 則安得不遂爲戰國而致謀臣策士于千里之外哉! 其勢不至混一, 固不止矣.

劉子政當西漢之末造, 感王室之將燬, 徒知羨三王之盛, 而不知戰國之宜, 其見固已左矣. 彼鮑・吳者生于宋・元之季, 聞見塞胸, 仁義盈耳, 區區褒貶, 何足齒及! 乃曾子固自負不少者也, 咸謂其文章本于『六經』矣, 乃譏向自信之不篤, 邪說之當正, 則亦不知『六經』爲何物, 而但竊褒貶以繩世, 則其視鮑與吳亦魯・衛之人矣.

兵食論

民之初生, 若禽獸然: 穴居而野處, 拾草木之實以爲食. 且又無爪牙以供搏噬, 無羽毛以資翰蔽, 其不爲禽獸啖食者鮮矣. 夫天之生人, 以其貴于物也, 而反遺之食, 則不如勿生, 則其勢自不得不假物以爲用, 而弓矢戈矛甲冑劍楯之設備矣. 蓋有此生, 則必有以養此生者, 食也. 有此身, 則必有以衛此身者, 兵也. 食之急, 故井田作; 衛之急, 故弓矢甲冑興. 是甲冑弓矢, 所以代爪牙毛羽之用, 以疾驅虎豹犀象而遠之也. 民之得安其居者, 不以是歟!

夫子曰: "足食足兵, 民信之矣." 夫爲人上而使民食足兵足, 則其信而戴之也何惑焉. 至於不得已猶寧死而不離者, 則以上之兵食素足也. 其曰'去食''去兵', 非欲去也, 不得已也. 勢既出於不得已, 則爲下者自不忍以其不得已之故, 而遂不信於其上. 而儒者反謂信重于兵食, 則亦不達聖人立言之旨矣. 然則兵之與食, 果有二乎? 曰: 苟爲無兵, 食固不可得而有也. 然而兵者死地也, 其名惡, 而非是則無以自衛, 其實美也. 美者難見, 而惡則非其所欲聞. 惟下之人不欲聞, 以故上之人亦不肯以出之於口, 況三令而五申之耶! 是故無事而教之兵, 則謂時方無事, 而奈何其擾我也. 其誰曰以佚道使我, 雖勞不怨乎? 有事而調之兵, 則謂時方多事, 而奈何其殺我也. 其誰曰以生道殺我, 雖死不怨殺者乎? 凡此皆矯誣之語, 不過欲以粉飾王道耳. 不知王者以道化民, 其又能違道以干百姓之譽乎? 要必有神而明之, 使民宜之, 不賞而自勸, 不謀而同趨; 嘿而成之, 莫知其然: 斯爲聖人篤恭不顯之至德矣.

夫三王之治，本於五帝，帝軒轅氏尚矣．軒轅氏之王也，七十戰而有天
下，殺蚩尤于逐鹿之野，戰炎帝于阪泉之原，亦深苦衛生之難，而既竭心
思以維之矣．以爲民至愚也，而可以利誘；至神也，而不可以忠告．於是
爲之井而八分之，使民咸知上之養我也．然蒐狩之禮不舉，得無有傷吾之
苗稼者乎？且何以祭田祖而告成歲也？是故四時有田，則四時有祭；四
時有祭，則四時有獵．是獵也，所以田也，故其名曰田獵焉．是故國未嘗
有養兵之費，而家家收獲禽之功；上之人未嘗有治兵之名，而人人皆三
驅之選．戈矛之利，甲冑之堅，不待上之與也．射疏及遠，手輕足便，不
待上之試也．攻殺擊刺，童而習之，白首而不相代，不待上之操也．彼其
視搏猛獸如搏出兔然，又何有於即戎乎？是故入相友而出相呼，疾病相
視，患難相守，不待上之教以人倫也．折中矩而旋中規，坐作進退，無不
如志，不待上之教以禮也．歡忻讌樂，鼓舞不倦，不待耀之以旌旗，宣之
以金鼓，獻俘授馘而後樂心生也．分而爲八家，布而爲八陣，其中爲中
軍，八首八尾，同力相應，不待示之以六書，經之以算法，而後分數明也．
此皆六藝之術，上之所以衛民之生者，然而聖人初未嘗教之以六藝也．文
事武備，一齊具舉，又何待庠序之設，孝弟之申，如孟氏畫蛇添足之云
乎？彼自十五歲以前，俱已熟試而閑習之矣，而實不知上之使也，以爲
上者養我者也．至其家自爲戰，人自爲兵，禮樂以明，人倫以興，則至于
今凡幾天年矣而不知，而況當時之民歟！

至矣！聖人鼓舞萬民之術也．蓋可使之由者同井之田，而不可使之知
者則六藝之精・孝弟忠信之行也．儒者不察，以爲聖人皆於農隙以講武
事．夫蒐苗獮狩，四時皆田，安知田隙？且自田耳，曷嘗以武名，曷嘗以
武事講耶？范仲淹乃謂儒者自有名教，何事於兵．則已不知兵之急矣．
張子厚復欲買田一方，自謂井田．則又不知井田爲何事，而徒慕古以爲
名，祇爲醜焉．商君知之，慨然請行，專務攻戰，而決之以信賞必罰，非
不頓令秦彊，而車裂之慘，秦民莫哀．則以不可使知者而欲使之知，固不
可也．故曰："聖人之道，非以明民，將以愚之．魚不可以脫于淵，國之
利器不可以示人．"至哉深乎！歷世實之，太公望行之，管夷吾修之，柱
下史明之．姬公而後，流而爲儒，紛紜制作，務以明民，瑣屑煩碎，信誓
周章，而軒轅氏之政遂衰矣．

雜說

『拜月』・『西廂』，化工也；『琵琶』，畫工也．夫所謂畫工者，以其能奪天地之化工，而其孰知天地之無工乎？今夫天之所生，地之所長，百卉具在，人見而愛之矣，至覓其工，了不可得，豈其智固不能得之歟！要知造化無工，雖有神聖，亦不能識知化工之所在，而其誰能得之？由此觀之，畫工雖巧，已落二義矣．文章之事，寸心千古，可悲也夫！

且吾聞之：追風逐電之足，決不在於牝牡驪黃之間；聲應氣求之夫，決不在於尋行數墨之士；風行水上之文，決不在於一字一句之奇．若夫結構之密，偶對之切；依於理道，合乎法度；首尾相應，虛實相生：種種禪病皆所以語文，而皆不可以語於天下之至文也．雜劇院本，遊戲之上乘也，『西廂』・『拜月』，何工之有！蓋工莫工於『琵琶』矣．彼<u>高生</u>者，固已殫其力之所能工，而極吾才於既竭．惟作者窮巧極工，不遺餘力，是故語盡而意亦盡，詞竭而味索然亦隨以竭．吾嘗攬『琵琶』而彈之矣：一彈而嘆，再彈而怨，三彈而向之怨嘆無復存者．此其故何耶？豈其似眞非眞，所以入人之心者不深耶！蓋雖工巧之極，其氣力限量只可達於皮膚骨血之間，則其感人僅僅如是，何足怪哉！『西廂』・『拜月』，乃不如是．意者宇宙之內，本自有如此可喜之人，如化工之於物，其工巧自不可思議爾．

且夫世之眞能文者，比其初皆非有意於爲文也．其胸中有如許無狀可怪之事，其喉間有如許欲吐而不敢吐之物，其口頭又時時有許多欲語而莫可所以告語之處，蓄極積久，勢不能遏．一旦見景生情，觸目興嘆；奪他人之酒杯，澆自己之壘塊；訴心中之不平，感數奇於千載．既已噴玉唾珠，昭回雲漢，爲章於天矣，遂亦自負，發狂大叫，流涕慟哭，不能自止．寧使見者聞者切齒咬牙，欲殺欲割，而終不忍藏於名山，投之水火．余覽斯記，想見其爲人，當其時必有大不得意於君臣朋友之間者，故借夫婦離合因緣以發其端．於是焉喜佳人之難得，羨<u>張生</u>之奇遇，比雲雨之翻覆，嘆今人之如土．其尤可笑者：小小風流一事耳，至此之<u>張旭</u>・<u>張顚</u>・<u>羲之</u>・<u>獻之</u>而又過之．<u>堯夫</u>云："<u>唐虞</u>揖讓三杯酒，<u>湯武</u>征誅一局棋．"夫征誅揖讓何等也，而以一杯一局覷之，至眇小矣！

嗚呼！今古豪傑，大抵皆然．小中見大，大中見小，舉一毛端建寶王刹，坐微塵裏轉大法輪．此自至理，非干戲論．倘爾不信，中庭月下，木落秋空，寂寞書齋，獨自無賴，試取『琴心』一彈再鼓，其無盡藏不可思議，工巧固可思也．嗚呼！若彼作者，吾安能見之歟！

童心說

龍洞山農叙『西廂』末語云："知者勿謂我尚有童心可也." 夫童心者，眞心也．若以童心爲不可，是以眞心爲不可也．夫童心者，絶假純眞，最初一念之本心也．若失却童心，便失却眞心；失却眞心，便失却眞人．人而非眞，全不復有初矣．

童子者，人之初也；童心者，心之初也．夫心之初曷可失也！然童心胡然而遽失也？蓋方其始也，有聞見從耳目而入，而以爲主于其內而童心失．其長也，有道理從聞見而入，而以爲主于其內而童心失．其久也，道理聞見日以益多，則所知所覺日以益廣，於是焉又知美名之可好也，而務欲以揚之而童心失；知不美之名之可醜也，而務欲以掩之而童心失．夫道理聞見，皆自多讀書識義理而來也．古之聖人，曷嘗不讀書哉！然縱不讀書，童心固自在也，縱多讀書，亦以護此童心而使之勿失焉耳，非若學者反以多讀書識義理而反障之也．夫學者旣以多讀書識義理障其童心矣，聖人又何用多著書立言以障學人爲耶？童心旣障，於是發而爲言語，則言語不由衷；見而爲政事，則政事無根柢；著而爲文辭，則文辭不能達．非內含於章美也，非篤實生輝光也，欲求一句有德之言，卒不可得．所以者何？以童心旣障，而以從外入者聞見道理爲之心也．

夫旣以聞見道理爲心矣，則所言者皆聞見道理之言，非童心自出之言也．言雖工，於我何與，豈非以假人言假言，而事假事文假文乎？蓋其人旣假，則無所不假矣．由是而以假言與假人言，則假人喜；以假事與假人道，則假人喜；以假文與假人談，則假人喜．無所不假，則無所不喜．滿場是假，矮人何辯也？然則雖有天下之至文，其湮滅于假人而不盡見于後世者，又豈少哉！何也？天下之至文，未有不出於童心焉者也．苟童心常存，則道理不行，聞見不立，無時不文，無人不文，無一樣創制體格文字而非文者．詩何必古選，文何必先秦．降而爲六朝，變而爲近體；又變而爲傳奇，變而爲院本，爲雜劇，爲『西廂曲』，爲『水滸傳』，爲今之擧子業，皆古今至文，不可得而時勢先後論也．故吾因是而有感于童心者之自文也, 更說甚麼『六經』, 更說甚麼『語』·『孟』乎?

夫『六經』·『語』·『孟』, 非其史官過爲褒崇之詞, 則其臣子極爲贊美之語. 又不然, 則其迂闊門徒, 懵懂弟子, 記憶師說, 有頭無尾, 得後遺前, 隨其所見, 筆之於書. 後學不察, 便謂出自聖人之口也, 決定目之爲經矣, 孰知其大半非聖人之言乎? 縱出自聖人, 要亦有爲而發, 不過因病發藥, 隨時處方, 以救此一等懵懂弟子, 迂闊門徒云耳. 藥醫假病, 方難定執, 是豈可遽以爲萬世之至論乎? 然則『六經』·『語』·『孟』, 乃道學之口實, 假人之淵藪也, 斷斷乎其不可以語於童心之言明矣. 嗚呼! 吾又安得眞正大聖人童心未曾失者而與之一言文哉!

心經提綱

『心經』者, 佛說心之徑要也. 心本無有, 而世人妄以爲有; 亦無無, 而學者執以爲無. 有無分而能·所立, 是自罣礙也, 自恐怖也, 自顚倒也, 安得自在? 獨不觀於自在菩薩乎? 彼其智慧行深, 既到自在彼岸矣, 斯時也, 自然照見色·受· 想·行·識五蘊皆空, 本無生死可得, 故能出離生死苦海, 而度脫一切苦厄焉. 此一經之總要也. 下文重重說破, 皆以明此, 故遂呼而告之曰: 舍利子, 勿謂吾說空, 便卽着空也! 如我說色, 不異於空也; 如我說空, 不異於色也. 然但言不異, 猶是二物有對, 雖復合而爲一, 猶存一也. 其實我所說色, 卽是說空, 色之外無空矣; 我所說空, 卽是說色, 空之外無色矣. 非但無色, 而亦無空, 此眞空也, 故又呼而告之曰: "舍利子, 是諸法空相." 無空可名, 何況更有生滅·垢淨·增減名相? 是故色本不生, 空本不滅; 說色非垢, 說空非淨; 在色不增, 在空不減. 非億之也, 空中原無是耳. 是故五蘊皆空, 無色·受·想·行·識也; 六根皆空, 無眼·耳·鼻·舌·身·意也; 六塵皆空, 無色·聲·香·味·觸·法也; 十八界皆空, 無眼界乃至無意識界也. 以至生老病死, 明與無明, 四諦智證等, 皆無所得. 此自在菩薩智慧觀照到無所得之彼岸也. 如此所得既無, 自然無罣礙恐怖與大顚倒夢想矣, 現視生死而究竟涅槃矣. 豈惟菩薩, 雖過去現在未來三世諸佛, 亦以此智慧得到彼岸, 共成無上正等正覺焉耳, 則信乎盡大地衆生無有不是佛者. 乃知此眞空妙智, 是大神呪, 是大明呪, 是無上呪, 是無等等呪, 能出離生死苦海,

度脫一切苦厄，眞實不虛也．然則空之難言也久矣．執色者泥色，說空者
滯空，及至兩無所依，則又一切撥無因果．不信經中分明讚嘆空卽是色，
更有何空；色卽是空，更有何色；無空無色，尙何有有有無，於我罣礙而
不得自在耶？然則觀者但以自家智慧時常觀照，則彼岸當自得之矣．菩
薩豈異人哉，但能一觀照之焉耳．人人皆菩薩而不自見也，故言菩薩則人
人一矣，無聖愚也．言三世諸佛則古今一矣，無先後也．奈之何可使由而
不可使知者衆也？可使知則爲菩薩；不可使知則爲凡民，爲禽獸，爲木
石，卒歸於泯泯爾矣！

四勿說

人所同者謂禮，我所獨者謂己．學者多執一己定見，而不能大同於俗，
是以入於非禮也．非禮之禮，大人勿爲；眞己無己，有己卽克．此顏子之
四勿也．是四勿也，卽四絕也，卽四無也，卽四不也．四絕者，絕意・絕
必・絕固・絕我是也．四無者，無適・無莫・無可・無不可是也．四不
者，『中庸』卒章所謂不見・不動・不言・不顯是也．顏子得之而不遷不
貳，則卽勿而不；由之而勿視勿聽，則卽不而勿．此千古絕學，惟顏子足
以當之．顏子沒而其學遂亡，故曰"未聞好學者"．雖曾子・孟子亦已不
能得乎此矣，況濂・洛諸君子乎！未至乎此而輕易談四勿，多見其不知
量也．聊且博爲註解，以質正諸君何如？蓋由中而出者謂之禮，從外而
入者謂之非禮；從天降者謂之禮，從人得者謂之非禮；由不學・不慮・
不思・不勉・不識・不知而至者謂之禮，由耳目聞見，心思測度，前言往
行，彷彿比擬而至者謂之非禮．語言道斷，心行路絕，無蹊徑可尋，無塗
轍可由，無藩衛可守，無界量可限，無扃鑰可啓，則於四勿也當不言而喩
矣．未至乎此而輕談四勿，是以聖人謂之曰"不好學"．

虛實說

學道貴虛，任道貴實．虛以受善，實焉固執．不虛則所擇不精，不實則
所執不固．虛而實，實而虛，眞虛眞實，眞實眞虛．此唯眞人能有之，非

眞人則不能有也．非眞人亦自有虛實，但不可以語於眞人之虛實矣．故有似虛而其中眞不虛者，有似不虛而其中乃至虛者．有始虛而終實，始實而終虛者．又有衆人皆信以爲至虛，而君子獨不謂之虛，此其人犯虛怯之病．有衆人皆信以爲實，而君子獨不謂之實，此其人犯色取之症．眞僞不同，虛實異用，虛實之端，可勝言哉！且試言之．

何謂始虛而終實？此如人沒在大海之中，所望一救援耳．舵師憐之，以智慧眼，用無礙才，一擧而援之，可謂幸矣．然其人慶幸雖深，魂魄尚未完也．閉目禁口，終不敢出一語，經月累日，唯舵師是聽，抑何虛也！及到彼岸，攝衣先登，脚履實地，萬無一死矣，縱舵師復紿之曰："此去尚有大海，須還上船，與爾俱載別岸，乃可行也．"吾知其人搖頭擺手，徑往直前，終不復舵師之是聽矣，抑又何實乎！所謂始虛而終實者如此．吁！千古賢聖，眞佛眞仙，大抵若此矣．

何謂始實而終虛？如張橫渠已爲關中夫子矣，非不實任先覺之重也，然一聞二程論『易』，而皐比永撤，遂不復坐．夾山和尙已登壇說法矣，非不實受法師之任也，然一見道吾拍手大笑，遂散衆而來，別求船子說法．此二等者，雖不免始實之差，而能獲終虛之益，蓋千古大有力量人，若不得道，吾不信也．

何謂衆人皆以爲實，而君子獨不謂之實？彼其於已實未敢自信也，特因信人而後信已耳．彼其於學實未嘗時習之而說也，特以易說之故，遂冒認以爲能說茲心耳．是故人皆悅之，則自以爲是．是其自是也，是於人之皆說也．在邦必聞，則居之不疑，是其不疑也，以其聞之於邦家．設使不聞，則雖欲不疑，不可得矣．此其人寧有實得者耶？是可笑也．何謂衆人皆以爲至虛，而君子獨不謂之虛？彼其未嘗一日不與人爲善也，是以人皆謂之舜也，然不知其能舍己從人否也．未嘗一日不拜昌言也，是以人皆謂之禹也，然不知其能過門不入，呱呱弗子否也．蓋其始也，不過以虛受爲美德而爲之，其終也；習慣成僻，亦冒認以爲戰戰兢兢，臨深履薄，而安知其爲怯弱而不能自起者哉！

然則虛實之端，未易言也．非虛實之難言也，以眞虛眞實之難知也．故曰："人不知而不慍．"夫人，衆人也．衆人不知，故可謂之君子．若衆人而知，則吾亦衆人而已，何足以爲君子．衆人不知，故可直任之而不慍．若君子而不知之，則又如之何而不慍也？是則大可懼也，雖欲勿慍，得乎？世間君子少而衆人多，則知我者少，不知我者多．固有擧世而無一知者，而唯顏子一人獨知之，所謂"遯世不見知而不悔"是也．夫唯遯世而不見知也，則雖有虛實之說，其誰聽之！

定林庵記

余不出山久矣．萬曆戊戌，從焦弱侯至白下，詣定林庵，而庵猶然無恙者，以定林在日素信愛於弱侯也．定林不受徒，今來住持者弱侯擇僧守之，實不知定林作何面目，則此庵第屬定林創建，名曰定林庵，不虛耶？定林創庵甫成，即舍去之生首，復創大華嚴閣，弱侯碑紀其事甚明也．閣甫成，又舍去之楚，訪余於天中山，而遂化於天中山，塔於天中山．馬伯時隱此山時，特置山居一所，度一僧，使專守其塔矣．今定林化去又十二年，余未死，又復來此，復得見定林庵．夫金陵多名刹，區區一定林庵安足為輕重，而舊椽敗瓦，人不忍毀，則此庵雖小，實賴定林久存，名曰定林庵，豈虛耶！

夫定林，白下人也，自幼不茹葷血，又不娶，日隨其主周生赴講，蓋當時所謂周安其人者也．余未嘗見周生，但見周安隨楊君道南至京師．時李翰峰先生在京，告余曰："周安知學．子欲學，幸毋下視周安！"蓋周安本隨周生執巾屨之任，乃周生不力學，而周安供茶設饌，時時竊聽，或獨立簷端，或拱身柱側，不欹不倚，不退不倦，卒致斯道．又曰："周安以周生病故，而道南乃東南名士，終歲讀書破寺中，故周安復事道南．"夫以一周安，乃得身事道南，又得李先生嘆羨，弱侯信愛，則周安可知矣．後二年，余來金陵，獲接周安，而道南又不幸早死．周安因白弱侯曰："吾欲為僧．夫吾迄歲山寺，只多此數莖髮，不剃何為？"弱侯無以應，遂約余及管東溟諸公，送周安於雲松禪師披剃為弟子，改法名曰定林．此定林之所由名也．弱侯又於館側別為庵院，而余復書'定林庵'三字以匾之．此又定林庵之所由名也．

弱侯曰："庵存人亡，見庵若見其人矣．其人雖亡，其庵尚存；庵存則人亦存．雖然，人今已亡，庵亦安得獨存；惟有記庶幾可久．"余謂庵不足記也，定林之庵不可以不記也．今不記，恐後我而生者且不知定林為何物，此庵為何等矣．

夫從古以來，僧之有志行者亦多，獨定林哉！余獨怪其不辭卑賤，而有志於聖賢大道也. 故曰: "賤莫賤於不聞道." 定林自視其身爲何如者, 故衆人卑之以爲賤, 而定林不知也. 今天下冠冕之士, 儼然而登講帷, 口談仁義, 手揮麈尾, 可謂尊且貴矣, 而能自貴者誰歟! 況其隨從於講次之末者歟! 又況於僕廝之賤, 鞭篳之輩, 不以爲我勞, 則必以爲無益於充囊飽腹, 且相率攘袂而竊笑矣. 肯俯首下心, 歸禮窮士, 日倚簷楹, 欣樂而忘其身之賤, 必欲爲聖人然後已者耶! 古無有矣. 是宜記, 遂爲之記. 不記庵, 專記定林名庵之由. 嗚呼! 道不虛談, 學務實效, 則此定林庵眞不虛矣.

高潔說

余性好高, 好高則倨傲而不能下. 然所不能下者, 不能下彼一等倚勢仗富之人耳; 否則稍有片長寸善, 雖隸卒人奴, 無不拜也. 余性好潔, 好潔則狷隘而不能容. 然所不能容者, 不能容彼一等趨勢諂富之人耳; 否則果有片善寸長, 縱身爲大人王公, 無不賓也. 能下人, 故其心虛; 其心虛, 故所取廣; 所取廣, 故其人愈高. 然則言天下之能下人者, 固言天下之極好高人者也. 余之好高, 不亦宜乎! 能取人, 必無遺人; 無遺人, 則無人不容; 無人不容, 則無不潔之行矣. 然則言天下之能容人者, 固言天下之極好潔人者也. 余之好潔, 不亦宜乎!

今世齷齪者皆以余狷隘而不能容, 倨傲而不能下. 謂余自至黃安, 終日鎖門, 而使方丹山有好箇四方求友之譏. 自住龍湖, 雖不鎖門, 然至門而不得見, 或見而不接禮者, 縱有一二加禮之人, 亦不久卽厭棄. 是世俗之論我如此也. 殊不知我終日閉門, 終日有欲見勝己之心也. 終年獨坐, 終年有不見知己之恨也. 此難與爾輩道也! 其頗說得話者, 又以余無目而不能知人, 故卒爲人所欺; 偏愛而不公, 故卒不能與人以終始. 彼自謂離毛見皮, 吹毛見孔, 所論確矣. 其實視世之齷齪者僅五十步, 安足道耶!

夫空谷足音, 見似人猶喜, 而謂我不欲見人, 有是理乎? 第恐尙未似人耳, 苟其略似人形, 當卽下拜而忘其人之賤也, 奔走而忘其人之貴也. 是以往往見人之長而遂忘其短, 非但忘其短也, 方且降禮而師事之, 而況知吾之爲偏愛耶! 何也? 好友難遇, 若非吾禮敬之至, 師事之誠, 則彼聰明才賢之士, 又曷肯爲我友乎? 必欲與之爲友, 則不得不致吾禮數之隆. 然天下之眞才眞聰明者實少也. 往往吾盡敬事之誠, 而彼聰明者有才者終非其眞, 則其勢又不得而不與之疎. 且不但不眞也, 又且有姦邪焉, 則其勢又不得而不日與之遠. 是故衆人咸謂我爲無目耳. 夫使我而果無目也, 則必不能以終遠; 使我而果偏愛不公也, 則必護短以終身. 故爲偏愛無目之論者, 皆似之而非也.

今黃安二上人到此, 人又必且以我爲偏愛矣. 二上人其務與我始終之, 無使我受無目之名可也. 然二上人實知余之苦心也, 實知余之孤單莫可告語也, 實知之求人甚於人之求余也. 吾又非以二上人之才, 實以二上人之德; 非以其聰明, 實以其篤實. 故有德者必篤實, 篤實者則必有德, 二上人吾何患乎? 二上人師事李壽庵, 壽庵師事鄧豁渠. 鄧豁渠志如金剛, 膽如天大, 學從心悟, 智過於師, 故所取之徒如其師, 其徒孫如其徒. 吾以是卜之, 而知二上人之必能爲我出氣無疑也, 故作好高好潔之說以貽之.

三蠢記

劉翼性峭直, 好罵人. 李百藥語人曰: "劉四雖復罵人, 人亦不恨." 噫! 若百藥者, 可謂眞劉翼知己之人矣.

余性亦好罵人, 人亦未嘗恨我. 何也? 以我口惡而心善, 言惡而意善也. 心善者欲人急於長進, 意善者又恐其人之不肯急於長進也, 是以知我而不恨也. 然世人雖不我恨, 亦終不與我親. 若能不恨我, 又能親我者, 獨有楊定見一人耳. 所以不恨而益親者又何也? 蓋我愛富貴, 是以愛人之求富貴也. 愛貴則必讀書, 而定見不肯讀書, 故罵之; 愛富則必治家, 而定見不做人家, 故罵之. 罵人不去取富貴, 何恨之有? 然定見又實有可罵者: 方我之困於鄂城也, 定見冒犯暑雪, 一年而三四至, 則其氣骨果有過人者. 我知其可以成就, 故往往罵詈之不休耳. 然其奈終不可變化何哉? 不讀書, 不勤學, 不求生世之產, 不事出世之謀, 蓋有氣骨而無遠志, 則亦愚人焉耳, 不足道也. 深有雖稍有向道之意, 然亦不是直向上去之人, 往往認定死語, 以辛勤日用爲枷鎖, 以富貴受用爲極安樂自在法門, 則亦不免誤人自誤者. 蓋定見有氣骨而欠靈利, 深有稍靈利而無氣骨，同是山中一蠹物而已.

夫既與蠹物爲伍矣，只好將就隨順，度我殘年，猶爾責罵不已，則<u>定見</u>一蠹物也，<u>深有</u>一蠹物也，我又一蠹物也，<u>豈不成三蠹乎</u>？作「三蠹記」.

三叛記

時在中伏，晝日苦熱，夜間頗涼. 湖水驟滿，望月初上，和風拂面，有客來伴，此正老子耽睡時也. <u>楊胖</u>平日好瞌睡，不知此夜何忽眼青，乃無上事，忻然而笑，驚蝴蝶之夢周，怪鐵杵之噉廣. 和尚不覺霍然開眼而問曰："子何笑？"曰："吾笑此時有三叛人，欲作傳而未果耳."余謂三叛是誰？爾傳又欲如何作？胖曰："<u>楊道</u>自幼跟我，今年二十五矣，見我功名未就，年紀又長，無故而逃，是一叛也. <u>懷喜</u>本是<u>楊道</u>一類人，幸得湖僧與之落髮，遂以此僧爲師，以<u>深</u>爲師祖. 故<u>深</u>自有<u>懷喜</u>，東西遊行，咸以爲伴，飲食衣服，盡與<u>喜</u>同. 今亦一旦棄之而去，託言入縣閉關誦經. 夫縣城誼雜，豈閉關地耶？明是背祖，反揚言祖可以背<u>李老</u>去上<u>黃柏</u>，吾獨不可背之以閉關城下乎？雖祖涕泗交頤，再四苦留，亦不之顧，是三叛也."余又問何者是三. 不答但笑，蓋指祖.

時有<u>魚目子</u>‧<u>東方生</u>‧<u>卯酉客</u>並在座. <u>魚目子</u>問曰："雖是三叛，獨無輕重不同科乎？"<u>東方生</u>曰："三者皆可死，有何輕重！蓋天下唯忘恩背義之人不可以比於夷狄禽獸，以夷狄禽獸尙知守義報恩也. 既名爲叛，則一切無輕重皆殺！"<u>魚目子</u>曰："<u>深</u>之罪不須再申明定奪矣，若<u>喜</u>受祖恩養日久，豈<u>道</u>所可同乎？使<u>楊胖</u>之待<u>道</u>有<u>深</u>萬一，則<u>道</u>亦必守死而不肯叛<u>楊</u>以去矣. 二子人物雖同，要當以平日情意厚薄爲差，況<u>道</u>之靈利可使，猶有過<u>喜</u>者哉！故論人品則<u>道</u>爲上，<u>喜</u>居中，<u>深</u>乃最下；論如法則祖服上刑，<u>喜</u>次之，<u>道</u>又次之. 此論不可易也."<u>東方生</u>終不然其說，<u>魚目子</u>因與之反詰不已. <u>東方生</u>曰："夫祖之痛<u>喜</u>，豈誠痛<u>喜</u>之聰明可以語道耶？抑痛<u>喜</u>之志氣果不同于凡僧耶？抑又以人品氣骨眞足以繼此段大事耶？同是<u>道</u>一樣人，特利其能飲食供奉己也，寢處枕席之足以備冬溫夏涼之快已矣. 彼以有利于己而痛之，此以能利于彼而受其痛. 報者施者，即時已畢，無餘剩矣，如今之傭工人是已，安得而使之不與<u>道</u>同科也？"

二子既爭論不決，而<u>楊</u>又默默無言，於是<u>卯酉客</u>從旁持刀而立曰："三者皆未可死，唯老和尚可死，速殺此老，貴圖天下太平！本等是一箇老實無志氣的，乃過而愛之，至比之汾陽，比之布袋．夫有大志而不知，無目者也．非有大志，而以愛大志之愛愛之，亦無目者也．是可殺也．長別人志氣，滅自己威風，不殺更又何待！」持刀直逼和尚．和尚跪而請曰：「此實正論，此實正論．且乞饒頭，免做無頭鬼！」嗚呼！昔既無目，今又無頭，人言禍不單行，諒哉！

忠義水滸傳序

太史公曰："「說難」・「孤憤」，賢聖發憤之所作也."由此觀之，古之賢聖，不憤則不作矣．不憤而作，譬如不寒而顫，不病而呻吟也，雖作何觀乎？『水滸傳』者，發憤之所作也．蓋自宋室不競，冠屨倒施，大賢處下，不肖處上．馴致夷狄處上，中原處下，一時君相猶然處堂燕鵲，納幣稱臣，甘心屈膝于犬羊已矣．施・羅二公身在元，心在宋；雖生元日，實憤宋事．是故憤二帝之北狩，則稱大破遼以洩其憤；憤南渡之苟安，則稱滅方臘以洩其憤．敢問洩憤者誰乎？則前日嘯聚水滸之強人也，欲不謂之忠義不可．是故施・羅二公傳『水滸』而復以忠義名其傳焉．

夫忠義何以歸于水滸也？其故可知也．夫水滸之眾何以一一皆忠義也？所以致之者可知也．今夫小德役大德，小賢役大賢，理也．若以小賢役人，而以大賢役於人，其肯甘心服役而不恥乎？是猶以小力縛人，而使大力者縛於人，其肯束手就縛而不辭乎？其勢必至驅天下大力大賢而盡納之水滸矣．則謂水滸之眾，皆大力大賢有忠有義之人可也．然未有忠義如宋公明者也．今觀一百單八人者，同功同過，同死同生，其忠義之心，猶之乎宋公明也．獨宋公明者身居水滸之中，心在朝廷之上，一意招安，專圖報國，卒至于犯大難，成大功，服毒自縊，同死而不辭，則忠義之烈也！眞足以服一百單八人者之心，故能結義梁山，爲一百單八人之主．最後南征方臘，一百單八人者陣亡已過半矣；又智深坐化于六和，燕青涕泣而辭主，二童就計于‘混江’．宋公明非不知也，以爲見幾明哲，不過小丈夫自完之計，決非忠于君義于友者所忍屑矣．是之謂宋公明也，是以謂之忠義也，傳其可無作歟！傳其可不讀歟！

故有國者不可以不讀，一讀此傳，則忠義不在水滸而皆在於君側矣．賢宰相不可以不讀，一讀此傳，則忠義不在<u>水滸</u>，而皆在於朝廷矣．兵部掌軍國之樞，督府專閫外之寄，是又不可以不讀也，苟一日而讀此傳，則忠義不在<u>水滸</u>，而皆爲干城心腹之選矣．否則不在朝廷，不在君側，不在干城腹心，烏乎在？在<u>水滸</u>．此傳之所爲發憤矣．若夫好事者資其談柄，用兵者藉其謀畫，要以各見所長，烏睹所謂忠義者哉！

子由解老序

食之於飽，一也．南人食稻而甘，北人食黍而甘，此一南一北者未始相羨也．然使兩人者易地而食焉，則又未始相棄也．道之於<u>孔</u>・<u>老</u>，猶稻黍之於南北也，足乎此者，雖無羨於彼，而顧可棄之哉！何也？至飽者各足，而眞饑者無擇也．

蓋嘗北學而食於主人之家矣．天寒，大雨雪三日，絕糧七日，饑凍困踣，望主人而嚮往焉．主人憐我，炊黍餉我，信口大嚼，未暇辨也．撤案而後問曰：“豈稻粱也歟！奚其有此美也？”主人笑曰：“此黍稷也，與稻粱埒．且今之黍稷也，非有異於向之黍稷者也．惟甚饑，故甚美；惟甚美，故甚飽．子今以往，不作稻粱想，不作黍稷想矣．”

余聞之，慨然而嘆，使余之於道若今之望食，則<u>孔</u>・<u>老</u>暇擇乎！自此專治『老子』，而時獲<u>子由</u>『老子解』讀之．解『老子』者衆矣，而<u>子由</u>稱最．<u>子由</u>之引『中庸』曰：“喜怒哀樂之未發謂之中．”夫未發之中，萬物之奧，<u>宋儒</u>自<u>明道</u>以後，遞相傳授，每令門弟子看其氣象爲何如者也．<u>子由</u>乃獨得微言於殘篇斷簡之中，宜其善發『老子』之蘊，使五千餘言爛然如皎日，學者斷斷乎不可以一日去手也．解成，<u>示道全</u>，當<u>道全</u>意；寄<u>子瞻</u>，又當<u>子瞻</u>意．今去<u>子由</u>五百餘年，不意復見此奇特．嗟夫！亦惟眞饑而後能得之也．

高同知獎勸序 高係土官父祖作逆

余嘗語<u>高子</u>曰：“我國家統一寰宇，澤流區內，威制六合，不務廣地而地自廣，蓋<u>秦皇</u>所不能臣，<u>漢武</u>所不能服者，悉入版圖矣．若干羽之格，東漸西被，朔南暨及．以今視之，奚啻千百耶！然此人能言之矣，吾且言其設官分職以爲民極者，與子揚厲之可乎？

"夫<u>滇南</u>迤西，流土並建，文教敷洽，二百餘年矣．蓋上探前王封建之盛制，下不失後王郡縣之良規者也．夫前有封建，其德厚矣，而制未周；後有郡縣，其制美矣，而德未厚．惟是我朝，上下古今，俯仰六王，囊括幷包，倫制兼盡，功德盛隆，誠自生民以來之聖之所未有也．故余謂若我聖朝卜世卜年，豈特不若<u>有夏</u>，勿替<u>有殷</u>，且兼<u>成周</u>有道之長，衍<u>漢</u>・<u>唐</u>・<u>宋</u>無疆之曆，萬億斯年，未有艾矣．此豈直爲小臣祝願之私哉！其根本盛者，其枝葉無窮，理固然耳．

"爾<u>高氏</u>之先，吾不知其詳矣．自爲內臣以來，我<u>高皇帝</u>憐其來歸而不忍遷之也，則使之仍有土之業；因其助順而不忍絕之也，則使之與於世及之典．又念其先世曾有功德於民，而吾兵初不血刃也，則授以大夫之秩，以延其子孫而隆其眷．夫當混一廓清之日，摧枯拉朽之際，謀臣猛將，屯集如雲，設使守<u>漢</u>・<u>唐</u>之故事，或因其來歸也，而待以不死，可若何？或因其效順也，而遂遷之內地，使不得食其故土之毛，可若何？雖其先或有功德，而沒世勿論也，其又若之何？故吾以爲我祖宗之恩德至厚也．

"且今之來此而爲郡守州正縣令者，豈易也哉！彼其讀書曾破萬卷，胸中兵甲亦且數十萬：積累勤矣．苟萬分一中選，亦必遲回郎署十餘年，跋涉山川萬餘里．視子之爵不甚加，而親戚墳墓則遠矣．然猶日惶惶焉以不得稱厥職是懼，一有愆尤，卽論斥隨之，與編戶等矣．其來遠，其去速；其得之甚難，而失之甚易也．如此回視吾子安步而行，乘馬而馳，足不下堂階，而終身逸樂，累世富貴不絕，未嘗稽顙厥廷，而子孫秩爵與流官埒．是可不知其故乎？

"且夫汗馬之功臣，其殊勳懋伐載在盟府，尚矣．乃其後嗣不類，或以驕奢毀敗，雖有八議，不少假借．外之衛所，其先世非與於拔城陷陣之勳，則未易以千戶賞，況萬戶乎．今其存者無幾矣．幸而存，非射命中，力搏虎，則不得以破格調；其平日非敬禮君子，愛恤軍人，則不可以久安：亦旣岌岌矣．惟土官不然．若有細誤，輒與蓋覆；若有微勞，輒恐後時．郡守言之監司，監司言之臺院，而賞格下矣．

"夫同一臣子，同一世官也，乃今以郡守則不得比，以衛所世官則不得比，以功臣之子孫則又不得比，其故何哉？蓋功臣之子孫，恐其恃功而驕也，則難制矣，故其法不得不詳，非故薄之也．若郡守，則節制此者也，非大賢不可；衛所世官，則擁衛此者也，非强有力知禮義亦不可：故宜其責之備耳．夫有擁衛以防其蔓，有節制以杜其始，則無事矣，故吾子得以安意肆志焉以世受有爵之榮，是其可不知恩乎？知恩則思報，思報則能謹守禮而重犯法，將與我國家相爲終始，無有窮時，其何幸如之！」

余旣與高子時時作是語已．今年春，巡按劉公直指鐵驄，大敓羣吏，乃高子亦與獎賞．然則高子豈不亦賢哉！高子年幼質美，深沉有智，循循雅飭，有儒生之風焉．其務世其家以求克蓋前人者，尤可嘉也．於戲！余旣直書獎語懸之高門，以爲高氏光寵矣，因同官之請，又仍次前語以賀之．其尚知恩報恩，以無棄余言，無負於我國家可也！

送鄭大姚序

昔者曹參以三尺劍佐漢祖平天下，及爲齊相，九年而齊國安集．嚴助謂汲長孺任職居官無以踰人，至出爲東海，而東海大治．今觀其所以治齊治東海者，實大不然．史稱汲黯戇，性倨少禮．初授爲滎陽令，不受，恥之；後爲東海，病臥閨閣內，歲餘不出．參日夜飮醇酒，不事事．吏舍日飮歌呼，參聞之，亦取酒張坐飮歌呼，與相應和．此豈有軌轍蹊徑哉！要何與於治而能令郡國以理也？

『語』曰："其身正，不令而行．""莊以涖之．動之不以禮，未善也．"以余所聞，則二子者將不免以其不正之身，肆於民上．不莊不正，得罪名教甚矣．而卒爲漢名相，古之社稷臣者，何也？豈其所以致理者或自有在，彼一切觀美之具有不屑歟？抑苟可以成治，於此有不計歟？將民實自治，無容別有治之之方歟？是故恬焉以嬉，遨焉以遊，而民自理也？夫黃帝遠矣，雖老子之學，亦槪乎其未之聞也．豈二子者或別有黃·老之術，未可以其畔於吾之教而非詆之歟？吾聞至道無爲，至治無聲，至敎無言．雖賜也，亦自謂不可得聞矣，豈其於此實未有聞，而遂不知求之繩墨之外也？余甚疑焉，而未敢以告人．屬鄭君爲大姚令，乃以余平昔之所疑者質之．

夫大姚，滇下邑也，僻小而陋，吾知君久矣其不受也．觀君魁然其容，充然其氣，洞然不設城府．其與上大夫言，如對羣吏，處大庭如在燕私，偓促似汲黯，酣暢似曹參．此豈儒者耳目所賞睹記哉！君獨神色自若，飲噉不輟，醉後耳熱，或歌詩作大字以自娛，陶陶然若不以邑事爲意，而邑中亦自無事．嗟夫！君豈亦學黃·老而有得者耶！抑天資冥契，與道合眞，不自知其至於斯也！不然，將懼儒者竊笑而共指之矣，而寧能遽爾也耶！

吾與君相聚二載餘矣，亦知君之爲人矣，今其歸也，其有不得者乎？夫淵明辭彭澤而賦歸去，探菊東籬，有深意矣．刺史王弘，一旦二十千擲付酒家，可遂謂世無若人焉一知陶令之賢乎？阮嗣宗曠達不仕，聞步兵廚有酒，求爲校尉．君既恥爲令矣，縱有步兵之達，莫可告語，況望有知而大用君者，亦惟有歸去而已．行李蕭條，童僕無懽，直云窮矣，能無慟乎！如君作達，皆可勿恤也．君第行，吾爲君屈指而數之，計過家之期，正菊花之候，飲而無資，當必有白衣送酒如賢刺史王公者，能令君一醉爾也．

李中丞奏議序 代作

傳曰："識時務者在於俊傑." 夫時務亦易識耳，何以獨許俊傑爲也？且夫俊傑之生，世不常有，而事之當務，則一時不無，若必待俊傑而後識，則世之所謂時務皆非時務者歟？抑俊傑之所識者，必俊傑而後識，非俊傑則終不能識歟？吾是以知時務之大也．

奏議者，議一時之務而奏之朝廷，行之邦國，斷斷乎不容以時刻緩焉者也．奏議多矣，而唐獨稱陸宣公者，則以此公之學有本，其於人情物理，靡不周知，其言詞溫厚和平，深得告君之體，使人讀其言，便自心開目明，惟恐其言之易盡也．則眞所謂奏議矣，然亦不過德宗皇帝時一時之務耳．蓋德宗時既多艱，又好以猜忌爲聰明，故公宛曲及之，長短疾徐，務中其肯綮，以達乎膏肓，直欲窮之於其受病之處，蠹弊之源，令人主讀之，不覺不知入其中而不怒，則奏議之最也．若非德宗之時，則又烏用此哉？

漢有量·賈：量錯有論，賈誼有策．今觀誼之策，如改正朔，易服色，早輔敎等，皆依倣『周官』而言之．此但可與俗儒道，安可向孝文神聖之主談也．然三表·五餌之策，推恩分王之策，以梁爲齊·趙·吳·楚之邊，剖淮南諸國以益梁而分王其子．梁地二千餘里，卒之滅七國者，梁王力

534

也. 孰謂洛陽年少通達國體, 識時知務如此哉! 至今讀其書, 猶想見其爲人, 欲不謂之千古之俊傑, 不可得矣. 若錯之論兵事, 與夫募民徙邊, 屯田塞下, 削平七國等, 皆一時急務, 千載石畫, 未可以成敗論人, 妄生褒貶也. 蓋時者如鷙鳥之趨時, 務者如易子之交務, 稍緩其時, 不知其務則殆, 孰謂時務可易言哉! 其勢非天下之俊傑, 固不能以識此矣.

宋人議論太多, 雖謂之無奏議可也. 然蘇文忠公實推陸忠宣奏議矣. 今觀其上皇帝諸書與其他奏議, 眞忠肝義膽, 讀之自然慟哭流涕, 又不待以痛哭流涕自言也. 然亦在坡公時當務之急耳, 過此而徽・欽, 則無用矣. 亦猶晁・賈之言, 只可對文・景・武三帝道耳, 過此則時非其時, 又易其務, 不中用也.

余讀先賢奏議, 其所以尙論之者如此. 今得中丞李公奏議讀之, 雖未知其於晁・賈何如, 然陸敬輿・蘇子瞻不能過也. 故因書昔日之言以請教於公, 公其信不妄否? 如不妄, 則願載之末簡.

先行錄序 代作

言一也, 有先行之言, 有可行之言, 又有當行之言. 吾嘗以此三言者定君子之是非, 而益以見立言者之難矣.

何謂先行之言? 則夫子之告子貢是已. 既已先行其言矣, 安有言過其行之失乎? 何謂可行之言? 則『易』也, 『中庸』也, 皆是也. 『易』曰: "以言乎遠則不禦", 是遠言皆可行也; "以言乎邇則靜而正", 是邇言皆可行也; "以言乎天地之間則備", 是天地之間之言皆可行也. 『中庸』曰: "夫婦之不肖, 可以能行焉." 夫夫婦能行, 則愚不肖者自謂不及, 賢智者自謂過之, 皆不可得矣, 其斯以爲可行之言乎? 既曰可行之言, 則言之千百世之上不爲先, 行之千百世之下不爲後; 則以言行合一, 先後並時, 雖聖人亦不能置先後於其間故也.

若夫當行之言, 則雖今日言之, 而明日有不當行之者, 而況千百世之上下哉! 不獨此也, 舉一人而言, 在仲由則爲當行, 而在冉求則爲不當行矣, 蓋時異勢殊, 則言者變矣. 故行隨事遷, 則言焉人殊, 安得據往行以爲典要, 守前言以效尾生耶? 是又當行之言不可以執一也.

夫當行而後言, 非通于道者不能; 可行而後言, 非深于學者不能. 若中丞<u>李公</u>，眞所謂通于道・深于學者也，故能潔己裕人，公恕並用，其言之而當行而可行者乎！乃今又幸而獲讀所爲『從政集』者，則又見其在朝在邑，處鄉處家，已往之蹟皆如是也，所謂先行其言者也．某是以知公之學，實學也，其政，實政也，謂之曰『先行錄』，不亦宜乎！然既先行其言矣，又何不當行之有？又何不可行之有？

時文後序 代作

時文者，今時取士之文也，非古也．然以今視古，古固非今；由後觀今，今復爲古．故曰文章與時高下．高下者，權衡之謂也．

權衡定乎一時，精光流于後世，曷可苟也！夫千古同倫，則千古同文，所不同者一時之制耳．故五言興，則四言爲古；<u>唐</u>律興，則五言又爲古．今之近體既以<u>唐</u>爲古，則知萬世而下當復以我爲<u>唐</u>無疑也，而況取士之文乎？彼謂時文可以取士，不可以行遠，非但不知文，亦且不知時矣．夫文不可以行遠而可以取士，未之有也．國家名臣輩出，道德功業，文章氣節，于今爛然，非時文之選歟？故棘闈三日之言，即爲其人終身定論．苟行之不遠，必言之無文，不可選也．然則大中丞<u>李公</u>所選時文，要以期於行遠耳矣．吾願諸士留意觀之

張橫渠易說序 代作

<u>橫渠先生</u>與學者論『易』久矣，後見<u>二程</u>論『易』，乃謂其弟子曰："<u>二程</u>深明『易』道，吾不如．"勇撤皐比，變易而從之，其勇也如此．吾謂先生即此是『易』矣．晉人論『易』，每括之以三言：曰易簡而天下之理得．是易簡，一『易』也．又曰不易乎世．是不易，一『易』也．又曰變動不居，周流六虛，不可爲典要，惟變所適．是變易，又一『易』也．至簡故易，不易故深，變易故神．雖曰三言，其實一理．深則無有不神，神則無有不易矣．先生變易之速，易如反掌，何其神乎！故吾謂先生即此是『易』矣．作「易說序」．

龍谿先生文錄抄序

『龍谿王先生集』共二十卷，無一卷不是談學之書；卷凡數十篇，無一篇不是論學之言．夫學問之道，一言可蔽，卷若積至二十，篇或累至數十，能無贅乎？然讀之忘倦，卷卷若不相襲，覽者唯恐易盡，何也？蓋先生學問融貫，溫故知新，若滄洲瀛海，根于心，發于言，自時出而不可窮，自然不厭而文且理也．而其誰能贅之歟！故余嘗謂先生此書，前無往古，今無將來，後有學者可以無復著書矣，蓋逆料其決不能條達明顯一過于斯也．而刻板貯于紹興官署，印行者少，人亦罕讀．又先生少壯至老，一味和柔，大同無我，無新奇可喜之行，故俗士亦多不悅先生之爲人，而又肯讀先生之書乎？學無眞志，皮相相矜，卒以自誤，雖先生萬語千言，亦且奈之何哉！

今春余偕焦弱侯放舟南邁，過滄洲，見何泰寧．泰寧視龍谿爲鄉先生，其平日厭飫先生之教爲深，熟讀先生之書已久矣，意欲復梓行之，以嘉惠山東・河北數十郡人士，卽索先生全集于弱侯所．弱侯載兩船書，一時何處覓索．泰寧乃約是秋專人來取，而命余圈點其尤精且要者，曰："吾先刻其精者以誘之令讀，然後梓其全以付天下後世．夫先生之書，一字不可輕擲，不刻其全則有滄海遺珠之恨；然簡袟浩繁，將學者未覽先厭，又不免有束書不觀之歎．必先後兩梓，不惜所費，然後先生之教大行．蓋先生之學具在此書，若苟得其意，則一言可畢，何用二十卷；苟不肯讀，則終篇亦難，又何必二十卷也．但在我後人，不得不冀其如此而讀，如此而終篇，又如此而得意于一言之下也．"泰寧之言如此，其用意如之何？秋九月，滄洲使者持泰寧手札，果來索書白下．適余與弱侯咸在館．弱侯遂付書，又命余書數語述泰寧初志幷付之．計新春二三月余可以覽新刻矣．將見泰寧學問從此日新而不能已，斷斷乎其必有在于是！斷斷乎其必有在于是！

關王告文

惟神忠義貫金石，勇烈冠古今．方其鎭荊州，下襄陽也，虎視中原，奪老瞞之精魄，孫吳猶鼠，藐割據之英雄，目中無魏・吳久矣．使其不死，則其吞吳并曹, 豈但使魏欲徙都已哉! 其不幸而不成混一之業, 復卯金之鼎者, 天也. 然公雖死, 而呂蒙小醜亦隨吐血亡矣. 蓋公以正大之氣壓狐媚之狐, 雖不逆料其詐, 而呼風震霆, 猶足破權奸之黨; 駕霧鞭雷, 猶足裂讒賊之肝. 固宜其千秋萬祀, 不問海內外足跡至與不至, 無不仰公之為烈. 蓋至於今日, 雖男婦老少, 有識無識, 無不拜公之像, 畏公之靈, 而知公之為正直, 儼然如在宇宙之間也. 某等來守茲土, 慕公如生, 欲使君臣勸忠, 朋友效義, 固因對公之靈, 復反覆而致意焉. 彼不知者, 謂秉燭達旦為公大節. 噫! 此特硬硬小丈夫之所易為, 而以此頌公, 公其享之乎?

李中谿先生告文

公從幼嗜學, 到老不倦; 人無微而不收, 言無誕而不錄; 誕言靡信, 公意彌篤. 蓋眾川合流, 務欲以成其大; 土石並砌, 務欲以實其堅. 是故大智若愚焉耳. 公之向道, 其篤也如此. 平生祿入, 盡歸梵宮; 交際問遺, 總資貧乞. 六度所稱布施忍辱精進者, 公誠有之.

李贄曰: 公偶儻非常人也, 某見其人, 又聞其語矣. 世廟時, 駕幸承天, 公為荊州. 惟時有司不能承宣德意, 以致縴夫走渴, 疫死無數. 公先期市藥材, 煮參耆, 令置水次, 役無病者. 後築堤障江, 人感公, 爭出力, 至于今賴焉. 夫其所市藥費, 不過四五百金耳, 而令全活者以萬計; 又卒致其力築堤, 為荊人世世賴. 公之仁心蓋若此矣.

公初第, 由翰林出為縣令, 又由侍御史復出為郡守. 蓋慈祥愷悌, 雖于人無不愛, 然其剛毅正直之氣, 終不可以非法屈撓, 故未四十而掛冠以老. 又能以其餘年肆力於問學, 勇猛堅固, 轉不退輪, 為海內賢豪驅先, 非常人明矣.

余等或見而知, 或聞而慕. 今其死矣, 云誰之依! 地阻官羈, 生芻曷致? 為位而告, 魂其聽之. 且余等與公同道為朋, 生時何須識面; 同氣相應, 來時自遍十方. 惟願我公照臨法會, 降此華山, 鐘鼓齊鳴, 儼然其間. 富貴榮名, 無謂可樂, 此但請客時一場筵席耳, 薄暮則散去矣. 生年滿百, 未足為壽, 以今視昔, 誠然一呼吸之間也. 平昔文章, 咸謂過人, 不知愚者得之, 徒增口業, 智者比之, 好音過耳, 達人大觀, 視之猶土苴也.

"有子萬事足", 俗有是言也. 不曰<u>揚子雲</u>『法言』, <u>白樂天</u>『長慶』, 人至于今傳乎? 使待嗣而後傳, 則古今有子者何限也. 須知<u>孔子</u>不以<u>孔鯉</u>傳, <u>釋迦</u>不以<u>羅睺</u>傳, <u>老聃</u>不以<u>子宗</u>傳, 則公可以撫掌大笑矣. 勿謂道家法力勝禪家, 道家固不能離道而爲法也. 勿謂服食長生可冀, 公固不死矣, 何用長生乎? 勿謂灌頂陽神可出, 公固精神在天矣, 又何用勞神求出乎? 公但直信本心, 勿顧影, 勿疑形, 則道力固自在也, 法力固自在也, 神力亦自在也.

再致我公: 爲我傳語<u>李維明</u>. 維明者, <u>白下</u>人, 名<u>逢陽</u>, 別號<u>翰峰</u>, 仕爲禮部郎. 於<u>贅</u>爲同曹友, 於<u>沆</u>爲同年友, 皆同道雅相愛慕者. 故幷設位, 俾得與公會云.

王龍谿先生告文

聖代儒宗, 人天法眼; 白玉無瑕, 黃金百鍊. 今其沒矣, 後將何仰! 吾聞先生少遊<u>陽明先生</u>之門, 旣以一往而超詣; 中升<u>西河</u>夫子之坐, 遂至歿身而不替. 要以朋來爲樂兮, 不以不知而慍也; 眞得乎不遷不貳之宗. 正欲人知而信兮, 不以未信而懈也, 允符乎不厭不倦之理. 蓋修身行道者將九十歲, 而隨地雨法者已六十紀矣. 以故四域之內, 或皓首而執經; 五陵之間, 多繼世以傳業. 遂令良知密藏, 昭然揭日月而行中天; 頓令<u>洙</u>·<u>泗</u>淵源, 沛乎決<u>江</u>·<u>河</u>而達四海. 非直斯文之未喪, 實見吾道之大明. 先生之功, 於斯爲盛!

憶昔<u>淮南</u>兒孫布地, 猗歟盛歟, 不可及矣. 今觀先生淵流更長, 悠也久也, 何可當哉! 所怪學道者病在愛身而不愛道, 是以不知前人付託之重, 而徒爲自私自利之計; 病在尊名而不尊己, 是以不念兒孫陷溺之苦, 而務爲遠嫌遠謗之圖. 嗟夫! 以此設心, 是滅道也, 非傳道也; 是失己也, 非成己也. 先生其忍之乎? 嗟我先生! 唯以世人之聾瞶爲念, 是故苟可以坐進此道, 不敢解嘲也; 唯以子孫之陷溺爲憂, 是故同舟而遇風, 則<u>吳</u>·<u>越</u>必相救, 不自知其喪身而失命也. 此先生付託之重所不能已也. 此余小子所以一面先生而遂信其爲非常人也. 雖生也晚, 居非近, 其所爲凝眸而注神, 傾心而悚聽者, 獨先生爾矣. 先生今旣沒矣, 余小子將何仰乎?

嗟乎！"嘿而成之，存乎其人；不言而信，存乎德行。"先生以言教天下，而學者每呫嗶其語言，以爲先生之妙若斯也，而不知其糟粕也，先生不貴也．先生以行示天下，而學者每驚疑其所行，以爲先生之不妙若斯也，而不知其精神也，是先生之所重．我思古人實未有如先生者也，故因聞先生之訃也，獨反覆而致意焉．先生神遊八極．道冠終古；夭壽不二，生死若一．吾知先生雖亡，故存者也．其必以我爲知言也夫！其必以我爲知先生也夫！

羅近谿先生告文

戊子冬月二十四日，南城羅先生之訃至矣，而先生之沒，實九月二日也．夫南城，一水間耳，往往至者不能十日餘，而先生之訃直至八十餘日而後得聞，何其緩也！豈龍湖處僻，往來者寡耶？而往來者非寡，直知先生者寡也？然吾聞先生之門，如仲尼而又過之．蓋不啻中分魯矣．其知先生者，宜若非寡．將實未聞好學者，以故雖及門．而終不知先生之所係於天下萬世者如此其甚重也耶？夫惟其視先生也不甚重，則其聞先生之訃也，自不容於不緩矣．余是以痛恨先生之沒，而益信先生之未可以死也．

有告我者曰："先生欲以是九月朔辭世長往，故作別語以示多士．多士苦不忍先生別，於是先生復勉留一日與多士談，談竟矣，而後往耳．今先生往矣，無可奈何矣，於是多士始乃拭淚含哀，共梓先生別語以告四方之士．若曰得正而斃，吾師無忝曾參矣；扶杖逍遙，吾師不愧夫子矣．豈惟不惜死，又善吾死，吾師至是，眞有得矣．大爲其師喜，故欲梓而傳之．

嗟乎！先生之壽七十而又四矣，其視仲尼有加焉．夫人生七十，古來所稀．壽躋古稀，雖恆人能不惜死，而謂先生惜死乎？何以不惜死爲先生喜也？且夫市井小兒，辛勤一世，贏得幾貫錢鈔，至無幾也．然及其將終也，已死而復甦，既瞑而復視，猶恐未得所托然者．使有托也，則亦甘心瞑目已矣．先生生平之謂何，顧此歷代衣鉢，竟不思欲置何地乎？其所爲勉留一日者何故？或者亦恐未得所托矣．如使有托，雖不善死，亦善也．使未有托也，則雖善死，先生不善也，又何可以善死稱先生也？吾謂先生正當垂絶之際，欲慟不敢慟之時，思欲忍死一再見焉，而卒不可得者，千載而下，聞之猶堪斷腸，望之猶堪墮淚，此自是其至痛不可甘忍，

540

而謂先生忍死而不惜可乎？ 蓋惜死莫甚於先生者，吾恐更有甚於多士之惜先生之死也．何也？ 天既喪予，予亦喪天；無父則望孤，無子而望絕矣，其爲可悲可痛皆一也．若如所云，則千聖之衣鉢，反不如庸夫之一貫．市井小兒猶不忍於無托也，而先生能忍之矣，又何以爲先生也！

方聞訃時，無念僧深有從旁贊曰：“宜即爲位以告先生之靈．” 余時蓋默不應云．既而臘至矣，歲又暮矣；既而改歲，復爲萬曆己丑，又元月，又二月，春又且分矣．深有曰：“某自從公游，于今九年矣，每一聽公談，談必首及王先生也，以及先生．癸未之冬，王公訃至，公即爲文告之，禮數加焉，不待詔也．憶公告某曰：‘我於南都得見王先生者再，羅先生者一．及入滇，復於龍里得再見羅先生焉．’然此丁丑以前事也．自後無歲不讀二先生之書，無口不談二先生之腹．令某聽之，親切而有味，詳明而不可厭，使有善書者執管侍側，當疾呼手腕脫矣，當不止十紙百紙，雖千紙且有餘矣．今一何默默也？且丙戌之春，某將杖錫南遊，公又告某曰：‘急宜上旴江見羅先生．’於時龍谿王先生死矣．戊子之夏，某復自南都來至，傳道羅先生有書欲抵南都，云‘趁此大比之秋，四方士大和會，一入秣陵城，爲羣聚得朋計．’公即爲書往焦弱侯所：‘羅先生今茲來，愼勿更蹉過！恐此老老矣，後會難可再也．’既又時時物色諸旴江來者，稍道羅先生病．語病，又稍稍張皇矣．公告某曰：‘先生既病，當不果南下矣，然先生實無甚病也．吾觀先生骨剛氣和，神完志定，勝似王先生．王先生尚享年八十六，先生即不百歲，亦當九十，決不死也．’然某覘公，似疑羅先生病欲死者，而竟絕口不道羅先生死．試屢問之，第云‘先生不死，先生決不死！’今羅先生實死矣，更默默何也．”

嗟乎！余默不應，不知所以應也．蓋余自聞先生訃來，似在夢寐中過日耳．乃知眞哀不哀，眞哭無涕，非虛言也．我今痛定思痛，回想前事，又似大可笑者．夫謂余不思先生耶？而余實思先生．謂余不知先生耶？而余實知先生深也．謂余不能言先生耶？而能言先生者實莫如余．乃竟口不言，心不思，筆不能下，雖余亦自不知其何說矣．豈所謂天喪予，予喪天；無父何怙，而子而望孤者耶？

今余亦既老矣，雖不曾親受業于先生之門，而願買田築室厝骸于先生之旁者，念無時而置也，而奈何遽聞先生死也！ 然惟其不曾受業于先生之門也，故亦不能遍友先生之門下士而知其孰爲先生上首弟子也．意者寧無其人，特恨未見之耳．言念先生束髮從師，舍身爲道；一上春官，蜚聲銷院. 而出世凤念, 眞結肺腸; 有道之思, 恐孤師友. 於是上下四方, 靡足不聘, 咨詢旣竭, 步趨遂正. 飲河知足, 空手歸來. 越又十年, 歲當癸丑, 乃對明庭, 釋褐從政. 公廷訟簡, 委蛇樂多, 口舌代鈇, 論心無兢. 脊徒令史, 渾如其家. 卽仕而學, 不以仕廢; 卽學稱仕, 何必仕優. 在朝如此, 居方可知. 自公旣然, 家食何如: 堂前擊鼓, 堂下唱歌; 少長相隨, 班荆共坐. 此則先生七十四歲以前之日恆如此也.

若夫<u>大江</u>之南, <u>長河</u>之北, 招提梵刹, 巨浸名區, 攜手同遊, 在在成聚. <u>百粤</u>·<u>東甌</u>·<u>羅施</u>·<u>鬼國</u>·<u>南越</u>·<u>閩越</u>·<u>滇越</u>·<u>騰越</u>, 窮髮鳥語, 人跡罕至, 而先生墨汁淋漓, 周遍鄉縣矣. 至若牧童樵豎, 釣老漁翁, 市井少年, 公門將健, 行商坐買, 織婦耕夫, 竊屨名儒, 衣冠大盜, 此但心至則受, 不問所由也. 況夫布衣韋帶, 水宿巖棲, 白面書生, 青衿子弟, 黃冠白羽, 緇衣大士, 縉紳先生, 象笏朱履者哉! 是以車轍所至, 奔走逢迎, 先生抵掌其間, 坐而談笑. 人望丰采, 士樂簡易, 解帶披襟, 八風時至. 有<u>柳土師</u>之寬和, 而不見其不恭; 有<u>大雄氏</u>之慈悲, 而不聞其無當. 同流合汙, 狂簡斐然; 良賈深藏, 難識易見. 居柔處下, 非鄉愿也. 汎愛容衆, 眞平等也. 力而至, 巧而中, 是以難及; 大而化, 聖而神, 夫誰則知. 蓋先生以是自度, 亦以是度人. 七十餘年之間, 東西南北無虛地, 雪夜花朝無虛日, 賢愚老幼貧病貴富無虛人, 矧伊及門若此其專且久, 有不能得先生之傳者乎? 吾不信也.

先生幸自慰意焉! 余雖老, 尙能驅馳, 當不辭跋涉爲先生訪求門下士誰是眞實造詣得者. 得卽焚香以告, 以妥先生之靈曰: "余今而後, 而知先生之可以死也, 眞可以不惜死, 眞非徒自善其死者之比也." 而余痛恨先生之死之心可以釋矣. 若<u>孔子</u>之與<u>魯君</u>言也, 直曰"今也則亡, 未聞好學者也". 是謂無子而望絕也, 先生不如是也.

祭無祀文代作

竊以生而爲人, 不得所依, 則不免凍餒而疾病作. 是故聖帝明王知而重之, 仁人君子見而矜之, 於是設養濟之院, 建義社之倉, 以至鄰里鄉黨之相賙, 車馬輕裘之共敝, 皆聖帝明王所謂煢獨之哀, 仁人君子之所以周急也. 而後四海始免怨號之夫矣, 而豈徒然也哉! 死而爲鬼, 不得所依,則誰爲享奠而疫癘作. 是故聖帝明王哀而普度, 仁人君子憐而設饗. 於是乎上元必祭, 中元必祭, 以至清明之節, 霜降之夕, 無不有祭. 蓋我太祖高皇帝之所諄切, 更列聖而不敢替者, 又不獨古聖昔王相循已也. 而後下始無幽愁之鬼矣, 而豈無謂也哉! 何也? 聖帝明王與仁人君子, 皆神人之主也. 不有主, 將何所控訴乎? 又何以諸神人而協上帝, 通幽明而承天休也? 生人之無依者, 又是何等? 若文王所稱四民, 其大概也. 死人之無依者, 又是何等? 若我太祖高皇帝所錄死亡, 至詳悉也. 是故京則祭以上卿, 郡則祭以大夫, 邑則祭以百里之侯, 至於鄉祭・里祭・村祭・社祭, 以及十家之都, 咸皆有祭. 而唯官祭則必以城隍之神主之. 前此一日, 本官先行牒告, 臨期詣壇躬請, 祭畢, 乃敢送神以歸而後妥焉. 此豈無義而聖人爲之哉! 此豈諂黷於無祀之鬼, 空費牲幣以享無用, 而太祖高皇帝肯爲之哉!

今茲萬曆丁酉之清明, 是夕也, 自京國郡國, 以至窮鄉下里, 莫敢不欽依令典, 相隨赴壇而祭, 或設位而祭矣. 況我沁水坪上, 仁人君子比屋可封, 生人無依, 尚仰衣食, 鬼苟乏祀, 能不望祭乎? 所恨羈守一官, 重違鄉井, 幸茲讀『禮』先廬, 念畧蒿之悽愴, 因思親以及親, 爲位北郭, 請僧諷經, 自今夕始矣. 凡百無主鬼神, 有飯一飽, 無痛乏宗; 有錢分授, 無爭人我: 是所願也.

抑余更有說焉: 凡爲人必思出苦, 更於苦中求樂; 凡爲鬼必愁鬼趣, 更於趣中望生乃可. 若但得飽便足, 得錢便歡, 則志在錢飽耳, 何時得離此苦趣耶? 醉飽有時, 幽愁長在, 吾甚爲諸鬼盧之. 竊聞『阿彌陀經』等, 『金剛經』等, 諸佛眞言等, 衆僧爲爾宣言, 再三再四, 皆欲爾等度脫鬼倫, 卽生人天, 或趣佛乘, 或飯西方者, 誠可聽也, 非但欲爾等一飽已也. 又聞地藏王菩薩發願欲代一切地獄衆生之苦, 此夕隨緣在會, 有話須聽. 又聞面然大士統領三千大千神鬼, 與爾等相依日久, 非不欲盡數超拔爾等, 第亦無奈爾等自家不肯何耳. 今爾等日夜守着大士, 瞻仰地藏菩薩, 可謂最得所主矣. 幸時時聽其開導, 毋終沉迷, 則我此壇場, 其爲諸鬼成聖成賢, 生人生天之場, 大非偶也. 若是, 則不但我坪上以及四境之無祀者所當敬聽, 卽我宗親幷內外姻親, 諸凡有人奉祀者, 亦當聽信余言, 必求早早度脫也. 雖有祀與無祀不同, 有嗣與無嗣不同, 然無嗣者呼爲無祀之鬼, 有嗣者亦呼爲有祀之鬼, 總不出鬼域耳. 總皆鬼也, 我願一聽此言也. 我若狂言無稽, 面然大士必罰我, 地藏王菩薩必罰我, 諸佛諸大聖衆必罰我，諸古昔聖君賢相仁人君子必罰我．兼我<u>太祖高皇帝</u>，<u>成祖文皇帝</u>，以及列聖皆當罰我矣．不敢不敢，不虛不虛．謹告．

筆山碑文代作

<u>筆山庵</u>在<u>江西饒州德興縣</u>界萬山中，其來舊矣，而人莫知．山有靈氣．<u>唐元和</u>間，有<u>張庵孫</u>者修眞得道於此．迨勝國<u>至元</u>，里人<u>胡一眞</u>又於此山修眞得道去．相傳至今，山蓋有二眞人焉．嗣後山缺住持，庵院幾廢，失今不修，將不免爲瓦礫之場矣．一興一廢，理固常然；既廢復興，寧獨無待．此僧<u>眞空</u>之所爲作也．

<u>眞空</u>少修戒律，行遊京師，從<u>興聖禪師</u>說戒．比還故里，纔到舟次，勿感異夢：彷然若見<u>觀音大士</u>指引入<u>筆山</u>修行者．歸而問人，人莫曉也．<u>眞空</u>遂發願：願此生必見大士乃已．撥草窮源，尋至其地，果見大士儼然在於廢院之中．<u>眞空</u>不覺進前拜禮，伏地大哭．於是復矢心誓天，務畢此生之力修整舊刹，復還故物．苦行齋心，戒律愈厲．居民長者感其至誠，協贊募化，小者輸木石，大者供糧米．未及數年而庵院鼎新，聖像金燦，朝鐘暮鼓，燈火熒煌．非但大士出現，僧衆有飯，且與山陬野叟・巖畔樵夫同依佛日，獲大光明．向之悶然莫曉其處者，今日共登道場，皆得同遊於淨土矣．向非<u>眞空</u>嚴持有素，則大士必不肯見夢以相招；又非發願勤渠，禮拜誠篤，則居民又安肯捐身割愛，以成就此大事乎？固知僧律之所係者重也．

佛說六波羅蜜，以布施爲第一，持戒爲第二．<u>眞空</u>之所以能勸修者，戒也；衆居士之所以布施者，爲其能持戒也．<u>眞空</u>守其第二，以獲其第一；而衆居士出其第一，以成其第二．可知持戒固重，而布施尤重．布施者比持戒爲益重，所謂青於藍也．衆居士可以踴躍讚嘆，同登極樂之鄉矣，千千萬萬劫，寧復是此等鄉里之常人耶！持戒者寧爲第二，而使世人盡居第一布施波羅蜜極樂道場，所謂青出於藍也．僧<u>眞空</u>雖居衆人後，實居衆人前，蓋引人以飯西方，其功德益無比也，余是以益爲<u>眞空</u>喜也．向兩眞人已去，今<u>戒眞人</u>復繼之．千餘年間，成三眞人．然<u>戒眞人</u>念佛勤，飯依切，定生西方無疑．他日如見向者兩眞人，幸一招之，毋使其或迷於小道，則<u>戒眞人</u>之功德益溥矣．

544

茲因其不遠數千里乞言京師，欲將勒石以記，余以此得與西方之緣．戒眞人見今度余也，余其可以不記乎？若其中隨力散財之多寡，隨分出力之廣狹，興工於某年月，訖工於某時日，殿宇之宏敞，僧房之幽邃，以至齋堂廚舍井竈之散處，其中最肯協贊之僧衆，最肯竭力之檀越，各細書名實于碑之陰矣．

李生十交文

或問李生曰："子好友，今兩年所矣，而不見子之交一人何？"曰："此非若所知也．余交最廣，蓋舉一世之人，毋有如余之廣交者矣．余交有十．十交，則盡天下之交矣．"

"何謂十？其最切爲酒食之交，其次爲市井之交．如和氏交易平心，閔氏油價不二，汝交之，我亦交之，汝今久矣日用而不知也．其三爲遨遊之交，其次爲坐談之交．遨遊者，遠則資舟，近則譚笑，謔而不爲虐，億而多奇中．雖未必其人何如，亦可以樂而忘返，去而見思矣．技能可人，則有若琴師・射士・棋局・畫工其人焉．術數相將，則有若天文・地理・星曆・占卜其人焉．其中達士高人，未可卽得，但其技精，則其神王，決非拘牽齷齪，卑卑瑣瑣之徒所能到也．聊以與之遊，不令人心神俱爽，賢於按籍索古，談道德，說仁義乎？以至文墨之交，骨肉之交，心膽之交，生死之交：所交不一人而足也．何可謂余無交？又何可遽以一人索余之交也哉？"

夫所交眞可以託生死者，余行遊天下二十多年，未之見也．若夫剖心析肝相信，意者其唯古亭周子禮乎！肉骨相親，期於無斁，余於死友李維明蓋庶幾焉．詩有李，書有文，是矣，然亦何必至是．苟能遊心於翰墨，蜚聲於文苑，能自馳騁，不落蹊徑，亦可玩適以共老也．唯是酒食之交，有則往，無則止不往．然亦必愛賢好客，貧而整，富而潔者，乃可往耳．愛客爲上，好賢次之，整而潔又次之．然是酒食也，最日用之第一義也．余唯酒食是需，飲食宴樂是困，則其人亦以飲食爲媒，而他可勿論之矣．故愛客可也，好賢可也，整而潔亦可也．無所不可，故無所不友．而況傾蓋交歡，飲水可肥，無所用媒者哉！已矣！故今直道飲食之事，以識余交遊之最切者．飲食之人，則人賤之，余願交汝，幸勿棄也．

自贊

其性褊急, 其色矜高, 其詞鄙俗, 其心狂癡, 其行率易, 其交寡而面見親熱. 其與人也, 好求其過, 而不悅其所長; 其惡人也, 既絕其人, 又終身欲害其人. 志在溫飽, 而自謂伯夷·叔齊; 質本齊人, 而自謂飽道飫德. 分明一介不與, 而以有莘藉口; 分明毫毛不拔, 而謂楊朱賊仁. 動與物迕, 口與心違. 其人如此, 鄉人皆惡之矣. 昔子貢問夫子曰: "鄉人皆惡之何如?" 子曰: "未可也." 若居士, 其可乎哉!

贊劉諧

有一道學, 高屐大履, 長袖闊帶, 綱常之冠, 人倫之衣, 拾紙墨之一二, 竊唇吻之三四, 自謂眞仲尼之徒焉. 時遇劉諧. 劉諧者, 聰明士, 見而哂曰: "是未知我仲尼兄也." 其人勃然作色而起曰: "天不生仲尼, 萬古如長夜. 子何人者, 敢呼仲尼而兄之?" 劉諧曰: "怪得羲皇以上聖人盡日燃紙燭而行也!" 其人默然自止. 然安知其言之至哉! 李生聞而善曰: "斯言也, 簡而當, 約而有餘, 可以破疑網而昭中天矣. 其言如此, 其人可知也. 蓋雖出於一時調笑之語, 然其至者百世不能易."

方竹圖卷文

昔之愛竹者, 以愛故, 稱之曰'君'. 非謂其有似於有斐之君子而君之也, 直怫悒無與誰語, 以爲可以與我者唯竹耳, 是故儻相約而謾相呼, 不自知其至此也. 或曰: "王子以竹爲此君, 則竹必以王子爲彼君矣. 此君有方有圓, 彼君亦有方有圓. 圓者常有, 而方者不常有. 常不常異矣, 而彼此君之, 則其類同也, 同則親矣." 然則王子非愛竹也, 竹自愛王子耳. 夫以王子其人, 山川土石, 一經顧盼, 咸自生色, 況此君哉!

且天地之間, 凡物皆有神, 況以此君虛中直上, 而獨不神乎! 傳曰: "士爲知己用, 女爲悅己容." 此君亦然. 彼其一遇王子, 則踈節奇氣, 自爾神王, 平生挺直凌霜之操, 盡成簫韶鸞鳳之音, 而務欲以爲悅己者之容

546

矣, 彼又安能孑然獨立, 窮年瑟瑟, 長抱知己之恨乎? 由此觀之, 鶴飛翩翩, 以<u>王子晉</u>也. 紫芝燁燁, 爲<u>四皓</u>饑也. 寧獨是, 龍馬負圖, 洛龜呈瑞, 儀於<u>舜</u>, 鳴於<u>文</u>, 獲於<u>魯叟</u>, 物之愛人, 自古而然矣, 而其誰能堪之.

今之愛竹者, 吾惑焉. 彼其於<u>王子</u>, 不類也, 其視放傲不屑, 至惡也, 而唯愛其所愛之竹以似之. 則雖愛竹, 竹固不之愛矣. 夫使若人而不爲竹所愛也, 又何以愛竹爲也? 以故余絶不愛夫若而人者之愛竹也. 何也? 以其似而不類. 然則<u>石陽</u>之愛竹也, 類也, 此愛彼君者也. <u>石陽</u>習靜<u>廬山</u>, 山有方竹, <u>石陽</u>愛之, 特繪而圖之, 以方竹世不常有也. <u>石陽</u>將歸, 難與余別, 持是示余, 何爲者哉? 余謂子之此君已相隨入<u>蜀</u>去矣, 何曾別.

書黃安二上人手冊

出家者終不顧家, 若出家而復顧家, 則不必出家矣. 出家爲何? 爲求出世也. 出世則與世隔, 故能成出世事; 出家則與家絶, 故乃稱眞出家兒. 今觀<u>釋迦佛</u>豈不是見身爲<u>淨飯王</u>之子, 轉身卽居<u>轉輪聖王</u>之位乎? 其爲富貴人家, 孰與比也? 內有<u>耶輸女</u>之賢爲之妻, 又有<u>羅睺羅</u>之聰明爲之兒, 一旦棄去, 入窮山, 忍饑凍, 何爲而自苦乃爾也? 爲求出世之事也. 出世方能度世. 夫此世間人, 猶欲度之使成佛, 況至親父母妻兒哉! 故<u>釋迦</u>成道而諸人同證妙樂, 其視保守一家之人何如耶?

人謂佛氏戒貪, 我謂佛乃眞大貪者. 唯所貪者大, 故能一刀兩斷, 不貪戀人世之樂也. 非但<u>釋迦</u>, 卽<u>孔子</u>亦然. <u>孔子</u>之於<u>鯉</u>, 死也久矣, 是<u>孔子</u>未嘗爲子牽也. <u>鯉</u>未死而<u>鯉</u>之母已卒, 是<u>孔子</u>亦未嘗爲妻繫也. <u>三桓</u>薦之, 而<u>孔子</u>不仕, 非人不用<u>孔子</u>, 乃<u>孔子</u>自不欲用也. 視富貴如浮雲, 唯與三千七十游行四方, 西至<u>晉</u>, 南走<u>楚</u>, 日夜皇皇以求出世知己. 是雖名爲在家, 實終身出家者矣. 故余謂<u>釋迦佛</u>辭家出家者也, <u>孔夫子</u>在家出家者也, 非誕也.

今我自視聰明力量既遠不逮二老矣, 而欲以悠悠之念證佛祖大事, 多見其不自量也, 上人又何爲而遠來乎? 所幸雙親歸土, 妻宜人<u>黃氏</u>又亡. 雖有一女嫁與<u>莊純夫</u>, <u>純夫</u>亦是肯向前努力者. 今<u>黃安</u>二上人來此, 欲以求出世大事, 余何以告之? 第爲書<u>釋迦</u>事, 又因其從幼業儒, 復書<u>孔子</u>生平事以爲譬. 欲其知往古, 勉將來, 以不負此初志而已也.

讀律膚說

　淡則無味，直則無情．宛轉有態，則容冶而不雅；沉着可思，則神傷而
易弱．欲淺不得，欲深不得．拘於律則爲律所制，是詩奴也，其失也卑，
而五音不克諧；不受律則不成律，是詩魔也，其失也亢，而五音相奪倫．
不克諧則無色，相奪倫則無聲．

　蓋聲色之來，發於情性，由乎自然，是可以牽合矯强而致乎？故自然
發於情性，則自然止乎禮義，非情性之外復有禮義可止也．惟矯强乃失
之．故以自然之爲美耳，又非於情性之外復有所謂自然而然也．故性格淸
徹者音調自然宣暢．性格舒徐者音調自然疏緩，曠達者自然浩蕩，雄邁者
自然壯烈，沈鬱者自然悲酸，古怪者自然奇絕．有是格，便有是調，皆情
性自然之謂也．莫不有情，莫不有性，而可以一律求之哉！然則所謂自然
者，非有意爲自然而遂以爲自然也．若有意爲自然，則與矯强何異．故自
然之道，未易言也．

찾아보기

지은이 이지

이지 李贄의 원래 이름은 재지(載贄), 호는 탁오(卓吾)다.
조상 중에는 페르시아만을 오가며 무역을 하다가 색목녀를 아내로 맞거나
이슬람교를 믿은 이도 있었지만, 이지 본인은 중국의 전통문화 안에서 성장했다.
그러나 훗날 노장과 선종, 기독교까지 두루 섭렵한 이력으로 인해 그의 사상은
중국 근대 남방문화의 결정체로 설명되기도 한다. 그는 26세 때 거인(擧人)에 합격해
하남 · 남경 · 북경 등지에서 줄곧 하급 관료생활을 하다가 54세 되던 해 운남의 요안
지부를 끝으로 퇴직했다. 이지는 40세 전후 북경의 예부사무로 근무하던 중
왕양명과 왕용계의 저작을 처음 접한 뒤 심학에 몰두했다.
나이가 들어 불교에 심취하고는 62세에 정식으로 출가해 절에서 기거했다.
그는 유불선의 종지가 동일하다고 인식했고, 유가에 대한 법가의 우위를 주장했으며,
소설과 희곡 같은 통속문학의 가치를 긍정하는 평론 활동을 폈다. 유가의 정통관념에
도전하는 『장서』를 집필했고, 공자가 아닌 자신의 기준으로 경전을 해설한 『사서평』을
출간했으며, 선진 이래 줄곧 관심 밖에 있던 『묵자』의 가치를 새롭게 조명하기도 했다.
이렇듯 스스로 이단을 자처하며 유가의 말기적 폐단을 공격하고 송명이학의 위선을
폭로한 그에게 세인은 양쪽으로 갈려 극단적인 평가를 부여했다. 결국 혹세무민의 죄
를 뒤집어쓰고 감옥에 갇혀 있던 중 76세에 자살로 생을 마감했다.
그의 저작들은 명 · 청대의 가장 유명한 금서였지만 대부분은 지금까지 전해지고
있으며, 그의 이름을 빌린 수많은 위작 또한 횡행하고 있다.

옮긴이 김혜경

김혜경(金惠經)은 대전에서 태어나 이화여자대학교 중문과를 졸업하고
타이완 국립대만사범대학교 국문연구소에서 석사와 박사 학위를 받았다.
미국 하버드대학교 옌칭연구소와 로스앤젤레스의 로욜라 메리마운트대학교(LMU),
영국 런던대학교(SOAS)에서 연구한 바 있으며 중국 무한대학교 초빙교수를
지내기도 했다. 1991년부터 국립한밭대학교 중국어과에서 학생들을 가르치면서 명말
청초 및 근대의 문학과 사상을 주로 공부했고 이 시기의 고전을 우리말로 옮기는
작업에 관심을 기울여왔다. 펴낸 책으로는 한길사에서 펴낸 『분서』 『속분서』
『명등도고록』이 있고, 그 밖에 『요재지이』(전 6권)가 있다.
논문으로는 「이지의 병가 사상」 「호적 연구」(胡適研究) 등이 있다.

분서 I

지은이 이지
옮긴이 김혜경
펴낸이 김언호

펴낸곳 (주)도서출판 한길사
등록 1976년 12월 24일
주소 10881 경기도 파주시 광인사길 37
홈페이지 www.hangilsa.co.kr
전자우편 hangilsa@hangilsa.co.kr
전화 031-955-2000~3 **팩스** 031-955-2005

부사장 박관순 **총괄이사** 김서영 **관리이사** 곽명호
영업이사 이경호 **경영이사** 김관영 **편집주간** 백은숙
편집 박희진 노유연 이한민 박홍민 배소현 임진영
관리 이주환 문주상 이희문 원선아 이진아 **마케팅** 정아린
디자인 창포 031-955-2097
인쇄 오색프린팅 **제본** 경일제책사

제1판 제 1쇄 2004년 6월 30일
제1판 제 9쇄 2023년 12월 20일

값 32,000원

ISBN 978-89-356-5642-4 94150
ISBN 978-89-356-5644-8 (전2권)

한길그레이트북스 인류의 위대한 지적 유산을 집대성한다

●한길그레이트북스는 계속 간행됩니다.